U0666930

慶應義塾大學論語疏研究會
北京大學東亞古典研究會
編

論語義疏二種

〔南朝梁〕皇侃 撰

圖版

二〇二四年度國家古籍整理出版專項經費資助項目
「群經單疏古鈔本彙編及校理（附《論語義疏》）」成果

出版説明

《論語義疏》宋代以後在中土失傳，而在日本一直有諸多鈔本流傳，是現存最爲完整一部的南北朝義疏體解經著作。至日本寬延三年（1750）根本遜志據古鈔本刊刻，並回流中國，引起我國學者關注，被收入《四庫全書》，又有武英殿、《知不足齋叢書》等翻刻本，流傳漸廣，當代又有多個點校整理本。根本遜志本體例、内容方面據《論語注疏》有改編，國内學者長期所見版本皆係刻本系統。而古鈔本在保存體例原貌、文字校勘等方面具有獨特價值。2019年劉玉才教授主編《東亞古典研究會叢刊・甲編》收録北京大學圖書館藏影鈔足利學校本，2021年《足利學校藏國寶及珍稀漢籍十四種》影印日本足利學校藏文明九年（1477）鈔本，《論語義疏》古鈔本才開始在我國正式出版。

2017年，被鑒定爲現存《論語》最古老的紙寫本——南北朝末至隋朝期間鈔寫的《論語疏》卷六由日本慶應義塾圖書館獲藏，並由該校論語疏研究會學者開展研究。2021年，日本勉誠出版社將該本與影斯道文庫藏日本文明十九年寫本一同影印，並附録慶應義塾大學論語疏研究會諸位學者爲二本撰寫的解題和校理研究成果。爲便於中國學者使用珍稀文獻和了解日本學界的最新研究成果，在劉玉才教授積極引薦、住吉朋彦教授竭力促成下，我社獲得館藏機構、出版方的授權，隨即開展編輯出版工作。

此次出版，書名定爲《論語義疏二種》（日本版書名：『慶應義塾図書館蔵 論語疏巻六 慶應義塾大学附属研究所斯道文庫蔵 論語義疏 影印と解題研究』），由慶應義塾大學論語疏研究會與北京大學東亞古典研究會共編。本書版式借鑒日本版。

爲便於讀者圖文對照參閲，圖版和解題校理研究分訂二册。各篇譯作在尊重日文版表述的同時，又根據中國古典文獻學相關學術術語和現行古籍整理規範，進行適當調整，盡可能準確清晰地傳達作者原意。

謹向劉玉才教授、住吉朋彦教授和日本慶應義塾圖書館、斯道文庫、慶應義塾大學論語疏研究會諸位學者、勉誠出版社、金程宇等先生表示感謝。

上海古籍出版社

二〇二四年十月

本冊目録

慶應義塾圖書館藏

（南北朝末隋）寫本論語疏卷六

凡例

一、本書對慶應義塾圖書館藏（南北朝末隋）寫本《論語疏》卷六（一三二一・二〇五・一軸）正面、背面原色影印。圖版縮小比例爲88%。

一、本軸的書誌，見本書下册所收解題。

一、影印的順序：本軸卷姿、護首展開圖、襯頁、副葉和補紙以後，按第一張至第二十張的升序展示本軸正面。其後，按第二十張至第一張的降序展示本軸背面，此後爲補紙、副葉，末尾再次展示護首展開圖。

一、除襯頁、副葉、補紙之外，在圖版的下部標識「第幾張」，使用阿拉伯數字注記本文用紙的張數。其中，正面的張數出示於每張紙的末尾，背面的張數出示於每張紙的開頭。另外，在正面影印圖版的上部，以阿拉伯數字標示全部行數。最先出現可以辨認的文字一行，標爲第一行；在背面圖版的上部，以阿拉伯數字標識花押處前後二行行數。

一、背面影印之後，收録本軸用紙的殘片作爲參考。殘片照片取自橋本經亮編《遠年紙譜》（慶應義塾圖書館藏「香果遺珍」一三三X・一六〇・八〇八之中的一册）。關於這一殘片，本軸解題的附録有簡略論述。

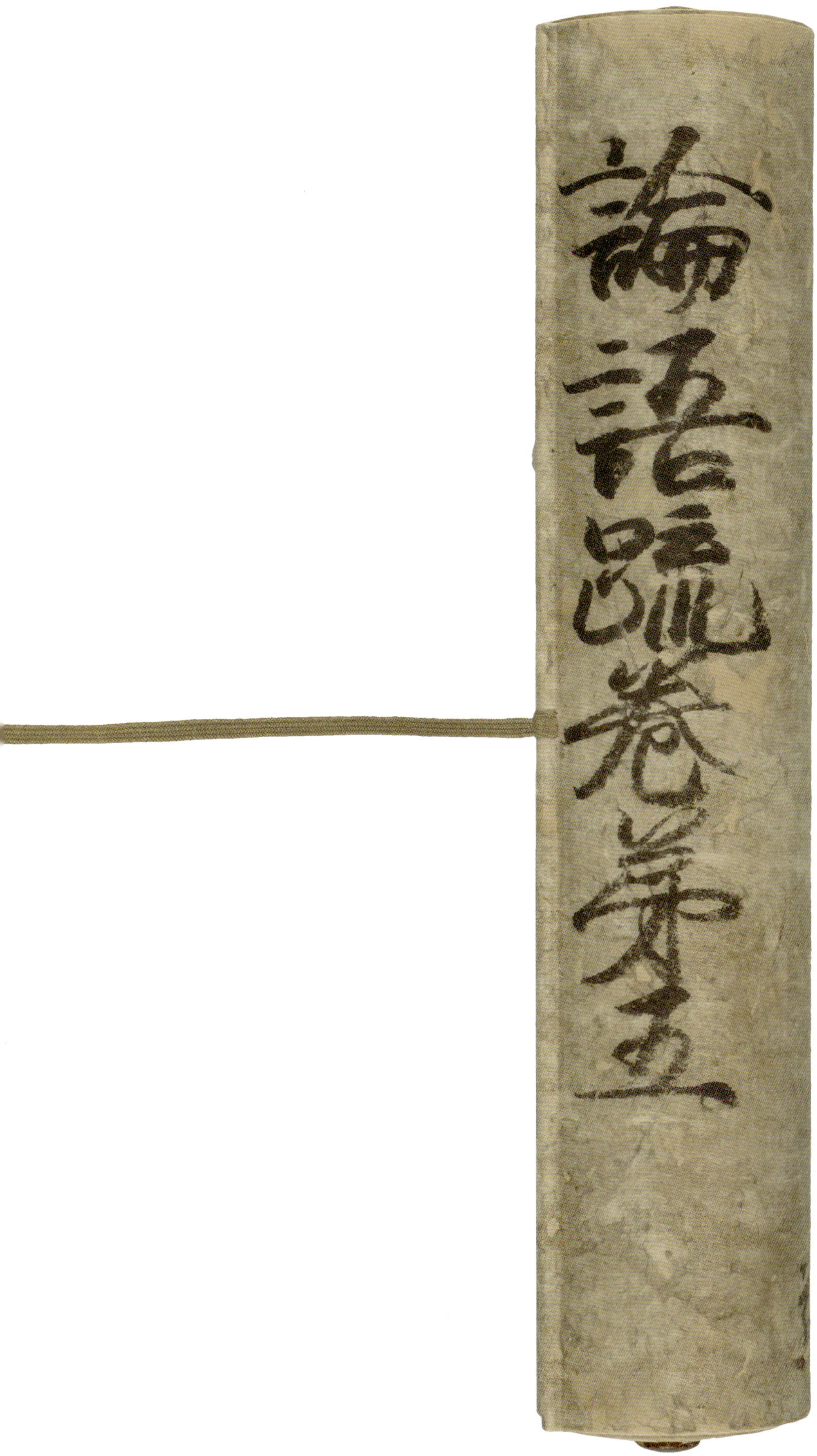
論語疏卷第五

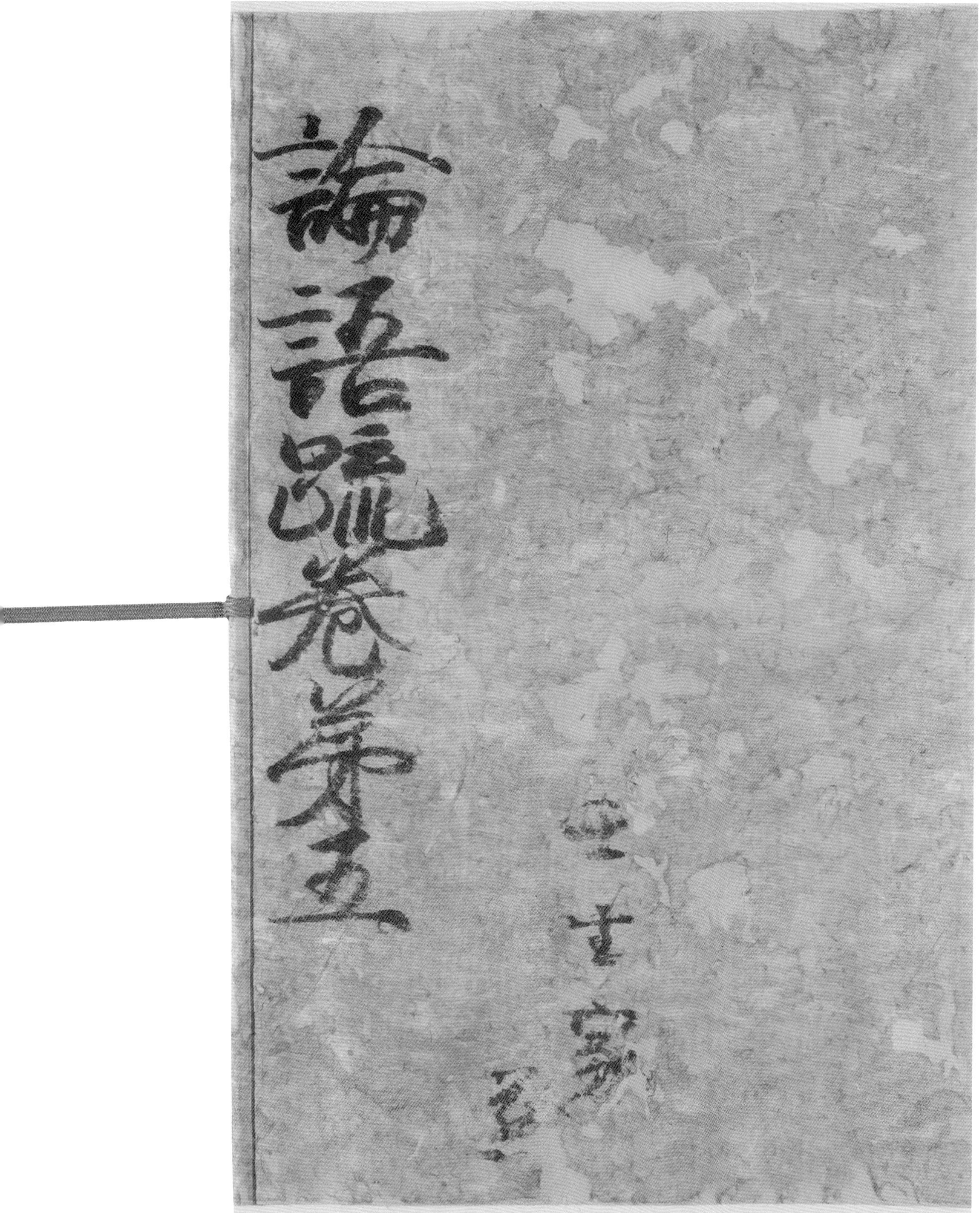

論語䟽卷第五

二十家
五

護首

襯頁

正面

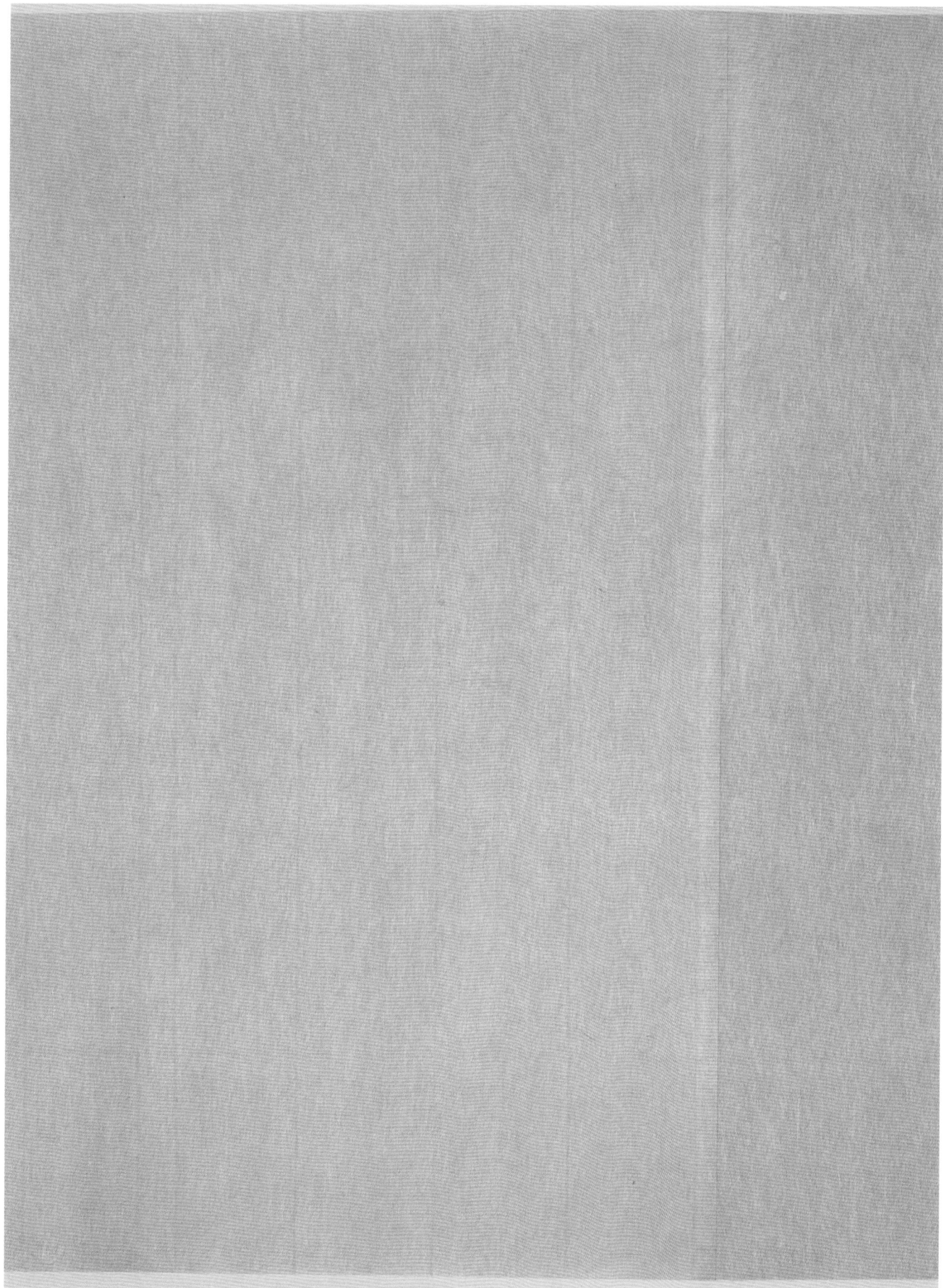

副葉

百家為黨〻〻名大□人
□廣也言大哉孔〻〻博學道藝□□□遍不□一□而稱者
□德蕩〻之民无能名也故王弼云譬猶和樂出乎八音然八音非其
□貫六流不可以一藝名家故曰□□也　注鄭玄曰達巷者黨名也五百□□□黨
此黨之人美孔子博學道藝不成名一而已也　子聞之謂門弟子曰吾何執
孔子聞達巷人美己故呼弟子而語之也□□既美我之博學而我□道藝何

以下原紙　　補紙

孔子聞達巷黨人語之也故於門弟子言語之也我之博學而於道藝

持執子欲自謙也執御乃執射布此執射之不及御也

許也言吾所執之弓矢又射乎射者事也將阿欲合射將自謙矣

成射吾寧執御者也 注鄭曰〔□〕人美之辭也將北指執御

茜也六藝謂五禮一曰吉禮二曰凶禮三曰賓禮四曰軍禮五曰嘉禮六曰此執之禮也

上五子曰麻冕禮也 禮謂周禮也周禮子欲為麻冕者也

山宗緇故曰麻冕禮也今也純 今謂周未孔將也此絲也周末不復用

外布但織絲為之故云今也此麻布用功臣多難得前為大者華以織絲

易之成之則為儉約故云今也吾從眾異其麻特先人也特先人從易用絲故

孔子云吾之從眾也所從之者因末難事大者華孔子從阿勢眾大者非儉

章得眾共用儉故孔子從之 注孔安國曰今也純絲冕兒通名也貴賤通名也

用無外蟠布也 注古者績麻升升為布以為之然絲也五易成故從儉也儉

九

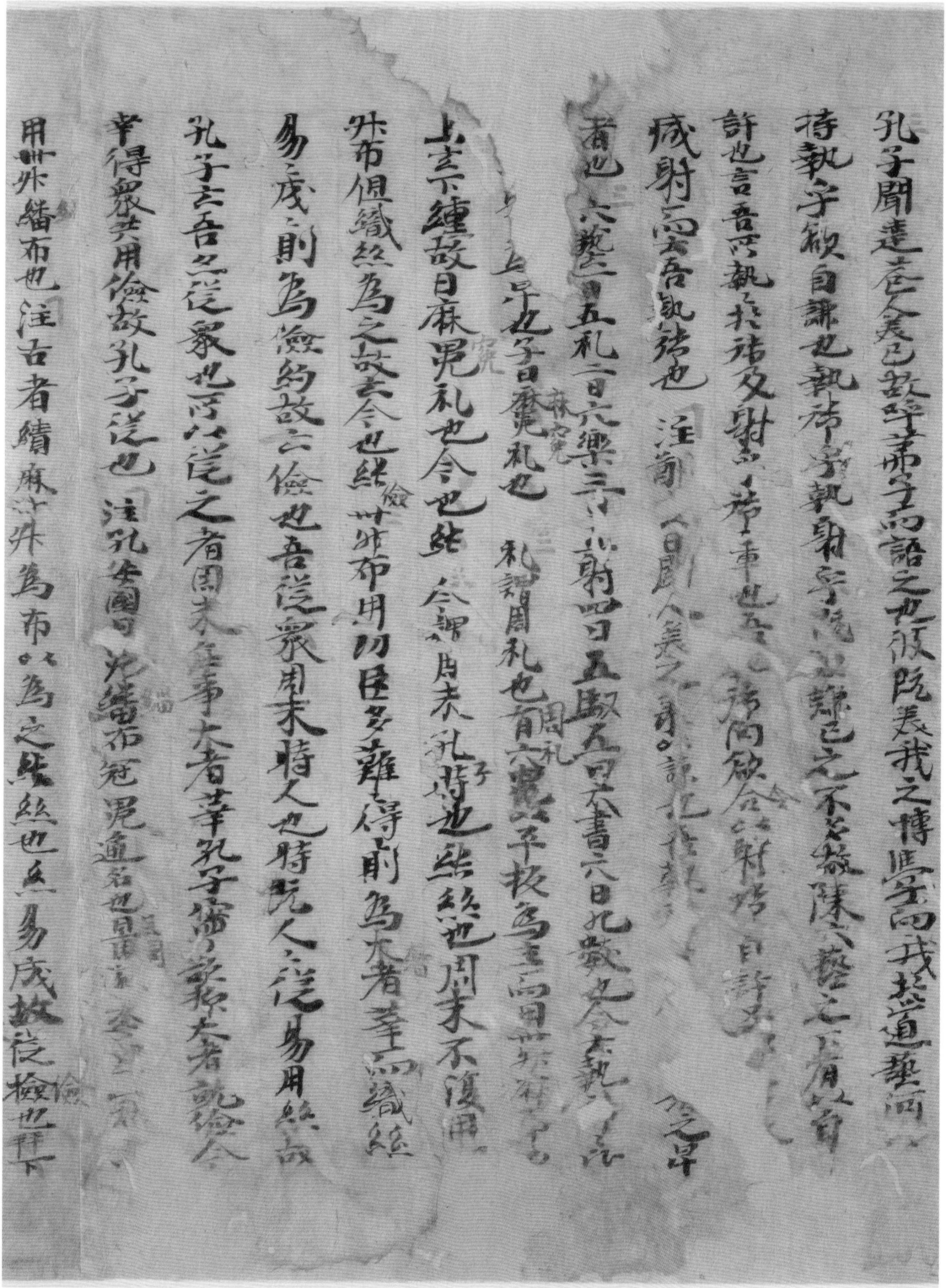

【第1張】

用卅升緇布也注古者績麻卅升為布以為之純絲也絲易成故從儉也拜下
禮也下謂堂下也禮君與臣燕臣得君賜酒皆下堂而再拜故云拜下禮
也今拜乎上泰也今謂周末孔子時也上謂堂上也泰驕泰也當于周末君臣交盛
臣得賜酒不復下堂但於堂上而拜故云今拜乎上泰也拜不下堂是由臣驕泰
故云泰也雖違衆吾從下　當時皆違禮而拜上者衆孔子不從拜上故云
雖違衆也違衆而從舊拜於下故云吾從下也　注王肅曰臣之與君行禮
者下拜然後升成禮　疏義云君燕於殯賓及君所賜爵皆降再拜稽首升成
拜明臣禮也案疏義之賓皆是臣也得君接及賜爵降〻堂再拜〻〻竟更升
堂又再拜謂為成〻拜〻者向在堂下之拜若禮未成然故更升堂以成也
注時臣驕泰故於上拜也　臣泰時如此也　注今從下禮之恭也　孔子欲從下
之禮是為恭也子絕四絕者无也明孔子聖人无此下四事故云絕四也不云无
而云絕者據世人以言之也四事世人未能絕而孔子絕之故云絕也故顏〻

而去絶者據世人以言之也四事世人未能絶而孔子絶之故去絶也故顔
延之云謂絶人四者也无意一也此謂聖人心也凡人有滯故動靜委之自任
用其意聖人无心之從若不係舟諸窮周道故无意也　注以道爲度故不任
意也无必二也　此聖人行化時也物求則赴无所抑无必故身歸進而与之是
也由无意故能爲化无必也　注用之則行舍之則藏無専必也无固三也　此聖人
已應物行化後也固謂執守堅固也聖雖已應物物若不能行則聖亦不追
固執之不亥三隅則不復是也亦由无意故能无固也　注无可无不可故无固行
也无我四也　此聖人行教功成身退之迹也聖人晦迹功遂身退恒不自異故无我
也亦由无意故能无我也　注述古而不自作處群萃而不自異唯道是從故
不有其身也　牢鞌也或問曰孔子或抵鶴悲或生德於予何得云無必无我
乎答云聖人作教應機不可滞今爲其逆浊慈地爲物所嫌恐心實知
此故正明否絶四以見本地也子畏於匡　心服曰畏匡宋地名也于時匡人誤

此故正明名絶四以見本地也子畏於匡心服曰畏匡宋地名也于時匡人誤
以兵圍孔子故孔子周物畏之孫綽云畏匡之説皆衆家之言而
不釋畏名解書之理爲謬夫體神知幾玄定安危者雖兵圍
百重安若太山豈有畏哉雖然兵事擬險常情所畏聖人無心故即
以物畏爲畏也　注包曰匡人誤圍夫子以爲陽虎也陽虎曾暴於匡
夫子弟子顔剋時又与虎俱後剋爲夫子御至匡匡人相与共識剋又
夫子容皃与虎相似故匡人以兵圍之也　注釋誤圍之由也曰文王既沒
文不在茲乎孔子得圍而自説已德欲使匡人知已也茲此也孔子自
此已也言昔文王聖德有文章宜須人傳之文章者非我而誰故云文王
沒文不在茲乎言此我當傳之也　注孔安國曰茲此也言文王雖已死其
文見在此自此其身也其身也天之將喪斯文也後死者不得与於

文見在此乎自此其身也其身也天之將喪斯文也後死者不得与於斯文也 既去傳文在我故更説我不可殺之意也斯文即文王之文章也後死孔子自謂也夫生必有死文王既沒巳然當幾但文王巳沒於前則巳方死於後故自謂為後死也言天若將欲喪棄文王之文章則不應令使我巳得預知識之也 注孔安國曰文王既沒故孔子自謂後死也言天將喪此文者本不當使我知之今使我知之未欲喪也天未喪斯文也匡人其如予何 天今使我知之是未欲喪此文也既未欲喪此文使巳傳之則匡人豈能違天而害我乎故云如予何也衛瓘曰若孔子自明非陽虎必謂之詐爰然而言若是匡人之知非陽而虎懼害賢所以危也 注馬融曰如予何猶言奈我也天未喪此文則我當傳之匡人欲奈我何言其不能違天而害巳也 江熙云言文王之道為後代之軌巳未得述上天之明必不使沒也太宰問於子貢曰夫子聖者与何

軌已未得述上天之明必不使沒也太宰問於子貢曰夫子聖者與何
其多能也太宰問孔子聖又聞孔子多能爲其心疑聖人務大不應
細碎多能故問子貢言孔子既聖其挪復多能乎 注孔安國曰大宰大夫官
名也卿大夫職有家宰故大宰故云是大夫官也 注或宋或吴未可分也既
唯云太宰不論名氏故不知何人爲吴有太宰嚭宋有太宰華督故云未可分
也然此應是吴臣何以知之魯哀公七年會吴于鄫吴子人徵百牢使子貢
辭於太宰嚭十二年公會吴于橐皋吴子使宰嚭請尋盟公不欲使子
貢對將徵此時宰嚭問子貢也但宋亦宰皆是孔子世遠或至後世所不論貫
注疑孔子多能於小藝也子貢曰固天縱之將聖又多能 子貢答曰孔子大
聖是天所固縱又使多能也固故也將大也 注孔安國曰言天固縱大聖
之德又多使能也子聞之曰大宰知我者 孔子聞大宰之疑而云知我則
許疑我非聖是也繆協云我信多能故曰知我 江邈云大宰嫌多能非聖

許疑我非聖是也繆協云我信多能故曰知我江熙云大宰嫌多能非聖
故云知我謙讓之意也吾少也賤故多能鄙事又說我非聖而以多能之
由也言我少小貧賤故多能為衆鄙之事也君子多乎哉不多也 更云君聖人
君子宜多能鄙事乎則不多也繆協云君子從物應務道達則務々齊々則
不多能也江熙云言君子所存達者不應多能也 注苞曰我少小貧賤常自
執事故多能鄙人之事君子固不當多能也 蔡謨云周礼百工之事皆聖人之
作也明聖人兼杖（材）備藝過人也 是以太宰見其多能固疑夫子之聖也子貢曰固
天縱之聖又多能故兼以謙也且抑非務言不以多能為君子也謂君子不當多能也
明兼才者自然多々能々者非所學所以先道德後伎藝耳非謂多能必不聖也 據
孔子聖人而多能斯伐柯之近鑒也 牢曰子云吾不試故藝 用試也 以牢述孔子言
緣我不被時用故得多學故藝也 繆協云此蓋所以不多能之義也言我若見
用將崇本息末歸純反素兼愛以忘仁遊藝以去藝豈唯不多能鄙事而已

【第3張】

緣我不被時用故得多學故藝也繆協云此蓋所以不多能之義也言〻我若見
用將崇本息末歸純反素兼愛以忘仁遊以藝去藝豈唯不多能鄙事而已
注鄭玄曰牢弟子〻牢也試用也言孔子自云我不見用故多能伎藝也子曰吾有知
乎哉无知也知〻謂有私意於其間之知也明聖人體道為度無有用意之知故
先問弟子云吾有知乎哉又云无知也明已不有知〻之意也即是无意也
注知者知意之知也　知意故用知為知也知聖人忘知故无知〻也　注知者言
未必盡若用知者即用意有偏故其言未必盡　注今誠盡也　我不知故於
言誠无盡也有鄙夫問於我空〻如也　此舉无知而誠盡之事也鄙夫鄙劣之
夫也空〻无識也言有鄙夫來問我〻心抱空虛如也我叩其兩端而竭焉
事之終始也言雖復鄙夫而又虛空來問於我〻无隱不以用知虛之故所
為其發事終始竭盡我誠也即是无意故李充云日月照臨不為愚智
易光聖人善誘不為賢鄙異教雖復鄙夫寡識而率其疑誠諮疑於

多先聖人善誘不爲費爾異教難復鄙夫寡識而率其疑誠諮疑於聖必示以善惡之兩端竭己以誨也 注孔安國曰有鄙夫來問我其意空空然我則發事之終始兩端以語之竭盡所知不爲有愛也 繆播云夫名由跡生故知從事顯無爲寂然何知之有唯其无也故能无所不應雖鄙夫誠問必爲盡其本末也

子曰鳳鳥不至河不出圖吾已矣 時人皆願孔子有人主之事故孔子釋己不得以塞之也言昔之聖人應王者必有鳳鳥河圖之瑞今天无瑞故云吾已矣已止也言吾已止无此事也 故繆協云夫聖人達命不復俟此乃知也亦遣[illegible]之事故理至乃言所以言者將釋衆庶之望也今天无此瑞吾已矣夫不得見也 注孔安國曰有聖人受命鳳皇至鱗鳳五靈王者之嘉瑞也 注河出河圖 聖人王則有龍馬負神龜負應王之圖書從河而出爲瑞也知龍圖授羲龜書畀姒也 注河圖八卦是也 八卦即易乾坤等八方之卦也龍負之出授伏羲也又孫綽云孔子所以發此言者以舉大聖之德兼才智稟絕異之質豐落殊才莫非得命

孔子所以發此言者以緊大聖之德萬〻皆稟絕異之質體落殊才英儒命
世蓋王德光于上將相備于下當世之君咸有忌難之心故稱此以徵己之不王絕天
達者之疑望也子見齊衰者此 孔子哀人有喪者也齊衰五服之第二
者也言齊則斬從可知而大功不預也冕衣裳者記孔子尊敬在位者也冕
衣裳者周禮大夫以上之服也大夫以上尊則士不在例也瞽与者記 孔子愍不成
人也瞽盲者也言与者盲者宜敬加与字以別之也言瞽者則聾者則聾者
者不預也疾聾輕於盲者也 注苞氏曰冕者冠也大夫之服也瞽盲者也見之雖少者必
言孔子見此三種人雖復年少孔子改坐而見之必為之起也過之必趍〻 疾行也 大明孔子若
行過此三種人必為之疾速不敢自脩容也苞窮辟去趍就之也 注苞氏曰作起也趍
趍疾行也此夫子哀有喪尊在位恤不成人也恤憂也 顏淵喟然歎曰
孔子至聖顏生上賢〻之聖道絕故顏致歎 注喟歎聲也仰之彌高
鑚之彌堅 此所歎之事也夫物雖高者若仰瞻則可覩也物雖堅者若鑚

鑚之彌堅　此所歎之事也夫物雖高者若仰瞻則可覩也物雖堅者若鑚鑚則可入也而顔於孔子道愈瞻愈高彌鑚彌堅非己廣測之能所於故孫綽云夫有限之高雖嵩岱可陵有形之堅雖金石可鑚若乃彌高彌堅鑚仰所不逹道故絶域高堅末可以力至也　注言不可窮盡也瞻之在前忽焉在後向明瞻鑚上下之絶域無明四方之無窮也若四方而瞻復爲參差遠故怳忽非已所定所以或後前也或　注言怳忽不可爲形象也　又如向説又一通云愈瞻愈遠故云瞻之在前也愈瞻愈後故云忽焉在後也故孫綽云馳而不及待而不至不行不動孰能測其私所哉江熙云慕聖之道其殆庶幾是以欲齊其高而仰之愈邈思等其深而鑚鑿愈堅尚並其前而俛仰塵絶此所以喟然者也夫子循然善誘人　又歎聖道雖懸而今人企慕也循〻次序也誘進也言孔子以聖道進勸人而有次序故曰善誘人也　注循〻次序貌也誘進也言夫子正以此道進勸人有次序也博我以文約我以禮此　以説善誘之事也博廣也文文章也言孔子廣以文章

【第4張】

人有次序也 博我以文約我以礼也 此説善誘之事也博廣也文文章也言孔子廣以文章誘引於我故云博我以文也又以礼教約束我故云約我以礼也 欲罷不能 文博礼束故我雖欲罷々止而不能文博礼束故我雖欲罷々止而不能止也 既竭吾才 既盡也才々力也我不能罷故盡竭我之才力學之也故孫綽云既以文章博我視聽又以礼節約我以中俯仰動止莫不景行才力已竭猶不能已罷猶罷息也 如有所立卓尓 此明絶地不可得之處也卓高遠皃也言雖自竭才力以學博文約礼而孔子更有所言述創立則卓尓高絶也 雖欲從之末由也已 末无也言其妙高絶雖已欲從之而無由可及也故孫綽云常事皆循而行之若有所異立卓然出乎視聽之表々猶天之不可階而升從之將何由也此顔孔所絶處也 注孔安國曰言夫子既以文章開博我又以礼節々約我使我欲罷而不能張已竭我才矣其有所立則又卓然不可及言已雖蒙夫子之善誘猶不能及夫子之所立也 子疾病 孔子々病甚也 注苞氏曰疾甚曰病 子路使門人為臣 子路以孔

死之也子疾病　孔子病甚也　注苞氏曰疾甚曰病子路使門人爲臣子路以孔子聖人宜爲人君且嘗爲大夫大夫有家臣今疾病恐忽終亡故使弟子行臣禮也故江熙云子路以聖人君道過之宜有臣猶禱上下神祇也注鄭玄曰孔子嘗爲大夫故子路欲使弟子行其臣之禮也病間曰久矣哉由之行詐也　孔子病少差曰間謂少差爲間者若病不差則病病相續無間斷也若少差則病勢斷絕有間隙也當孔子病困時不覺子路爲立臣至於少差皆見而歎子路行詐也言子路有此行詐之心非復一日故曰久矣也无臣而爲有臣　所以是行詐也吾誰欺欺天乎　我實无臣今汝詐立之持此詐欲欺誰乎天下人皆知我无臣則人不可欺今日立此欲是欲欺天故云欺天乎注孔安國曰少差曰間也言子路有是心非適今日也夫立臣事大非卒可立之故今立之是知有其心已久故也且予与其死於臣之手也无寧死於二三子之手　又以理喻之言在三事同若以親察而言則臣不及弟子也予我也二三子諸弟子也无寧寧也言使与我死於臣手則我寧死

言且其死於臣之手也無寧死於二三子之手 又以理喻之言在三事同若以親疏而言則
臣不及弟子也予我也二三子諸弟子也无寧寧也言使与我死於臣手則我寧死於
弟子手也臣礼既卷有〻方〻隔弟子无〻方〻則親也 注馬融曰无寧〻也二三子門
人也就使我有臣而死其手我寧死弟子之手乎也 且予縱不得大葬 又明在
三同也大葬臣葬君也君葬礼大故曰大葬也 注孔安國曰君臣礼葬之也予死於道
路乎 言縱不得君礼葬有二三子豈復被棄擲於道路乎言之必得葬
也 注馬融曰就我使不得以君礼葬有二三子在我寧當憂棄於道路
乎 子貢曰有美玉於斯 子貢欲觀孔子聖德藏用何知故事以諸裏否
也美玉辟孔子聖道也孔子有聖道可重如世間有美玉在此也 韞匵
而藏諸求善賈而沽諸 諸之也韞謂裹之也匵謂匱櫝之也善賈貴賈也
沽賣也言孔子聖道如美玉在此爲當韞匵而藏之爲當得價而賣
之假有人請求聖道爲當与之否耶 注馬融曰藏也匵也謂藏匵中也

【第5張】

之假有人請求聖道寧當與之否耶　注馬融曰藏也匵也謂藏諸匵中也
沽賣也得善賈寧肯賣之耶　子曰沽沽之之哉哉　荅曰求不衒賣之
也故重云沽之哉明不衒之深也我待賈者也　又言求雖不衒賣然求亦待
貴賈而有求者則與之也　注苞氏曰沽之哉不衒賣之辭也我居而待賈之
辭也我居而待賈者也　王弼云重言沽之哉賣之不疑也故孔子乃聊諸侯
以急行其道也　子欲居九夷　孔子聖道不行於中國故託欲東往九也又如欲乘
桴浮海也　注馬融曰九夷東方之夷有九種也　四方東有九夷一玄菟二樂浪三
高麗四滿飾五鳬臾六索家七東屠八倭人九天鄙　南有八蠻一天竺二咳
首三焦僥四跂踵五穴胷六儋耳七狗軹八旁春　西有六戎一僥夷二依白三職皮四耆
羌五鼻息六天罡　北有五狄一月支二穢貊三匈奴四單于五白屋　或曰陋如之何　或人不達
孔子意謂之賓之居故云陋如之何言夷狄鄙陋不可居也　子曰君子居之何陋之
有　孔子荅云君子所居即化豈以鄙陋為疑乎不復遠申己意也　孫綽云九夷所

奔　孔子答云君子所居即化豈以鄙陋爲疑乎不復遠申己意也孫綽云九夷所
爲陋者以无礼義也君子所居者化斯陋者泰也　注馬融曰君子所居者皆化
之也聖人所在則化九夷變中夏也子曰吾自衛反於魯然後樂正雅頌各得
所　孔子去魯後而魯礼樂崩壞孔子以魯哀公十一年從衛還魯而刪詩
定礼故ゝ音ゝ得ゝ正ゝ所以雅頌之詩各得其本所也　注鄭玄曰反魯ゝ哀公十一年冬
也是時道衰樂廢孔子來還乃正之故雅頌各得其所也　雅頌是詩義
之美ゝ者ゝ既正則餘者正者亦可知也子曰出則事公卿　公君也卿長也人子
之礼移事父孝以事於君則忠移事兄弟以事於長則從也故出仕朝
廷必事公卿也入則事父兄　孝以事父悌以事兄還入閨門盡其礼也先云
朝廷後云閨門者罰已仕者也猶仕而優則學也喪事不敢不勉ゝ
殫也父兄天性續莫大焉公卿義合厚莫重焉ゝ若有喪事則不敢不
勉強也不爲酒困唯酒无量不及亂時多亂故戒之也衛瓘云三事爲

勉强也不為酒困唯酒无量不及乱時多乱故戒之也衛瓘云三事多酒興也保案如衛意朝廷閨門乃有喪者並不為酒所困故云三事為酒興也何有於我哉 言我可能行此三事故何有於我哉又一云人若能長如此則何復須我故云於我何有哉也縁人不能長故有我應世耳 注馬融曰困乱也子在川上曰逝者如斯夫不舍晝夜 逝往去之辭也孔子在川水之上見川流迅邁未嘗停止故歎人年往去亦復如此向我非今我故云逝者如斯夫也斯此也夫語助也日月不居有如流水故云不舍晝夜也江熙云言人非南山立德立功俛仰時過臨流興懷能不慨然聖人以百姓心為心也孫綽云川流不舍年逝不停時已晏矣而道猶不興所以憂歎 注苞氏曰逝往也言凡往者如川之流也子曰吾未見好德如好色者也 時多好色而无好德孔子患之故曰未有也以厲之也 注疾時人薄於德厚於色故以此言也本注云責其心也子曰譬如為山未成一簣止吾止也此戒人為善垂成而止者也簣土籠也

【第6張】

注云簣其心也子曰譬如為山未成一簣止吾止也此戒人為善垂成而止者也簣土籠也
言人作善善垂之而止前善事不成如為山垂足唯少一籠土而止則山不成此是
建功不篤与不作无異則吾亦不以其前功多為善如為善一不成吾亦不美
其前功多也故云吾止也　注苞氏曰簣土籠也此勸人進於道德也為山者
其功雖已多未成一籠而中道止者我不以其前功多而善之也見其志不
遂故不与也譬如平地雖覆一簣進吾往也　此將人始為善而不住者也
譬於平地作山山乃須多土而始覆一籠一籠雖少交是其有欲進之心可嘉
如人始為善善乃未多交求進之志可重吾不以其功少而不重重之有勝於
垂成而止者故云吾往也　注馬融曰平地者將進加功雖始覆一簣我不以其
見功少而薄之據其欲進而与之也子曰語之而不惰者其回也　惰疲懈
也餘人不能盡解故聞孔子語而有疲懈唯顔回體之故聞語即解所以云語之
不惰其回也与　注顔淵解故語之不惰餘人不解故有惰語之時也子謂顔淵曰

不惰其回也与　注顔渕解故語之不惰餘人不解故有惰語之時也子謂顔渕曰惜乎吾見其進也未見其止也　顔〻渕死後孔子有此歎也言見進未見止惜其神識猶長也然〻顔渕分已滿至於屢空而此云未見其止者勗引之言也故殷仲堪云夫賢之所假一語而盡豈有弥進之實子蓋其軌物之行日見於迹夫子從而咨嗟以盛德之業也　注馬融曰孔子謂顔〻渕進益未止痛惜之也子曰苗而不秀者有矣夫秀而不實者有矣夫　又為歎顔渕為譬也万物草木有稼苗蔚茂不経秀穗遭風霜而死者又亦有雖能秀穗而値弥氣不能粒實者故並云有是夫也物既有然〻故人亦如此〻所以顔渕摧蘭於早年矣　注孔安國曰言万物有生而不育成者喻人亦然也子曰後生可畏也　生謂年少在己後生者也可畏有才學可心服者也焉知來者不如今也　焉安也來者未來之事也今謂我今師徒也後生既可畏亦安知未來之人師徒教化不如我之今日乎不可誣也　注後生謂年少也卌五十而无聞焉斯亦

師徒教化不如我之今日乎不可誣也　注後生謂年少也卌五十而无聞焉斯亦不足畏也已　又言後生雖可畏若年卌五十而无嚴譽聞達於世者則於人亦不足可畏也孫綽云年在知命夢然无聞不足畏也　子曰法語之言能无從乎改之為貴　言彼人有過失若我以法則語之彼人聞法當時无不口從而言已當不敢復為也故云能无從乎但若口雖從而身為失不止者則此口從不足之為貴也我所貴者在於口從而行之改者貴故云改之為貴也　注孔安国曰人有過以正道告之口无所不順從之能必改乃為貴也　巽與之言能无悦乎繹之為貴　巽恭遜也繹尋續也言有彼人不遜而我謙遜與彼共言故云遜與之言也彼不遜者得我遜言彼之必足持遜為悦故云能无悦乎然雖悦人遜己而己不能尋續行遜事是悦不足之為貴也我所貴者在於尋續行遜耳故云繹之為貴也　注馬融曰巽恭也謂恭遜謹敬之言也聞之无不悦者也能尋續行之乃為貴也　説而不繹從而不改吾末如之何也已矣　不繹不改聖所不教故孔子云末如之何也末无也孫綽云疾夫形服心

【第7張】

之何也已矣 不繹不改聖所不教故孔子云末如之何也末无也孫綽云疾夫形服心
不化也子曰主忠信无友不如己者過則勿憚改 此事再出所以然者范寧云聖人應
物作教一事時或再言弟子重師之訓故又書而存焉 注慎所主所友有過務改皆所
以為益者也子曰三軍可奪帥也匹夫不可奪志也 此明人能守志雖獨夫之不可
奪若其心不堅雖衆必傾故三軍可奪匹夫无回也謂為匹夫者言其賤但夫
婦相配匹而已也又云古人質衣服短狹二衣裳唯共用匹故云匹夫匹婦也
注孔安国曰三軍雖衆人心不一則其將帥可奪而取匹夫雖微苟守其志不可得
而奪也子曰衣弊縕袍与衣狐貉者立而不恥者其由也与 衣猶著也弊敗也縕枲
著也狐貉輕裘也由子路也當時人奢華皆以惡衣為恥〻子路能果敢
率素雖服敗麻枲著袍裘与服狐貉輕裘者並立而不為著恥故
云其由与 注孔安国曰縕枲著也 以碎麻著裘也碎麻曰縕故絮亦曰縕
王蔡曰縕為袍是也顏延之云狐貉縕袍誠不足以榮恥然自非勇於

王蔡曰縕爲袍是也顏延之云狐貉縕袍誠不足以榮耻然自非勇於
見義者或以心戰不能素泰也不忮不求何用不臧 孔子更說疾貪惡
之詩證子路意美也忮害也求貪也臧善也言子路人身不害物不貪求
德行如此何用不謂之爲善乎言其善也 注馬融曰忮害也臧善也言不
忮害不貪求何用爲不善 疾貪惡忮害之詩也子路終身誦之子路得孔美已以
爲美故終身長誦不忮不求何用不臧之言也子曰是道也何足以臧
孔子見子路誦之不止故抑之也言此不忮不求乃可是道亦何足過爲善
而汝誦之不止乎言尚復有勝於此者也顏延之云懼其伐善也 注馬融
曰臧善也尚復有美於是者何足以爲善也子曰歲寒然後知松柏之後彫也
欲明君子德性与小人異也故以松柏匹於君子衆木偶乎小人矣言君子小
人若同居聖世君子性本自善小人服從教化是君子小人並不爲惡故
堯舜之民比屋可封如松柏与衆木同處春夏松柏有心故本蔥蘢

堯舜之民比屋可封如松栢与衆木同處春夏松栢有心故本茂蕃
衆木隨時之盡其茂美者也若至无道之主君子秉性无迴故木彡
惡而小人无復忌憚即隨世變改故桀紂之民比屋可誅譬如松栢衆木
同在秋冬松栢不改柯易葉衆木枯零先盡而此云歲寒然後知松栢後彫
者就如平叔之意若平歲之寒衆木猶有不死不足致別如平世之小人亦有
脩飭而不變者唯大寒則衆木皆死大亂則小人悉惡故云歲寒也又云然後
知松栢後彫者後非俱時之目彫非枯死之名言大寒冬之後松栢形彫衰而
心性猶在如君子之人遭值積惡外逼闇世不得不遜跡從隨時是小彫
矣而性猶不變如松栢也而琳公曰夫歲寒別木遭困別士寒嚴霜降知
松栢之後彫謂凡木也遭世小人自變君子不改其操也 注大寒之歲衆木皆
死然後松栢小彫傷平歲則衆木亦有不死者故須歲寒而後別之喻凡

【第8張】

知然後松栢小彫傷乎歲則衆木亦有不死者故須歲寒而後別之喻凡
人處治世亦能自脩整与君子同在濁世然後知君子之不改容也 子曰智
者不惑 此章談人性各不同也智以照了為用故於事无疑惑也故孫綽云
智能辯物故不惑也 注苞氏曰不惑亂也 仁者不憂 憂患也仁人常救濟
為務不當侵物故不憂之不見物侵患也孫綽云安於仁不改其樂无
憂也 注孔安国曰无憂患也 内省不疚故无憂患也 勇者不懼 勇以多力為
用故无怯懼於前敵也繆協云見義而為不畏彊禦故不懼 子曰可以共學未可与
適道 此章明權道之難也夫正道易行權逹既欲明權故先正起有一部所
學之道也言凡人乃可与同處師門共學而已既未得彼性則未可便与為
友共適所志之道也 注適之也雖學或得異端未必能之道也異端非正典
也人各有性彼或不能窮學正道而唯讀能史子故未可便与之共之於正
道也可与立 立謂議之立也亦人性各異或能學問而未必能建立世中正事者

道也可與立　立謂識之立也凡人性各異或能學問而未必能建立世中正事者
故可與共適所學之道而未便可與共立事也　注雖能之道未能必有所立
也可與立未可與權　權者反常而合於道者也自非通變達理則所不能故
唯可共立於正事而未便與之為權也故王弼云權者道之變變无常體神
而明之存乎其人不可豫設尤至難也　注雖能之道未必能權量其輕
重之極也　能權量輕重即是曉權也張憑曰此言學者漸進階級之次耳
始志於學求發其蒙而未審所適道也既向方矣而信道未篤則所立未固
也既固又未達變通之權也明知反而合道者則日勸之業亹亹之功其幾乎此矣
唐棣之華偏其反而　引明權之逸詩以證權也唐棣棣樹也華花也夫樹木之華
皆先合而後開唐棣之花則先開而後合譬如正道則行之有以而權之為用
反後至於大從故云偏其反而也言偏者明唯其道偏與反常豈不爾思室
是遠而言凡思其人而不得見者其居室遙遠故也人豈不思權權道玄邈其

是遠而言凡思其人而不得見者其居室盡遠故也人豈不思權〻道之邈其
室奧遠故也　注逸詩也唐棣〻也華反而後合賦此詩以言權道反而至於大順
也初並逆而後從　注思其人而不得者其室遠也以言思權而不得者其道遠也言
未之思也夫何遠之有　又叙孔子言證權可思也言權道易思但未有思
之〻者耳若反道而思之則必可得故云夫何遠之有也　注夫思者當思
其反〻是不思所以為遠也能思其反何遠之有言權可知唯不知思耳思之
有次斯可知矣

鄉黨　第十

孔子於鄉黨　此一篇至末並記孔子平生德行也於鄉黨謂孔子還家教
化於鄉黨中時也天子郊內有鄉黨郊外有遂鄙孔子居魯〻
諸侯今云鄉黨當知諸侯亦郊內為鄉郊外為遂也孔子家當在
魯郊內故云於鄉黨恂〻如也　恂溫恭貌也既還鄉〻里〻宜須和恭以

魯郊内故云於鄉黨恂恂如也　恂恂溫恭皃也既還鄉黨宜須和恭以
相接故恂恂如也似不能言者　既其溫恭則言語寡少故往觀之如
似不能言者也　注王肅曰恂恂溫恭皃也其在宗廟朝廷便便言唯
謹尓　謂孔助君祭在宗廟及朝廷也既在君朝應須詶答及入大廟
每事須問並不得不言也言須流便便言也言雖流便而必謹敬故云唯
謹尓　注鄭玄曰便便辯也雖辯而謹敬朝與下大夫言侃侃如也侃侃和樂皃也　下大
夫賤孔子与之言宜用將接故和樂如也　注孔安國曰侃侃和樂皃也与上大夫
言誾誾如也　上大夫卿也誾誾中正皃也卿貴不敢和樂接之宜以謹正相對
故誾誾如也　孔注孔安国曰誾誾中正皃也君在踧踖如也　君在謂君出視
朝時也踧踖恭敬皃也私居每日旦諸臣列在路門外以朝君君至日出而
視之之則一一揖卿大夫而都一揖士當此視朝之時則臣皆起恭敬之之
皃故孔子踧踖如也与与如也雖須踧踖又不得急速所以形容舉動每

貌故孔子踧踖如也与与如也雖須踧踖又不得急速所以形容舉動每
須与与如也与与猶徐徐也所以恭而安也　注馬融曰君在君視朝也踧踖
恭敬皃也与与威儀中適之皃也君召使擯　者為君接賓也謂有
賓來召己迎接之也　注鄭玄曰使擯者有賓使迎之也　身不云始
為上擯大夫為承擯士為末擯是也色勃如也　既召己接賓故己宜变色起
敬故勃然知也　注孔安國曰必變色也足躩如也　躩盤辟皃也既被召不敢
自容故速行而足盤辟也故江熙云不暇閑步躩躩速皃也
注苞氏曰盤辟皃也　盤辟即是轉速也揖所与立左右手衣前
後襜如也　此謂君出迎賓己為君副列擯時也賓副自介主人副
日擯且作猷圖而言若言語之法也介至主人大門外西之而[illegible]
九十步而下車面向北而倚賓則九副在賓北而東向鴈逝而西北在柵
五步之中主人出門東邊南向而倚主人是公則五擯主人是侯伯則四

五步之中主人出門東邊南向而俟主人是公則五擯主人是侯伯則四
擯主人是子男則三擯不隨不隨命主人謙故並用強半之數也今陳
擯在主之南而還迴而東南又在卅五步之中使主人下擯与賓下介相對爲
閒相去三丈六尺列賓主介擯既竟主人語上擯使就賓請辭問所以來
之意於是上賓相傳以至於下擯〻進前揖賓之下介〻而傳語問之下介傳
問而上以次至賓〻答語使上介傳以而下至下介〻下介又進揖下擯〻傳而上以
至主人凡相傳雖在列行當授言語之時皆半轉身俠手相揖既並立而
相揖故云揖所与立也若揖左人則移其手向左若揖右人則移其手向右故
云左右手也既半迴身左右迴手當使身上所著之衣必襜〻有容儀也
故江熈云揖兩手衣裳襜如動也　注鄭玄曰揖左人左其手揖右人右其手
俛一仰衣前後則襜如也趍進翼如也謂擯迎賓進在廷行時也翼如

【第10張】

俛一仰衣前後則襜如也趨進翼如也謂擯迎賓進在庭行時也翼知謂端正也徐趨衣裳端正如鳥欲翔舒翼時也　注孔安國曰言端好也賓退必復命曰賓不顧矣　謂君使已送賓時也復命反命也反命謂初受君命以送賓賓退已退故返還君命以白君也賓若已去反命白君道賓已去也云不顧者舊云主人若禮送賓賓不足則賓猶迴顧若禮已足則賓直去不復迴顧此則明送賓禮足故云不顧也　注鄭玄曰復命白賓已去也　君道賓已去也然云賓已去久是不復來見顧也入公門鞠躬如也如不容　公君也謂孔子入君門時也鞠曲斂也躬身也臣入君門則自曲斂身也君門雖太而已恒曲斂如君門之使不見容受為也　注孔安國曰斂身也立不中門謂在君門倚立時也中門謂棖闑之中也門中央有闑闑以礙門兩扇之交處門左右兩橽邊各豎一木名之為棖棖以禦車過恐棖觸門也闑東是之道闑西是賓行之道而臣行君道示係屬於君也臣若倚立時則不得

之道闑西是賓行之道而臣行君道示係屬於君也臣若行天時則不得
君所行棖闑之中央當中時不敬故云不中門也不履閾履践也閾限棖也
若士入時則不得践君之門限也所以然者其有儀二一則忽上升限似自高矜
二則人行跨限己若履之則汚〻限〻則汚跨者之衣也　注孔安國曰閾門限也
過位色勃如足躩如也　謂臣入朝君時也位君常所在外之位也謂宁屏之閒
楣屛之處也即君雖不在此位可尊此位故臣行入從位邊過而色勃足躩
為敬也　注苞氏曰過君之空位也其言似不足者既入過位漸以近君故
語細下不得多言知言不足之状也不足以義不能也攝齊升堂鞠躬如
也攝摳也至君堂也齊裳下縫也既至君當堂外之末外之前而摳〻
提裳前使齊下去地一尺故曰攝齊外堂也外堂將近君故又自斂鞠躬也
也攝齊者為將屢蹶行跌也屛氣似不息者屛疊除之息也息之氣
已至君前當疊藏其氣知似无氣息者也不得咆咻根君也　注孔安國曰皆〻

已至君前當疊藏其氣知似无氣息者也不得咆唥棖君也　注孔安國曰皆一
重慎也衣下曰齊攝齊者摳衣也　曲礼云兩手摳衣去齊尺是出降一等逞顏
色怡怡如也　降下也逞申也出降一等謂見君已竟而下堂至階第一級時也初
對君時既屏氣氣故出降一等而申氣氣申則顏色亦申故顏容怡悅悅也
注孔安國曰先屏氣下階舒氣故怡怡如也　沒階趨進翼如也　沒猶盡也盡
階謂下諸級盡至平地時也既去君遠故又徐趨而翼如也　注孔安国曰沒盡也
下盡階也　復其位踧踖如也　位謂初入時所過君之空位也今出至此而復踧踖
為敬也　注孔安国曰來時所過位也　執圭鞠躬如也如不勝　謂為君出使聘
問鄰国時也圭者瑞玉也周礼五等諸侯各受王者之玉為瑞信公桓圭九寸侯
身圭七寸伯躬圭七寸子穀璧五寸男蒲璧五寸若五等自執朝王則各如
其寸數君使其臣出聘鄰国乃各執其君之玉而皆減其一寸也今云執圭魯

其寸數君使其臣出躬國乃各執其君之玉乃各咸其寸也今云執圭者々侯々執身圭則孔子執々君之身圭也初在國及至他國執圭皆為敬慎在雖輕而已執之恒如圭重己不能勝故曲身如不勝也　注范氏曰為君使躬聘鄰國執則君之圭鞠躬者敬慎之至也上如揖許而授圭時容儀也上如揖謂就下取玉授与人時也人俯身為敬故如揖時也下如授謂奠玉置地時地也雖奠置地之徐々俯僂如授与人時也勃如戰色　適謂執行及授受時之顏色也人臨陳鬪對戰則色必懼怖故今重君之玉使己顏色恒如戰時也足蹜々如有循也　謂舉玉行時容也蹜々猶蹴々也循猶緣循也言舉玉行時不敢廣步速進恒如足前有所就有所緣循也　注鄭玄曰上如揖授玉宜敬也下如授不敢忘礼也戰色敬也足蹜々如有循舉前曳踵行也解蹜々之有循之事也舉足前恒使不至地而踵曳不離地如車輪也享礼有容色享者躬後之礼也夫諸侯朝天子及五等更相朝躬礼初至皆先單執玉行

享者聘後之禮也夫諸侯朝天子及五等更相朝聘禮初至皆先單執圭玉行
禮〻玉謂之為朝使臣禮主國之君謂之君謂之為聘〻問也政言久不相見
使臣來問於安否也既是初至其禮質敬故无他物唯有瑞玉表至誠而已
行朝聘既竟次行享禮享者獻也亦各有玉〻不與聘玉同又皆有物將之或用
皮馬或用錦繡又獻土地所生羅列滿庭謂之庭實其中差異不復曲論
但既是次後行禮以多為貴則質敬之事稍輕故有容貌采章及物以
行事故云有容色也　注鄭玄曰享獻也聘禮既聘而享〻用圭璧有庭實
也亦有圭璧所執不用同聘時也　私覿愉〻如也　私非公也覿見也愉〻顏色和
也謂行聘享公禮已竟別日使臣私齎己物以見於主君故謂為私覿
也既私見非公故容儀轉以自若故顏容有和悅之色无復勃戰之容也
注鄭玄曰覿見也既享乃以私禮見愉〻顏色和也　私禮謂束錦乘馬
之屬也　君子不以紺緅飾　君子者自士以上也　衣服有法不可雜色也

注鄭玄曰覿見也既享乃以私禮見愉愉顏色和也　私禮謂束帛乘馬
之屬也君子不以紺緅飾　君子者自士以上也衣服有法不可雜色也
紺緅者孔意言紺是玄色緅是淺絳也飾者衣之領袖緣也言
不用紺緅為衣領袖緣者玄是齊服若用紺為衣飾是似衣齊
服故不用也又三年之喪練而受淺絳為緣也若用緅為衣飾是似
衣喪服故不用也故云君子不紺緅飾也　注孔安國曰一入曰緅飾者不以
為領袖緣也紺者齊服盛色以為飾似衣齊服也緅者三年練
以緅為飾衣為其似喪服也故皆不飾衣也　然案孔以紺為齊服
盛色或可言緅深於玄為似齊服故不用也而孔家三年練以緅
為深衣領緣不云用緅且撿考工三入為纁五入為緅七入為緇則
緅非復淺絳明矣故解者相兼皆云孔此注誤也紅紫不以為
褻服　紅紫非正色也褻服私褻之服非正衣也褻尚不衣

褻服 紅紫非正色也褻服私褻之服非正衣也褻尚不衣
則正服故宜不用也所以言此者為時多重紅紫棄正色故孔
子不衣之也故後卷云惡紫之奪朱也 注王肅曰褻服私居非
公會之服也皆不正褻尚不衣正服無所施也 鄭注論語緅紫
玄之類也紅纁所之類也玄纁所以為祭服尊其類也紺緅石
染不可為衣飾紅紫草染不可為褻服而已 飾謂縁
也侃案五方正色青赤白黑黄五方間色綠為青之間紅為赤之
間碧為白之間紫為黑之間流黄為黄之間也故不用紅紫言
是間色也所以為間者穎子嚴云東方木〻色青木克土〻色黄
以青加黄故為綠〻為東方間也又南方火〻色赤火克金〻色白以赤
加白故為紅〻南方間也又西方金〻色白金克木〻色青以白加青
故為碧〻為西方間也又北方水〻色黑水克火〻色赤以黑加赤故

故爲碧〻爲西方間也又北方水〻色黑水克火〻色赤以黑加赤故爲紫〻爲北方間也又中央土〻色黄〻土克水〻色黑以黄加黑故爲流〻黄〻爲中央間也流黄〻黑之色也又一法云東甲乙木南丙丁火中央伐(代)己土西庚辛金北壬癸水以木克土以代(代)妹己嫁木甲是黄入於青故緑(緑)也又火克(克)金庚以妹辛嫁於丙是白入於赤故爲紅也又金克木甲以妹乙嫁庚是青入白故爲碧也又水克火丙以妹丁嫁於壬是赤入黑故爲紫也又土克水壬以妹癸嫁於代是黑入黄故爲流黄也矣當暑縝絺綌必表而出　暑熱也縝單也絺細練葛也綌大練葛也表謂加上衣也古人冬則衣裘夏則衣葛也若在家則裘葛之上无別加衣若出行接賓皆加上衣當暑雖熱絺綌可單若出不可單則必加上衣故云必表而出也然裘上出亦加衣而獨云當暑絺綌者嫌暑熱不加故特

也然裘上出之加衣而獨云當暑絺綌者嫌暑熱不加故特明之也然又衣裏裘必隨上衣之色使衣裘相稱則葛之爲衣之未必隨上服之色也 注孔安國曰暑則單服絺葛也必表而出加上衣也緇衣羔裘 之色既隨衣故此仍明裘上之衣也緇深黑七入者也玄則六入也羔者烏羊也裘与上衣相稱則緇衣之内故羔裘也緇衣服者玄冠十五升緇布衣素積裳也素積者用素爲之辟積攝之无數故云素積也此是諸侯日視朝之服也諸侯視朝与群臣同服孔子是魯臣故亦服此服以日朝君也素衣麑裘 素衣謂衣裳並用素也麑鹿子也鹿子色近白与素微相稱也謂國有凶荒君素服則群臣從故孔子魯臣亦服之也喪服則大鹿爲裘故檀弓云鹿裘横長袪是也此凶荒之服既故裘用鹿子鹿子文勝於大鹿也或云太鹿蜡祭百物之神皮弁素服

【第13張】

[illegible]
故裘用麑〻子〻文勝於大麑也或云太麑蜡祭百物之神皮弁素服
也故鄭注郊持皮弁素服而祭以送終也云素服衣裳皆素也
黄衣狐裘　此服謂蜡祭宗廟五祀也歲終大蜡報功象物色
黄落故着黄衣黄冠而狐貉亦黄故持裘以相稱也孔子
爲臣助蜡祭亦隨君之黄衣也故禮運云昔者仲尼預於蜡賓
是也鄭玄曰郊持黄衣黄冠而祭謂既蜡而臘先祖五祀也又
云論語曰黄衣狐裘案鄭以論語黄衣即是郊特牲蜡臘祭廟服也
注孔安國曰服皆中外之色相稱也　褻裘長短右袂　褻裘謂家
常着之裘也上无加衣故不云衣也家居主温暖故長爲之也而右
臂是有事之用故短爲右袂便也袂謂衣袖屬身者也若手關袖
袂者則名袪亦曰袖也　注孔安國曰私家裘長主温也短右袂便作
事也　必有寢衣長一身有半　寢衣謂被也被宜長故一身有半也

爭也必有寢衣長一身有半 寢衣謂被也被宜長故一身有半也
注孔安國曰今之被也狐貉之厚以居此謂在家接賓客之裘也家
居主温故厚爲之也既接賓客則其上亦應有衣也 注鄭玄曰
在家以接賓客也 然前蓑亦應是狐貉之厚也去喪无所不佩
去喪謂三年喪畢喪已除也无所不佩謂已今吉所宜得佩者悉
佩之也嫌既經既喪親總除服後猶宜有異故特明之也 注孔安
國曰去除也非喪則備所宜佩也 備佩所宜佩也各爲太夫而玄冕玄侯
冕衛之屬及玉佩之儔也 非帷裳必殺之 帷裳謂帷幔之屬也殺謂
縫之也若非帷裳必縫殺縫之面置裏不殺之面在外而帷裳但
刺連之如今眠帊不有裏外殺縫之異也所以然者帷幔内外並爲人
所見必須飾故刺連之而已也所以喪服之衣裏内削幅裳外削幅鄭
玄注曰削猶殺也而鄭注此云帷裳謂朝祭之服其制正幅如帷也

玄注曰削猶殺也而鄭注此云帷裳謂朝祭之服其制正幅如帷也
非者謂餘衣也殺之者削其幅使縫齊倍要也 注王肅曰衣必有
殺唯帷裳无殺也 羔裘玄冠不以弔 〻弔喪也喪凶主素故玄冠
不用弔也 注孔安国曰凶主素吉主玄吉凶異服也 吉月必朝服而
朝 吉月者月朔也朝服者已言朝唯是玄冠緇布衣素積
裳今此云朝服謂皮弁十五升白布衣素積裳也所以然謂為朝
服者天子用之以日視朝今云朝服是從天子受名也諸侯用之以視
朔孔子魯臣之得与君同服故月朔必服之也然魯自文公不
視朔故子貢欲去告朔餼羊而孔子是哀公之臣應无随君視朔之
事而亦必服也當是君雖不視朔而孔子月朔必服以朝是我愛其
礼也 注孔安国曰吉月〻朔也朝服皮弁服也 皮弁以鹿皮為弁〻之形如祭

礼也 注孔安国曰吉月〻朔也朝服皮弁服也 皮弁以鹿皮為弁〻服如祭酒道士扶容冠而无邊葉也身著十五升白布衣素積裳而頭〻皮弁也天子皮弁服以朔着素錦衣狐白裘諸侯皮弁以祭服内着狐黃裘黃〻錦衣也卿大夫不得衣錦而皮弁服内當着麑裘黃(青)衦袖殺衣以楊之者也寢必有明衣而(布)也 謂浴晞所着之衣也浴竟身未燥未堪著好衣又不可露宍故用布為衣如衫而長身也着之以待身燥故玉藻云君衣布晞身是也 注孔安国曰以布為沐浴衣也 然浴特乃用布使身完燥江長云沐者當是沐時〻衣此服置衣上以辟(避)身濕也音必變食 方應接神欲自潔淨故變其常(人之) 注孔安国曰改常(食)也(居)必遷坐〻不坐恒(恒)居之室也故於祭前先散齋於路寢門外七日又致齋於路寢中三日也故范寗云齋以敬潔為[illegible]明神明之享故改常之食遷居齋室也 注孔安国曰易處也食不厭

神明之享故改常之食遷居齊室也　注孔安國曰易處也食不厭
精此兼明平常礼也食饌則誤人生病故調和不厭精絜也膾
不厭細〻切魚及宍皆曰鱠也既腥食之故不厭細也食饐〻謂食
経久而腐臭也而餲〻謂経久而臭惡也如乾肉久而味惡也　注孔安
國曰饐餲臭味変也餲味変也尒雅云食饐謂之餲李巡注云皆飲
食壞敗之名也　魚餒〻謂魚臭壞也魚敗而餒〻然也而宍敗宍
臭壞也尒雅云宍謂之敗魚謂之餒李巡云宍敗久則臭魚餒宍爛
不食　自食饐而餲以下並不可食也　注孔安国曰魚敗曰餒也色
惡不食〻失常色是為色〻惡〻則不可食也臭惡不食　臭〻惡〻
飪〻臭不宜人故不食也失飪不食〻謂生熟節也者食或未熟
或已過熟並不食也　注孔安国曰失飪失生熟之節也不時不食
不時非朝夕日中時也非其時則不宜人故不食也江熙云不時謂

不時非朝夕日中時也非其時則不宜人故不食也江熈云不時謂〻
非其時若冬梅李實也　注鄭玄曰不時不朝夕日中時也割不正不
食一云古人割（宍也）必方正若不方正故不食也江熈云殺不以道為不正
也不得其將直不食〻味各有所宜〻蝸醢蔬（苽）食魚鱠芥醬並
相宜也故若食不得所宜之醬則不食也　注馬融曰魚膾非芥
醬不食也　古者醬齊菹三者通名芥醬即芥齊也宍雖多
不使勝食氣　勝猶多也食謂他饌也食氣多宍少則宍
義若宍多他食少則宍不義故不使宍勝食氣也旦國家
以多家也唯（雖）酒无量不及亂（乱）一云酒雖多无有限量而人宜隨
已能而飲不得及至於醉乱也一云不格人為量隨人所能
而莫亂也沽酒市脯不食　酒不（自）作則未必精淨脯不自作

而莫亂也沽酒市脯不食　酒不自作則未必精淨脯不自作
則不知何物之肉故沽市所得並不食也或問曰沽酒不飲
則詩那云无酒沽我乎答曰論所明是祭神不用詩所明是人
得用也不撤薑食撤除也齊禁葷辛薑而不葷嫌久禁之
故明食時不除薑也　注孔安國曰撤去也齊禁葷物薑辛而
不葷故不撤也不多食　多則傷廉故不多也　注孔安國曰
不過飽也　江熙云少所啖也祭於公不宿肉　祭於公謂孔子仕時
助君祭也助祭必得賜賜俎賜還即分賦食之不得留置經
宿宿是慢鬼神餘也　注周生烈曰助祭於君所得牲體歸
以班賜不留神惠也　牲體謂隨臣貴賤以牲骨體為俎賜
之祭捴云貴者得貴骨賤者得賤骨是也祭肉不出三日出三日不
食之矣　謂家自祭也自祭多肉故許經宿但不得出三日出三日

食之矣(矣) 謂家自祭也自祭多宗故許經宿但不得出〻三〻日
〻是褻慢鬼神之餘故人〻不得淩食也 注鄭玄曰自其家祭
宗也過三日不食是褻慢鬼神之餘也 食不語寢不言〻 是〻也
語是荅述也食須(須)加益故許言而不語〻則口可惜〻不敬也寢
是眠〻卧〻須靜若言則驚閙於人故不言也 雖蔬(蔬)食菜羹瓜
祭必齊如(也)疏 食麁食也菜羹瓜祭謂用麁(菜)食菜(用)羹及瓜
特此三物雖薄而必宜盡齊敬之理鬼神饗德不饗
味故也 注孔安國曰齊嚴敬(敬)皃也三物雖薄祭之必敬也 席不正不坐
舊說云鋪之不周正則不坐之也故范甯云正席所以恭敬也或云
如礼所言諸侯之席三重大夫二重是各有其正也 鄉人飲酒杖
者出斯出斯出矣 鄉人飲酒謂鄉飲酒之礼也 杖者老人
也礼五十杖於家六十枚(杖)於鄉故呼老人為枚(杖)者也 鄉酒(飲)酒貴齒

也礼五十杖於家六十杖於鄉故鄉人為杖者也鄉飲酒貴齒
崇年敬出入以老者為節也若飲酒礼畢杖者先出則同
飲之人乃從此而出故云杖者出斯出矣　注孔安國曰杖者
老人也鄉人飲酒之礼主於老者老者礼畢出孔子從而出也鄉
人儺儺者逐疫鬼也為陰陽之氣不即時退厲鬼隨而為人
作禍故天子使方相氏黃金四目蒙熊皮執戈揚楯玄衣朱裳
口作儺儺之聲以敺疫鬼也一年三過為之三月八月十二月也故月令季
春云命國儺鄭玄云此儺儺陰氣也陰氣至此不止害將及人厲鬼
隨之而出行至仲秋又云天子乃儺鄭玄云此儺儺陽氣也陽景
至此不衰害亦將及人厲鬼亦隨而出行至季冬又云命有
司大儺鄭玄云此儺儺陰氣也厲鬼將隨強陰出害人也保

【第16張】

司大儺〻鄭玄云此儺〻陰氣也厲鬼將隨強陰出害人也保
系三儺二是儺陰一是儺陰一是儺陽〻陰乃畢俱是天子所命
春是一年之始彌畏災厲故命國民家〻悉儺八月儺陽〻是
君法臣民不可儺君故稱天子乃儺也十二月儺雖是陰既非一年
急故民亦不得儺也今云鄉人儺是三月也朝服而立於阼階
〻東階主人之階（也）孔子聞鄉人逐鬼恐見驚動宗廟故着朝服〻
而立阼階以侍先祖為孝之心也朝服者（者）玄冠緇布衣素積裳是也
大夫自祭之服也礼唯孤爵弁自祭（若）卿大夫以下（悉）玄冠以自祭
〻祭〻不異冠服也　注孔安國曰儺驅逐疫鬼也恐驚先祖故朝
服立廟之阼階也　問人於他邦再拜而送之　問者謂更相聘問也
他邦謂鄰國之君也謂孔子與鄰國交遊而遣使往彼聘問
時也既敬彼君故遣使〻者去則再拜送之也為人臣（君）礼乃爾

時也既敬彼君故遣使ゝ者去則再拜送之也為人臣(君)礼乃再拜承
文而孔子聖人應身東西无疑也 注孔安國曰拜送使者敬
也康子饋藥拜而受之 饋餉也魯季康子餉孔子藥
也孔子得彼餉而受是礼也 注苞氏曰遺孔子藥也曰丘未達不
敢嘗 達猶曉解也孔子雖拜受而不遂飲故稱名云丘未既
此藥治何病故不能嘗之也 注孔安國曰未知其故故不嘗礼
也廐焚 廐養馬處也焚燒也孔子家養馬處(被燒也)子退朝
孔子早(旱)上朝ゝ竟而退還家也以儀之朝廷曰退也曰傷人乎不問
馬從朝還退見廐遭火廐是養馬處而孔子不問傷馬[illegible]
唯問傷人乎是重人賤馬故云不問馬也王弼云孔子時為魯司
寇自公朝而之火所不問馬猶重人也 注鄭玄曰重人賤畜也退
朝者自君之朝來歸也(嗜)君賜食必正席先嘗之席猶坐也君

朝者自君之朝來歸也君賜食必正席先嘗之席猶坐也君
賜孔子食孔子雖不嗜必正坐先嘗敬君之恵也 注孔安国曰敬
君恵也既嘗之乃以班賜也君賜腥必熟而薦之謂君賜孔子腥宗
也薦〻宗廟也孔子受之煑熟而薦宗廟重榮君也賜熟食不
薦者熟為褻也 注孔子安国曰薦〻其先祖也君賜生必畜之生謂活
物也得賜活物當養畜之待至祭祀時充牲用也侍食於
君謂 孔子侍君共食時君祭先飯 祭謂祭食之先夫禮食必
先取種〻出臣子置俎豆邊地名為祭〻〻者報昔初造此食
者也君子得恵不忘報故將食而先出報也當君政祭食
之時而臣先取飯唯飧之故先飯〻飧食也所以然者示為若先嘗食先知調和
之是非也 注鄭玄曰於君祭則先飯矣若為嘗食然也疾謂
孔子疾病時也君視之 孔子病而魯君來視之也此君是哀公

孔子疾病時也君視之　孔子病而魯君來視之也此君是哀公
也東首　是生陽之氣故頭眠東首也故玉藻云君子之居
恒當戶寢恒東首是也加朝服拕紳加覆也朝服謂健時
從君日視朝之服也拕猶牽也紳大帶也孔子既病不能著衣而
見君不宜私服故加朝服覆於體上而牽於大帶於心下至足
知健時著之爲也　注苞氏曰夫子疾也處南牖之下病本當
戶北壁下東首君既來而君不宜北面故移處南窓之下令君
入戶而西轉得南向也故禀聲云南牖下欲令南面視之
也　注東首加其朝服拕紳帶不敢不衣朝服見君也君命召
謂君有命召見孔子時也不俟駕行矣　君尊命重故得
召不俟駕車而即徒趨以往也故玉藻云君命以三節一節以趨二節以走在官
不俟屨在家不俟車是也　注鄭玄曰急趨君命行出而車既

不俟駕在家不俟車是也 注鄭玄曰急趨君命行出而車既
駕隨之也 大夫不可徒行故後人駕車而隨之使乘也入太廟
每事問 或云此句煩重舊通云前是記孔子對或人之時是
録平生常行之行故兩出也 明友死无所歸曰於我殯 云謂、
停喪於寢以待葬也時孔子有明友在孔子家死而此明友
无親情來奔喪者故云无所歸也既來有所歸故曰於我殯
也 注孔安國曰重明友之恩也无所歸无親暱也 明友之饋 謂
友有物見餉也雖車馬非祭宍不拜車馬家財之太者也明
友有通財之義故雖復見餉車馬而我不拜謝也所可拜者
若明友見餉其家之祭宍雖小拜受之敬祭也故云雖車馬非
祭宍不拜也 注孔安國曰不拜明友有通財之義也 寢不尸 寢、
眠也尸謂死尸也眠當小欹不得直申布似死人也 注苞氏曰不

祭宗不拜也　注孔安國曰不拜明友有通財之義也寢不尸
眠也尸謂死尸也眠當小欹不得直却申布似死人也　注苞氏曰不
偃臥四布展手足似死人也　偃却眠也展舒也四乱言寢无
伏此云不偃臥展舒手足似死人則不得覆却唯當欹而小屈
也居不容　謂家中常居也家主和怡蕭若溫溫故不為容自
處也　注孔安國曰為室家之敬難久也見齊衰者雖狎必變狎
謂素相親狎也衰有喪必變々謂從坐起也　注孔安國曰狎
者素親狎也見冕者與瞽者雖褻必以貌褻謂无親而卑數
者也尊在位恤不成人故必以々貌々褻色對之也又重貌輕
親狎重故言變卑褻輕故以貌也　注周生烈曰褻謂數相見也
必當以貌禮也　然前篇必作趨謂見疎者也凶服者式之凶
服送死之衣物也孔子見他人送死之衣物必為敬而式之也

服送死之衣物也孔子見他人送死之衣物必為敬而式之也
式者古人乘露車如今龍旂車皆於車中倚立難久故
於車箱上安一横以手隱憑之謂之為較詩云輢重較兮是也
又於較之下未至車床半許安横名為軾若在車上應為
敬時則落手憑ゝ軾ゝ則身府僂故云式也　式負板者
負謂擔揭也板謂邦國圖籍也古未有紙凡所書畫皆於板
故云板也孔子見人擔揭国之圖板者皆式之也　注孔安国曰凶
服送死之衣物也　此釋式凶服也　注板持邦国圖籍者也
鄭司農注宮伯職云板名籍也以板為之今時鄉戶籍謂
之戶版鄭康成注內宰云版謂宮中閽寺之屬及其子弟録籍也
國王及后世子之宮ゝ中吏官府形象也有盛饌必變色而作ゝ
起也孔子見主人食饌有盛平常故變色而起也所以然者

起也孔子見主人食饌有盛平常故變色而起也所以然者主人自親饋故容起敬也　注孔安國曰作起也敬主人之親饋也謂主人自報食設之也迅雷風烈必變　迅急疾也風而雷疾急名為烈也風疾而雷此是陰陽氣激為天之怒故孔子自整變顏容以敬之也故玉藻云若疾風迅雷甚雨則必變雖夜必興衣服冠而坐是也　注鄭玄曰敬天之怒也風疾雷為烈　升車必正立執綏　謂以手外車禮也綏牽以上車之繩也若外車時則正立而執綏以上所以為安也　注周生烈曰必正立執綏所以為安也　車中不內顧　內猶後也顧迴顧頭也外在車上不迴頭後顧也以所然者後人從已者不能常正若轉顧見之則掩人之私不備大德之所為故衛瓘云不掩人之不備也　注苞氏曰輿中不內顧言前視不過衡軛也　車床

已若轉顧見之則掩人之非不備大德之所爲故衛瓘云不掩人
之不備也　注苞氏曰輿中不內顧言前視不過衡軛也車床
名輿故云輿中也衡軛轅端也若前視不得遠故曲礼云立視五
巂巂九大地也式視馬馬尾尾近在車床欄間也並是不過衡軛之頭
也　注旁視不過輢轂也　旁謂兩邊也輢疊在車箱兩邊三
分居前之一蒙較者也轂在箱外當人兩邊故云旁視不過輢
轂也不疾言　疾高急也在車上言易高故不言疾爲驚
人也故繆協云車行則言傷疾也不親指恒車上既高亦不得
手有所視指點爲惑下人也　色斯舉矣　謂孔子在處觀人顏色
而舉動也　注馬融曰見顏色不善則去　繆協云自親
指以上鄉黨悔悔之礼應事適用之迹詳矣有
其礼而无其時蓋天運之撥也將有遠感高興

其私而充其時蓋天運之撥也將有遠感高興
故色斯舉矣也翔而後集　謂孔子所至之處也
必迴觀（所以）後乃下集也　注周生烈曰迴翔審觀
而後下必止也曰山梁雌（雌）雉（雉）時ゝ哉ゝ此記者記孔子因
見所而有歎也山梁者以木加（架）水上可踐渡水（水）之
處也孔子從山梁間過見山梁有此雌（雌）雉也時哉言雉
逍遙得時也所以有歎者言人遭亂世翔集不得其
所是失時矣而不如梁間之雉十步一啄（啄）百步一飲是得
其時故歎之也獨云雌者因可（所）見而言也子路供
之子路不達孔子時哉之歎而謂歎是時月之味馳
逐驅拍遂得此雉煮熟而進以供養孔子故云子路
供之也三嗅而作　嗅謂鼻歆翕其氣也作起也子路不

伏之也三臭而作臭謂鼻歆翕其氣也作起也子路不
達孔子意而供此熟雉亦（乖）孔本心孔若直尔不肴則恐
子路生怨若遂而食之則又乖我心故先三歆氣而
後乃起亦得食不食之間 注言山梁雌雉得性而人
不得時故歎之子路以其時物故供具之非本意
不苟食故三臭而起也 顧歡云夫栖遲一丘雉
之適也不以剛武傷性雉之德也故於翔集之
下繼以斯歎而仲由之獻偶与歎偕若即饗之
則事与情反若弃而弗御則似由也有失故三臭
而起則心事雙全 虞氏贊曰色斯舉矣翔而
後集此以人事喻於雄雉也雉之爲物精儆難狎
辟人在乱世去危就安當如雉也曰山梁雌雉

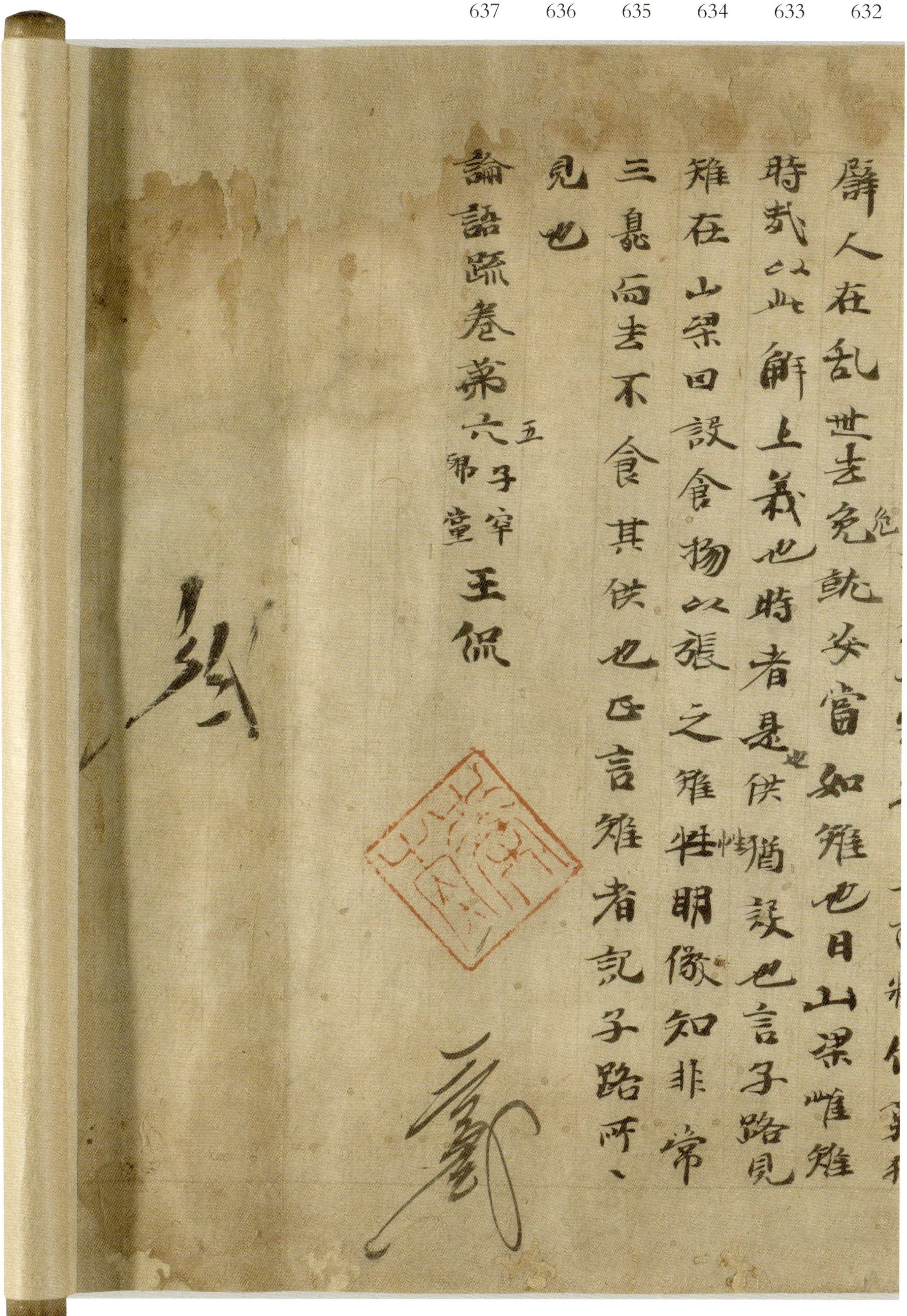

辟人在乱世去免就安當如雉也日山梁雌雉
時哉以此解上義也時者是供猶設也言子路見
雉在山梁因設食物以張之雉性明儆知非常
三嗅而去不食其供也此言雉者記子路所、
見也
論語疏卷第六　五 子罕 弟 堂　王侃

【第20張】

背面

【第20張】▲

【第19張】▲

577 578

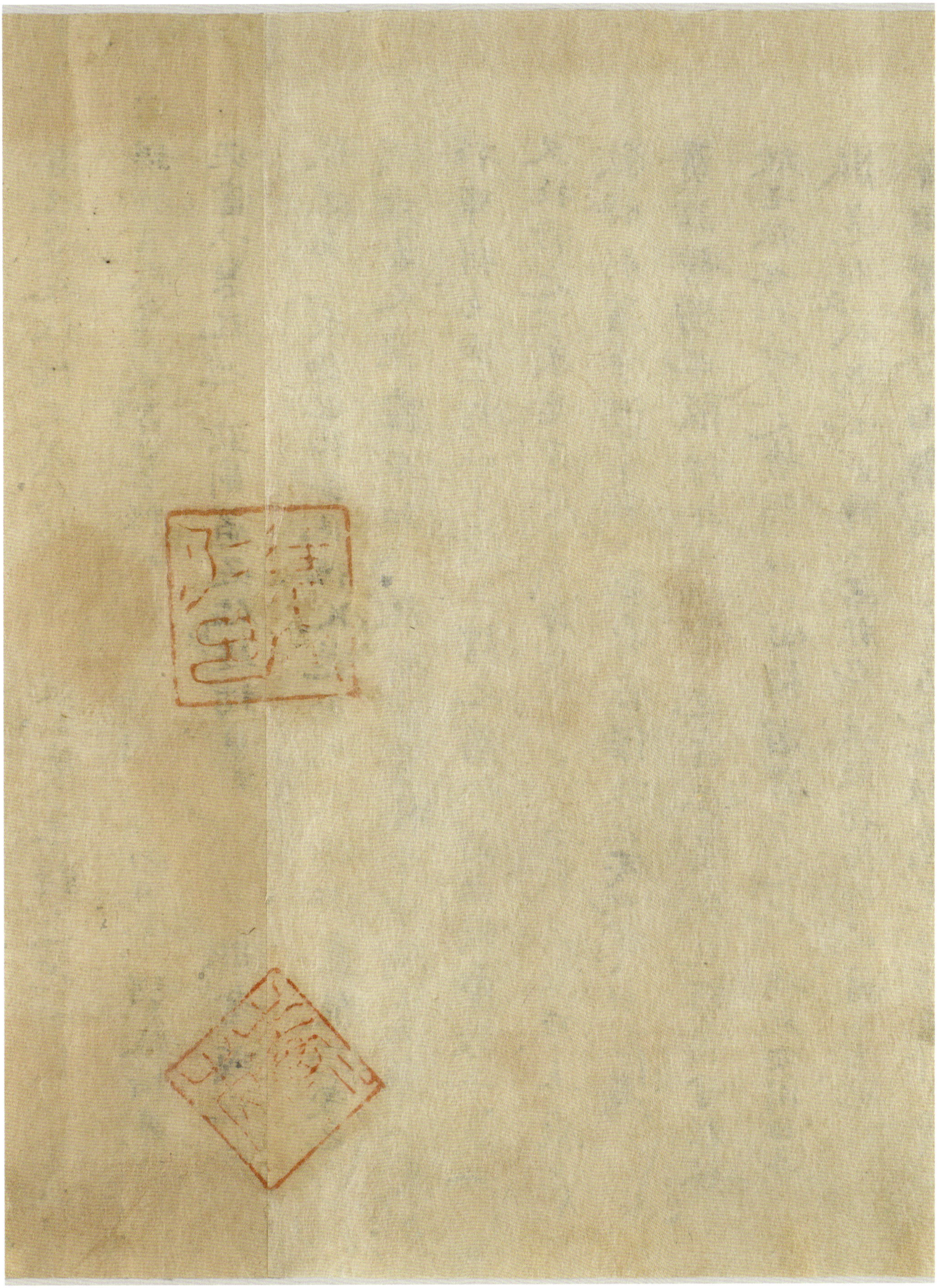

【第18張】▲

544 545

【第17張】▲

511　512

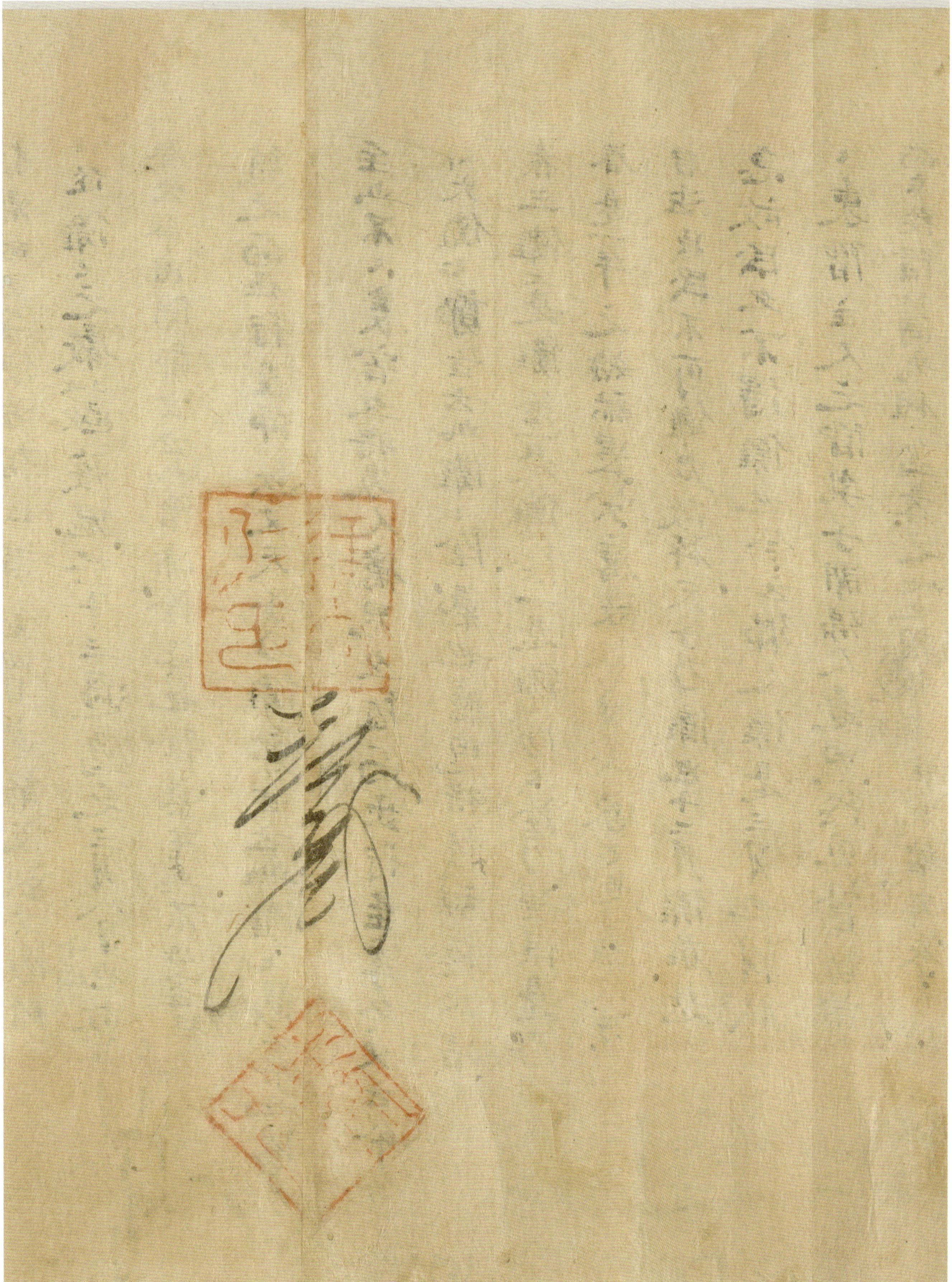

【第16張】▲

478 479

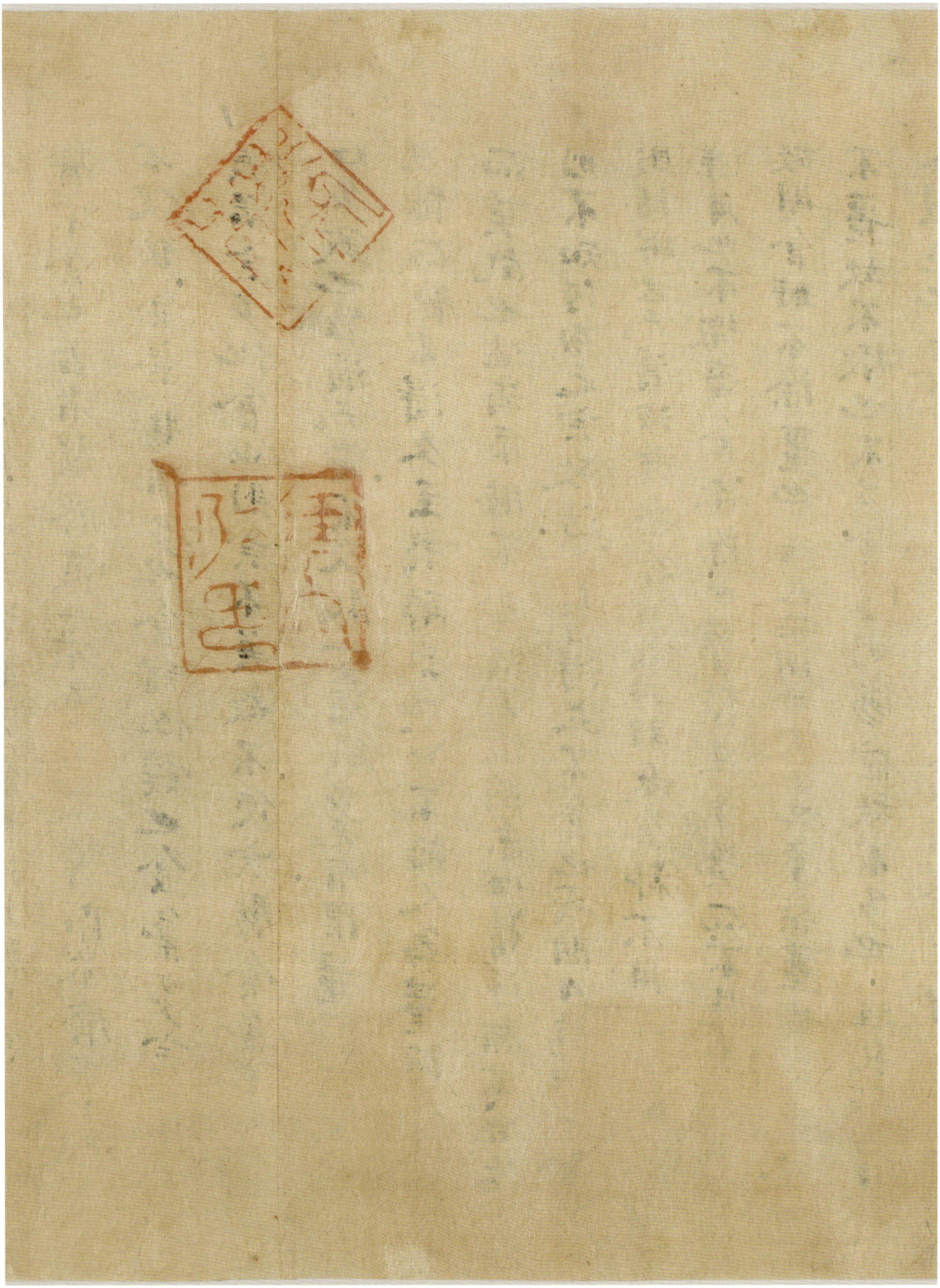

【第15張】▲

445　446

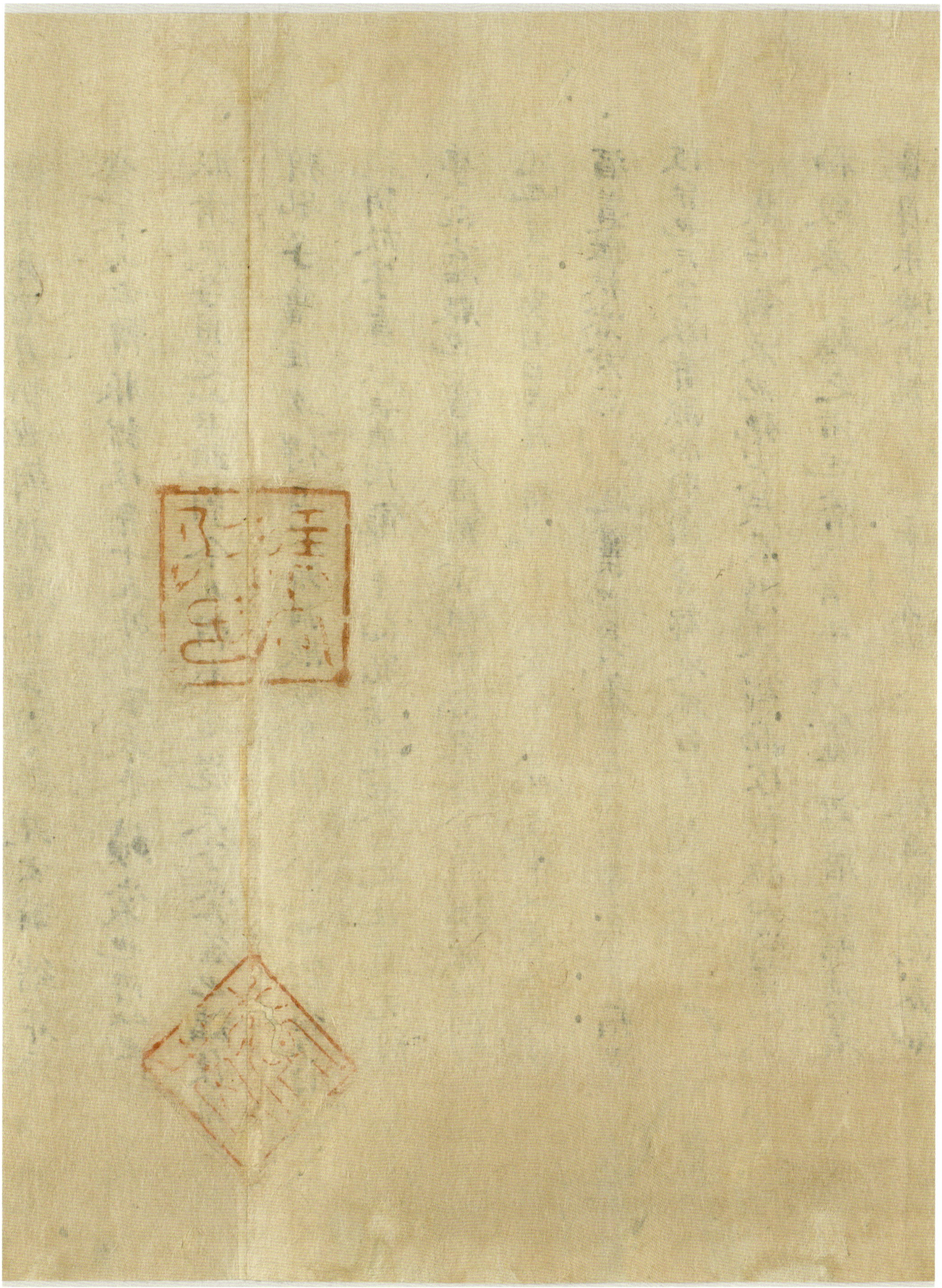

【第 14 張】▲

（南北朝末隋）寫本論語疏卷六　紙背

412　413

【第13張】▲

378　379

【第12張】▲

346 347

【第11張】▲

313　　314

【第10張】▲

280　281

【第9張】▲

247　248

【第8張】▲

214　　215

【第7張】▲

181　182

【第6張】▲

148　149

【第 5 張】▲

115　116

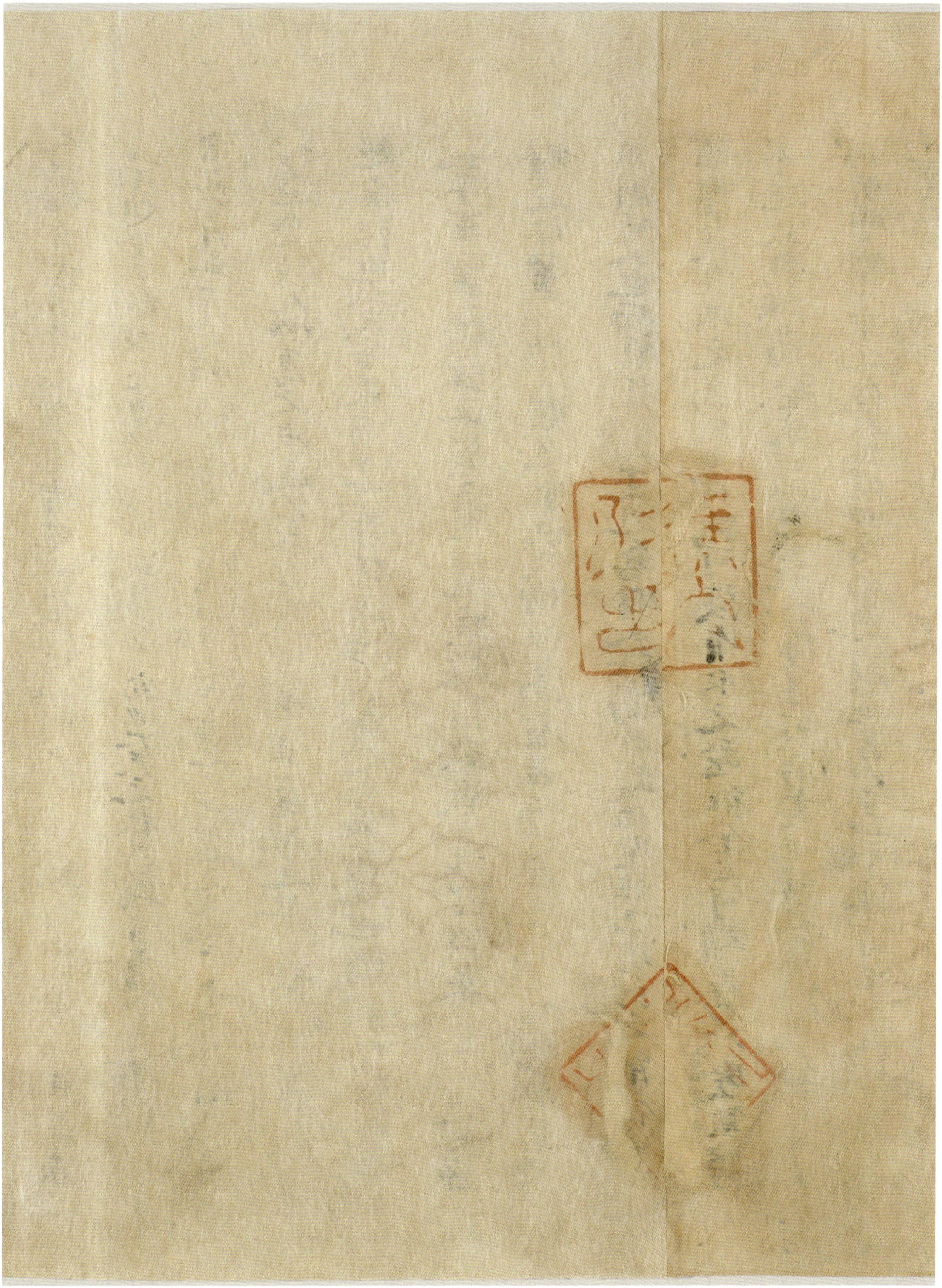

【第 4 張】▲

82 83

【第 3 張】▲

49　　50

【第 2 張】▲

16 17

【第 1 張】▲

補紙　　以上原紙

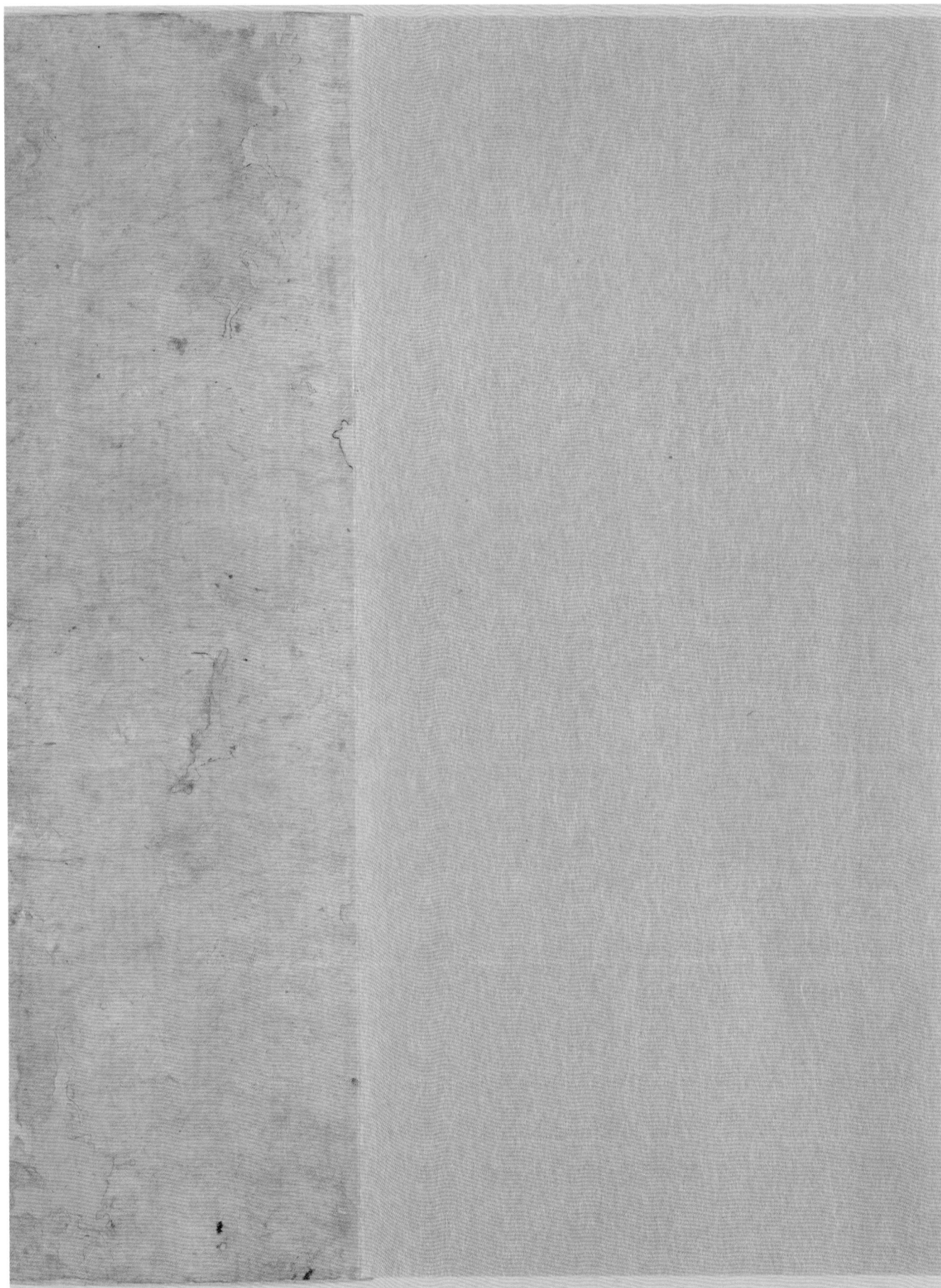

副葉

（南北朝末隋）寫本論語疏卷六　紙背

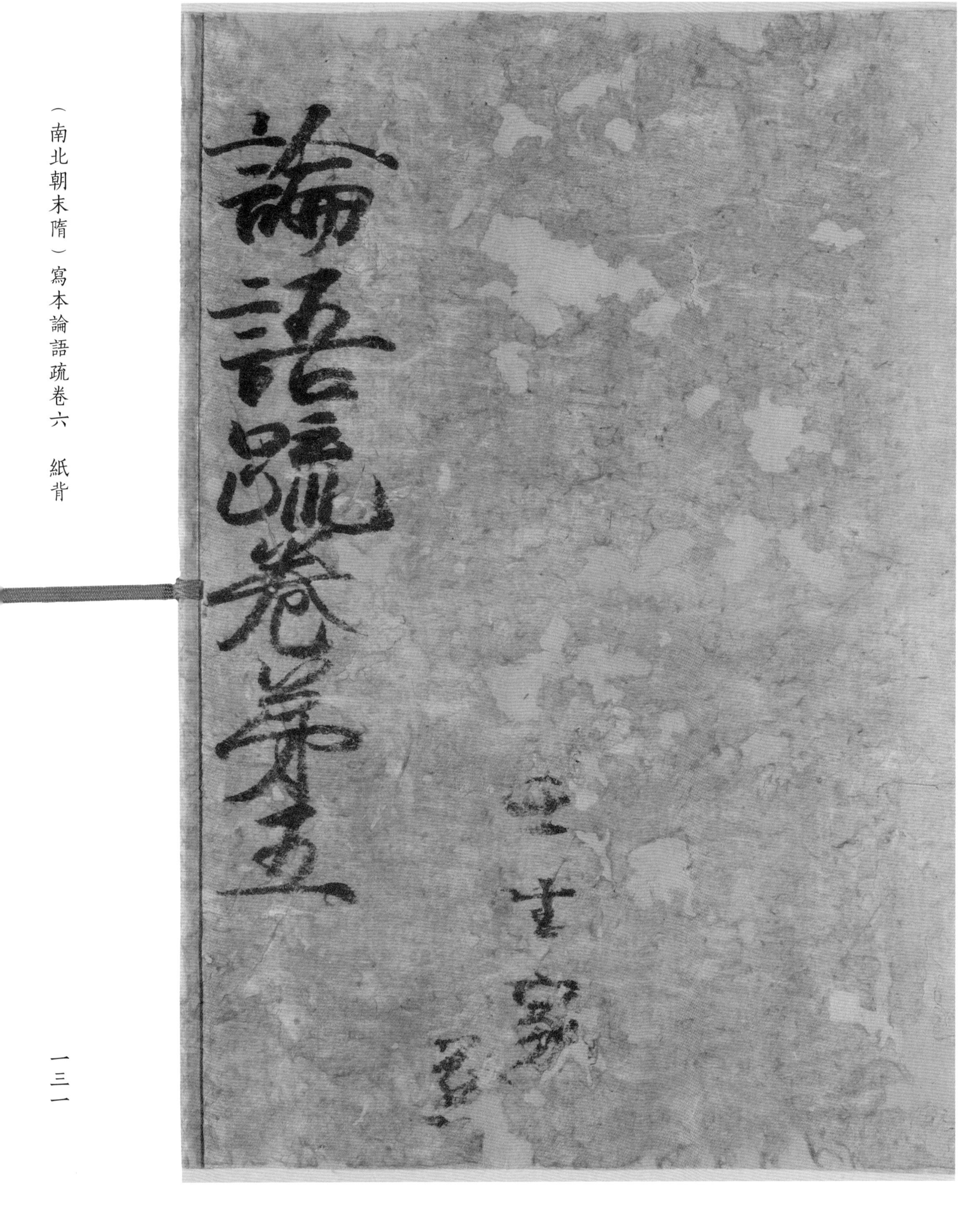

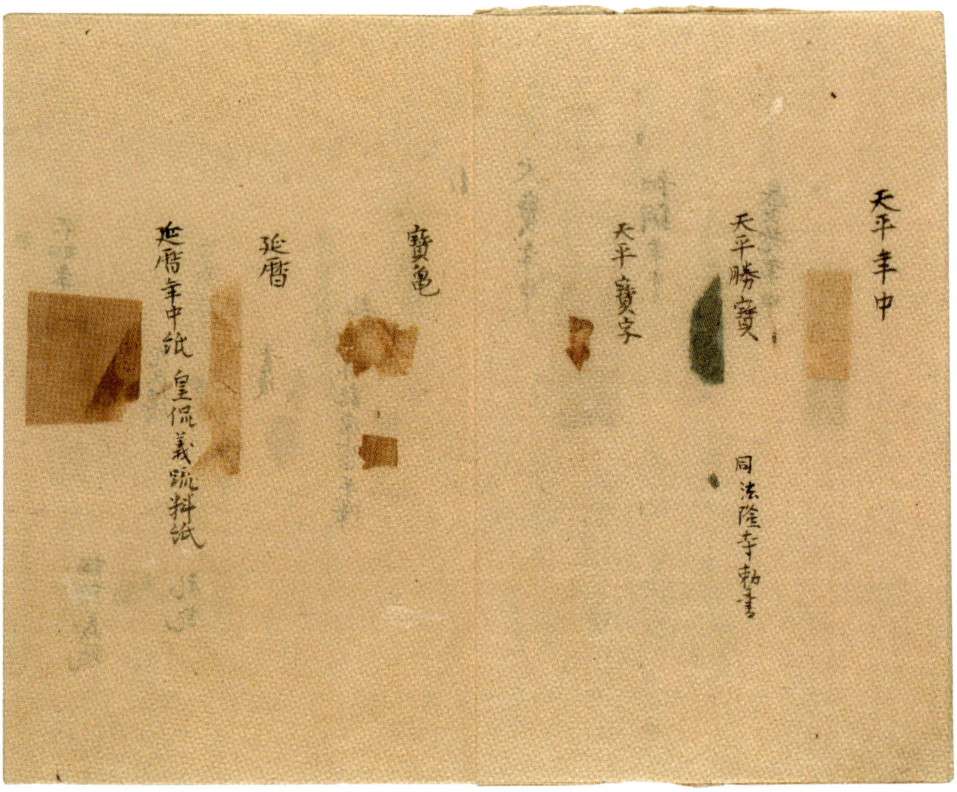

（參考）橋本經亮編《遠年紙譜》所收“皇侃義疏料紙”

慶應義塾大學
附屬研究所
斯道文庫藏

文明十九年寫本論語義疏

凡例

一、本書對慶應義塾大學附屬研究所斯道文庫藏文明十九年寫本《論語義疏》（〇九二一・卜六・五册）全書原色影印。影印畫面縮小至原書的52%。

一、本册的書誌，見本書下册所收解題。

一、影印的順序是，書函、書帙之後，在每一册的前後書衣之間，先是已經剥離的書衣背面和襯頁，然後以書葉翻開的形式，按升序每葉展示上下兩面。其中，部分書册中間有舊書衣。

一、影印圖版的兩端，除書衣和襯頁以外，均在原册中縫部之上以「阿拉伯數字＋a／b」的字樣，標識正文的葉數及前後面。

一、原册有貼紙蓋住正文之處，首先將貼紙翻起，影印原册的文字；又於全册之後，出示貼紙貼於書紙上的畫面，並於圖版下部標識貼紙在原册中出現的位置。另有四處貼紙（卷二21a、卷三13b、卷三17b、卷五22a）展向天頭未蓋住正文，影印時將貼紙沿天頭裁切，又於該頁側面單獨出示貼紙。

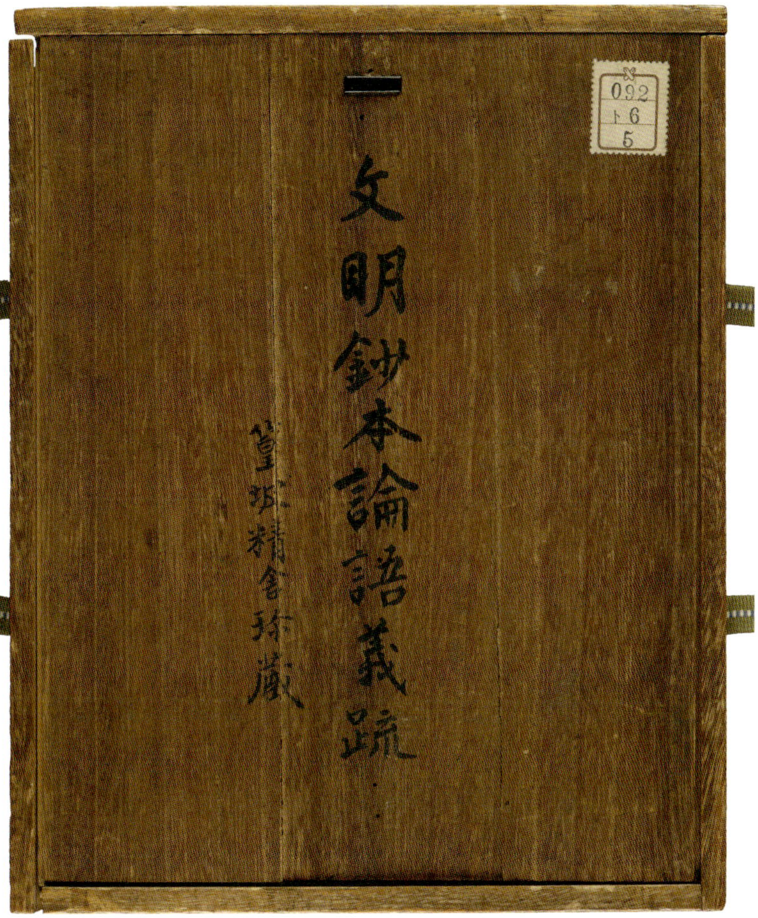
N
092
ト6
5
文明鈔本論語義疏

N
092
ト6
5

書衣

襯頁背面　　　　書衣背面

仁廿八
乙

論語義疏第一　梁國子助教吳郡皇侃撰
論語通曰論語者是孔子沒後七十弟子之門徒共
所撰錄也夫聖人應世事迹多端隨感而起故為教
不一或負扆御眾服龍衮於廟堂之上或南面聚徒
衣縫掖於學校之中但聖師孔子符應頹周生魯長
宋遊歷諸國以魯哀公十一年冬從衛反魯刪詩定
礼於洙泗之間門徒三千人達者七十有二但聖人
雖異人者神明而同人者五情五情既同則朽沒之
期亦等故歎發吾衰悲因逝水託夢兩楹寄歌頹壞

至哀公十六年哲人其萎徂背之後過隙巨駐門人
痛大山長毀哀梁木永摧隱几非昔離索行淚微言
一絕景行莫書於是弟子僉陳往訓各記旧聞撰為
此書成而實錄上以尊仰聖師下則垂軌万代既方
為世典不可無名然名書之法必據体以立稱猶如
以孝為体者則謂之孝經以莊敬為体者則謂之為
礼記然此書之体適會多途皆夫子平生應機作教
事無常準或與時君抗厲或共弟子抑揚或自顯示
物或混迹齊凡問同答異言近意深詩書錯綜典誥

相紛紘義既不定一方名故難求乎諸類因題於論
語兩字以為此書之名也但先儒後學解釋不同凡
通此論字大判有三途第一捨字制音呼之為倫一
捨音依字而号曰論一云倫論二称義無異也第一
捨字從音為倫說者乃眾的可見者不出四家一云
倫者次也言此書事義相生首末相次也二云倫者
理也言此書之中蘊含万理也三云倫者綸也言此
書經綸今古也四云倫者輪也言此書義旨周備圓
轉無窮如車之輪也第二捨音依字為論者言此書

2b

出自門徒必先詳論人人僉允然後乃記記必已論
故曰論也第三云倫論无異者蓋是楚夏音殊南北
語異耳南人呼倫事為論事北士呼論事為倫事音
字雖不同而義趣猶一也侃案三途之說皆有道理
但南北語異如何似未詳師說不取今亦捨之而從
音依字二途并錄以會成一義何者今字作論者明
此書之出不專一人妙通深遠非論不暢而音作倫
者明此書義含妙理經綸今古自首臻末輪環不窮
依字則證事立文取音則據理為義義文兩立理事

3a

双該圓通之教如或應示故蔡公為此書為圓通之
喻云物有大而不普小而兼通者譬如巨鏡百尋所
照必偏明珠一寸鑒包六合以蔡公斯喻故言論語
小而圓通有如明珠諸典大而偏用譬若巨鏡誠哉
是言也語者論難答述之謂也毛詩傳云直言曰言
論難曰語鄭注周禮云發端曰言答述為語今案此
書既是論難答述之事宜以語為其名故名為論語
也然此語是孔子在時所說而論是孔子沒後方論論
在語後應曰語論而今不曰語論而云論語者其義

3b

有二一則恐後有穿鑿之嫌故以語在論下急標論
在上示非率尒也二則欲現此語非徒然之說万
代之繩準所以先論已以備有圓周之理理在於事
前故以論居語先也又此書亦遭焚燼至漢時合壁
所得及口以傳授遂有三本一曰古論二曰齊論三
曰魯論既有三本而篇章亦異古論分堯曰下章子
張問更為一篇合二十一篇篇次以鄉黨為第二篇
雍也為第三篇內倒錯不可具說齊論題目與魯論
大体不殊而長有問王知道二篇合二十二篇篇內

4a

亦微有異魯論有二十篇即今日所講者是也尋當
昔撰錄之時豈有三本之別將是編簡缺落口傳不
同耳故劉向別錄云魯人所學謂之魯論齊人所學
謂之齊論合壁所得謂之古論而古論為孔安國所
注无其傳學者齊論為琅琊王卿等所學魯論為太
子太傅夏侯勝及前將軍蕭望之少傅夏侯建等所
學以此教授於侯王也晚有安昌侯張禹就建學魯
論兼講齊說擇善而從之号曰張侯論為世所貴至
漢順帝時有南郡太守扶風馬融字季長建安中太

4b

司農北海鄭玄字康成又就魯論篇章考之齊驗古為之注解漢鴻臚卿呉郡苞咸字子良又有周氏不悉其名至魏司空潁川陳郡字長文成大常東海王肅字子雍博士燉煌周生烈皆為義説魏末吏部尚書南郡何晏字平叔因魯論集季長等七家又採古論孔注又自下己意即世所實者今日所講即是魯論為張侯所学何晏所集者也 ○七家 馬融 鄭玄 苞咸 周氏 長文成 王肅 周生烈 添安國非也 陳郡字之

晉太保河東衛瓘字伯玉

晉中書令蘭陵繆播字宣則

5a

晉廣陵太守高平欒肇字永初

晉黄門郎潁川郭象字子玄

晉司徒濟陽蔡謨字道明

晉江夏太守陳國袁宏字叔度

晉著作郎濟陽江淳字思悛

晉撫軍長史蔡奚字子叔

晉中書郎江夏李充字弘度

晉廷尉太原孫綽字興公

晉散騎常侍陳留周瓌字道夷

5b

晉中書郎潁陽范寧字武子

晉中書令瑯瑘王珉字季琰

右十三家為江熙字太和所集侃今之講先通何集若江集中諸人有可採者亦附而申之其又別有通儒解釋於何集无妨者亦列取為説以示廣聞也然論語之書包於五代二帝三王自堯至周凡一百四十人而孔子弟子不在其數孔子弟子有二十七人見於論語也而古史考則云三十人謂林放澹臺滅明陽虎亦是弟子數也

何晏序　1a

論語序

何晏集解

叙曰漢中壘校尉 東西南北四人有將軍耳此方之夷官也校尉者考古以奏吏官也 刘向言魯論語二十篇皆孔子弟子記諸善言也 刘向者刘德之孫刘歆之子前漢時為中壘校尉之官若今皇城使也其人博学経史孔子没後而弟子共論而記之也初為魯人所学故謂魯論也○又曰刘者氏向者名也中壘官名也校尉者官也校者数也尉者安也校数中壘之軍衆而安之故曰校尉也漢世季者又有魯論齊論古文論三本之異也魯人所引論語謂之魯論語則有二十篇如今之題目次第也 太子太傅夏侯勝前將軍蕭望之丞相韋賢及子玄成等傳之 夏侯蕭及韋賢父子凡四人初傳魯論於世也○又曰太子者漢武帝之太子衛也夏侯者氏勝者名也太子太傅夏侯勝常山都尉龔勝

1b

齊論語二十二篇其二十篇中章句頗多於魯論也猶是弟子所記而爲齊人所学故謂爲齊論也既傳之異代又經昏乱遂長有二篇也其二十篇雖与魯旧篇同而篇中細章文句亦多於魯論也又曰齊論者齊人所引論語謂之齊論〻〻則其中二十篇前題自次弟与魯論不殊以学而爲時習也章句者古之解書之名也分經文章句而說之也琅邪王卿及膠東庸生昌邑中尉王吉皆以教授之此三人傳齊論亦用持教授於世也故有魯論有齊論夏侯等四人傳魯王卿等三人傳齊並行於世世於有魯齊二論双立也又曰王者氏也卿者尊之号也不審名也中尉者佐於中壘校尉者也於曰中尉也王者亦氏吉者名琅邪王卿及膠東庸生昌邑中尉王吉以教授也魯恭王時嘗欲以孔子宅爲宮壞得古文論語漢景帝之子名餘封魯故謂魯恭王

2a

也好治宮室壞孔子旧宅以廣其宮於壁中得古文論語皆科斗文字也又曰古文者則魯恭王壞孔子之宅於屋壁所得也案此論語似孔子撰集便已其異本亦爲難解將亦遇秦焚書学士解散失其本經口所授於致此異耶齊論有問王知道多於魯論二篇既有三論文皆不同齊論長有二篇一曰問王二曰知道是多魯論二十篇也又曰齊論下章有問王知道二篇〻〻内辞句与魯論亦微異也古論亦無此二篇齊非唯長魯論二篇亦長於古論〻〻於亦无此問王知道二篇也又曰古文則篇名与魯論略同準也分堯曰下章子張問以爲一篇古論雖无問王知道二篇亦分堯曰后子張問於孔子曰如何斯可以従政矣又別題爲一篇也有兩子張一是子張曰士見危致命爲一篇又二是子張問孔子従政爲一篇於凡論中有兩子張篇也凡二十一篇古論既分長一子張於凡成二十一篇也又曰有孔安注

2b

无傳学篇次第不与齊魯同古文凡二十一篇而次篇大不同以郷黨爲第二以雍也爲第三二十篇而内辞句亦大倒錯背其微子篇无巧言章子罕篇无主忠信章憲問篇无君子恥其言章述而篇无於是日哭則不歌子不食於喪側章郷黨篇无色斯挙矣山梁雌雉時哉子路拱也三嗅而立作文其餘甚多倒錯多也篇次不与齊魯論同古論篇次既不同齊又不同也魯於云不与齊魯論同也安昌侯張禹本受魯論兼講齊說善者從之号曰張侯論禹初学魯論又雜講齊論於二論之中擇善者抄集別爲一論名之曰張侯論也又曰侯者爵也張者氏也禹者名也安昌侯張禹從建受魯論兼說齊論又問庸生吉等擇其善者而從之号曰張侯論也爲世所貴此論既擇齊魯之善合此爲一論故世之学者皆貴重於張侯論也苞氏周氏章句出焉苞氏苞咸也周氏不悉其名也章句者注解因爲分断之名也苞周二人

3a

注張侯魯論而爲之分断章句也古論唯博士孔安國爲之訓說訓亦注也唯孔安國一人注解於古論也又曰孔安國者漢武帝時之人也訓說者文字解之耳而世不傳世人不傳孔注古文之論也至順帝之時南郡太守馬融亦爲之訓說後有馬氏亦注張禹魯論也漢末大司農鄭玄就魯論篇章考之齊古以爲之注鄭康成又就魯論篇章及考校齊古二論亦注於張論也又曰注者自前漢以前解書皆言傳去聖師猶近傳先儒之義也後漢以还解書皆言注注己之意於經文之下譲不必是之辞也近故司空陳群太常王肅博士周生烈皆爲之義說此三人共魏人也亦皆爲張論作注說也又曰近者近今之世辞也故者古爲司空而今不爲故曰故司空也太常者掌天下之書官名也義說者解其義也前世傳受

3b

師說雖有異同不爲之訓解 自張侯之前乃相傳師受不同而不爲注說也

中間爲之訓解至于今多矣 中間謂苞氏孔周馬之徒至于今謂至魏末何平叔時也多矣言注者非一家也

所見不同互有得失 既注者多門故得失互不同也

今集諸家之善說記其姓名 此平叔用意也叔言多注解家互有得失而汜今集取錄善者之姓名著於集注中也

有不安者頗爲改易 若先儒注非何意所安者則何偏爲改易下己意也頗猶偏也

名曰論語集解 既集用諸注以解此書故名爲論語集解也又曰集解者魏末吏部尚書何晏又因魯論本文集此七家并取古文孔安國及下己意名曰集解

光祿大夫關內侯臣孫邕光祿大夫臣鄭仲散

散騎禮記六馬乘後駟二馬漢始散馬爲騎從是三義

騎常侍中領軍安鄉亭侯臣曹羲侍中臣荀顗尚書

4a

駙馬都尉關內侯臣何晏等上 此記孫邕等五人同於何晏共上此集解之論也又曰光祿者掌秩祿之官之名也亦曰光祿大夫也散騎者古以四馬爲乘也漢以來而散之爲騎也常侍中者掌內仕之官長也領軍者世上書之官長也駙馬掌馬官官名也都尉者總諸里中之軍衆而安之於曰都尉之安也○何晏孔安國馬融苞氏周氏鄭玄陳郡王肅周生烈義示己意思故謂之集解也

4b

邢昺 作刑非也 新注云邢氏名昺濟張人也

1a

○論語義疏卷第一　何晏集解　皇侃疏

○學而第一　疏 論語是此書總名學而爲第一篇別目中間講說多分爲科段侃昔受師業自學而至堯曰凡廿篇首末相次無別科重而持學而最先者言降聖以下皆須學成故學記云玉不琢不成器人不學不知道是明人必須學乃成此書既遍該衆典以教一切故以學而爲先也第者審諦也一者數之始也既諦定篇次以學而居首故曰學而第一也○昺云自此至堯曰是魯論語廿篇之名及第次也當弟子論撰之時以論語爲此書之大名學而以下爲篇之小目其篇中所載各記舊聞意及則言不及義例或亦以類相從此篇論君子孝弟仁人忠信導國之法主友之規聞政在乎行德由禮貴於用和無求安飽以好學能自切磋而樂道皆人行之大者故爲諸篇之先既以學爲章首遂以名篇言人必須學也爲政以下諸篇所次先儒不無意焉當篇各言其指

1b

此不煩説第順次也一數之始也言此篇於次當一也

子曰子者指於孔子也子是有德之稱古者稱師爲子也曰者發語之端也許氏説文云開口吐舌謂之爲曰此以下是孔子開口談説之語故稱子曰爲首也然此一書或是弟子之言或有時俗之語雖非悉孔子之語而當時皆被孔子印可也必被印可乃得預録故稱此子曰通冠一書也學而時習之此以下孔子言也就此一章分爲三段自此至不亦悦乎爲第一明學者幼少之時也學從幼起故以幼爲先也又從有朋至不亦樂乎爲第二明學業稍成能招朋聚友之由也既學已經時故能招友爲次也故學記云一年視離經辨志三年視敬業樂群五年視博習親師七年視論學取友謂之小成是也又從人不知而不慍爲第三明學業已成能爲師爲君之法也先能招友故後乃學成爲師君也故學記云九年知類通達強立而不反謂之大成又云能博喻然後能爲師能爲師然後能爲長能爲長

2a

然後能爲師君是也今此段明學者少時法也謂爲學者白虎通云學覺也悟也言用先王之道導人情性使自覺悟也去非取是積成君子之德也時者凡學有三時一是就人身中爲時二就年中爲時三就日中爲時也一就身中者凡受學之道擇時爲先長則捍格幼則迷昏故學記云發然後禁則捍格而不勝時過然後學則勤苦而難成是也既必須時故内則云六年教之數與方名七年教男女不同席八年始教之讓九年教之數日十年學書計十三年學樂誦詩舞勺十五年成童舞象並是就身中爲時也二就年中爲時者夫學隨時氣則受業易入故王制云春夏學詩樂秋冬學書禮是也春夏是陽陽體輕清詩樂是聲聲亦輕清輕清時學輕清之業則爲易入也秋冬是陰陰體重濁書禮是事事亦重濁重濁時學重濁之業亦易入也三就日中爲時者前身中年中二時而所學並日日修習不暫廢也故學記云藏焉修焉息焉游焉是也今云學而時習之者而猶因仍也時是日中之時也習是修故之稱也言人不學

2b

則已既學必因仍而修習日夜无替也之之於所學之業也不亦悦乎亦猶重也悦者懷抱欣暢之謂也言知學已爲可欣又能修習不廢是日知其所亡月无忘其所能彌重爲可悦故云不亦悦乎如問之然也

馬融曰子者男子之通稱也凡有德者皆得稱子故曰通稱也謂孔子也子乃是男子通稱今所稱子曰不關通他即指謂孔子也王肅曰時者學者以時誦習也誦習以時學无廢業所以爲悦懌也背文而讀曰誦也然王此意即是日中不忘之時也舉日中不忘則前二事可知也

有朋自遠方來不亦樂乎此第二段明取友也同處師門曰朋同執一志爲友朋猶黨也共爲黨類在師門也友有也共執一志綢繆寒暑契闊飢飽相知有无也自猶從也學記云獨

3a

學而无友則孤陋而寡聞君子出其言善則千里之外應之出其言不善則千里之外違之今由我師德高故有朋從遠方而來與我同門共相講説故可爲樂也所以云遠方者明師德洽被雖遠必集也招朋已自可爲欣遠至彌復可樂故云亦也然朋疏而友親朋至既樂友至故忘言但來必先同門故舉朋耳悦之與樂俱是歡欣在心常等而貌迹有殊悦則心多貌少樂則心貌俱多所以然者向得講誦習在我自得於懷抱故心多曰悦今朋友講説義味相交德音往復形彰在外故心貌俱多曰樂也故江熙云君子以朋友講習出其言善則千里之外應之遠人且至況其近者乎道同齊味歡然適願所以樂也

苞氏曰同門曰朋也鄭玄注司徒云同師爲朋同志爲友然何集注皆呼人名唯苞獨云氏者苞名咸何家諱咸故不言也

人不知而不慍不亦君子乎此第三段明學已成者也人謂凡人也慍怒也

4a　　3b

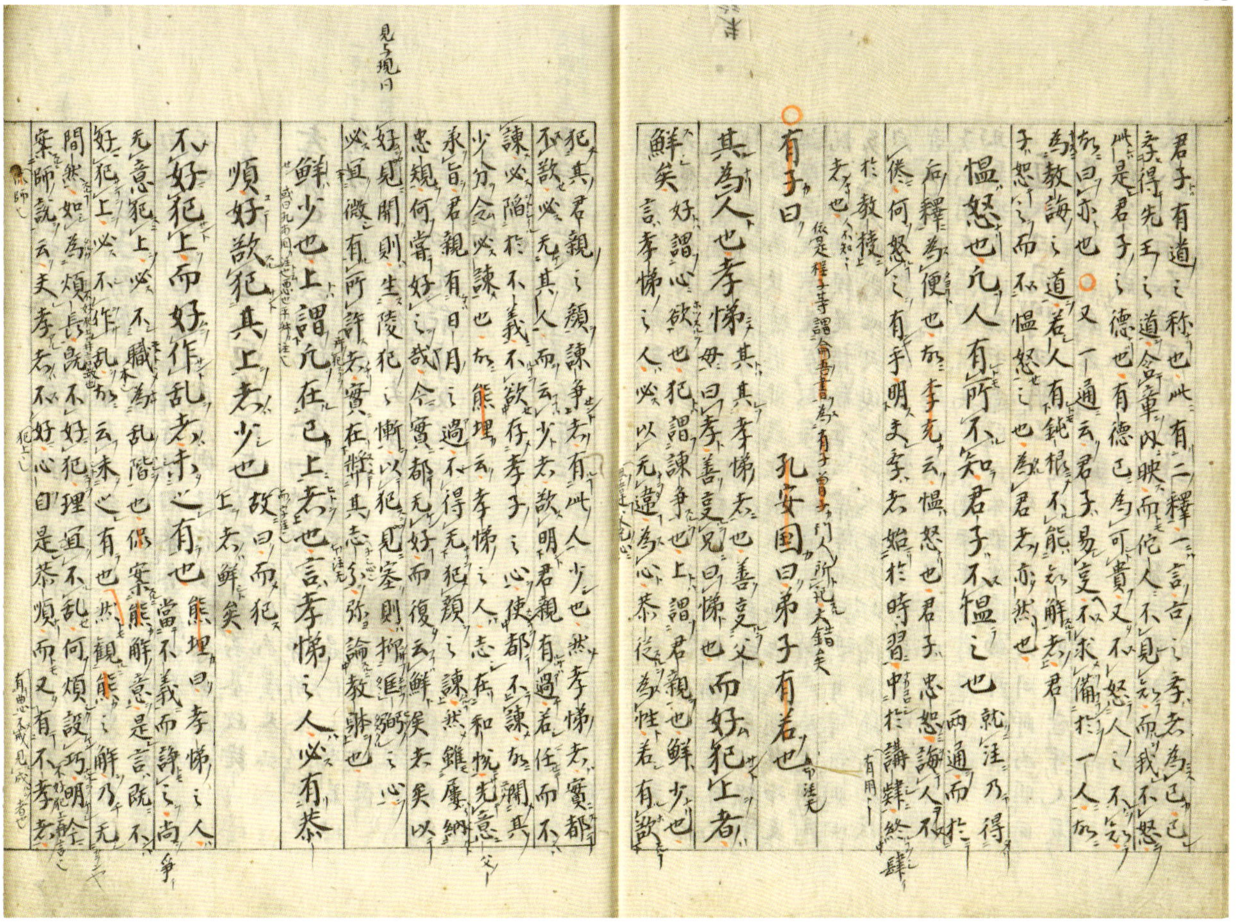

君子有道之稱也此有二釋一言古之學者為己已學得先王之道含章内映而他人不見不知而我不怒此是君子之德也有德已為可貴又不怒人之不知故曰亦也○又一通云君子易事不求備於一人故為教誨之道若人有鈍根不能知解者君子恕之而不慍怒之也為君者亦然也

慍怒也凡人有所不知君子不慍之也　就注乃得兩通而於后釋為便也故李充云慍怒也君子忠恕誨人不倦何怒之有乎明夫學者始於時習中於講肄終於教授者也

有子曰　孔安國曰弟子有若也

其為人也孝悌　其其孝悌者也善事父母曰孝善事兄曰悌也

而好犯上者鮮矣　好謂心欲也犯謂諫爭也上謂君親也鮮少也言孝悌之人必以无違為心恭從為性若有欲犯其君親之顏諫爭者有此人少也然孝悌者實都不欲必无其人而云少者欲明君親有過若任而不諫必陷於不義不欲存孝子之心使都不諫故開其少分令必諫也故熊埋云孝悌之人志在和悅先意承旨君親有日月之過不得无犯顏之諫然雖屢納忠規何嘗好之哉今實都无好而復云鮮矣者以好見開則生陵犯之慚以犯見塞則抑匪之心必宣微有所許者實在獎其志分弥論教體也

鮮少也上謂凡在己上者也言孝悌之人必有恭順好欲犯其上者少也　故曰而犯上者鮮矣

不好犯上而好作乱者未之有也　熊埋曰孝悌之人當不義而諍之尚无意犯上必不職為乱階也侃案熊解意是言既不好犯上必不作乱故云未之有也然觀熊之解乃无間然如為煩長既不好犯理宜不乱何煩設巧明今案師説云夫孝者不好心自是恭順而又有不孝者

5a　　4b

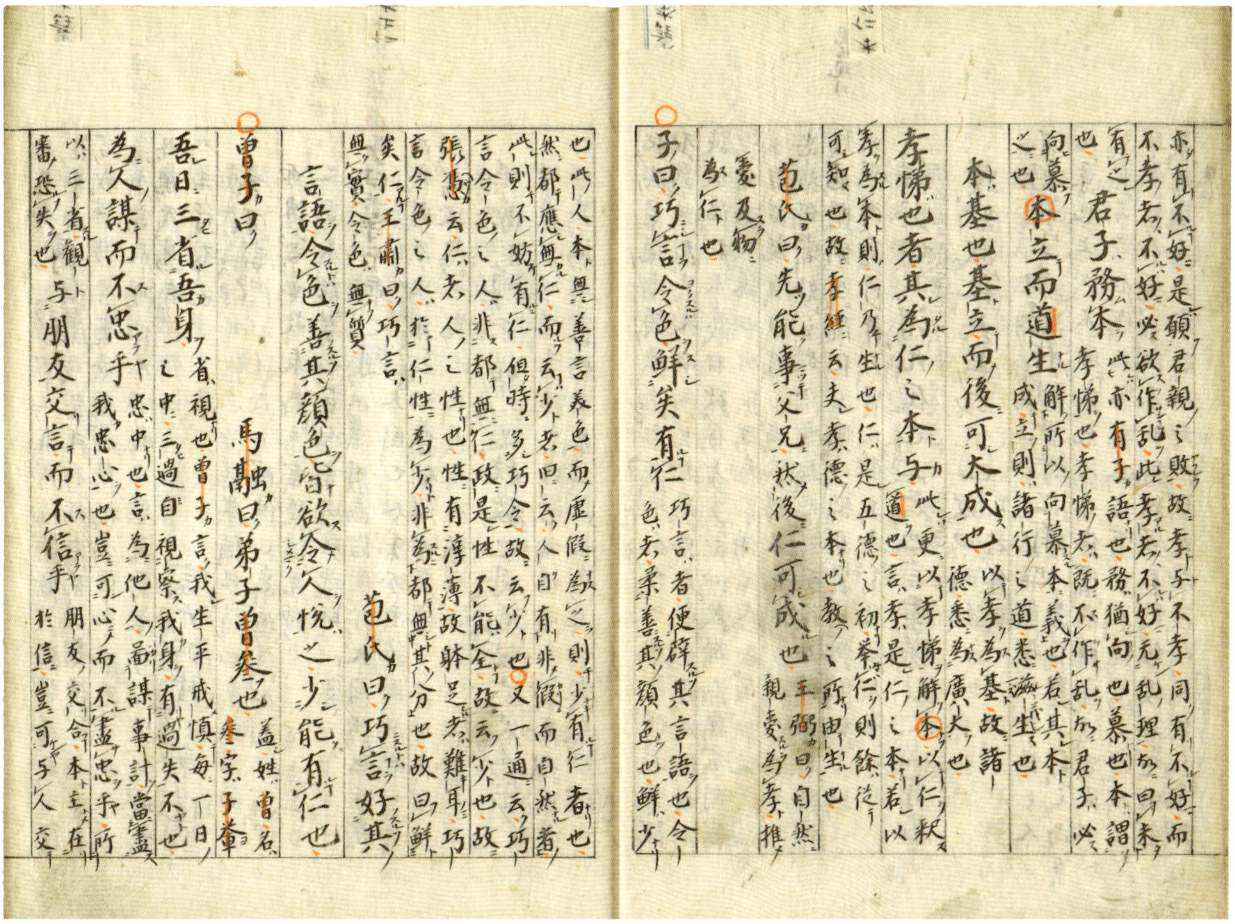

亦有不好是顛君親之敗故孝子不孝同有不好而不孝者不好必欲作乱此孝者不好无乱理故曰未有之也

君子務本　此亦有子語也務猶向也慕也本謂孝悌也孝悌者既不作乱故君子必向慕之也

本立而道生　解所以向慕本義也若其本成立則諸行之道悉滋生也

本基也基立而後可大成也　以孝為基故諸德悉為廣大也

孝悌也者其為仁之本与　此更以孝悌解本以仁釈於道也言孝是仁之本若以孝為本則仁乃生也仁是五德之初举仁則餘從可知也故孝經云夫孝德之本也教之所由生也

苞氏曰先能事父兄然後仁可成也　王弼曰自然親愛為孝推愛及物為仁也

子曰巧言令色鮮矣有仁　巧言者便辟其言語也令色者柔善其顏色也鮮少也此人本无善言美色而虚假為之則少有仁者也然都應无仁而云少者旧云人自有非假而自然者此則不妨有仁但時多巧令故云少也○又一通云巧言令色之人非都无仁政是性不能全故云少也故張憑云仁者人之性也性有厚薄故体足者難耳巧言令色之人於仁性為少非為都无其分也故曰鮮矣有仁

王肅曰巧言無實令色無質

苞氏曰巧言好其言語令色善其顏色皆欲令人悦之少能有仁也

曾子曰　馬融曰弟子曾參也　蓋姓曽名參字子輿

吾日三省吾身　省視也曾子言我生平戒慎每一日之中三過自視察我身有過失不也

為人謀而不忠乎　忠中心也言為他人圖謀事當盡我忠心也豈可心而不盡忠乎　所以三省觀也

與朋友交言而不信乎　朋友交合本主在於信豈可与人交

5b

而不爲信乎 傳不習乎 凡有所傳述皆必先習後乃可傳豈可不經先習而妄傳之乎曾子
言我一日之中毎三過自視況復凡人可不爲此三事乎言不可也 又一通云曾子言一日之中三過我
内視我身有此三行不也 言凡所傳之事得無
素不講習而傳之乎 得無猶無得也素猶本也言所傳之事無得本不經講習
而傳之也故袁氏云常恐傳先師之言不能習也古人言以必稱師
子曰導千乘之國 此章明爲諸侯治大國法也千乘大国也天子万乘諸侯千乘千乘
尚式則万乘可知也導猶治也亦謂爲之政教也其法在下故此張本也
馬融曰導者謂爲之政教也司馬法六尺爲步 此明
千乘法也司馬法者齊景公時司馬穰苴爲軍法也其法中有此千乘之説也凡人一擧足曰跬三

6a

尺也兩擧足曰步步六尺也 步百爲畝 廣一步長百步謂爲一畝也畝毋也既長百步
可種苗稼有毋養之功見也 畝百爲夫 每一畝則廣六尺長百步今云畝百爲夫則是
方百步也謂爲夫者古者賦田以百畝地給一農夫也夫所養人自隨地肥墽及其家人多少耳於
王制云上農夫百畝百畝之分上農夫食九人是也 夫三爲屋 每夫方百步今云夫三則
是方百步者是三也若竝而言之則廣一里一里者長三百步也而猶長百步也謂爲屋者義名之也
夫一家有夫有婦子三者具則屋道乃成於今三夫即爲屋也 屋三爲井 向屋廣一里長
百步今三屋並方之則方一里也名爲井者因夫閒有遂水縱横相通成井字也何者畝廣六尺長
百步用耜耕之耜廣五寸方兩耜爲耦長沮桀溺耦而耕是也是耦伐廣一尺也畝廣六尺以一尺
耕伐地爲溜通水流下畝上然因名曰畝也而夫之田首倍之廣二尺深二尺謂之爲遂九夫爲井

6b

井間廣深四尺謂之溝取其遂水相通如井字故鄭玄曰似井字故謂爲井也遂取其水始遂也溝
取其漸深有溝洫也釋名云田間之水曰溝溝搆也縱横相交搆也 井十爲通 此十
井之地並之則廣十里長一里也謂爲通者其通地有三十屋相通共出甲士一人徒二人也
十爲城 其城地方十里也謂爲城者兵賦法一乘成也其地有三百屋出革車一乘甲士十人
徒卒二十人也 城出革車一乘 出一乘是賦一成故謂成也 然則千乘
之賦其地千城也 有地方十里者千即是千城也則容千乘也 居地方
三百一十六里有奇 方百里者有方十里者百若方三百里三三爲九則有方
百里者九既合成方十里者九百也是方三百里唯有九百乘也若作千乘猶少百乘百乘是方百
里者一也今取方百里者一而百六分破之每分方廣十六里長百里引而接之則長六百里其廣

7a

十六里也今半斷各長三百里設法特埤前三百里南面二邊是方三百十六里也然西南角猶缺
方十六里者一方十六里者一有方十里者二又方一里者五十六里也是少方一里者二百五十
六里也然則向割方百里者爲六分埤方三百兩邊猶餘方一里者四百今以方一里者二百五十
六埤西南角猶餘方一里者一百四十四又設破而埤三百十六里兩邊則毎邊不復得半里故云
方三百十六里有奇也 唯公侯之封乃能容之 周制上公方五
百里侯方四百里伯方三百里子方二百里男方百里今千乘用地方三百十六里有奇故伯地不
能容所以唯公侯封乃能容也 雖大國之賦亦不是過焉 雖魯方七百里
而其地賦稅亦不得過出千乘也故明堂位云賜魯革車千乘也 包氏曰導治也
千乘之國者百里之國也 此夏殷法也夏殷大國百里次國七十里小国

7b

五十里故方百里國中令出千乘也古者井田方里為井此亦與周同也井
十為乘此則與周異也周家十井為通通十為城城出一乘今此一通使出一乘則一城出
十乘也百里之國者適千乘也方百里者有方十里者百方十里者有方
一里者百今制方一里者十出一乘則方十里者出十乘方百里者故出千乘也○蜀云司馬法兵車
一乘甲士三人步卒七十二人計千乘有七万五千人則是六軍矣周禮大司馬序官凡制軍万有
二千五百人為軍王六軍大國三軍次國二軍小國一軍也馬融依周禮馬氏所說
是周禮制法也苞氏依王制孟子孟子及王制之言皆如苞氏所說也義疑
故兩存焉此何平叔自下意也言馬及苞兩家之說並疑未知誰是故我今注兩錄存之也
敬事而信此以下皆導千乘之國法也為人君者事無小大悉須敬故云敬事也曲禮云無不

8a

敬是也又與民必信故云信也
苞氏曰為國者舉事必敬慎與民必誠信也
節用而愛人雖富有一國之財而不可奢侈故云節用也雖貴居民上不可驕慢故云愛人
苞氏曰節用者不奢侈也國以民為本故愛養也
使民以時使民謂治城及道路也以時謂歲不過三日而不妨奪民農務也然人是有識之目
愛人則兼朝廷也民是瞑闇之稱使之則唯指黔黎
苞氏曰作使民必以其時不妨奪農務也
子曰弟子入則孝出則悌弟子猶子弟也言為人子弟者盡其孝悌之道也父
母閨門之內故云入也兄長比之疏外故云出也前句已決子善父母為孝善兄為悌父親故云入兄疏

8b

故云出也謹而信向明事親此辨接外也接外之禮唯謹與信也外能如此在親可知也汎
愛衆汎廣也君子尊賢容衆故廣愛一切也而親仁君子義之與比故見有仁德者而親
之也若非仁親則不與之親但廣愛之而已也行有餘力則以學文行者所以行事
已畢之迹也若行前諸事畢竟而猶有餘力則宜學先王遺文五經六籍是也或問曰此云行有餘力則
以學文後云子以四教文行忠信是學文或先或後何也答曰論語之體悉是應機適會教體多方隨須
而與不可一例責也
馬融曰文者古之遺文也即五經六籍也○蜀云若徒學其文而不能行
上事則為詐非行偽也古之遺文者則詩書禮樂易春秋六經也
子夏曰賢賢易色姓卜名商字子夏凡人之情莫不好色而不好賢今若有人能改易

9a

好色之心以好於賢此人便是賢於賢者故云賢賢易色也然云賢於賢者亦是奬勸之辭也○又一通
云上賢字猶尊重也下賢字謂賢人也言若欲尊重此賢人則當改易其平常之色也更起莊敬之容也
○蜀云色女人也有美色男子悅之上賢謂好尚之也下賢謂有德也
孔安國曰子夏弟子卜商也言以好色之心好賢
則善也此注如前通也
事父母能竭其力子事父母左右就養無方是能竭力也事君能致其
身致極也士見危致命是能致極其身也○蜀云謂小孝也言為子事父雖未能不遺致極其身也但
竭盡其力服其勤勞也事君者言為臣事君雖未能將順其美救其急但致盡忠節不愛其身也
孔安國曰盡忠節不愛其身也然事君雖就養有方亦宜竭力於君

9b

親者患難故宜致身但親主家門非患難之所故云竭力臣主捍難禦侮故云致身也

与朋友交言而有信 入則事親出則事君而与朋友交接義主不欺故言必有信也

雖曰未学吾必謂之学矣 假令不学而生知如前則吾亦謂之学也此勸人学故也故子夏云言能行此四者雖云未学而可謂已学生而知之者上也学而知之者次也若未学而能知則過於学矣蓋假言也以勸善行也

○子曰君子不重則不威 重為軽根静為踈本君子之躰不可軽薄也君子不重則無威〻〻則人不畏之也

学則不固 言君子不重非唯無威而学業亦不能堅固也故孔后注云言人不敢重既無威学又不能堅固識其義理也

孔安国曰固蔽也 侃案孔謂固為蔽〻猶當也言人既不能敢重縱学亦不能當道理也猶詩三百一言以蔽之蔽也

一曰言人不敢重既無威学不

10a

能堅固識其義理也

主忠信 言君子既須威重又忠信為心百行之主也

無友不如己者 又明凢結交取友必令勝己〻〻則己有日所益之義不得友不如己〻〻則己日損故云無友不如己者或問曰若人皆慕勝己為友則勝己豈友我耶也或通云執友必忠信者為主不取忠信不如己者耳不論余才也或通云敵則為友不取不敵者也蔡謨云本言同志為友此章所言謂慕其志而思与之同不謂自然同也夫上同乎勝己所以進也下同乎不如己所以退也閔夫四賢上慕文王故四友是四賢上同於文王非文王下同四賢也然則求友之道固當見賢思斉同志於勝己所以進德修業成天下之亹〻也今言敵則為友此直自論才同德等而相親友耳非夫子勸教之本旨也若如所云則直諒多聞之益便辟善柔之誠矣所施也

過則勿憚改 勿猶莫也憚難也友主切磋若有過失者當更相諫

10b

諍莫難改也一云若結友過誤不得善人則改易之莫難之也故李充云若友失其人改之為貴也

鄭玄曰主親也憚難也 鄭心則言當親於忠信之人也

○曾子曰慎終追遠 明人君德也慎終謂喪尽其哀也喪為人之終人子宜窮其哀戚是慎終也追遠謂三年之後為之宗廟祭盡其敬也三年後去親轉遠而祭極敬是追遠也一云靡不有初鮮克有終〻宜慎也久遠之事録而不忘是追遠也故熊埋云欣新忘旧近情之常累信違負遠義士之所弃是以慎終如始則尠有敗事平生不忘則久人敬之也

民德歸厚矣 上之化下如風靡草君上能行慎終追遠之事則民下之德日歸於厚也一云君能行此二事是厚德之君也能既厚則民咸帰依之也

孔安国曰慎終者喪盡其哀也追遠者祭盡其敬也人君能行此二者

11a

民化其德而皆歸於厚也 此是前通也

○子禽問於子貢曰夫子至於是邦也必聞其政 是此也此邦謂毎邦非一國也禽問子貢怪孔子毎所至之国必早逆聞其国之風政也故問

求之与 与語不定之辞也問言孔子毎所至国必先逆聞其風政為是就其国主求而得之不乎

抑与之与 抑語助也亢又問言為是孔子不就国主求而国主自呼与孔子為治而聞之不乎

鄭玄曰子禽弟子陳亢也字子禽也子貢弟子姓端木名賜字子貢也亢怪孔子所至之邦必与聞其国政也

求而得之耶抑人君自願与為治耶

子貢曰夫子温良恭倹譲以得之 子貢答禽説孔子所以得逆聞之由

11b

也。夫子即孔子也。礼身經為大夫者則得稱為夫子。孔子為魯大夫，故弟子呼之為夫子也。敦美潤澤謂之溫，行不犯物謂之良，和從不逆謂之恭，去奢從約謂之儉，推人後己謂之讓。言夫子身有此五德之美，推己以測人，故凡所至之邦必逆聞之也。故顧歡云：此明非求非与，直以自得之耳。其故何也？夫五德内充，則是非自鏡也。又一通云：孔子入人境，觀其民之五德，則知其君所行之政也。故梁冀云：夫子所至之國，入其境觀察風俗，以知其政教。其民溫良，則其君政教之溫良也；其民恭儉讓，則其政教恭儉讓也。孔子但見其民，則知其君政教之得失也。

夫子之求之也，其諸異乎人之求之与也。

此明夫子之求与人之求異也。人則行就彼君求之，而孔子至境推五德以測求之。故云其諸異乎人之求之也。諸猶之也，与語助也。故顧歡云：夫子求知乎己，而諸人訪之於聞，故曰異也。梁冀又云：凡人求聞見乃知耳，夫子觀化以知之，与凡人異也。

12a

鄭玄曰：言夫子行此五德而得之，与人求之異，亦會兩通也。明不就人求，故云異也。**明人君自求与為治之也。**此云人君自与之，非謂自呼与之也。政是人君所行，見於民下，不可隱藏，故夫子知之，是人君所行自与之也。

子曰：父在觀其志，父沒觀其行。

此明人子之行也。其指人子也。志謂在心未行也。故詩序云：在心為志，是也。言人子父在則己不得專行，應有善惡，但志之在心，而外必有趣向意氣，故可觀志也。父若已沒，則子得專行，無所憚，故父沒則觀此子所行之行也。

孔安國曰：父在，子不得自專，故觀其志而已也。志若好善，聞善便喜；若好惡，聞善則不喜也。**父沒乃觀其行也。**得專行也。

三年無改於父之道，可謂孝矣。

謂所觀之事也。子若在父喪三年之内不

12b

改父風政，此即是孝也。所以是孝者，其義有二也。一則哀毀之深，豈復識改父之是非？故君薨，世子聽冢宰三年也。二則三年之内哀慕，心事亡如存，則所不忍改也。

孔安國曰：孝子在喪，哀慕猶若父在，無所改於父之道也。

此如後通也。或問曰：若父政善則不改，為可；若父政惡，惡教傷民，寧可不改乎？答曰：本不論父政之善惡，自論孝子之心耳。若人君風政之惡，則冢宰自行政；若卿大夫之政惡，則其家相邑宰自行政事，無關於孝子也。

有子曰：礼之用，和為貴。

此以下明人君行化必礼樂相須。用樂和民心，以礼檢民迹。迹檢心和，故風化乃美。故云礼之用和為貴。和即樂也。變樂言和，見樂功也。樂既言和，則礼宜云敬，但樂用在内為隱，故言其功也。○禺云：夫礼勝則離，謂所居不和也。故礼貴用和，使不至於離也。**先王**

13a

之道斯為美。

先王謂聖人為天子者也。斯，此也。言聖天子之化行礼亦以此用和為美也。

小大由之，有所不行。

由，用也。若小大之事皆用礼而不用和，則於事有所不行也。

知和而和，不以禮節之，亦不可行也。

上明行礼須樂，此明行樂須礼也。人若知礼用和，而每事從和，不復用礼為節者，則於事亦不得行也。所以言亦者，沈居士云：上能用礼不行，今皆用和，亦不可行也。

馬融曰：人知礼貴和，而每事從和，不以礼為節，亦不可行也。

此解知和而和不以礼為節義也。

有子曰：信近於義，言可復也。

信，不欺也。義，合宜也。復猶驗也。夫信不必合宜，合宜不必信。若為信近於合宜，此信之言乃可復驗也。若為信不合宜，此雖是不欺，而其言不足復驗也。或問曰：不合宜之信云何？答曰：昔有尾生，与一女子期於梁下，每期每會。後一日急暴水漲，尾生先至，而女

13b

子不来而尾生守信不去遂守期溺死此是信不合宜不足可復驗也

復猶覆也義不必信〻不必義也以其言可反覆

故曰近於義也 若如注意則不得為向者通也言信不必合宜雖不合宜而其交是不欺〻〻則猶近於合宜故其言可覆驗也○曷云義不必信〻者若春秋晋士匄帥師侵齊聞齊侯卒乃還春秋善之是合宜不必守信也守信終非義也尾生事終也

恭近於礼遠耻辱也 恭是遜從礼是體別若遜從不當於體則為耻辱若遜從近礼則遠於耻辱遜從不合礼者何猶如遜在牀下及不應拜而拜之屬也

恭不合礼非礼也以其能遠耻辱故曰近於礼也 此注亦不依向通也故言恭不合礼乃非是礼而交得遠於耻辱故曰近礼也即是危行言遜得免

14a

遠耻辱也

因不失其親亦可宗敬也 因猶親也人能所親得其親者則此德可宗敬也親不失其親若近而言之則指於九族宜相和睦也若廣而言之則是汎愛衆而親仁乃義之与比是親不失其親也然云亦可宗者亦猶重也能親所親則是重為可宗也

孔安國曰因親也言所親不失其親亦可宗敬也 亦會二通然喪服傳云繼母与因母同是言繼母与親母同故孔亦謂此因為親也

○子曰君子食無求飽居無求安 此勸人学也既所慕在形骸之内故無暇復在形骸之外所以不求安飽也一簞一瓢是無求飽也曲肱陋巷是無求安也

鄭玄曰学者之志有所不暇也

14b

敏於事 此以下三句是不飽不安所為之事也敏疾也事所学之行也疾学於所学之行也

而慎於言 言所学之言也所学之言當慎傳説之也

就有道而正焉 有道德者也若学前言之行心有疑昧則往就有道德之人决正之也

可謂好学也已矣 合結食無求飽以下之事竝是可謂好学者也

孔安國曰敏疾也

有道者謂有道德者也正謂問事是非也

○子貢問曰貧而無諂 乏財曰貧非分横求曰諂也乏財者好以非分横求也子貢問言若有貧者能不横求何如故云貧而無諂也范寧云不以正道求人為諂也

富而無驕 積蓄財帛曰富陵上慢下曰驕也富積者既得人所求好生凌慢故云富而無驕也

何如 陳二事既畢故問云何如也

子曰可也 答子貢也言貧富如此乃是可耳未足為多也

15a

孔安國曰未足多也 范寧云孔子以為不驕不諂於道雖可未足臧也

未若貧而樂道 孔子更説貧行有勝於無諂者也貧而無諂乃為可然而不及於自樂也故孫綽云顔氏之子一簞一瓢人不堪其憂回也不改其樂也

富而好礼者也 又舉富行勝於不驕者也富能不驕乃是可嘉而未如恭敬好礼者也然不云富而樂道貧而好礼者亦各指事也貧者多憂而不樂故以樂為勝又貧無財以行礼故不云礼也富既饒足本自有樂又有財可行礼故言礼也

鄭玄曰樂謂志於道不以貧賤為憂苦也 顔憲是也

子貢曰詩曰如切如磋如琢如磨其斯之謂与也 子貢聞孔子説貧樂富礼竝是宜自切磋之義故引詩以證之也爾雅云治骨曰切治象曰磋治玉曰琢治石曰磨言骨象玉石四物須切磋乃得成器如孔子所説貧樂富礼是自切磋成器之義其此之謂不乎以

15b

謂孔子也○疏云時子貢富志怠於學故發此問意
謂不驕而為美德故孔子抑之乖也言未足多云云
子貢知師厉己故引詩成之衞
風淇澳之篇美武公之德也　成就孔子之意
孔安國曰能
貧而樂道富而好禮者能自切磋琢磨者也
子曰賜也始可与言詩已矣　子貢既知引詩結成孔
子之義故孔子美之云
始可与言詩也言始可告諸往而知來者也　解所以
者明知引之始於此也　可言詩
義也諸之也諸我往告之以貧樂富禮而子貢來答
知引切磋之詩以起予也江熙云古者賦詩見志子
貢意見故曰可与言詩矣夫所貴悟言者既得其言又
得其旨也告往事而知將來謂聞夷齊之賢可以知
不為衞君不欲指言
其語故舉其類耳
孔安國曰諸之也子貢知引詩
以成孔子義善取類也故然之往告之以貧而樂

16a

道來答以切磋琢磨者也　范寧云子貢欲躬行二
者故請問也切磋琢磨
所以成器訓誘學徒義同乎茲子貢富而猶吝仲
尼欲戒以禮中子貢知心厉己故引詩以為喻也
子曰不患人之不己知也患己不知人也　世人多言
己有才而
不為人所知故孔子解抑之也言不患人不知己但
患己不知人耳故李充云凡人之情多輕易於知人
而怨人不知己故抑
引之教與乎此矣

爲政第二

疏　為政者明人君為風俗政之法也謂
之為政者後卷云政者正也子帥而
正孰敢不正又鄭注周禮司馬云政正也政所以
正不正也所以次前者學記云君子如欲化民成
俗其必由學乎是明先學後乃可為政化民故以
為政次於學而也○疏云左傳云學而後入政故

16b

次前篇也此篇所論孝敬信勇為政之德也聖賢
君子為政之人也故以為政冠於章首遂以名篇
子曰為政以德　此明人君為政教之法也德者得也
言人君為政當得万物之性故云以德
德也故郭象云万物皆得性謂之德夫為
政者奚事哉得万物之性故云德而已也　譬如北辰
居其所而衆星共之　此為為政以德之君為譬也北
辰者北極紫微星也所猶地也
衆星謂五星及廿八宿以下之星也北辰鎮居一地
而不移動故衆星共宗之以為主也譬人君若無為
而御民以德則民共尊奉之而不違背猶如衆星之
共尊北辰也故郭象云得其性則歸之失其性則違之
鄭玄曰德者無為譬猶北辰之不移而衆星共之
也　○疏云郭璞曰北極天之中以正四時然則極
中也辰時也以其居天之中故曰北極以正四
時故曰北辰漢書天文志云中宮太一極星其一明
者泰一之常居也旁三星三公環之匡衛十二星

七星旁小星也北斗之主也
七星外三台星歟未詳
一旁之三台星見七名未詳

17a

藩臣皆曰紫宮北斗七星所謂璇璣玉衡以七政斗
為帝輪運於中央臨制四海以分陰陽建四時均五
行移節度定諸紀皆繫於斗是
衆星共之也無為謂不躁動也
子曰詩三百　此章舉詩證為政以德之要也詩即今
之毛詩也三百者詩篇大數也詩有三
百五篇此舉
其全數也　孔安國曰篇大數也
一言以蔽之　一言謂思無邪也蔽當也詩雖三百篇
之多六義之廣而唯用思無邪之一言
以當三百篇之理也猶如為政其事
多而終歸於以德不動也
苞氏曰蔽猶當也
曰思無邪　此即詩中之一言也言為政之道唯思於
無邪無邪則歸於正也衛瓘云不曰思正
而曰思無邪明正無所
思邪邪去則合於正也　苞氏曰歸於正也

17b

子曰道之以政 此章證為政以德所以勝也將言其勝故先舉其劣者也導謂誘引也政
謂法制也謂誘引民用法制也故
郭象云政者立常制以正民者也
孔安國曰政謂法教也 法教即是法制也
齊之以刑 齊謂齊整之也刑謂刑罰也故郭象云刑者興法辟以割物者也
馬融曰齊整之以刑罰也
民免而無恥 免猶脫也恥辱也為政若以法制導民以刑罰齊民則民畏威苟且百方巧
避求於免脫罪辟而不復知避恥故無恥也故郭象
云制有常則可矯法辟興則可避可避則違情而苟
免可矯則去性而從制從制則外正而心內未服人懷
苟免則無恥於物其於化不亦薄乎故曰民免而無
恥也
孔安國曰苟免罪也

18a

導之以德 此章舉勝者也謂誘引民以道德之
事也郭象云德者得其性者也
苞氏曰德謂道德也 亦得舒郭象解也
齊之以禮 以禮齊整之也郭象云禮者體其情也 有恥且格
格正也 既導德齊禮故民服從而知愧恥皆歸於正也郭象云情有所恥而性有所本得其
性則本至體其情則知恥知恥則無刑而自齊本
至則無制而自正是以導之以德齊之以禮有恥
且格沈居士云夫立政以制物物則矯以從之用
刑以齊物物則巧以避之矯則跡從而心不化巧
避則苟免而情不恥由失其自然之性也若導之
以德使物各得其性則皆用心不矯其真各體其
情則皆知恥而自正也
子曰吾十有五而志於學 此章明孔子隱聖同凡學有時節自少迄老皆所以

18b

勸物也志者在心之謂也孔子言我年十五志學在心也十五是成童之歲識慮堅明故始此年而志學
也
三十而立 立謂所學經業成立也古人三年明一經從十五至三十是又十五年故通五
經之業而以成立也
有所成立也 元注無姓名者皆是何平叔語也
四十而不惑 惑疑惑也業成後已十年故無所惑也故孫綽云四十強而仕業通十年經明
行修德成茂於身訓洽邦家
以之莅政可以無疑惑也
孔安國曰不疑惑也
五十而知天命 天命謂窮通之分也謂天為命者言人稟天氣而生得此窮通皆由天所
命也天本無言而云有所命者假之言也人年未五
十則猶有橫企無崖及至五十始衰則自審己分之
可否也故王弼云天命廢興有期知道終不行也孫
綽云大易之數五十天地万物之理究矣以知命之
年通致命之道窮學盡數可以得之不必皆生而知
之也此勉學之至言也熊埋云既了人事之成敗遂

19a

推天命之期運不以可否繫其治不以窮通易其志也
孔安國曰知天命之終始也 終始即是分限所在也
六十而耳順 順謂不逆也人年六十識智廣博凡厥万事不待悉須觀見但聞其言即解微
旨是所聞不逆於耳故曰耳順也故王弼云耳順言
心識在聞前也孫綽云耳順者廢聽之理也朗然玄
悟不復役而後得所謂不識不知從帝之則也李充
云耳順者聽先王之法言則知先王之德行從帝之
則莫逆於心心与耳相從故曰耳順
鄭玄曰耳順聞其言而知其微旨也
七十而從心所欲不踰矩 從猶放也踰越也矩法也年至七十習与性成猶蓬
生麻中不扶自直故雖復放縱心意而不踰越於法
度也所以不說八十者孔子唯壽七十三也說此語

19b

之時當在七十之後也李充云聖人微妙玄通深不可識所以接世軌物者曷嘗不誘之以形器乎黜獨化之迹同盈虛之質勉夫童蒙而志乎學十五載功可與立自志學迄于從心善始令終貴不踰法示之易行而約之以禮爲教之例其在茲矣

馬融曰矩法也從心所欲無非法者也

孟懿子問孝　孟懿子魯大夫也問孝問於孔子爲孝之法也

孔安國曰魯大夫仲孫何忌也　仲孫是氏也何忌是名也然曰孟懿子而不云仲孫者魯有三卿至八佾自釋也懿諡也諡者明行之迹也生時有百行之不同死后至葬隨其生時德行之迹也而爲名稱猶如經緯天地曰文撥定禍乱曰武之屬也

子曰無違　孔子答也言行孝者每事須從無所違逆也

樊遲御　樊遲孔子弟子樊須

20a

也字子遲御御車也謂樊遲時爲孔子御車也　子告之曰孟孫問孝於我

對曰無違　孟孫即懿子也孔子前答懿子之問云無違恐懿子不解而他日樊遲爲孔子御孔子欲使樊遲爲孟孫解無違之旨故語樊遲云孟孫問孝於我我對曰無違也○曷云懿子與樊遲友善必特問於樊遲故夫子告之又云生事之以禮謂冬溫夏凊昏定晨省之屬也死葬之以禮謂爲之棺槨衣衾而舉之卜其宅兆而安措之之屬也祭之以禮謂春秋祭祀以時思之陳其簠簋而哀戚之之屬也不違此禮是無違之理也不即造孟孫者初時意在簡略欲使懿子得之也必告樊遲者恐孟孫以爲從父之令是無違故既與別後告於樊遲特使復告孟孫也

鄭玄曰孟孫不曉無違之意將問於樊遲故告之也樊遲弟子樊須也

20b

樊遲曰何謂也　樊遲亦不曉無違之旨故反問之何謂也　子曰生事之以禮死葬之以禮祭之以禮　向樊遲釋無違旨也孟孫三家僭濫違禮故孔子以每事須禮爲答也此三事爲人子之大礼故特舉之也故衛瓘云三家僭侈皆不以礼也故以禮答之也或問曰孔子何不即告孟孫乃還告樊遲耶答曰欲旁於孟孫言其人不足委曲即亦示也所以獨告樊遲者舊說云樊遲與孟孫親狎必問之也一曰孟孫問時樊遲在側孔子知孟孫不曉後必問樊遲故後遲御時而告遲也

孟武伯問孝　孟武伯懿子之子也亦問孔子行孝之法也

子曰父母唯其疾之憂　答也其人子也言人子欲常敬慎自居不爲非法橫使父母憂也若己身有疾唯此一條非人所及可測尊者憂耳唯其疾之憂也

馬融曰武伯懿子之子仲孫彘也武諡也言孝子

21a

不妄爲非唯有疾病然後使父母之憂耳也

子游問孝　亦問行孝法也

孔安國曰子游弟子也姓言名偃也

子曰今之孝者是謂能養　答也今之謂當孔子時也夫孝爲躰以敬爲先以養爲後而當時皆多不孝縱或一人有唯知進於飲食不知行敬故云今之孝者是謂能養也　至於犬馬皆能有養　此舉能養無敬非孝之例也犬能爲人守禦馬能爲人負重載人皆是能養而不能行敬者故云至於犬馬皆能有養也　不敬何以別乎　言犬馬者亦養人但不知爲敬耳人若但知養而不敬則與犬馬何以爲殊別乎

包氏曰犬以守禦馬以代勞能養人者也　唯不知敬與人

21b

為別形　一曰人之所養乃能至於犬馬　此釈与前異也言人所養乃至養於犬馬也　不敬則無以別　養犬馬則不須敬若養親而不敬則与養犬馬不殊別也　孟子曰養而不愛豕畜之也　引孟子語證後通也言人畜養豕但以飼之而不愛重豕也　愛而不敬獸畜之也　又言人養珎禽奇獸亦愛重之而不恭敬之也

子夏問孝　亦問行孝法也　子曰色難　答也色謂父母顏色也言為孝之道必須承奉父母顏色此事為難故曰色難也故顏延之云夫氣色和則情志通善養親之志者必先和其色故曰難也　苞氏曰色難謂承望父母顏色乃為難也

有事弟子服其勞　此以下是易而非孝子之事也有事謂役使之事也弟子謂為人子

22a

弟者也子弟服謂執持也労苦也言家中有役使之事而弟子自執持不憚於労苦也　有酒食　先生饌　先生謂父兄也饌猶飲食也言若有酒食則弟子不敢飲食必以供飲食於父母也　馬融曰先生謂父兄也饌飲食也　然礼唯呼師為先生謂資為弟子此言弟子以對先生則似非子弟對父兄也而注必謂先生為父兄者其有二意焉一則既云問孝是事親之目二則既釈先生為父兄欲寧在三之事同師親情等也

曾是以為孝乎　曾猶嘗也言為人子弟先労後食此乃是人子人弟之常事最易事耳誰嘗謂此孝乎言非孝也故江熙称或曰労役居前酒食処後人子之常事未足称孝也　馬融曰孔子喩子夏曰服労先食汝謂此為孝乎未足為孝也承順父母顏色乃是為孝耳也　此四人問

孟懿　武伯　子游　子夏

22b

孝是同而夫子答異者或随疾与藥或寄人弘教也懿子武伯皆明其人有失故随其失而答之子游子夏是寄二子以相明教也故王弼云問同而答異者或攻其短或矯其時失或成其志或説其行又沉峭云夫應教紛紜常係汲引經営流世毎存急疾今世万途難以同對互挙一事以訓来問来問之訓縦横異轍則孝道之廣亦以明矣

子曰吾与回言終日不違如愚　此章美顏淵之德也回者顏淵名也愚者不違之称也自形器以上名之為無聖人所體也自形器以還名之為有賢人所體也今孔子終日所言即入於形器故顏子聞而即解無所諮問故不起發我道故言終日不違也一往觀回終日默識不問殊似於愚魯故云如愚也　孔安國曰回弟子也姓顏名回字子淵魯人也不違者無所怪問於孔

23a

子之言默而識之如愚者也　諸弟子不解故時或諮問而顏回默識故不問如愚者之不能問也故繆播云将言形器顏生所體莫逆於心故若愚也

退而省其私亦足以發回也不愚也　退謂回聽受已竟退還其私房時也省視也其私謂顏私与諸朋友談論也發明義理也言回就人衆講説見回不問如以愚人今觀回退還私房与諸子覆述前義亦足發明義理之大體故方知回之不愚也　孔安國曰察其退還与二三子説釈道義發明大體知其不愚也　熊理云退察与二三子私論亦足以発明聖奥振起風訓也回之似愚而豈愚哉既以美顏又曉衆人未達者也

子曰視其所以　此章明觀知於人之法也以用也其其彼人也若欲知彼人之行當先視其

23b

即日所行用之事也

以用也言視其所行用也

觀其所由　又次觀彼從來所經歷處之故事也

由經也言觀其所經從也

察其所安　察謂心懷忖測之也安謂意氣所向之也言雖或外迹有所避而不得行用而心中猶趣向安定見於形者當審察以知之也然在用言視由言觀安言察者各有以也視直視也觀廣瞻也察況吟用心忖度之也即日所用易見故云視而從來經歷處此為難故言觀情性所安最為深隱故云察也

人焉廋哉人焉廋哉　焉安也廋匿也言用上三法以觀驗彼人之德行則在理必盡故彼人安得藏匿其情耶再言之者深明人情不可隱也故江熙云言人誠難知以三者取之近可識也

孔安國曰廋匿也言觀

24a

人之終始安有所匿其情也

○子曰溫故而知新可以為師矣　此章明為師之難也溫溫燖也故謂所學已得之事也所學已得者則溫燖之不使忘失此是月無忘其所能也新謂即時所學新得者也知新謂日知其所亡也若學能日知所亡月無忘所能此乃可為人師也孫綽云滯故則不能明新希新則存故不篤常人情也唯心平秉一者守故彌溫造新必通斯可以為師者也○愚案中庸云溫故而知新鄭注云溫讀如燖溫之溫謂故學之熟矣后時習之謂之溫案左傳哀公十二年公會吳于橐皋太宰嚭請尋盟子貢對曰盟可尋也亦可寒也賈逵注云尋溫也又有司徹云乃燖尸俎是燖為溫也言人舊學已精熟在後更習之猶若溫燖故食

溫尋也尋繹故者又知新者可以為師也　溫是尋繹之義亦是燖煖之義也

24b

○子曰君子不器　此章明君子之人不係守一業也器者給用之物也猶如舟可汎於海不可登山車可陸行不可濟海君子當才業周普不得如器之守一也故熊埋云器以名可繫其用賢以才可濟其業業無常分故不守一名用有定施故舟車殊功也

苞氏曰器者各周其用至於君子無所不施也

○子貢問君子　問施何德行而可謂為君子也

子曰先行其言而后從之　答云君子先有其言而後必行之以繩所言是行從言也若言而不行則為辭費君子所恥也

孔安國曰疾小人多言而行之不周也　又一通云君子之訥必為物楷故凡有言皆令後人從而法之也於謂云鄙意以為立言之謂乎傳云大上有立德其次立言明君子之道言必可則令後世準而從之故曰而後從之

25a

○子曰君子周而不比　此章明君子行與小人異也周忠信也比阿黨也君子常以忠信為心而無相阿黨也

孔安國曰忠信為周阿黨為比也

小人比而不周　與君子反也小人唯更相阿黨而並不忠信也然周是傳遍之法故謂為忠信比是親狎之名故謂為阿黨耳若互而言周名亦有惡比名亦有善者於春秋云是謂比周言其為惡周遍天下也易卦有比比則是輔論語云君子義之與比比則是親雖非廣稱文亦非惡今此文既言周以對比於以為惡耳孫綽云理備故稱周無私於不比惡也

○子曰學而不思則罔　此章教學法也夫學問之法既得其文又宜精思其義若唯學舊文而不思義則臨用行之時罔罔然無所知也

苞氏曰學而不尋思其義理則罔然無所得也　又一通云罔誣罔也言既不精思至於行用乖僻是誣罔聖人之道也

25b

思而不學則殆又若不廣學旧文而唯專意独思則精神疲殆也於所業无功也
不學而思終卒不得使人精神疲殆也
○子曰攻乎異端斯害也已矣此章禁人雜學諸子百家之書也攻治也古人
謂學為治故書史載人專經學問者皆云治其書治其經也異端謂雜書也言人若不學六籍正典而雜
學于書史百家此則為害之深故云攻乎異端斯害也已矣斯害也已矣者為害之深也
攻治也善道有統故殊塗而同歸善道即五經正典也有統統本也
也謂皆以善道為本也殊塗謂詩書禮樂為教之途不同也同歸謂雖所明各異而同歸於善道也
○曷云正經是善道也皆以忠孝仁義為本是有統也四術為教是殊塗也皆以去邪歸正是同歸
也異端之書則或粃糠堯舜譏毀仁義是不同歸也殊塗同歸易下繫辭文也異端不同

26a

歸者諸子百家並是虛妄其理不善无益教化故是不同歸也
○子曰由此章抑子路兼人也由子路名也子路有兼人之性好以不知為知也孔子將欲教之故
先呼其名也誨汝知之乎誨教也孔子呼子路名云我欲教汝知之文章乎
孔安國曰由弟子也姓仲名由字子路也
知之為知之不知為不知汝若心有所不知則當云不知不可妄云知之也
是知也若不知云知此則是無知之人耳若實知而云知此乃是有知之人也又一通云孔子呼
子路名云由我從来教化於汝汝知我教汝以不乎汝若知我教則云知若不知則云不知能如此者是
有知之人也○曷云子路性鄙好勇力志伉直冠雄雞佩豭豚陵暴孔子孔子設禮稍誘子路子路後儒
服委質因門人請為弟子○子張學干祿干求也祿祿位也弟子子張就孔子學求祿位之術

26b

也
鄭玄曰子張弟子也姓顓孫名師字
子張也干求也祿祿位也
子曰多聞闕疑答求祿術也疑惑ゝ是也言人居世間必多有所聞ゝゝゝ必有疑
者有解者ゝゝゝ則必錄之若疑者則廢闕而莫存錄故云多聞闕疑慎言其餘其餘謂所心解
不疑者也已闕廢可疑者而所餘不疑者雖存錄在心亦何必中理故又宜口慎言之也則寡尤
寡少也尤過也既闕可疑又慎言所不疑能如此者則生平之語少有過失也
苞氏曰尤過也疑則闕之其餘不疑猶慎言之則
少過也
多見闕殆殆危也言人若眼多所見闕廢其危殆者不存錄之也慎行其餘其餘

27a

謂自所錄非危殆之事也雖已廢危殆者而所餘不殆者亦何必並中其理故又宜慎行之也則寡
悔悔恨也既闕於危殆者又慎行所不殆能如此者則平生所行少悔恨也
苞氏曰殆危也所見危者闕而不行則少悔也
言寡尤行寡悔祿在其中矣其餘若能語少過失行少悔恨則祿位自至故
云祿在其中也故范寧云發言少過履行少悔雖不以要祿乃致祿之道也仲尼何以不使都无尤悔而
言寡尤乎有顏回猶不二過蘧伯玉亦未能寡其過自非聖人何能無之子張若能寡尤悔便為得祿者
也鄭玄曰言行如此雖不得祿ゝゝゝ之道也言當无道之世
德行如此雖不得祿若忽值有道之君則必見用故云得祿之道也
○哀公問曰何為則民服也哀公失德民不服從而公患之故問孔子求民服之

27b

法也

范氏曰哀公魯君之謚也

孔子對曰舉直錯諸枉則民服 答哀公民服之法也凡称子曰則是弟子
所記若称孔子則當時人非弟子所記後為弟子所撰仍旧不復改易故依先呼孔子也直謂正直之人
也錯置也枉邪委曲佞之人也言若舉正直之人為官位為廢置邪佞之人則民服君德也亦患哀公廢
直用枉於也故范寧云哀公捨賢任佞故仲尼發乎此言欲使舉賢以服民也

范氏曰錯置也舉用正直之人廢置邪枉之人則民服其上也

舉枉錯諸直則民不服 此舉哀公之政如此故民不服也江熙曰哀公當千載之
運而聖賢滿國舉而用之魯其王矣而唯好耳目之悦群邪秉政民心厭棄既而苦之乃有此問也

28a

○季康子問使民敬忠以勸如之何 魯臣也其既无道僭濫故民不敬不忠不
相勸樂所以問孔子求孝使民行敬及忠及勸三事也故云如之何

孔安國曰魯卿大夫季孫肥也康謚也

子曰臨民之以莊則民敬 答使為三事之術也民從上之化如草從風也臨謂以
高視下也莊嚴也言君居上臨下若自能嚴整則下民皆為敬其上也

范氏曰莊嚴也君臨民以嚴則民敬其上也

孝慈則忠 又言君若上孝父母下慈民人則民皆盡竭忠心以奉其上也故江熙云言民法上
而行也上孝慈則民亦孝慈孝於其親乃能忠於君求忠臣必於孝子之門也○昌云於時魯君蠶食深
宮季氏專執國政則如君矣故此各皆以人君之事言之也

哀公出処未詳

28b

范氏曰君能上孝於親下慈於民則民忠矣也

舉善而教不能則民勸 又言若民中有善者則舉而禄位之若民中未能善者則
教令使能若能如此則民競為勸慕之行也

范氏曰舉用善人而教不能者則民勸之也

○或謂孔子曰子奚不為政 或者或有一人不記其姓名也奚何也政謂居官南
面也或人見孔子栖遑故問孔子曰何不為政処官位乎

范氏曰或人以為居位乃是為政也

子曰書云孝乎惟孝友于兄弟施於有政是亦為政
也 此以上並尚書言也引書以答或人也然此語亦与尚書微異而義可一也善父母曰孝善兄弟為

29a

友乎於也惟孝謂惟令盡於孝也施行也言人子在閨門當極孝於父母而極友於兄弟若行此二事有
政即亦是為政也 奚其為為政 此是孔子正答於或人也言施行孝友有政家家皆正則
邦國自然得正亦又何用為官位乃是為政乎故范寧云夫所謂政者以孝友為政耳行孝友則是為政
復何者為政乎引周書所以明政或人貴官位而不存孝道故孔子言乎此也

范氏曰孝乎惟孝者美孝之辭也 惟令極行於孝故云美孝之辭
也

友于兄弟善於兄弟也 然友于兄弟是善於兄弟則孝乎惟孝是善於
父母也父母既云孝乎惟孝則兄弟亦宜云友于惟友也所以互見之也 施行也所行
有政道即是与為政同耳也 行孝友有政道即与為政同更何所別復
為政乎

29b

子曰人而無信不知其可也

此章明人不可失信也言人若無信雖有他才終爲不可故云不知其可也

孔安國曰言人而無信其餘終無可也

其餘謂他才伎也

大車無輗小車無軏其何以行之哉

此爲無信設譬也言人以信得立如大小之車由於輗軏以得行也若車無輗軏則何以得行哉如人而無信則何以得立哉故江熙稱袁宏曰車待輗軏而行猶人須信以立也

苞氏曰大車牛車

牛車能引重故曰大車也

輗者轅端横木以縛枙者也

端頭也古作牛車二轅不異即時車但轅頭安枙与今異也即時車枙用曲木駕於牛脰仍縛枙兩頭著兩轅古時則先取一横木縛著兩轅頭又別取曲木爲枙縛著横木以駕

30a

牛脰也即時一馬牽也車枙猶如此也

小車駟馬車也

馬所載輕故曰小車也駟馬共牽一車即今竜旃軏是也

軏者轅端上曲以拘衡者也

衡横也駟馬之車唯中央有一轅ゝ頭曲向上此拘駐於横名此曲者爲軏也所以頭拘此横者轅駕四馬故先横一木於轅頭而縛枙著此横此横既爲四馬所牽恐其不堅故特置曲枙裹使牽之不脱也猶即時竜旃轅端爲竜置横在竜頸上曲処

鄭玄曰輗穿轅端著之軏因轅端著之也

子張問十世可知也

十世謂十代也子張見五帝三王文質變易世代不同故問孔子從今以後方来之事假設十代之法可得逆知以否乎

（五帝　少昊　顓頊　帝嚳　帝堯　帝舜）

孔安國曰文質礼變也

礼變即制度改易也

子曰殷因於夏礼所損益可知也

孔子擧前三代礼法相因及所損益

30b

以爲後代可知之證也言殷代夏立而因用夏礼及損益夏礼之事可得而知也

周因於殷禮所損益可知也

又周代殷立亦有所因殷礼及有所損益者亦事事可知也

馬融曰所因謂三綱五常也

此是周所因於殷ゝ所因於夏之事也三綱謂夫婦父子君臣也三事爲人性之綱領故云三綱也五常謂仁義礼智信也就五行而論則木爲仁火爲礼金爲義水爲信土爲智人稟此五常而生則備有仁義礼智信之性也人有博愛之德謂之仁有嚴斷之德爲義有明辨尊卑敬讓之德爲礼有言不虚妄之德爲信有照了之德爲智此五者是人性之恒不可暫捨故謂五常也雖復時移世易事歷今古而三綱五常之道不可変革故世世相因百代仍襲也

所損益謂文質三統也

夫文質再而復正朔三而改質文再而復者若一代之君以質爲教者則次代之君必以文教也以文之後君則復質ゝ之後

31a

君則復文環循无窮有興必有廢ゝ興更遷故有損益也正朔三而改者三代而一周也夫人君爲政所尚不同必各有所統ゝ則有三也案大傳云王者始起改正朔易服色夫正朔有三本亦有三統明王者受命各統一正也朔者蘇也革也言万物革更於是故統焉又礼三正記云正朔三而改文質再而復尚書大傳云夏以孟春爲正殷以季冬爲正周以仲冬爲正又曰夏以十三月爲正色尚黒以平旦爲朔殷以十二月爲正色尚白以鶏鳴爲朔周以十一月爲正色尚赤以夜半爲朔也白虎通云王者受命必改正朔者明易姓示不相襲明受之於天不受之於人所以變易民心革其耳目以化又云十三月之時万物始達孚甲而出皆黒人得加功力故夏爲人正色尚黒也十二月之時万物始牙而白ゝ者陰氣故殷爲地正色尚白也十一月之時陽氣始養根株黄泉之下万物皆赤ゝ者盛陽之氣也故周爲天正色尚赤也又云天道左施故正右行者非改天道但改日月

31b

取日月、右行。故改正右行、日尊於月、不言正日、而
言正月。積日成月、物隨月而變、故物為正也。天質
地文、周反天統、何質文再改正朔、三易三微質文
正不相因、故正不隨質文也。三統之義、如此。然旧
問云、夏用建寅為正、物初出色黒、故尚黒。今就草
木初生、皆青、而云黒、何也。旧通云、物初出、乃青遠
望則黒、人功貴廣遠、故也。且夕一日之中、天有青時
故取其黒也。又旧問、三正為正、是三王為上代、已
有旧通、有二家。一云、正在三代上上之時、相統於須
変革相示也。又一家云、自從有書籍而有三正也。
伏犠為人統、神農為地統、黄帝為天統、少昊猶天
統、言是黄帝之子、於不改統也。顓頊為人統、帝嚳
為地統、帝堯為是嚳子、亦為地統、帝舜為天統、夏
為人統、殷為地統、周為天統。三正相承、若連環也。
今依後釋、所以必從人為始者、三才須人乃成、是
於從人為始也。而礼家從夏為始者、夏是三王始
於挙之也。又不用建卯建辰為正
者、于時万物不齊、莫適所統也。

卯辰

32a

其或繼周者、雖百世亦可知也。既因變有常、故從今已後、假令或有繼周而王者、王者相承、至於百世、亦可逆知也。言或者、尒時周猶在、不敢指斥、百代於云其或也。

馬融曰、物類相招、相招、謂三綱五常、各以類相招、因而不変者也。勢數相生、謂文質三統及五行相次、各有勢數也。如大昊木德、神農火德、黄帝土德、少昊金德、顓頊水德、周而復始、其勢運相変生也。其變有常、故可豫知也。預、逆也。有因有変、各有其常、以此而推、故百世可逆知也。○曷曰、殷承夏后、因用夏礼、謂三綱五常不可変革、故因之也。所損益、謂文質三統、夏尚文、殷則損文而益質。夏以十三月為正、為人統、色尚黒。殷乃損文益質、以十二月為正、為地統、色尚白也。其変易曉、故曰可知也。三綱、白虎通云、三綱者何謂。君臣、父子、夫婦也。君為臣綱、父為子綱、夫為婦綱。大者為綱、少者為紀。所以張理上下、整斉人道也。人皆懐五常之性、有

32b

親愛之心、是以綱紀為化、若羅網有紀綱之而百
目張也。所以称三綱何。一陰一陽之謂道、陽得陰
而成、陰得陽序、剛柔相配、故人為三綱、法天地人。
君臣法天、取象日月屈信、帰功也。父子法地、取法
五行轉相生也。夫婦取象人、合陰陽有施。君、群也、
群下之所帰心。臣、牽也、牽豈君也、毅屈服之形也。
父者矩也、以度教子。子者孳也、孳孳无已也。夫者
扶也、以道扶接。婦者服也、以礼屈服也。五常、白虎
通曰、五性者何。謂仁義礼智信也。仁者不忍、好生
愛人。義者宜也、断決得中也。礼者履也、履道成文。
智者知也、或於事見微知著。信者誠也、専一不移。
故人生而應八卦之體、得五氣以為常、仁義礼智
信是也。三統、云損益謂文質三統者、白虎通云、王
者必一質一文者何。所以承天地、順陰陽。陽之道極
則陰道受、陰道極則陽道受。明一陽二陰不能繼也。
質法天、文法地而已。故天為質、地受而化之、養而
成之、故為文。尚書大傳云、王者一質一文、據天地之
道。礼三正記云、質法天、文法地。帝王始起、先

33a

質後文者、順天地之道、本末之義、先後之序也。豈
莫不先其質性、乃後有其文章也。夏尚黒、殷尚白、
周尚赤。此之謂三統。又云三正記云、正朔三而改、
文質再而復。以此推之、自夏以上、皆正朔三而改
也。鄭注尚書、三帛、高陽氏之後用赤繒、高辛之後
用黒繒、其餘諸侯用白繒。如鄭此意、却而推之、舜
以十一月為正、尚赤、堯以十二月為正、尚白、故曰
其餘諸侯用之白繒。高辛氏以十三月為正、尚黒、
故曰高辛氏之後用黒繒。高陽氏以十一月為正、
尚赤、故云高陽氏之後用赤繒。有少皥以十二月
為正、尚白、黄帝以十三月為正、尚黒、神農以十一
月為正、尚赤、女媧以十二月為正、尚白、伏犠以上
未有周易説卦云、帝出乎震、則伏犠也。建寅之月
又木之始、其三正當從伏犠以下。文質再而復者、
文質法天地、文法天、質法地、周文法地而為天正、
殷質法天而為地正者、正朔文質不相須。正朔以
三而改、文質以二而復、各自為義、不相須也。建子
之月為正者、謂之天統、以天之陽氣始生、為下物

33b

陽氣微稍運変故為天統建丑之月為地統者以
其物已吐牙不為天氣始動物又未出不得為人
所統唯在地中含養萌牙故為地統建寅之月
為人統者以其物吐出於地人功當須修理故謂
之人統統者本也謂天地人之本然王者必以三
月為正者以其此月物生微細又是歲之始生王
者繼天理物含養微細又取其歲初為正朔之始
既天地人之三者所繼不同故各改正朔不相襲
也所尚既異符命以黑故夏有玄圭天命以赤故
周有赤雀銜書天命以白故殷有白狼銜鉤是天
之所命亦各隨人所尚符命雖逐所尚不必皆然
故天命禹觀河見白面長人洛而命之湯觀於洛
沉璧而黑龜與之書黃魚雙躍泰誓言武王伐紂
而白魚入於王舟是符命不皆逐正色也鄭康成
之義自古以來皆改正朔若孔安國則改正朔殷
周二代故注尚書湯堯舜禪代之後革命創制改
正易服是從湯
始改正朔之也

34a

○子曰非其鬼而祭之諂也 諂横求也鬼神聡明正直不歆非礼人若非己祖考
而祭之是為諂求福也○曷云周礼太宗伯之職掌
遠邦之天神人鬼地祇之礼是人神鬼也左傳曰神
不歆非類民不祀非族故非
其祖考而祭之者是諂也
鄭玄曰人神曰鬼非其祖考而祭之是諂以求福
者也
見義不為無勇也 義謂所宜為也見所宜為之事而不為是无勇敢也
孔安國曰義者所宜為也而不能為是无勇也 見義
不為○曷云若齊之田氏殺君夫子請討之
是義所宜為也而魯君不能為討是无勇也
論語巻第一

34b

七巻憲問篇陳成子殺簡公孔子沐浴而朝告於哀公曰陳恒殺其君請討之公曰告夫二三
子孔子曰以吾從大夫之後不敢不告也君曰告夫二三子者之二三子告不可孔子曰以吾
從大夫之後不敢不告

舊書衣

二

八佾章一 三家章二 礼楽章三
林放章四 夷狄章五 泰山章六
君子无争章七 巧笑章八 杞宋章九
禘自章十 禘之説章十一 祭如在章十二
媚奥章十三 射不主皮章十四 告朔章十五
問社章十六 管仲章十七 語楽章十八
儀封人章十九 韶武章廿 居上不寛章廿一
已上廿一章

舊書衣背面

里仁第四

約樂章一　好惡章二　富貴章三
我未見章四　觀過章五　聞道章六
恥惡衣章七　無適章八　懷德章九
礼讓章十　一貫章十一　事君數章十二
已上十二章

1a

論語義疏卷第二　八佾　里仁　梁國子助教吳郡皇侃撰

八佾第三　疏

八佾者奏樂人數行列之名也此篇明季氏是諸侯之臣而僭行天子之樂也所以次前者言政之所裁裁於斯濫故八佾次為政也又一通云政既由學而為政則如北辰若不學而為政則如季氏之惡故次於為政也然此不標季氏而以八佾命篇者深責其惡故書其僭標篇也○畧云前篇論為政〻之大莫善於礼樂礼以安上治民樂以移風易俗得之則安失之則危故此篇論礼樂得失也

孔子謂季氏　謂者評論之辭也夫相評論有對面而評有遙相稱評若此後子謂冉有曰汝不能救與則是對面也今此所言是遙相評也季氏魯之上卿也魯有三卿並豪強僭濫季氏是上卿為僭濫之端故特舉謂季氏也

八佾舞於庭　此是孔子所說之事也佾猶行列也天子制八

1b

音為樂以調八風故舞人亦有八行每八人為行八八六十四人則天子佾者用六十四人也魯有周公之故天子許賜魯用天子八佾之樂而季氏是魯臣乃僭取八佾樂於其家廟庭而舞之故八佾云舞於庭也

是可忍也　是猶此也此下舞八佾之事也忍猶容耐也孔子曰此僭八佾之舞若可容忍者也

孰不可忍也　孰誰也言若此僭可忍則天下之惡誰復不可忍也

馬融曰孰誰也佾列也天子八佾　天子用八以象八方之八卦之風也北曰廣漠風東北曰明條風東曰明庶風東南曰清明風南曰景風西南曰京風西曰閶闔風西北曰不周風也

諸侯六　六六禮降殺以兩天子八佾諸侯故六佾也

卿大夫四士二　杜注春秋及公羊傳皆云諸侯六六三十六人大夫四四十六人士二二四人也

八人為列八八六十四人也　擬天子之佾人數也

魯以周公

2a

故　故周公有輔相成王攝天子位六年制礼作樂七年致政還成王之故也

受王者禮樂有八佾之儛　由周公之故受天子礼樂八佾舞也

今季桓子僭於其家廟儛之故孔子譏之也　桓子家之豪強起於季氏文子武子平子悼子至桓子五世故後引稱孔子曰政逮於大夫四世矣是也今孔子所譏當譏其五世而注独云桓子者是時孔子與桓子政相值故舉值者言之○畧云天子八佾諸侯六大夫四士二者隱五年左傳文也云八人為列八八六十四人者杜預何休說如此其諸侯用六者六六三十六人大夫四者四四十六人士二者二二四人服虔以用六為六八四十八人大夫四為四八三十二人士二為二八十六人今以舞勢宜方行列既減即每行人數亦宜減故因何杜之說天子所以八佾者案隱五年左傳考仲子之宮將万公問羽數於衆仲對曰天子用八諸侯用六大夫四士二夫舞所以節

2b

八音而行八風故自八以下杜預曰唯天子得盡物數故以八為列諸侯則不敢用八八音八風文○正義曰八音者金石土革絲木匏竹也鄭玄曰金鐘鎛也石磬也土塤也革鼓鼗也絲琴瑟也木柷敔也匏笙也竹管簫也所謂八風者服虔以為八卦之風乾音石其風不周坎音革其風廣莫艮音匏其風融震音竹其風明庶巽音木其風清明離音絲其風景坤音土其風涼兌音金其風閶闔又易緯通卦驗曰立春調風至春分明庶風至立夏清明風至夏至景風至立秋涼風至秋分閶闔風至立冬不周風至冬至廣莫風至是則天子之舞所以節八音而行八風故八佾也魯受王者禮樂文○正義曰案禮記祭統云昔者周公旦有勲勞於天下成王康王賜之以重祭朱干玉戚以舞大武八佾以舞大夏此天子之樂也重周公故以賜魯又明堂位曰命魯公世世祀周公以天子之禮樂是受王者禮樂也然王者禮樂唯得於文王周公廟用之若用之他廟亦為僣也故昭二十五年

3a

公羊傳稱昭公謂子家駒曰吾何僣哉荅曰朱干玉戚以舞大夏八佾以舞大武此皆天子之禮也是昭公之時僣用他廟也僣事何休曰僣齊也下效上之辭季氏倍臣也而效君於上故云僣家廟文○正義曰大夫稱家祭法大夫三廟云云

○三家者以雍徹　又譏其失也三家即仲孫叔孫季孫也並皆僣濫故此并言之也季氏為最惡故卷初獨言季氏也雍者詩篇名也徹者禮天子祭竟欲徹祭饌則使樂人先歌雍詩以樂神後乃徹祭器于時三家祭竟亦歌雍詩以徹祭故云三家者以雍徹也

馬融曰三家者謂仲孫叔孫季孫也　三孫同是魯桓公之後桓公嫡子莊公為君而桓公之庶子有公子慶父公子叔牙公子季友也仲孫是慶父之後叔孫是叔牙之後季孫是季友之後後子孫皆以其先仲叔季為氏故有此三氏並是桓公子孫故俱稱孫也

3b

亦曰三桓子孫也仲孫氏後世改仲曰孟孟者庶長之稱言己家是庶不敢與莊公為伯仲叔季之次故取庶長為始而云孟孫氏也　雍周頌臣工篇名也天子祭於宗廟歌之以徹祭今三家亦作此樂者也　天子徹歌雍者雍詩云有容雍雍至止肅肅相維辟公天子穆穆是言祭竟周畢有容甚自雍和而至皆並肅敬時助祭者有諸侯及二王後而天子威儀又自穆穆是禮是竟所以宜徹故歌之以樂神也

子曰相維辟公天子穆穆奚取於三家之堂　記者是之言此是孔子語也孔子稱雍詩之曲以譏三家也

相助也辟猶諸侯也公二王後也穆穆敬也奚何也孔子曰此詩曲言時助祭者有諸侯及王者後而天子容儀盡敬穆穆然今三家之祭但有其家臣而已有何諸侯二王後及天子穆穆乎既無此事何用空歌此曲於其家之廟堂乎

4a

苞氏曰辟公謂諸侯及二王之後也　辟訓君故是諸侯也二王後稱公故是二王後也　穆穆天子之容也雍篇歌此曲者有諸侯及二王之後來助祭故也　唯天子祭有此也　今三家但家臣而已何取此義而作之於堂耶　大夫稱家今三家之祭但有家臣家臣謂家相邑宰之屬來助祭耳有何辟公天子穆穆而空歌此曲於堂乎或問曰魯祭亦无諸侯及二王後那亦歌此曲耶荅曰既用天子禮樂故歌天子詩也或通云既用天子禮樂故當祭時則備設此諸官也或人云魯不歌此雍也季氏自僣天子禮非僣魯也○馬曰魯祭又歌雍哉否文○正義曰魯用天子禮樂而以雍徹由是三家僣之也

○子曰人而不仁如禮何人而不仁如樂何　此章亦為季氏出也

4b

季氏三家僭濫王者礼樂其既不仁則奈此礼樂何也乎江熙曰所貴礼樂者以可安上治民移風易俗也然其人存則興其人亡則廢而不仁之人居得興之地而无能興之道則仁者之屬无所施之故歎之而已

苞氏曰言人而不仁必不能行礼樂也

林放問礼之本 問孔子求知礼之本也 鄭玄曰林放魯人也

子曰大哉問 重林放能問礼之本故美其問而稱之大哉也故王弼曰時人棄本崇末故大其能尋本礼意也

禮與其奢也寧儉 美之既竟于此答之也奢者奢侈也儉者約也夫礼之本貴在奢儉之中不得中者皆為失也然為失雖同而成敗則異奢則不遜儉則固陋俱是致失奢不如儉故云礼與其奢寧儉也

喪與其易也寧戚 易和易也戚哀過礼也凡喪有五服輕重者各宜當情所以是本若和易及過哀皆是為失會是一失則易不若過哀故云寧戚也或人問曰何不答

五服斬衰三年齊衰一期大功九月小功五月緦麻三月

5a

以礼本而必言四失何也通云舉其四失則知不失即其本也其時世多失故因舉失中之勝以誡當時也

苞氏曰易和易也言礼之本意失於奢不如儉也

喪失於和易不如哀戚也 就注意即所答四失從二即是礼本也

子曰夷狄之有君不如 正義曰舉夷狄則戎蠻可知 言夷狄雖有君長而无礼義中國雖偶无君若周召共和之年而礼義不廢故也

諸夏之亡也 此章重中国賤蠻夷也諸夏中国也亡无也言夷狄雖有君主而不及中国无君也故孫綽曰諸夏有時无君道不都喪夷狄強者為師理同禽獸也○釈恵琳曰有君无礼不如有礼无君也刺時季氏有君无礼也○正義曰襄四年左傳魏絳曰諸夷必叛華夏皆謂中國而謂之華夏者夏大也言有礼義之大有文章之華也

苞氏曰諸夏中國也亡无也 謂中国為諸夏者夏大也中国礼大故也

5b

謂為夏也諸之也語助也

季氏旅於泰山 又説季氏僭也旅祭名也太山魯之太山也礼天子祭天下名山大川諸侯止祭其封内大夫位非專封則不得祭山川而季子亦僭祭魯太山也○昺曰正義曰周礼大宗伯職云國有大故則旅上帝及四望鄭注云故謂凶裁旅陳也陳其祭以祈焉礼不如祀之備也故知旅祭名也

子謂冉有曰汝不能救與 冉有孔子弟子也救猶諫止也時冉有仕季氏家季氏濫祀故孔子問冉有言汝既仕彼家那不能諫止其濫祀乎

馬融曰旅祭名也 鄭注周礼云旅非常祭也今季氏祭太山非是常祭故云旅也

禮諸侯祭山川在其封内者也 太山在魯魯君宜祭之耳也

今陪臣祭太山非礼也 陪重也魯是天子臣而季氏是魯臣於天

6a

子為重臣而與天子倶祭名山故為非礼也

冉有弟子冉求也時仕季氏 救猶止也

對曰不能 冉有對孔子也不能謂季氏豪僭已盛諫不能止也

子曰嗚呼 孔子更說季氏之失故先歎而後言也嗚呼歎也

曾謂泰山不如林放乎 曾之言則也乎助語也孔子曰林放尚能問礼本況太山之神聰明正直而合歆此非礼之祀也乎若遂歆此非礼之食則此神反不如林放也既必无歆理豈可誣罔而祭之乎故云則可謂太山不如林放乎

苞氏曰神不享非礼林放尚知問礼太山之神反不如林放耶欲誣而祭之也

子曰君子無所爭 此章明射之可重也言君子恒謙卑自牧退讓明礼故云无所爭也

6b

必也射乎 言雖他事無爭而於射有爭故云必也射乎 射於射所以有爭者古者生男必設桑弧蓬矢於門左至三日夜使人負子出門而射示此子方當必有事於天地四方故云至年長以射進仕礼王者將祭必擇士助祭故四方諸侯並貢士於王王試之於射宮若形容合礼節奏比樂而中多者得預於祭得預於祭者進其君爵土若射不合礼樂而中少者則不預祭不預祭者黜其君爵土 裏云 蓋曰子曰至君子 正義曰此章言射礼有君子之風也君子无所爭者言君子之人謙卑自牧无所競爭也必也射乎者言君子雖於他事无爭其或有必也於射礼乎言於射而後有爭也揖讓而升下飲者射礼於堂將升堂及射畢而下勝飲不勝其偶皆以礼相揖讓也其爭也君子者射者爭中正鵠而已不同小人厉色援臂故曰其爭也君子此射事既重非唯自辱乃係累已君故君子之人於射而必有爭也故顏延之曰射許有爭故可以觀无爭也 范寧亦云 无爭爭也

7a

孔安國曰言於射而後有爭也

揖讓而升下 射儀云礼初主人揖賓而進交讓而升堂及射竟勝負已決下堂猶揖讓不忘礼故云揖讓而升下也

而飲 飲者謂射不如者而飲罰爵也射勝者堂酌酒跪飲於不如者云敬養所以然者君子敬讓不以己勝為能不以彼負為否言彼所以不中者非彼不能政是有疾病故也酒能養病故酌酒飲彼亦養彼之病故云敬養也所以礼云君使士射士不能則辭以疾懸弧之義也而不知者亦跪受酒而云賜灌 猶飲者也言賜飲者服而為敬辭也 注曰言於射而後有爭 正義曰鄭注射義曰飲射爵者亦揖讓而升降勝者袒決遂執張弓不勝者襲說決拾卻左手右加弛弓於其上而升飲君子恥之是以射則爭中是於射而後有爭也

王肅曰射於堂升及下皆揖讓而相飲也 就王注意則云

7b

揖讓而升下也若餘人讀則云揖讓而升以為屬上句又云下而飲下以屬下句然此讀不及王意也 蓋曰注王云至相飲 正義曰射於堂升之及下皆揖讓而相飲者儀礼大射云耦進上射在左右並行當階北面揖及階揖升堂揖皆當其物北面揖及物揖射畢北面揖如升射是射時升降揖讓也大射又云飲罰爵之時勝者皆袒決遂執張弓不勝者皆襲脫決拾卻左手加弛弓于其上遂以執弣揖如始升及階勝者先升堂少右不勝者進北面立取豐上之觶立卒觶坐奠於豐下興揖不勝者先降飲是飲射爵之時揖讓升降也

其爭也君子 夫小人之爭必攘臂厉色今此射雖心止不忘中而進退合礼更相辭讓跪授受不乖君子之容故云其爭也君子

馬融曰多筭飲少筭君子之所爭也 證其爭也君子也筭猶籌

8a

也射者比結朋黨各有筭數每中則以筭表之若中多則筭多故云多筭也中少則筭少故云少筭也凡情得勝則自為矜貴今射雖多筭猶自酌酒以飲少筭不敢自高是君子之所爭也故云君子之所爭也 然按此者云於射无爭非今所安聊復託之筭先曰君子謙卑以自牧後己先人受爵辭遜未始非讓何爭之有乎射藝競中以明能否而心无措者勝負若一由此觀之愈知君子之无爭也 欒肇曰君子於射講藝明訓考德觀賢繁揖讓以成礼崇五善以興教故曰君子无所爭必也射乎言於射无必君子之无爭 周官所謂陽礼教讓則民不爭者也君子於礼所主在重而所略在輕若升降揖讓於射則爭是為輕在可讓而重在可爭豈所謂礼敬之道哉且爭无益於勝功者也求勝在己理之常也雖心存中質不可謂爭矣故射義曰失諸正鵠還求諸身求中以辭養不為爭勝以恥人也又曰射仁道也發而不中不怨勝己者求反諸己而已因稱此言證无爭孝誠以爭

8b

名施於小人讓分定於君子也今說者云必於射然後有爭此為文論文背周官違礼記而後有爭之言得通考諸經傳則无爭之證益明矣○注馬曰多筭所爭乎義曰多筭飲少筭者筭籌也鄉射記曰箭籌八十長尺有握素是也多筭謂勝者少筭謂不勝者飲不勝而相揖讓故云君子所爭也

○子貢問曰巧笑倩兮美目盼兮素以為絢兮何謂也　此是衛風碩人閔莊姜之詩也莊姜有容有礼衛侯不好德而不答故衛人閔之也巧咲之美者也倩巧笑皃也言人可悦則笑巧而皃倩然也美目之美者也盼動目皃也言人可悦則目美而皃盼然也素白也絢文皃也謂用白色以分間五采使成文章也言莊姜既有盼倩之容又有礼自能結束如五采得白分間明乃文章分明也子夏讀詩不達此語故云何謂以問孔子也

9a

馬融曰倩笑皃盼動目皃也絢文皃也此上二句在衛風碩人之二章巧咲及美目即見衛風碩人第二章其下一句逸也　素以為絢之一句也已散　逸則衛風所无也○馬曰碩人詩第二章義同云此上二句在衛風碩人之二章者案今毛詩碩人四章章七句其二章曰手如柔荑膚如凝脂領如蝤蠐齒如瓠犀螓首蛾眉巧笑倩兮美目盼兮是也云其下一句逸者今毛詩无此一句故曰逸言亡逸也

子曰繪事後素　答子夏也繪畫也言此上三句是明美人先有其質後須其礼以自約束如畫者先雖布衆采蔭暎然後必用白色以分間之則畫文分明故曰繪事後素也

鄭玄曰繪畫文也　又刺縫成文則謂之綉畫之成文謂之為繪也　凡畫繪

9b

先布衆采然後以素分其間以成其文喻美女雖有倩盼美質亦須禮以成也

曰禮後乎　子夏聞孔子云繪事後素而解特喻人雖可悦必後用礼故云礼後乎

孔安國曰孔子言繪事後素子夏聞而解知以素喻礼故曰礼後乎

子曰起予者商也始可與言詩已矣　起發也予我也孔子但言繪事後素而子夏仍以素喻礼是達詩人之旨以起發我談故始可與言詩也

苞氏曰予我也孔子言子夏能發明我意可與共言詩已矣　沉居士曰孔子始云未若貧而樂道富而好礼來見貧者所以能樂道富所以

10a

能好礼之由子貢答曰切磋琢磨所以得好礼也則是非但解孔子旨亦是更廣引理以答也故曰告諸往而知來者也孔子云繪事後素本政是以素喻礼子夏答云礼後乎但是解夫子語耳理无所廣故云起予而不云知來也

○子曰夏礼吾能言之杞不足徵也　此章明夏殷之後失礼也夏礼謂禹時礼也即孔子往杞所得夏時之書也杞夏之後所封之國也徵成也夏桀者失国周殷封其後東婁公於杞當于周末而其君昏闇故孔子言夏家之礼吾能言之但杞君昏闇愚不足與共成其先代之礼故云杞不足徵也

殷礼吾能言之宋不足徵也　孔子往宋所得坤乾之書也宋殷之後所封之國也紂失國周封微子於宋也孔子曰殷湯之礼吾亦能言但于時宋君昏乱不足以與共成之也

10b

苞氏曰徵成也杞宋二國名也夏殷之後也夏殷之礼吾能説之杞宋之君不足以成之也

文献不足故也觧所以不足成義也文文章也献賢也言杞宋二君无文章賢才故我不足之成之足則吾能徵之矣若文章才賢足則吾豈不手成之乎故云足則吾能徵之矣

鄭玄曰献猶賢也我能不以其礼成之者以此二國之君文章賢才不足故也

子曰禘自既灌而往者吾不欲觀之矣此章明魯祭失礼也禘者大祭名也周礼四時祭名春曰祠夏曰礿秋曰嘗冬曰烝又四時之外五年之中別作二大祭一名禘一名祫而先儒論之不同今不具説且依注梗概而談也謂為禘者諦也謂審諦昭穆也灌者献也酌鬱鬯

11a

酒献尸灌地以求神也礼禘必以毀廟之主陳在太祖廟未毀廟之主亦升於太祖廟序禘昭穆而後共合食堂上未陳列主之前主祝入太祖廟室中以酒献尸尸以祭灌於地以求神求神竟而出堂列定昭穆備成祭礼時魯家逆祀尸主亂次當於灌時未列昭穆猶有可觀既灌以後逆列已定故孔子云不欲觀也往猶後也不言祫唯云禘者随尓時所見也

孔安國曰禘祫之礼為序昭穆也列諸主在太祖廟堂太祖之主在西壁東向太祖之子為昭在太祖之東而南向太祖之孫為穆對太祖之子而北向以次東陳在北者曰昭在南者曰穆所謂父昭子穆也昭者明也尊父故曰明也穆敬也子宜敬於父也 ○正義曰鄭玄曰魯礼三年喪畢而祫太祖明年春禘於群廟自尓之後五年而再殷祭以遠主初始入祧新死之主又當与先君相接故礼因是而為大祭以審序昭穆故謂之禘禘者諦也言使昭穆之次

11b

審諦而不乱也祫者合也文二年公羊傳曰大祫者何合祭也其合祭奈何毀廟之主陳于太祖未毀廟之主皆升合食於太祖是也故毀廟之主及群廟之主皆合食於太祖孔及先儒義云禘祫礼同皆取毀廟主及未毀廟之主並升列昭穆在太祖廟堂也灌者酌鬱鬯灌於太祖以降神也鬱鬯一云煮鬱金之草取汁釀黒黍一秬二米為酒酒成則氣芬芳調暢故呼為鬯亦曰秬鬯也若又擣鬱金取汁和莎沛於此鬯則呼為鬱鬯但先儒旧論灌法不同一云於太祖室裏龕前東向束白茅置地上而持鬯酒灌白茅上使酒味滲入淵泉以求神也而鄭康成不正的道灌地或云灌尸或云灌神故鄭特牲云周人尚臭灌用鬯臭鬱合鬯臭陰達於淵泉灌以珪璋用玉氣也既灌然後迎牲致陰氣也鄭注云灌謂以圭瓚酌鬯始献神也又祭統云君執圭瓚灌尸大宗執璋瓚亞灌鄭注云天子諸侯

12a

之祭礼先有灌尸之事乃後迎牲案鄭二注或神或尸故觧者或云灌神是灌地之礼灌尸是灌人之礼而鄭注尚書大傳則云灌是献尸尸乃得献乃祭酒以灌地也既灌之後別尊卑序昭穆謂灌竟尸出堂時也而魯為逆祀躋僖公亂昭穆故不欲觀之矣躋升也僖公閔公俱是荘公之子僖庶子而年長閔適而幼荘公薨立閔公為君則僖為臣事閔閔薨而僖立為君僖後雖為君而昔經是閔臣至僖薨列主應在閔下而魯之宗人夏父弗忌佞僖公之子文公云吾聞新鬼大故鬼小故升僖於閔上逆祀乱昭穆故孔子不欲觀之也 ○正義曰既灌地降神之後始列木主以尊卑陳列太祖前太祖東嚮昭南嚮穆北向其餘孫従其王父父曰昭子曰穆昭取其向明穆取其北面尚敬三年一祫五年一禘所以異於祫者毀廟之主陳於太祖与祫同未毀廟之主則各就其廟而祭云云春秋文二年秋八月丁卯

大事于大廟，躋僖公。公羊傳曰：躋者何？升也。何言乎升僖公？譏。何譏爾？逆祀也。何休注曰：升謂西上。禮昭穆指父子。近取法春秋，惠公與莊公當同南面西上，隱桓與閔僖亦當同北面西上，繼閔者在下。文公緣僖公於閔公為庶兄，置僖公於閔公上，失先後之義，故譏之。是知當閔在僖上，今升僖先閔，故云逆祀。二公位次之逆，非昭穆亂也。此注亂昭穆，及魯語云：將躋僖公，宗有司曰：非昭穆也。弗忌曰：我為宗伯，明者為昭，其次為穆，何常之有。如彼所言，又似閔僖異昭穆者。位次之逆，以昭穆之亂，假昭穆以言之，非謂異昭穆也。若兄弟相代，即異昭穆，設令兄弟四人皆立為君，則祖父之廟即已從毀，知其理必不然，故先儒无作此說。以此逆祀失禮，故孔子不欲觀之也。○正義曰：鄭注云：灌者謂以圭瓚酌鬯，始獻神也。鬱金草釀秬為酒，煮鬱金草和之，其氣芬芳調暢，故曰鬱鬯，言未殺牲先酌鬱鬯酒灌地以求神於大祖廟也云云。

或問禘之說。或人聞孔子不欲觀禘，故問禘之旧說也。子曰：不知也。孔子答或人曰不知禘禮旧說也。所以然者，若依旧說而答之，則魯乖禮之事顯，若依魯而說之，則又乖正教。既欲為魯諱，故云不知也。

孔安國曰：答以不知者，為魯君諱。孔子時仕魯之臣為國諱惡，則是禮也。

知其說者之於天下也，其如示諸斯乎。孔子為國諱而答以不知，此事遂不更說，則千載之後長言禘禮為永絕，故更向或人陳其方便也。言若欲知禘說，其自不難於天下之人，莫不知矣。人人皆知，如示以掌中之物，无不知了者也。故云之於天下也，其如示諸斯也。斯，此也。此，孔子掌中也。指其掌。此記者所言，以釋孔子語也。孔子既云易知而申掌，又以一手自指所申之掌以示或人，云其如示諸此也。是孔子自指掌也。

苞氏曰：孔子謂或人言知禘禮之說者，於天下之事，如指示以掌中之物，言其易了也。

○祭如在。此以下二句，乃非孔子之言，亦因前而發也。為魯祭亂，処其君上，是不如在，故明宜如在也。此先說祭人鬼也。人子奉親，事死如事生，是如在也。○正義曰：祭必如在者，謂祭宗廟必致其敬，如其親在。言事死如事生也。

孔安國曰：言事死如事生也。所以祭之日思親居処咲語及所好樂嗜慾，事之如生存時也。

祭神如神在。此謂祭天地山川百神也。神不可測，而必心期對之，如在此也。

孔安國曰：謂祭百神也。孔所以知前是祭人神鬼，後是祭百神者，凡旦稱其在，以對不在也。前既直云如在，於則云是人鬼，以今之不在，對於昔之在也。後既云祭神如神在，存

稱於神，則知神无存沒，期之則在也。○正義曰：百神謂宗廟之外，皆是言百神，舉成數也。

子曰：吾不與祭，如不祭。既並須如在，故說者引孔子言，我或疾或行，不得自祭，使人攝之，雖使人代攝而於我心不盡，是與不祭同也。

苞氏曰：孔子或出或病而不自親祭，使攝者為之，故不致敬於心，與不祭同也。

○王孫賈 王孫賈者，周靈王之孫，名賈也。是時仕衛為大夫也。問曰：與其媚於奧，寧媚於竈，何謂也。此前世俗旧語也。媚，趣向也。奧，內也，謂室中西南角。室向東南開戶，西南安牖，牖之內隱奧无事，恒令尊者所居之処也。竈謂人家為飲食之処也。賈仕在衛，執政為一國之要，能為人之益，欲自比如竈，雖卑外而實要，為衆人所急也。又侍君之近臣以喻奧也。近君之臣，雖近君為

14b

尊而交无事如室之奥雖尊而无事也並於人无益也時孔子至衛賈誦此旧語以感切孔子欲令孔子求媚於己如人之媚竈也故云与其媚於奥寧當媚竈問於孔子何謂使孔子悟之也

孔安國曰王孫賈衛大夫也奥内也以喻近臣也

正義曰奥内也謂室内西南隅也以其隱奥故尊者居之其処雖尊而閑静无事以喻近臣雖尊不執政柄无益於人也竈者飲食之所由雖処卑褻為家之急用以喻國之執政位雖卑下而執賞罰之柄有益於人也

竈以喻執政也賈者執政者也欲使孔子求昵之故微以世俗之言感動之也

昵猶親近也欲令孔子求親近於己故説世俗之言微以感動之也

子曰不然獲罪於天無所禱

孔子識賈之詐故以此言距之也言我不被時

15a

用是由君命何能細為曲情以求於汝輩譬如世人得罪於天亦无所細祈禱衆邪之神也 蜀曰天以喻君獲猶得也我道之行否由於時君无求於衆臣如得罪於天无所禱於衆神

孔安國曰天以喻君也孔子距之曰如獲罪於天無所禱於衆神也

若不依注則復一釈欒肇曰奥尊而無事竈卑而如有求時周室衰弱權在諸侯賈自周出仕衛故託世俗言以自解於孔子孔子曰獲罪於天无所禱者明天神无上王尊无二言當事尊卑不足媚也

子曰周監於二代郁郁乎文哉

周之代也監視也二代夏殷也郁郁文章明着也言以周世比視於夏殷則周家文章最着明大備也

吾從周

周既極備為教所須故孔子欲從周也

15b

孔安國曰監視也言周文章備於二代當從周也

子入大廟

周公廟也孔子仕魯助祭故得入周公廟也

苞氏曰大廟周公廟也孔子仕魯魯祭周公而助祭也

孔子仕魯 正義曰史記孔子世家云孔子貧且賤及長嘗為季氏史料量平嘗為司職吏而畜蕃息由是為司空其後定公以孔子為中都宰一年四方皆則之由中都宰為司空由司空為大司寇攝相事是仕魯由是於得与助祭也 正義曰大廟周公廟也文十三年公羊傳曰周公稱大廟魯公稱世室群公稱宮故知大廟周公廟也

每事問

大廟中之事及物孔子每事輙問於廟中之令長也 正義曰言大廟之中礼器之属每事輙問於令長也

或曰孰謂鄹人之子知礼乎入大廟每事問

孰誰

16a

也鄹孔子父叔梁紇所治邑也故謂孔子為鄹人子也世人皆傳孔子知礼或人疑云知礼者自當遍識一切不應有問今孔子入廟每事輙問則是不知礼也故曰誰謂鄹人子知礼乎

孔安國曰鄹孔子父叔梁紇所治邑也

正義曰古謂大夫守邑者以邑冠之呼為某人孔子父鄹邑大夫左傳称鄹人紇故此謂孔子為鄹人之子也左傳成二年云新築人仲叔于奚杜注云于奚守新築大夫即此類也

時人多言孔子知礼或人以為知礼者不當復問也

子聞之曰是礼也

孔子聞或人譏己多問故釈之也所以云是礼者宗廟事重不可軽脱愈知愈問是敬慎之礼也

孔安國曰雖知礼當復問慎之至也

16b

子曰射不主皮　射者男子所有事也射乃多種今云射不主皮者則是將祭擇士之大射也張布為侯而用獸皮帖其中央必射之取中央故謂主皮也然射之為禮乃須中質而又須形容兼美必使威儀中禮節奏比樂然後以中皮為美而當周衰之時禮崩樂壞其有射者无復威儀唯競取主皮之中故孔子抑而解之云射不必在主皮也

馬融曰射有五善　引周禮鄉大夫射五物之證以證之也○五善變正義曰一曰和至五曰與舞皆周禮鄉大夫文也云志體和至與舞同皆馬融解義語案彼王退而以鄉射之禮五物詢衆庶一曰和二曰容三曰主皮四曰和容五曰與舞注云以用也行鄉射之禮而以五物詢於衆民鄭司農云詢謀也王問於衆寧復有賢能者和謂閨門之內行也容謂容貌也主皮謂善射射所以觀士也故書舞為无杜子春讀和容為頌謂能為樂也无讀為舞謂能為六舞其謂和載六

17a

德容包六行也庶民无射禮因田獵分禽則有主皮主皮者張皮射之无侯也主皮和容與舞則六藝之射與禮樂與是也今此注一曰和

一曰和志　容行和字五曰與武當為舞聲之誤也

體和也　和志謂將射必先正志志和則身體和韻故云體和也

二曰和容有容儀也　二則使行步舉動和柔所以有容儀也

三曰主皮能中質也　先和志有容儀後乃取中於質質即棚也

四曰和頌合雅頌　射時有歌樂言必能中質而放捨節奏必合於雅頌之音和合也天子以騶虞為節諸侯以貍首大夫以采蘋士以采蘩為節故孔子曰何以射何以聽言射節以與樂音合如一也

五曰興武與舞同也　匪唯聲合雅頌而已乃至使射容與樂儛趣與相會進退同也然馬注與鄉射五物小異亦可會也不須委曲細通也

天子有三侯　侯即射棚也謂棚為侯者天子中之以威服諸

17b

侯諸侯中之則得為諸侯故禮云謂射侯以明之是也之為諸侯也尚書云侯以明之是也

以熊虎豹皮為之　三侯者正義曰周禮天官司裘職云王大射則共虎侯熊侯豹侯設其鵠諸侯則共熊侯豹侯卿大夫則共麋侯皆設其鵠注云大射者為祭祀射王將有郊廟之事以射擇諸侯及群臣與邦國所貢之士可以與祭者射者可以觀德行其容體比於禮其節比於樂而中多者得與於祭諸侯謂三公及王子弟封於畿內者卿大夫亦皆有采地焉其將祀其先祖亦與群臣射以擇之凡大射各於其射宮侯者其所射也以虎熊豹麋之皮飾其側又方制之以為臬謂之鵠著于侯中所謂皮侯王之大射虎侯王所自射也熊侯諸侯所自射豹侯群臣所射卿大夫大射麋侯君臣共射焉凡此侯道虎九十弓熊七十弓豹麋五十弓列國之諸侯大射大侯亦九十參七十干五十遠尊得伸可同耳所射正謂之侯者天子中之則能伏諸侯以下中之則得為諸侯鄭司農云鵠鵠毛也方

18a

十尺曰侯四尺曰鵠二尺曰正四寸曰質其謂侯中之大小取數於侯道即鄉射記曰弓二寸以為侯中則九十弓者侯中廣丈八尺七十弓者侯中廣大四尺五十弓者侯中一丈尊卑異等此數明矣考工記曰梓人為侯廣與崇方三分其廣而鵠居一焉然則侯中丈八尺者鵠方六尺侯中丈四尺者鵠方四尺六寸大半寸侯中一丈者鵠方三尺三寸少半寸謂之鵠者取名於鳱鵠鳱鵠小鳥而難中是以中之為俊亦取鵠之言較較者直也射所以直己志者用虎熊豹麋之皮示服猛討迷惑者射者大禮故取義眾也士不大射士无臣祭无所擇也三獸之皮各為一侯故有三侯也所以用此三獸者三獸雄猛今取射之示能伏服猛也天子大射張此三侯天子射猛虎諸侯射熊卿大夫射豹也言熊者隨語便無別義也

言射者不但以中皮為善亦兼取之和容也　正義曰古者射禮張布為侯而棲熊虎豹之皮於中而射之

18b

為力不同科為力謂力役之事也科品也古者役使人随其強弱為科品使之有上中下三等周末則一槩使之无復強弱三科与古為異此明古不同科也 ○正義曰言古者為力役之事亦有上中下設三科焉周衰政失力役之事貧富兼并強弱无別而同為一科故孔子非之曰古之為力役不知今同科古之道也者結上二事皆前古所行之道也古之道也射不主皮及為力不同科二事皆是古有道之時法也故云古之道也

馬融曰為力ゝゝ役之事也亦有上中下設三科焉故曰不同科也

○子貢欲去告朔之餼羊告朔者人君每月旦於廟告月朔之至也礼天子每月之旦居於明堂告其時帝布政讀月令之書畢又還太廟告於太祖諸侯無明堂但告於太廟並用牲天

19a

子用牛諸侯用羊于時魯家昏乱自魯文公而不復告朔以至于子貢之時也時君雖不告朔而其国之旧官猶進告朔之羊子貢見告朔之礼久廢而空有其羊故使除去其羊也云餼者腥羊也腥牲曰餼

鄭玄曰牲生曰餼鄭注詩云牛羊豕為牲繫養者曰牢熟曰饔腥曰餼生曰牽而鄭今云牲生曰餼者當腥与生是通名也然必是腥也何以知然者猶生養則子貢何所以為愛乎政是殺而腥送故賜愛之也 ○正義曰僖三十三年左傳曰餼牽竭矣餼与牽相對牽是牲可牽行則餼是已殺ゝ又非孰故解者以為腥曰餼謂生肉未煮者也其實餼亦是生哀二十四年左傳云晋師乃還餼臧石牛是以生牛賜之也此及聘礼注皆云牲生曰餼由不与牽相對故為生

礼人君毎月告朔於廟有祭謂之朝享也告朔之祭周礼謂為朔享也鄭注論語云諸侯用羊天子用牛似案魯用天子礼告朔應用牛而今用羊者天子告朔時帝立大於

19b

用牛魯不告帝故依諸侯用羊也 ○正義曰案周礼大史頒告朔于邦国鄭玄云天子頒朔于諸侯ゝゝ蔵之祖廟至朔朝于廟告而受行之此云子貢欲去告朔之餼羊是用牲ゝゝ羊告於廟謂之告朔人君即以此日聽視此朔之政謂之視朔文十六年公四不視朔僖五年傳曰公既視朔是也聽朔者聽治此月之政所謂之聽朔玉藻曰天子聽朔於南門之外是也其日又以礼祭於宗廟謂之朝廟周礼謂之朝享司尊彝云追享朝享是也其歳首為之則謂之朝正襄二十九年正月公在楚傳曰釈不朝正于廟是也告朔視朔聽朔朝廟朝享朝正二礼各有三名同日而為之也以月朔為此告朔聽朔之礼者杜預春秋釈例曰人君者設官分職以為民極遠細事以全委任之責縦諸下以盡知力之用揔成敗以効能否執八柄以明誅賞故自非機之事皆委心事誠信之以相感之實盡而不擅故受位居職者思効忠善日夜自進而無所顧忌也天下之細事無数也一日二日万端人君之明有

20a

所不照人君之力有所不堪則不得不借問近習有時而用之如此則六鄉六遂之長雖躬履此事躬造此官當皆移聽於内官迴心於左右政之粃乱常必由此聖人知其不可故簡其節敬其事因月朔朝廟遷坐正位會群吏而聽大政考其所行而決其煩疑非徒議将然也乃所以考已然又悪其密聽之乱公也故顕衆以斷之是以上下交泰官人以理万民以察天下以治也毎月之朔必朝於廟因聽政事敬而礼成故告以特羊然則朝廟朝正告朔視朔皆同日之事所従言異耳是言聽朔朝廟之義也玉藻説天子朝廟之礼云聽朔於南門之外諸侯皮弁聽朔於太廟鄭玄以為明堂在国之陽南門之外謂明堂也諸侯告朔以特羊則天子用特牛告其帝及其神配以文王武王諸侯用特羊告太祖而已杜預以明堂与祖廟為一但明堂是祭天之処天子告朔雖杜之義亦應告人帝朝享即月祭是也祭法曰王立七廟曰考廟王考廟皇考廟顕考廟祖考廟皆月祭之二祧

20b

子曰參乎呼曾子名欲語參曾子名也吾道一以貫之哉所語曾子之言也道者孔子之道也貫猶統也譬如以繩穿物有貫統也孔子語曾子曰吾教化之道唯用一道以貫統天下万理也故王弼曰貫猶統也夫事有歸理有會故得其歸事雖殷大可以一名擧總其會理雖博可以至約窮也譬猶以君御民執一統衆之道也曾子曰唯唯猶今應爾也曾子曉孔子言故直應爾而已不諮問也孔安國曰直曉不問故荅曰唯也

子出當是孔子往曾子處得曾子荅竟後而孔子出戶去門人問曰何謂也門人曾子弟子也不解孔子之言故問於曾子也曾子曰夫子之道忠恕而已矣曾子荅弟子也釈於孔子之道也忠謂盡忠心也恕謂忖我以度於人也言孔子之道更無他法故用忠恕之心以己測物則万物之理皆可窮驗也故王弼曰忠者情之盡也恕者反情以同物者也未有

21a

無者字

反諸其身而不得物之情未有能全其恕而不尽理之極也能尽理極則无物不統極不可二故謂之一也推身統物窮類適尽一言而可終身行者其唯恕也侃曰忠謂尽中心也恕謂忖己度物也言夫子之道唯以忠恕一理以統天下万事之理云

子曰君子喻於義小人喻於利喻曉也君子所曉於仁義小人所曉於財利故范寧曰棄貨利而曉仁義則為君子曉貨利而棄仁義則為小人孔安國曰喻猶曉也

子曰見賢思齊焉言人若見賢者當自思修礪願與之齊等也苞氏曰思與賢者等也

見不賢者而內自省也省視也若見人不賢者則我更自視我心內從來所行无此事不也故范寧曰顧探諸己謂之內省也

子曰事父母幾諫幾微也子事父母義

21b

享嘗乃止諸侯立五廟曰考廟王考廟皇考廟皆祭之顯考廟祖考廟享嘗乃止然則天子告朔於明堂朝享於五廟諸侯告朔於大廟朝享自皇考以下三廟皆先告朔後朝廟也朝廟小於告朔文公廢其大而行其小故春秋文公六年經云閏月不告朔猶朝于廟公羊傳曰猶者可止之辞也天子玄冕以視朔皮弁以日視朝諸侯皮弁以聽朔朝服以日視朝其閏月則聽朔於明堂闔左扉立於其中聽政於路寢門終月故於文王在門為閏云魯自文公始不視朔者即文公六年閏月不告朔是也魯自文公始不視朔子貢見其礼廢故欲去其羊也文公是僖公之子也起文公為始而不視告於朔也始文經宣成襄昭定至哀公時子貢當於定末及哀時也然謂月旦為朔者朔者蘇也生也言前月已死此月復生也

子曰賜也汝愛其羊我愛其礼也孔子不許子貢去羊也言子貢欲去羊之

22a

意政言既不告朔徒進羊為費故云愛羊也而我不欲去羊者君雖不告朔而後人見有告朔之羊猶識旧有告朔之礼今既已不告若又去羊則後人無復知有告朔之礼者是告朔礼都亡也我今猶欲使人見羊知其有礼故云我愛其礼也

苞氏曰羊在猶所以識其礼也羊亡礼遂廢也

子曰事君尽礼人以為諂也當于今時臣皆佞諂阿党若見有能尽礼竭忠於君者因共翻謂為諂故孔子明言以疾當時也王義曰言若有人事君尽其臣礼謂將順其美及善則譏君之類而无礼之人反以為諂佞也

孔安國曰時人事君者多無礼故以有礼者為諂也

定公問君使臣臣事君如之何定公哀公父也亦失礼而臣不服亦定公

22b

患之故問孔子求於君使臣之事君之法禮也

孔安國曰定公魯君謚也時臣失礼定公患之故問也

孔子對曰君使臣以礼臣事君以忠 孔子荅因所定公也言臣之從君如草從風故君能使臣得礼則臣竭君必盡忠也君若无礼則臣亦不忠也

子曰関雎樂而不淫 関雎者即毛詩之初篇也時人不知関雎之義而横生非毀或言其淫或言其傷於孔子解之也関雎樂得淑女以配君子是共為政風之美耳非為淫也故云樂而不淫也故江熙云樂在得淑女疑於為色所樂者德故有樂而无淫也又李充曰関雎之興樂得淑女以配君子憂在進賢不淫其色是樂而不淫也

哀而不傷 関雎之詩自是哀思窈窕思賢才耳而无傷善之心故云哀而不傷也故李充曰哀窈窕思賢才而无傷善之心是哀而不傷也

23a

孔安國曰樂而不至淫哀而不至傷言其和也 鄭玄曰樂得淑女以為君子之好仇不為淫其色也窈窕思之哀世失夫婦之道不得此賢女不為感傷其愛也

哀公問社於宰我 社社稷也哀公見社稷種樹之不同故問宰我也哀公魯君也宰我孔子弟子姓宰名予字子我也鄭論本云問主也禹曰五土之神也凡建邦立社各以其土所宜木云又曰是各以其土所宜木也謂用其木以為社主張包周本以為哀公問主於宰我先儒或以為宗廟主者杜元凱何休用之以解春秋亦為宗廟主今所不取也

宰我對曰夏后氏以松殷人以栢周人以栗 宰我荅社稷樹三代所居不同故有松栢之異也然夏称后氏殷周称人者白虎通曰夏以揖讓受禪為君故褒之称后也君也又重其世故氏係之也殷周以干戈取天下故貶称人也白虎通又云夏得禪授是君与之也故称君也殷周從人民之心而取之是由人得

23b

之故人也

曰使民戰栗也 曰者謂也宰我見哀公失德民不畏服无戰栗懷敬之心今欲微諷哀公使改德修行故因於荅三代木竟而又矯周樹用栗之義也言周人所以用栗謂種栗而欲使民戰栗故也今君是周人種社既種栗而民不戰栗何也然謂曰為謂者猶曰也未仁及不知何之類也

孔安國曰凡建邦立社各以其土所宜之木出周礼也 然社樹必用其土所宜之木者社主土土生之必令得宜故用土所宜木也夏居河東土宜松殷居亳亳宜栢周居豐鎬豐鎬宜栗也

宰我不本其意妄為之説 随土所宜而宰我妄説其義是不本其意也

因周用栗便云使民戰栗也 便謂周栗是使民戰栗也依注意即不得知先儒訂曰使民戰栗是哀公語也

子聞之 孔子聞之宰我説使民戰栗之言也

曰成事不説 聞而説宰我也言種栗是

24a

随土所宜此事之成著乎三代汝今妄説曰使民戰栗是壊於礼政故云成事不説也禹曰正義曰孔子聞宰我對哀公使民戰栗知其虚妄無如之何故曰事已成不可復解説云云歷訂此三者以非之欲使慎其后也

苞氏曰事已成不可復説解 依注亦得為向解也

遂事不諫 此指哀公也言哀公為惡已久而民不戰栗其事果遂此豈汝之可諫止也

苞氏曰事已遂不可復諫止也 亦得為向解也

既往不咎 此指宰我也言汝不本樹意而妄為他説者餘人類此説則為可咎責今汝好為謬失而此事既已往吾不復追咎汝也是咎之深也猶於予與何誅之類也

苞氏曰事既往不可復追非咎也 亦得為向説也

孔子非

24b

宰我故歷言此三者欲使愼其後也 然此注亦得爲向者之解又一家云三語並譏宰我也故李充曰成事不說而哀豐成矣遂事不諫哀豫遂矣既往不咎而哀政往矣斯似譏宰我而實以廣道消之慨盛德衰之歎言不咎者咎之深也 案李充說是三事並譏宰我无令後日復行也然成遂往說諫咎之六字先後之次相配之旨未都可見 師說云成是自初成之時遂謂是其事既行之日既往指其事已過之後也事初成不可解說事政行不可諫止事已過不可追咎也先後相配各有旨也

子曰管中之器小哉 管仲者齊桓公之相管夷吾也齊謂之仲父故呼爲管仲也器者謂管仲識量也小者不大也言管仲識量不可大也

言其器量小也 孫綽曰功有餘而德不足以道觀之得不曰小乎

25a

或曰管仲儉乎 或人聞孔子云管仲器小便謂管仲性儉故問云儉乎

苞氏曰或人見孔子小之以爲謂之大儉乎也

曰管氏有三歸官事不攝焉得儉也 孔子又荅或人說管仲不儉也三歸者管仲娶三國女爲婦也婦人謂嫁曰歸也礼諸侯一娶三國九女以一大國爲正夫人〻〻〻之兄弟女一人又夫人之妹一人謂之姪娣隨夫人來爲媵又二小國之女來爲媵亦有姪娣自隨既每國三人三國故九人也大夫婚不越境但一國取三女以一爲正妻二人姪娣從爲妾也管仲是齊大夫而一娶三國九人故云有三歸也又諸侯國大事多故立官各職每人輒爲一官若大夫則不得官〻置人但每一人輒攝領數事管仲是大夫而立官各人不須兼攝故云官事不攝也既女多官廣費用不少此則非儉者所爲故云焉得儉也

苞氏曰三歸者娶三

25b

姓女也 然滕與夫人與大國宜同姓今並三國應一姓而云三姓者當是誤也○焉曰并

義曰礼大夫雖有妾媵嫡妻唯取一姓今管仲娶三姓之女故曰三歸云〻○又曰隱二年公羊傳文何休曰婦人生以父母爲家嫁以夫爲家故謂嫁曰歸明有二歸之道也

婦人謂嫁爲歸攝猶兼也 攝並也

礼國君事大官各有人大夫并兼今管仲家臣備職非爲儉也 大夫稱家大夫之臣曰家臣〻〻宜并事今云不攝是不并也〻〻是不儉也家臣謂家相邑宰之屬也

曰然則管仲知礼乎 又或人問也或人聞孔子云不儉故更問云若如此則是管仲知礼乎○然猶如此也

苞氏曰或人以儉問故荅以安得儉或人聞不儉更謂爲得礼也

26a

曰邦君樹塞門管氏亦樹塞門 又荅或人云管仲不知礼也邦君謂諸侯也樹塞門謂立屏以障門別外内礼天子諸侯並有之也臣來朝君至屏而起敬天子尊遠故外屏於路門之外爲之諸侯尊近故内屏於内門之内爲之今黄閤板障是也卿大夫以簾士以帷又並不得施之於門政當在庭階之處耳管仲是大夫亦斈諸侯於門立屏故云亦樹塞門

邦君爲兩君之好有反坫管氏亦有反坫 又明失礼也礼諸侯與鄰國君相見共於廟飲燕有反坫之礼坫者築土爲之形如土堆在於兩楹之間飲酒行獻酬之礼更酌酌畢則各反其酒爵於坫上故謂此堆爲反坫大夫無此礼而管仲亦僭爲之故云亦有反坫也

鄭玄曰反坫反爵之坫也 爵謂杯也 在兩楹之間 兩楹者古者屋當棟下隔之棟後謂之室棟前謂之堂假三間堂而中央之間堂無壁而東壁其柱盈〻而立故

26b

謂柱為楹東柱為東楹西柱為西楹人君有之東楹之西即謂此地為兩楹間也

別外内於門樹屏以蔽之 今黄閣用板為鄣古者未必用板或用土今大廟中門内作屏鄣是也 ○疏曰正義曰釋宮曰屏謂之樹郭璞曰小墻當門中郊特牲云臺門而旅樹鄭玄曰此皆諸侯之礼也旅道也屏謂之樹所以蔽行道管氏樹塞門塞猶蔽也礼天子外屏諸侯内屏大夫以簾士以帷是也

若与隣国君為好會其獻酢之礼更酌 初主人酌酒与賓曰獻賓飲獻畢而酌与主人曰酢主人飲酢畢又酌与賓曰酬古者賓主各杯故云更酌也 酌畢則各反爵於坫上 既云各反是之各兩爵也 疏曰正義曰熊氏曰主君獻賓賓筵前受爵飲畢反此虛爵於坫上於西階上拜主人於阼階上答拜賓於坫取爵洗爵酌以酢主人主人受爵飲畢反此虛爵於坫上主人阼階上拜賓答拜是賓主

27a

飲畢反爵於坫上也云云酌畢各反爵於坫上者文不具耳其實當飲畢

今管氏皆僭 樹屏反坫 為之如是是不知礼也 僭者濫用尊者之物曰僭也

管氏而知礼孰不知礼也 結於答也孰誰也言若謂管仲此是為知礼則誰復是不知礼者乎然孔子稱管仲為仁及匡齊不用兵車而今謂為小又有此失者管仲中人寧得圓足是故雖有仁功猶不免此失也今李充曰齊桓隆霸王之業管仲成一匡之功免生民於左衽豈小也哉然苟非大才者則有偏失好内極奢桓公之病也管生方恢仁大勲弘振風義遺近節於當年期遠濟乎千載寧譎分以要治不潔己以求名所謂君子行道忘其為身者也漏細行而全令圖唯大德乃堪之季末奢淫愆違礼則聖人明經常之訓塞奢侈之源故不得不貶以為少也

○子謂魯太師樂曰樂其可知也已 魯太師魯之樂師也魯国礼樂崩壞正音不存故孔子見魯之樂師

27b

而語其使知正樂之法故云樂其可知也已

始作翕如也 此以下並是所語可知之事也 翕習也言正樂初奏其声翕習而盛也

大師樂官名也言五音始奏翕如盛也

従之純如也 従放縱也言正樂始奏翕習以後又縱其音声則純一而和諧言不离散逸也

従讀曰縱也言五音既發放縱盡其音声

純純如和諧也

皦如也 言雖純如而如一其音節又明亮皎然也 言其音節明也

繹如也 繹尋續也言音相尋續而不斷絶也 以成矣 以成矣奏樂如此則是正声一成也

縱之以純如皦如繹如言樂始於翕如而成於三

28a

者也 三者純皦繹也

○儀封人 儀衛邑名也封人守衛邑之堺吏也周人謂守封疆之人為封人也 請見 時孔子至衛而封人是賢者故謂諸弟子求見於孔子也

鄭玄曰儀蓋衛下邑也封人官名也 正義云以在傳衛侯入於夷儀疑与此是一故云蓋衛也封人官名者周礼封人掌為畿封而樹之鄭玄曰畿上有封若今時界也天子封人職典封疆則知諸侯封人亦然也左傳言潁谷封人祭仲足為祭封人宋高哀為蕭封人此云儀封人皆以地名封人蓋職典封疆居在邊邑潁谷儀祭皆是國之邊邑也

曰君子之至於斯者吾未嘗不得見也従者見之 此封人請見之辞也既欲見孔子而恐諸弟子嫌我微賤不肯為通聞時故引我恒例以語諸弟子使為我通

28b

也斯此也言從来若有君子来至此衛地者我嘗未
不得不與相見言皆見我也從者即是弟子隨孔子
来者也聞其言而
爲通達使得見也
包氏曰從者是弟子隨孔子行者也通使得見者
也　昺曰通使得見者謂爲之紹介使之見也若左
傳云乃見鱄設諸焉豹見宗魯於公孟亦然
出曰二三子何患於喪乎　出謂封人見孔子竟而出也二三子即是向爲封人
通聞之弟子也喪猶亡失也封人見竟出而呼孔子
弟子而語之也云二三子汝何所憂患於孔子聖道
亡失乎必　天下之無道久矣　此封人又說孔子聖道
不亡失也　不亡失之由也言衰不
常一有盛必有衰衰極必盛當今天下亂甚无道已
久亂必應復興之所寄政當在孔子聖德之時
喪亡　孔安國曰語諸弟子言何患於夫子聖德
也

29a

將喪亡耶天下之無道也已久矣極衰必有盛也
天將以夫子爲木鐸　直洛反　言今无道將興故用孔子爲木鐸以宣令之
孔安國曰木鐸施政教時所振也言天將命孔子
制作法度以号令於天下也　鐸用銅鐵爲之若行武教則用銅鐵爲舌
若行文教則用木爲舌謂之木鐸將行号令則執
鐸振奮之使鳴而言所教之事也故檀弓云執
木鐸以命于宮曰舍故而諱新又月令云奮木鐸
以令兆民曰雷將發聲是其事也孫綽曰達哉封
人栖遲賤職自得於懷抱一觀大聖深明於興廢
明道内足至言外亮將天假斯人以發德音乎夫
高唱獨發而无感於當時列國之君莫救乎聾盲
所以臨文永慨者也然玄風遐被大雅流詠千載
之下若瞻儀形其人已遠木鐸未戰乃知封人之
談信於今矣　○昺曰正義曰礼有金鐸木鐸二是

29b

鈴也其体以金爲之明其舌爲金木之異如木鐸是
木舌也周礼徼鼓人以金鐸通鼓大司馬敎振旅
小司馬執鐸明堂位云振木鐸於朝
是武事振金鐸文事振木鐸云云
○子謂韶盡美矣又盡善也　此評虞周二代樂之勝否也韶舜樂名也夫聖人制樂
随人心而爲名韶紹也天下之民樂舜揖讓紹繼堯德故舜有
天下而制樂名韶也美者堪合當時之称也善者理事不惡
之名也夫理事不惡亦未必會合當時會合當時亦
未必事理不惡故美善有殊也韶樂所以盡美又盡善天
下万物樂舜繼堯而舜從民受禪是會合當時之心
故曰盡美也揖讓而代於事理無惡故曰又盡善也
孔安國曰韶舜樂名也謂以聖德受禪故曰盡善也　注不釋盡美而
釋盡善者釋其異也正義曰樂記云韶繼
也注云韶紹也言舜之道德繼紹於堯
謂武盡美矣未盡善也　武王樂也天下之民樂武王干戈故樂名武也天下樂

30a

武王從民而伐紂是會合當時之心故盡美也而以臣伐君於事理不善故云未盡善也
孔安國曰武武王樂也以征伐取天下故曰未
盡善也　注亦釋其異者也　○刑昺曰礼記云樂也者樂其所自成注云作樂緣民所樂於己之
功然則以武王用武除暴爲天下所樂故謂其
樂爲武樂〻〻爲一代大事故歷代皆称大也云
以征伐取天下故未盡善者以臣伐君雖是
旨應天順人不若揖讓而受故未盡善也
○子曰居上不寬爲礼不敬臨喪不哀吾何以觀之哉
此說當時失德之君也爲君居上者寬以得衆而當
時居上者不寬也又礼以敬爲主而當時行礼者不
敬也又臨喪以哀爲主而當時臨喪者不哀此三條
之事並爲乖礼故孔子所不欲觀故云吾何以觀之
哉　○昺曰不寬則失於苛刻不敬則失於傲
惰不哀則失於和易凡此三失皆非礼意

30b

論語里仁第四　何晏集解

疏曰正義曰此篇明仁仁者善行之大名也君子體仁必能行禮樂故以次前也

疏里者鄰里也仁者仁義也此篇明凡人之性易為染著遇善則升逢惡則墜故居處宜慎必擇仁者之里也所以次前者明季氏之惡由不近仁今示避惡從善宜居仁里故以里仁次於季氏也

子曰里仁為美 里者民之所居處也周家去王城百里謂之遠郊遠郊之内有六鄉六鄉之中五家為比五比為閭五閭為族五族為黨五黨為州五州為鄉百里外至二百里謂之六遂六遂之中五家為鄰五鄰為里四里為酇五酇為鄙五鄙為縣五縣為遂二百里外至王畿五百里之内並同六遂之制也仁者博施濟衆也言人居宅必擇有仁者之里所以為美也里仁既為美則閭仁亦美可知也正義曰里居也仁者之所居處謂之里仁 鄭玄曰里者民之所居也居於仁

31a

者之里是為善也 文云美而注云善者夫美未必善故鄭深明居仁者里必是善也

擇不處仁焉得智 况中人易染遇善則善遇惡則惡若求居而不擇仁里而處之則是無智之人故云焉得智也

鄭玄曰求善居而不處仁者之里不得為有智也 沈居士曰言所居之里尚以仁地為美况乎擇身所處而不處仁道安得智乎

子曰不仁者不可以久處約 此明不仁之人居世無宜也約猶貧困也夫君子處貧愈久德行無變若不仁之人久居約則必斯濫為盜故不可久處也

孔安國曰久困則為非也

不可以長處樂 樂富貴也君子富貴愈久愈好禮不倦若不仁之人久處富貴必為

31b

驕溢也

孔安國曰必驕佚也

仁者安仁 辨行仁之中有不同也若稟性自仁者則能安仁也何以驗之假令行仁獲罪性仁人行之不悔是仁者安仁也

苞氏曰唯性仁者自然體之故謂安仁也 正義曰此經仁者安仁智者利仁與表記正同理亦不異云唯性仁者自然體之者言天性仁者非關利害自然汎愛得性體包仁道易文言曰君子體仁足以長人是也

智者利仁 智者謂識昭前境而非性仁者也利仁者其見行仁者若於彼我皆利則己行之若於我有損則便停止是智者利仁也

32a

王肅曰知者知仁為美故利行之也 知仁為美而性不體之故有利乃行之也 ○正義曰言有知謀者貪利而行仁有利則行無利則止非無情也

○子曰唯仁者能好人能惡人 夫仁人不佞故能言人之好惡是能好人能惡人也雍也仁而不佞是也

孔安國曰唯仁者能審人好惡之也 亦得為明教也又一解云謂極仁之人也極仁之人顏氏是也既極仁昭故能識審他人好惡也故繆播曰仁者人之極也能審好惡之表也故可以定好惡若未免好惡之境何足以明物哉

○子曰苟志於仁矣無惡也 苟誠也言人若誠能志在於仁則是為行之勝者故其餘所行皆善無惡行也

孔安國曰苟誠也言誠能志於仁者則其餘無惡也

32b

子曰富與貴是人之所欲也富者財多貴者位高則身為他所崇敬財多則為他所愛夫人生則莫不貪欲此二事故云是人所欲也不以其道得之不處也然二途雖是人所貪欲要當取之以道則為可居若不以用道理而得則不可處也

孔安國曰不以其道得富貴不處也不義而富且貴於我如浮雲是以君子不處也

餒奴罪切

貧與賤是人之所惡也乏財曰貧無位曰賤貧賤則為人所欺陵貧則身困凍餒此二事者為人所憎惡故云是人之所惡也不以其道得之不去也若依道理則有道者宜富貴無道者宜貧賤則是理之常道也今若有道而身反貧賤此是不以其道而得也雖非我道而招此貧賤而亦安之若命不可除去我正道而更作非理邀之故云不去也

33a

時有否泰故君子履道而反貧賤此即不以其道而得之者也雖是人之所惡不可違而去之也時有否泰運有通塞雖所招非己分而不可違去我正道也所以顔憲安貧不更他方横求也

君子去仁惡乎成名此更明不可去正道以求富貴也惡乎猶於何也言人所以得他人呼我為君子者政由我為有仁道故耳若捨去仁道傍求富貴則於何處更得成君子之名乎

孔安國曰惡乎成名者不得成名為君子也

君子無終食之間違仁終食之間也仁既不可去故雖復飲食之間亦必心無違離於仁也造次必於是造次急遽也是是仁也言雖復身有急遽之時亦必心存於仁也顛沛必於是顛沛僵仆也言雖身致僵仆亦必心不違於仁也

33b

馬融曰造次急遽也顛沛僵仆也猶倒踣也雖急遽僵仆不違於仁也

子曰我未見好仁者數世衰道喪仁道絶也言我未見有一人見他人行仁而好之者也惡不仁者又言我亦不見一人雖不能自行仁者若見他人不仁而己憎惡之者也故范甯曰世衰道喪人無廉恥見仁者既不好之見不仁者亦不惡之好仁惡不仁我未覩其人也好仁者無以尚之尚猶加勝也言若好仁者則為德之上無復德可加勝此也故李充曰所好唯仁無物以尚之也

孔安國曰難復加也

惡不仁者其為仁矣好仁者故不可加善若知惡憎於不仁者其人亦即是仁故云其為仁也不使不仁者加乎其身此是惡不仁者之切也言既能惡於不仁而身

34a

不與親狎則不仁者不得以非理不仁之事加陵於己身也一云其於仁者也言惡不仁之人雖不好仁而能惡於不仁者不欲使不仁之人以非理加於仁者之身也故李充曰不仁者之賊也奚不惡不仁哉惡其害仁也是以為惜仁人之篤者不使不仁人加乎仁者之身然後仁道無適而不申不仁者無往而不屈也○繆曰此覆說上惡不仁者也言能疾惡不仁者亦得為仁但其行少者故曰其所為仁矣也唯能不使不仁者加乎非義於己身也不如好仁者無以尚為優也

孔安國曰言惡不仁者能使不仁者不加非義於己不如好仁者無以加尚之為優也如前解也

有能一日用其力於仁矣乎我未見力不足者也又歎世無有一日能行仁者也言人何意不行仁乎若有一日行仁而力不足者我未見有此人也言只

34b

故不行耳。若行之則力必足也。○繆曰：言德輶如毛，行仁甚易，我欲仁斯仁至矣，何須用力。故曰我未見欲為仁而力不足者也。孔安國曰：言人無能一日用其力
修仁者耳。我未見欲為仁而力不足者也。
蓋有之乎，我未之見也。孔子既言无有，復恐為頓誣於世，故追解之云世中蓋亦當有一日行仁者，特是自未嘗聞見耳。孔安國曰：讓不欲盡誣
時人言不能為仁，故云為仁能有耳，其我未見也。
誣猶調也。世有而我云无，是為調也。君子可欺不可調，故云蓋有之。
子曰：民之過也，各於其黨。過猶失也。黨，類也。人之有失各有黨類，小人不能為君子之行，則非小人之失也。猶如耕夫不能耕，乃是其失，若不能書則非耕夫之失也。若責之，當就其輩

35a

類責也。觀過斯知仁矣。若觀人之過能隨類而責不求備一人，則知此觀過之人有仁心人也。若非類而責，是不仁人。故云觀過斯知仁矣。○繆曰：人之過也各於其黨，黨，類也。言人之為過也，君子小人過於其類，觀過斯知仁矣者，言觀人之過便賢愚各當其所，若小人不能為君子之行非小人之過，當恕而勿責之，斯知仁者之用心矣。
孔安國曰：黨，黨類也。小人不能為君子之行，非小人之過也，當恕而無責之。觀過使賢愚各當其所，
則為仁也。殷中堪解少異於此。殷曰：言人之過失，各由於性類之不同。直者以改邪為義，失在於寡恕；仁者以惻隱為誠，過在於容非。是以與仁同過，其仁可知。觀過之義，將在於斯者。
子曰：朝聞道，夕死可矣。歎世无道，故言設使朝聞世有道，則夕死無恨，故云可矣。

35b

欒肇曰：道所以濟民，聖人存身為行道也。濟民以道，非為濟身也。故云誠令道朝聞於世，雖夕死可也。傷道不行且明己憂世不為身也。言將至死不聞世之有道也。
子曰：士志於道，而恥惡衣惡食者，未足與議也。者欲志於道而恥惡衣惡食者，此則是无志之人，故不足與共謀議於道也。一云不可與共行仁義也。李充曰：夫貴形骸之內者，則忘其形骸之外矣，是以昔之有道者有爲者乃使家人忘其貧，王公忘其榮，而況於衣食也。○繆曰：士者，人之有士行者也。言士雖志在善道，而衣服飲食好其美，恥其麤惡者，則是志道不篤，故未足與言議於道也。
子曰：君子之於天下也，無適也，無莫也，義之與比也。范寧曰：適莫猶厚薄也。比，親也。君子與人无有偏頗厚薄，唯仁義是親也。
言君子之於天下无適无莫，无所貪慕也，唯義之

36a

所在也。繆曰：言君子於天下之人无擇於富厚與窮薄者，但有義者則與之相親也。
子曰：君子懷德，懷，安也。君子身之所安，安於有德之事。孔安國曰：懷，安也。
小人懷土，小人不貴於德，唯安於鄉土，不期利害，是以安不能遷也。孔安國曰：
重遷也。重猶難也。以遷徙為難，不慕舒而數遷也。一云：君子者人君也，小人者民下也。上之化下，如風靡草。君若化民安德，則下民安其土，所以不遷也。故李充曰：凡言君子者，德足軌物，義兼君人，不唯獨善而已也。言小人者，向化從風，博通下民，不但反是之謂也。故曰：君子之德，風；小人之德，草也。此信乎導之以德，則民安其居而樂其俗，鄰國相望而不相與往來，化之至也。是以大王在岐下，華成都，仁政感民，猛虎避鐘，儀懷土而謂之君子，然則民之君子，君之小人也，斯言例也。

36b

君子懷刑　刑法也言君子之人安於法則也　孔安國曰安於法
小人懷惠　恩惠利人也小人不安法唯知安利惠也又一云人君若安於刑辟則民下懷利惠也故李充曰齊之以刑則民惠利矣夫以刑制物者刑勝則民離以利望上者利極則生叛也○當曰懷安也君子執德不移是安於德也小人安土而不能遷重難於遷徙是安於土也刑法也惠恩惠也君子樂於法制齊明是懷刑也小人唯利是親安於恩惠也　苞氏曰惠恩惠也
子曰放於利而行　放依也謂每事依財利而行者也
孔安國曰放依也每事依利而行之者也
多怨　若依利而行者則為人所怨府故云多怨　孔安國曰取怨之道也
子曰能以禮讓為國乎何有　為猶治也言人君能用禮讓以治國則於國事

37a

不難故云何有言其易也故江熙曰范宣子讓其下皆讓之人懷讓心則治國易也
何有者言不難之也
不能以禮讓為國如禮何　若昏闇之君不用禮讓以治國則如治國之禮何故江熙曰不能以禮讓則下有爭心錐刀之末將盡爭之唯利是恤何遑言禮也　○馬曰如禮何者言有禮而不能用如此何
苞氏曰如禮何者言不能用禮也
子曰不患無位患所以立　時多患無爵位故孔子抑之也言何患無位但患己才學無德以立於位耳
不患莫己知求為可知也　又言若有才伎則不患人不見知也故云不患莫己知也若欲得人見知唯當先學才伎使足人知故云求為可知也
苞氏曰求善道而學行之則人知己也

37b

到恭從父母若有過失則子不獲不致極而諫雖復致諫猶當微微納進善言不使顩也（不休息也）此章下四章明孝　○馬曰此章无殊是父在簡畧
苞氏曰幾微也言當微諫納善言於父母也
見志不從又敬而以不違　雖許有諫若見父母志不從己諫則己仍起敬起孝且不違距於父母之志也待父母悅乃更諫也故禮記云父母有過下氣柔声怡色以諫若不入起敬起孝悅則復諫是也
勞而不怨　若諫又不從或至十至百則己不敢辭己之勞以怨於親也故禮記云雖撻之流血不敢疾怨是也
苞氏曰見志者見父母志有不從己諫之色則又當恭敬不敢違父母意而遂己之諫也
然夫諫之為義在愛惜既在三事同君親宜一若有不善俱宜致諫今就經記參

38a

差有出没難解案檀弓云事親有隱無犯事君有犯無隱則是隱親之失不諫親之過又諫君之失不隱君之過並為可疑舊通云君親並諫同見孝經微進善言與陳記傳故此云事父母幾諫而曲禮云為人臣者不顯諫鄭玄曰合幾微諫也是知並宜微諫也又若君親為過大甚則亦不得不極於犯顏故孝經曰父有爭子君有爭臣又禮記則云子之事親也三諫不從則號泣而隨之又云臣之事君三諫不從則逃之以經記並是極犯時也而檀弓所言欲顯其假本異故其旨不同耳何者父子天性莫二豈父有罪子向他說也故孔子曰子為父隱父為子隱直在其中故云有隱也而君臣既義合有殊天然若言君之過於政有益則不得不言如齊晏嬰於晉林向共言齊晉二君之過是也唯值有益乃言之不益不得為口實若言之無益則隱也如孔子荅陳司敗曰昭公知禮是也假使子他言父過有益亦不得言或問曰春秋晉魏茂告於闔没汝寬言父之過此豈不亦言

38b

乎春秋之書非復常準苟取權宜不得格於正理也又父子天性義主恭從所以言无犯是其本也而君臣假合義主匡弼故云有犯亦其本也乃其俱宜有犯微諫事同是其具如向釈又在三有師檀弓云事師无犯无隱所以然者師常居明德无可隱无可隱故亦无犯也

○子曰父母在子不遠遊ゝ必有方 常也曲礼云為人子之礼出必告反必面所遊必有常所習必有業是必有方也若行遊无常則貽累父母之憂也○昺曰父母既存或時思欲見己故不遠遊ゝ必有常所欲使父母呼己得即知其處也設若告云詣甲則不得更詣乙恐父母呼己於甲處不見則使父母憂也 鄭玄曰方猶常也

○子曰三年无改於父之道可謂孝矣 昺曰言孝子在父喪三年之中哀戚思慕无所改於父之道非心所忍為故也此章与學而篇同當是重出學而篇是孔注此是鄭注本

39a

或二處皆有 鄭玄曰孝子在喪哀戚思慕无所改其父之道非心之所忍為也

○子曰父母之年不可不知也 人有年多而容少或有年少狀老此處不可為定故為人子者必宜知父母之年多少也 一則以喜 此宜知年之事也知父母年高而形猶壯此是壽考之徵故孝子所以喜也 一則以懼 年實未老而形容衰減故孝子所以怖懼也 孔安國曰見其壽考則喜見其衰老則懼也 亦得如向解又一釈若父母年實高而形亦随而老此子亦一喜一懼也見年高所以喜見形老所以懼也而李充曰解小異云孝子之事親也養則致其楽病則致其憂楽之情深則喜懼之心篤然則献楽以排憂進歡而去戚者其唯知父母之年乎豈徒知年數而已哉貴其能稱年而致養也是以唯孝

39b

子為能違就養之方尽將從之節年盛則常怡年衰則消息喜於康豫懼於失和孝子之道備也矣

○子曰古之者言之不妄出也耻躬之不逮也 躬身也逮及也 古人不輕出言者耻躬行之不能及也故子路不宿諾也故李充曰夫輕諾者必寡信多易者必多難是以古人難之○昺曰言古人之言不妄出口為身行之將不及故也 苞氏曰古人之言不妄出口者為耻其身行之將不及也

○子曰以約失之者鮮矣 鮮少也言以儉約自処雖不得中而失国家者少也故顔延之云秉小居薄衆之所与執多處豐物之所去也○昺曰得中合礼為事乃善云云 孔安國曰俱不得中也奢則驕溢則招禍儉約則無憂患也

40a

○子曰君子欲訥於言而敏於行 訥遲鈍也敏疾速也君子欲行先於言故遲言而速行也○昺曰悪時人行不副言也 苞氏曰訥遲鈍也言欲遲鈍而行欲敏也

○子曰德不孤必有隣 言人有德者其人非孤寡而必有善隣里故也魯無君子者子賤斯焉取斯乎文一云鄰報也言德行不孤失必為人所報也故殷仲堪曰推誠相与則殊類可親以善接物ゝ亦不皆忘以善應之是以德不孤焉必有隣○昺曰有德則人所慕仰居不孤独必有同志相求与之為隣也 方以類聚同志相求也故必有隣也是以不孤也 於前解為便也○昺曰方以類聚者周易上繫辭文也方謂法術性行各以類相聚也云同志相求者周易乾卦文言文也志同者相求為朋友也故必有隣是以不孤者案易坤卦文言曰君

襯頁

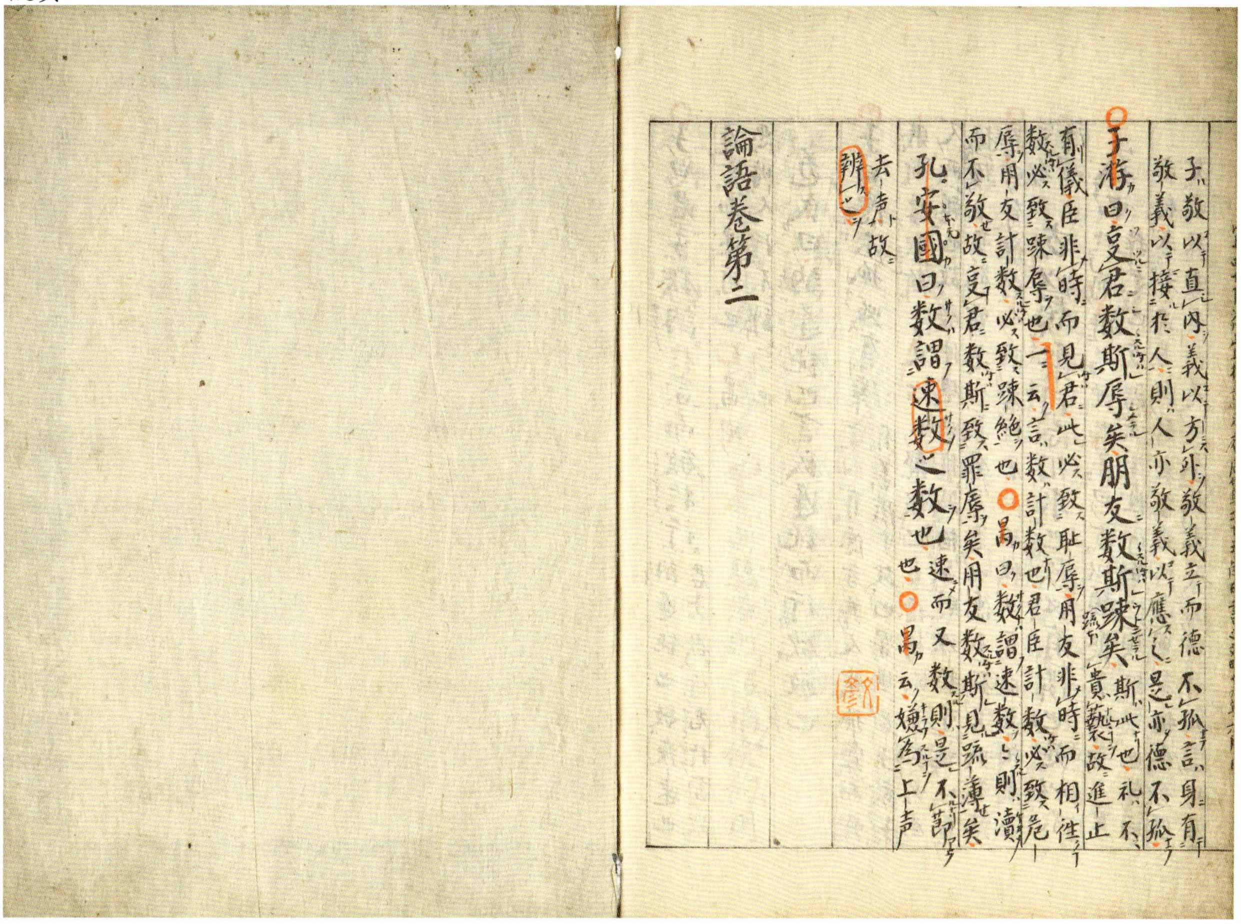

子敬以直内義以方外敬義立而德不孤言身有
敬義以接於人則人亦敬義以應之是亦德不孤
○子游曰事君數斯辱矣朋友數斯踈矣斯此也礼不貴數故進止
有儀臣非時而見君此必致恥辱用友非時而相往
數必致踈辱也一云言數計數也君臣計數必致危
辱用友計數必致踈絶也○昌曰數謂速數之則瀆
而不敬故事君數斯致罪辱矣用友數斯見踈薄矣
孔安國曰數謂速數之數也速而又數則是不節也○昌云瀆爲上声
去声故辨之

論語巻第二

書衣背面

襯頁背面

書衣

書衣

襯頁背面　書衣背面

襯頁

[illegible]

1a

論語義疏卷第三 公冶 雍也　梁國子助教吳郡皇侃撰

公冶長第五　疏

公冶長者孔子弟子也此篇明時无明君賢人獲罪者也所以次前者言公冶雖枉濫縲紲而為聖師證明若不近仁則曲直難辨故公冶次里仁也　○曷云此篇大指明賢人君子仁知剛直以前篇擇仁者之里而居故得為君子也即下云魯无君子斯焉取斯是也故次里仁云云　正義曰納女於人曰妻孔子評論弟子公冶長德行純備可納女与之為妻之

子謂公冶長可妻也　公冶長弟子也可妻者孔子欲以女嫁之故先評論云謂可妻也

雖在縲紲之中非其罪也　既欲妻之故備論其由来也縲黑索也紲攣也古者[illegible]以攣係罪人也冶長賢人時經枉濫在縲紲之中雖然實其非罪也

以其子妻之　論之既竟而遂以女嫁之也范甯云公冶行正獲罪之非其罪孔子以女妻之將以大明衰世用刑之枉濫勸將来實守正之人也

1b

嫗烏遇切

孔安國曰公冶長弟子魯人姓公冶名長　曷云按家語弟子篇云公冶長魯人字子長為人能忍恥孔子以女妻之案史記弟子傳曰公冶長齊人而此云魯人用家語為說也范甯云名芝字子長也

縲黑索也紲攣也所以拘罪人也　別有一書名為論釋云公冶長從衛還魯行至二界上聞鳥相呼往清溪食死人肉須臾見一老嫗當道哭冶長問之嫗曰兒前日出行于今不返當是已死亡不知所在冶長曰向聞鳥相呼往清溪食肉是嫗兒也嫗往看則得其兒也已死也則嫗告村司村司問嫗從何得知之嫗曰見冶長道如此村官曰冶長不殺人何緣知之因錄冶長付獄主問冶長何以殺人冶長云解鳥語不殺人主曰當試之若必解鳥語便相放也若不解當令償死駐冶長在獄中六十日有雀子緣獄柵上相呼（二十日）

2a

嘖嘖唶唶冶長含笑吏啓主冶長笑雀語似是解鳥語主教問冶長雀何所道而笑之冶長曰雀鳴嘖嘖唶唶白蓮水邊有車翻覆黍粟牡牛折角收斂不盡相呼往啄大主未信遣人往看果如其言後又解豬及燕語屢驗於是得放然此語乃出雜書未必可信而亦古舊相傳云冶長解鳥語故聊記之

子謂南容　又評南容也

邦有道不廢邦無道免於刑戮　明南容之德也若遭國君有道則出仕官不廢己之才德也若君无道則危行言遜以免於刑戮也刑戮通語耳亦含輕重也

以其兄之子妻之　命之既畢孔子以己兄女妻之也

王肅曰南容弟子南宮縚也魯人也字子容　姓南容名縚也又名閱之　○曷云南容字子容者此家語弟子篇文也案史記弟子傳云南宮括字子容鄭注檀弓云南宮縚孟僖子之子南宮閱以昭七年左氏傳云孟僖子將卒召其大夫云屬説與何忌於

2b

夫子以使宦仲尼以南宮爲氏故世本云仲孫貜
生南宮韜是也然則名縚名括又名閲字子容氏
南宮本孟不廢言見任用也然皆時諱説好評公
氏之后也冶南容德有優劣故
女妻有已女兄女之異俱謂二人无肆負也秦舒
隨世乃爲有智而枉濫獲罪聖人猶然亦不得以
公冶爲劣也以已女妻公冶兄女妻南容者非謂
權其輕重政是當其年相稱而嫁宦非一時在次
恥則可无也
意其間也
子謂子賤亦評子
賤也孔安國曰子賤魯人弟子宓不
齊也爲正義云案家語弟子篇云宓不齊魯人字
子賤少孔子四十九歳爲單父宰有才知仁
愛百姓不忍欺之
故孔子大之也
君子哉若人此所評之宦也若人如此人也言子賤
有君子之德故言君子哉若此人也

3a

魯无君子者斯焉取斯因美子賤又美魯也焉安也
安得取此君子之行而學之乎言若魯无君子子賤
由魯多君子故子賤學而得之
苞氏曰若人者若此人也如魯無君子子賤安得
取此行而學行之
子貢問曰賜也何如子貢聞孔子歴評弟子而不及
己ゝ独區ゝ己不故因諮問何
如也子曰汝器也孔子答曰汝是器用之人也
孔安國曰言汝是器用之人也
曰何器也器有善悪猶未知己器云何故更問也曰瑚璉也此答定器有善分也
瑚璉者宗廟寶器可盛黍稷也言汝是器中之貴者也或云君子不器者用此偏瑚璉雖貴而爲用也

3b

不周亦言汝乃是貴器亦用偏也故江熙云瑚璉置
宗廟則爲貴器然不周於民用也汝言語之士束脩
廊廟則爲豪秀乃然未必能幹煩務也器之偏用此
其貴者猶不足多況其賤者乎是以玉之碌碌石之
落落君子皆不欲也
苞氏曰瑚璉者黍稷之器也同盛黍稷之飯也夏曰瑚殷
曰璉講禮記云夏之四璉殷之六瑚今云夏瑚
殷璉諱者皆云是誤也故欒肇云未詳也
周曰簠簋宗廟器之貴者也然夏殷各一名而其形未測及周則兩名
其形各異外方内圓曰簠内方外圓曰簋俱容一
斗二升以簠盛黍稷以簋盛稻粱或問曰子貢周
人孔子何不云汝是簠簋而遠季夏殷器也或通
云夫子近捨當時而遠稱二代者亦微有旨焉謂
湯武聖德伊呂賢才聖德則升孔子不殊賢亦升
顔閔豈異而湯武飛竜伊呂爲阿衡之任而孔子

4a

而衣泳泗顔回簞瓢陋巷論其人則不殊但是用
捨之不同耳譬此器用則一而時有廢興者也
爲云案明堂位説四代之器云有虞氏兩敦夏后
氏之四璉殷之六瑚周之八簋注云皆黍稷器制
之異同未聞鄭注周礼舎人云方曰簠圓曰簋如
礼記文則夏器名璉殷器名瑚而苞咸鄭玄等注
此論語賈服杜等注左傳皆云夏
曰瑚或別有所据或相從而誤也
或曰雍也仁而不佞或人云弟子冉雍甚有仁德而
不能佞媚求會時也爲云佞
口才也或有一人言於夫子曰弟子冉雍雖身有仁
德而口无才弁或人嫌其德未備也子曰焉用佞若
夫子語或人言仁人焉用其佞也禦人以口才捷給
屢致憎悪於人謂數爲人所憎悪也不知其仁焉用
佞者言佞人既數爲人所憎悪則不
知其仁有仁德之人復安用其佞耶
馬融曰雍弟子仲弓名也姓冉也

4b

子曰不有祝鮀之佞而有宋朝之美難乎免於今之世矣

子曰寧用佞距或人也言人生在世備仁則自足寧用作佞偽也禦人以口給屢憎於民更說佞人之為惡也禦猶對也給捷也屢數也言佞者口辭對人捷給無實則數為人所憎不知其仁也寧用佞也重荅距於或人也恨佞為惡之深故惡也

孔安國曰屢數也佞人口辭捷給數為民所憎也

焉云案左傳曰寡人不佞服虔曰佞口才也不才者自謙之辭也而此云寧用佞禦人以口給屢憎於人則佞非善事而以不佞為謙者佞是口才捷利之名本非善惡之稱但為佞有善有惡耳為善佞捷敏是善佞祝鮀是也為惡佞捷敏是惡佞則遠佞人是也但君子欲訥於言而敏於行言之雖多情或不信故云寧用佞耶

○子使漆彫開仕孔子使此弟子出仕官也對曰吾斯之未能信開荅

5a

也荅師稱吾者古人皆然也荅云言己學業未熟未能究習則不為民所信未堪仕也一云言時君未能信則不可仕也故張憑云夫君臣之道信而后交者也君不信臣則无以授任臣不信君則難以委質曾君之誠未洽於民故曰未能信也

孔安國曰開弟子也漆彫姓也開名也仕進之道未能信者未能究習也

子悅孔子聞開言而欣悅之范寧云開知其學未習究治道以此為政不能使民信己孔子悅其志道之深不汲汲於榮祿也

鄭玄曰喜其志道深也

○子曰道不行乘桴浮於海桴者編竹木也大曰筏小曰桴孔子聖道不行於世故或欲居九夷或欲乘桴泛海故云道不行乘桴浮於海也○焉云桴者竹木所編小栰也言我之善道中國既不能行則欲乘其桴栰浮渡于海而居九夷庶能行己道也從我者其由也㊄

5b

由子路也言從我浮海者當時子路俱也故云其由与○焉云由子路名以子路果敢有勇故孔子欲從己意未決定故云㊄以疑也

馬融曰桴編竹木也大者曰筏小者曰桴也焉云桴編竹木大者曰栰小者曰桴者爾雅云舫泭也郭璞云水中簰筏孫炎云舫水中為泭筏也方言云泭謂之簰簰謂之筏筏秦晉之通語也方舫泭桴音同也

子路聞之喜子路聞孔子唯將己行所喜也

孔安國曰喜與己俱行也

子曰由也好勇過我然孔子本意託乘桴激時俗而子路信之將行既不達微旨故孔子不復更言其實且先云由好勇過我以戲之也所以是過我者我始有乘桴之言而子路便實欲乘此是勇過我也無所取材又言汝乃勇過於我然我无處覓取為桴之材也○焉云孔子以

6a

子路不解微旨故以此戲之耳其說有三鄭以為材者桴材也子路信夫子欲行故言好勇過我无所取材者无所取於桴材也亦示子路令知己但歎世无道耳非實欲浮海也一曰財讀曰哉子路聞孔子欲浮海便喜不復顧望孔子微意故孔子歎其勇曰過我无所取哉者言唯取於己无所取於他人哉

鄭玄曰子路信夫子欲行故言好勇過我也无所取材者言无所取於桴材也以子路不解微言故戲之耳此注亦如向解也一曰子路聞孔子乘桴欲浮海便喜不復顧望故孔子歎其勇曰過我此又一通也此意亦与前不殊也無所復取哉言唯取於己也此注則微異也哉送句也言子路信我欲行而所以不顧望者言將我入海不復取餘人哉言唯取己也古字材哉同耳古作

材字与哉字同故今此字或作材而讀義應曰哉
也又一家云孔子為道不行為譬言我道不行如
乘小桴入於巨海終无濟理也非唯我獨如此凡
門徒從我者道皆不行亦並由我故也子路聞我
道由便謂由是其名故便喜也孔子不欲指斥其
不解微戲故戲云汝好勇過我我无処更取桴材也
孟武伯問子路仁乎武伯問孔子云弟子中有子路是仁人不乎子曰不
知也孔子荅也所以云不知者范甯云仁理弘遠仲由未能有之又不欲指言无仁非奬誘之教故
託云不知也孔安國曰仁道至
大不可全名也言子路未能全受此仁名故云不知也
又問武伯得荅不知而意猶未已故更問云子路定有仁不乎故范甯云武伯意有未愜或似仲尼
有隱故再問之子曰由也千乘之國可使治其賦也賦兵賦也孔子

得武伯重問荅又直云不知則武伯未已故且言才
伇然后更荅以不知也言子路才勇可使治大国之
兵賦任為
諸侯也
孔安國曰賦兵賦也昺云案隱公四年左傳曰弊邑以賦与陳蔡從服虔曰賦
兵賦也以田賦出兵故謂之兵賦正謂以兵從也其賦法依周礼九夫為井四井為邑四邑為丘丘有
十六井出戎馬一疋牛三頭四丘為甸甸六十四井出長轂一乘戎馬四疋牛十二頭甲士三人歩
卒七十二人是也
不知其仁也言唯知其才堪而猶不知其仁求也何如武伯又問孔子弟子冉求
其有仁不乎故云何如也子曰求也千室之邑百乘之家可使為
之宰也亦不荅仁而言求之才亦堪也千室之邑卿大夫也邑也百乘之家三公菜地也言才堪

為千室之邑宰也○昺云大季云百乘之家不畜聚
歛之臣鄭注云百乘之家有菜地者也又鄭注此云
菜地一同之廣輪也然則此云千室之邑百乘之家
者謂卿大夫采邑地有一同民有千家者也左傳云
唯卿備百邑司馬法成方十里出革
車一乘故知百乘之家地一同也
孔安國曰千室之邑卿大夫之邑也卿大夫稱家
今不復論夏殷且作周法周天子畿内方千里三
公菜地方百里卿地方五十里大夫地方廿五里
畿外五等公方五百里侯方四百里伯方三百里
子方二百里男方百里旧説五等之臣其采地亦
為三等各依其君國十分為之何以然天子畿千
里既以百里為三公采五十里為卿采廿五里為
大夫采地故畿外準之上公地方五百里其臣大
采方五十里中菜方廿五里小菜方十二里半侯
其方四百里其臣大采方卌里次菜方廿里小菜
方十里也伯方三百里其臣大菜方卅里中菜方

十五里小菜方七里半子方二百里其臣大菜方
二十里次菜方十里小菜方五里男者百里其臣
大采方十里次菜方五里小菜方二里半也凡制
地方一里為井井有三家若方二里半有方一里者
六又方半里者一則合十八家有餘故命言云有
十室之邑也其地大小各随其君故或有三百戸
是方十里者一或有千室是方十里者三有余也諸侯千乘謂上公也卿大夫
也故曰百乘也宰家臣也然百乘之家是三公之菜鄭注雜記及此並云
大夫百乘者三公亦通有大夫之称也
不知其仁也亦結荅不知其仁也赤也何如武伯又問弟子公西華赤有仁不乎
子曰赤也束帶立於朝可使与賓客言也亦唯荅赤之才能也
束帶立於朝謂赤有容儀可使對賓客言語也故范
甯云束帶整朝服也賓客鄰国諸侯来相聘享也

8b

馬融曰赤弟子公西華也有容儀故可使爲行人
也行人謂賓使爲君出聘隣國及接隣國之使來
者也周禮有大小行人職也○畧云史記弟子
傳云公西華字子華鄭玄曰魯人少孔子四十二
歳案周禮有大行人小行人職掌賓客之禮儀及
朝覲聘問之言
公西赤任此官
不知其仁也亦不答
有仁也
○子謂子貢曰汝與回也孰愈孰誰
也愈勝也孔子問子貢汝與顏回二人才伎誰勝者
也所以須此問者繆播云子貢尚名者多顧其實者
寡回則崇本棄末賜也未能忘名存名則美著於物
精本則名損於當時故發問以要賜對以示優劣也
所以抑賜
而進回也
孔安國曰愈猶勝也
對曰賜也何敢望回也回也聞一以知十賜也聞一以

9a

知二答孔子以審分也王弼云假數以明優劣之分
言己與顏淵十裁及二明相去懸遠也張封溪
云一者數之始十者數之終顏生體有識厚故聞始
則知終子貢識劣故聞始裁至二也○畧云一者數
之始十者數之終顏回
亞聖故聞始知終云也
子曰弗如也弗不也孔子聞
子貢之答分有
懸殊故定之
云不如也
吾與汝弗如也孔子既答子貢之不如
又恐子貢有慙故又云
吾與汝皆不如也所以安慰子貢也○畧云弗者不
之深也既然答子貢不如又恐子貢慚愧故復云吾
與汝不如欲以安慰子貢
之心使无慚也
苞氏曰既然子貢弗如前弗復云吾與尒俱不
如者蓋欲以慰子貢心也苞意如向解而顧歡申
苞注云回爲德行之俊
賜爲言語之冠浅深雖殊而品裁未辨故使名實
无濫故假問孰愈子貢既審回賜之際又得發問

9b

之旨故年十與二以明懸殊愚知之異夫子嘉其
有自見之明而无矜迯之貌故判之以弗如同之
故以吾與汝此言我與尒雖異而同言弗如能與
聖師齊見所以爲慰也侃謂顧意是言我與尒俱
貽汝不如也非言我亦不如也而秦道賓
云尒雅云與許也仲尼許子貢之不如
○宰予晝寢寢眠也宰予
惰學而晝寢
苞氏曰宰予弟子宰我也
子曰朽木不可彫也孔子責宰予晝眠故爲之作譬
也朽敗爛也彫鏤刻畫也夫
名工巧匠所彫刻唯在好木則其器乃成若施工
於爛朽之木則其器不成故云朽木不可彫也
苞氏曰朽腐也彫琢刻畫
糞土之墻不可杇也墻謂墻壁也杇謂杇墁使之平
泥也夫杇墁墻壁若墻壁土堅
實者則易平泥光飾若鏝於糞土之墻則頹壞不
平故云不可杇也所以言此二者言汝今當晝而寢

10a

墁或作鏝字
干反又末丹反
塗土之器也

不可復教譬如爛木與糞土墻之不可施巧也○畧
云朽腐也彫琢刻畫也杇鏝也言腐爛之木不可
彫琢刻畫以成器物糞土之墻易爲危壞不可杇鏝
塗墁以成華美此二者以喻人之學道當輕尺璧重
寸陰今乃廢惰晝寢雖欲
施功教之亦終无成也
王肅曰杇墁也注王云杇鏝也○畧云釋宮云墁
謂之杇郭璞云泥墁也李巡曰鏝
一名杇塗土之作具也然則杇
是塗之所用因謂泥墻爲杇
二者喻雖施功
猶不成也
於予與何誅誅責也言所責者當責有知之人而今
宰予无知則何責乎予予宰予與語助也
言不足責也言不足則是責之深也○畧云宰我之
四科而孔子深責者託之設教恥宰我非實惰學之
孔安國曰誅責也今我當何責於汝乎深責之辭

也之也 然宰我有此失者一家云其是中人豈得
无失一家云與孔子為教故託迹受責也
故珊琳公云宰予見時後學之徒將有懈廢之心
生故假晝寢以發夫子切磋之教所以互為影響
者也范甯云夫宰我者升堂四科之流也豈不免乎
晝寢之咎以貽朽糞之譏乎時无師徒共明勸誘
之教故託夫弊
迹以為發起也
子曰始吾於人也聽其言而信其行 始謂孔子少年時也孔子歎世
醨薄之速今異昔也昔時猶可故吾少時聞今吾於
於人所言便信其能有行故云而信其行也
今於人也聽其言而觀其行 今謂孔子末時也不復聽言信行乃更聽言而必又須觀
見其行也
於予與改是 此也言我所以不復聽言信行而更為聽言觀行者起於宰予而
改為此所以起宰予而改者我當信宰予是勤學之
人謂必不懶惰今忽正晝晝而寢則如此之徒居然

不復可信故使我并
不復信於時人也
孔安國曰改是者始聽言信行今更察言觀行發
於宰我之晝寢也
子曰吾未見剛者 剛謂性无求欲者也孔子言我未
見世有剛性无慾之人也 ○蕃云剛
謂質直而理者也夫子以
時皆柔佞故云吾未見剛者 或對曰申棖 或有人聞孔子語而
荅也云曾有姓申
名棖者其人剛也 苞氏曰申棖魯人也
子曰棖也慾焉得剛 孔子謂或人云夫剛人性无求
而申棖性多情慾多情慾者必
求人求人則不得是剛故云焉得剛 ○蕃云剛者質
直寡欲今棖也多情慾情慾既多或私佞媚安得剛
乎 又云鄭玄曰蓋孔子弟子申續史
記云申棠字周家語云申續字周

孔安國曰慾多情慾也
子貢曰我不欲人之加諸我也 子貢自願云无人以非理加陵之於我也
吾亦欲無加諸人 又云我匪唯願人不以非理加於我我亦願不以非理加陵於人
也
馬融曰加陵也
子曰賜也非尒所及也 孔子抑子貢也言能不招人以非理見加及不以非理加
人此理深遠非汝分之所能及也尒汝也故袁氏云
加不得理之謂也非无過者何能不加人人亦不加
己盡得理賢人也非子貢之分也 ○蕃云夫子言使
人不加己非義於己為難更故曰賜也此更非汝所能
及之
也
孔安國曰言不能止人使不加非
義於己也 然不加人人不加己並難可
能而注偏釈不加己者略也

顔氏云夫子道
仰愈高鑽愈
堅
淂魚忘筌得
兔忘蹄言如
此夫子之性與
天道淂深理
則夫六籍是
可筌蹄

子貢曰夫子之文章可得而聞也 子貢此歎顔氏之鑽仰也但顔既庶
幾與聖道相隣故云鑽仰之子貢既懸絶不敢言其
高堅故自說聞於典籍而已文章者六籍也六籍是
聖人之筌蹄亦无關於魚兎矣六籍者有文字章著
煥然可修耳目故云夫子文章可得而聞也 ○蕃曰
章明也子貢言夫子之述作威儀礼法有文彩形
質著明可以耳聽目視依修學習故可得而聞也
章明也文彩形質著見可得以耳目自修也 然典籍著
見可聞可覩今不云可見而云可聞者夫見之為近
聞之為遠不敢言聦自近見故寄於遠聞而已也
夫子之言性與天道不可得而聞也已矣 夫子之言則謂文章
之所言也性孔子所稟以生者也天道謂元亨日新
之道也言孔子六籍乃是人之所見而六籍所言之
旨不可得而聞也所以尒者夫子之性與天地元亨
之道合其德致此處深遠非凡人所知故其言不可

12b

得聞之○曰云天之所命人所受以生是性也自然
化育元亨日新是天道也与及也子貢言若夫子言
天命之性及元亨日新之道
其理深遠故不可得而聞也
性者人之所受以生者也 人禀天地五常之氣以
生曰性性生也○曰云
中庸云天命之謂性注云天命謂天所命生人者
也是謂性命木神則仁金神則義火神則礼水神
則信土神則智孝經説曰性者生之質命人所稟
受度智愚吉凶或仁或義若天之付命遣使之然
其實自然天性或曰性 天道者元亨日新之道也
者人之所受以生也
元善也亨通也日新謂日〻不停新〻不已也謂
天之善道通利万物新〻不停者也言孔子所禀
之性与元亨日新之道合德也○曰云案易乾卦
云乾元亨利貞文言曰元者善之長也亨者嘉之
會也利者義之和也貞者事之幹也謂天之体性
生養万物善之大者莫善施生元為施生之宗故

13a

言元者善之長也嘉美也言天能通暢万物使物
嘉美而會聚故云嘉之會也利者義之和者言天
能利益庶物使物各得其宜而和同也貞者事之
幹者言天能以中生之氣成就万物使物皆得幹
濟此明天之德也天本无心豈造元亨利貞之德
也天本无心豈造元亨利貞若也但聖人以人事
託之謂此自然之功為天之四德也此但言元亨
者略言之也天為道生〻相續新〻不停故曰日
新也以其自然而 深微故不可得而聞也 与元亨
故謂之道也 合德故
深遠也不可得而聞或云此是孔子死後子貢之
評也故大史叔明云文章者六籍是也性与天道
如何注以此言之是夫子死後七十子之徒追思
曩日聖師平生之德音難可復値六籍則有性与
天道但垂於世者可蹤故千載之下可得而聞也
到於口説言吐性与天道蘊藉之深止乎身者難
繼故不可得而聞也侃案何注似不如此且死後
之評凡者亦不可聞何独聖乎○曰云言人之禀

13b

未下脱之字

自然之性及天之自然之道皆不知所以
然而然是其理深微故不可得而聞也
○子路有聞未能行唯恐有聞 子路稟性果決許无宿
諾故前有所聞於孔子
則欲修行若未及能行則不願更有
所聞恐行之不周故唯恐有聞也 孔安國
曰前所聞未能及得行故恐後有聞不得並行也
○子貢問曰孔文子何以謂之文也 衛大夫孔圉以
文為謚子貢疑其
太高故問於孔子問
其何德而謚文也
孔安國曰孔文子衛大夫孔圉也文謚也 曰云
孔文
子衛大夫孔圉者左傳文也云文
謚也者案謚法云勤学好問曰文也
子曰敏而好学不恥下問是以謂之文也 荅所以謚
文之由也

14a

敏疾速也言孔圉之識智疾速而所好在学若有所不
知則不恥諮問在己下之人有此諮問行故謂為文也
孔安國曰敏者識之疾也下問〻凡在己下者也
○子謂子産有君子之道四焉 言子産有四德並
是君子之道也
孔安國曰子産鄭大夫公孫僑也 曰云案左傳子
産穆公之孫公
子發之子也名僑公子之子稱公孫襄三十年執鄭
国之政故云鄭大夫公孫僑也公子發字子国公
孫之子以王父字為氏擬
後而言故或謂之国僑
其行己也恭 一也言其行身己於世
常恭從不逆忤人物也 其事上也敬 是
二
也人若事君親及凡在己上者必皆用敬也○曰云
敬事在己上之人及君親則忠心后加謹敬也
其養民也恵 三也言其養民皆用恩恵也故孔子謂
為古之遺愛也○曰云愛民賑乏賙无

以恩惠也　其使民也義　義宜也使民不奪農務各得所宜也○馬云役使下民皆於禮
法得宜不妨農務也　○子曰晏平仲善與人交　言晏平仲與人交結有善也　久
而人敬之　此善交之驗也凡人交易絕而平仲交久而愈敬之也孫綽云交有傾蓋如舊亦有
白首如新隆始者易克終者難敦厚不渝其道可久所以難也故仲尼表焉○馬云凡人輕交易絕平仲
則久而愈敬所以為善也　周生烈曰齊大夫也晏
姓也平謚也名嬰也　馬云案左傳文知是晏桓子之子也謚法治而清省曰平
○子曰臧文仲居蔡　居猶畜也蔡大龜也禮唯諸侯以上得畜大龜以卜國之吉凶大夫以
以下不得畜之文仲是魯大夫而畜龜是僭人君禮也
苞氏曰臧文仲魯大夫臧孫辰也　馬云案世本孝公生僖伯𫀆

𫀆生哀伯達達生伯氏瓶瓶生文仲辰則辰是𫀆曾孫也𫀆字子臧公孫之子以王父字為氏故氏
曰臧也云文謚也者謚法之道德博厚曰文也　文謚也　蔡國君之守龜
也出蔡地因以為名焉　國君守國之龜出蔡地因呼龜為蔡也　長尺
有二寸　蔡地既出大龜龜長尺二寸者因名蔡也　居蔡僭之也　大夫亦得卜用
龜但小者也不得畜蔡也文仲畜之是僭濫也
山節藻梲　此是奢侈也山節者刻柱頭露節為山如今栱斗也藻梲者畫梁上侏儒柱為藻文也
人君居室无此禮而文仲為之故曰為奢也宮室之飾士去首大夫達稜諸侯斲而礱之天子加密
石焉出穀梁傳○馬云國君之守龜名也漢書食貨志元龜為蔡家語稱漆彫平對孔子云臧氏有守龜
其名曰蔡文仲三年而為一兆武仲三年而為二兆是大蔡為大龜蔡是龜之名耶鄭玄包咸皆云出蔡

地因以為名未知孰是食貨志云龜不盈尺不得為室故知此龜長尺二寸此國君之守龜臧氏大夫為
之故云僭也　苞氏曰節者栭也刻鏤為山也　言刻栭柱頭為山也
栭是梁上柱名也　梲者梁上之楹也　梁上楹即是標標即侏儒柱也苞兩而言
之當是互明之也刻栭頭為山也畫標身為藻文也又有一本注云山節者刻欂櫨為山也○
馬正義曰山節藻梲正義曰山節者節栭也刻鏤為山形也故云山節也藻水草有文者也梲梁上
短柱也畫為藻文故云藻梲也此言其奢侈也云又曰節者栭也者釋宮文云刻鏤為山梲者梁上
楹畫為文者釋宮云杗廇謂之梁其上楹謂之梲栭謂之楶郭璞曰梲侏儒柱也楶即櫨也此言山
節者謂刻鏤柱頭為斗栱形如山也藻梲者謂畫梁上短柱為藻文也此是天子廟飾而文仲僭為
之故言其奢侈也二年左傳仲尼謂之　畫為藻文
作虛器言有器而無其位故曰虛也

言其奢侈也　若以注意則此是非僭也正言是奢侈失禮人君无此禮故不僭也梲梁
上侏儒柱也此注為便鄭注明堂位亦云刻欂櫨為山也
何如其知也　古知智同　時人皆謂文仲是有智之人故孔子出其僭奢之事而譏時人也故云何如其
智也　孔安國曰非時人謂以為知之
○子張問曰令尹子文　令尹楚官名也子文為楚令尹故曰令尹子文也
孔安國曰令尹子文楚大夫姓鬬名穀字於菟　楚鬬
伯比外家是䢵國其還外家通䢵女生子既恥之仍送擲於山澤中此女之父獵還見虎乳飲小兒
因取養之既未知其姓名楚人謂乳為穀謂虎為烏菟音塗此兒為虎所乳故名之曰穀於菟也后
知其是伯比子故呼道鬬穀烏塗也后長大而賢仕楚為令尹之官范寗云子文是謚也○馬云案

16b

宣四年左傳云初若敖娶於䢵生鬬伯比若敖卒從其母畜於䢵淫於䢵子之女生子文䢵夫人
使棄諸夢中虎乳之䢵子田見之懼而歸夫人以告遂使收之楚人謂乳穀謂虎於菟故命之曰鬬
穀於菟實為令尹子文是也令尹宰也周禮六卿大宰為長遂以宰為上卿之号楚官令尹為長從
他國之訁或亦謂之宰宣十二年左傳云若敖為宰是也令善也尹正也言用善人正此官也楚官
多以尹為名皆取其正直之也
三仕為令尹無喜色文子經仕楚三過為令尹之官而顔色未曾善也三已
之無慍色已謂黜止也作文子令尹經三過被黜而亦無慍恚之色也旧令尹之
政必以告新令尹雖三過被黜每被黜受代之時必以令尹旧政令告語新人恕其不
知解也何如也子張問孔子令尹行如此是謂何人也子曰忠矣孔子答言臨代

17a

以旧告新此是為臣之忠者也李充云進无喜色退无慍色公家之事知无不為忠臣之至也
曰仁矣乎子張又問孔子如子文之行可得謂為仁不乎曰未知焉得仁乎孔
答曰唯聞其忠未知其何由得為仁乎
孔安國曰但聞其忠事未知其仁也李充曰子玉之賊子文之
舉之以敗国不可謂智也賊夫人之子不可謂仁仮謂事為不智不及注也
崔子弒齊君崔子齊大夫崔杼也弒其君莊公也云弒者夫上殺下曰殺之名為卑也下殺
上曰弒弒試也下之害上不得即而致殺必先相試以漸故易曰臣弒君子弒父非一朝一夕之其所從来者
久矣如履霜以至堅氷也陳文子有馬十乘陳文子亦齊大夫也十乘卌匹馬也四馬
共乘一車故十乘有卌疋也棄而違之文子見崔杼弒君而己力勢不能討故棄卌疋馬而

17b

違去此国更往他邦孔安國曰皆齊大夫也崔杼作亂陳
文子惡之捐其卌疋馬違而去之也捐猶弃放也襄曰弃義曰
並見春秋故知之云崔杼作乱者在襄二十五年
至於他邦則又曰猶吾大夫崔子也于時天下並乱国国皆悪文子
棄馬而去復便至他邦而所至之國亦乱与齊不異故曰猶語大夫崔子也違之違去也文子所
至新国又悪故又去之也之至一邦之往也去所至新国更復往一邦也則又曰
猶吾大夫崔子也去初所至更往一國亦復昏乱又与齊不異故又曰猶語大夫崔
子也違之已復更去也何如子張更問孔子言文子捨馬三至新邦屡違人之事如此可謂為
何人也子曰清矣清潔也顔延之曰每適又違潔身者也曰仁矣乎子張又問

18a

寧云有道三六
行無道三ハ挨如
愚詩曰白圭之
玷尚可磨之
斯言之玷不
可為南容三
復白圭之美先
進廿篇

若如文子之行則可謂為仁不乎曰未知焉得仁答子張云其能自去只可得清未知
所以得名為仁乎
孔安國曰文子避惡逆去無道求有道當春秋時
臣陵其君皆如崔杼無有可者也孫綽曰大哉仁道之弥以文子
乎綽之心無惜之誠文子疾時悪之篤弃馬而逝三去乱邦坐不暇寧忠信有餘而仁猶未足唯顔
子之子体仁无違其亞聖之目乎李充曰違乱求治不濟其身清矣而所以無可騁稱其乱不如甯
子之能愚遂生之可卷未可謂智也潔身而不濟世未可謂仁也李謂為未智亦不能為未知也二說
季文子三思而後行言文子有賢行事必三過思之也子聞之曰再
思斯可矣孔子美之言若如文子之賢不假三思唯再思此則可也斯此也

18b

鄭玄曰季文子魯大夫季孫行父也文謚也文子
忠而有賢行其舉事寡過不必及三思也 有一通云言再
過二思則可也 又季彪云君子之行謀其始思其
中慮其終然後允合事機舉无遺筭是以曾子三
省其身南容三復白圭夫子稱其賢且聖人敬慎
於教訓之體但當有重年固無緣有減損之理也
時人稱季孫名過其實故孔子矯之言季孫行事
多闕許其再思則可矣无緣乃至三思也此蓋矯
抑之談耳非稱美之言也 案春秋文六
年經秋季孫行父如晉左傳曰季文子將聘於晉
使求遭喪之礼以行其人曰將焉用之文子曰豫
備不虞古之善教也求而无之實難至求何害杆
預云所謂文子三思故知文子魯大夫
季孫行父也謚法云道德博卓曰文

○子曰寗武子 美武子德也

19a

湛露彤弓ハ天子与諸侯會合之時曲之名也

湛露曰湛湛露斯非陽不晞朝乾也言露見日則朝乾於諸侯禀天子命而行之者也

晉侯代秦衛侯使寗俞來聘

馬融曰衛大夫寗俞也武謚也 ○案正義曰案春秋文四年衛侯使寗
俞來聘左傳曰衛寗武子來聘公与之宴為賦湛
露及彤弓不辞又不荅賦公使行人私焉對曰臣以
為肄業及之也杜元凱注云肄習也魯人失所賦
寗武子詐不知此其愚不可及也是寗武子即寗
俞也謚法曰剛
強直理曰武

邦有道則智 言武子若值邦君有道則肆己智識以顯明時也 邦无道則愚 若值国主无道則卷智蔵明詳昏同愚也 其智可及也 是其中人識量當其肆智之日故為世人之可及 其愚不可及也 時人多衛聰明故智識有及於武子者而无敢詳愚隱智如武子者故云其愚不可及也

孔安國曰詳愚似實故曰不可及也 詳詐也王朗云或人云詳愚

19b

蓋運智之所得緣有此智故能有此愚豈得云同
其智而闕其愚哉荅曰智之為名止於詳愚韜光滔緣悟
動而不黙者也愚无預焉至於布德尚善
然无用文流不同故其稱亦殊旦智非足者之目
可有寡審其顯而未益其愚者矣孫綽曰人情莫
不好名咸貴智而賤愚雖治乱異世而矜鄙不変
唯深達之士為能晦智蔵名以全身遠害
鬻智以成名者易去華以保性者難也

○子在陳曰歸与歸与 孔子周流在陳最久將欲反魯
故發此辞再言歸与歸与者欲皈之意深也
吾黨之小子狂簡斐然成章不知所以裁之
也 此是欲皈之辞也所以不直皈而必有辞者客住
既久主人无薄者欲去无辞則恐主人生愧故託
為此辞以申客去之有由也吾黨者謂我鄉黨中也
小子者鄉黨中後生末学之人也狂者直進无避者
也簡大也大謂大道也斐然文章貌也孔子言我所
以欲皈者為我鄉黨中有諸末学小子狂而無避進

20a

取正経大道輙妄穿鑿斐然以成文章皆不知其所
以輙自裁斷此為謬語之甚故我當皈為裁正之也
○案正義曰不即皈而言此者恐人怪己故託此為辭耳

孔安國曰簡大也

孔子在陳思歸欲去故曰吾黨之小子狂者進趨
於大道妄穿鑿以成文章不知所以裁制我當皈
以裁制之耳遂歸 趨取也大道正経也既狂故取正典穿鑿之也

○子曰伯夷叔斉不念旧悪怨是用希 此美夷斉之德也念猶識録也旧悪故憾也希少也人若録於故憾則怨恨更多唯夷斉豁然忘懷若人有犯己己不怨録之所以与人怨少也 ○案正義曰不念旧時之悪而欲報復故希為人所怨恨也

孔安國曰伯夷叔斉孤竹君之二子也孤竹國名

20b

也孤竹之國是殷湯正月三日丙寅日所封其子
孫相傳至夷齊之父也父姓墨台名初字子朝
伯夷名允字公信叔齊名致字公達伯夷大而庶
叔齊小而正父薨兄弟相讓不復立也○正義曰
案春秋少陽篇伯夷姓墨名允字公信伯長也夷
謚叔齊名智字公達伯夷之弟齊亦謚也太史公
曰孤竹者北方之遠國名地理志遼西
令支有孤竹城應劭曰故伯夷國
○子曰孰謂微生高直 于時世人多云微生高用性清
直而孔子譏之故云孰謂微生
高直也 孰誰也 孔安國曰微生姓也名高魯人也
或乞醯焉 事微生非直之事也醯酢酒也 乞諸其鄰而
也或有人就微生乞醯者也
與之 諸之也時微生家自无醯而為乞者就己隣有
醯者乞之以與或人也直人之行不應委曲今
微生高用意委曲故其譏非直 孔安國曰乞之四隣以應求者用

21a

程子曰古者
人也

意委曲非為直人也 四隣四面隣里之家也
○子曰巧言令色足恭 謂已用恭情少而為巧言令色
足恭之者也繆協云恭者從物人
凡人近情莫不欲人之從己足恭者以恭足於人意
而不合於禮度斯皆適人而曲媚於物也焉正義曰
孔以為巧好言語令善顏色便僻其足以為恭謂前
郤倚仰以足為恭也一曰足將樹切足成也謂巧言
令色以成其恭取媚於人也 孔安國曰足恭便僻之貌也
正義曰此讀足如字便僻謂
便習盤辟其足以為恭也
左丘明恥之丘亦恥之 左丘明受春秋於仲尼者也
其既良直故凡有可恥之事
而仲尼皆從之為恥也巧言
令色足恭是可恥之事也
孔安國曰左丘明魯大夫也

21b

匿怨而友其人 匿藏也謂心藏怨而外詐相親友者也
孔安國曰心内相怨而外詐親也
左丘明恥之丘亦恥之 亦從丘明恥也范甯曰藏怨
於心詐親於形外揚子法言
曰友而不心面友
也亦丘明又所恥 ○顏淵季路侍 季路即子路也次第
是季侍也孔子果在
尊側
侍也 子曰盍各言爾志 盍何不也孔子語顏路云
汝二人何不各言汝心中
所思乎 子路曰願車馬衣輕裘與朋友共敝之而無憾
敝敗也憾恨也子路性決言朋友有通財車馬衣裘
共乘服而无所憾恨也○正義曰此重義輕財之志也
孔安國曰憾恨也 一家通云而无憾也言願我乘
服朋友衣馬而不惜憾也故殺
仲湛曰施而不恨士之近行也若乃用人之財不
覓非己推誠闇往憾恚不生斯乃交友之至仲由

22a

程子曰夫子安仁
顏淵不違仁
子路求仁

子謂顏淵曰用
之則行舍之則
藏惟我與爾有是
夫子路曰子行三
軍則誰與子曰
暴虎馮河死
而無悔者吾不
與也必也臨事而
懼好謀而成者也
在四美述而篇
子謂子貢曰汝與
回也孰愈對曰
賜也何敢望回
回也聞一以知十

之志
勗也
顏淵曰願無伐善 有善而自稱曰伐善也顏淵所願
不自稱欲潛行而百
姓日用而不知也李充曰己行善而
自代者无功自矜者不莊
孔安國曰自無稱己善也
無施勞 又願不施勞役之事於天下也故鑄劍戟為
農器使子貢无施其辯子路无所其勇焉正
義曰此仁
人之志也 孔安國曰無以勞事置施於人也
子路曰願聞子之志 二子說志既竟而子路又云願
聞孔子之志也古稱師曰子也
子曰老者安之朋友信之少者懷之 孔子答也願己為老人所見撫
安朋友必見期信少者必見思懷也若老人安己
必是孝敬故也朋友信己必是无欺故也少者懷

22b

賜也聞一以知二子曰弗如也吾与汝弗如也在三巻公冶長篇

已必有慈惠故也欒肇云敬長故見安善誘故可
懷也昺正義曰此夫子之志也懷歸也言上顧老者
安已交之以孝敬也朋友信已待之
以不欺也少者歸已施之以恩惠也

孔安國曰懷安也

子曰已矣乎吾未見能見其過而内自訟者也　已止也
矣乎者歎此以下事久已无也訟猶責也言我未
見人能自見其所行事有過失而内自責者也

苞氏曰訟猶責也言人有過莫能自責者也

子曰十室之邑必有忠信如丘者焉不如丘之好学
者也已矣　丘孔子名也孔子自称名言十室為邑其中
必有忠信如丘者焉但无如丘之好学耳
也孫綽曰夫忠信之行中人所能存全雖聖人无以
加也学而為人未足称也好之至者必鑽仰不怠故

23a

曰有顔回者好学今也則亡今云十室之学不逮於
已又曰我非生而知之好古敏而求之此皆陳深崇
於教以盡汲引之道也十家云十室中若有忠信如
丘者則其餘事不如丘之好学也言今不好学不忠
信耳故衛瓘曰所以忠信不如丘者由不能好学如
丘耳蓋能好学則其忠信可使如丘也　前説　正義
曰十室之邑小者也其邑雖小亦不誣之必有
忠信如我者但不如我之好学不厭也　後説衛
瓘云讀焉於虔切為下句首焉猶安也言十室之邑
雖小必有忠信如我者也安不如我之好学也意亦
有如我之好学者也
義並得通故具存焉

雍也第六　雍孔子弟子也明其才堪南面而時不与
也所以次前者其雖无横罪亦是不遇之
流横罪為切故公冶次前明而雍也為次也昺正義
曰此篇亦論賢人君子及仁智中庸之徳大抵与
前篇相類
故以次之

23b

莊子曰子桑伯　子伯戸也

子曰雍也可使南面　謂為諸侯也孔子言
冉雍之徳可使為諸侯也

苞氏曰可使南面者言任諸侯可使治國政也

仲弓問子桑伯子　仲弓即冉雍也問孔子云有
文名子桑伯子此是何人也

王粛曰伯子書傳無見也　言書傳不見有子桑伯
人也子桑伯子當是一人故此注及下苞氏皆唯
言伯子而已鄭以左傳秦有公孫枝字子桑則以
無為秦大夫恐非

子曰可也簡　可猶可謂也謂簡踈大无細行也孔
子荅云伯子人身所行可謂踈簡也

以能其簡故曰可也　言伯子能為簡略
之行故云可也

仲弓曰居敬而行簡以臨其民不亦可乎　孔子荅曰
伯子所行

24a

可謂踈簡故仲弓更諮孔子評伯子之簡不合礼也
將説其簡不合於礼故此先説於合礼之簡也言人
若居身有敬而寛簡以臨下民能如此
者乃為合礼故云不亦可乎言其可也

孔安國曰居身敬粛臨下寛略則可也

居簡而行簡无乃大簡乎　此説伯子之簡不合礼也
而伯子身无敬而以簡自
居又行簡對物皆无敬而簡如
此不及大簡乎言其簡過甚也

苞氏曰伯子之簡大簡也

子曰雍之言然　雍論簡既是故孔子然許之也虞喜
云説苑曰孔子見伯子伯子不衣冠
而処弟子曰夫子何為見此人乎曰其質美而无文
繁吾欲説而文之孔子去子桑伯子門人不説曰何
為見孔子乎曰其質美而文繁吾欲説而去其文故
曰文質脩者謂之君子有質而无文謂之易野子桑

24b

伯子易埜，欲同人道於牛馬，故仲尼曰大簡。

哀公問曰：弟子孰為好學？ 哀公問孔子諸弟子之中誰為好學者。

孔子對曰：有顏回者好學， 答云弟子之中唯有顏回好學。

不遷怒， 此舉顏淵好學分滿所得之功也。凡夫識昧，有所瞋怒，不當道理，唯顏回學至庶幾，而行藏同於孔子，故識照以道，怒不乖中，故云不遷。遷猶移也。怒必是理，不迁移也。

不貳過， 但不能照機，非己所得，故於己成過。凡情有過必文，是為再過。而回當機時不見，己乃有過，機後即知，知之則不復文飾以行之，是不貳也。故易云：顏氏之子，其殆庶幾乎？有不善未嘗不知，知之未曾復行，是也。然學至庶幾，其美非一，今獨舉怒過二條者，蓋有以也。當時哀公濫怒貳過，欲因答寄箴者矣。

不幸短命死矣。 凡應死而生曰幸，應生而死曰不幸。若顏子之德，非應死而今死，故曰不幸也。命者，稟天所得以生，如受天教命也。天何言哉。

25a

設言之耶？但命有短長，顏生所得短者也。不幸而死由於短命，故曰不幸短命死矣。○昌正義曰：凡人應失而得曰幸，應得而失曰不幸。惡人橫夭則惟其常，顏回以德行著名，應得壽考，而反二十九髮盡白，三十二而卒，故曰不幸短命死矣。

今也則亡， 亡，無也。言顏淵既已死，則無復好學者也。然游夏文學著於四科，而不稱之，便謂無者，何也？游夏非體之人，不能庶幾，尚有遷有貳，非關學予，唯顏生鄰亞，故曰無也。

未聞好學者也。 好學庶絕，曠世唯一，此士難重得，故曰未嘗也。

凡人任情，喜怒違理， 未得坐忘，故任情不能無偏，故違理也。 顏淵任道，怒不過分。 過猶失也。顏子道同行捨，不自任己，故曰任道也。以道照物，物豈逃形，應可怒者皆得其實，故無失分也。 遷者，移也。怒當其理，不移易也。 照之故當理，而怒之不移易也。 不貳過者，有不善未嘗復行也。

25b

即用易繫為解也。未嘗復行，謂不文飾也。昌正義曰：周易下繫辭文。彼云：子曰：顏氏之子，其殆庶幾乎！有不善未嘗不知，知之未嘗復行也。韓康伯注云：在理則昧，造形而悟，顏子之分也。失之於幾，故有不善；得之於二，不遠而復，故知之未嘗復行也。引之以證不貳過也。此稱其好學而言不遷怒貳過者，以不迁怒貳過由於學問既篤，任道而行，故學以言之，以明好學之深也。一曰以哀公迁怒貳過，而孔子因以諷諫也。

○子華使於齊。 子華弟子宗冉也，姓公西，名赤，有容儀，故為使往齊國也。但不知時為魯君之使，為孔子之使耳。○昌正義曰：子華時仕魯，使適於齊也。

冉子為其母請粟。 冉子，冉求也。其母，子華母也。請粟，就孔子請粟也。時子華既出使，而母在家，冉有思朋友之情，故為子華之母就孔子請粟也。

子曰：與之釜。 孔子得冉求之請，故命與之。粟一釜，容六斗四升也。

26a

馬融曰：子華弟子公西華赤字也。六斗四升曰釜也。 春秋昭公三年，冬，晏子云：齊舊四量，豆、區、釜、鍾。四升為豆，各加其四，以登於釜，十則鍾。案如茲說，是四升為豆，四豆為區，區則一斗六升也，四區為釜，釜則六斗四升也，如馬注也。若鍾則六斛四斗也。○昌正義曰：昭三年左傳晏子曰：齊舊四量，豆、區、釜、鍾。四升為豆，各自加其四，以登於釜。杜注云：四豆為區，區則一斗六升，四區為釜，釜則六斗四升是也。登，成也。

請益， 冉求嫌一釜之少，故更就孔子請益也。 曰：與之庾。 冉子既請益，故孔子令與之庾也。十六斗也。然初請唯得六斗四升，請益而得十六斗，是益多於初。如為不次，故恐益足前釜以成十六斗也。

苞氏曰：十六斗為庾也。 然案苞注十六斗為庾，與賈氏注國語同，而不合周禮瓬人職云：豆實三而成觳。鄭云：豆實四升，則觳實一斗二升也。又陶人職云：庾實

26b

二斛案如周禮二文則庾二斗四升矣而苞氏注曰十六斗為庾即是聘礼之藪也聘礼十六斗曰藪不知苞意當別有所出多是耳

冉子与之粟五秉十六斛曰秉五秉八十斛也孔子与粟既竟故冉子又自以己粟八十斛与之也

馬融曰十六斛曰秉五秉合八十斛也聘礼云十斗曰斛十六斗曰藪十藪曰秉是馬注曰与同也昺正義曰案聘礼記云十斗曰石鄭注云秉十六斛今江淮之間量名有為藪者今文藪為逾是庾逾藪其數同故知然也

子曰赤之適斉也乘肥馬衣輕裘孔子説我所以与少又説冉求不應与多意也肥馬之食穀者也輕裘之皮精毛軟及新綿為著者也若家貧則馬不食穀而瘦裘用麁皮毛強而故絮為著縕袍是也今子華往使於斉去時所乘馬肥其所衣裘輕軟則是家冨其母不乏也

27a

吾聞之也君子周急不継冨孔子云吾聞之旧語夫君子施但周贍人之急者耳不係継足人為冨蓄也昺正義曰吾嘗聞之君子當周救人之窮急不継接於冨有今子華家冨而多与之粟則是継冨故非之也

鄭玄曰非冉求与之太多也非猶譏也孔子此語是譏冉求与子華母粟之太多也然旧説疑之子華之母為當定乏為當定不乏若實乏而子華肥輕則為不孝孔子不多与是為不仁若不乏而冉求有与之則為不智誰為得失旧通者云三人皆得宜也子華中人豈容己乘肥馬衣輕裘而令母之乏必不能然矣且夫子明言不継冨則知其家冨也實冨而冉求為請与多者明朋友之親有同己親既一人不在則一人恒相共恤故也今不先直以己粟与之而先請於孔子者己若直与則人嫌子華母有乏故先請孔子々々与之猶不至多明不係冨也故多与歟

27b

招不継冨之責是知華母不乏也華母不乏而己与之為於朋友之義故也不乏尚与況乏者乎

原思為之宰弟子原憲也孔子為魯司寇有采邑故使原思為邑宰也

苞氏曰弟子原憲也思字也孔子為魯司寇以原憲為家邑宰也余見鄭注本云孔子初仕魯為中都宰從中都宰為司空從司空為司寇也昺正義曰世家云孔子由中都宰為司空由司空為司寇司寇大夫也必有采邑大夫称家故云原憲為家采邑之宰也

与之粟九百九百斗也原憲既為邑宰邑宰宜得禄故孔子以粟九百斗与之也

辞原性廉譲辞不受粟也

孔安國曰九百九百斗也辞譲不受也漫云九百而孔必知

28a

九百斗者孔故當嫌九百斗為少九百斛為多故應是斗也且与粟五秉亦相類也

子曰毋原辞不肯受故孔子止之也毋止辞也

孔安國曰禄法所得當受無以譲也

以与尓鄰里鄉黨乎又恐原憲不肯受故又説云汝莫辞但受之若無用當还分与尓隣里鄉黨也此是示貧人仕官潤澤州鄉之教也

鄭玄曰五家為鄰五鄰為里万二千五百家為鄉五百家為黨也内外互言之耳鄰里在百里之外鄉黨在百里之内也昺正義曰五家為鄰五鄰為里者地官遂人職文案大司徒職云五家為比五比為閭四閭為族五族為黨五黨為州五州為鄉故云万二千五百家為鄉五百家為黨也

28b

東木仁青角酸
南火禮赤徵苦

子謂仲弓曰此明不以父无德而廢子之賢也仲弓父劣當是于時為仲弓父劣而不用仲弓故孔子明言之也范寗曰謂非必對言也犁牛之子騂且角為設辟也犁文也雜文曰犁或音貍雜文也或音犁謂耕犁也騂赤色也周家所貴也角周正長短尺寸合禮也言假令犁牛而生好子色角合禮也昺正義曰雜文曰犁騂純赤色角者角周正也仲弓父賤人而行不善云雖欲勿用山川其舍諸勿猶不也舍猶棄也言犁牛生好子既色角悉正而時人或言此牛出不佳之母急欲捨棄此牛而不用特祭於鬼神則山川百神豈薄此牛母惡而棄捨其子遂不歆饗此祭乎必不捨矣辟如仲弓之賢其父雖劣若遇明王聖主豈為仲弓父劣而捨仲弓之賢不用為諸侯乎明必用也故鯀則極死禹乃嗣興是也犁雜文也騂赤色也角者角周正中犧牲也雖欲以其所生犁而不

29a

中土智黄宮甘
西金義白商辛
北水信黑羽鹹
五岳
東泰山
南衡山
西華山
北恒山
中嵩山
四瀆
江河淮濟也

用山川寧肯捨之乎言父雖不善不害於其子之美也然周禮牧人職云凡陽祀用騂牲毛之陰祀以黝牲毛之望祀各以其方之色牲毛之鄭云陽祀祭南郊及宗廟也陰祀祭北郊地及社稷也望祀五岳四鎮四瀆也然今云山川者趣幸言之也若南方則用赤是有其方色也旦既云山川則宗廟亦可知亦舉之也子曰回也其心三月不違仁是行盛非體仁則不能者心必違之能不違者唯顔回耳既不違則應終身而止舉三月者三月一時為天氣一變一變尚能行之則他時能可知也亦欲引汲故不言多時也故苞云顔子不違仁豈但一時將以勵群子之志故不絶其階耳其餘則日月至焉而已矣其餘謂他弟子也為仁並不能一時或至一日或至一月故云日月至焉而已矣也言餘人暫有至仁時唯回移時

29b

程子曰季康
子問三子之
才可以從政乎
夫子答以各有
長所長能取
其長皆可用

而不變也既言三月不違故知移時也季康子問仲由可使從政也與仲由子路也魯卿季康子問孔子云子路可使從政為官長諸侯不也昺正義曰魯卿季孫肥也子曰由也果答康子說子路才行可為政也言子路才性果敢能決斷也苞氏曰果謂果敢決斷也於從政乎何有既解決斷則必能從政也何有言不足有也故衛瓘云何有者有餘力也昺正義曰問於孔子曰仲由之才可使從一官而為政治也與何有言不難也其於從政何有難乎曰賜也可使從政也與又問孔子云子貢可使從政不也子曰賜也達亦答才能也言賜能達於物理也孔安國曰達謂通於物理也於從政乎何有既達物理故云亦何有也曰求也可使從政也與

30a

公山不擾以費
畔召子欲往子
路不悦曰末之
也已何必公山氏
之也子曰夫召
我者而豈徒
如有復用我
者吾其為東
用有二説
有九夫陽貨
篇

又問孔子云冉求何如曰求也藝又答才能也言求多才能也孔安國曰藝謂多才能也於從政乎何有才能故云亦何有也季氏使閔子騫為費宰弟子閔損也費邑也季氏采邑也時季氏邑宰叛者聞子騫賢故遣使召之為費宰也孔安國曰費季氏邑也季氏不臣強僭於魯故曰不臣也而其邑宰數叛其邑宰即公山不擾也亦賢人也見季氏惡故叛也所以後引云公山不擾以費叛召子欲往是也昺正義曰費季氏邑者左傳文也云季氏不臣而其邑宰數畔者僭禮樂逐昭公是不臣也昭十三年南蒯以費畔又公山弗擾以費畔是數畔也聞閔子騫賢故欲用也

30b

程子曰仲尼之門能不仕大夫家者閔子曾子數人而已謝氏曰学者能少知内外之分皆可以楽道而忘人之勢
孔安國曰復我者重来召我也

閔子騫曰善為我辭焉子騫賢不願為悪人為宰故謂季氏之使者云汝還可善
好為我作辭於季氏道我不欲為宰之意也孔安國曰不欲為季氏
宰語使者曰善為我作辭說令不復召我也
如有復我者復又也子騫云汝若不能為我作善辭而令有使又来召我者語在下也
孔安國曰復我者重来召我也
則吾必在汶上矣汶水名也汶在魯北齊南子騫時在魯謂使者云若又来召我
當北度汶水之上往入齊也孔安國曰去之汶水上欲北如齊
也正義曰地理志曰汶水出泰山萊蕪西南入濟在齊南魯北故曰欲北如齊
伯牛有疾伯牛弟子冉耕字也魯人有疾時其有悪疾也

31a

馬融曰伯牛弟子冉耕也
子問之孔子往問伯牛之疾恙祥也自牖執其手牖南窓也君子有疾寢於北壁
下東首今師来故遷出南窓下亦東首令師從戸入於牀北得面向南也孔子恐其悪疾不欲見人故不
入戸但於窓上而執其手也苞氏曰牛有悪疾不欲見人故
孔子從牖執其手也正義曰悪疾之悪者也淮南子云伯牛癩也
曰亡之亡喪也孔子執牛手而云喪之言牛必死也
孔安國曰亡喪也疾甚故持其手曰喪也
命矣夫亦是不幸之流也言如汝才德實不應死而今喪之豈非稟命之得矣夫矣夫助語也
斯人也而有斯疾也斯人也而有斯疾也斯此也言有此善人

31b

文選云爽塏明白也

而嬰此之悪疾于人又故歎之也再言之者痛歎之深也正義曰行善遇凶非人所招故歸命言
天命矣夫斯此也此善人也而有此悪疾苞氏曰再言之者痛惜之甚也
子曰賢哉回也美顔淵之賢行故先言賢哉回也一簞食一瓢飲簞
笥之屬也用貯飯瓢瓠片也持盛飲也言顔淵食不重餚及无雕鏤之器唯有一簞飯一瓢飲而已也
孔安國曰簞笥以竹為之如箱篋之屬也正義曰案鄭注曲禮云圓曰簞方曰笥
然則簞圓笥方円異而此云簞笥者以其俱用竹為之挙類以曉人也瓢瓠也
在陋巷在窮陋之巷中也不顧爽塏而居之人不堪其憂凡人以此為憂而不
能以処故云不堪其憂也回也不改其樂顔回以此為樂久而不變故云不改其樂也
賢哉回也美其樂道情篤故始末言賢也孔安國曰顔淵樂道

32a

雖簞食在陋巷不改其所樂也所樂即謂道也
冉求曰非不悦子之道力不足也冉求諮孔子云求之心誠非不喜悦
夫子之道而欲行之但才力不足无如之何也子曰力不足者中道而廢孔子
抑冉求无企慕之心也言汝但委不行之矣若行之而力不足者當中道而廢任耶莫發初自誠不能行
也今汝畫畫止也汝今云力不足矣是汝自欲止耳非力孔安國曰
畫止也力不足者當中道而廢今汝自止耳非力極也
子謂子夏曰汝為君子儒無為小人儒儒者濡也夫習學事久則
濡潤身中故謂久習者為儒也但君子所習者道道是君子儒也小人所習者矜誇矜誇是小人儒也孔
子語子夏云當為君子儒不得習為小人儒也

32b

君子為儒將以明其道小人為儒則矜其名也
○子游為武城宰 弟子子游也時為武城邑宰也 苞氏曰武城魯下邑也
子曰汝得人焉耳乎哉 孔子問子游言汝作武城宰而武城邑民有好德行之人
為汝所得者不乎故云汝得人焉耳乎
哉故袁氏云謂得其邪之賢才不也
孔安國曰焉耳乎哉皆辞也 皆是送句之辞也
曰有澹臺滅明者行不由徑 荅為宰而所得邑中之人也澹臺滅明亦孔子
弟子也言滅明毎事方正故行出皆不邪徑於小路
也一云滅明德行方正不為邪徑小路行也 正義曰
行道大道不由小徑是方也
非公事未嘗至於偃之室也 公事其家課税
也偃子游名也偃之室謂子游所住邑之廨舍也子
游又言滅明既方可若非常公税之事則不嘗无事

33a

至偃住処也并其明不私
託狎倚勢於朋友也
苞氏曰澹臺姓滅明名也字子羽言其公且方也
公謂非公事不至偃室方謂不由徑 ○曷正義曰
史記弟子傳云澹臺滅明武城人字子羽少孔子
三十九歳狀貌甚悪欲事孔子孔子以為材薄既
已受業退而修行名施乎諸侯孔子聞之曰吾以
貌取人失之子羽是亦弟子也 此注不言弟子者
從可知也 正義曰行導大道不由小徑是方也
○正義曰是公也既公且方故以
為得人公无私也方正直也
○子曰孟之反不伐 魯臣也不伐謂有功不自称也
孔安國曰魯大夫孟之側也与齊戰軍大敗不伐
者不自伐其功也 此不伐之源魯哀公十一年魯
師及齊師戰于郊之事也見春

33b

秋也余見鄭注本姓
孟名之側字子反也
奔而殿 此不伐之事也軍前曰啓軍後曰殿于時魯与齊戰魯軍大敗退奔而孟之側独住軍後
為殿以捍衛奔者故曰奔而殿也 將入門策其馬 門魯国門也策杖也初敗奔時在郊
去国門遠孟之側在後及迯將至入国門而孟之側
杖馬令在奔者前也然六籍唯用馬乘車无騎馬之
文唯又曲礼云前有車騎是騎馬耳 曰非敢後也馬
今云策其馬不知為馬為乘車也
不進也 其既在後而國人皆迎之謂正有功已不欲
独受其功將入門杖馬而云我非敢在後距
敵故是馬行不進故在後耳
所以杖馬示馬從来不進也
馬融曰殿在軍後者也前曰啓後曰殿 ○曷正義曰案司馬法
謀師篇曰大前驅啓乘車大
大殿也音相似襄二十三年左傳云齊侯伐衛大

34a

左傳杜解云清齊之地名也

殿商子游御夏之御寇崔如為右詩曰元戎十乘
以先啓行是殿在軍後前曰啓也案哀十一年左
傳說此事云齊師伐我及清孟孺子洩師右師冉
求師左師ミ及齊師戰于郊右師奔齊人從之孟
之側後入以為殿抽矢策其馬曰馬 孟之反賢而
不進也文不同者記所聞而記之也
有勇軍大奔独立後為殿 故停軍後為捍敵也 人迎為功之
在國人迎軍見其在後而為謂之有功故云功之也 不欲独有其名故云我
非敢在後距敵也馬不能前進耳 前猶進也
○子曰不有祝鮀之佞而有宋朝之美難乎免於今之
世矣 祝鮀能作佞也宋朝宋国之美人善能婬慾者
也當于今時貴佞重婬此二人並有其事故得
寵幸而免患難故孔子云言人若不有祝鮀佞及宜
有宋朝美若二者並无則難免今世之患難也故范

34b

定公四年春三月劉文公合諸侯于召陵謀伐楚也注曰文公王官伯也晉人假王命以討楚之久留蔡侯故曰召陵合諸侯也
蔡叔周公兄也康叔周公弟也言蔡蔡叔之國也衛康叔之國也

寗云祝鮀以佞諂被寵於靈公宋朝以美色見愛於南子无道之世並以取容孔子惡時民濁亂唯佞色是尚忠正之人不容其身故發難乎之歎將以激亂俗也亦欲發明君子全身遠害也曷云佞口才也祝鮀衛大夫子魚也有口才時世貴之宋朝宋之美人善婬時世疾之言人當如祝鮀之有口才則見貴重若无祝鮀之佞而反有宋朝之美難乎免於今世害也

孔安國曰佞口才也祝鮀衛大夫名子魚也時世貴之 貴其能佞也 ○曷云春秋定四年會于邵陵盟于皐鼬左傳曰將會衛子行敬子言於靈公曰會同難嘖有煩言莫之治也其使祝鮀從公曰善乃使子魚是祝鮀即子魚也傳又曰及皐鼬將盟長蔡於衛衛侯使祝鮀私於萇弘文名不載書弘說告劉子與范獻子謀之乃長衛侯於盟 是時世貴之也 宋朝宋國之美人也而善婬 子時在衛通于靈公夫人南

35a

子也曷云案定十四年左傳曰衛侯為夫人南子召宋朝杜注云南子宋女也朝宋公子舊通于南子在宋呼之是朝為宋之美人而善婬人 言當如祝鮀之佞而反如宋朝之美難矣免於今世之害也 一本云反如宋朝之美也通者云佞与溪異故云文也（或家本文字如是注タリ）

○子曰誰能出不由戶者何莫由斯道也 道先王之道也人生得在世皆由於先王道理而通而世人多違理背道故孔子為譬以示解時惑也言人之在室出入由戶而通亦知在世由道理而生而人皆知出室由戶而昧知在世由道故云誰能出不由戶何莫由斯道也莫無也斯此也故范寗云人咸知由戶而行莫知由乎而成也

孔安國曰言人立身成功當由道譬猶人出入要當從戶

35b

○子曰質勝文則野 謂凡行禮及言語之儀質實也勝多也文華也言若實多而文飾少則如野人野人鄙畧大樸也

范氏曰野如野人言鄙畧也

文勝質則史 史記書史也史書多虛華无實妄語欺詐言人若為事多飾少實則如書史也

范氏曰史者文多而質少也（二字一音也）

文質彬彬然後君子 彬彬文質相半也若文与質等半則為會時之君子也

范氏曰彬彬文質相半之白也 曷曰人君質多勝於文則如野人言鄙畧也文多勝於質史官也文華質朴相半彬彬然后可為君子也

○子曰人生也直 言人得生於世者必由直行故也故李充云人生之道唯其身直乎

馬融曰言人之所以生於世而自終者以其正直

36a

之道也 自終謂用道故不横夭殤也

罔之生也幸而免 罔謂為邪曲誣罔者也應死而生曰幸生既由直者有誣罔之人亦得生在世者獲是幸而免死耶故李充曰失平生之道者則動之死地矣必或免之善由於幸耶故君子无幸而有不幸小人有幸而无不幸也

范氏曰誣罔正直之道而亦生是幸而免也

○子曰知之者不如好之者 謂學者深淺也知之謂知學問有益者也好之謂欲好學之以為好者也夫知有益而學之則不如欲學之以為好者也故李充云雖知學之為益或有訓而後知學利在其中故不如好之者篤也（細磋琢磨道也）

好之者不如樂之者 樂謂歡案之也好有盈厭故不如性歡而樂之如顏淵樂在其中也故李充云好有盛衰不如樂之者深也 ○曷云言季问知

36b

之者不如好之者篤厚也好之者又不如悅樂之者深也

包氏曰學問知之者不如好之者篤好之者又不如樂之者深也

○子曰中人以上可以語上也中人以下不可以語上也

此謂為教化法也師說云就人之品識大判有三謂上中下也細而分之則有九也有上上上中上下也又有中上中中中下也又有下上下中下下也凡有九品上上則是聖人聖人不移亦不須教也下下則是愚人愚人不移亦不須教也而可教者謂上中以下下中以上凡七品之人也今云中人以上可謂以語上即以上道語於上分也中人以下不可以語上雖不可語上猶可語之以中及語之以下何者夫教之為法恒導引分前也聖人无待於教故以聖人之道可以教顏以顏之道可以教閔閔斯則中人以上可以語上也又以閔道可以教中品之上此則中人亦可語上也又以中品之上道以教中品之中又以中品

37a

之中道教中品之下斯則中人亦有可以語之以中也又以中品之下道教下品之上斯即中人以下可以語中又以下品之上道教下品之中斯則中人以下可以語下也此云中人以上中人以下大略言之耳既有九品則第五為正中人也以下則六七八也以上即四三二也○曷云其上中以下下中以上是可教之人也中人謂第五中中之人也以上謂上中上下中上之人也以其才識優張故可以告語上知之所知也中人以下謂中下之上下中之人也以其才識暗劣故不可以告語上知之所知也此應云中人以上可以語上以下不可以語上而繁文兩舉中人者以其中人可上可下故也言此中人若才性稍優則可以語上才性稍劣則不可以語上是其可上可下也

王肅曰上謂上智之人所知也上知所知謂聖人之道可教顏閔者也兩舉中人以其可上可下也若分九品則第五以上可以語上第

37b

五以下不可語上今但應云中人以上可以語上以下不可語上而復云中人以下是再舉中人也所以爾者明中人之大分有可上可下也若中人之上可以語上中人之下不可語上故再言中人也又一云中人若遇善師則可上若遇惡人則可下故再舉中人明可上可下也

○樊遲問智問孔子為智之道也子曰務民之義答曰若欲為智當務在化導民之義也王肅曰務所以化導民之義也敬鬼神而遠之鬼神不可慢故曰敬鬼神可敬不可近故宜遠之也可謂智矣如上二事則可為智也○曷云言當務所以化導民之義恭敬鬼神而疏遠之不褻黷能行如此可謂為智矣包氏曰敬鬼神而不黷也黷猶數近也

問仁樊遲又問為仁也子曰仁者先難而後獲可謂仁矣獲得

38a

也言臣必先歷為難事而後乃可得祿受報則是仁也若不先勞事而會則為不仁故范寧云艱難之事則為物先獲功之事而處物後則為仁矣○曷云為仁者受勞苦之難而後乃得功此所以為仁也

孔安國曰先勞苦乃後得功此所以為仁也

○子曰智者樂水陸特進云此章極辨智仁之分凡分為三段自智者樂水仁者樂山為第一明智仁之性又智者動仁者靜為第二明智仁之用先既有性必有用也又智者樂仁者壽為第三明智仁之功已有用則宜有功也今第一明智仁之性~~此~~明智者性也智者識用之義也樂者貪樂之稱也水者流動不息之物也智者樂運其智化物如水流之不息故樂水也包氏曰智者樂運其才智以治世如水流而不知已也

仁者樂山此明仁者之性也仁者惻隱之義山者不動之物也仁人之性願四方安靜如山之

38b

不動故云樂山也　仁者樂如山之安固自然不動而万物生焉也
智者動　此第二明用也智者何故如水耶政由欲動
進其識故云智者動也畧云智者常務進故動
動仁者本無貪欲故靜又曰智者役用才智成功德
志故歡樂也仁者少思寡欲性常安靜故多壽考也
苞氏曰日進故動也
仁者靜　仁者何故如山耶其心寧靜故也
孔安國曰無欲故靜也
智者樂　第三明功也樂懽也智者得運其識故得從心而暢故懽樂也
鄭玄曰智者自役得其志故樂之也
仁者壽　性靜如山之安固故壽考也然則仁既壽亦樂而智樂不必壽緣所役用多故也
苞氏曰性靜故壽考也

39a

子曰齊一変至於魯魯一変至於道　太公封於營丘之地為齊國周公封於曲阜之地為魯国周公大聖太公大賢〃〃聖既有優劣虽同致太平而其化不得不微異故末代二国齊有景公之昏闇魯有定公之寡德然其国猶有望旦之遺風故礼記云孔子曰吾捨魯何適耶明魯猶賸餘国也今孔子歎其君之並悪故有此言也言若齊有明君一変便得如魯太平之日魯有明君一変便如大道之時也此是引汲之教耳實理則不然矣若明君興之政當得水如其初何容得还淳反本耶
苞氏曰言齊魯有太公周公之餘化也太公大賢周公聖人今其政教雖衰若有明君興之者齊可使如魯魯可使如大道行之時也
子曰觚不觚　礼酒器也礼云觚酌酒一献之礼賓主百拜此則明有觚之用也當于爾時

39b

毛詩序云賓之初筵衛武公刺時也幽王荒廢媟近小人飲酒無度天下化之君臣上下沈湎淫液武公既入而作是詩
既濟　离下　坎上

用觚酌酒而沈湎无度故孔子云觚不觚也故王粛云曰當時沈湎于酒故曰觚不觚言不知礼也蔡謨云酒之乱德自古所患故礼設三爵之制尚書著明酒誥之篇易有濡首之戒詩列賓筵之刺皆所以防沈湎王氏曰之説是也觚失其礼故曰觚不觚猶言君臣不君臣耳
馬融曰觚礼器也一升曰爵二升曰觚也　畧云案特牲礼用二爵二觚一角一散是觚為礼器也異義韓詩説一升曰爵爵尽也足也二升曰觚觚寡也飲當寡少三升曰觶觶適也飲當自適也四升曰角角觸也不能自適觸罪過也五升曰散散訕也飲不自節為人謗訕總名曰爵其實曰觴觴者餉也觚亦五升所以罰不敬觚廓也所以著明之貌君子有過廓然著明非所以餉不得名觴此唯言爵觚者畧言之也
觚哉　言用觚之失道也故重云觚哉

40a

觚哉〃〃　言非觚何此注亦得同以喻為政而不得其道則不成也　如何此注則与王粛小異也何意言用觚不得其道則非復觚德辟如人所為不得其道者則更亦不成也若欲其知氣味何説則特前觚不觚如王粛之釈後云觚哉〃〃〃自因前以寄後喻更不乖王粛而有兼得之美也故褚仲都云作觚而不用觚法觚終不成猶為政而不用政法豈成哉不疾世為政不用政故再言哉
宰我問曰仁者雖告之曰井有仁者焉其從之与　宰我欲極観仁者之懐故假斯以問也言有人告於仁者云彼処有仁者堕井而仁者常救人於急難當自投入井救取之不耶　畧云宰我以仁者必済人於患難故問曰仁者之人投井中有仁人焉言仁人堕井也此示告之仁人将自投下従而出之不乎乎意欲極観仁者憂人楽生之所至也

40b

孔安國曰宰我以爲仁者必濟人於患難故問有
仁人墮井將自投下從而出之乎否乎欲極觀仁
人憂樂之所至也
子曰何爲其然也孔子距之故云何爲其然也言仁者雖復救濟若當有人墮井當爲
方許出之豈容自投從之君子可逝也不可陷也逝往也陷沒也言聾有人墮井
乃可往看之耳不遂投井取之也○曷云此孔子怪距之辭逝往也然如是也言何爲能使仁者如是自
投井乎夫仁人君子但可使往視之耳不可陷入於井言不肯自投從之包氏曰逝
往也言君子可使往視之耳不肯自投從之耳
可欺也不可罔也欺者謂遙相語也罔者謂面相誣也初彼來見告云井中有仁人我

41a

往視之是可欺也既至井實无人不可受通而自投入井是不可罔也曷云言唯可欺之使往視不可得
誣罔令自投下也
馬融曰可欺者可使往也不可罔者不可得誣罔
令自投下也或問曰仁人救物一切无偏何不但云井中有人者而必云有仁人者耶
若唯救仁者則非仁人墮井則仁人所不救乎答曰仁者能好人能惡人其雖惻隱濟物若聾惡人
墮井亦不往也又李充云欲極言仁設云救井爲仁便當從不耶故夫子答云何爲其然也言何至
如此是君子之人若於道理宜尒身猶可亡故云可逝往也若理有不可不肯陷於不知故云不
可陷也君子不逆詐故可以闇昧欺大德居正故不可以非道罔也
○子曰君子博學於文約之以禮亦可以弗畔矣夫博廣

41b

也約束也畔違也背也言君子廣學六籍之文又用礼自約束能如此者亦可得不違背於道理也
鄭玄曰弗畔不違道也
○子見南子南子衛靈公夫人也淫亂而孔子入衛欲與之相見也所以欲相見者靈公唯婦言
是用孔子欲因南子説靈公使行正道也故繆播云應物而不擇者道也兼濟而不辭者聖也靈公無道
蒸庶困窮鍾救於夫子物困不可以不救理壅不可以不應應救之道必明有路〻由南子故尼父見之
涅而不緇則處汙不辱无可無不可故兼濟而不辭以道觀之未有可猜也子路不悦子路
于時隨夫子在衛見夫子與淫亂婦人相見故不悦也繆播云賢者守節怪之宜也或以亦發孔子之答
以曉衆也王弼云案本傳孔子不得已而見南子猶文王拘羑里蓋天命之窮會也子路以君子宜防患
辱是以不悦也○曷云子路性剛直未達孔子意以爲君子當義之與比而孔子見淫亂婦人故不悦樂

42a

夫子矢之曰予所否者天厭之〻〻矢誓也予我也否不也厭
塞也子路既不悦而孔子與之呪誓也言我見南子若有不善之事者則天當厭塞我道也繆播云否不
也言体聖而不爲聖者之事天其厭塞此道耶王弼曰否泰有命我之所屈不用於世者乃天命厭之言
非人事所免也重言之者所以誓其言也蔡謨云矢陳也尚書叙曰皐陶矢厥謨也春秋經曰公矢魚于
棠皆是也夫子爲子路矢陳天命非誓也李充云男女之別國之大節聖人明義教正内外者也而乃廢
常違礼見淫亂之婦人者必以權道有由而然子路不悦固其宜也夫道消運否則聖人亦否故曰予所
否者天厭之厭亦否也明聖人與天地同其否泰耳豈區〻自明於子路而已
孔安國曰等以爲南子者衛靈公夫人也淫亂而
靈公惑之孔子見之者欲因以説靈公使行治道

42b

也矣誓也子路不悦故夫子誓之正義曰先儒旧有此解也曰行道既非婦人之事而弟子不説与之呪誓義可疑也畧云孔曰以為南子至夫子誓之者先儒旧有此解也行道義可疑焉者安国以為先儒旧説不近人情故疑其義也史記世家孔子至衛霊公夫人有南子者使人謂孔子曰四方之君子不辱欲与寡君為兄弟者必見寡小君〻〻願見孔子辞謝不得已而見之夫人在絺帷中孔子入門北面稽首夫人自帷中再拜〻〻環佩玉声璆然孔子曰吾郷為弗見〻〻之礼答焉子路不説孔子矢之曰天厭之〻〻〻是子見南子之事夫子曰見南子者時不獲已猶文王之拘羑里也天厭之者言我之否屈乃天命所厭也蔡謨曰矢陳也夫子為子路陳天命也

子曰中庸之為徳也其至矣乎民鮮久矣中和也庸常也鮮

43a

少也言中和可常行之徳是先王之道其理甚至善而民少有行此者也已久言可歎之深也

庸常也中和可常行之徳也世乱先王之道廃民鮮能行此道久矣非適今也

子貢曰如能博施於民而能済衆者何如可謂仁乎子貢問言若有人所能広施恩恵於民又能救済衆民之患難能如此者何如可得謂為仁人否乎畧云子貢問夫子曰設如人君能広施恩恵於民而能振済衆民於患難者此徳行何如可謂之仁人君乎

云子曰何事於仁必也聖乎孔子荅也云若能如此者何事是仁乎乃是聖人之行而聖人猶病其事之難行也堯舜其猶病諸堯舜古聖天子也病猶患也諸之也又言前所能之事乃是聖人之行而聖人猶病患其事之難行也

43b

孔安国曰若能広施恩恵済民於患難堯舜至聖猶病其難也

夫仁者己欲立而立人己欲達而達人既云前事不啻是仁為聖所難故此更答為仁之道也言己若欲自立自達則必先立達他人則是有仁之者也能近取譬可謂仁之方也已能近取譬於諸身遠取諸物己所不欲勿施於人能如此者可謂為仁之方也方猶道也

孔安国曰更為子貢説仁者之行也方道也但能近取譬於己皆恕己所不欲而勿施人也

論語義疏巻第三　経一千七百一十一字　注二千八百二十字

1a

孔子刪詩書定礼楽讃周易修春秋皆伝先王之旧而未嘗有所作也

論語義疏第四　述而　泰伯　梁国子助教呉郡皇侃撰

述而第七　疏　述而者明孔子行教但祖述堯舜自比老彭而不制作也所以次前者時既夷険聖賢地閑非唯二賢之不遇而聖亦乖常故以聖不遇證賢不遇非賢之失所以述而次雍也○畧曰此篇皆明孔子之志行也以前篇論賢人君子及仁者之徳行成徳有漸故以聖人次之

○子曰述而不作此孔子自説也述者伝於旧章也作者新作制礼楽也孔子自言我但伝述旧章而不新制礼楽也夫得制礼楽者必須徳位兼並徳為聖人尊為天子者也所以然者制作礼楽必使天下行之若有徳無位既非天下之主而天下不畏則礼楽不行若有位無徳雖為天下之主而天下不服則礼楽不行故必須並兼者也孔子是有徳無位故述而不作也信而好古又言己常存於忠信而復好古先王之道故云信而好古竊比也所以中庸云仲尼祖述堯舜憲章文武是也

1b

於我於老彭 竊猶盜也老彭彭祖也年八百歳故曰
老彭也老彭亦有德无位但述而不作
信而好古孔子欲自比之而
讓不敢灼然故云竊比也 苞氏曰老彭
殷賢大夫也好述古事我若老彭矣但述之耳也
子曰默而識之 見事心識而口不言謂之默識者也 學而不厭 又學先王之道
而不厭止也 誨人不倦 誨教也又教一切之人而不疲倦也 何有於我哉 何有
於我者言世人无此諸行故天下貴於我我取若世人
皆有此三行則何復貴有於我哉故李充云言人若
有此三行者復何有貴於我
乎斯勸學教誨誘之辭也
鄭玄曰言人無有是行 言天下人皆无此三行也 於我我獨有
之也 釈於我哉也言由我獨有之故天下貴有於我也

2a

子曰德之不修也 得理之事宜修治在身也而世人不修也 學之不講也
所學經業恒宜講說使決了也而世人不講也 聞義不能徙也 聞有仁義之事徙意從之
也而世人不從也 不善不能改也 身本有不善當自改正是今善也而世人不改也
吾憂也 吾孔子自謂也言孔子恒憂世人不為上四事也
孔安國曰夫子常以此四者為憂也
子之燕居申申如也夭夭如也 明孔子居處有禮也燕居者退朝而居也
申申者心和也夭夭者貌舒也玉藻云燕居告溫溫
注告謂教使也溫溫恭大卿黨云居不容故當燕居
時所以心和而貌舒也故孫綽云燕
居無事故云心內和外舒暢若也
馬融曰申申夭夭和舒之貌也 申申心中暢故和也貌舒緩故夭夭

2b

子曰鳳鳥不至河不出圖吾已矣夫

也詩云桃之夭夭灼灼其華即舒美義也
子曰甚矣吾衰也久矣吾不復夢見周公也 夫聖人行教既
復須得德位兼並若不為人主則必為佐相聖而君
相者周公是也雖不九五亦得制作礼樂道化流行
孔子乃不敢期於天位亦猶願放乎周公故年少之
日恒存慕發夢及至年齒衰朽非唯道教不行抑亦
不復夢見所以知己德衰而發衰久矣即歎不夢之
徵也然聖人懸照本无俟夢想而云夢者同物而示
衰故也故李充云聖人无想何夢之有盖傷周德之
日衰哀道教不行故寄慨於不夢發歎於鳳鳥也
孔安國曰孔子衰老不復夢見周公也明盛時夢
見周公欲行其道也 即謂攝行天子事而復制礼作樂也
子曰志於道 此章明人生處世須道藝自輔不得徙然而已也志者在心向慕之謂也道者

3a

通而不壅者也道既是通通無形相故人
當恒存志之在心造次不可暫舍焉者也
志慕也道不可體故志之而已矣 不可體謂无形體也
據於德 據者執杖之辭也德謂行事得理者也行事有形有形故可據杖也
據杖也德有成形故可據也 前事有涯故云有形也
依於仁 依倚也仁者施惠之謂也施惠於事宜急故當倚之而行也仁者劣於德倚減於據故隨
事而配之
依倚也仁者功施於人故可倚之也
遊於藝 遊者履歷之辭也藝六藝謂礼樂書數射御也其輕於仁故云不足依據而宜遍遊歷以
知之也
藝六藝也不足據依故曰遊也
子曰自行束脩以上吾未嘗無誨焉 此明孔子教化有感必應者也

束脩十束脯也古者相見必執物為贄贄至也表己來至也上則人君用玉中則卿羔大夫雁士雉下則庶人執鶩工商執雞其中或束脩壺酒一犬悉不得无也束脩最是贄之至輕者也孔子言人若能自施贄行束脩以上来見謁者則我未嘗不教誨之故江熙云見其翹然向善思益也古以贄見脩脯也孔注雖不云脩是脯而意亦不得爲脯也

孔安國曰言人能奉礼自行束脩以上則皆教誨之也

○子曰不憤不啓不悱不發 又明孔子教人法也憤謂学者之心思義未得而憤々然也啓開也悱謂学者之口欲有所諮而未能宣悱々然也發明也言孔子之教待人心憤々乃後為開導之若不憤則不為開也又待其口悱々而後乃為發明之若不悱則不為發明也所以然者人若

不悱憤而先為啓發則受者識録不堅故舉一隅而須悱憤乃為發啓則聽受分明憶之深也

舉一隅而示之不以三隅反則吾不復 隅角也床有四角屋有四角皆曰隅也孔子為教雖待悱憤而為開發々々已竟而此人不識冝類亦不復教之也譬如屋有四角已示之一角餘三角從類可知若此人不能以類反識三角則不復教示也

鄭玄曰孔子與人言必待其人心憤々口悱々乃後啓發為之説如此則識思之深也説則舉一隅以語之其人不思其類則不復重教之也

○子食於有喪者之側未嘗飽也 謂孔子助葬時也為應執喪故必食也必有哀色故不飽也故云礼云飢而廢喪非礼也飽而忘哀亦非礼也 子於是日也哭則

春秋曰赴告也
死[illegible]国是之

不歌 謂孔子弔喪之日也弔喪必哭々歌不可同日故是於弔哭之日不歌也故范寧云是日即弔赴之日也礼歌哭不同日也哭則不歌也

喪者哀戚飽食於其側是無惻隱之心也

○子謂顔淵曰用之則行舍之則蔵唯我與尓有是夫 此明顔孔於道等於行蔵也用者謂時世宜可行之道也蔵者謂時世不宜行之道尓汝也自降幾以下而賢人能得故允可行用則顔孔所同故云用行捨蔵唯我與尓有是夫孫綽云聖人德合於天地用契於四時不自昏於盛明不独曜於幽夜顔齊其度故動止无違所以影附日月絶塵於遊場也云與許也唯我許汝如此也故江熙云聖人作則賢人佐天地閉則賢人隱用則行捨則蔵也唯我許尓有是分者非聖以盡賢也

孔安國曰言可行則行可止則止

唯我與顔淵同耳也

子路曰子行三軍則誰與 子路聞孔子論行蔵而独美顔淵然若行三軍必當與己々々有勇故也故問則誰與也

孔安國曰大國三軍 天子六軍大國三軍小國一軍々一万二千五百人也 子路見孔子独美顔淵以為已有勇至於夫子為三軍将亦當唯與己俱故發此問也 将猶帥也謂孔子得為三軍師時也

子曰暴虎馮河死而無悔者吾不與也 孔子聞子路之衒勇故抑之也空手搏虎為暴虎无舟渡河為馮河言搏虎須杖渡河須舟然後身命可全若無杖而搏虎無舟而渉河必致傷溺若為此勇則我行三軍所不與也以子船子路之勇必不得其死然也繆播云聖教軌物各

5b

應其求隨長短以抑引隨志分以誘導使歸於會通
合乎道中以故剛勇者屈以優柔儉弱者厲以求及
由之性也以勇為累常恐有失其分而覔功銜匠故
因題目於回等三軍以致問將以抑鬭道訓陶染情
性故夫子應以篤
誨以示厥中也
孔安國曰暴虎徒搏也馮河徒渉也 徒空也謂空手搏也尒雅
云暴虎徒搏也郭注云空手執也
又云馮河徒渉也郭云无舟檝也
必也臨事而懼好謀而成者也 孔子既抑子路而又云我所以行者政欲
須臨事而懼又好為謀事而必成者也況居士云若
子路不平孔顏淵而尚其勇鄙昧也已甚孔子以之
比暴虎馮河陷之於惡實為太深余以為子路聞孔
子許顏之遠說而慕之自恨己之近唯強而已故
問曰子行三軍則誰與言必與己也言許己以麤近
也故夫子因慰而廣之言若在三軍如暴虎馮河則

6a

子張學干祿子曰多聞闕疑慎言其餘則寡尤多見闕殆慎行其餘則寡悔言寡尤行寡悔祿在其中矣 在為政篇

可賤而不敢謂世之麁勇也若懼而能謀抑亦仁
賢之次流謂子路也如此三軍則不獨麁近也
子曰富而可求也雖執鞭之士吾亦為之 孔子意云夫富貴貧
賤者稟天之命不可苟且求若可求而得者雖假令
執鞭賤職而吾亦為之則不辭矣繆播稱袁氏云執
鞭君之御士亦
有祿位於朝也
鄭玄曰富貴不可求而得者也 言不可以非理求也 當修德
以得之 若值明世修德必得也若逢亂世雖修德不得而是得之道也猶如言寡尤行寡悔
祿在其中矣 若於道可求者雖執鞭賤職我亦為之矣
道猶世道也若於世道可求則吾不辭賤職也周
禮有脩狼氏職掌執鞭以趍避王出入則八人夾
道公則六人侯伯四人子男二人鄭玄云
趍去而避行人若今辟避軍之為也

6b

子畏於匡曰文王既沒文不在茲乎天之未喪斯文匡人其如予何 在子罕篇

如不可求者從吾所好 既不可求則當隨我性所好 我性所好者古人之道也
孔安國曰所好者古人之道也
子之所慎齊戰疾 記孔子所慎之行也齊者先祭之名也將欲祭祀則先散齊七日致
齊三日也齊之言齊也人心有欲散漫不齊故將接
神先自寧靜變食遷坐以自齊潔也時人慢神故於
齊不慎而孔子慎之也戰者兩刃相交性命俄頃身
躰髮膚弥宜全重時多暴虎不避毀傷唯孔子慎之
故後則云子畏於匡及云善人教民七年亦可即戎
又云以不教民戰是謂棄之並是慎戰也疾者宜將
養制節飲食以時人不慎而孔子
慎之也故云子之所慎齊戰疾也
孔安國曰此三者人所不能慎而夫子能慎之也
子在齊聞韶樂三月不知宍味 韶者舜樂名也盡善盡美者也孔子至齊

7a

聞齊君奏於韶樂之盛而心為痛傷故口忘宍味至于
於一時乃止也三月一時也何以然齊是无道君而
監奏聖王之樂器存人乖所以可傷慨也故郭象云
傷器存而道廢得有邑而无時江熙云和璧與瓦礫
齊貫卞和所以惆悵虞韶與鄭衛比響仲
尼所以永歎弥時忘味何遠情之深也
周生烈曰孔子在齊聞習齊君韶樂之盛美故忽
於宍味也 忽猶忘也范寧云夫韶乃大虞盡善之樂
也齊諸侯也何得有之乎曰陳舜之後
也樂在陳陳敬仲竊
以奔齊故得僭之也
曰不圖為樂之至於斯也 此孔子說所以忘味之意也圖猶謀慮也為猶作也奏
也樂韶樂也斯此也此指齊也孔子言實不意慮奏
作聖王之韶樂而來至此齊侯之國也或問曰樂隨
人君而變若人君心善則樂善心淫則樂淫今齊君
无道而韶音那独不變而猶盛耶且若其音猶盛則

7b

春秋元命苞曰
雲門大卷　黃帝
大咸　堯帝
大韶　舜帝
大夏　禹王
大護　湯王
大武　武王

齊民豈從樂化而齊民猶惡不隨樂化何也儀荅
曰夫樂隨人君而變若唯在時王所之樂取何者如周
王遍奏六代之樂當周公成康之日則六代者皆悉
善亦悉以化民若幽厲傷周天下大壞則唯周樂自
隨時君而變壞其民亦隨時君而惡所餘殷夏以上
五聖之樂則不隨時變故韶樂在齊而音猶盛美者
也何以然哉是聖王之樂故不隨惡君變也而武亦
善而猶變者以其君是周之子孫〻〻既變故先祖
之樂亦与之而又變也又既五代音存而不能化民
者既不隨惡主而變寧為惡主所御乎既不為所御
故雖存而不化民也又一通云當其末代其君雖惡
而其先代之樂豈亦不變也而其君所奏淫樂不復
奏正樂〻〻故
不復化民也

王肅曰為作也不圖作韶樂至於此〻齊也

冉有曰夫子為衛君乎　為猶助也衛君謂輒也衛靈
公逐太子蒯聵靈公以魯哀

8a

公二年夏四月薨而立蒯聵之子輒為衛君孔子時
在衛為輒所賓接後蒯聵还奪輒國父子相圍時人
多疑孔子應助輒拒父故冉有懷物之疑以問子貢
也故江熙云夫子在衛受輒賓主悠〻之者或疑為之
故問
也

鄭玄曰為猶助也衛君者謂輒也衛靈公逐
太子蒯聵公薨而立孫輒也　公死後乃
立輒也　後晉趙鞅
納蒯聵于戚　後謂輒立為君後也蒯聵奔在戚輒
立定後其年六月晉臣趙鞅於戚以
納蒯聵遂入
衛奪輒位也　衛石曼姑帥師圍之　至哀公三年衛
輒之臣石曼姑
帥師圍蒯
聵于戚也　故問其意助輒否乎　其孔子也冉有
問子貢云孔子意
助輒不也哀公二年孔子在衛至十一年夏魯
至十五年冬蒯聵乃勝輒出奔魯子路死難使魯
來報孔子也至十六年正月
蒯聵從戚入衛為君也

8b

子貢曰諾吾將問之　子貢荅冉有也故先應諾言
吾將入問於孔子助輒不也　入
曰伯夷叔齊何人也　此子貢入問孔子之辭也所以
不問助輒不而問夷齊者不欲
斥言衛君之故以微理求之志也伯夷叔齊兄弟讓
國而輒父子爭位其是正反故問曰夷齊何人者孔
子荅以夷齊為非則知助輒若
以夷齊為是則知不助輒也　子曰古之賢人也　荅
子
貢也言夷齊
是古賢人也　曰怨乎　怨恨也子貢又問夷齊有怨恨
不乎所以問有恨不者夷齊兄
弟讓國隱首陽山遂餓死首陽山
下賢人相讓而致餓死應不恨也　曰求仁而得仁又
何怨乎　孔子荅云不怨也言兄弟相讓本求仁義而
万代可美其相讓之德是求仁得仁也求仁之
而得雖死有何怨是君子
殺身成仁不求生害仁也　孔安國曰伯夷叔齊讓
國遠去終於餓死故問怨乎以讓為仁豈何怨乎

9a

出曰夫子不為也　子貢既聞孔子以夷齊之讓為賢
且有仁故知輒父子爭國為惡也
所以荅冉有云夫
子不為衛君也　鄭玄曰父子爭國惡行也
孔子以伯夷叔齊為賢且仁故知不助衛君明也

子曰飯疏食飲水　此明孔子食无求飽也飯猶食也
疏食菜食也言孔子食於菜食也
而飲水无重
肴方丈也　曲肱而枕之　此明孔子居无求安也肘
前曰臂肘後曰肱通亦曰
臂言孔子眠曲臂而
枕之不錦衾角枕也　樂亦在其中矣　孔子麁食薄服
而歡樂怡暢自
在麁薄
之中也　孔安國曰疏食菜食也肱臂也孔子以此為樂也
不義而富且貴於我如浮雲　富与貴是人之所欲不
以其道得之不處也不
義而富貴於我如天之浮雲也所以然者言浮雲自
在天与我何相關如不義之富貴与我亦不相關也

9b

又浮雲儵聚欻散不可為常如不義富貴聚散俄頃如浮雲也鄭玄曰富貴而不以義者於我如浮雲非己之有也如前釋也

子曰加我數年五十以學易可以無大過矣此孔子重易故欲令學者加功於此書也當孔子尒時年已四十五六故云加我數年五十而學易也所以必五十而學易者人年五十是知命之年也易有大演之數五十是窮理盡命之書故五十而學易也既學得其理則極照精微故身無過失也云无大過者小事易見大事難明故學照大理則得不復大過則小者故不失矣王弼云易以幾神為教顏淵庶幾有過而改然則窮神研幾可以无過明易道深妙戒過明訓微言精粹熟習然後而存義也易窮理盡性以至於命易明乾元亨利貞窮測陰陽之理遍盡万物之性故云窮理盡其性也又識窮通故云以至於命也年五十而

10a

知天命以人年五十應大演之數與易數同故知天命也以知天命之年讀至命之書其數會同也故可以無大過也照幾窮理故无失也而王弼又為一通云鄙意以為易蓋先聖之精義後聖无間然者也是以孔子即而因之少而誦習恒以為務稱五十而學者明重易之至欲令學者專精於此書雖老不可以廢也

子所雅言孔子所正言者也雅正也謂孔子平生讀書皆正言之不為私所避諱也

孔安國曰雅言正言也

詩書執禮皆雅言也此是所不諱之書也詩及書禮皆正言之也亦藉皆正言獨云詩書禮者舉一隅餘三隅可反也故顧歡云夫引綱舉綱振裘提領正言此三則靡典不統矣

鄭玄曰讀先王典法必正言其音然後義全故不

10b

可有所諱也若讀書避諱則疑誤後生故禮云教學臨文不諱詩書不諱是也禮不誦故言執也釈不直云詩書禮而禮上長云執之義也背文而讀曰誦詩是詠歌書是讚誥故並須誦之而禮但執文依文而行不須背文之誦故曰執也

葉公問孔子於子路葉公楚臣也食采於葉楚僭稱王故臣稱公自比諸侯也問子路以論孔子之㝎也但不知所問何㝎也子路不對所問之㝎當孔子之德故子路不對之也故江熙云葉公見夫子數應聘而不遇尚以其問近故不荅也李充云凡觀諸問聖師於弟子者諸道也則稱而近之誣德也必揚而抑之未有默然而不荅者也疑葉公問之必將欲致之爲政子路知夫子之不可屈故未許其說耶孔安國曰葉公名諸梁楚大夫也食菜於葉僭稱公不對者未知所以荅也

11a

覬

子曰汝奚不曰其為人也發憤忘食樂以忘憂不知老之將至也云尒孔子聞子路不對故以此言語子路也奚何也其孔子也謂孔子慨世道之不行故發憤而忘於飡食也又飲水曲肱樂在其中忘於貧賤之憂也又年雖耆朽而儀天任命不知老之將至也言葉公問汝汝何不曰我有如此之德云尒以示之也然此諸語當是謙於葉公也李充云夫子乃抗論儒業大明其志使如此之徒絶望於覬覦不亦弘而廣乎江熈云葉公唯知執政之貴不識天下復有勝遠故欲令子路抗明素業无嫌於時得以清波濯彼穢心也

子曰我非生而知之者知之謂知㝎理也孔子讓以同物故云我有所知非生而自然知之者也孫綽云此蓋自同常教以身率物者也好古敏而以求之者也我既不生知而今有所知者故由我所好古人之道疾速以求知之也敏疾速也

11b

鄭玄曰言此者勉勸人於學也
子不語怪力乱神　怪恠異也謂妖孼之事也力謂多力也若烏獲舉千鈞之屬也乱謂
臣子弑君父之事也神謂鬼神之事也此四事言之无益於教訓故孔子語不及之也或人問曰易文言
孔子所作云臣弑君子弑父並乱事而云孔子不語之何也答曰發端曰言答述曰語此云不語謂不誦
答耶非云不言也　王肅曰怪異也　旧云如山啼鬼哭之類也
力謂若奡盪舟　奡多力能陸地推舟也盪推也　烏獲舉千鈞之屬
烏獲古時健兒也三十斤曰鈞烏獲能舉三千斤重也　乱謂臣弑君子弑父
也悪逆為乱甚者也　神謂鬼神之事也　子路問事鬼神孔子云未能事人焉能事鬼是也
或無益於教化也　解不言怪力乱神三事也　或所不不言也

12a

忍言也　解不言乱事或通云怪力是一事乱神是一事都不言此二事也故李充云力不由
理斯怪力也神不由正斯乱神也怪力乱神有興於邪无益於教故不言也
子曰我三人行必得我師焉擇其善者而從之其不
善者而改之　此明人生處世則宜更相進益雖三人同行必推勝而引劣故必有師也有勝
者則諮受自益故云擇善而從之也有劣者則以善引之故云其不善者而改之然善与不善即就一人
上為語也人不能皆足故取善改悪亦更相師改之義也故王朗云于時道消俗薄鮮能宗賢尚勝故託斯
言以戻之夫三人之行猶或有師況四海之内何求而不應哉縱能尚賢而或滞於一方者又未盡善也
故曰擇其善者而從之其不善者而改之　言我三人行本無賢愚　就注意亦是敵
者也既俱非賢則遞有優劣也　擇善從之不善改之故無常師

12b

係義也善也

子畏於匡曰文王既没文不在茲乎天之將喪斯文也後死者不得与於斯文也天之未喪斯文也匡人其如予何　在子罕篇

也我師彼之長而改彼之短彼亦師我之長而改
我之短既更相師法故云無常師也或人問曰何
以二人必云三人也答曰二人則彼此自好各言
我是若有三人則恒一人見二人之有是非明也
子曰天生德於予桓魋其如予何　予我也桓魋宋司馬也凶愚心恒欲
害孔子孔子故明言語之使其凶心止也言天生聖
德我我与天同然桓雖凶无道安能違天而害我乎
故云如予何也夫凶心亦宜不履謝而有時須以道
折之故江熙云小人為悪以理喩之則愈凶強晏然
待之則更自処亦猶匡
人聞文王之德而兵解也　范氏曰桓魋宋司馬
黎也天生德於予者謂授我以聖性也合德天地
吉而无不利故曰其如予何也
子曰二三子以我為隱子乎　二三子諸弟子也孔子聖道深遠諸弟子學所

13a

不及而有怨者恒言孔子於己有所隱惜故孔子合呼而問之云汝等言我有所隱於汝乎也　吾無
隱乎爾　爾汝也先呼問之此更語之云吾無所隱於汝也
范氏曰二三子謂諸弟子也聖人智廣道深弟子
學之不能及以為有所隱匿故解之也
吾無所行而不与二三子者是丘也　行猶為也丘孔子名也孔子已
向云无隱故此更自稱名而說無隱之事使之信也言凡我所為之事无不与汝共之者是丘之心如此
也　范氏曰我所為无不与尒共之者是丘之心
子以四教文行忠信　孔子為教恒用此四事為首故云子以四教也李充云其典籍
辞義謂之文孝悌恭睦謂之行為人臣則忠与朋友則信此四者教之所先也故以文發其蒙行以積其

13b

德忠以立其節信以全其終也 四者有形質可舉以教也

子曰聖人吾不得而見之矣得見君子者斯可矣 孔子歎世無賢聖也言吾已不能見世有聖人若得見有君子之行則亦可矣言世亦無此也然君子之稱上通聖人下至片善今此上云不見聖下云得見君子則知此之君子賢人以下也故王弼曰此為聖人與君子異也然德足君物皆稱君子亦有德者之通稱也 疾世無明君也

子曰善人吾不得而見之矣 善人之稱亦上通聖人下通一分而此所言指賢人以下也言世道流喪吾復不得善人也 得見有恒者斯可矣 有恒謂雖不能作善而守常不為惡者也言尓時非唯無作片善者亦無直置不為惡者故亦不得見也 亡而為有虛而為盈約而為泰難乎有恒矣 此目不恒之人也亡無也當時

14a

澆乱人皆誇張指無為有說虛作盈家貧約而外詐奢泰皆與恒反故云難乎有恒矣故江熙云言世人負情反實逐波流遷若影無持係業此無恒難也 孔安國曰難可名之為有常也

子釣而不綱 用心之教不得無殺是欲因殺止殺故同物有殺也釣者一竿屬一鈎而取魚也綱者作大綱橫遮於廣水而羅列多鈎著之以取魚也孔子用一竿而釣則一一得魚是所少也若綱橫流而取則得者多多則孔子所不為也故云子釣而不綱也 弋不射宿 弋者繳射也壯人皆多繳射取鳥也宿者夜栖宿之鳥也孔子亦繳射唯白日用之而不及夜射栖宿之鳥也所以然者宿鳥夜聚有群易得多故不射之也又恐驚動夜宿仁心所不忍也故孫綽云殺理不可頓去故禁綱而存宿也繆協云將令物生有路人殺有節所以易其生而難其殺也 孔安國曰釣者一竿釣也綱者為大綱以橫絕流以繳繫鈎羅屬著

14b

綱也 繳繩也以小繩係釣而羅列屬著大繩繳也 弋繳射也 解繳射者多家一云古人以細繩係丸而彈謂為繳射也一云取一杖長一二尺許以長繩係此杖而橫颺以取鳥謂為繳射也鄭玄注周禮司弓矢云結繳於矢謂之矰矰高也詩云弋鳧與鴈司弓矢又云惟弋充籠箙矢共矰矢注云籠弁箙也矰矢不在箙者為其相繞乱將用乃共之也依案鄭意則繳射是細繩係箭而射也宿宿鳥也或云不取老宿之鳥也宿鳥能生伏故不取也此通不及夜也

子曰蓋有不知而作之者我無是也 不知而作謂妄作穿鑿為異端也時蓋多有為此者故孔子云我無是不知而作之事也 包氏曰時人多有穿鑿妄作篇籍者故云然也

多聞擇其善者而從之 因戒妄作之人也言豈得妄為穿鑿耶人居世間若有耳

15a

八字自互鄉至見也

多所聞則擇善者從之者也 多見而識之 若因多所見則識錄也多見不云擇善者與上互文亦從可知也 知之次也 若多聞擇善多見錄善此雖非生知亦是生知之者次也

孔安國曰如此次於生知之者也

互鄉難與言 互鄉鄉名也此一鄉之人皆專愚不可與之共言語也 童子見 童子十九以下未冠者也見來見孔子也此互鄉有一少兒來見孔子也琳公云此八字通為一句言此鄉有一童子難與言耳非一鄉皆專惡也 門人惑 門人孔子諸弟子也惑猶嫌怪也言彼一鄉皆惡況復小兒乎孔子忽然見之故弟子皆嫌惑之也

鄭玄曰互鄉鄉名也其鄉人言語自專不達時宜而有童子來見孔子門人怪孔子見也

15b

子曰與其進也不與其退也孔子為門人釋惑也言凡教化之道唯進是與唯退是抑故无來而不納豈不本其所來耶故云與其進不與其退也唯何甚言教化與進而汝等怪之此亦一何太甚也唯語助也

孔安國曰教誨之道與其進不與其退怪我見此

童子惡何一甚也言汝等為惡其鄉而憎其善童所以是惡之甚也

人絜己以進更叙教誨所以與進之義也言人有來進師門者非絜則不進則必是絜己者與其絜也不保其往也往謂已過之行言其既絜己而猶進之是與其絜也而誰保其往日之所行耶何須惡之也顧歡曰往謂前日之行也夫人之為行未可一必或有始無終或先迷後得故教誨之道絜則與之往日之行非我所保也

鄭玄曰往猶去

16a

也人虛己自絜而來當與其進之亦何能保其去後之行也虛謂清其心也然鄭注云去後之行亦謂今日之前是已去之後也

子曰仁遠乎哉我欲仁斯仁至矣世人不肯行仁故孔子引之也問言仁道遠乎也言其不遠也但行之由我〻行即是此非出自遠也故云我欲仁而斯仁至也斯此也江熙云復礼一日天下皈仁是能仁至近也

苞氏曰仁道不遠行之則是至也

陳司敗問昭公知礼乎昭公魯君也陳司敗見孔子而問魯君知礼以不也

孔安國曰司敗官名也陳大夫也昭公魯昭公也

孔子對曰知礼荅司敗云昭公稱之知礼也孔子退荅司敗竟揖而退去

16b

巫馬期而進之揖者古人欲相見前進皆先揖之也巫馬期孔子弟子也司敗知昭公無礼故問孔子〻〻荅曰知礼而司敗心所不許故孔子退而後揖孔子弟子進之欲與語也曰吾

聞君子不黨君子亦黨乎相助匿非曰黨昭公不知礼而孔子云知礼所以是黨也故司敗語巫馬云吾從來聞君子之人義與比無所私相阿黨孔子既是君子而今匿君之惡故云君子亦黨乎也

君娶於吳司敗此舉昭公不知礼之事也昭公是周公後吳是太伯後太伯是周公伯祖昭公與吳同是姬姓周礼百世婚姻不通而昭公娶其吳之女故云君娶於吳也為同姓謂

之吳孟子礼称婦人皆称国及姓猶如齊姜秦嬴之屬也魯之娶吳當謂為吳姬而昭公為吳是同姓故諱不得言吳姬而謂吳孟子也

君而知礼孰不知礼孰誰也君娶同姓若是知礼則誰為悪事者而謂為不知礼乎

孔安國曰巫馬期弟

17a

子也名施相助匿非曰黨魯吳俱姬姓也礼同姓不婚而君娶之當称吳姬諱曰吳孟子也

巫馬期以告巫馬期得司敗之語還則具述之以告孔子也

子曰丘也幸苟有過人必知之孔子得巫馬之告而自称名云是己幸受以為過者也故云苟有過人必知之也所以然者昭公不知礼而我荅司敗云知礼者若使司敗無譏則千載之後遂承信我言用昭公所行為知礼則礼乱之事從我而始今得司敗見非而我受以為過則後人不謬故我所以為幸也繆協云諱則非諱斯誠然矣若受以為過則所以諱者又以明矣亦非諱也向司敗之問則詭言以為諱今巫馬師徒將明其義故向之言為合礼也苟曰合礼則不為黨矣今以不受為過則何礼之有乎

孔安國曰以司敗之言告也諱國悪礼也諱國之悪是礼

17b

之所許也聖人智深道弘故受以為過也涅而不緇故受之也
子與人歌而善必使反之而後和之　此明孔子重於正音也反猶重也
也孔子與人共歌若彼人歌善合於雅頌者則孔子
欲重聞其音曲故必使重歌也重歌既竟歡之无已
故孔子又自歌以荅和之也　衛瓘云礼无不荅歌以
和相荅也其善乃當和音不相越故令更為歌然後
和也寀衛之　樂其善故使重歌而後自和之也　如前
後句不及也　秋也
子曰文莫吾猶人也　孔子謙也文章也莫无也无猶不也孔
子言我之文章不勝於人故云吾猶人也
莫无也文无者猶俗言文不也文不吾猶人者言
凡文皆不勝於人也　何云俗云文不當是于時呼文不勝人為文不也
躬行君子則吾未之有得也　既謙也躬身也言我文不勝人故身自行君

18a

子之行者則吾亦未得也
孔安國曰躬為君子行己未能得之也
子曰若聖與仁則吾豈敢　敢亦謙也言聖及仁則吾不敢自許有故云豈敢也
孔安國曰孔子謙不敢自名仁聖也　不敢自名己有此二事也
抑為之不厭誨人不倦則可謂云爾已矣　孔子雖不受仁聖之
目而以此二事自許也抑語助也為猶學也為之不
厭謂雖不敢云自有仁聖而學仁聖之道不厭也學
而不厭又教誨不倦　公西華曰正唯弟子不能學也　公西華聞
乃可自謂如此耳也
孔子自云學仁聖不厭又教人不倦故己自稱弟子以往諮
也言正如夫子所自許之事則弟子亦不能學有此事也
馬融曰正如所言弟子猶不能學也況仁聖乎也
子疾病　疾甚曰病孔子疾甚也　子路請禱　禱謂祈禱鬼神以求福也孔子疾甚故子

18b

路請於孔子欲為孔子祈求福也　包氏曰禱請於鬼神也
子曰有諸　諸之也孔子言死生有命不欲有禱故反問子路有此禱請之事乎心不許
周生烈曰言有此禱請於鬼神之事乎也
子路對曰有之誄曰禱爾于上下神祇　子路不達孔子意聞孔子
之問仍引得古旧禱天地之誄辭以荅孔子也故云有之誄曰也天曰神地曰祇也
孔安國曰子路失旨也誄禱篇名也　誄者謂如今行狀也誄之
言累也人生有德行死而累列其行之迹為謚也
子曰丘之禱之久矣　子路既不達孔子意而引旧禱天地之誄孔子不欲非之故云
我之禱已久今則不復須也實不禱而云久禱者聖
人德合神明豈為神明所謫病而祈之乎　欒肇云案

19a

子疾病子路使門人為臣病間曰久矣哉由之行詐也无臣而為有臣吾誰欺欺天乎且予與其死於臣之手也無寧死於二三子之手乎且予縱不得大葬予死於道路乎

誄者徒謂无過可謝故上子路之請不謂上下神祇
非所宜禱也在礼天子祭天地諸侯祭山川大夫奉
宗廟此礼祀典之常也然則禱尒于上下神祇乃天
子禱天地之辭也子路以聖人動應天命欲假礼祈
福二靈孔子不許直言絶之也曰丘之禱久矣豈此
乎牽夫旧辭也自知无過可謝而云丘之禱久矣豈
其辭弃夫聖行无違凡庸所知也子路豈誣夫子於
神明哉以為祈福自不主以謝過為名也若以行合
神明无所禱請是聖人无禱請之礼矣知如是則礼
典之訓稟金縢之義廢矣假謂若案何集則子路自
不達旨引得旧禱天地之誄是子路之失亦復何傷
若如案義則猶是使門人為臣之意也然无臣非君
而子路欲此亦不達之甚乃得深於請禱之過
所幸不須譏此而同彼不知依何集為是也
孔安國曰孔子素行合於神明故曰丘之禱之久矣
子曰奢則不遜儉則固　不遜者僭濫不恭之謂也固陋也人若奢華則僭濫不恭

19b

若儉約則固，固与其不遜也寧固陋，不及礼也。二事乃俱為失，若不遜陵物，々必害之，傾覆之期，俄頃可待；若止復固陋，誠為不遜，而物所不侵，故与其不遜，寧為固陋也。

孔安國曰：俱失之也。奢不如儉，奢則僭上，儉則不及礼耳。固，陋也。

○子曰：君子坦蕩々，坦蕩々，心貌寬曠，无所憂患也。君子内省不疾，故也。小人長戚々。戚々，恒憂懼也。小人好為罪過，故恒懷憂懼也。江熙曰：君子坦尒夷任，蕩然无私；小人馳競於榮利，耿介於得失，故長為愁府也。

鄭玄曰：坦蕩々，寬廣貌也。長戚々，多憂懼貌也。

子温而厲，威而不猛，恭而安。明孔子德也。亦有云子曰者，亦靡在也。温，和潤

20a

也。厲，嚴也。人温和者好不能嚴厲，孔子温而能厲也。又人作威者心竟雄猛，孔子威能不猛也。又恭者好貸欲不安，孔子恭而能安也。故王弼云：温者不厲，厲者不温；威者心猛，不猛者不威；恭則不安，々者不恭。此對反之常名也。若夫温而能厲，威而不猛，恭而能安，斯不可名之理全矣。故至和之調，五味不形；大成之樂，五音不分；中和備質，五材无名也。

泰伯第八　疏　泰伯者，周太王長子，能推位讓國者也。所以次前者，物情見孔子栖遑，當謂實係心慮，今明泰伯賢人尚能讓國，以譏孔子大聖，雖位非九五，豈以秕糠累真，故泰伯次述而也。○暠曰：此篇論礼讓仁孝之德，賢人君子之風，勸于立身守道，為政歎美正樂，鄙薄小人，遂稱堯舜及禹文王，以前篇說孔子之行，此篇首末載賢聖之德，故為次也。

○子曰：泰伯其可謂至德也已矣。泰伯者，周太王之長子也。太王者，即古公

20b

亶甫也。亶甫有三子，大者太伯，次者仲雍，小者季歷。三子並賢，而太伯有讓德深遠，雖聖不能加，故云其可謂至德也已矣。其至德之事，在下。范甯云：太，善大之称也。伯，長也。太伯，周太王之元子，故号太伯。其德弘遠，故曰至也。三以天下讓，此至德之事也。其讓天下之位，有三迹，故云三以天下讓也。所以有讓者，少弟季歷生子文王昌，昌有聖人德，太伯知昌必有天位，但非天位者必須階漸，若從庶人而起，則為不易，太王是諸侯，已是太王長子，云々後應傳國，今欲令昌取王位有漸，故讓國而去，令季歷傳之也。其有三迹者，范甯云有二釈：一云太伯少弟季歷生子文王昌，昌有聖德，太伯知其必有天下，故欲令傳国於季歷以及文王，因太王病，託採藥於吳越不反，太王薨而季歷立，一讓也；季歷薨文王立，二讓也；文王薨而武王立，於此遂有天下，是以三讓也。又一云：太王病，而託採藥出，生不事之以礼，一讓也；太王薨而不反，使季歷主喪，死不葬之以礼，二讓也；斷髮文身，示不可用，使季歷主祭祀，不祭之以礼，三讓也。

呉越多蛟龍故為之　文身ト入墨也又不美服也

21a

也。繆協云：太伯三讓之所為者，季歷文武三人，而王道成，是三以天下讓之也。民無得而称焉。讓德之迹既隱，當時人民不覚，故无能称其讓德者也。故范甯云：詭道合權，隱而不彰，故民无得而称，乃大德也。繆協云：其讓之迹詭當時，莫能知，故无以称焉，可謂至德也。或問曰：太伯若堪有天下，則不應讓，人若有天下，則太伯復无天下可讓，今云三以天下讓，其事如何。或通云：太伯實應傳諸侯，今讓者，諸侯位卑，而云讓天下者，是為天下而讓，今卽之有階，故云天下也。然仲雍亦隨太伯而隱，不称仲雍者，國位在太伯，々々讓是導仁軌也，仲雍隨是揚其波也。

王肅曰：泰伯，周太王之太子也。次弟仲雍，少弟曰季歷，々々賢，又生聖子文王昌，々必有天下，故泰伯以天下三讓於王季，其讓隱，故民无得而称言之者，所以為至德也。

21b

子曰恭而无禮則勞此章明行事須禮以爲節也夫行恭遜必宜得禮則若恭而无禮則遷在床下所以身爲自勞苦也

慎而无禮則葸葸畏懼過甚也慎若无禮則畏懼之甚於寬不行也

葸畏懼之皃也言慎而不以禮節之則常畏懼也

勇而無禮則亂勇而有禮内則摯跪於廟堂之上外則捍難於壇場之所若勇而无禮則爲賊害之亂也

直而无禮則絞絞剌也直若有禮則自行不邪曲若不得禮對面譏剌他人之非必致怨恨也

馬融曰絞絞剌也

君子篤於親則民興於仁君子人君也篤厚也人君若自於親屬篤厚則民下化之皆競興起仁恩也孝悌也者其仁之本與也

故舊不遺則民不偷故舊謂朋友也偷薄也人君富貴而不遺忘昔旧友朋則下民效之不爲澆薄也

22a

古文孝經曰仲尼間居曾子侍坐子曰參先王有至德要道以訓天下民以和睦上下亡怨汝知之乎曾子辟席曰參不敏何足以知之子曰夫孝德之本也教之所繇生也復坐吾語汝身体髮膚受之父母弗敢毀傷孝之

苞氏曰興起也君能厚於親屬不遺忘其故舊行之美者也則民皆化之起爲仁厚之行不偷薄也

曾子有疾召門弟子曰啓予足啓予手啓開也予我也孔子昔授孝經於曾子云身體髮膚受之父母不敢毀傷曾子稟受至死不忘故疾病臨終日召己門徒弟子令開衾視我手足不毀傷乎亦示父母全而生己己亦全而歸之也先足後手者亦近足遠手亦急從遠而視也

鄭玄曰啓開也曾子以爲受身體於父母不敢毀傷之故使弟子開衾而視之也

詩曰戰戰兢兢如臨深淵如履薄冰既令開衾又引詩證己平生敬慎畏懼有毀傷之心也戰戰恐懼兢兢戒慎也如臨恐墮也如履薄冰恐陷也夫人於高岩之頂俯

22b

也始也立身行道揚名於后世以顯父母孝之終也

臨万丈之深淵必恐懼寒心恒畏墜落也冰之厚者猶不可履况蹝行薄冰之上孰不斂身戒慎恐陷臨之乎言我平生畏慎身體之心如人之臨履深薄也

而今而後吾知免夫小子

孔安國曰言此詩者喻己常誡慎恐有所毀傷也

引詩既竟又語諸弟子也而今今日也而後即今日以後也免免毀傷也既臨終而得不毀傷故知自今日以後全歸泉壤得免毀傷之憂也小子諸弟子也曾子詩竟而呼諸弟子語之令識己詩也

周生烈曰乃今日而後我自知免於患難矣小子弟子也呼者欲使聽識其言也

曾子有疾孟敬子問之敬子魯大夫也仲孫捷也來參問曾子之疾也

馬融曰孟敬子魯大夫仲孫捷也

23a

禮記檀弓上曰曾子寢疾病樂正子春坐於床下曾元曾申坐於足童子隅坐而執燭童子曰華而睆大夫之簀歟子春曰止曾子聞之瞿然曰呼曰華而睆大夫之簀歟曾子曰然斯乃季孫之賜也我未之能易也元起易簀曾元曰夫子之病革矣不可以變幸而至於旦請敬易之

曾子言曰鳥之將死其鳴也哀人之將死其言也善

曾子得敬子之問疾因而戒之也將欲戒之故先發此言欲明我所以相戒之意也言鳥之臨死唯知哀鳴而不知出善言此則是鳥之常也若人臨死而无善言則與鳥獸不異今我將臨死故欲出善言以誡汝也故李充云人之所以貴於禽獸者以其慎終始在困不撓也禽獸之將死不遑擇音唯吐窘急之声耳人若將死而不思令終之言唯哀懼而已者何以別於禽獸乎是以君子之將終必正存道不忘格言臨死易簀困不違禮辨論三德大加明訓斯可謂善言也

苞氏曰欲戒敬子言我且將死言善可用也此注亦明

如向釋又繆播云曾子讓不以遠理自喻且敬子近人故以常言悟之冀其必納也然繆解亦得

會苞注也或問曰不直云曾子曰而云言曰何也荅曰欲重曾子臨終言善可録故特云言也又

23b

一通云出己曰言答述曰語曾子臨終綿困不堪答述也亦直出己之懷而已也

君子所貴乎道者三　此以下即曾子所述善言也道猶礼也言君子所貴礼者有三事也

動容貌斯遠暴慢矣　此所貴三之第一也動容皃謂儀容舉止也君子坐則嚴然行則蹌濟如此則人望而畏之不敢有暴慢之者故云斯遠暴慢也故顏延之云動容則人敬其儀故暴慢息也

正顏色斯近信矣　此所貴三之第二也就凡人相見先觀容儀故先也次見顏色故為次也人之顏色恒欲莊正不數變動則人不敢欺詐之故云近信也故顏延之云正色則人達其誠故信者立也

出辭氣斯遠鄙倍矣　此所貴三之第三也辭氣言語音聲也既見顏色次接言語也出言有章故人不敢鄙穢倍違之也故顏延之云出辭則人樂其文故鄙倍絕也侃謂暴慢鄙倍同是惡事故云遠也而信是善事故云近也

24a

鄭玄曰此道謂礼也動容皃能濟濟蹌蹌則人不敢暴慢之也正顏色能矜莊嚴栗則人不敢欺誕之也　誕猶詐妄也　出辭氣能順而說之則无惡戾之言入於耳也　惡鄙醜也戾背也礼記云言悖而出亦悖而入若出能不悖故鄙戾不入於耳也

籩豆之事則有司存　籩豆礼器也爾雅曰竹曰籩木曰豆豆盛葅醢籩盛菓實並容四升柄尺二寸下有跗也旧云敬子不存大事即敘前三礼也而好修飾籩豆之事比三事為小事故曾子先戒此三礼若籩豆之事付於有司不同汝也有司謂典籩豆之官也

苞氏曰敬子忘大務小故又戒之以此也籩豆礼器也　依苞此注亦得如旧說也若欲又為一通亦得云敬子好務小事而忽略籩豆故曾子云汝不須務小當使有司存於宗廟籩豆之礼也而繆協別通云籩豆礼器可以致敬於宗廟者言人能如上三貴則祝史陳信无愧辭故有司所存籩豆而已也

24b

衷　正也　中也

曾子曰以能問於不能　此明顏淵德也能才能也時多競誇无而為有虛而為盈唯顏淵謙而反之也顏淵實有才能而恒如己不能故見虽不能者猶諮問衰求也

以多問於寡　多謂識性之多也己識虽多常不敢自言己多故每問於寡識者也

有若无實若虛　又此人間未曾以己之才德為有為實恒謙退如虛无也

犯而不挍　挍報也人有悪加犯己者己不報之也殷仲堪云能問不能多問於寡或疑其負實德之迹似乎為教而然余以為外假謙虛黃中之道深而用之每事必然夫推情在於忘賢故自處若不足處物以賢善期善於不能因斯而言乃虛中之素懷處物之誠心何言於為教哉犯而不挍者其亦不居物以非乎推誠之理然也非不爭事

25a

也應物之迹異矣其為中虛一也

苞氏曰挍報也言見侵犯而不挍之也

昔者吾友嘗從事於斯矣　友謂顏淵也曾子言唯昔吾友能然上諸行也江熙云称吾友言己所未能也

馬融曰友謂顏淵也

曾子曰可以託六尺之孤　託謂憑託也六尺之孤謂童子无父而為国君者也年齒既幼少未能自立故憑託大臣如成王託周公者也

孔安國曰六尺之孤謂幼少君也

可以寄百里之命　百里謂国也言百里舉全數也命謂国之教令也幼君既未能行政故寄冢宰攝之也如周公攝政也然幼孤言託教令云寄者有以故也託是長憑无反之言寄是暫寄有反之目也君身尊重故云託亦長憑於阿衡者也教命待君年長而还君自裁斷是有反也

孔安國曰攝君之政令也

25b

授說美君之処也

臨大節而不可奪也　國有大難臣能死之是臨大節不可奪也

大節安國家定社稷也奪者不可傾奪之也

君子人与君子人也　言為臣能受託幼寄命又臨大節不回此是君子人也再言君子美之深也而繆協云夫能託六尺於其臣寄顧命於其下而我無貳心彼無二節授任而不失人受任而不可奪故必同乎君子之道審契而要終者也非君子之人与君子者孰能要其終而均其致乎

曾子曰士不可以不弘毅　士通謂丈夫也弘大也毅謂能弘果斷也言丈夫居世必使德行弘大而能果斷

任重而道遠　釈所以須弘毅義也即所任者重所行者遠故宜德大而能斷也

苞氏曰弘大也毅弘而能決斷也士弘毅然後能負重任致遠路也

26a

朱子曰仁者人心之全德而必欲以身体而力

朱曰詩本性情有邪有正其為言易知而吟詠之間抑揚反復其感人又易入故学者之初所以興起其好善悪悪之心不能自已者必於是得之

朱曰礼以恭敬辞讓為本而有節文度数之詳可以固人肌膚之會筋骸之束

仁以為己任不亦重乎　此解任重也士既以仁為己任此任豈得不謂為重乎

死而後已不亦遠乎　此釈道遠也已止也言知行仁不可小時而止必至死乃後而止耳至死乃止此道豈不遠乎

孔安國曰以仁為己任重莫重焉死而後止遠莫遠焉也

子曰興於詩　此章明人学須次第也興起也言人学先従詩起後乃次諸典也所以然者詩有夫婦之法人倫之本近之事父遠之事君故也又江熙云覧古人之志可起発其志也

苞氏曰興起也言修身當先学詩也

立於礼　学詩已明次又学礼也所以然者人無礼則死有礼則生故学礼以自立身也

苞氏曰礼者所以立身也

故学者之中所以卓然自立而不為事物之所揺奪者

26b

成於樂　学礼若畢次宜学樂也所以然者礼之用和為貴行礼必須学樂以和成己性也

孔安國曰樂所以成性也　王弼云言有為政之次序也夫喜懼哀樂民之自然應感而動則発乎声歌所以陳詩採謡以知民志風既見其風則損益基焉故因俗立制以達其礼也矯俗検刑民心未化故又感以声樂以和神也若不採民詩則無以観風風乖俗異則礼無所立礼若不設則樂無所樂樂非礼則功無所濟故三躰相扶而用有先後也侃案輔嗣之言可思也且案内則明学次第十三舞勺十五舞象二十始学礼惇行孝悌是先学樂後乃学礼也若欲申此注則當云先学舞勺舞象皆是弦詩乎至廿学礼之後備聽八音之樂和之以終身成性後云樂也

子曰民可使由之不可使知之　此明天道深遠非人道所知也由用也元亨日新之道百姓日用而生故云可使由之也但雖日用而不知其所以故云不可知之也張憑云為政以

27a

以德則各得其性天下日用而不知故曰可使由之若為政以刑則防民之為奸民知有防而為奸弥巧故曰不可使知之言為政當以德民由之而已不可用刑民知其術也

由用之也

可使用而不可使知者百姓能日用而不能知之

子曰好勇疾貧亂也　好勇之人若能樂道自居此乃為可耳若不能樂道而憎疾己之貧賤則此人必為乱也故繆協云好勇則剛武疾貧則多怨以多怨之人習於武事是使之為乱也

苞氏曰好勇之人而患疾己貧賤者必將為乱也

人而不仁疾之已甚亂也　夫不仁之人當以理将養冀其感悟若復憎疾之太甚則此不仁者近無所在必為逆乱也故鄭康成云不仁之人疾之太甚是使之為乱也

孔安國曰疾悪太甚亦使其為乱也

27b

子曰如有周公之才之美設使驕且吝其餘不足觀也已矣　其餘謂周公之才伎也言人假令有才能如周公旦之美而用行驕恡則所餘如周公之才伎者亦不足復可觀者以驕没才也故王弼云人之才美如周公設使驕恡其餘无可觀者言才美以驕恡棄也况驕恡者必无周公才美乎假无設有以其驕恡之鄙也

孔安國曰周公者周公旦也

子曰三年學不至於穀不易得也已　勸人學也穀善也言學三年者必至於善道也若三年學而不至善道者必无此理也故云不易得已也孫綽云穀祿也云三年學足以通業可以得祿雖時不得祿得祿之道也不易得已者猶云不易已得也此教勸中人已下也

孔安國曰穀善也言人三歲學不至於善不可得

28a

言必无反也所以勸人於學也

子曰篤信好學　此章教人立身法也令篤厚於誠信而好學先王之道也　守死善道　寧為善而死不為惡而生故云守死善道也

危邦不入　謂初仕時也見彼国將危則不須入仕也

亂邦不居　謂我国已亂則宜避之不居住也然亂時不居則始危時猶居也危者不入即亂故宜不入也

天下有道則見　天下謂天子也見謂出仕也若世主有道則宜出仕也

無道則隱　若時王无道則隱枕石漱流也

苞氏曰言行當常然也危邦不入謂始欲往也亂邦不居今欲去也臣弑君子弑父亂也危者將亂之兆也　陳文子棄馬十乘而去是亂邦不居也

28b

邦有道貧且賤焉恥也　國君有道則宜運我才智佐時出仕宜始得富貴而已獨貧賤則是才德淺薄不會明時故為可恥也

邦无道富且貴焉恥也　國君无道而已出仕招致富貴則是已亦无道得會惡逆之君故亦為可恥也江熙云不枉道而事人何以致无道竄所以恥也夫山林之士咲朝廷之人束帶立朝不獲逍遙也在朝者亦譏山林之士褊恡也各是其所是而非其所非是以夫子兼弘出處之義明屈申貴於當時也

子曰不在其位不謀其政也

孔安國曰欲各專一於其職也

子曰師摯之始關雎之亂洋洋乎盈耳哉　師魯大師也摯大師名也始首也關雎詩篇也洋洋盛也于時禮樂崩壞正聲散逸唯魯大師猶識關雎之聲而首理調定

29a

使聲盛盈於耳聽也

鄭玄曰師摯魯大師之名也始猶首也周道既衰微鄭衛之音作正樂廢而失節魯大師摯識關雎之聲而首理其亂洋洋乎盈耳哉聽而美也　低謂即前篇孔子語其樂曰樂其可知始作翕如之屬而其受孔子言而理之得正也

子曰狂而不直　此章歎時世乖古也狂者用行宜直趣无廻不候於善惡而當時狂者不復直也故下奏則云古之狂也肆今之狂也蕩

孔安國曰狂者進取宜直也

侗而不愿　侗謂籠侗未成器之人也愿謹愿也人幼未成人者情性宜謹愿而當時幼者亦不謹愿也

孔安國曰侗未成器之人也宜謹愿　愿白也无情

悾悾而不信　悾悾謂野愨也野愨之人宜可信而于時野愨者皆詐詭不復可信也

29b

苞氏曰悾〻愨〻宜可信也

吾不知之矣 既與古時反故孔子云非復我能知測也王弼云夫推誠訓俗則民偽自化求其情偽則儉心茲應是以聖人務使民皆歸厚不以探幽為明務使姦偽不興不以先覺為賢故雖明並日月猶曰不知也

孔安國曰言皆與常度反故我不知也

子曰學如不及猶恐失之 言學之為法急務取得恒如遂前人欲取必及故云如不及也又學若有所得則戰〻持之猶如人執物恒恐去失當録之為意也

學自外入至熟乃可長久如不及猶恐失之耳也 如注意則云如若也言人學宜熟若學而不及於熟雖得猶恐失之也繆播云學有交勞而无交利自非天然好樂者則易為懈矣故如懼不及猶恐失之况可怠乎繆協稱中正曰學自外來非夫內

30a

足恒不懈惰乃得其用如不及者已及也猶恐失者未失也言能恐失之則不失如不及則能及也

子曰巍〻乎舜禹之有天下也而不與焉 此美舜禹也舜禹亦古之聖天子也巍〻高大之稱也言舜禹逢時遇世高大可美也舜受堯禪而有天下禹受舜禪而有天下此二聖得時有天下並非身所預求而君自禪之也一云孔子欲已不預見舜禹之時也若逢其時則己宜道當用也故王弼云逢時遇世莫如舜禹也江熙云舜禹受禪有天下之極故樂盡其善歎不與並時蓋感道契昔而理屈當今也

美舜禹已不與求天下而得之也巍〻者高大之稱也

子曰大哉堯之為君也 此美堯也為禪讓之始故孔子歎其為君之德大也 巍〻乎唯天為大唯堯則之 則法也言唯天德巍〻既高既大而唯堯能法而行

30b

之也所以有則天之德者夫天道无私唯德是與而堯有天位禪舜亦唯德是與功遂身退則法天而行化也

孔安國曰則法也美堯能法天而行化也

蕩〻乎民无能名焉 蕩〻廣遠之稱也言堯布德廣遠功用遍匝故民无能識而名之者也

苞氏曰蕩〻廣遠之稱也言其布德廣遠民无能識其名焉 王弼云聖人有則天之德所以稱唯堯則之者唯堯於時全則天之道也蕩〻无形无名之稱也夫名所名者生於善有所章而惠有所存善惡相傾而名分形焉若夫大愛无私惠將安在至美无偏名將何生故則天成化道同自然不私其子而君其臣凶者自罰善者自功功成而不立其譽罰加而不任其刑百姓日用而不知所以然夫又何可名也

巍〻乎其有成功也 功成化隆高大巍〻也

31a

呂尚初避殷紂之无道隱磻溪釣得大魚腹中有玉璜其銘曰殷已用可與呂尚一為相美故出磻溪釣渭水卒遇文王也

煥乎有文章 煥明也其立文垂制復著明也

舜有臣五人而天下治 記者又美舜德也五人者禹一稷二契三皐陶四伯益五也言舜有此五臣共治天下〻〻故治也

孔安國曰禹稷契皐陶伯益

武王曰予有乱臣十人 武王周發也予我也乱理也武王云我有共理天下者有十人也

孔安國曰乱理也理官者十人也謂周公旦 第一也周公名旦是武王弟也 召公奭 第二也亦武王弟也 太公望 第三也謂呂望也呂望本姓姜氏呂名尚釣於磻溪文王出獵遇見而呼之曰望公七年矣今乃見光景於斯於是接之上車文王自御而還因名為望為周太師故云太公也 畢公 第四也 榮公 第五也 太顛 第六也 閎夭 第七也 散宜生 第八也 南宮适 第九也

31b

八元名云高辛氏才子八人忠一肅二共三懿四宣五慈六惠七和八

其餘一人謂文母也

文母，文王之妻也，是有莘氏之女大姒也。十人有九丈夫一婦人也。

孔子曰：才難，不其然乎。

記者先列虞周二国之臣數，而後書孔子之評於下也。孔子歎云：良才之難得，不其如此乎，言如此也。

唐虞之際，於斯為盛，有婦人焉，九人而已。

此是才難之證也。唐虞，堯舜有天下之号也。之際，謂堯舜交代之間也。斯，此也。此謂周也。言唐虞二代交際，共有此五臣，若比於此周，周最為盛，雖為盛尚不滿十人，十人之中有文母一婦人為十人之數，所以是才難也。季彪難曰：舜之五臣，一聖四賢，八元八凱十有六人，拠左氏明文。或称齊聖，或云明哲，雖非聖人，抑亦其次也。周公一人可以匹禹為對，大公呂公是當稷契，自畢公以下恐不及元凱，就復強相攀継而數交少，何故唐虞人士反不如周朝之盛也耶？鹿以為斯，此也。蓋周也。今云唐虞之際於此為盛，言唐虞之朝盛於周室，周室雖隆不及唐虞，由来尚矣。故曰巍巍蕩蕩，莫之能名。今

32a

更謂唐虞人士不如周室，更易旧義，更生殊説，无乃攻乎異端，有害於正訓乎？侃案：師説云：季氏之意自允會春秋，合當堯舜，但既多才彫周，而孔子唯云兩代有五人者，別有以也。欲盛美周德隆於唐虞，賢才多乎堯舜，而猶事殷紂，故特云唐虞五而周代十也。又明言有婦人者，明周代之盛，雖唯丈夫之才，抑婦人亦能匡弼於政化也。

孔安國曰：唐者堯号也，虞者舜号也。際者，堯舜交會之间也。斯，此也。此斯於周也。言堯舜交會之間，比於此周，周最盛多賢才，然尚有一婦人，其餘九人而已，大才難得，豈不然乎。

參分天下有其二，以服事殷。

參，三也。天下有九州，文王為雍州西伯，六州化屬文王，故云三分天下有二，猶服事於殷者也。

周之德其可謂至德也已矣。

32b

先王曰臺種樹曰榭

雖聖德之盛，猶服事惡逆之君，故可謂為德之至德者也。

苞氏曰：殷紂淫乱，文王為西伯而有聖德，天下之歸周者三分有二，而猶以服事殷，故謂之至德也。

殷家州牧曰伯，文王為雍州伯，雍州在紂西，故号西伯也。

子曰：禹吾无間然矣。

此美禹也。間，猶非間也。孔子美禹之德美盛，而我不知何以厠於非間矣。郭象云：堯舜禹相承，雖三聖，故一堯耳。天下化成，則功美漸去，其所因修常事而已，故史籍无所称。仲尼不能間，故曰禹吾无間然矣。季充云：大聖德純粹，无法不備，故堯有則天之号，舜称无為而治，又曰巍巍乎舜禹之有天下也而不與焉，斯則美聖之極名，窮理之高詠矣。至於此章，方復以事迹歎禹者，而豈徒識，蓋以季世僻王，肆情縱欲，窮奢極侈，麗厚珍膳而簡偽乎享祀，盛纖靡而闕慢乎祭服，崇臺榭

33a

鄭注論曰牛羊豕為牲繫養者曰牢

而不恤乎農政，是以亡國喪身，莫不由乎此矣。於有國有家者，觀夫禹之所以興也，覽三季之所以喪，可不慎乎也。

孔安國曰：孔子推禹功德之盛，言己不能復間厠其間也。

菲飲食而致孝乎鬼神。

此以下皆是禹不可間之事也。其有三事，一是飲食，飲食為急，故最先也。二是衣服，衣服緩飲食，故為次也。三是居室，居室緩衣服，故最後也。菲，薄也。禹自所飲食甚自麁薄，而祭祀牲牢極乎豊厚，故云菲飲食而致孝乎鬼神也。

馬融曰：菲，薄也。致孝乎鬼神，祭祀豊絜也。

悪衣服而致美乎黻冕。

禹又自常衣服甚自麁悪，而祭祀之服大華美也。食飲供鬼神，故云孝；祭服自己供身，故云美也。然云黻冕，冕是首服為尊，黻是十二章最下為卑，卑尊俱居中，可

知也一云黻非服韋政是韠韍之服也韋此則正服不可知也

孔安國曰損其常服以盛祭服也

卑宮室而尽力乎溝洫田土通水之用也禹自所居土階三尺茅茨不翦是卑宮室也而通達畎畝以利田農尽力溝洫也

包氏曰方里為井〻間有溝〻廣深四尺十里為成

〻間有洫〻廣深八尺也

禹吾無間然矣美禹既深故重云无間然也

論語義疏卷第四

文明十九年林鐘廿五日酉刻（廿二日始之）

書畢於山上意足庵北窓也

書衣背面　襯頁背面

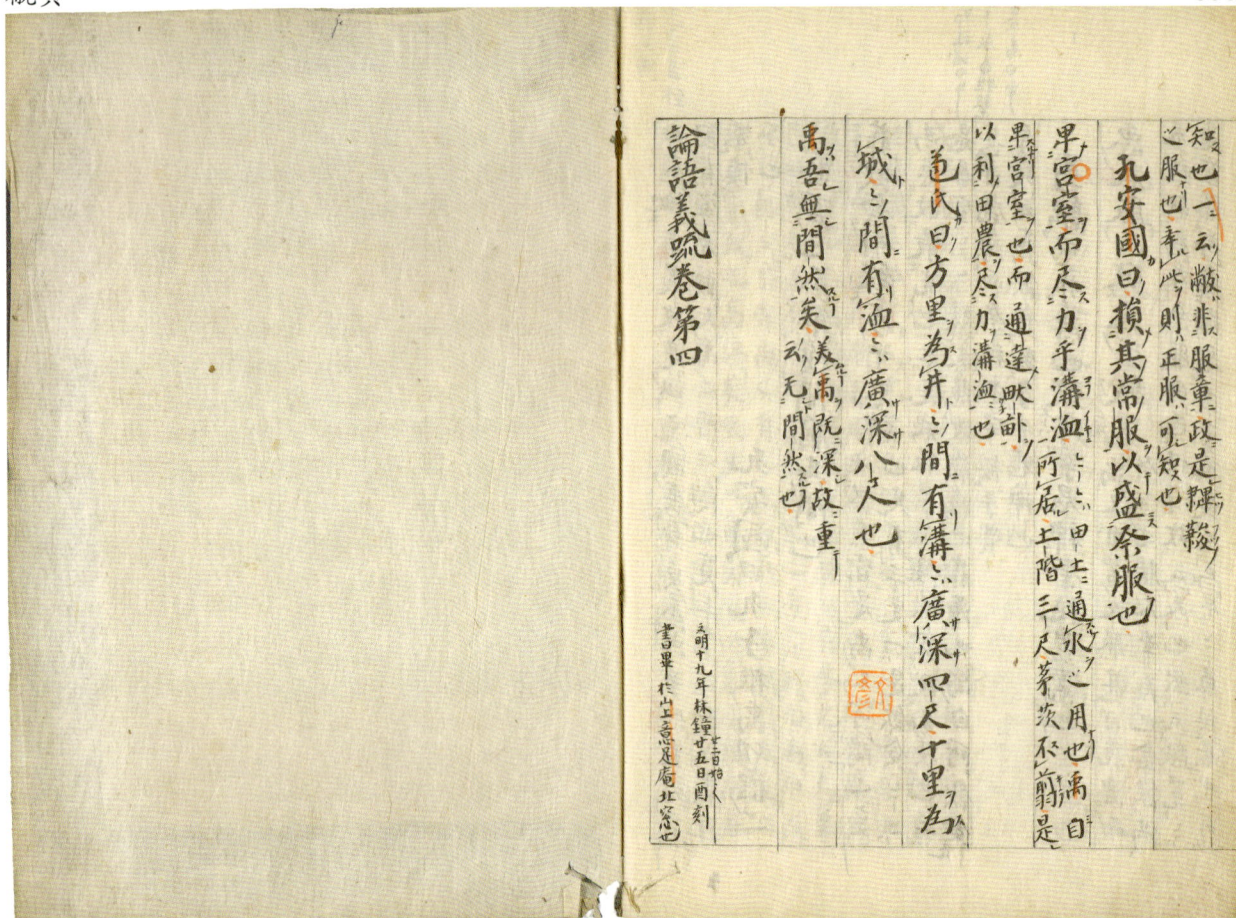

書衣

書衣

1a

襯頁

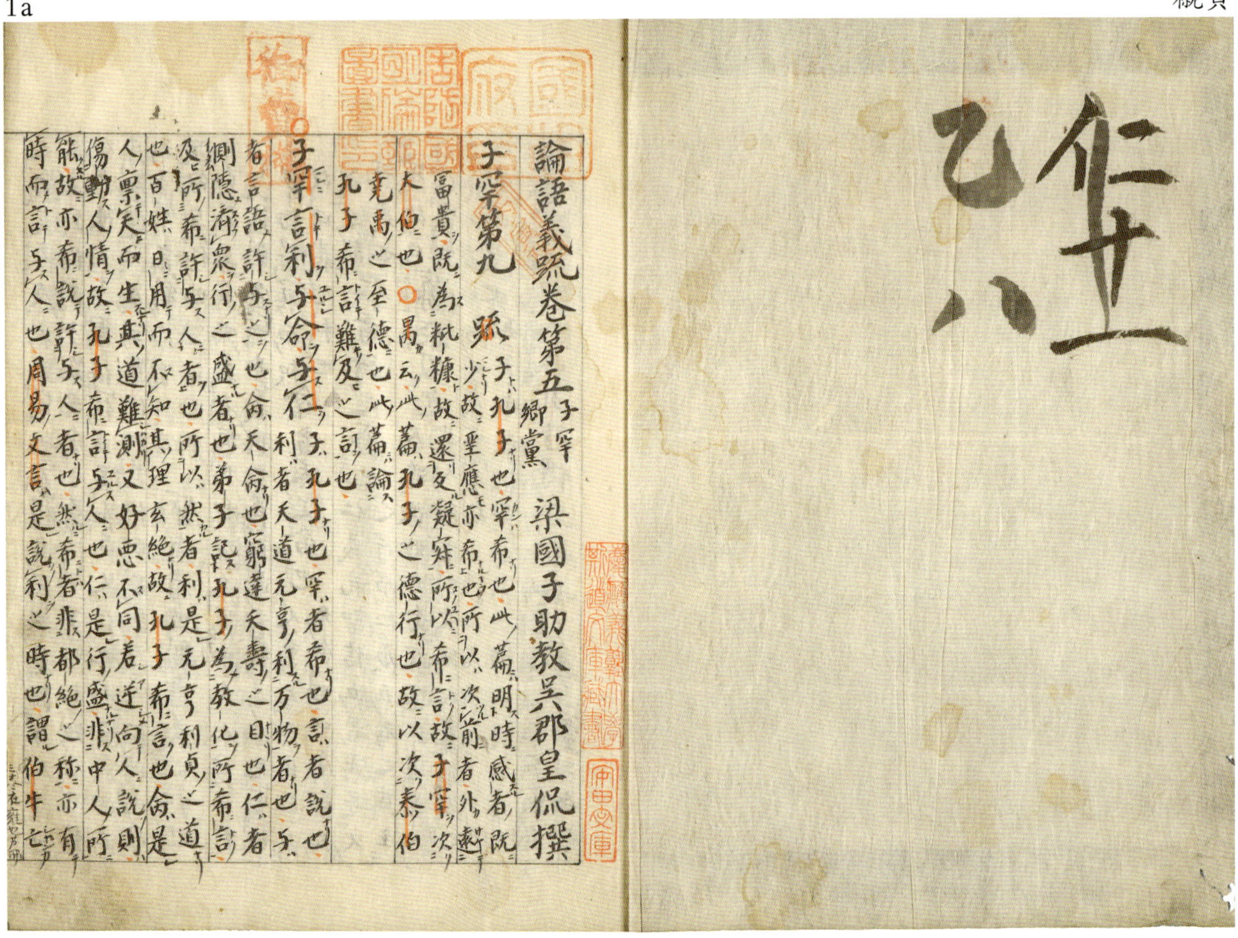

論語義疏卷第五 子罕 鄉黨 梁國子助教吳郡皇侃撰
子罕第九 疏 子者孔子也罕者希也此篇明時感者既
少故聖應亦希也所以次前者外逼
富貴既為粃糠故遂反疑寂所以希言故子罕次
大伯也○異云此篇孔子之德行也故以次泰伯
堯禹之至德也此篇論
孔子希許難及之言也
子罕言利與命與仁 子孔子也罕者希也言者說也
利者天道元亨利万物者也与
者言語許与之也命天命也窮達夭壽之目也仁者
惻隱濟衆行之盛者也弟子記孔子為教化所希言
及所希許与人者也所以然者利是元亨利貞之道
也百姓日用而不知其理玄絕故孔子希言也命是
人稟天而生其道難測又好惡不同若逆向人說則
傷動人情故孔子希許与人也仁是行盛非中人所
能故亦希說許与人者也然希者非都絕之称亦有
時而許与人也周易文言是說利之時也謂伯牛亡

1b

之命矣夫及云若由也不得其死然是說与人命也又孟武伯問子路冉求之屬仁乎子曰不知及曰楚令尹陳文子与得仁並是不与人仁也而云顏回三月不違仁及云管仲知其仁則是說与人仁時也故云子罕言利与命与仁也　罕者希也利者義之和也　即引文言也義者宜也和者无害也凡人世之利〻彼則害此非義和也若天道之利〻而无害故万物得宜而和故曰義之和也　命者天之命也　人稟天而生故云天之命也中庸云天命之謂性是也　仁者行之盛也　仁義礼智信五者並是人之行而仁居五者之首主生故曰行盛也　寡能及之　天道微妙天命深遠仁道盛大非人所能知及故云寡能及之　故希言也　為世人寡及故孔子亦希言也

達巷黨人曰大哉孔子博學而无所成名　五百家為黨〻各有

2a

名此黨名達巷〻〻黨中人美孔子道大故曰大哉孔子廣學道藝周遍不可一〻而稱故云无所成名也猶如堯德蕩〻民无能名也故王弼云譬猶和樂出乎八音然八音非其名也江熙云言其弥貫六流不可以一藝取名焉故曰大也　鄭玄曰達巷黨名也五百家為黨　此黨之人美孔子博學道藝不成一名而已也

子聞之謂門弟子曰吾何執　孔子聞達巷人美己故呼弟子而語之也彼既美我之博學而我於道藝何所持執乎欲自譲也　執御乎執射乎　既欲譲己之不多故陳六藝之下者以自許也言吾所執〻於御及射乎御〻車也　吾執御矣　向欲合射御自許以又嫌太多故又減射而云吾執御也　鄭玄曰聞人美之承以譲也　吾執御者欲名六藝之卑也　六藝一曰五礼二曰六樂三曰五射四曰

2b

五馭五曰六書六曰九數也今云執御〻是比礼樂射為卑也

子曰麻冕礼也　礼謂周礼也周礼有六冕以平板為冠而用卅升麻布衣板上玄下纁故云麻冕礼也　今也純　今謂周末孔子時也純〻絲也周末不復用卅升布但織絲為之故云今也　儉　卅升布用功巨多難得〻〻則為奢華而織絲易成〻〻則為儉約故云儉也　吾從衆　衆謂周末時人也時既人〻從易用絲故孔子云吾亦從衆也所以從之者周末每事奢華孔子寧欲抑奢就儉今幸得衆共用儉故孔子從之也　孔安國曰冕緇布冠也　冠冕通名也且周家委皃冠亦用卅升緇布也　古者績麻三十升布以為之　純絲也絲易成故從儉

拜下礼也　下謂堂下也礼君与臣燕君賜酒皆下堂而再拜故云拜下礼也　今拜乎

3a

上泰也　今謂周末孔子時也上謂堂上也泰驕泰也當于時周末君臣飲燕臣得君賜酒不復下堂但於堂上而拜故云今拜乎上泰也拜不下堂是由臣驕泰故云泰也　雖違衆吾從下　當時皆違礼而拜上者衆孔子不從拜上故云雖違衆也違衆而從旧礼拜於下故云吾從下也　王粛曰臣之与君行礼者下拜然後升成礼　燕義云君舉旅於賓及君所賜爵即降再拜稽首升成拜明臣礼也案燕義云賓皆是臣之臣得君旅及賜爵降下堂再拜〻〻竟更升堂又再拜謂為成拜〻〻者向在堂下之拜若礼未成然故更升堂以成之也　時臣驕泰故於上拜也　周末時如此也　今從下礼之恭　也孔子欲從下之礼是礼為恭也

子絕四　絕者無也明孔子聖人无此下四事故云絕四也不云无而云絕者據世人以言之也四

3b

矣世人未能絶而孔子絶之故云絶也顔延之云謂絶人四者也

毋意 一也此謂聖人心也凡人有滞故動静委曲自任用其心聖人无心汎若不繫舟豁寂同道故无意也

以道為度故不任意也

毋必 二也此謂聖人行化時也物求則赴應无所抑必也故互郷進而与之是也无所抑必由无意故能為化无必也

用之則行捨之則蔵故無専必也

毋固 三也此聖人已應物行化故也固謂執守堅固也聖雖已應物物若不能得行則聖亦不追固執之不返三隅則不復是也亦由无意故能无固也

無可無不可故無固行也

毋我 四也此聖人行功德成身退之迹也聖人晦迹功遂身退恒不自異故无我也亦由无意故能无我也

述古而不自作處群萃而不自異唯道是從故不

4a

自有其身也 萃聚也或問曰孔子或拒孺悲或天生德於予何得云无必无我乎答曰聖人作教應機不可一準今為其迹涉兹地為物所嫌恐心實如此故正明絶此四以見本地也

子畏於匡 心服曰畏也匡宋地名也于時匡人誤以兵囲孔子故孔子同物畏之孫綽云畏匡之説皆衆家之言而不釋畏名解書之理為漫夫体神知幾玄定安危者雖兵囲百重安若太山豈有畏哉雖然兵事阻險常情所畏聖人无心故即以物畏為畏也

苞氏曰匡人誤囲夫子以為陽虎〻〻嘗暴於匡夫子弟子顔尅時又与虎俱往後尅為夫子御至於匡〻人相与共識尅又夫子容貌与虎相似故匡人以兵囲之 釈誤囲之由者也

4b

曰文王既没文不在兹乎 孔子得囲而自説己德欲使匡人知己兹此也孔子自此己也言昔文王聖德有文章以教化天下也文王今既没則文章宜須人傳〻文章者非我而誰故云文王既没文不在兹乎言此我當傳之也

孔安國曰兹此也言文王雖已没其文見在此〻自此其身也 身夫子身也

天之将喪斯文也後死者不得与於斯文也 既云傳文在我故更説我不可殺之意也斯文即文王之文章也后死孔子自謂也夫生必有死文王既没已亦當終但文王既没於前則已方死於後故自謂為后死也言天若将欲喪棄文王之文章則不應今使我已得預知識也

孔安國曰文王既没故孔子自謂後死也言天将喪此文者本不當使我知之今使我知未欲喪也

5a

天之未喪斯文也匡人其如予何 天今使我知之是未欲喪斯文也既未欲喪此文使己傳之則匡人豈能違天而害我乎故云如予何也衛瓘云若孔子則自明非陽虎必謂之詐晏然而言若是匡人是知非陽虎而懼害賢所以免也

馬融曰如予何者猶言奈我何也天之未喪此文也則我當傳之匡人欲奈我何言其不能違天而害己也 江熙云言文王之道為後代之軌己未得述上天之明必不使没也

大宰問於子貢曰夫子聖者与何其多能也 大宰聞孔子聖又聞孔子多能而其心疑聖人務大不應細碎多能故問子貢言孔子既聖其那復多能乎

孔安國曰大宰大夫官名也 卿大夫職有家宰或云大宰故云是大夫

5b

官也或呉或宋未可分也既唯云大宰不論名氏故不知何人而呉有大宰嚭
宋有大宰華督故云未可分也然此應是呉臣何以知之魯哀公七年公會呉于鄫呉人徵百牢使
子貢辭於大宰嚭十二年公會呉師于橐皐呉子使大宰嚭請尋盟公不欲使子貢對將恐此時大
宰嚭問子貢也且宋大宰昔去孔子世遠或其至后世所不論耶疑孔子多能於
小藝也
子貢曰固天縱之將聖又多能也二説共一意子貢荅曰孔子天大聖是天所固縱又
使多能也固故也將大也
孔安國曰言天固縱之大聖之德又使多能也
子聞之曰大宰知我者乎孔子聞大宰之疑而言知我則許疑我非聖是也繆

6a

協云我信多能故曰知我江熙云大宰嫌多能非聖故云知我讓之意也吾少也賤故多
能鄙事又説我非聖而所以多能之由也言君子多我少小貧賤故多能爲麁鄙之事也
乎哉不多也更云若聖人君子豈多能鄙事乎則不多能也協云君子不從物應務道達則務
簡之則不多能也江熙云言君子所存遠者大者不應多能
苞氏曰我少小貧賤常自執事故多能爲鄙人之
事君子固不當多能也欒肇云周禮百工之事皆聖人之作也明聖人兼材
備藝過人也是以大宰見其多能固疑夫子之聖也子貢曰固天縱之將聖又多能故承以讓也且
抑排務言不以多能爲君子也謂君子不當多能也明兼才者自然多能多能者非所學所以先道
德後伎藝耳非謂多能必不聖也擬孔子聖人而多能斯伐柯之近鑒也

6b

牢曰子云吾不試故藝試用也子牢述孔子言緣我不被時用故得多學伎藝也
繆協云我益所以多能之義也言我若見用將崇本息末歸純反素兼愛以忘仁遊藝以去藝豈唯不多
能鄙事而已乎鄭玄曰牢弟子子牢也試用也言孔
子自云我不見用故多能伎藝也
○子曰吾有知乎哉無知也知謂有私意於其間之知也聖人體道爲度無有用
意之知故先問弟子云吾有知乎哉也又云無知也明己不有知知之意也即是無意也
知者知意之知也知意謂故用知爲知也聖人忘知故無知知意也言知
者言未必盡也若用知者則用意有偏故其言未必盡也今我誠盡也
我以不知知故於言誠無不盡也

7a

有鄙夫來問於我空空如也此舉無知而誠盡之事也鄙夫鄙劣之夫也空
空無識也言有鄙夫來問我而心抱空虛如也我叩其兩端而竭焉兩端事之終始
也雖言復鄙夫而又虛空來問於我我亦無隱不得用知必之故即爲其發事終始竭盡我誠也即是無知
必也故李充云日月照臨不爲愚智易光聖人善誘不爲賢鄙異教雖復鄙夫寡識而率其疑誠諮疑於
聖必示之以善惡之兩端已竭心以誨之也孔安國曰有鄙夫來問
於我其意空空然我則發事之終始兩端以語之
竭盡所知不爲有所愛也繆協云夫名由迹生故知從事顯無爲寂然何
知之有唯其無也故能無所不應雖鄙夫誠問必爲盡其本末也
○子曰鳳鳥不至河不出圖吾已矣夫夫時人皆顔孔子有人主之鄭

7b

故孔子歎已不得以宻之也言昔之聖人應至者必
有鳳鳥河圖之瑞今天无此瑞故云吾已矣夫已止
也言吾已止无此㝎也故繆播云夫聖人達命不復
俟此乃知也旁遺知任㝎故理至乃言所以言者將
釋衆庶之望也
孔安國曰有聖人受命則鳳鳥至　麟鳳
五帝王者之嘉瑞也　河出圖今天無此瑞吾已矣夫者不得
見也　聖人王則有竜馬及神亀負應王之圖書從河而出為瑞也如竜圖授伏犧亀書畀姒也　禹姓也
河圖八卦是也　八卦則易乾坤等八方之卦也竜負之出授伏犧也又孫綽云孔子
所以乃發此言者以緣大聖之德弟子皆稟絶異
之質疊落殊才英偉命世之才盖王德光于上將　弟子
相備乎下當世之君咸有忌難之心故稱
此以激已之不王絶不違者之疑望也
子見齊衰者　此記孔子哀人有喪者也齊衰五服之第二者也言齊則斬從可知而大功不　衰喪服文音咨

8a

與冕衣裳者　上服下服　記孔子尊敬在位者也冕衣裳者周礼大夫以上之服也大夫以上尊則士不
在列也　與瞽者　記孔子愍不成人也瞽盲者也言與者盲者果故加與字以別之也言瞽者則
聾者不預也　竜耳　疾輕於盲也
苞氏曰冕者冕冠也大夫服也瞽者盲者也
見之雖少者必作　言孔子見此三種人雖復年少孔子改坐而見之必為之起也　過
之必趨　疾行也又明孔子之若行過此三種人必為之疾速不敢自修容也范寧云趨就之也
苞氏曰作起也趨疾行也此夫子哀有喪尊在位
恤不成人之也　恤憂也
顔淵喟然歎曰　孔子至聖顔生上賢〻聖道絶故顔致歎也　喟然歎声也

8b

仰之弥高鑽之弥堅　此所歎之㝎也夫物雖高者若仰瞻則可覩也物雖堅者若鑽
鑽則可入也顔於孔子道愈瞻愈高弥鑽弥堅非已
措力之能得也故孫綽云夫有限之高雖嵩岱可陵
有形之堅雖金石可鑽若乃弥高弥堅鑽仰
所不逮故知絶域之高堅未可以力至也
言不可窮盡也
瞻之在前忽焉在後　向明瞻鑽上下之絶域此明四方之无窮也若四方而瞻復為
遼遠故恍惚非已所及之所以或前或後也　言忽恍不可為形像也
亦如向説又一通云愈瞻愈遠故云瞻之在前也
愈顧愈後故云忽焉在後也故孫綽云馳而不及
待而不至不行不動孰能測其所妙哉江熙云慕
聖之道其殆庶幾是以欲齊其高而仰之愈邈思
等其深而鑽之愈堅尚並其前而
俛仰摩絶此其所以喟然者也

9a

夫子循循然善誘人　又歎聖道雖懸而給人企慕也循循次序也誘進也言孔子以
聖道進勸人而有次序故曰善誘人　循循次序貌也誘進也言
夫子正以此道勸進人有次序也
博我以文約我以禮　此説善誘之㝎也博廣也文〻章也言孔子廣以文章誘引於
我故云博我以文章也又以礼教約束我故云約我以礼也　欲罷不能　文博礼以束故我雖欲不
罷止而不能止也　既竭吾才　既盡也才才力也我不能罷故盡竭我之才力學之也故孫綽
云既以文章博我視聴又以礼節約我以中俯仰動止莫不景行才力已竭猶不能已罷猶罷息也
如有所立卓爾　此明絶地不可得言之也卓高遠皃也言雖自竭才力以学博文約礼
而孔子更有所言述創立則卓爾高絶也　雖欲從之末由也已　末无也言其好妙高

9b

已絶雖已欲從之而无由可及也故孫綽云常宜皆
循而行之若有所立卓然出視聽之表猶天之不
可階而升從之將何由也此顏孔所絶處也
孔安國曰言夫子既
以文章開博我又以礼節約我使我欲罷而不
能已竭我才矣其有所立則又卓然不可及言已
雖蒙夫子之善誘猶不能及夫子之所立
子疾病孔子病甚也　苞氏曰疾甚曰病也
子路使門人爲臣　子路以孔子聖人宜爲人君且常
爲大夫亦有家臣今疾病恐
忽終亡故使弟子行臣礼也故江熙云子路
以聖人君道足宜有臣猶禱上下神祇也　鄭玄
曰孔子嘗爲大夫故子路欲使弟子行其臣之礼也

10a

病間曰久矣哉由之行詐也　孔子病少差也小差曰
間謂少差爲間者若病
不差則病相續无間斷也若小差則病勢斷絶有
間隙也當孔子病困時不覓子路爲立臣至於小差
乃覓而數子路行詐也言子路有此
行詐之心非復一日故曰久矣也　無臣而爲有臣
无臣而爲有所
以是行詐也　吾誰欺欺天乎　我實无臣今汝詐立
之持此詐欲欺誰乎
天下人皆知我無臣則人不可欺今日
立之此政是遠欲欺天故云欺天乎
孔安國曰病少差曰間也言子路久有是心非唯
今日也　夫立臣是大夫非卒可定汝今
立之是知有其心已久故也
且予與其死於臣之手也無寧死於二三子之手乎
又以理喩之言在三之事同若以親密而言則臣不及
弟子也予我也二三子諸弟子也无寧寧也言設使

10b

與我死於臣之手則我寧死弟子手也臣礼就
養有方則隔弟子无方則親也
馬融曰无寧寧也二三子門人也就使我有臣而
死其手我寧死弟子之手乎也
且予縱不得大葬　又明在三同也大葬臣礼葬
君也君葬礼大故曰大葬也
孔安國曰君臣礼葬也
予死於道路乎　若縱不得君臣礼葬有二三子在我
豈復被弃擲於道路乎言亦必得葬
也　馬融曰就使我不得以君臣之礼葬有二
三子在我寧當憂棄於道路乎
子貢曰有美玉於斯　子貢欲觀孔子聖德藏用何如
故託事以諮衰否也美玉譬孔

11a

子聖道也言孔子有聖道可
重如世間有美玉而在此也　韞匵而藏諸求善賈而
沽諸　諸之也韞裹之也匵謂匣櫃之也善賈貴賈也
沽賣也言孔子聖道如美玉在此爲當韞匣而
藏之爲當得貴價而賣之不乎假
有人請求聖道爲當與之不耶　馬融曰韞藏也
匵匱也藏諸匵中也沽賣也得善價寧賣之耶也
子曰沽之哉沽之哉　答云我不衒賣之者也故重
云沽之哉明不衒賣之深也
我待價者也　又言我雖不衒賣然我亦待
貴賈有求者則與之也
苞氏曰沽之哉不衒賣之辭也我居而待賈者也
王弼云重言沽之哉賣之不疑也
故孔子乃聘諸侯以急行其道也
子欲居九夷　孔子聖道不行於中国故託欲東往
居於九夷也亦如欲乘桴浮海也

11b

天沃欤

馬融曰九夷東方之夷有九種也 四方東有九夷一玄菟二樂浪三高麗四滿餙五鳧臾六索家七東屠八倭人九天鄙南有八蠻一天竺二咳首三焦僥四跂踵五穿胷六儋耳七狗邦八旁春西有六戎一僥夷二依狛三老白四耆羌五鼻息六天罡北有五狄一月支二穢狛三匈奴四單于五白屋也

或曰陋如之何 或人不達孔子意謂之實居故云子陋如之何言夷狄鄙陋不可居也

子曰君子居之何陋之有 孔子荅云君子所居即化豈以鄙陋為疑邪不復遠更已意也孫綽云九夷所以為陋者以无礼義也君子所居者化則陋有泰也

馬融曰君子所居者皆化也 聖人所在則化九夷變中夏也

子曰吾自衛反於魯然後樂正雅頌各得其所 孔子去魯

12a

後而魯礼樂崩壞孔子以魯哀公十一年從衛還魯而刪詩書定礼樂故樂音得正樂音得正所以雅頌之詩各得其本所也 鄭玄曰反魯〻哀公十一年冬也

是時道衰樂廢孔子來還乃正之也故曰雅頌各得其所也 雅頌是詩義之美者既正則餘者亦可知也

子曰出則事公卿 公君也卿長也人子之礼移事父孝以事於君則忠移事兄悌以事於長則從也故出仕朝廷必事公卿也 入則事父兄 孝以事父悌以事兄還入閨門宜盡其礼先言朝廷後云閨門者勖已仕者也猶仕而優則學也 喪事不敢不勉 勉強也父兄天性續莫大焉公卿義合厚莫重焉若有喪事則不敢不勉強也 不為酒困 雖唯酒无量不及乱時多沉酗故戒之也衛瓘云三事為酒興也侃按如瓘意言朝廷閨門及有喪者並不為酒所困故

12b

云三事為酒興也 何有於我哉 言我何能行此三事故云何有於我哉又一云人若能如此則何復須我故云何有於我哉也縁人不能故有我應世耳 馬融曰困乱也

子在川上曰逝者如斯夫不舍晝夜 逝往去之辭也孔子在川水之上見川流迅邁未嘗停止故嘆人年往去亦復如此向我非今我故云逝者如斯夫者也斯此也夫語助也日月不居有如流水故云不捨晝夜也江熙云言人非南山立德立功俛仰時過臨流興懷能不慨然聖人以百姓心為心也孫綽云川流不舍年逝不停時已晏矣而道猶不興所以憂嘆也

鄭玄曰逝往也言凡往者如川之流也

子曰吾未見好德如好色者也 時人多好色而无好德孔子患之故云未見以厭之也 疾時人薄於德而厚於色故以發此

13a

言也 本注云責其心也

子曰譬如為山未成一簣止吾止也 此戒人為善垂成而止者也簣土籠也言人作善垂足而止則善事不成如為山垂足唯少一籠土而止則山不成此是建功不篤与不作无異則吾亦不以其前功多為善如為善不成吾亦不美其前功多也故云吾止也

苞氏曰簣土籠也此勸人進於道德也為山者其功雖已多未成一籠而中道止者我不以其前功多而善之也見其志不遂故不与也

譬如平地雖覆一簣進吾往也 此獎人始為善而不往者也譬於平地作山〻乃須多土而始覆一籠〻〻雖少交是其有欲進之心可嘉如人始為善〻〻乃未多交求進之志可

13b

重吾不以其功少而不善之有勝於垂成而止者故云吾往也

馬融曰平地者將進加功雖始覆一簣我不以其見功少而薄之也拠其欲進而与之也

子曰語之而不惰者其回也与 惰疲懈也餘人不能盡解故聞孔子語而有疲懈唯顏回体之故聞語即解所以云語之而不惰其回也与

顏淵則解故語之不惰餘人不解故有惰語之時也

子謂顏淵曰惜乎吾見其進也未見其止也 顏淵死後孔子有此歎也云見進未見止惜其神識猶不長也然顏淵分已滿至於𡨋室而此云未見其止者勸引之言也故殷仲湛云夫賢之所假一悟而盡豈有弥進勗實升盖其軌物之行日見於迹夫子從而咨嗟以盛

14a

德之業也

馬融曰孔子謂顏淵曰進益未止故痛惜之甚也

子曰苗而不秀者有矣夫秀而不實者有矣夫 又為歎顏淵為譬也万物草木有苗稼蔚茂不經秀穗遭風霜而死者又亦有雖能秀穗而値沴焊氣不能有粒實者故並云有是夫也物既有然故人亦如此所以顏淵摧芳蘭於早年矣

孔安國曰言万物有生而不育成者喻人亦然也

子曰後生可畏也焉知來者之不如今也 後生謂年少在己後生者也可畏謂有才学可心服者也焉安也來者未来也今謂我今師徒也後生既可畏亦安知未来之人師徒教化不如我今之今日乎曰不可誣也

後生謂年少也

14b

四十五十而无聞焉斯亦不足畏也已矣 又言後生雖可畏若年四十五十而无令聞達於世者則此人亦不足可畏也孫綽云年在知命蔑然无聞不足畏也

子曰法語之言能無從乎改之為貴 言彼人有過失若我以法則語之彼人聞法當時无不口從而云止當不敢復為者也故云能无從乎但若口雖從而身為失不止者則此口從不足為貴也我所貴在於口從而行亦改者耳故云改之為貴也

孔安國曰人有過以正道告之口无所不順從之能必改乃為貴也

巽与之言能无說乎繹之為貴 巽恭遜也繹尋續也言有彼人不遜而我謙遜与彼恭言故云巽与之言也彼不遜者得我遜言遜彼〻必亦特遜為悅故云能无悅乎然雖悅人

15a

遜己而己不能尋續行此遜是雖悅不足為貴也我所貴者在尋續行遜耳故云繹之為貴也

馬融曰巽恭也謂恭巽謹敬之言也聞之无不悅者也能尋繹行之乃為貴也

悅而不繹從而不改吾末如之何也已矣 不繹不改聖所不教故孔子云末如之何也末无也孫綽云疾夫形服心不化也

子曰主忠信无友不如己者過則勿憚改 此章再出也所以然者范寧云聖人應於物作教一事時或再言弟子重師之訓故又書而存焉

慎其所主所友有過務改皆所以為益者也

子曰三軍可奪師匹夫不可奪志也 此明人能守志雖独夫亦不可

15b

奪若其心不堅雖衆必傾故三軍可奪匹夫无回也
謂為匹夫者言其賤但夫婦相配匹而已也又云古
人質衣服短狹二人衣裳唯
共用一匹故曰匹夫匹婦也
孔安國曰三軍雖衆人心非一則其將帥可奪之
而取匹夫雖微苟守其志不可得而奪也
子曰衣弊緼袍与衣狐狢者立而不恥者其由也与
衣猶著也弊敗也緼枲著也狐狢軽裘也由子路也
當時人尚奢華皆以惡衣為恥唯子路能果敢率素
雖服敗麻枲著袍裘与服狐狢軽裘
者並立而不為羞恥故云其由也与
孔安國曰緼枲著也 枲麻也以碎麻著裘也碎麻曰緼故絮亦曰緼玉藻曰緼
為袍是也顔延之云狐狢緼袍誠不足以策恥然自非勇於見義者或以心戰不能素泰也

16a

不忮不求何用不臧 孔子更引疾貪惡之詩證子路德美也忮害也求貪也臧善也
言子路之人身不害物不貪求德行如此何用不謂之為善乎言其善也
馬融曰忮害也臧善也言不忮害不貪求何用為
不善疾貪惡忮害之詩也
子路終身誦之 子路得孔子美己才以為美故終身長誦不忮不求何以不臧之言也
子曰是道也何足以為臧 孔子見子路誦之不止故抑之也言此不忮不求乃
可是道亦何足過為善而汝誦之不止乎言尚復有勝於此者也顔延之云懼其伐善也
馬融曰臧善也尚復有美於是者何足以為善也
子曰歲寒然後知松栢之後彫也 此欲明君子德性与小人異也故以

16b

松栢匹於君子衆木偶乎小人矣言君子小人若同
居聖世君子性本自善小人服從教化是君子小人
並不為惡故堯舜之民比屋可封如松栢与衆木同
処春夏松栢有心故本蓊鬱衆木從時亦尽其茂美
者也若至无道之主君子秉性无回故不為惡而小
人无復忌憚即随世変改桀紂之民比屋可誅譬如
松栢衆木同在秋冬松栢不改柯易葉衆木枯零先
尽而此云歲寒然後知松栢後彫者就如平叔之註
意若如平歲之寒衆木猶有不死不足致別如平世
之小人亦有脩飾而不変者唯大寒歲則衆木皆死
大乱則小人悉惡故云歲寒也又云然後知松栢後
彫者後非俱時之目彫非枯死之名言大寒之後松
栢形小彫衰而心性猶存如君子之人遭値積惡外
逼闇世不得不遜迹随時是小彫矣而性猶不変如
松栢也而琳公曰夫歲寒別木遭困別士寒厳霜降
知松栢之後彫謂異凡木也遭乱世小人自変君子
不改其操也
大寒之歲衆木皆死然後知松栢之小

17a

彫傷平歲則衆木亦有不死者故須歲寒而後別
之喩凡人処治世亦能自脩整与君子同在濁世
然後知君子之正不苟容也
子曰智者不惑 此章談人性分不同也智以照了為用故於事无疑惑也故孫綽云智能
辨物故不惑也
苞氏曰不惑乱也
仁者不憂 憂患也仁人常救済為務不嘗侵物故不憂物之見侵患也孫綽云安於仁不改其
楽无憂也
孔安國曰不憂患也 内省不疚故无憂患也
勇者不懼 勇以多力為用故无怯懼於前敵也繆協云見義而為不畏強禦故不懼也
子曰可与共学未可与適道 此章明権道之難也夫正道易行権変難達既

17b

欲明權故先從正起也道謂所學之道也言凡人乃可與同處師門共學而已既未得彼性則未可便與爲友共適所志之道也

適之也雖學或得異端未必能之道者也 異端非正典也

人各自有性彼或不能寧學正道而唯能讀史子故未可便與之共之於正道也

可與適道未可與立 立謂謀議之立事也亦人性各異或能學問而未必能建立中正事者故可與共適所學之道而未便可與共立事也

雖能之道未必能以有所成立者也

可與立未可與權 權者反常而合於道者也自非通變達理則所不能故雖可共立於正事而未可便與之爲權也故王弼曰權者道之變變无常体神而明之存乎其人不可豫設尤至難者

18a

也

雖有能所立未必能權量其輕重之極也 能權量輕重即是曉權也張憑云此言學者漸進階級之次耳始志於學求發其蒙而未審所適也既向方矣而信道未篤則所立未固也又既固又未達變通之權也明知反而合道者則日勸之業亹亹之功其絶乎此矣

唐棣之華偏其反而 引明權之逸詩以證權也唐棣樹也華花也夫樹木之花皆先合而後開唐棣之花則先開而後合譬如正道則行之有次而權之爲用先反後至於大順故云偏其反而言偏者明唯其道偏與常反也

豈不爾思室是遠而 言凡思其人而不得見者其居室遼遠故也人豈不思權道玄邈如其室奥遠故也

逸詩也唐棣栘也華反而後合賦此詩以言權道反而後至

18b

於大順也 初逆而後從也 思其人而不得見者其室遠也 如前釋

以言思權道而不得見者其道遠也

子曰未之思也夫何遠之有哉 又引孔子之言證權可思也言權道易思但未有思之者耳若反道而思之則必可得故云夫何遠之有也

未思者當思其反是不思所以爲遠也能思其反何遠之有

言權可知唯不知思耳思之有次序斯可知矣

鄉黨第十 疏 鄉黨者明孔子教訓在於鄉黨之時也所以次前者既朝廷感希故退還應於鄉黨也故鄉黨次於子罕也 ○昺 正義曰此篇唯記孔子在魯國鄉黨中言行故分之以次前篇也此篇雖曰一章其間事義亦以類相從今水依丈拜也

19a

孔子於鄉黨 此一篇至末並記孔子平生德行也於鄉黨謂孔子還家教化於鄉黨中時也天子郊內有鄉黨郊外有遂鄙孔子居魯魯是諸侯今云鄉黨當知諸侯亦郊內爲鄉郊外爲遂也孔子家當在魯郊內故云於鄉黨也

恂恂如也 恂恂溫恭皃既還鄉黨鄉黨宜須和恭以相接故恂恂如

似不能言者 既其溫恭則言語寡少故一往觀之如似不能言者也

王肅曰恂恂溫恭皃也

其在宗廟朝廷便便言唯謹爾 謂孔子助君祭在宗廟及朝廷也既在君朝應須酬荅及入大廟每事須問並不得不言也言須流便故云便便言也雖流便而必謹敬故云唯謹爾

鄭玄曰便便言辯皃雖辯而謹敬

朝與下大夫言侃侃如也 侃侃和樂皃也下大夫賤孔子與之言宜用將接故

19b

和樂如也

孔安國曰侃侃和樂皃也

与上大夫言誾誾如也 上大夫卿也誾誾中正皃也卿貴不敢和樂接之宜以謹正相對故誾誾如也

孔安國曰誾誾中正皃也

君在踧踖如也 君在謂君出視朝時也踧踖恭敬皃也礼君每日旦諸臣列在路門外以朝君君至日出而出視之之則一一揖卿大夫而都一揖士當此君視朝之時則臣皆起恭敬之皃故孔子踧踖如也

与与如也 雖須踧踖又不得急速所以形容舉動每須与与如也与与猶徐徐也所以恭而安也

馬融曰君在者君視朝也踧踖恭敬皃也与与威儀中適之皃也

君召使擯 擯者為君接賓也謂有賓来君召已迎接之也

鄭玄曰君召使

20a

公九人故五人
侯伯七人故四人
子男五人故三人

擯者有賓客使迎之也 聘礼云卿為上擯大夫為承擯士為紹擯是也

色勃如也 既召已接賓故已宜変色起敬故勃然如也

孔安國曰必変色也

足躩如也 躩盤辟皃也既被召不敢自容故速行而足盤辟也故江熙云不暇閑歩躩速皃也

苞氏曰盤辟皃也 盤辟即足轉速也

揖所与立左右其手衣前後襜如也 此謂君出迎賓已為君擯列擯時也賓副曰介主人副曰擯副且作敵国而言若公詣公法也賓至主人大門外西边向北去門九十歩而下車面向北而倚賓則九副在賓北而東向邐迤而西北在四十五歩之中主人出門東边南向而倚主人是公則五擯主人是侯伯則四擯主人是子男則三擯不随命數主人謙故並用強半數也公陳

主人

20b

擯在公之南而西向邐迤而東南亦在四十五歩中使主人下擯与賓下介相對而中間相去三丈六尺列賓主介擯既竟主人語上擯使就賓請辞問所以来之意於是上擯相傳以至於下擯下擯進前揖賓之下介而傳語問之下介傳問而上以次至賓賓答語使上介傳以次而下至下介下介亦進揖下擯下擯傳而上以至主人凡相傳雖在列位當授受言語之時皆半轉身戻手相揖既並立而相揖故曰揖所与立也若揖左人則移其手向左若揖右人則移其手向右故云左右其手也既半迴身左右迴手當使身上所着之衣必襜襜有容儀如也故江熙云揖両手衣裳襜如動也

鄭玄曰揖左人左其手揖右人右其手一俛一仰

故衣前後則襜如也

趨進翼如也 謂擯迎賓進在庭行時也翼如謂端正也徐趨衣裳端正如鳥欲翔舒翼時也

21a

孔安國曰言端正也

賓退必復命曰賓不顧矣 謂君使已送賓時也復命反命也反命謂初受君命以送賓賓退故返還君命以白君道賓已去云不顧者旧云主人若礼送賓未足則賓猶迴顧若礼已足送則賓直去不復迴顧此明則送賓礼足故云不顧也

孔安國曰復命白君賓已去也 言反白君道賓已去也然云賓已去亦是不復来見顧也

入公門鞠躬如也如不容 公君也謂孔子入君門時也鞠曲斂也躬身也臣入君門自曲斂身也君門雖大而已恒曲斂如君門之狭不見容受然也

孔安國曰歛身也

立不中門 謂在君門倚立時也中門謂棖闑之中也門中央有闑闑以礙門両扇之交処也門

集注無進字

21b

左右兩棖邊各竪一木名之為棖以禦車過恐觸門也闑東是君行之道闑西是賓行之道也而臣行入君道示係屬於君也臣若倚門立時則不得當君行所行棖闑之中央當中是不敬故云不中門也

不履閾　履踐也閾限也若出入時則不得踐君之門限也所以然者其義有二一則忽上升限似自高矜二則人行跨限已若履之則汚限汚限則汚跨者之衣也

孔安國曰閾門限也

過位色勃如也足躩如也　謂臣入朝君時也位君常所在外之位也謂在中屏之間揖賓之處也即君雖不在此位人臣可尊故臣行入從位之边過而色勃然足躩為敬也

苞氏曰過君之空位也

其言似不足者　既入過位漸以近君故言語細下不得多言如言不足之状也不足之少若

22a

進字

不能也

攝齊升堂鞠躬如也　至君堂也攝摳也齊衣裳下縫也既至君堂當升之未升之前而摳提裳前使齊下去地一尺故云攝齊升堂也升堂將近君故又自斂鞠躬如也必攝齊者為妨履躡行故也

屏氣似不息者　屏疊除也息亦氣也已至君前當疊除藏其氣如似无氣息者也不得咆嗽驚君也

孔安國曰皆重慎也衣下曰齊攝齊者摳衣也　曲礼云兩手摳衣去齊尺是也　苦侯反

出降一等逞顔色怡怡如也　降下也逞申也出降一等謂見君已竟而下堂至階第一級時也初對君時既屏氣故出降一等而申其氣氣申則顔色亦申故顔容怡悦也

孔安國曰先屏氣下階舒氣故怡怡如也

没階趨進翼如也　没猶盡也尽階謂下諸級尽至平地時也既去君遠故又徐趨而翼

22b

如也

孔安國曰没盡也下盡階

復其位踧踖如　位謂初入時所過君之空位也今出至此位而更踧踖為敬也

孔安國曰来時所過位也

執圭鞠躬如也不勝　謂為君出使聘問鄰国時也圭瑞玉也周礼五等諸侯各受王者之玉以為瑞信公桓圭九寸侯信圭七寸伯躬圭七寸子穀璧五寸男蒲璧五寸五等若自執朝王則各如其寸數若使其臣出聘鄰国乃各執其君之玉而减其君一寸也今云執圭魯是侯侯執信圭則九寸所執之君之信圭也初在国及至他国執圭皆敬慎圭雖輕而已執之恒如圭重似己不能勝故曲身如不勝

苞氏曰為君使以聘問鄰國執持君之圭鞠躬者敬慎之至也

23a

上如揖　謂欲授受圭之容儀也上如揖謂就下取圭上授与人時也俯身為敬故如揖時也

下如授　謂奠圭置地時也雖奠置地亦徐徐俯僂如授与人時也

勃如戰色　通謂執行及授時之顔色也臨陣闘戰則色必懼怖故今重君之玉使己顔色恒如戰時也

足蹜蹜如有循也　謂舉玉行時之容也蹜蹜猶蹴蹴也循猶緣循也言舉玉行時不敢廣歩速進恒如足前有所蹴有所緣循也

鄭玄曰上如揖授玉宜敬也下如授不敢忘礼也戰色敬也足蹜蹜如有循舉前曳踵行也

蹜蹜有循之皃也舉足前恒使不至地而踵戌不离地如車輪也

享礼有容色　享者聘後之礼也夫諸侯朝天子及五等更相朝聘礼初至皆先單執玉行礼礼王謂之為朝使臣礼主国之君謂之為聘聘問也政言久不相見使臣来問於安否也既是初至其礼

23b

贄敬故无他物唯有瑞玉表至誠而已行朝聘既竟次行享礼享者献物也亦各有玉〻不与聘玉同也又皆有物将之或用皮馬或用錦綉又献土地所生羅列滿庭謂之庭實其中差異不復曲論但既是次後行礼以多為貴則質敬之事猶稍輕故有容貌采章及裼以行事故云有容色也

鄭玄曰享献也聘礼既聘而享〻用圭璧有庭實也 亦有圭璧所執不同聘時也

私覿愉〻如也 私非公也覿見也愉〻顔色和也謂行聘享公礼已竟別日使臣私齎己物以見於主君故謂為私覿也既私見非公故容儀轉以自若故顔色容貌有和悅之色无復勃戦之容者也

鄭玄曰覿見也既享乃以私礼見愉〻顔色和也 私礼謂束帛乘馬之屬也

24a

君子不以紺緅飾 君子者自士以上士以上衣服有法不可雜色也紺緅者孔意言紺是玄色也緅是淺絳色也飾者衣之領袖縁也所以不用紺緅為衣領袖縁者玄是斎服若用紺為衣飾是似衣斎服故不用也又三年之喪練而受淺絳為縁也若用緅為衣餝是似衣喪服故不敢用也故云君子不以紺緅飾也

孔安國曰一入曰緅飾者不以為領袖縁也紺者斎服盛色以為餝似衣斎服也緅者三年練以緅飾衣為其似衣喪服也故皆不以飾衣也 然按孔以紺為斎服盛色或可言紺深於玄為似斎服故不用也而礼家三年練以縓為深衣領縁不云用緅且按考工記三入為纁五入為緅七入為緇則緅非復淺絳明矣故解者相承皆云孔此注誤也

24b

息列反

紅紫不以為褻服 紅紫非正色也褻服私褻之服非正衣也褻尚不衬則正服故宜不用也所以言此者為時多重紅紫弃正色故孔子不衬之也故後卷云惡紫之奪朱也

王肅曰褻服私居非公會之服者也皆不正褻尚不衣正服無所施 鄭玄注論語云紺緅紫玄之類也紅纁之類也玄纁所以為祭服尊其類也紺緅木染不可為衣飾紅紫草染不可為褻服而已餝謂純縁也侃按五方正色青赤白黒黄五方間色緑為青之間紅為赤之間碧為白之間紫為黒之間緇為黄之間也故不用紅紫言是間色也所以為間者頴子厳云東方木〻之色青木尅於土〻之色黄以青加黄故為緑〻為東方之間也又南方火〻之色赤火尅金〻之色白以赤加白故為紅〻為南方間也又西方金〻之色白金尅木〻之色青以白加青故為碧〻為西方間也又北方水〻之色黒水尅火〻之色赤以黒加赤故為紫〻

25a

為北方間也又中央土〻之色黄土尅水〻之色黒以黄加黒故為緇黄〻〻為中央間也緇黄〻黒之色也又一注云東甲乙木南丙丁火中央戊己土西庚辛金北壬癸水以木尅土戊以妹己嫁於木甲是黄入於青故為緑也又火尅金〻庚以妹辛嫁於丙是白入於赤故為紅也又金尅木〻甲以妹乙嫁於庚是青入於白故為碧也又水尅火〻丙以妹丁嫁於壬是赤入於黒故為紫也又土尅水〻壬以妹癸嫁於戊是黒入黄故為緇黄者也

當暑縝絺綌必表而出 暑熱也縝單也絺細練葛也綌大練葛也表謂加上衣也古人冬則衬裘夏則衣葛也若在家則裘葛之上亦無別加衣若出行接賓皆加上衣當暑雖熱絺綌可單若出不可單則必加上衣也故云必表而出也然裘上出亦必加衣而独云當暑絺綌者嫌暑熱不加故特明之也然又衣裏之裘必随上衣之色使衣裘相称則葛之為衣亦未必随上服色也

25b

孔安國曰暑則單服絺綌葛也必表而出加上衣也
緇衣羔裘 色既隨衣故此仍明裘上之衣也緇染黒七入者也玄則六入色也羔者烏羊也
裘与上衣相稱則緇衣之内故曰羔裘也緇衣服者
玄冠十五升緇布衣素積裳也素積者用素為之襞
積攝之无數故云素積也此是諸侯日視朝服也諸
侯視朝与群臣同服孔子是魯臣故亦服此服以日
朝君之也 素衣麑裘 素衣謂衣裳並用素也麑鹿子也鹿子色近白与素微相稱也謂国有凶
荒君素服則群臣從之故孔子魯臣亦服之也喪服記
則大鹿為裘也故檀弓云鹿裘衡長袪是也此荒
之服既輕故裘用鹿子〃〃好於大鹿也或云大
蜡祭百物之神皮弁素服也故鄭玄注郊特牲云皮
弁素服而祭以送終也注云素服衣裳皆素也 黄衣狐裘 此服謂蜡祭宗廟五祀也歳終大蜡
報功象物色黄落故著黄衣黄冠也而狐貉亦黄故
特為裘以相稱也孔子為臣助蜡祭亦随君著之黄

26a

衣也故禮運云昔者仲尼預於蜡賓是也鄭玄注郊
特牲云黄衣黄冠而祭注云祭謂既蜡臘先祖五祀
也又云論語云黄衣狐裘按鄭以論
語黄衣即是郊特牲蜡臘祭廟服也
孔安國曰服皆中外之色相稱也
褻裘長短右袂 褻裘謂家中常着之裘也上无加衣故不云衣也家居主温暖故長為之
也而右臂是有事之用故短為右袂使作事便也袂
謂衣袖属身者也若手間属袂者則名袪亦曰袖也
孔安國曰私家裘長主温也短右袂便作事也
必有寢衣長一身有半 寢衣謂被也宜長故長一身有半也
孔安國曰今被也
狐貉之厚以居 此謂在家接賓客之裘也家居主温故厚為之也既接賓客則其上亦應

26b

有衣也
鄭玄曰在家以接賓客也 然前褻裘亦應是狐貉之厚也
去喪無所不佩 去喪謂三年喪畢喪服已除也无所不佩謂佩已今吉所宜得佩者悉佩
之也孃既経喪親恐除服後猶宜有異故特明之者也
孔安國曰去除也非喪則備佩所宜佩也 備佩所宜佩若
為大夫而玄冕公侯衮鷩之屬及佩玉佩之飾也
非帷裳必殺之 帷裳謂帷幔之屬也殺謂縫之也若非帷幔裳則必縫殺之以殺縫之面
置裏不殺之面在外而帷裳但刺連之如今服帊不
有裏外殺縫之異也所以然者帷幔内外並為人所
見必須飾故刺連之而已也所以喪服云凡裳内削
幅裳外不削幅鄭注云削猶殺也而鄭注此云帷裳
謂朝祭之服其制正幅如帷也非者謂餘
衣也殺之者削其幅使縫斉倍腰者也

27a

王肅曰衣必有殺縫唯帷裳无殺也
羔裘玄冠不以弔 弔喪以也喪凶主素故羔玄不用弔也
孔安國曰喪主素吉主玄吉凶異服故不相弔也
吉月必朝服而朝 吉月者月朔也朝服者凡言朝服唯是玄冠緇布衣素積裳今此云
朝服謂皮弁十五升白布衣素積裳也所以亦謂為
朝服者天子用之以日視朝今云朝服是從天子受
名也諸侯用之以視朔孔子魯臣亦得与君同服故
月朔必服之也然魯自文公不視朔故子貢欲去告
朔之餼羊而孔子是哀公之臣應无随君視朔之事
而云必服之者當是君雖不視朔而孔子月朔必服
而以朝是我愛其礼也
孔安國曰吉月月朔也朝服皮
弁服也 皮弁以鹿皮為弁〃形如今祭酒道士扶容冠而无達葉也身着十五升白布衣素

27b

積裳而頭着皮弁也天子皮弁服内則着素錦衣狐白裘諸侯皮弁服内着狐黄裘黄錦衣也外大夫不得衣錦而皮弁服内當着麑裘青豻褎絞衣以裼之者也

齊必有明衣布也 謂齊浴時所着之衣也浴竟身未燥未堪着好衣又不可露肉故用布為衣如衫而長身也着之以待身燥故玉藻云君衣布晞身是也

孔安國曰以布為沐浴衣也 然浴時乃用布使手待肉燥江熙云沐者當是沐浴時亦衣此服置衣上以辟身濕也

齊必変食 方應接神欲自絜淨故変其常食也 孔安國曰改常食也

居必遷坐 亦不坐恒居之坐也故於祭前先散齊於路寢門外七日又致齊於路寢中三日也故范寧云齊以敬絜為主以期神明之享故改常之食遷居齊室也

28a

孔安國曰易常処也

食不厭精 此明平常礼也食若麁則誤人生病故調和不厭精絜也 膾不厭細 細切魚及完皆曰膾也既腥食之故不厭細者也

食饐而餲 饐謂飲食經久而腐臭也餲謂經久而味悪也如乾魚乾完久而味悪也 孔安國曰饐餲臭味変也 饐臭変也餲味変也尒雅云食饐謂之餲李充注云皆飲食壊敗之名也

魚餒 餒謂魚臭壊也魚敗而餒然也 而完敗 完臭壊也尒雅云完謂之敗魚謂之餒李巡云完敗久則臭魚餒完爛 不食 自食饐而餲以下竝不可食也

孔安國曰魚敗曰餒也

色悪不食 失常色是為色悪則不可食也 臭悪不食 臭悪謂饌臭不宜食

28b

故不食也 失飪不食 飪謂失生熟節也煮食或未熟或已過熟並不食也

孔安國曰失飪失生熟之節也

不時不食 不時非朝夕日中時也非其時則不宜食故不食也江熙云不時謂生非其時若冬梅李實也

鄭玄曰不時非朝夕日中時也

割不正不食 一云古人割完必方正若不方正割之故不食也江熙云殺不以道為不正也

不得其醬不食 味各有所宜鱻醢菰食魚膾芥醬並相宜也故若食不得所宜之醬則不食也

馬融曰魚膾非芥醬不食 古者醬齊菹三者通名也 芥醬即芥齊也

肉雖多不使勝食氣 勝猶多也食謂他饌也食氣多肉少則完美若完多他食少則

29a

完不美故不使完勝食氣也亦因斂上多致也 唯酒无量不及亂 一云酒雖多无有限量而人宜隨己能而飲不得及至於酔亂也一云不格人為量而隨人所能而莫亂也

沽酒市脯不食 酒不自作則未必清淨脯不自作則不知何物之肉故沽市所得並所不食也或問曰沽酒不飲則詩那云无酒沽我乎答曰論所明是祭神不用詩所明是人得用也

不徹薑食 徹除也齊禁薫物薑辛而不薫嫌亦禁之故明食時不除薑者也

孔安國曰徹去也齊禁薫物薑辛而不薫故不徹也

不多食 多則傷廉故不多食也 孔安國曰不過飽也 江熙云少所啖也

祭於公不宿肉 祭於公謂孔子仕時助君祭也助祭必得賜胙還即分賦食之不得留置經宿是慢鬼神餘也

周生烈曰助祭於君所得牲體歸則以班賜不留神恵也牲体謂隨臣貴賤以牲骨体爲得賜士之祭統云貴者得貴骨賤者得賤骨是也

祭肉不出三日出三日不食之矣　謂家自祭也自祭者完多故許経宿但不得出三日出三日是褻慢鬼神之餘故人亦不得后食之也

鄭玄曰自其家祭完也過三日不食是褻鬼神之餘也

食不語寢不言　是宜出己語是荅述也食須加益故許言而不許語語則口可借亦不敬也寢是眠卧也ヽヽヽ須靜若言則驚讀於人故不言之也

雖蔬食菜羹瓜祭必齊如也　蔬食麁食也菜羹菜羹瓜祭謂用麁食菜羹及瓜持此三物供祭也三物雖薄而必宜尽齊敬之理鬼神饗德不饗味故也

孔安國曰齊嚴敬皃也三物雖薄祭之必敬也

席不正不坐　旧説云鋪之不周正則不坐之也故范寧云正席所以恭敬也或云如礼所言諸侯之席三重大夫再重是各有其正者也

鄉人飲酒杖者出斯出矣　鄉人飲酒謂鄉飲酒之礼也杖者老人也礼五十杖於家六十杖於鄉故呼老人爲杖者也鄉人飲酒者貴齡崇年故出入以老人者爲節也若飲酒礼畢杖者先出則同飲之人乃從之而出故云杖者出斯出矣

孔安國曰杖者老人也鄉人飲酒之礼主於老者ヽヽ礼畢出孔子從而後出也

鄉人儺　ヽヽヽ者逐疫鬼也爲陰陽之氣不即時退疫鬼隨而爲人作禍故天子使方相氏黄金四目蒙熊皮執戈揚楯玄衣朱裳口作儺ヽヽ之声以敺疫鬼也一年三過爲之三月八月十二月也故月令季

春云命国儺鄭玄云此儺ヽ陰氣也陰氣至此不止害將及人厉鬼隨而出行至仲秋又云天子乃儺鄭玄云此儺ヽ陽氣也陽暑至此不衰害亦將及人厉鬼亦隨人而出行至季冬又云命有司大儺鄭玄云此儺ヽ陰氣也至此不止害將及人厉鬼將隨強陰出害人也儺按三儺二是儺陰一是儺陽陰陽乃異俱是天子所命春是一年之始弥畏災害故命国民家ヽ悉儺八月儺陽ヽ是君法臣民不可儺君故稱天子乃儺也十二月儺雖是陰既非一年之急故民亦不得同儺也今云鄉人儺是三月也

朝服而立於阼階　阼ヽ東階主人之階也孔子聖鄉人逐鬼恐見驚動宗廟故著朝服而立於阼階以侍先祖爲孝之心也朝服者玄冠緇布衣素積裳是卿大夫之祭服也礼唯孤卿爵弁自祭若卿大夫以下悉玄冠以自祭ヽヽヽ不異冠服也

孔安國曰儺驅逐疫鬼也恐驚先祖故朝服而立廟之阼階也

問人於他邦再拜而送之　問者謂更相聘問也他邦謂鄰国之君也謂孔子与鄰国交遊而遣使往彼聘問時也既敬彼君故遣使ヽヽ者去則再拜送之也爲人臣礼乃无外交而孔子聖人應聘東西无疑也

孔安國曰拜送使者敬之也

康子饋藥拜而受之　饋餉也魯季康子餉孔子藥也孔子得彼餉而拜受是礼也

范氏曰遺孔子藥也

曰丘未達不敢嘗　達猶曉解也孔子雖拜受而不遂飲故称名云丘未曉此藥治何病故不敢飲嘗之也

孔安國曰未知其故ヽヽ不嘗礼也

廐焚　廐養馬之処也焚燒也孔子家養馬処被燒也

子退朝　孔子早上朝ヽヽ竟而退還家也又義云朝廷曰退也

曰傷人乎不問馬　從朝還退見廐遭火廐是養馬処而孔子不問

傷馬唯問傷人之手是重人賤馬故云不問馬也王弼曰孔子時為魯司寇自公朝退而之火所不問馬者矯時重馬者也

鄭玄曰重人賤畜也退

朝者自魯君之朝來歸也

君賜食必正席先嘗之席猶坐也君賜孔子食孔子雖不嘗食必正坐先嘗之敬君之惠也

孔安國曰敬君惠也既嘗之乃以班賜也

君賜腥必熟而薦之謂君賜孔子腥肉也薦薦於宗廟也孔子受之煮熟而薦宗廟重榮君賜也賜熟食不薦者熟為褻也

孔安國曰薦薦其先祖也

君賜生必畜之生謂活物也得所賜活物當養畜之侍至祭祀時充牲用也侍食

於君謂孔子侍君共食之時也君祭先飯祭謂祭食之先也夫礼食必先取食種出片

子置俎豆邊地名為祭祭者報昔初造此食者也君子得惠不忘報故將食而先出報也當君政祭食之時而臣先取飯食之故云先飯飯食也所以然者亦為君先嘗食先知調和之是非者也

鄭玄曰於君祭先飯矣若為君先嘗食然也

疾謂孔子疾病時也君視之孔子病而魯君來視之也此君是哀公也東首病者欲生東是生陽之氣故頭眠首東也故玉藻云君子之居恒當戶寢恒東首者是也加朝服拖紳加覆也朝服謂健時從君日視朝之服也拖猶牽也紳大帶也孔子既病不能復着衣而見君不宜私服故加朝服覆於體上而牽引大帶於心下至足如健時着衣之為也

苞氏曰夫子病也處南牖之下病本當戶在北壁下東首君既來而君不宜北面故移處南窓之下令君入戶而西轉面得南向也故梁冀云南牖下欲令南面視之者也東首加

其朝服拖紳紳大帶不敢不衣朝服見君也

君命召謂君有命召見孔子時也不俟駕行矣君尊命重故得召不俟駕車而即徙趨而往也故玉藻云君命召以三節一節以趨二節以走在官不俟屨在外不俟車是也

鄭玄曰急趨君命也出行而車既駕隨之大夫不可徒行故後人駕車而隨之使乘之也

入大廟每事問或云此句煩重舊通云前是記孔子對或人之時此是錄平生常行之行故兩出也

鄭玄曰為君助祭也大廟周公廟也

朋友死無所歸曰於我殯謂傳喪於寢以待葬也時孔子有朋友在孔子之家死而此朋友无親情來奔喪者故孔子云无所歸也既未有所歸故曰於我家殯也

孔安國曰重朋友之恩也無所歸無親昵也

朋友之饋謂朋友有物見餉也雖車馬非祭肉不拜車馬家財之大者也朋友有通財之義故雖復見餉車馬而我不拜謝也所以拜者若朋友見餉其家之祭宍雖小亦拜受之敬祭故也故云雖車馬非祭宍不拜也

孔安國曰不拜有通財之義也

寢不尸寢眠也尸謂死尸也眠當小欹不得直脚申布似死人者也

苞氏曰不偃臥四體布展手足似死人也偃卻眠也展舒也曲礼云寢無伏此云不偃臥四體展舒手足以似死人則不得覆脚唯當欹而小展也

居不容謂家中常居也家主和怡燕居溫溫故不為容自處者也

孔安國曰為室家之敬難久也

33b

子見齊衰者雖狎必変狎謂素相親狎也衰有喪故必変之謂必作必趍也
孔安國曰狎者素相親狎也
見冕者与瞽者雖褻必以貌褻謂无親而卑數者也尊在位恤不成人故必
以貌、変色對之也変重貌軽親狎重故言変卑褻軽故以貌也周生烈曰褻
謂數相見也必當以貌礼也然前篇必作必趍謂見踈者也
凶服者式之凶服送死人衣物也孔子見他人送死之衣物必為敬而式之也式者古人乗
車如今竜旂車皆於車中倚立ヽヽ難久故於車箱上安一横木以手隠憑之謂之為較詩云倚重較
是也又於較之下未至車床幷計安一横木名為軾若在車上應為敬時則落手憑軾ヽヽ則身俯僂故
云式之式軾也式負板者負謂擔揚也板謂邦国圖籍也古未有紙凡所書畫皆於板故云板

34a

也孔子見人擔揚国之圖板者皆式敬之也孔安國曰凶服者送
死之衣物也此釈式凶服也負板持邦國之圖籍者也鄭司
農注宗伯職云板名籍也以板為之今時鄉戸籍謂之戸版鄭康成注内宰云版謂宮中閽寺之屬
及其子弟錄籍也圖王及后世子之宮中吏官形象也
有盛饌必変色而作ヽヽ起也孔子見主人食饌有盛平常故変色而起也所以然者
主人自親饋故容起敬也孔安国曰作
起也敬主人之親饋也親饋謂主人自執食設之
迅雷風烈必変迅疾也風而雷疾急者為烈也風疾而雷此是陰陽氣激為天之怒故孔
子自整変顔容以敬之也故玉藻云若疾風迅雷甚雨則必変雖夜必興衣服冠而坐是也

34b

鄭玄曰敬天之怒也風疾雷為烈也
升車必正立執綏綏謂孔子升車礼也綏牽以上車之縄也若升車時則正立而執綏以
上所以為安也周生烈曰正立執綏所以為安也
車中不内顧内猶後也顧廻頭也升在車上不廻頭後顧也所以然者後人從已者不能常
正若轉顧見之則掩人私不備非大德之所為故不為也故衛瓘云不掩人之不備也
苞氏曰輿中不内顧者前視不過衡扼也車床名輿故云
輿也衡扼轅端也若前視不得遠故曲礼云立視五巂ヽヽ九丈九尺地也式視馬尾ヽヽ近在
車床欄間也並是不過衡扼之類也旁視不過輢轂旁謂両辺也輢竪在車箱両辺
三尺分居前之一承較者也轂在箱外當人両辺故云旁視不過輢轂也

35a

不疾言疾高急也在車上言易高故不疾言為驚於人也故繆協云車行則言傷疾也不親
指車上既高亦不得手有所親指点為惑下人也色斯挙矣謂孔子在処觀人顔色而挙動
也馬融曰見顔色不善則去之繆協云曰親指以上郷党恂ヽ之礼
應變適用之迹詳矣有其礼而无其時蓋天運之極也将有遠感高興故色斯挙矣也
翔而後集謂孔子所至之処也必廻翔審觀之後乃下集也
周生烈曰廻翔審觀而後下止也
曰山梁雌雉時哉此記者記孔子因所見而有ヽヽ嘆也山梁者以木架水上可
践渡水之処也孔子從山梁間過見山梁间有此雌雉也時哉者言雉逍遙得時所也所以有嘆者言人
遭乱世翔集不得其所是失時矣而不如山梁間之雉十歩一啄百歩一飲是得其時故嘆之也独云雌

35b

者因所見子路供之子路不達孔子時哉〻〻之歎
而言也　而謂歎雌雉是時月之味故馳
遂驅拍遂得雌雉煑熟而進以三嗅而作嗅謂鼻歆
供養孔子故云子路供之也翕其氣也
作起也子路不達孔子意而供此熟雉乖孔子本心
孔子若直尔不食則恐子路生怨若遂而食之則又
乖我本意故先三嗅氣而後
乃起亦如得食不食之間也

言山梁雌雉得其時而人不得時故歎之子路以
其時物故供具之非其本意不苟食故三嗅而起

也　顧歡云夫栖遲一丘雉之道適也不以剛武傷
性雌之德也故於翔集之下繼以此歎而仲由
之獻偶与嗟諧若即饗之則事与情反若弃而弗
食則似由也有失故三嗅而起則心事双合虞氏
贊曰色斯舉矣翔而後集此以人事喻於雉也雉
之爲物精儆難狎譬人在乱世去危就安當如雉

36a

也曰山梁雌雉時哉以此解上義也時者是也供
猶設也言子路見雉在山梁因設食物以張之雉
性明儆知其非常三嗅而作去不食
其供也正言雌者起子路所見也

論語義疏巻第五

36b

文明十九年六月廿五日酉剋始之同晦日書終

1a

論語義疏巻第六　先進 顔淵　梁國子助教呉郡皇侃撰

先進第十一　疏　先進者此篇明弟子進受業者先
後也所以次前者既还教鄉黨則
進受業者宜有先後故先進次鄉黨也　○罵云前
篇論夫子在鄉黨聖人之行也此篇論弟子賢人
之行聖賢相
次亦其宜也

○子曰先進於礼樂野人也後進於礼樂君子也　此孔子將
欲还淳反素重古賤今故稱礼樂有君子野人之
異也先進後進者謂先後輩人也先輩謂五帝以上
也後輩謂三王以还也進於礼樂者謂其時輩人進
行於礼樂者也野人質朴之稱也君子會時之目也
孔子言以今人文觀古〻質而今文〻則能隨時之
中此故爲當世之君子也質則朴素而違俗此故爲
當世之野人也

孔安國曰先進後進謂士先後輩也

1b

礼樂因世損益時淳則礼樂損時澆則礼樂益若以益觀損ゝ時則為野人若以損
行益ゝ則為君子也後進与礼樂俱得時之中斯君子矣
此謂以益行益俱得時中故謂為君子也先進有古風斯野人也以今觀昔
時則有古風以古比今故為野人
如用之則吾從先進如猶若也若比方先後二時而用為教則我從先進者也所以
然者古為純素故可從式苞氏曰將移風易俗歸之純素先
進猶近古風故從之先進比三王乃為古比結繩則為今故云近古也
子曰從我於陳蔡者皆不及門者也孔子言時世乱離非唯我道不
行只我門徒經從我在陳蔡者亦失於時不復及仕進門也張憑云道之不行命也唯聖人安時而处從

2a

故不期於通塞然從我於陳蔡者何能不以窮達為心耶故感於天地將閉君子道消而恨二三子不及
開泰之門也鄭玄曰言弟子之從我而厄於陳蔡
者皆不及仕進之門而失其所也
德行顏淵閔子騫冉伯牛仲弓此章初无子曰者是記者所書並從孔子
印可而録在論之中也孔子門徒三千而唯有此以下十人名為四科ゝゝ者德行也言語也政事也文
学也德行為人生之本也故為第一以冠初也而顏閔及二冉合其名矣王弼云此四科者各舉其才長
也顏淵德行之俊尤兼之矣范甯云德行謂百行之美也四子俱雖在德行之目而顏子為其冠
言語宰我子貢第二科也宰我及端木二人合其目也范甯云言語謂賓主相對之辭也
政事冉有季路第三科也冉仲二人合其目也范甯云政事謂治國之政也文学

2b

子游子夏第四科也言及下卜商二人合其目也范甯云文学謂善先王典文也王弼云弟子才
不徒十蓋舉其美者以表業分名其餘則各以所長從四科之品也侃案四科次第立德行為首乃為
所可解而言語為次者言語君子樞機為德行之急故次德行也而政事是人事之別比言語為緩故次
言語也文学指是博学古之文故比三事為泰故最后也子曰回也非助我者
也於吾言无所不說聖人為教須賢啓發游夏之徒輩疑輒問是助益於我以增曉
導而顏淵嘿識聞言悅解不嘗口諮於我教化无益故云非助我者於吾言无所不悅也
孔安國曰助猶益也言回聞言即解无可發起增
益於已也孫綽云所以每悅吾言理自玄同耳非為助我也言此欲以曉衆且明理也
子曰孝哉閔子騫人不間於其父母昆弟之言間猶非也

3a

昆兄也謂兄為昆ゝ明也尊而言之也言子騫至孝事父母兄弟盡於美善故凡人物論无有非間之言
於子騫者也故顏延之云言之无間謂盡美也
陳群曰言閔子騫為人上事父母下順兄弟動靜
盡善故人不得有非間之言也
南容三復白圭復猶反也詩云白圭之玷尚可磨也斯言之玷不可為也是白圭有所玷
缺尚可磨治令其全好若人言忽有瑕玷則駟馬不反故云不可為也南容慎言語讀詩至白圭之句乃
三過反覆修翫无已之意也
孔安國曰詩云白圭之玷尚可磨也斯言之玷不
可為也南容讀詩至此三反覆之是其心慎言也

3b

孔子以其兄之子妻之。重明南容蒙孔子之姻。其善容深味白圭，擬志无玷，豈与縲紲非罪同其流致。猶夫子之情實深，未窮崇義弘教，必自親始，觀二女攸歸，見夫子之讓心也。侃已有釈在公冶長篇中也。

季康子問：弟子孰為好學？孔子對曰：有顏回者好學，不遷怒，不貳過，不幸短命死矣。今也則亡，未聞好學者也。侃謂此与哀公問同，而答異者，卑有二通。一云：孫綽云：不應生而生為幸，不應死而死曰不幸。緣哀公有遷怒貳過之事，故孔子因答以箴之也。康子无此事，故不煩言也。又一通云：哀公是君之尊，故須具答，而康子是臣為卑，故略以相酬也。故江熙云：此与哀公問同，哀公雖无以賞要以極對，至於康子則可量其所及而答也。

顏淵死，顏路請子之車以為之椁。顏路，顏淵

4a

父也。淵家貧，死无椁，故其父就孔子請車，賣以營椁也。

孔安國曰：顏路，顏淵之父也。家貧，故欲請孔子之車賣以營椁。繆協曰：顏路之家貧，无以備礼，而顏淵之德美稱於聖師，喪予之感痛之愈深。二三子之徒將厚其礼，路率情而行，恐有未允，而未審制義之輕重，故託請車以求聖教也。

子曰：才不才，亦各言其子也。孔子將不以車与之，故先說此以拒之。才謂顏淵也，不才謂鯉也。言才不才誠當有異，若各本天属，於其父則同是其子也。鯉死有棺而无椁。既天属各深，昔我子死，我自有車尚不賣之營椁，今汝子死，寧欲請我之車耶？繆協云：子雖才，不可貪求備；雖不才而豐儉亦各有礼制之由也。故鯉也无椁也。吾不可徒行以為之椁。又解所以不為鯉作椁之由也。徒猶步也。以吾從

4b

大夫之後，吾以不可徒行。又解不步行意也。言大夫爵位已尊，不可步行，故也。然實為大夫，而云從大夫後者，孔子謙也。猶今人為府国官而云在府未国未也。

孔安國曰：鯉，孔子之子伯魚也。孔子時為大夫，故言吾從大夫之後，不可以徒行，是謙之辭也。江熙云：不可徒行，拒之辭也。可則与，故仍脫左驂賻於舊館；不可則拒，故顏路不許路請也。鯉也无椁，將以悟之，路易塞厚葬也。

顏淵死，子曰：噫！痛傷之声也。淵死遣使報孔子，孔子傷痛之，故云噫也。

苞氏曰：噫，痛傷之聲也。

天喪予！天喪予！喪猶亡也。予，我也。夫聖人出世，必須賢輔，如天將降雨，必先山澤出雲。淵未死則孔道猶可冀，縱不為君，則亦得共弘教化。今淵既死，是孔道亦亡，故云天喪我也。刈歆云：顏是亞

5a

聖人之偶，然則顏孔自然之對物，一氣之別形。玄妙所以藏寄道旨，所由讚明。叙顏淵死，則夫子發歎，故曰天喪予。噫，諒率實之情，非過痛之辭，將求聖賢之域，宜自此竟之也。繆播曰：夫投竿測深，安知江海之有懸也。何者，俱不究其極也。是以西河之人疑子夏為夫子，武叔賢子貢於仲尼，斯非其類耶？顏回盡形外之，殆神，故知孔子理在回，知淵亦唯孔子也。

天喪予者，若喪己也。再言之者，痛惜之甚也。

顏淵死，子哭之慟。謂顏淵死，孔子往顏家哭之也。慟謂哀甚也。既如喪己，所以慟也。郭象云：人哭亦哭，人慟亦慟，蓋无情者与物化也。繆協曰：聖人體无哀樂，而能以哀樂為體，不失過也。

馬融曰：慟，哀過也。

從者曰：子慟矣。子曰：有慟乎？從者謂諸弟子也。隨孔子往顏淵家者，見孔子

5b

哀甚故云子慟矣孔安國曰不自知己之悲哀過也

非夫人之爲慟而誰爲慟初既不自知又向諸弟子明所以慟意也夫人指顔淵也言若不爲顔淵哀慟而應爲誰耶言慟也

○顔淵死門人欲厚葬之顔淵之門徒也見師貧而已欲厚葬之也一云是孔子門人欲厚葬朋友子曰不可孔子止門人之厚葬故云不可也王弼云有財死則有礼无財則已止哀无而備礼則近厚葬矣故云孔子不聽也

礼貧富各有宜顔淵家貧而門人欲厚葬之故不聽也

門人厚葬之不從孔子訶也范甯云厚葬非礼故不許也門人欲厚葬何也緣回父有厚葬之意故欲遂人之深情也

子曰回也視予猶父也予不得視猶

6a

子也回也事我在三如一故云視予猶父也我葬鯉无槨而不能止回无槨是視回不得猶子也

非我也夫二三子也言此貧而過礼厚葬非是我意也政是夫二三子意也二三子則顔路亦在其中也范甯云言回雖以父事我不得以子遇回雖曰師徒義輕天屬今父欲厚葬豈得制止言厚葬非我之教出乎門人之意耳此以抑門人而救世弊也

馬融曰言回自有父父意欲聽門人厚葬之我不得制止也非其厚葬故云尒也非猶鄙薄

○季路問事鬼神外教无三世之義見乎此句也周孔之教唯説現在不明過去未來而子路此問事鬼神政言鬼神在幽冥之中其法云何也此是問過去耳

子曰未能事人焉能事鬼孔子言人事易汝尚未能則何敢問幽冥之中故云焉能事鬼

曰敢問事死

6b

此又問當來之事也言問今日後死事復云何也

曰未知生焉知死亦不荅之也言汝尚未知即見生之事難明焉能豫問知死後也

陳群曰鬼神及死事難明語之无益故不荅也顧歡曰夫從生可以善死盡人可以應神雖幽顯路殊而誠恒一苟未能此問之无益何処問彼耶

○閔子騫侍側誾誾如也卑者在尊者之側曰侍此明子騫侍於孔子座側也誾誾中正也子騫性中正也

子路行行如也亦侍孔子座側也行行剛強貌也子路性剛強也

冉有子貢侃侃如也此二人亦侍側也侃侃和樂也二子並和樂也

子樂孔子見四子各極其性无所隱情故我亦懽樂也

鄭玄曰樂各盡其性也行行剛強之貌也

7a

曰若由也不得其死然孔子見子路獨剛強故發此言也由子路名也不得其死然謂必不得壽終也後果死衛亂也

孔安國曰不得以壽終也袁氏曰道直時邪自然速禍也

○魯人爲長府魯人魯君臣爲政者爲作也長府府藏名也魯人爲政更造作長府也

閔子騫曰仍舊貫如之何何必改作子騫譏魯人也仍因也貫事也言爲政之道因舊事自足如之何何必須更有所改作耶如之何猶奈何也

鄭玄曰長府藏名也藏貨曰府貨錢帛也藏錢帛曰府藏兵甲曰庫也

仍因也貫事也因舊事則可何乃復更改作也

子曰夫人不言言必有中夫人指子騫也言子騫性少言語言語必中於事理

7b

也
王肅曰言必有中善其不欲勞民更改作也
子曰由之鼓瑟奚爲於丘之門 子路性剛其鼓琴瑟亦有壯氣孔子知其
必不得以壽終故每抑之言汝鼓瑟何得在於我門ヽヽ文雅非用武之所也故自稱名以抑之也奚何也
也侃謂此門非謂孔子所住之門政是聖德深奧之門也故子貢荅武叔云得其門者或寡也
馬融曰子路鼓瑟不合雅頌也
門人不敬子路 門人見孔子譏瑟便不復敬子路也 子曰由也升堂矣
未入於室也 孔子見門人不敬子路故又爲解之也古人當屋棟下隔斷爲窓戸ヽヽヽ之外
曰堂窓戸之內曰室孔子言子路爲弟子才德已大雖未親入我室亦已登升我堂未易可輕慢也若近
而言之即以屋之堂室爲喻若推而廣之亦謂聖人妙处爲室麁处爲堂故子路得堂顔子入室故下章

8a

說善人云亦不入於室是也所以此前言入於門而門人不敬爲其不敬故引之於堂也
馬融曰升我堂矣未入室耳門人不解謂孔子言
爲賤子路故復解之也 孔子譏瑟本非謂子路可輕政在於行之淺耳而門人
不達斯意承而慢之故孔子解說之也
子貢問曰師與商也孰賢乎 師子張商子夏也孰誰也子貢問孔子欲辨師
商誰爲賢邪也 子曰師也過 謂子張性繁冗爲事好在僻過而不止也 商也不
及 言子夏性踈闊行好不及而止也 孔安國曰言俱不得中也
曰然則師愈乎 愈勝也子貢又問若師言文好過ヽヽヽ則爲勝耶 子曰過猶
不及也 荅言既俱不得中則過與不及无異也故云過猶不及也江熙云聖人動爲物軌人之勝

8b

否未易輕言兩既俱未得中是不明其優劣以貽於來者也 愈猶勝也
季氏富於周公 季氏魯臣也周公天子臣食采於周爵爲公故謂爲周公也蓋是公旦之
後也天子之臣地廣祿大故周公宜富諸侯之臣地狹祿小季氏宜貧而今僭濫遂勝天子臣故云季氏
富於周公也 孔安國曰周公天子之宰卿士也 天子之宰
即謂冢宰也家宰是有主之職故云卿士ヽヽ主也
而求爲之聚斂而附益 求冉求也季氏已富而求時仕季氏爲季氏邑宰又助斂
聚急賦稅以附益季氏之富也 孔安國曰冉求爲季氏宰爲
之急賦稅 急賦稅謂斂民下財帛也
子曰非吾徒也 徒門徒也孔子言冉求昔雖是我門徒而我門徒皆尚仁義今冉求遂爲

9a

季氏急聚斂則非復吾門徒也故禮云孟獻子曰百乘之家不畜聚斂之臣與其畜聚斂之臣寧有盜臣
言盜臣乃傷財而聚斂之臣則傷仁義傷財不如傷仁義 小子鳴鼓而攻之可也
小子門徒諸弟子也攻治也求既爲季氏聚斂故孔子先云非復我門徒又使諸弟子鳴鼓治求也所以
鳴鼓者若直尒而治不言其過則聞之者寡故鳴鼓而且言之則聞者衆也繆播云季氏不能納諫故求
也莫得匡救ヽヽヽ不存其義屈故曰非吾徒也致譏於求所以深疾季氏子然也間明其義也
鄭玄曰小子門人也鳴鼓聲其罪以責之也
柴也愚 此以下評數子各有累也柴弟子也其累在於愚也王弼云愚好仁過也
弟子高柴也字子羔愚ヽ直愚也
參也魯 參曾參也魯遲鈍也言曾子性遲鈍也王弼云魯文勝質也

9b

孔安國曰魯鈍也曾子遲鈍也
師也僻　師子張也子張好文其過故云僻也王弼云僻飾過差也
馬融曰子張才過人失在邪僻文過
由也喭　由子路也子路性剛失在吸喭也王弼云喭剛猛也
鄭玄曰子路之行失於吸喭也
子曰回也其庶乎屢空　記者上列四子病重於先日此以下列孔子更榮顏子精
能於後解此義者凡有二通一云庶庶幾也屢每也
空窮匱也顏子庶慕於幾故遺忽財利所以家每空
貧而簞瓢陋巷也故王弼云庶幾慕聖忽忘財業而
數空匱也又一通云空猶虛也言聖人体寂而心恒
虛无累故幾動即見而賢人不能体无故不見幾但
庶幾慕聖而心或時而虛故曰屢空其虛非一故屢

10a

名生焉故顏特進云空非回所体故庶而數得故顧
歡云夫无欲於无欲者聖人之常也有欲於无欲者
賢人之分也二欲同无故全空以目聖一有一无故
每虛以稱賢賢人自有觀之則无欲於可欲自无觀
之則有欲於无欲虛而未盡非屢如何大史叔明申
之云顏子上賢躰具而微則精也故无進退之事就
義上以立屢名按其遺仁義忘禮樂隳支躰黜聰明
坐忘大通此忘有之義也忘有頓盡非空如何若以
聖人驗之聖人忘忘大賢不能忘忘不能忘忘
心復為未盡一未一空故屢名生也焉
賜不受命而貨殖焉　此孔子又評子貢累也亦有二
通一云不受命者謂子貢性動
不能信天任命是不受命也而貨殖者財物曰貨種
藝曰殖子貢家富不能清素所以為惡也又一通云
殷仲堪云不受矯君命江熙云賜不榮濁世之祿亦
幾庶道者也雖然有貨殖之業恬愉不足所以不敢
望回耳而曰不受命者謂子貢
不受孔子教命故云不受命也
憶則屢中　此亦有二通一云憶

10b

謂心憶度事宜也言子貢性好憶度是非而屢幸中
亦是失也故君子不憶不信也又一通云雖不虛心
如顏而憶度事理必亦能每中也故左傳稱隱公朝
魯執玉高其容仰魯定公受玉卑其容俯子貢曰以
禮觀之二君皆有死亡君為主其先亡乎是歲定公
卒仲尼曰賜不幸而言中是賜多言也此憶中之類
也王弼云命爵命也憶憶度也子貢雖不受爵命而
能富雖不窮理而幸中蓋不逮顏之庶幾輕四子所
病故稱子曰以異之也
言回庶幾聖道雖數空匱而樂在其中矣賜不受
教命唯財貨是殖憶度是非蓋美回所以厲賜也
此注與前通並會　一曰屢猶每也空猶虛中也　此以下並是後解也
中猶心也謂虛心也禮曰虛中以治之　以聖人之善道　謂孔子也　教數子之

11a

庶幾　柴參之屬也並被孔子教於庶幾之事也　猶不至於知道者各內
有此害也　道謂庶幾之道也緣其各有愚魯僻喭之害故不能至知庶幾之道　其於
庶幾每能虛中者唯回懷道深遠　唯回一人能懷道深遠故庶幾
虛心　不虛心不能知道　更明所以須虛心之義也庶幾之道深遠也欲知庶幾者
虛心乃知其道也　子貢无數子病　无愚魯僻喭之病也　然亦不知道
者　既无病應能庶幾何亦不能乎　雖不窮理而幸中　解其不知之由也中先解
憶則屢中也言子貢不能虛心好憶度雖不能
窮理如顏而有時幸中故不能知大道也
雖非天命而偶富　此釋不受命而貨殖焉也雖非天命者謂雖非受當時天子之
命也偶富者謂家自偶富非祿位所得也然雖非
時祿而富之亦非清虛之士故亦不知大道

11b

亦所以不虛心也億度幸中及家富榮心所以並不虛心也
子張問善人之道此問善人非聖人也問其道云何而可謂爲善人也子曰不
踐迹答善人之法也踐循也迹舊迹也言善人之道亦當別宜創建善事不得唯依循前人舊迹而
已亦不入於室又爲有創立而未必使能入聖人奧室也能入室者顏子而已
孔安國曰踐循也言善人不但循追舊迹而已亦
多少能創業然亦不能入於聖人之奧室也創業謂創
仁義之業也聖人之奧室即前云子路升堂矣未入於室是也
子曰論篤是與君子者乎色莊者乎此亦答善人之道也當是異時之問故更稱子曰與是答善故共在一章也篤厚也言善人有所論說必出篤厚謹敬之辭也故云論篤

12a

是欽也又能行君子之行故云君子者乎又須顏色莊嚴故云色莊者乎
論篤者謂口無擇言擇者除麁取好之謂也論篤是言語並善故復无可擇之
言君子者謂身无鄙行也所行皆善故无鄙惡也然此諸亦上至也
色莊者不惡而嚴以遠小人者也威而不猛是也言此三
者皆可以爲善人道也三者言行色也云必備三皆可爲善人明若能有一亦
則亦可爲善人不必備三也殷仲湛云夫善者淳穆之性躰之自然雖不擬步性迹不能入闘奧室
論篤質正有君子之一致焉
子路問聞斯行諸斯此也此子路問於賑窮救乏之事也諸之也子路問孔子若聞有周窮救乏之事便得行之不乎
包氏曰賑窮救乏之事也

言行色
ミノ中

12b

子曰有父兄在人子无私假故若有事必先諮告父兄也如之何其聞
斯行之也既由父兄故已如何輒而行乎言不可也
孔安國曰當白父兄不可得自專也
冉有問聞斯行諸子路問同也子曰聞斯行之此答異也言聞而即
行之也公西華曰由也問聞斯行諸子曰有父兄在公西
華疑二人問同而答異故先領二人之問答也此領子路問答也求也問聞斯行諸
子曰聞行之也此領冉有之問答也求冉有名也赤也惑惑疑惑也二人問同而孔子答異故己生疑惑故惑赤公西華名也敢問敢果敢也既惑其深故果敢而問之
孔安國曰惑其問同而答異也

13a

子曰求也退故進之答所以答異義也言冉求謙退故引之令進所以不云先白父
兄由也兼人故退之言子路性行兼人好在率爾故抑退之必令白父兄
也鄭玄曰言冉有性謙退子路務在勝尚人各因其
人之失而正之或問曰孔若必諮父兄則子路非抑若必不諮則冉有非引今夫子
云進退請問其旨或答曰夫賑施之理事有大小大者車馬小或一食若其大者必諮小可專行而今
由施无大小悉並不諮求大小悉諮今故抑由之不諮欲令其並諮引冉之必諮令其並不諮也但
子路性進雖抑而不患其退冉求性退雖引不嫌其過也
子畏於匡匡猶是前被匡人誤圍顏淵後時顏淵與孔子俱爲匡圍孔子先得出還至家
而顏淵後乃得出還至也

孔安國曰言子與孔子相失故在後也　於匡中相失也

子曰吾以汝為死矣　淵後至而孔子云汝不速我言汝當死於匡難中也　曰子在回何敢死　顔淵也荅其有以也夫聖賢影響如天降時雨山澤必先為出雲孔子既在世則顔回理不得死〻則孔道便絶故淵死而孔云天喪予也康重云顔子未能盡窮理之妙〻有不盡則不可以涉嶮津理有未窮則不可以冒危踏故賢不遭聖運否則必隱聖不値賢微言不顯是以夫子因畏匡而發問顔子體其旨而仰酬稱入室為指南啓門徒以出处豈非聖賢之誠言互相與為起予者也

苞氏曰言夫子在己无所敢死也　李充云聖无虚慮之悔賢无失理之患而斯言何與乎將以世道交喪利義相蒙或殉名以輕死或勝利以苟生〻〻非存理輕死非明節故發顔子之死對以定死生之命也

季子然問仲由冉求可謂大臣與　季子然季氏家之子弟也時仲由冉求仕季氏家季子然自誇己家能得此二賢為臣故問孔子以謂此二人可謂大臣不也

孔安國曰季子然季氏之子弟也自多得臣此二子故問之　自多猶言己有豪勢能得臣此二人為多也

子曰吾以子為異之問　此孔子因荅而拒之也子指子然也言子今所問是異事也所以是異事之問者由求非大臣而汝曾由與求之問云可謂大臣故謂汝為異事之問也此是舉異問也曾猶則也言汝問所以是異者則問由與求是異問也

孔安國曰謂子問異事耳　謂汝所問為異事之問也　則此二人之問安足為大臣乎　如前釋也　問去声

所謂大臣者以道事君不可則止　此明大臣之事也以道事君謂君有惡名必諫也不可則止謂三諫不從則越境而去者也　今由與求也可謂具臣矣　言今由求二人亦不諫〻若不從則亦不去不可名此為大臣則乃可名為備具之臣而已也繆悞稱中且曰所以假言二子之不能盡諫者以譏季氏雖知貴其人而不能敬其言也

孔安國曰言備臣數而已也

曰然則從之者與　子然聞孔子云二人不為大臣更云既不以道及不可則止若如此者其君有惡事則二人皆從君為之不乎

孔安國曰問為臣皆當從君所欲耶

子曰弑父與君亦不從也　荅言雖不諫不止若君有弑上之事則二人亦所不從也

孔安國曰二子雖從其主亦不與為大逆也　孫綽云二子者皆政事之良也而不出具臣之流所免者唯弑之事其罪亦豈少哉夫抑揚之教不由乎理將以深激子然以重季氏之責也

子路使子羔為費宰　費季氏采邑也季氏邑宰叛而子路欲使子羔為季氏邑宰也

子曰賊夫人之子　賊猶害也夫人之子指子羔也孔子言子羔習學未習熟若使其為政則必乖僻〻〻則為罪累所及故云賊夫人之子也

苞氏曰子羔學未熟習而使為政所以賊害人也　張憑云季氏不臣由不能正而使子羔為其邑宰直道而事人學仕不致弊枉道而事人不亦賊夫人之子乎

15b

子路曰有民人焉有社稷焉何必讀書然後爲學子路
云既邑有民人社稷今爲其宰則是習治民事神
此即是學亦何必在於讀書然後方謂爲學乎
孔安國曰言治民事神於是而習亦學也
子曰是故惡夫佞者孔子以此語罵子路也佞口才
也我言子路學未習熟所以不
欲使之爲政而汝仍云有民神亦是學何必
讀書此是佞辨之辭故古人所以惡之也
孔安國曰疾其以口給應遂己非而不知窮者也
繆播云子路以子羔爲學藝可仕矣而孔子猶曰
不可者欲令愈精愈究也而于時有以佞才惑世
竊位要名交不以道仕不由學以之宰牧徒能民
人社稷比之子羔則長短相形子路率爾以對者
所以深疾當時非美之也夫子善其來旨故
曰是故惡夫佞者此乃斥時豈讒由乎也

16a

子路曾晳　孔安國曰曾晳曾參父也名點也
冉有公西華侍坐此四弟子侍
孔子坐也子曰以吾一日長乎
尓无吾以也孔子將欲令四子言志故先說此言以勸
引之也尓汝也言吾今一日年齒長
大於汝耶汝等莫以言吾
年長而不敢言己志也
孔安國曰言我問汝无以我長故難對也
居則曰不吾知也居謂弟子常居時也吾弟子自謂
也言汝等常居之日則皆自云无
知吾
者也
孔安國曰汝常居云人不知己也
如或知尓則何以哉言汝或有人欲知用汝等
則志各欲何爲治哉
孔安國曰如有用汝者則何以爲治乎也

16b

子路率尓而對曰礼侍坐於君子〻〻問更端則起
而對又宜顧望而對而子路不起
又不顧望故云率尓對
也率尓謂无礼儀也
率尓先三人對也
曰千乘之國攝乎大國之間此子路言志也千乘大
國也攝迫也大國又大
於千乘者也言己願得治於大國而此大國又有
迫近他大國之間所謂他大國挾己國於中也
加之以師旅因之以飢饉之穀爲飢之菜爲饉言己国
既被四方大国兵陵又自国
中国大
荒饑也
范氏曰攝〻迫乎大国之間也
由也爲之爲猶治也言己国以爲他兵所加又
荒飢日久而由願得此国治之也
比及三年可使有勇且知方也比至也言由治此国至於
三年而使民人皆勇健又多
皆知識
義方也
方義方也

17a

夫子哂之哂笑也孔子聞子
路之言而笑之也
馬融曰哂笑也齒本曰哂大笑口開則
哂見齒故謂哂爲笑者也
哂由既竟而餘三人无言故
求尓何如孔子又問冉求汝志何如也對曰方六七
十求荅曰言志也言願得国地
方六七十里者而已治之
如五六十意又自嫌
向所言方
六七十爲大故又退言
如方五六十里者也
求性讓退言欲得方六七十如五六十里小国治
之而已也一云願六七十者如五六
十大者已欲得其小也
求也爲之比及三年可使足民也言己願治此小国
若至三年則能使
民人
足也
如其礼樂以俟君子又讓也言己乃能足民而
已若教民之礼樂則己所

17b

不能故請俟君子爲之也

孔安國曰求自云能足民而已謂衣食足也若礼

樂之化當以待君子謙之辭也

赤尒何如 求荅已竟故更問公西華也 對曰非曰能之願学焉 赤荅也非曰猶非謂也荅曰已非謂自能願從此而後学爲之也 宗廟之事如會同 此以下並言願所学之事也宗廟之事謂人君祭祀之事如會同諸侯有會同之事時也 端章甫願爲小相焉 端玄端之服也章甫謂章甫之冠也言願君有祭祀及會同之事而已玄端服章甫之冠也爲小相以相君之礼也

鄭玄曰我非自言能也願学爲之宗廟之事謂祭祀也 四時及禘祫皆是也 諸侯時見曰會

三年一

18a

殷見曰同 周礼六服各隨服而来是正朝有數也而時見曰會此无常期諸侯有不庭服者王將有征討之事則因朝竟王命爲壇於國外合諸侯而發禁亦隨其方若東方不服則命与東方諸侯共征之此是時見曰會也又王十二年一巡狩若王有疫故則六服諸侯並来京師朝王受法此是殷覜曰同也而鄭玄注云殷覜曰同者周礼又有時聘曰問殷覜曰視並是諸侯遣臣来京師也王有時故諸侯不得自来而遣臣来聘王此亦无定服是時聘曰問也又元年六年六服唯侯服獨来朝京師人少故諸侯並遣臣来京師視王是殷覜曰視也鄭玄云殷見曰同者廣覜見之辞通也 端玄端也衣玄端冠章甫 冠也 殷 諸侯日視朝服也 然周家諸侯日視朝之服緇布衣素積裳者冠委皃此云玄端日視朝者容是周末礼乱也 小相謂相君礼者 宗廟及會同皆是君事而已願相之耳

18b

點尒何如 亦荅既竟又問曾晳也 鼓瑟希 鼓猶彈也希踈也點故彈瑟既得孔子之問將思所以對之言故彈瑟手遲而音希也

孔安國曰思所以對故其音希也

鏗尒舍瑟而作 鏗投瑟声也捨投也作起也點思所對之辞將欲御荅故投瑟而起對也起對者礼也點獨云起則求亦起可知也 對曰異乎三子者之撰 〻具也點起而對云己所志者異於求赤三子之志所具也所具即千乘之国等是也

孔安國曰置瑟起對也撰具也爲政之具也鏗尒者投瑟之聲也

子曰何傷乎亦各言其志也 孔子聞點志異故云人生所志各異亦何傷乎

19a

汝但當言之 孔安國曰各言己志於義无傷之

曰莫春者春服既成 此點言志也莫春謂建辰夏之三月也季有四時〻〻有三月初月爲孟次者爲仲後者爲季〻〻春是三月也不云季春而云莫春者近月末也月末其時已暖也春服成者天時暖而衣服單袷者成也 得冠者五六人 已加冠成人者也五六者趣举其數也 童子六七人 童子未冠之稱也又有未冠者六七人也或云冠者五六〻〻三十人也童子六七〻〻四十二人也四十二就三十合爲七十二人也孔子升堂者七十二人也 浴乎沂水 〻〻名也莫春者既暖故与諸朋友相隨往沂水而浴也 風乎舞雩 風〻涼也舞雩請雨之壇處也 請雨祭謂之雩〻〻吁也民不得雨故吁嗟也祭而巫舞故謂爲舞雩也沂水之上有請雨之壇〻〻上有樹木故入沂浴出登壇庇於樹下逐風涼也故王弼云沂水近孔子宅舞雩壇在其上壇有樹木遊者託焉

19b

也

詠而歸 浴竟涼罷日光既稍晩於是朋友詠歌先王之道歸還孔子之門也

苞氏曰暮春者季春三月也春服既成者衣單袷之時也我欲得冠者五六人童子六七人浴於沂水之上風涼於舞雩之下歌詠先王之道歸夫子之門也

夫子喟然歎曰吾與點也 孔子聞點之願是以喟然而歎也既歎而云吾與點也言我志與點同也所以與同者當時道消世亂馳競者衆故諸弟子皆以仕進為心唯點獨識時變故與之也故李充云善其能樂道知時逍遙遊詠之至也夫人各有能性各有尚鮮能舍其所長而為其所短彼三子者之云誠可各言其志矣然此諸賢既已漸染風流飡服道化親仰聖師誨之無倦先王之門

20a

豈執政之所先乎嗚呼遂不能一忘鄙願而暫同于雅好哉諒知情從中來不可假已唯曾生超然獨對揚德音起予風儀其辭精而遠其指高而適亶乎國盛德之所同也三子之談於茲陋矣

周生烈曰善點之獨知時也

三子者出曾皙後 子路求赤三人見孔子與點故已並先出去也曾皙在後未去

曾皙曰夫三子者之言何如 曾皙既留後故問孔子也言向者三子所言者其理如何也

子曰亦各言其志也已矣 孔子答言三子之言雖各不同然亦各是其心所志也

曰吾子何哂由也 點呼孔子為吾子也點又云若各親是言志則孔子何獨笑子路也乎故云何也

子曰為國以禮其言不讓是故哂之 答哂子路之所由也言我咲子路非咲其志也政是咲其率爾不讓故耳夫為國者必應須禮讓而子路既願治國

20b

而率爾其言无所讓讓故哂之耳

苞氏曰為國以禮禮道貴讓子路言不讓故笑之也

唯求則非邦也與安見方六七十如五六十而非邦也者 孔子更證我咲子路之志也若咲子路有為國之志則冉求亦是志於為国吾何獨不咲耶也既不咲求豈獨咲子路乎故云唯求非邦也與言是邦也安見方六七十如五六十而非邦也者亦云是邦也

唯赤則非邦也與宗廟之事如會同非諸侯如之何 又引赤證我不咲子路志也赤云宗廟會同即是諸侯之事豈曰非邦而我何獨不咲乎又明咲非咲志也

孔安國曰明皆諸侯之事與子路同徒 猶黨輩也言求等

21a

所言皆是諸侯之事與子路猶是一黨輩耳 笑子路不讓也 本是咲其不讓也

赤也為之小相孰能為之大相 又因不許赤讓也言赤之才德云自願為小相若以赤為小誰堪大者乎赤又是有明己不咲之故因美之也

孔安國曰赤謙言小相耳孰能為大相者也

顏淵第十二 疏 顏淵孔子弟子也凡為門徒之冠者也所以次前者進業之冠莫過於顏淵故顏淵次先進也○曷云此篇論仁政明遠君臣父子辨惑折獄君子之云諸皆聖賢之格言仕進之階路故次先進也

○顏淵問仁 問孔子為仁之道也

子曰剋己復禮為仁 剋猶約也復猶反也言若能自約儉己身返反於禮中則為仁也于時為奢泰過禮故云禮也一云身能使禮反返身中則為

21b

仁也范寧云克責也復礼謂責克己失礼也非仁者則不能責己復礼故能自責己復礼則為仁矣

馬融曰克己約身也孔安國曰復反也身能反礼

則為仁矣

一日克己復礼天下歸仁焉 更觧克己復礼所以為仁之義也言人君若能一日克己復礼則天下之民咸歸於仁君也范寧云乱世之主不能一日克己故言一日也

馬融曰一日猶見歸况終身乎

為仁由己而由人乎哉 行仁一日而民見歸所以是由己不由他人也

孔安國曰行善在己不在人者也 范寧云言為仁在我豈俟彼為仁耶

22a

顔淵曰請問其目 淵又請求克己復礼之條目也

范氏曰知其必有條目故請問之也

子曰非礼勿視非礼勿聴非礼勿言非礼勿動 此是克己復礼之目也既每事用礼所以是復礼也

鄭玄曰此四者克己復礼之目也

顔淵曰回雖不敏請事斯語矣 回聞條目而敬受之也敏達也斯此也言回雖不達仁礼之理而請敬事此語也

王肅曰敬事此語必行之

仲弓問仁 亦諮仁也 子曰出門如見大賓使民如承大祭 亦荅仁道也言若行出門恒起恭敬如見大賓見大賓必起敬也又若使民力役亦恒用心敬之如承事大

22b

大祭也一云大祭國祭也仁者率動使民事如此也傳稱曰季出門如賓承事如祭仁之則也

孔安國曰為仁之道莫尚乎敬也

己所不欲勿施於人 恕己及物則為仁也先二事明敬後一事明恕恕敬二事乃為仁也

在邦无怨在家无怨 在邦為諸侯也在家為卿大夫也既出門使民皆敬又恕己及物三事並足故為民人所懐无復相怨者也

苞氏曰在邦為諸侯也在家為卿大夫也

仲弓曰雍雖不敏請事斯語矣 事用也

司馬牛問仁 司馬牛是桓魋弟也亦問仁也 子曰仁者其言也訒 荅之也訒難也古者言之不出恐行之不逮故仁者必不易出言故云其言也訒 一云仁道既深不得輕

23a

説故言於人仁事必為難也 王弼云情發於言志淺則言疎思深則言訒也

孔安國曰訒難也牛宋人弟子司馬犂也 名牛 也

曰其言也訒斯可謂之仁已矣乎 牛又疑云言語之難便可謂此為仁乎 一云不輕易言於仁耶

子曰為之難言之得无訒乎 又荅也為猶行也凡行事不易則言語豈得妄出而不難乎又一云行仁既難言仁豈得易故江熙云礼記云仁之為器重其為道遠挙者莫能勝也行者莫能致也勉於仁者不亦難乎夫易言仁者不行之者也行仁然後知勉仁為難故不敢輕言也

孔安國曰行仁難言仁亦不得不難矣

司馬牛問君子 問行君子之道也 子曰君子不憂不懼 荅也君子

23b

坦蕩故不憂懼也孔安國曰牛兄桓魋將為亂牛自宋來學常憂懼故孔子解之言牛常愁其兄之罪過及己故孔子釈云君子不應憂懼者也

曰不憂不懼斯可謂君子已乎牛嫌君子之行不啻不憂懼而已故又諮之

子曰内省不疚夫何憂何懼内省謂反自視己心也疚病也言人生若外无罪悪内忖視己心无有慙病則何所憂懼乎

苞氏曰疚病也内省无罪悪无所可憂懼也

司馬牛憂為其兄桓魋有罪故己恒憂也所以孔子前答云君子不憂也曰人皆有兄弟我獨亡此所憂之事也亡无也牛兄行悪必致殘滅不旦則夕即今雖暫在与无何異故云我獨亡

鄭玄曰牛兄桓魋行悪死喪无日我獨為无兄弟也无日猶无後餘一日也

24a

子夏曰商聞之矣商子夏名也聞牛之言故自称名而為牛解之也不敢言出己故云聞之

死生有命富貴在天此是我所聞為説不須憂之事也言死生冨貴皆稟天所得應至不可逆憂亦不至不可逆求故云有命在天也然同是天命而死生云命冨貴云天者亦互之而不可逃也死生於人為切故云命冨貴比死生者為泰故云天天比命則天為緩也繆播云死生者所稟之性分冨貴者所遇之通塞人能命養之以福不能令所稟易分不可易命也能修道以待賈不能遺時必泰不可必天也天之為言自然之勢運不為結人之貴賤也

君子敬而无失死生冨貴既理不易故當委之天命此処无憂而此句以下自可人之驕為修理也敬而无失是廣愛衆也君子自敬己身則与一物无失者也与人恭而有礼此謂恭而親仁也人猶仁也若彼有仁者

24b

當恭而礼之也四海之内皆為兄弟也疎悪者无失善者恭礼故四海九州皆可親礼如兄弟也君子何患乎无兄弟也既遠近可親故不須憂患於无兄弟也

苞氏曰君子疎悪而友賢九州之人皆可以礼親也疎悪解敬而无失友賢釈与人恭而有礼也

子張問明問人行何事而可謂之明乎子曰浸潤之譖答也浸潤猶漸漬也譖讒謗也夫拙為讒者則人易覺巧為讒者日日漸漬細進謂當時使人受而不覺如水之浸潤漸漬久之必湿也故謂能讒者為浸潤之譖也膚受之愬膚者人肉皮上之薄緜也愬者相訴讒也拙相訴者亦易覺也若巧相訴害者亦日日積漸稍進為如人皮膚之受塵垢當時不覺久久方覺不淨故謂能訴害人者為膚受之愬也不行焉可謂明也已矣言人若覺彼浸譖膚

25a

訴害使二事不行則可謂為有明也鄭玄曰譖人之言如水之浸潤以漸成人之禍也此巧譖者

馬融曰膚受皮膚外語非其内實也巧愬者也如馬意則謂内實之訴可受若皮膚外語虚妄則謂為膚受也然馬此注与鄭不類也若曲曰使相類則當云皮膚外語非内實者即是膚愬積漸入於皮膚非内實也

浸潤之譖膚受之愬不行焉可謂遠也已矣又廣答也言若使二事不行非唯是明亦是高遠之德也孫綽云問明而及遠者其有高旨乎夫顆明察以䏚讒猶火燄滅之以水雖消突有旁亦已殆矣若遠而絶之則倿根玄援鑒巧无迹而遠躰黙全故知二辞雖同而後喩弥深微顕之義其在茲乎顔延之云譖潤不行雖由於明明見之深乃出於躰遠不對於情偽故功既於明見弁言其功故曰明極言其本故曰遠也

馬融曰无此二

25b

者非但為明其德行高遠人莫能及之也

子貢問政　問為政之法也　子曰足食足兵令民信之矣　答之也食為民本故先須足食也時澆後須防衞故次足兵也雖有食有兵若君无信則民衆离背故必使民信之也　子貢曰必不得已而去於斯三者何先　已止也子貢又諮云已奉知治國必須食兵信三事若假令被逼必使除三事之一而辟不得止則三事先去何者耶　曰去兵　答也兵比二者為劣若事不獲已則先可去兵也　曰必不得已而去於斯二者何先　又子貢又問雖餘食信二事若假令又被逼使去二事之一則先去何者也　曰去食　孔子又答云若復被逼去二中之一則先去食　自古皆有死民不信不立　孔子既答云去食又恐子貢致嫌故更此為解之也言人若不食乃必致死雖然自古迄今雖復皆

26a

食亦未有一人不死者是食與不食俱是有死也而自古迄今未有一國无信而國安立者今推其二事有死自古而有无信國立自古而无今寧從其有者故我云去食也故李充云朝聞道夕死孔子之所貴捨生取義孟軻之所尚自古有不亡之道而无有不死之人故有殺身非喪己苟存非不亡己也

孔安國曰死者古今常道也人皆有之治邦不可失信也

棘子城曰君子質而已矣何以為文　棘子城云君子所行但備質樸而足何必用於文華乎　鄭玄曰舊說云棘子城衛大夫也

子貢曰惜乎夫子之說君子也　子貢聞子城之言而譏之也夫子謂呼子城為夫子也言汝所說君子用質不用文為過失之甚故云惜乎夫子說君子　駟不及舌　此所惜之事也駟四馬也古用四馬共牽一車故呼四馬為駟也人生過言一出口則雖四馬駿足追之亦所

26b

不及故云駟不及舌也　鄭玄曰惜乎夫子之說君子也過言一出駟馬追之不及舌也

文猶質也質猶文也　更為子城解汝所說君子用質不用文所以可惜之理也將欲解之故此先述其意也言汝意云文猶質質猶文故曰何用文為者耳　虎豹之鞟猶犬羊之鞟也　述子城意竟故此又辟之不可也鞟者皮去毛之稱也虎豹所以貴於犬羊者政以其毛文炳蔚為異耳今若取虎貌及犬羊皮俱滅其毛唯餘皮在則誰復識其貴賤別於虎豹與犬羊乎譬於君子所以貴者政以文華為別今遂若使質而不文則何以別於君子與衆人乎

孔安國曰皮去毛曰鞟虎豹與犬羊別者正以毛文異耳今使文質同者何以別虎豹與犬羊耶

27a

哀公問於有若曰年飢用不足如之何　魯哀公愚暗政苛賦重故民廢其業所以積年飢荒國用不足公苦此患故問有若求不飢而用足之法也　有若對曰盍徹乎　盍何不也徹謂十而稅一也魯起宣公而十稅二至于哀公亦猶十二賦稅既重民飢國之田於十二故有若答云今依舊十一故云何不徹也　鄭玄曰盍者何不也周法十一而稅謂之徹徹通也為天下之通法也　徹字訓通故漢武名徹而改天下宜言徹者一切云通也今依王制云古者公田籍而不稅鄭玄曰籍之言借也借民力作公田美惡取於是不稅民之所自治也孟子曰夏后氏五十而貢殷人七十而助周人百畝而徹則所云百者謂殷時也其實皆十一也依按如記注夏家民人盛大則一夫受田五十畝殷承夏末民人稍少故一夫受田七十畝周承於紂人民凋盡故一夫受田百畝三代雖異同十分徹一

27b

故徹二為通法也。疏云：貢者，是分田與民，作之所獲，隨豐儉十分貢一以上於王也。疏：民猶淳少於欺詐，故云貢也。殷人漸澆，不復所可信，故分田與民，十分取一為君，借民力以耕作，於一季豐儉隨其所得還君，不復稅民私作者也。至周大文，而王畿內用夏之貢法。所以然者，為去王近，為王視聽所知，兼鄉遂公邑之吏旦夕從民事，為其役之以公，使不得恤其私也。若王畿外邦國諸侯，悉用殷之助法。所以然者，為諸侯專一國之政，貪暴稅民無法故也。故詩有雨我公田，遂及我私。又宣公十五年初稅畝，傳曰非禮也，穀出不過籍，以豐財也。按此二文，說既有公私，稅又云不過籍，則知諸侯助法也。又以周禮載師論之，則畿內用夏之貢法。其中有輕重〻〻不同，即各有意，此不復具言也。

曰：二，吾猶不足，如之何其徹也。公聞有若使為十一，故拒之也。言稅十取二，吾國家之用猶尚不足，今若為今，我十分取一乎？故云如之何其徹也。

28a

孔安國曰：二謂十二而稅也。

對曰：百姓足，君孰與不足？有若答君所以合十一之理也。言君若輕稅，則民下百姓得寬，各從其業〻從人寬，則家家豐足。民既豐足，則豈有乏君而不足耶？故云百姓足君孰與不足也。孰，誰也。百姓不足，君孰與足？又云君既重稅一，則民從公先豐二，則貧无粮糧，故家家食空竭，人人不足。既人人不足，故君豈得足之？故云君誰與足也。故江熙云：為家者與一家俱足乃可謂足，豈可足己而謂之足也？夫儉以足用，寬以愛民，日計之可不足，而歲計則有餘。十二而行，日計可有餘，歲計則不足。行十二而不足，不思損而益足，揚湯止沸，疾行遁影，有乎之所以發德音者也。

孔安國曰：孰，誰也。

子張問崇德辨惑。問求崇重有德，辨別疑惑之法也。苞氏曰：辨，別也。

28b

子曰：主忠信，徙義，崇德也。此答崇德也。言若能復以忠信為主，又若見有義事，則徙意從之，此二條是崇德之法也。苞氏曰：徙義，見義則徙意從之也。

愛之欲其生也。此答辨惑也。中人之情不能忘於愛惡，若有人從己〻則愛之，當愛此人時，必願其生活於世也。惡之欲其死也。既欲其生也，又欲其死，其惑也。猶是前所愛者，而彼忽違己〻便憎惡之，既深便願其死也。猶是一人，而愛憎生死起於我心〻不定，故為惑矣。苞氏曰：愛惡當有常，一欲生之，一欲死之，是心惑也。

誠不以富，亦祇以異。引詩證為惑人之言，生死不定之人，誠不足以致富，而只以為異事行耳。鄭玄曰：此詩小雅也。祇，適也。言此行誠不可以致富，適足以為異耳。取此詩之異義以非之也。

29a

齊景公問政於孔子。于時齊弱，為其臣陳桓所制，景公患之，故問政方法於孔子也。

孔子對曰：君君，臣臣，父父，子子。孔子隨其政惡而言之也。言為風政之法，當使君行君德，故云君君也。君德謂惠也。臣當行臣禮，故云臣臣也。臣禮謂忠也。父為父法，故云父父也。父法謂慈也。子為子道，故云子子也。子道謂孝也。孔安國曰：當此時，陳桓制齊，君不君，臣不臣，父不父，子不子，故以此對也。

左傳恒字或通欤

公曰：善哉！信如君不君，臣不臣，父不父，子不子，公聞孔子言而服之也。言我國信有此四事也。雖有粟，吾豈得而食諸？諸，之也。公又言國既方亂，我雖有粟米俸祿，我豈得長食之乎？孔安國曰：言將危也。陳氏果

減刑也　後陳桓弑齊君是也江熙云景公諭旨故復遠述而弊不食粟之憂善其識言也

子曰片言可以折獄者其由也与　片猶偏也折獄謂判辨獄訟之事也由子路也夫判辨獄訟必須二家對辭子路既能果斷故偏聽一辭而能折獄也一云子路性直情無所隱者若聽子路之辭亦則一辭亦足也故孫綽云謂子路心高而訐信未嘗文過以自衛聽訟者便冝以子路單辭為正不待對驗而後分明也非謂子路聞人片言而便能斷獄也

孔安國曰片猶偏也聽訟必須兩辭以定是非偏信一言以折獄者唯子路可也　就此注意亦得兩通也

子路無宿諾　宿猶逆也諾猶許也子路性篤信恐臨時多故曉有所不得行故不逆言許人也

宿猶豫也子路篤信恐臨時多故故不豫諾也

子曰聽訟吾猶人也　孔子言若有訟而使我聽出決之則我与人不異故云吾猶人也

苞氏曰言与人等也

必也使無訟乎　言我所以異於人者當訟未起而化之使不訟耳故孫綽云夫訟之所生先明其契而後訟不起耳若訟至後察則不異於凡人也此言防其本也

王肅曰化之在前也

子張問政　問為政方法也　子曰居之無倦行之以忠　答云言身居政事則莫懈倦又凡所行用於民者必盡忠心也

王肅曰言為政之道居之於身無得懈倦行之於民必以忠信之也矣

子曰君子博學於文約之以禮亦可以弗畔矣夫　能以禮約束也　畔違背也言人廣學文章而又以禮自約束則亦得不違背正理也

鄭玄曰弗畔不違道也

子曰君子成人之美不成人之惡　美子己同故成之也惡子己異故不成之　小人反是　惡子己同故成之也美子己異故不成之也故子君子反也

季康子問政於孔子　亦問為政之法於孔子也　孔子對曰政者正也　解字訓以答之也言所以謂治官為政者政訓中正之正也　子帥而正孰敢不正　又解政所以訓正之義也言民之從上如影隨身表若君上自率己身為正之事則民下誰敢不正者耶

鄭玄曰季康子魯上卿諸臣之帥也　帥猶先也既為上卿故為同朝諸臣之先也季充云我好靜而民自正也

季康子患盜問於孔子　患國內多偸盜故問孔子問於孔子求除盜之法也

孔子對曰苟子不欲雖賞之不竊　孔子答多盜之由也子指季康子也竊猶盜也言民所以為盜者由汝貪欲不厭故民從汝而為盜耳若汝心苟無欲假令重賞於民令民為盜則民亦不為也是從汝故也

孔安國曰欲多情欲也言民化於上不從其所令從其所好也　雖賞不竊是不從其所令也康子患之而民為之不止是從其所好也季充云我無欲而民自樸者也

季康子問政於孔子曰如殺無道以就有道何如　就成也康子問孔子而言為政欲并殺無道之人而成就爵祿有道者其事好不故云何如也

31b

孔安國曰就成也欲多殺以止姦也

孔子對曰子為政焉用殺孔子不許其殺也言汝自為政由汝焉用殺乎子欲善而民善矣民有道无道終由於汝汝若善則民自善豈復无道乎令之无道由汝无道之故也君子之德風也小人之德草也更為民從上之譬也君子人君也小人民下也言人君所行其德如風也民下所行其事如草草尚之風必偃尚猶加也偃臥也言君如風民如艸上加風則艸必臥東西隨風如民從君也

孔安國曰亦欲令康子先自正也偃仆也仆亦踣臥也加草以風無不仆者猶民之化於上也

子張問士何如斯可謂之達士通謂大夫也達謂身命通達也子張問為士

32a

之法何者為德行而謂得為達士耶也子曰何哉尒所謂達者矣孔子欲知子張意非故反質問之也言汝意謂若為達是達而問之也故云何哉尒所謂達者也子張對曰在邦必聞在家必聞在邦謂仕諸侯也在家謂仕卿大夫也子張荅云己所謂達者言若仕為諸侯及卿大夫者必並使有邑荅遠聞者是為達也

鄭玄曰言士之所在皆能有名譽也

子曰是聞也非達也孔子曰汝所言者則聞耳非是達也繆協云聞者達之名達者聞之實而狥為名者衆驗實者寡故利名者飾僞敦實者敀真是以名分於聞而道隔於達也夫達者質直而好義既謂子張之達是聞故此更為其說達也言夫達者質性正直而所好者義也察言而觀色達者又能察人言語觀人容色者也慮以下人既察於言色又

32b

須懷於讓退思以下人也

馬融曰常有讓退之志察言語見顔色知其所欲其念慮常欲以下人也

在邦必達在家必達此人所在必有此諸行以達於人故云必達也

馬融曰謙尊而光卑而不可踰也引謙卦證慮以下人所以是必達之義也既謙光尊不可踰故所在必達也

夫聞者色取仁而行違孔子更為子張說聞非達也時多佞顔色一往亦能假顔色為仁而不能行之故云色取仁而行違也居之不疑既能為假能為假故居此假而能使人不疑之也非唯不為他所疑而已亦自不復自疑也

馬融曰此言佞人也佞人假仁者之色行之則違安居其偽而不自疑者也

33a

在邦必聞在家必聞既佞人黨多故所在必聞也繆協云世乱則佞人多黨盛則多聞斯所謂歎衰運疾弊俗

馬融曰佞人黨多也沈居士云夫聞之與達為理自異達者德立行成聞者有名而已夫君子深沖隱黙若長沮桀溺石門晨門有德如此始都不聞於世近世魏々蕩々有實如此而人都不知是不聞也並終然顯称名則是達也漢書称王莽始折節下士鄉黨称孝州閭称悌至終然豺狼迹著而毋死不臨班固云此所謂在邦必聞在家必聞色取仁而行違者也聞者達之名達者聞之實有實者必有名〻者不必有實〻深乎本聞浮於末也

樊遲從遊於舞雩之下此舞雩之処近孔子家故孔子往遊其壇樹之下而弟子樊遲從之

苞氏曰舞雩之処有壇墠樹木故其下可遊也

曰敢問崇德修慝辯惑既從遊而問此三事也修治也慝惡也謂治惡為善也問

33b

崇德治惡辨惑之叓也　孔安國曰慝惡也修治也治惡為善也

子曰善哉問　將欲荅之故先美其問之善也　先事後得非崇德与　荅崇德也先叓謂先為勤勞之叓也後得謂後得祿位己勞若能如此豈非崇德乎言其是也故范寗云物莫不避勞而処逸今以勞叓為先得叓為後所以崇德也

孔安國曰先勞於叓然後得報也

攻其惡毋攻人之惡非修慝与　荅修慝也攻治也言人但自治己身之惡改之為善而不須知他人惡叓若能如此豈非修慝也　一朝之忿忘其身以及其親非惑与　荅辨惑也君子有九思忿思難故若人觸威者則思後有患難不敢遂肆我忿以傷害於彼也若遂肆忿忘於我身又災過及己親此則己為惑故宜辨明知而不為也

34a

樊遲問仁　問為仁之道也　子曰愛人　仁以惻隱濟衆故曰愛人也　問智　樊遲又問智也　子曰知人　孔子荅曰能知人者則為智也　樊遲未達　猶曉也已曉愛人之言而問曉知人之旨也　子曰舉直錯諸枉能使枉者直　錯廢也枉邪也　樊遲既未曉知人之旨故孔子又為說之也言若舉正直之人在位用之而廢置邪枉之人不用則邪枉之人皆改枉為直以求舉之　范氏曰舉正直之人用之廢置邪枉之人則皆化為直也

樊遲退見子夏　樊遲猶未曉舉直錯諸枉之言故退而往見子夏欲問之　曰嚮也吾見於夫子而問智子曰舉直錯諸枉能使枉者直何謂也　樊遲既見於子夏而述夫子之言問之何謂也　子夏曰富哉是言乎

34b

子夏得問而曉孔子語故先美之也富盛也云孔子之語甚盛　孔安國曰富盛也

舜有天下選於衆舉皐陶不仁者遠矣　引叓以荅舉直錯枉也言舜昔有天位選擇諸民衆中舉得皐陶在位用之則是舉直也而不仁者不敢為非故云遠矣即是枉者直也　湯有天下選於衆舉伊尹不仁者遠矣　恐樊遲猶未曉故又舉條叓　孔安國曰言舜湯有天下選擇於衆舉皐陶伊尹則不仁者遠矣仁者至矣　蔡謨云何謂不仁者遠〻去也若孔氏言能使枉者去則是智也今云能使枉者直是化之也孔子言其化子夏謂之去者亦為舜之昧達乃甚於樊遲也子夏言此者美舜湯之知人皐陶伊尹之致治也无縁說其道化之美但言不仁者去矣言遠者豈必足涉遐路身適異邦賢愚相殊是亦遠矣故曰性相近也習相遠也

35a

不仁之人感化遷善去邪枉正直是与故謂遠也蔡氏之通与孔氏无異但孔氏云不仁者遠少為紆耳若味而言之則遠是遠惡行更改為善行也

子貢問友　諮求朋友之道也　子曰忠告而以善導之　朋友主切磋若見有不善當尽己忠心告語之又以善叓更相誘導也　否則止无自辱焉　否謂彼不見從也若彼苟不見從則使止而不重告也若重告不止則彼容反見罵辱故云无自辱焉　范氏曰忠告以是非告之也以善導之不見從則止必言之或見辱也　若必更言之也或反見辱也

曾子曰君子以文會友　言用友相會以文德為本也

孔安國曰友以文德合也

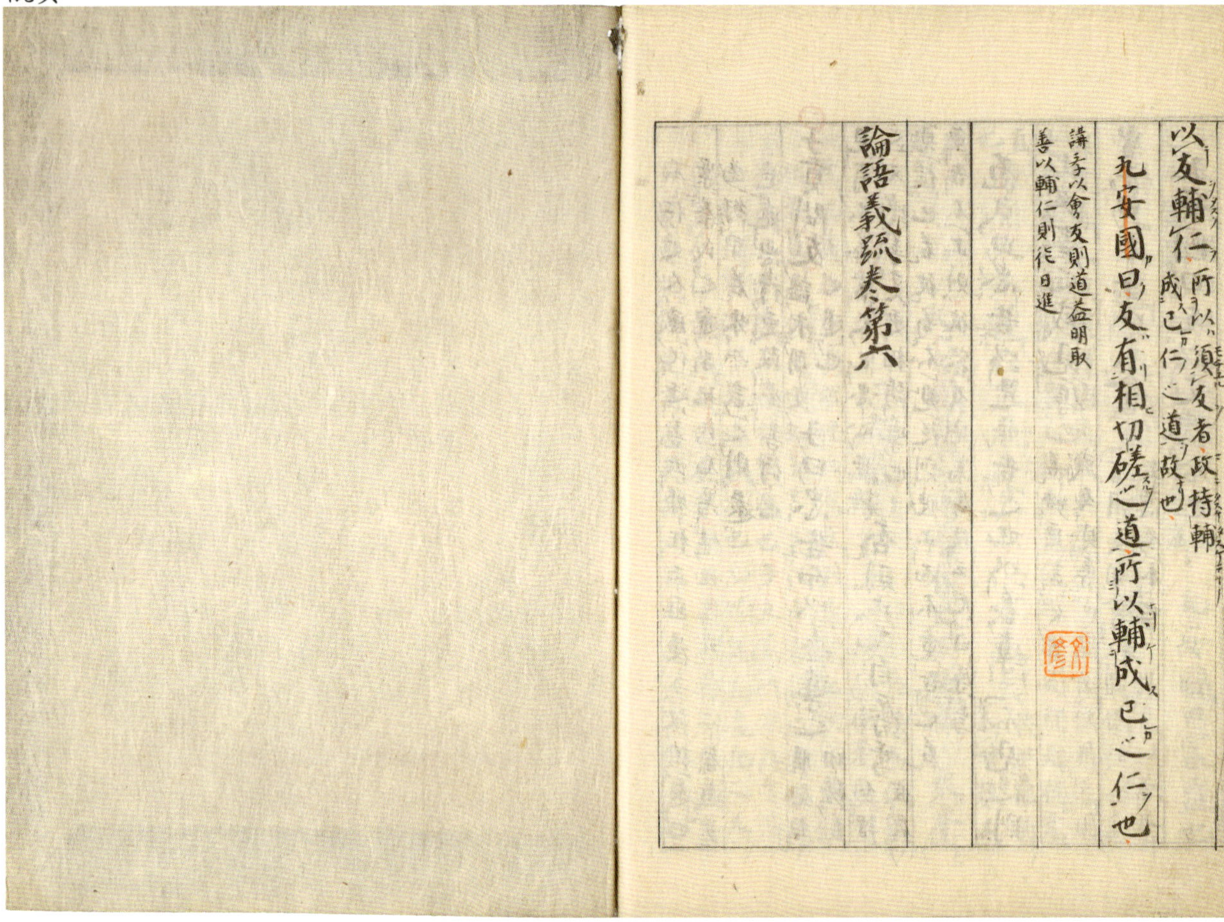
以友輔仁所以須友者政持輔成己仁之道故也
孔安國曰友有相切磋之道所以輔成己之仁也
講學以會友則道益明取善以輔仁則德日進
論語義疏卷第六

書衣

書衣

襯頁背面

書衣背面

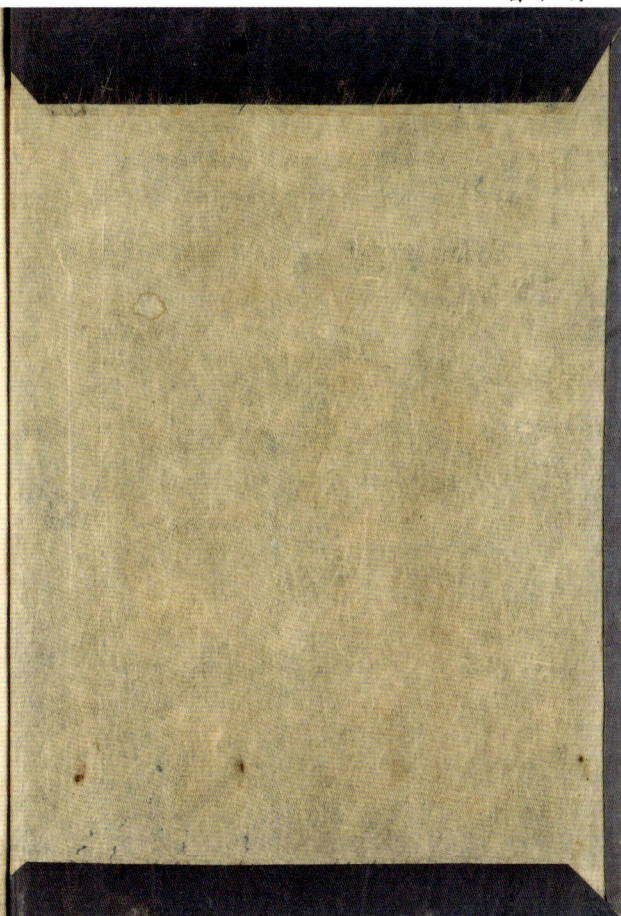

1a 襯頁

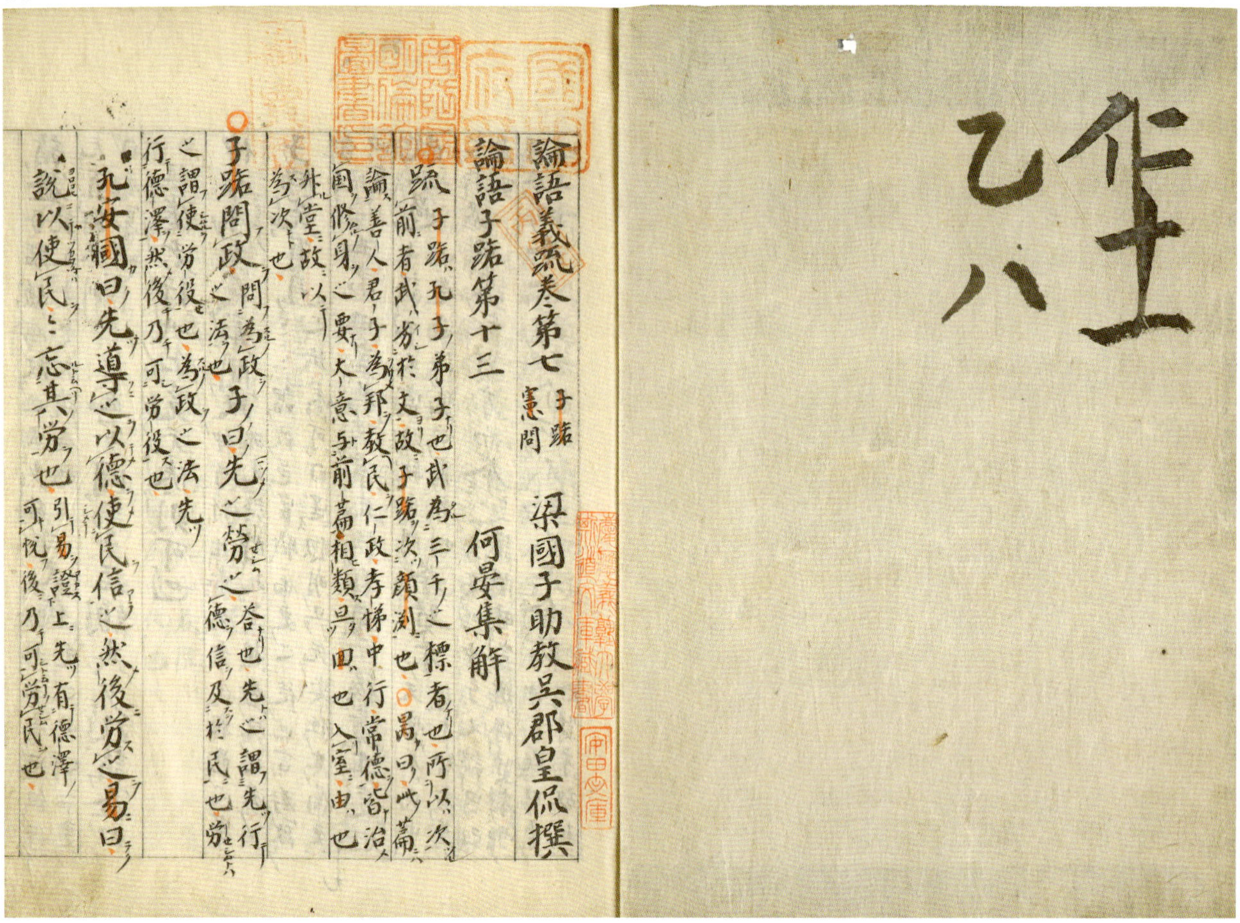

論語義疏巻第七 子路 憲問　梁國子助教呉郡皇侃撰

論語子路第十三　何晏集解

疏子路孔子弟子也武為三千之標者也所以次前者武劣於文故子路次顔淵也○蜀曰此篇論善人君子為邦教民仁政孝悌中行常德皆治國修身之要大意与前篇相類是回也入室由也升堂故以為次也

○子路問政 問為政之法也 子曰先之勞之 荅也先之謂先行之謂使勞役也為政之法先行德澤然後乃可勞役也

孔安國曰先導之以德使民信之然後勞之易曰説以使民民忘其勞也 引易證上先有德澤可悦後乃可勞民也

2a 1b

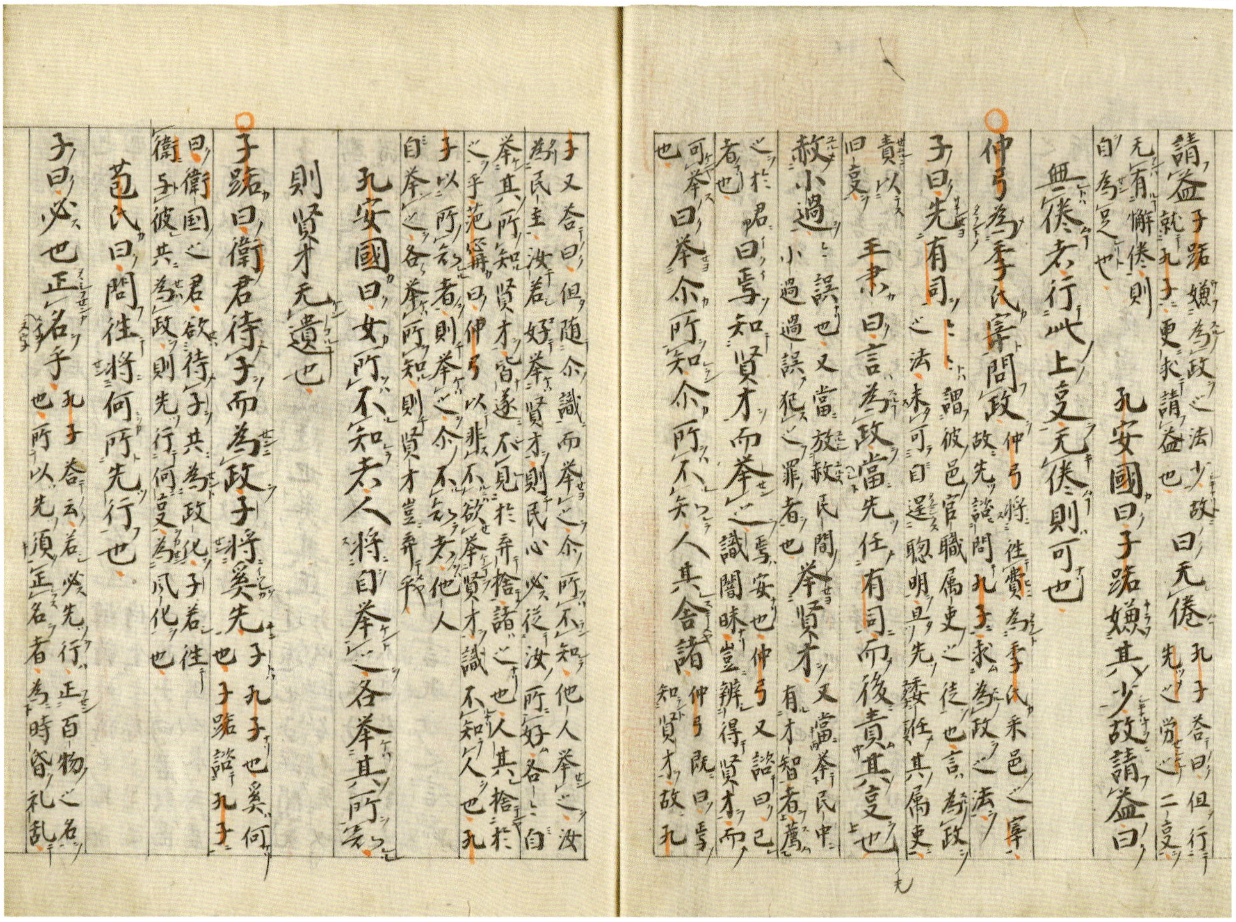

請益 子路嫌為政之法少故就孔子更求請益也 曰無倦 孔子荅曰但行先之勞之二事無有懈倦則自為足也

孔安國曰子路嫌其少故請益曰無倦者行此上事無倦則可也

○仲弓為季氏宰問政 仲弓將往費為季氏采邑之宰故先諮問孔子求為政之法

子曰先有司 謂彼邑官職屬吏之徒也言為政之法未可自逞聰明且先委任其屬吏責以旧事

王肅曰言為政當先任有司而後責其事也

赦小過 小過誤也又當放赦民間小過過誤犯之罪者也 舉賢才 又當舉民中有才智者薦之於君者也

曰焉知賢才而舉之 焉安也仲弓又諮曰己識闇昧豈辨得賢才而可舉也

曰舉尒所知尒所不知人其舍諸 仲弓既曰焉知賢才故孔子又荅曰但隨尒識而舉之尒所不知他人舉之汝為民主汝若好舉賢才則民心必從汝所好各自舉其所知賢才皆遂不見於弃捨諸之也人其捨於之乎范甯曰仲弓以非不欲舉賢才識不知人也孔子以所知者則舉之尒不知者他人自舉之各舉所知則賢才豈弃乎

孔安國曰女所不知者人將自舉之各舉其所知

則賢才無遺也

○子路曰衛君待子而為政子將奚先 子孔子也奚何也子路諮孔子曰衛国之君欲待子共為政化子若往衛与彼共為政則先行何事為風化也

苞氏曰問往將何所先行也

子曰必也正名乎 孔子荅云若必先行正百物之名也所以先須正名者為時昏礼亂

論語義疏二種

2b

言語紛雜名物失其本號故為政必以正名為先也
所以下卷云邦君之妻君称之曰夫人之屬是正名
之類也　馬融曰正百事之名也　韓詩外傳云孔子侍坐季孫季孫之
宰通曰君使人假馬其與之不乎孔子曰君取臣謂之取不謂之假季孫悟告宰曰今日以来云君
有取謂之取无曰假也故孔子正假馬之名而君臣之義定也
子路曰有是哉子之迂也奚其正　迂遠也子路聞孔子以正名為先以
為不是故云有是哉言正名非是也又云子之迂也謂孔子所言正名於為政之事闊遠不近於事實又
云奚其正言何須正也　苞氏曰迂猶遠也言孔子之言疏
遠於事也　謂正名與事相乖違者也
子曰野哉由也　野不達也由子路名也子路不曉正名之理也便謂孔子言遠於事實故

3a

孔子責之野哉由也所以前卷云由誨汝知之乎不知為不知是知也
孔安國曰野猶不達也
君子於其所不知蓋闕如也　既先責之云野哉此又戒之言君子之人若事
於己有不知則當闕而不言今汝乎不知正名之義便謂為迂遠何乎
苞氏曰君子於其所不知當闕而勿據今由不知
正名之義而謂之迂遠也
名不正則言不順　戒之　既竟更又為說正名之義言所以為政先須正名且夫名以召
實〻以應名今若倒錯不正則當言語紕繆不得順序也　言不順則事不成　事謂國家
所行之事若言不從順序則故政行觸事不成也　事不成則禮樂不興　〻猶行也

3b

若国事多失則禮樂之教不通行也　禮樂不興則刑罰不中　禮以安上治民樂以
移風易俗若其不行則君上不安惡風不移故有淫刑濫罰不中於道理也　苞氏曰禮
以安上樂以移風二者不行則有淫刑濫罰也
刑罰不中則民无所措手足　措猶置立也刑罰既濫故下民畏懼刑罰之濫
所以跼天蹐地不敢自安是无所自措手足也　故君子名之必可言也　民既
无所措手足由於名之不正故君子為政者冝正其名必使順序而可言也　言之必可行
也言既順序則事所以可行也　王肅曰所名之事必可得而
明言也所言之事必可得而遵行也
君子於其言无所苟而已矣　言必使可行故於其言不得苟且而不正也邪

4a

注云正名謂正書字也古者曰名今世曰字禮記曰百名已上則書之於策孔子見時教不行故欲正其
文字之誤　樊遲請學稼　樊須字子遲稼者種穀之名樊遲請於孔子求學種五穀之術也
子曰吾不如老農　農〻者濃也是耕田之人也言耕田所以統国家倉廩濃厚也樊遲既
請學稼於孔子〻言我門唯有先王之典籍非耕稼之所汝若欲學稼當就農夫之老者學之故云吾
不如老農　請學為圃　圃〻者種菜之事也既請農不許又更就孔子求學種菜之術也　子曰
吾不如老圃　又荅曰我不如種菜之老圃者也　馬融曰樹五穀曰稼
樹種殖也五穀黍稷稲梁之屬種之曰稼收歛曰穡稼猶嫁也言種穀欲其滋長田苗如人嫁娶生
於子孫也穡嗇也言穀熟而歛藏之如慳貪吝嗇之人聚物也　樹菜蔬曰圃　蔬猶
菜也種菜曰圃〻之言布也取其分布於地若種菓實則曰園〻之言蕃也種菓於園外為蕃盛也

4b

樊遲出。既請二者不爲。子曰：小人哉樊須。小人是貪利者也。樊遲出後，孔子呼名罵之。君子喻於義，小人喻於利。樊遲在孔子之門，不請學仁義忠信之道，而學求利之術，故云小人也。上好禮則民莫敢不敬。責之既竟，此又說學君子之道勝學小人之事也。言上若好禮則民下誰敢不敬，故云莫敢不敬也。禮主敬故也。上好義則民莫敢不服。君若裁斷得宜則民下皆服。義者宜也。上好信則民莫敢不用情。君上若好信則民下有敬，不復欺，故相與皆盡於情理也。李充曰：用情猶盡忠也。行禮不求敬而民自敬，好義不以服民而民自服，施信不以結心而民自盡信。言民之從上，猶影之隨形也。孔安國曰：情，情實也。言民化其上，各以情實應也。夫如是則四方之民襁負其子而至矣。夫，發語端也。是者，此也。負

5a

子以器曰襁。言上若好行上三事，夫得如此，四方之民大小皆化，故並器負其子而來至也。李充云：負子以器，言化之所感，不召而自來。焉用稼。焉猶何也。行此三事而四方自皆歸，則何用學稼乎。李充曰：余謂樊遲雖非入室之流，然亦從遊侍側，對揚崇德辨惑之義，且聖教殷勤，唯學爲先，故言君子謀道不謀食。又曰：耕也餒在其中矣，學也祿在其中矣。而遲親稟明誨，乃諮圃稼，何頑之甚哉。縱使樊遲欲舍學營生，猶足知非聖師之謀矣。將恐三千之徒雖同學聖門，而未能皆忘榮祿，道教之益，奢惰之患，切簞食不改其樂者唯顏回堪之耳。遲之斯問，將必有由，亦如宰我問喪之謂也。苞氏曰：禮義與信足以成德，何用學稼以教民乎。負者以器曰襁也。襁者以竹爲之，或云以布爲之。今蠻夷猶以布帊裹兒負之背也。

子曰：誦詩三百，不用文，背文而念曰誦，亦曰口讀曰誦。詩有三百五篇，云三百，舉全數也。

5b

言人能誦詩之至也。授之以政，不達，達猶曉也。詩有六義，國風二雅並是爲政之法，今授政與此誦詩之人，不能曉解也。袁氏曰：詩有三百篇，是以爲政者也。使於四方，不能專對，專猶獨也。孔子語鯉曰：不學詩無以言。又曰：可以群，可以怨，邇之事父，遠之事君，多識於草木鳥獸之名。者今雖此誦詩之人，聘問鄰國而不能專獨應對也。袁氏曰：古人使賦詩而荅對。雖多亦奚以爲。奚何也。誦詩宜曉政，而今不達，又應專對而今不能，雖復誦詩之多，亦何所爲用哉，故云亦奚以爲也。專猶獨。

子曰：其身正，不令而行。如直形而影自直。范寧曰：上能正己以率物，則下不令而自從也。其身不正，雖令不從。如曲表而求直影，影終不直也。范寧曰：上行理辭而制下使正，猶立邪表責直影，猶東行求郢而北，終年不得也。楚都也，南之 郢

令，教令也。

6a

子曰：魯衛之政，兄弟。魯是周公之封，衛是康叔之封。周公康叔是兄弟，當周公初時，則二國風化政亦俱能治化如兄弟，至周末二國風化俱惡，亦如兄弟，故衛瓘曰：言治亂略同也。苞氏曰：魯，周公之封；衛，康叔之封也。周公康叔既爲兄弟，康叔睦於周公，其國之政亦如兄弟也。睦，親也。言康叔親於周公，故風政得和好也。

子曰：衛公子荊善居室。衛公子荊是衛家公子也。諸侯之庶子並稱公子。居其家能治，不爲奢侈，故曰善居室。王肅曰：荊與蘧瑗、史鰌並爲君子也。蘧瑗字伯玉，後卷云君子哉蘧伯玉，亦是也。吳公子札出聘于國，適衛，說蘧瑗、史狗、史鰌、公子荊、公子叔、公子朝，曰：衛多君子，未有衛國患也。事在春秋第十九卷襄公十九年也。

6b

始有曰苟合矣　此是善居室之事始有謂為居初有財帛時也曰猶云也苟苟且也苟且
非本意也于時人皆无而為有虚而為盈奢華過實子荊初有財帛不敢言己才力所招但云是苟且遇
合而已　少有曰苟完矣　少有謂更後少勝於始有時多也也既少勝於前始有但云苟且
得自全完而已不敢言欲為久富貴也　富有曰苟美矣　冨有謂家道遂大冨時也亦云
苟且為美非是性所欲故云苟美矣　子適衛冉子僕　適往也僕御車也孔子往衛冉
有時為孔子御車也　孔安國曰孔子之衛冉有御也
子曰庶矣哉　庶衆也孔子歎衛人民之衆多也矣
孔安國曰庶衆也言衛民衆多也
冉有曰既庶矣又何加焉　加益也冉有言其民既已衆多復何以滋之也

7a

冨之　孔子曰宜益以冨　曰既冨矣又何加焉　冉有又問既已冨益又復何以
益之　曰教之　既冨而後可以教化之范寧曰衣食足當訓義方也　子曰苟有用我
者朞月而已可也　苟誠也朞月謂年一周也可者未足之辭也言若誠能用我為治政
者一年即可小治也一年天氣一周變改人情亦小改也　三年有成　大成也三年一閏是天
道一成改為政治者得三年必政亦成也　孔安國曰言誠有用我於政
事者朞月而可以行其政教必三年乃有成功也
子曰善人為邦百年亦可以勝殘去殺矣　善人謂賢人也為者
治也為邦謂為諸侯也勝殘謂政教理勝而殘暴之人不起也去殺謂无復刑殺也言賢人為諸侯已百
年則殘暴不起所以刑辟无用袁氏曰善人謂体善德賢人也言化當有漸也任善用賢則可止刑任惡

7b

則殺俞生也　王肅曰勝殘者勝殘暴之人使不為惡
也去殺去不用刑殺也
誠哉是言也　誠信也古旧有此語故孔子稱而美信之
孔安國曰古有此言故孔子信也
子曰如有王者必世而後仁　王者謂聖人為天子也世三十年也聖人化速
故三十年而政乃大成必須世者旧被恶化之民已盡新生之民得三十年則所稟聖化易成故顔延曰
革命之王必漸化物以善道染乱之民未能從道為化不得无威刑之用則仁施未全改物之道必須易
世使正化德教不行暴乱則刑罰可措仁功可成繆播曰習乱俗雖畏法刑而外必猶未能化也必待世
変人改生習治道然後仁化成也刑措成康化隆文景由乱民之世易既泰之俗遠也

8a

孔安國曰三十年曰世如有受命王者必三十年
仁政乃成也
子曰苟正其身矣於從政乎何有　苟誠也言誠能自正其身則為政不
難故曰何有　不能正其身如正人何　其身不正雖令不從故云如正人何也故
江熙曰從政者以正人為事也身不正那能正人乎　冉子退朝　謂旦朝竟而还家朝廷云
退也　周生烈曰謂罷朝於魯君也　冉子尒時仕季氏旦上朝於魯
君當是季氏冉有從之朝魯君也
子曰何晏也　晏晚也冉子还晚於常朝故孔子問之今还何晏也范寧曰冉求早朝晚退故
孔子疑而問也　對曰有政　荅所以退晚之由也言在朝論於政吏故至晏也

8b

馬融曰政者有所改更匡正也

子曰其事也 孔子謂冉有所云有政非也應是凡所行小事耳故云其事也

馬融曰事者凡所行常事也

如有政雖不吾以吾其与聞之 孔子更說所以知非政之由也以用也言若必是有政事雖不吾既必應用而吾既為卿大夫亦當必應參預聞之今既不聞則知汝所論非關政也

馬融曰如有政非常之事我為大夫雖不見任用必當与聞也 繆播曰案称政事冉有季路未有不知其名而不能職其事者斯蓋微言以譏季氏專政之辭若以家臣无專政之理則二三子為宰而問政者多矣未聞夫子有譏焉

定公問一言而可以興邦有諸 定公魯君也諸之也問孔子有出一言而

9a

能興邦者不乎 孔子對曰言不可以若是 者猶如此也答曰豈有出言而興得邦國乎言不可得頓如此也 其幾 近也然一言雖不可即使興而有可近於興邦者故云其幾也

王肅曰以其大要一言不能正興國也幾

近也有近一言可興國也

人之言曰為君難為臣不易 此已下是一言近興邦之言設有人云在上為君既為人主不可輕脫罪戾元首故為難也又云為人臣者国家之事應知无不為也必致身竭命故云不易也

如知為君難也不幾乎一言而興邦乎 如若也知為君難而云不敢作此言則豈不近一言興邦乎不云為臣不易者從可知也且君道尊貴為人所貪欲故特舉君也

孔安國曰事不可以一言而成也知如

9b

此則可近也

曰一言而可以喪邦有諸 定公又問有一言而令邦国即喪者不乎

孔子對曰言不可以若是其幾也 亦如前荅亦有言近之者也

人之言曰予無樂乎為君唯其言而樂莫予違也 此舉近喪邦之言也設有人言我本無樂為人之君上所以樂為之者正言我有言語而人畏我无敢違拒我者也此故所以樂為君耳

孔安國曰言無樂於為君所樂者唯樂其言而不見違也

如其善而莫之違也不亦善乎 將說其惡故先發此句也此者為君而出言必善而民不違如此者乃可為善耳故云不亦善乎

如不善而莫之違也不

10a

幾乎一言而喪邦乎 又荅若為君而言不善使不違則此言不近一言而喪邦乎

孔安國曰人君所言善无違之者則善也其所言不善而无敢違之者則近一言而喪國也

葉公問政 葉公亦問孔子為政之道

子曰近者悅遠者来 言為政之道若能使近民懽悅則遠人来至也江熙曰邊国之人豪氣不除物情不附故以悅近以諭之

子夏為莒父宰問政 子夏欲往莒父為宰故先問孔子為政之法

鄭玄曰旧說曰莒父魯下邑也

子曰無欲速 言為政之道每當閑緩不得倉卒求速成也 毋見小利 政者有恒不得見小財利而曲法為之 欲速則不達 解欲速之累也若不安緩每事而欲速成則不

10b

通達於事理也見小利則大事不成若見小利而枉法曲教則為政之大事无所成就也
孔安國曰事不可以速成而欲其速不達矣
見小利妨大事則大事不成也
葉公語孔子曰吾黨有直躬者葉公称己鄉黨中有直躬之人欲自矜誇於孔子也
孔安國曰直躬直躬而行也躬猶身之言无所邪曲也
其父攘羊而子證之此直躬者也攘盜也言黨中有人行直其父盜羊而子告失羊主證明道父之盜也
周生烈曰有因而盜曰攘謂他人物来己家而藏隱取之謂之攘也
孔子曰吾黨之直者異於是拒於葉公故云吾黨中有直行者則異於證父

11a

之盜為直也父為子隱子為父隱直在其中矣孔子举所異者言為
風政者以孝悌為主父子天性率由自然至情宜應相隱若隱惜則自不為非故云直在其中矣不知相
隱則人倫之義盡矣樊光曰父為子隱者欲求子孝也父必先為慈家風由父故先称父范寧曰夫所謂
直者以不失其道也若父子不相隱諱則傷教破義長不孝之風焉以為直哉故相隱乃可為直耳今王
法則許期親以上得相為隱不問其罪蓋合先王之典章江熙曰葉公見聖人之訓動有隱諱故举直躬
欲以訾毀儒教抗衡中国夫子答之之辞正而義切荆蠻之豪喪其誇樊遅問仁問孔子行
仁之道也子曰居處恭荅仁道居謂常居恒以恭遜為用也燕居温温是也執事敬
謂行礼執事時礼主於敬也與人忠謂交接朋友時宜盡忠不相欺雖之夷狄不
可棄也假令之人夷狄无礼義之処亦不可捨棄於此三事此則是仁也江熙曰恭敬忠君子任

11b

性而行己所以為仁也本不為外物故以夷狄不可弃而不行也若不行於无常則偽斯見矣偽見則去
仁邈也苞氏曰雖之夷狄无礼義之処不可弃去
而不行也
子貢問曰何如斯可謂之士矣謂問在朝為士之法是卿大夫可知也
子曰行己有恥答士行也言自行己身恒有可恥之事故不為也李充曰居正情者當遲
退必與者其唯有恥乎是以當其宜行則恥己之不及其宜止則恥己之不免為人臣則恥其君不如
堯舜処濁世則恥独不為君子将出言則恥躬之不逮是故孔子之称丘明亦貴其同恥義崇孝悌之先
者也孔安國曰有恥有所不為也
使於四方不辱君命君号令出使於四方之国則必使称當不使君命之見凌辱也

12a

故李充曰古之良使者受命不受辞事有權宜則与時消息排患釋難觧紛挫鋭者可謂良也可謂
士矣能有恥及不辱二事並行无虧乃可謂為士矣此行最高故在先也曰敢問其次
子貢聞士之上者故敢更問士之次者曰宗族称孝鄉黨称悌焉孝是事父
母為近悌是事兄長為遠宗族為近〻故称孝鄉黨為遠故称悌也繆協曰雖孝称於宗族悌及於鄉黨
而孝或為未優使於四方猶未能備故為之次者也曰敢問其次子貢又問求次於士者也
曰言必信行必果此荅士之次也君子達士貞而不諒言不期苟信捨藏随時何期必
遂者小行之士必須信行必須果也硜硜然小人哉果必信為辭也硜〻堅正難移之皃也
也小人為惡堅執難化今小人之士必行信果守志不迴如小人也抑亦可以為次矣
抑語助也孔子欲強使相関亦多云抑也言此小行亦強可為士之次也李充曰言可覆而行必成雖為

12b

小器取其能有所立。繆恢曰：果，成也。諒，必令乎信；行必期諸成。君子之体，其業大哉。雖行硜硜之小器，而能必信必果者，取其共有成，柳亦可為士之次也。

鄭玄曰：行必果，所欲行必敢為之。硜硜者，小人之皃也。柳亦其次，言可以為次也。

曰：今之從政者何如？子貢又問曰：今士之從政者復云何如？子曰：噫，斗筲之人，何足筭也。噫，不平之聲。筲，竹器也，容一斗二升。故云斗筲也。筭，數也。子貢已聞古之是，而又問今之非，故云噫也。不平之聲既竟，故又云今之人也。言今之小人器量如斗筲之器耳，何足數也。

鄭玄曰：噫，心不平之聲。筲，竹器，容斗二升者也。筭，數也。

13a

○子曰：不得中行而與之，中行，能得其中者。當時偽多實少，无復所行得中之人，故孔子歎曰：不得中行而與之，謂其必於世乎。必也狂狷乎。狂，謂應直進而不退也；狷，謂應進而不退者也。二人雖不得中道，而能各任天然，而不為欺詐，故孔子曰：既不得中道者而與之，而得寧此二人亦好，故云狂狷乎。言世亦无此人。江熙曰：狂者，知進而不知退，知取而不知與；狷者，慾狹，能有所不為，皆不中道也。然率其天真，不為偽也。季世澆薄，言與實違，背心以惡，時饒詐以誇物，是以録狂狷之一法也。

范氏曰：中行能得其中者也。言不得中行，則欲得狂狷也。

記者語

狂者進取，狷者有所不為也。此說狂狷之行。言狂者不為惡，唯直進取善，故云進取。狷者應進而不迂，故云有所不為也。

13b

范氏曰：狂者進取於善道，進而不為惡，故云取善道也。狷者守節无為，不進，故云守節无為也。欲得此二人者，以時多進退，取其恒一者也。說時多偽，而狂狷天然恒一，故云取之也。

○子曰：南人有言曰：人而无恒，不可以作巫醫。南人，南國人也。无恒，用行无常也。巫，接事鬼神者；醫，能治人病者。南人旧有言云：人若用行不恒者，則巫醫不為治之，不差，故云不可作巫醫也。孔安國曰：南人，南國之人也。鄭玄曰：言巫醫不能治无常之人也。一云：言人不可使无恒之人為巫醫也。衛瓘曰：言无恒之人乃不可以為巫醫，巫醫則疑誤人也，而况其餘乎。范氏曰：善南人之言也。

善夫。孔子述南人言，故先然之，而後云善夫也矣。

14a

不恒其德，或承之羞。孔子引易恒卦不恒之辞，證无恒之惡。言人若為德不恒，則必羞辱承之。羞辱必承，而云或者，或，常也。言羞辱常承之也。何以知或是常？案詩云：如松柏之茂，无不尒或承。鄭玄曰：或，常也。老子曰：湛兮似或存。河上公注云：或，常也。

孔安國曰：此易恒卦之辞也。言德无常，則羞辱承之也。

子曰：不占而已矣。此記者又引禮記孔子語來證无恒之惡也。言无恒之人，非唯不可作巫醫而已，亦不可為作卜筮。卜筮亦不能占无恒之人，故云不占而已矣。禮記云：南人有言曰：人而无恒，不可為作卜筮。古之遺言與？龜筮猶不知，而况於人乎。是明南人有兩時兩語，故孔子兩稱之，而禮記、論語亦各有所録也。

鄭玄曰：易所以占吉凶也。無恒之人，易所不占也。

14b

子曰君子和而不同 和謂心不爭也不同謂立志各異也君子之人千万〻〻其心
和如一而所習立之志業不同也 小人同而不和 小人爲惡如一故云同也好鬭爭故
云不和也
君子心和然其所見各異故曰不同小人
所嗜好者同然各爭其利故曰不和也
子貢問曰鄉人皆好之何如 子貢問孔子云設有一人爲鄉人共所崇好之
則此人如何 子曰未可也 孔子不許故云未可也知所以未可者設一鄉皆惡而此人爲
惡與物同黨故爲衆人共見称美故未可信也 鄉人皆惡之如何 既云皆好爲未可故
更問設其鄉之人皆共憎惡此人則何如 子曰未可也 孔子亦所以未許者設一鄉皆惡而
此人獨爲善不與衆同故爲群惡所疾故未可信也 不如鄉人之善者好之其

15a

不善者惡之也 向荅既並云未可故此說其可之事也言若此人爲鄉人善者所好又爲
不善者所惡如此則是善人乃可信也
孔安國曰善人善己惡人惡己是善善明 已爲善人爲善
人之所好故是善〻明也 惡惡着也 惡人惡己則非己惡故是惡〻着也一通云子貢問
孔子曰與一鄉人皆親好何如孔子荅云未可又問曰舉一鄉人皆爲疎惡何如孔子之荅云未可
既頻荅未可所以故更爲說云不如擇鄉人善者與之親好若不善者與之爲疎惡也
子曰君子易事而難說也 君子忠恕故易事也照見物理不可欺詐故難悅也
說音悅 孔安國曰不責備於一人故易事也
說之不以道不說也 此釋難悅也君子既照識理深若人以非道理之事來求使之

15b

悅己則識之故不悅也 及其使人也器之 此釋易事也器猶能也君子既不責備於
一人故隨人之能而用之不過分責人故易事 孔安國曰度才而任官也
小人難事而易說 小人不識道理故難事也可以非法欺之也 說之雖不
以道說也 此釋易悅也既不識道理故雖不以道之事悅之亦既悅也 及其使人
也求備焉 此釋難事也不測度他人器量而過分責人故難事也 子曰君子泰
而不驕 君子坦蕩〻心貌怡平是泰而不爲憍慢也 小人驕而不泰 小人性好
輕凌而心恒戚〻自縱泰是之驕而不泰也
君子自縱泰似驕而不驕小人拘忌而實自驕矜
也 多拘忌是不泰也

16a

子曰剛毅木訥近仁 言此四事與仁相似故云近仁剛者性无求欲仁者靜故剛者
近仁也毅者性果敢仁者必有勇周窮濟急殺身成仁故毅者近仁也木者質樸仁者不尚花飾故木者
近仁也訥者言語遲鈍仁者慎言故訥者近仁也
王肅曰剛无欲也毅果敢也木質樸也訥遲鈍也
有此四者近於仁也
子路問曰何如斯可謂士矣 問爲士之行和悅切磋之道也 子曰切
〻偲〻〻怡〻〻如也可謂士矣 荅也切〻〻偲〻〻相切磋之貌也怡〻〻和從之貌
也言爲士之法必須有切磋又須和從也 朋友切〻偲〻 向荅雖合曰怡〻〻之事而不可
專施一人故更分之也若是朋友義在相益故須切偲也 兄弟怡〻如也 兄弟骨肉理在

16b

和順故須怡怡如也繆播曰以爲朋友不唯切磋亦貴和諧兄弟非但怡怡亦須戒厉然交道鈌則面朋而匿怨兄弟道鈌則鬩墻而外侮何者憂樂本殊故重弊至于恨匿將欲矯之故云朋友切切偲偲兄弟怡怡如也偲偲相切責之皃也怡怡和順之皃也

馬融曰切切偲偲相責之皃怡怡和順之皃也

子曰善人教民七年亦可以即戎矣 善人賢人也即戎謂就兵戰之事夫教民三年一考九歲三考三考黜陟幽明待其成者九年則正可也今曰七年者是兩考已竟新入三考之初者也若有急不假待九年則七年考亦可者殊全好之名繆協曰亦可以即戎未全入善義也江熙曰子曰苟有用我者朞月而已可三年有成善人之教不逮機理倍於聖人亦可有成六年之外民可用也

苞氏曰即戎就兵可攻戰也

17a

子曰以不教民戰是謂棄之 民命可重故孔子慎戰所以教至七年猶曰亦可者不經教戰而使之戰是謂弃擲民也江熙曰善人教民如斯乃可即戎况乎不及善人而馳驅不習之民戰以肉餧虎徒弃而已也琳公曰言德教不及於民而令就戰民无不死也必致破敗故曰弃也

馬融曰言用不習民使之攻戰必破敗是謂棄之也

論語憲問第十四　何晏集解

憲者弟子原憲也問者問於孔子進仕之法也所以次前者顏淵既允文允武則季優者宜仕故憲問次於子路也○曷曰此篇論三王二霸之迹諸侯大夫之行爲仁知恥修己安民皆政之大節也故以類相聚次於問政也

17b

憲問恥 弟子原憲問孔子凡行皃取爲可恥者也 子曰邦有道穀 答可恥皃也將言可恥者先舉不恥者也穀祿也若有道則以可仕而食其祿也

孔安國曰穀祿也邦有道當食其祿也

邦無道穀恥也 此可恥者若君无道而仕食其祿則可爲恥也

孔安國曰君無道而在其朝食其祿是恥辱也

克伐怨欲不行焉可以爲仁矣 克勝也謂性好凌人也伐謂有功而自稱也怨謂小小忌怨欲貪欲也原憲又問若人能不行此四事可以得爲仁也

馬融曰尅好勝人也伐自伐其功也怨忌小怨也欲貪欲也

子曰可以爲難矣仁則吾不知也 孔子不許能不行前四事則爲難耳

18a

謂爲仁則非吾所知也仁者必不伐必有仁顏淵无伐善袁弟无怨老子曰少私寡欲此皆是仁也公綽之不欲孟之反不伐原憲蓬室不怨則未及於仁故不知也

苞氏曰此四者行之難者未足以爲仁也

子曰士而懷居不足以爲士矣 懷居猶求安也不足爲士謂非士也君士也君子居无求安士也若懷居非爲士也

士當志道不求安而懷其居非士也

子曰邦有道危言危行 危厲也君若有道必以正理處人故民以可得嚴厲其言行也

苞氏曰危厲也邦有道可以厲言行也

邦無道危行言遜 君若無道必以非理罪人故民下所行乃嚴厲不同乱俗而言不可

18b

厉己必獲罪當遜順隨時也江熙曰仁者豈以歲寒虧貞松之高志於言語可以免害知者愈深孔子曰諾吾將仕矣此皆遜辭以遠害也

遜順也厉行不隨俗順言以遠害也

子曰有德者必有言既有德則其言語必中故必有言也

德不可以憶中故必有言也夫德之爲事必先有言語教喻然後其德成故有德者必有言也是不可憶度也

有言者不必有德人必多言故不必有德也殷仲堪曰修理踰道德之義也由德有言之則末矣末可矯而本无假故有德者必有言者不必有德也李充曰有辞利口似是而非若佞巧之言也數陳成敗合連縱橫者說客之言也淩誇之談多方論者辯士之言也德音高合發爲明訓聲滿

19a

天下若出金有德之言也故有德必有言不必有德也

仁者必有勇殺身成仁故必有勇也

勇者不必有仁暴虎憑河不必有仁也殷仲堪曰誠愛无私仁之理也見危授命若身手之相救辜存道忘生斯爲仁矣若夫強以肆武勇以勝物陵超在於要利輕死无非以爲仁故云仁者必有勇者不必仁李充曰陸行不避虎兕者獵夫之勇也水行不避蛟竜者漁夫之勇也鋒刃交於前視死若生者烈士之勇也知窮之有命知通之有時臨大難而不懼者仁者之勇也故仁者必有勇者不必有仁

南宮适性南宮名适字敬叔

孔安國曰适南宮敬叔魯大夫也

問於孔子曰羿善射奡盪舟适問孔子之事也曰古有一人名羿而善能射故云羿善射准南子云堯時有十日並出草木燋枯堯命羿令射之中其九日日中烏皆死羿奡者古時

19b

多力人也盪推也舟小船也能陸地推舟也

孔安國曰羿有窮之君也有窮夏時諸侯國名也其君名羿也篡夏后相之位篡奪也夏后禹之後世爲天子名相即位爲君有窮之君篡夏后相之位殺奪之也

其臣寒浞殺之羿奪相位而自立爲君其位号羿有窮之君不修德政好畋獵臣寒浞殺之而篡其位

因其室而生奡因猶通也室妻也浞既殺羿而通於羿妻遂有身生奡

奡多力能陸地行舟奡是浞之子多力於陸地推舟爲夏后少康所殺也夏后少康亦夏禹後世子孫也又殺奡而自立爲天子也

俱不得其死然言羿奡二人雖能射及多力俱爲人所殺不終天壽故云俱不得其死然

孔安國曰此二子者皆不得以壽終也

20a

禹稷躬稼而有天下禹夏禹也帝姓姒名文命黄帝玄孫也鯀之子諡法受禪成功曰禹治水九年也稷后稷也棄蒔百穀也躬稼播種也有天下謂爲天子也言禹身治溝洫手足胼胝勤勞九州稷播種百穀二人不爲篡並有德爲民禹即身爲天子稷子孫爲天子适所問孔子者孔子之德比於禹稷則孔子亦當必有王位

夫子不荅孔子知适以禹稷比己故讓而不荅也

馬融曰禹盡力於溝洫稷播殖百穀故曰躬稼也

禹及其身禹身得天子也稷及後世文王武王得天下也皆王也皆爲天子也

适意欲以禹稷比孔子〻〻謙故不荅也

南宮适出孔子不荅适自退出

子曰君子哉若人尚德哉若人

孔子不對面荅适是謙也适出後而美之欲天下皆知尚德也若人如此人也言适知賤於羿奡貴重禹

二説

20b

稷所以君子尚德如此人也　孔安國曰賤不義　羿奡之不義故遠賤之

而貴有德　禹稷有德故貴重也　故曰君子也　然就此南宮适非周有十士之

南宮适也

○子曰君子而不仁者有矣夫　此謂賢人已下不仁之君子也未能圓足時有

不仁如管氏有三歸官事不攝後則一匡天下九霸諸侯是長也衷氏云此君子无定名也利仁慕為仁

者不能尽体仁時有不仁一迹也夫語助也　未有小人而仁者也　小人併為悪事

求能有行民善達於仁道故云而仁者也又衷氏曰小人性不及仁道故不能及仁事者也

孔安國曰雖曰君子猶未能備也　王弼曰謂假君子以甚小人之

辞君子无之不仁也

21a

○子曰愛之能勿勞乎　愛慕也凡人在志在心見形於外也既有心愛慕此人李問之

道不无勞瀬之辞也　忠焉能勿誨乎　忠者尽中心也誨教也有孔子人尽忠心来者不无教誨

之辞　孔安國曰言人有所愛必欲勞来之有所忠必

欲教誨之也　李充曰愛忘不能不勞也心忘忠斯能不教誨也

○子曰為命　為作也命君命也此謂鄭国之事也作盟會之書也　裨諶草創之　裨諶

鄭国大夫性静怯弱謂其君作盟會之辞則入於草野之中以創之獲之

孔安國曰裨諶鄭大夫氏名也謀於野則獲謀於

國則否　此注是春秋十九巻魯襄公三十一年傳語也獲得也諶入埜為盟會之辞則成於

國中則辞不成也　鄭國將有諸侯之事則使乗車以適野

21b

而諶作盟會之辞也

世叔討論之　世叔亦是鄭大夫也討治也論者評也世叔有不能中創李問寡才藻盟會之

辞但能討論治正諶所造之辞　行人子羽修飾之　子羽亦鄭大夫行人是掌使者官名

也不能治創又不能討治但能取前人所創治者更唯彫修飾之　東里子産潤色之

居鄭之東里因為氏姓又公孫僑名亦曰国僑字子産才李過超前之三賢加添潤色周旋盟會之辞也

有此四賢鮮有過失　馬融曰世叔鄭大夫游吉也討治也

裨諶既造謀世叔復治而論之詳而審之也行人

掌使之官也子羽公孫揮也子産居東里因以為

号也更此四賢而成故鮮有敗事也　更経也鮮少也事経此裨

盟會辞

22a

諶等之四人也故鄭国少有敗事也

○或問子産　或人問於孔子鄭之子産徳行於民何如　子曰恵人也　荅或人也言子

産之徳於民不悋家資拯救於民甚有恩恵故云恵人也

孔安國曰恵愛也子産古之遺愛也　子産徳行流於後世有古

人之遺風子産卒仲尼聞之出涕曰古之遺愛也事在春秋第二十四巻魯照公廿四年冬也

問子西　或人又問孔子鄭之大夫子西徳業如何鄭之公孫夏或云楚令尹子西　曰彼哉

又荅或人言人自是彼人耳无別行可称也　馬融曰子西鄭大

夫彼哉彼哉言無足称也或曰楚令尹子西也

問管仲　更或人問孔子齊大夫管仲之徳行於民何如也矣　曰人也　荅管仲是人也

22b

猶詩言所謂伊人也 詩曰所謂伊人於焉逍遥是美此人今云管仲人也是美管仲也

奪伯氏駢邑三百 釈所以是人之事也伯氏名偃大夫駢邑者伯氏所食采邑也時伯氏有罪管仲相齊削奪伯氏之地三百家也 飯疏食没齒無怨言 飯猶食也疏猶麁也没終也齒年也伯氏食邑時家資豊足奪邑之後至死而貧但食麁糲以終餘年不敢有怨言也所以然者明管仲奪當理故不怨也

孔安國曰伯氏齊大夫駢邑地名也齒年也伯氏食邑三百家管仲奪之使至蔬食而没齒無怨言以當其理故也

子曰貧而無怨難 貧交困於飢寒所以有怨若能无怨者則為難矣江熙曰顔原无怨不可及也

23a

富而無驕易 富貴豊足无所應怨然應无驕則為易也江熙曰若子貢不驕猶可能也

子曰孟公綽為趙魏老則優 此明人生性分各有所能趙魏皆晉地也老者采邑之室老也優猶寛閑也公綽性静寡欲若為采邑之臣時令則寛綏有餘裕也 不可以為滕薛大夫也 滕薛皆小国職煩公綽不能為大夫也

孔安國曰公綽魯大夫也趙魏皆晉卿也家臣称老公綽性寡欲趙魏貪賢 之人多職不煩雜故家臣无事所以優也 家老無職故優滕薛小國大夫職煩故不可為也 滕薛二国不貪賢之人小其職事煩雜故不可使公綽為之

子路問成人 問人何所行可為成人乎 曰若臧武仲之知 答若德成

23b

人者智如臧武仲然武仲唯有求立后於魯而孔子所說此亦非知者齊侯將与臧紇田臧孫聞之見齊侯与之言伐晉對曰多則多矣抑君似鼠夫鼠晝伏夜動不穴於寢廟畏人故也今君聞晉之乱而後作焉寧將事之非鼠如何乃弗与田臧孫知齊侯將敗不欲受其邑故以比鼠欲使怒而止仲尼曰智之難也有臧武仲之知謂能避齊禍而不容於魯国抑有由也作不順而施不恕也夫夏書曰念茲在茲順事恕施也此是智也事在春秋第十七巻襄公二十三年也

馬融曰魯大夫臧孫紇也

公綽之不欲 非須智如武仲又須无欲如公綽不欲不貪欲所以唯能為趙魏老也范寧曰不欲不営財利也

馬融曰魯大夫孟公綽也

卞莊子之勇 又非但公綽之无欲又須勇如卞莊子之勇莊子能独格虎一云卞莊子家

24a

臣卞莊壽途中見两虎共食一牛莊子欲前以劒揮之家臣曰牛者虎之美食牛盡虎之未飽二虎必闘大者傷小者亡然後可以揮信而言之果如卞壽之説也

周生烈曰卞邑大夫也

冉求之藝 又非但勇如莊子又須有智如求也 文之以礼樂 言備有上四人之才智又須加礼樂以文飾之也

孔安國曰加之以礼樂文成也

亦可以為成人矣 亦可恭足之辞言才智如上四人又加礼樂則亦可謂為成明人之難也 曰今之成人者何必然 曰者謂也向之所答是説古之成人耳若今之成人亦不必然也 見利思義 此已下説下成人之法是今也若見財利思是仁義合宜之財然後可取顔特進曰見利思義雖不及公綽之不欲猶顧義也

馬融曰義然後取不苟得也　非本意也

24b

見危授命。若見其君之危，則當授命，竭身不苟免也。曲礼云：臨財无苟得，臨難无苟免，是也。顏特進曰：見危授命，雖不及乎莊子之勇，猶顧義不苟免也。

久要不忘平生之言。久要，旧約也。平生者，少年時也。言成人平生期約雖久，至今不得忘小時之言。亦可以為成人矣。言如見利思義，竭身致命，至老不忘平生之言，則亦可得為今之成人也。

孔安國曰：久要，旧約也。平生，猶少時也。

子問公叔文子於公明賈。孔子見公明賈相訪而問公叔文子之德。時公明賈仕公叔文子，故問之者也。曰：信乎夫子不言不笑不取乎。此是問公叔文子之德也。夫子呼公叔文子為夫子。言人傳文子平生不言不笑不取財利，此三德悉孔子未信，故見公明賈而問曰也。

25a

孔安國曰：公叔文子，衛大夫公孫拔也。文，謚也。

公明賈對曰：以告者過也。過，誤也。答孔子曰：文子有此三德，是為誤。彼實理不然，先云是告者誤，後答言以實德對言。

夫子時然後言，人不厭其言也。我夫子非時不語，語必得之中。既得之中，故世人不厭其言也。

樂然後笑，人不厭其笑也。夫笑為樂，若不樂而強笑，必為人所厭。更云定言訖然笑也。

義然後取，人不厭其取也。夫取利，若非義取，則為人所厭。我夫子見得思義而後取，故人不厭其取也。

子曰：其然。〻如此也。言今汝所說者當如此也。豈其然乎。謂人所傳三德不言不笑不取。豈容如此乎。一云：其然，是驚其如此。豈其然乎，其不能悉如此也。袁氏曰：其然〻〻之也。此則善之者，恐其不能，故設疑辞。

25b

馬融曰：美其得道。釈其然也。嫌其不能悉然也。釈豈其然也乎。

子曰：臧武仲以防求為後於魯。姓臧，名紇，武，謚也。防是武仲故食采邑也。為後，謂立後也。武仲，魯襄公廿三年為孟氏所譖，出奔邾，後從邾还防，而使人請於魯，為其後於防，故云以防求為後於魯。雖曰不要君，吾不信也。要，謂要君也。不先盡忠而先欺君也。武仲出奔，而猶求立後於其故邑，時人皆謂武仲此更非要。孔子拠其理，是要，故云雖曰不要，吾不信也。是不信時人不要之言也。袁氏曰：奔不越境，而拠私邑求立先人之後，此正要君也。

孔安國曰：防，武仲故邑也。武仲食邑於防。為後立後也。既已出奔故邑，其既已出奔，欲更立後於防。

魯襄公二十三年，武仲為孟氏所譖，出奔邾。也。季武子无適子，有公子鉏，是公彌，及紇，是悼子也。季氏愛紇，欲立

非臧〻 季武子子也季紇也

26a

之。又公子鉏年長，而臧紇謀為立紇，季氏從之。孟孫死，又廢大立小，是依季氏家用臧，故孟氏家悪臧紇。閉門諸於季孫曰：臧氏將為乱，不使我葬。欲為公鉏讎臧氏，季孫不信。後孟氏除葬道，臧孫使正夫助之，除於東門，介甲從己而視之。孟氏又告，季孫怒，命攻臧氏之家。臧紇斬鹿門之関以出奔

邾。自邾如防，使以大蔡納請。大蔡是大亀也。納，進也。進亀請立後。臧紇有異母兄臧賈、臧為二人，在鑄。鑄氏国也。紇在邾，先遣使以亀告魯，求立為後。賈聞命矣，再拜受亀，而使弟臧為以納請。紇遣使後，乃自邾还防。

曰：紇非敢害也，智不足也。紇至防，使臧為請，使至魯傳紇之言：初孟氏譖紇以甲自随，謂欲為乱，季孫信而攻之，故紇今謝之。而言己以介甲從己而視之，非敢欲為害，正是智不足也。

非敢私請，苟守先祀。又言今日之請，非敢私求之还，正是欲求立後，守先人之祀，是為先人之請。

無廢二勲。

26b

是臧文仲宣叔也是紇之祖父並於魯有功勲今願得立紇是不敢廢二世之勲也敢不
避邑若二勲大勲不廢得有守祀之人則紇敢不避邑乃立臧為魯得請仍立臧
為之後也所以立臧為時又私自為請求立己紇致防而奔齊紇得立臧為竟
故致防与臧為而奔齊此所謂要君也述挾私邑求為先而立後要望魯邑即此
是要君也事在春秋第十一七卷襄公二十三年傳也
子曰晉文公譎而不正晉文公是晉獻公之子重耳也初為驪姬之難遂出奔新
城遊歷諸國至二十八年受命為侯伯遂為之主此評其有失也譎詭詐也文公為霸主行詭詐而不得
為正礼時天子是周襄王微弱文公欲為霸主大合諸侯而欲宣天子以為名義自嫌強大不敢朝天子
乃諭諸天子令出畋狩因此盡君臣之礼天子遂至晉河陽之地此是文公譎而不正礼也事在春秋七

27a

卷僖二十八年鄭玄曰譎者詐也謂召天子而使諸侯朝之仲
尼曰以臣召君不可以訓故書曰天王狩于河陽
是譎而不正也此臣无召君之礼而文公召之故不為教訓也故春秋不云晉侯召
君但云天王狩于河陽言是天子自狩以至河陽也
齊桓公正而不譎此是齊侯為霸主依正而行不為詐譎是勝於晉文公也江熙曰言
此二君霸迹不同而所以翼佐天子綏諸侯東无異軄書无異文也
馬融曰伐楚以公義責苞茅之貢不入問昭王南
征不还是正而不譎也魯僖公三年冬齊侯与蔡姬乘舟于囿蕩公蔡姬齊

27b

侯夫人蕩搖也是搖蕩船也公懼變色禁之不可公怒歸之未之絶也蔡人嫁之至明年四年春齊
侯之師侵蔡〻潰散也遂伐楚〻子使与師言曰君処北海寡人処南海是風馬牛不相及也不虞
君之渉吾地也何故齊侯使管仲對曰昔召康公命我先君太公曰五侯九伯汝實征之以使輔周
室賜我先君履東至于海西至于河南至於穆陵北至于无棣介貢苞茅不入王祭不供无以縮酒
寡人是徵昭王南征不还寡人是問對曰貢之不入寡君之罪也敢不供給昭王之不还君其問諸
水濱案春秋齊伐楚責此二事是正不譎也楚地出苞茅貢王祭將縮酒者謂束茅而灌之以
酒謂之縮酒楚既久不貢茅故周王祭時无茅以供縮酒乃就齊徵求之又昭王是成王之孫南巡
狩渉漢船壞而溺死周人諱而不赴諸侯不知其故〻問之所以伐楚〻受不貢苞茅之失而不受
昭王溺水咎于時溺水之地不屬楚境故云問諸水濱也事在春秋第五卷僖四年春也

28a

子路曰桓公殺公子糾桓公是齊公之子名小白也是僖公庶子糾是桓公之
庶兄桓公与子糾争国而殺子糾也召忽死之召忽是子糾之傅子糾被殺故召忽赴敵而同
死也管仲不死管仲亦是子糾輔相召忽既死管仲猶生故曰不死曰未仁乎曰者
謂也是時人物議者皆謂管仲不死是不仁之人也管仲非唯不死亦廻復輔相桓公故无仁恩也
孔安國曰齊襄公立無常此注至召忽死之並是春秋魯莊公八年傳文
是記前事之事也襄公者是齊僖公之適子名諸兒作倪字呼是桓公之兄既得立為君風化不恒
為政悪故曰无常鮑叔牙曰君使民慢乱將作矣齊僖公有三子
長是襄公是鮑叔牙者小白之輔適次子糾是庶小者是小白也亦是庶僖公薨襄公継父之位為
君政不常相見襄公風政无常故云乱將作矣奉公子小白出奔莒叔牙見襄

28b

公危殆不居乱邦故奔小白奔往莒國襄公從弟公孫无知殺襄公
小白奔後而襄公從弟公母弟夷仲年之子名无知作乱而殺襄公自立為君礼諸侯之子曰公子公子之
〻〻之子曰公孫〻〻之子曰公族管夷吾召忽奉公子糾出奔
魯夷吾管仲也襄公死後管仲邵忽二人奉持子糾出奔魯齊人殺無知齊人是雍
廩也子糾出奔後公孫得為君悪虐于雍廩齊大夫也至九年春雍廩殺无知魯伐齊納
子糾〻〻奔魯齊人又殺无知而齊无君至魯荘公九年夏四月伐齊入子糾欲擬立為齊君
納入也小白自莒先入是為桓公小白先奔在莒聞魯伐齊納子糾故
先子糾而入遂為君死謚為桓公乃殺子糾召忽死也小白既入得為君遂
殺庶兄子糾于生竇在魯地也故云桓公殺公子糾召忽死之一云召忽投河而死事在春秋第三

29a

叅荘公八年九年
子曰桓公九合諸侯不以兵車孔子答子路説管仲有仁之迹齊桓公為
覇主遂經九過盟會諸侯不用兵車而能辨也不用兵車而諸侯九合管仲力也史記云兵車之會三乗
車之會六穀梁傳云衣裳之會十一范寧注曰十三年會北杏十五年又會鄄十六年會幽二十七年又
會幽僖元年會于檉二年會于貫三年會于陽穀四年盟于召陵五年會于首止七年會于甯母九年會
于葵丘凡十一會又非十一會邪不取北杏及陽穀為九會管仲之力也如其仁
如其仁管仲不用民力而天下平静誰如管仲之仁智乎再言之者深美其仁也
孔安國曰誰如管仲之仁矣
子貢曰管仲非仁者與問孔子嫌管仲非是仁者也桓公殺公子

29b

糾不能死又相之此管仲非仁也迹言管仲是子糾之相而桓公是子糾之賊管仲既
不為子糾致命殺讎而更相桓公非為仁也子曰管仲相桓公霸諸侯一
匡天下孔子説管仲為仁之迹也管仲得相桓公者管仲為子糾争国管仲射桓公中鈎帶子糾
死管仲奔魯初鮑叔牙与管仲同於南陽極相敬重叔牙〻〻後相桓公而欲取管仲还无瀬因告老辞
位桓公問叔牙誰復堪為相者牙曰唯管仲堪之桓公曰管仲射朕鈎帶殆近死今日豈可相乎牙曰在
君為君謂忠也至君有急當射彼人鈎帶桓公従之遣使告魯不放欲殺管仲遣使者曰管仲射我君鈎
帶君自斬之魯还之遂得為相荘九年夏云小白既先入而魯猶輔子糾至秋齊与魯戦于乾時魯師敗
績鮑叔牙志欲生管仲乘勝進軍来告魯曰子糾親請君討之管召讎也請受而甘心焉子糾是我親也
我不忍殺欲令魯殺之管仲召忽是我欲自得而殺之魯乃殺子糾于生竇召忽死之管仲請囚鮑叔牙

30a

受之及堂阜而脱之遂使為相也霸諸侯使輔天子合諸侯故曰霸諸侯也一匡天下一切皆正也
馬融曰匡正也天子微弱桓公率諸侯以尊周室
一匡天下也
民到于今受其賜猶恩恵也于時夷狄侵逼中華得管仲匡霸桓公今不為夷狄所
侵皆由管仲之恩賜也受其賜者謂不被髪左衽之恵也手衛
曰于時戎狄交侵亡荊滅衛管仲攘戎狄而封之南服楚師北伐山戎而中国不移故曰受其賜也
微管仲吾其被髪左衽矣此挙受賜之事也被髪不結也左衽衣前也従右来
向左孔子言若无管仲則今我亦為夷狄故被髪左衽矣馬融曰微无也无
管仲則君不君臣不臣皆為夷狄也

30b

豈若匹夫匹婦之為諒也自經於溝瀆而莫之知也
孔子更語子貢喻召忽死之不足為多管仲不死不足為小也諒信也匹夫匹婦无大德而守於小信則
其宜也自經謂經死於溝瀆中也溝瀆小處非宜死之處也君子直而不諒豈存濟時濟世豈執守小信
自死於溝瀆而世莫知者乎喻管仲存於大業不為召忽守小信而或云召忽投河而死故云溝瀆或云
自經自縊也白虎通云匹夫匹婦者謂庶人也言其無德及遠但夫婦相為配匹而已
王肅曰經死於溝瀆之中也管仲召忽之於公
子糾君臣之義未正成故死之未足深嘉不死未
足多非二人並足死事既難亦在於過厚死是人生之難
而召忽於子糾未成君臣今為之死亦是過厚不及管仲不死也故仲尼但美管

31a

仲之功亦不言召忽不當死也
公叔文子之臣大夫僎即前孔子所問公明賈之文子也有臣名僎亦為大夫
與文子同升諸公升朝也諸之也公衛君也文子是衛大夫僎本是家臣見之有才德
不將為己之臣恐掩賢才乃薦於衛君々用之亦為大夫與文子尊卑使敵恒與文子齊列同班者也
孔安國曰大夫僎本文子家臣也薦之使與己並
為大夫同升在公朝也
子聞之曰可以為文矣子孔子也聞文子與家臣同升而美之也謂謚文也以其
德行必大得謚為文矣謚音誌
孔安國曰言行如是可謚為文也

31b

子曰衛靈公之無道久也孔子歎衛君无道康子曰夫如是
奚而不喪康子魯季康子也夫指衛靈公也奚何也康子聞孔子歎衛君无道故致其詰夫无
道者必須喪傾邦靈公既无道何意不喪亡也其國乎孔子曰仲叔圉治賓客祝
鮀治宗廟王孫賈治軍旅夫如是奚其喪孔子答康子言靈公
无道邦國不喪之由也此三臣各掌其政也喪亡也或問靈公无道焉得有好臣答曰或是先人老臣未
去者也或靈公少時可得良臣而後无道故臣未去也孔安國曰言君
雖無道所任者各當其才何為當亡乎也
子曰其言之不作則其為之難作慙也人內心虛詐者外言貌必慙若內
有其實則外貌无慙時多虛妄无慙作也故王弼曰情動於中而外形於言情正實而後言之不作

32a

馬融曰作慙也內有其實則言之不慙積其實者
為之難也
陳成子弒簡公陳桓也謚成子魯哀公十四年甲午齊陳桓殺其君壬于舒州孔子
沐浴而朝告於哀公魯齊同盟分災救患故齊亂則魯宜討之禮臣下凡欲告君諮
謀必先沐浴孔子是臣故先沐浴告於哀公孔丘三日齊而請伐齊曰陳桓殺其君請
討之此哀公之定也哀公言魯為齊弱久矣子之伐之將若之何對曰陳桓殺其君民之不與者半
以魯眾加齊之半可剋也是孔子對曰也馬融曰陳成子齊大夫陳
桓也將告君故先齋々必沐浴也
公曰告夫二三子二三子是三卿仲孫叔孫季孫也公得孔子告不敢自行更令孔子往

32b

告三卿。孔子辭之而不告也。

孔子曰以吾從大夫之後不敢不告也 孔安國曰謂三卿也 孔子得公令告三卿、故言此答之言。我是大夫、聞事應告先王君。云從大夫之後者、孔子謙也。

君曰告夫二三子者 今君令我告三子、我當往告。我礼應告君、本不應告三子。

馬融曰我於礼當告君、不當告二三子。君使我往、故復往也。

之二三子 之、往也。孔子從君命而往告。

不可 三子告孔子曰、不可討齊也。

孔子曰以吾從大夫之後不敢不告 三子既告孔子、云齊不可討、故孔子復以此辭語之曰止也。

馬融曰孔子由君命之二三子、告不可、故復以此辭語之而止也。

33a

子路問事君 問孔子求事君之法。

子曰勿欺也而犯之 答事君當先盡忠而不欺也。君若有過、則必犯顏而諫之。礼云事君有犯而無隱、事親者有隱而無犯。

孔安國曰事君之道義不可欺、當能犯顏色諫爭也

子曰君子上達 上達者、達於仁義也。

小人下達 謂達於財利、所以與君子反也。

本為上、末為下也 明今古有異也。

子曰古之學者為己 古人所學、己未善、故學先王之道、欲以自己行之、成己而已也。

今之學者為人 今之世學、非復為補己之行闕、正是圖能勝人、欲為人言己之美、非為己行不足也。

孔安國曰為己履而行之也、為人徒能言之也 徒、空也。為人言之而已、無其行也。云徒則圖也、言徒為人說也。

33b

蘧伯玉使人於孔子 使人往孔子處。

孔子與之坐而問焉 孔子與伯玉之使者坐而問之。

曰夫子何為 孔安國曰伯玉衛大夫蘧瑗也 此孔子所問之事。孔子指伯玉為夫子、問使者汝家夫子何所為耶。

對曰夫子欲寡其過而未能也 使者答言、我家夫子恒自修潜、夙夜戒慎、欲自寡少於過失而未能寡於過也。

言夫子欲寡其過而未能無過也

使者出 使者答竟而出。

子曰使乎使乎 孔子美使者之為美、故再言使乎。使乎者、言伯玉所使得為其人也。顏子尚未能無過、況伯玉乎。而使者曰未能、是得伯玉之心而不見欺也。

陳群曰再言使乎、善之也。言使得其人也

子曰不在其位不謀其政 誡人各專己職、不得濫謀圖他人之政也。

曾子

34a

曰君子思不出其位 君子思慮當己分內、不得出己之外而思他人事。思於分外、徒勞不得表氏、曰不求分外。

孔安國曰不越其職也

子曰君子恥其言之過其行也 君子之人顧言慎行、若空出言而不能行、適是言過其行也。君子恥之、小人則否。

子曰君子道者三我無能焉 君子所行之道者三、夫子自謙、我不能行其一也。我者、孔子自言也。

仁者不憂 一、樂天知命、內省不疚、是無憂。

智者不惑 二、智者以昭了為用、是無疑惑。

勇者不懼 三、既有才力、是以捍難衞侮、是無懼也。

子貢曰夫子自道也 孔子曰無而實有也、故子貢曰孔子自道說也。江熙曰、聖人体是極於沖虛、是以忘其神武、遺其具智、遂與衆人齊其能否、故曰我無能焉。子貢識其天真、故曰夫子自道之也。

子貢方人 方、比方人也。子貢以甲比乙、論彼此之勝劣者。

孔安國曰比方人也

子曰賜也賢乎我夫哉　夫人行難知故比方人優劣之不易誰聞己之劣故聖人不言聖人不言而子貢專輒比方人之故抑之而賢乎哉

我則不暇　我則不暇有比方之說

孔安國曰不暇比方人也　江熙曰比方人不得不長短相傾聖人誨人不倦豈當相臧否故云我則不暇是以問師之賢而无毀譽長物之心於是乎

子曰不患人不己知患己无能也　言不患人之不知我之有才能也正患无才能以致人知耳

王肅曰徒患己之無德也

子曰不逆詐　逆者返也君子含弘接納不得逆欺物人以詐偽也李充曰物有似真而偽亦有似偽而真者信僭則懼及偽人詐濫則懼及真人寧信詐則為教之道弘也

不億不信

必也臾必須驗不得億必懸期人之不信李充曰人而无信不知其可也然閑邪存誠不在善察若見失信於前必億其无信於後則容長之風虧而改過之路鮮矣億音憶

抑亦先覺者是賢乎　言若逆詐及億不信者此乃是先覺人情者耳寧可謂是為賢者之行乎李充曰夫至覺忘覺不為覺以求先覺二二虽覺同逆詐之不覺也

孔安國曰先覺人情者是寧能為賢乎或時反怨人也　言先覺或濫則反受怨責也顔特進曰能无此者雖深窮明理而抑亦先覺之次也

微生畝謂孔子曰丘何為是栖栖者與无乃為佞乎　微生畝見孔子東西遑遑屢適不合故呼孔子名而問之也言丘何是為此栖栖乎將欲行詐佞之事於時世乎也

苞氏曰微生姓也畝名也

孔子對曰非敢為佞也疾固也　孔子荅曰我之栖栖非敢詐佞政是忿疾世之固陋我欲行道以化之故耳

苞氏曰疾世固陋欲行道以化之也

子曰驥不称其力称其德也　驥者馬之上善也于時輕德重力故孔子引辭以言之也言伯樂驥非重其力政是称其美德耳驥既如此而人亦宜然

鄭玄曰德者謂調良之德也　江熙曰称伯樂曰驥有力而不称君子虽有兼能而惟称其德也

或曰以德報怨何如　或人問孔子曰彼与此有怨而此人欲行德以報彼怨其事理何如也

子曰何以報德　孔子不許也言彼有怨而德以報彼彼以有德於此則又何以報之也

德恩惠之德也

以直報怨以德報德　既不許以德報怨故更荅以此也不許以德報怨言与我有怨者我宜用直道報之若与我有德者我以備德報也所以不持德報怨者若行怨而德報者則天下皆行怨以要德報之如者是取怨之道也

子曰莫我知也夫　莫无也孔子歎世人无知我也

子貢曰何為其莫知子也　子貢怪夫子有此言何謂莫知子乎何為猶若為也

子貢怪夫子言何為莫知己故問也

子曰不怨天不尤人　孔子荅无知我之事尤責也言我不見用而世人咸言我應怨天責人而我實无此心也人不見知而我不責人夫不見用我亦不怨天也

馬融曰孔子不用於世而不怨天人不知己亦不尤人也

下學而上達　解无知我所以不怨天不尤人之由也下學人事上達天命我既學人事

36b

命々々有否有泰故不尤人上達天命々々有窮有通故我不怨天也

孔安國曰下學人事上知天命也

知我者其天乎 人不見知我而不怨不尤者唯天知之耳

聖人與天地合其德故曰唯天知己也 聖人德合天地々々

無可怨責故我亦不怨責之也

公伯寮愬子路於季孫 愬譖也子路時仕季氏而伯寮説季氏令信讒譖子路也

馬融曰愬譖也伯寮魯人弟子也 亦是孔子弟子其家在魯故云魯人弟子也

子服景伯以告 子服景伯聞伯寮譖子路故告孔子

37a

馬融曰魯大夫子服何忌也告告孔子也

曰夫子固有惑志 此景伯所告之辭夫子者季孫為夫子也惑志謂季孫信伯寮之讒子路也

孔安國曰季孫信讒恚子路也

於公伯寮也吾力猶能肆諸市朝 景伯既告孔子曰季氏猶有惑志而又説此助子路使子路无罪而伯寮致死言若於他人纔有豪勢者則吾力勢不能誅耳主於伯寮者則吾之力勢是能使季孫畜子路之无罪而殺伯寮於市朝也肆者殺而陳尸也

鄭玄曰吾勢能辨子路之无罪於季孫使之誅伯寮而肆之也有罪既刑陳其尸曰肆也 殺礼殺大夫已上於朝殺士於市殺而猶陳曝其尸以示百姓曰肆也

37b

子曰道之將行也與命也 孔子答景伯以子路无罪言人死生有命非伯寮之譖如何言人之道德得行於世者此是天之命也

道之將廢也與命也公伯寮其如命何 又言人君道廢遂不用於世者此亦是天之命也子路之道廢與由天之命耶雖公伯寮之譖其能違天命而興廢於子路耶江熙曰夫子總景伯辨子路則不過季孫為甚拒之則逆其區々之誠故以行廢之命期之或有如不救而大救也

子曰賢者避世 聖人磨而不磷涅而不緇無可无不可故不以治亂為隔若賢者去就順時若天地閉塞則賢人便隱高蹈塵外枕流漱石天子不得而臣諸侯不得而友此謂避世之士也

孔安國曰世主莫得而臣之也

其次避地 謂中賢也未能高栖絶世但擇地處去亂就治此是避地之士也

38a

馬融曰去亂國適治邦也

其次避色 此次中之賢也不能預擇治亂但臨時觀君之顏色々々惡則去此謂避色之士也

孔安國曰色斯舉也

其次避言 此又次避色之賢者不能觀色斯舉矣唯但聽君言之是非聞惡言則去此謂避言也

孔安國曰有惡言乃去也

子曰作者七人矣 引孔子言證能避世已下自古已來作此行者唯七人而已矣

苞氏曰作為也為之者凡七人謂長沮桀溺丈人石門荷蕢儀封人楚狂接輿也 七人是注中有七人也王弼曰七人伯夷叔齊虞仲夷逸朱張柳下惠少連也鄭康成曰伯夷叔齊虞仲避世者荷蓧長沮桀溺避地者

柳下惠少連避色者荷蕢楚狂接輿避言者也七當爲十字之誤也
子路宿於石門　地名也子路行往石門宿也云石門者魯城門外也　石門晨
門曰奚自　晨門守石門晨昏開閉之吏也魯人也自從也子路既在石門守門之吏朝早開見
子路從石門行過故問子路曰汝將從何而来耶　晨門者閽人也　守昏晨者也
子路曰自孔氏　子路荅曰我此行從孔子處来也　曰是知其不可而
爲之者与　晨門聞子路云從孔子故知是孔子也言孔子知世不可教化而強周流東西是知
其不可爲之故問之
苞氏曰言孔子知世不可爲而強爲之也
子擊磬於衛　孔子時在衛而自以槌擊磬而爲声也　有荷蕢而過孔子

之門者　荷擔揚也蕢織草爲器可貯物也當孔子擊磬之時有一人擔揚草器而過孔子之門也
曰有心哉擊磬乎　荷蕢者聞孔子磬声而云非是乎常之其声乎有別所志故云有心哉
蕢草器也有心謂契契然也　契契謂心別有所志詩云契契寤歎
既而曰鄙哉　既而猶既畢也荷蕢既云有心而察之既畢又云鄙哉言磬中之声甚可鄙劣也
硜硜乎莫己知也　此鄙哉之言声中硜硜有无知己之也　斯已而
已矣　又言孔子硜硜不肯隨世變唯自信己而已矣　此硜硜徒信己而
已言亦无益也　徒空也時既不行而猶空信己道欲行之是於教化无所益也
深則厲淺則揭　荷蕢者又引詩爲譬以諫孔子也以衣涉水爲厲褰衣涉水曰揭言人之
行道化世當隨世盛衰如涉水也若水深者則不須揭衣〻〻曾是无益當合而厲之水若淺者涉當褰

揭而度譬如爲教若世不可教則行之如不揭也若世可教則行之如揭衣以涉水也尒雅云繇膝以下
爲揭繇膝以上爲厲繇猶由也
苞氏曰以衣涉水爲厲揭揭衣言隨世以行己若
過水必以濟知其不可則當不爲也
子曰果哉末之難矣　孔子聞荷蕢譏己而發此言也果者敢也末无也言彼未解我
意而便譏我此則爲果敢之甚也故曰果哉但我道之深遠彼是中人豈能知我若就彼中人求无譏者
則爲難矣玄凡之彼在賢聖相与必有以也夫相与於无相与乃相与之至相爲於无相爲乃相爲之遠
苟各修本奚其泥也同自然之異也雖然未有如荷蕢之談譏甚也案文義全近則泥矣其將遠則通
理嘗試論之武王從天應民而夷齊叩馬謂之殺君夫子疾固勤誨而荷蕢之聽以爲硜硜言其未達耶

則彼皆賢也達之先於衆矣殆以聖人作而万物都覩非聖人則無以應万方之求救天下之弊然救弊
之迹弊之所緣勤誨之累則焚書坑儒之禍起革命之弊則王莽趙高之釁成不格擊其迹則无振希声
之極致故江熙曰隱者之談夫子各致此出處不乎
未知己志而便譏己所以爲果也末无也無難者
以其不能解己道也
子張曰書云高宗諒陰三年不言何謂也　高宗殷中興王也名
武帝殷家三十帝水德王六百二十九年高宗是第二十二帝也前帝小乙之子也其武丁登位之時殷
祚已得三百四十三年其德高而可宗故謂爲高宗也諒信也陰默也尚書云祚其即位乃或亮陰三年
不言是武丁起其即王位則小乙死乃有信默言其孝行着子張讀尚書見之不曉嫌与世異故發問九

40b

子何謂也
孔安國曰高宗殷之中興王武丁也諒信
也陰猶默也或呼倚廬為諒陰或呼為梁闇或呼梁菴各随義而言之
子曰何必高宗古之人皆然孔子答子張古之人君也言古之人君有喪者
皆三年不言何必独美高宗耶此許亦激時人也君薨百官総己喪其子得
不言之由若君死則群臣百官不復諮詢於君而各総束己之交故云総己
馬融曰己百官也已具己於百官各自束己身也
以聽於冢宰三年冢宰上卿也百官皆束己職三年所冢宰故嗣君三年不言也
孔安國曰冢宰天官卿佐王治者也三年喪畢然
後王自聽政之也

41a

子曰上好礼則民易使也
民莫敢不敬故易使礼以敬為主君既好礼則民莫敢不敬故易使之也
子路問君子問為君子之法也子曰修己以敬人身正則民從故君子
自修己身而自敬也孔安國曰敬其身也
曰如斯而已乎子路嫌其少故重更諮問孔子如此而已乎斯此也曰修己以
安人答子路言當能先自修敬己而後安人也
孔安國曰人謂朋友九族也
曰如斯而已乎子路又嫌少也曰修己以安百姓又答曰先修敬己身
然後乃安於百姓也修己以安百姓堯舜其猶病諸病難也諸之也言先

41b

能内自修己而外安百姓此事為大難也堯舜之聖猶患此事為難故云病諸也衛瓘曰此難事而子路
狹陋之再云如斯而已乎故云過此則堯舜所病也郭象曰夫君子者不能索足故修己者索己故修己
者僅可以内敬其身外安同己之人耳豈足安百姓哉百姓百品万国殊風以不治治之乃得其極若欲修
己以治之雖堯舜必病況君子乎今堯舜非修之也万物自无為而治若天之自高地之自厚日月之明
雲行雨施而已故能夷暢條達曲成不遺而無病也孔安國曰病猶難也
原壤夷俟原壤者方外之聖人也不拘礼敬与孔子為朋友夷踞也俟待也壤聞孔子来而
夷踞竪膝以待孔子之来也馬融曰原壤魯人孔子故舊也
夷踞也俟待也踞待孔子也
子曰幼而不遜悌長而無述焉孔子方内聖人恒以礼教為事見壤之不

42a

敬故歴數之以訓門徒也言壤少而不以遜悌自居至於年長猶自放恣无所效述也老而不
死是為賊言壤年已老而未死行不敬之事所以賊害於德也賊為賊害也
以杖叩其脛脛脚脛也膝上曰股膝下曰脛孔子歴數言之既竟又以杖叩撃壤脛令其脛
不夷踞也孔安國曰叩撃也脛脚脛也
闕黨童子将命矣五百家為黨此黨名闕黨故云闕黨也童子未冠者之称将命是傳賓
主之辞謂闕黨之中有一小児能傳賓主之辞出入也馬融曰闕黨之
童子将命者傳賓主之語出入之也
或問之曰益者与或人見小児傳辞故問孔子云此童子而傳辞是自求進益之道也与
子曰吾見其居於位也孔子答曰其非求益之事也礼童子隅坐無有列位而此

舊書衣　　　　42b

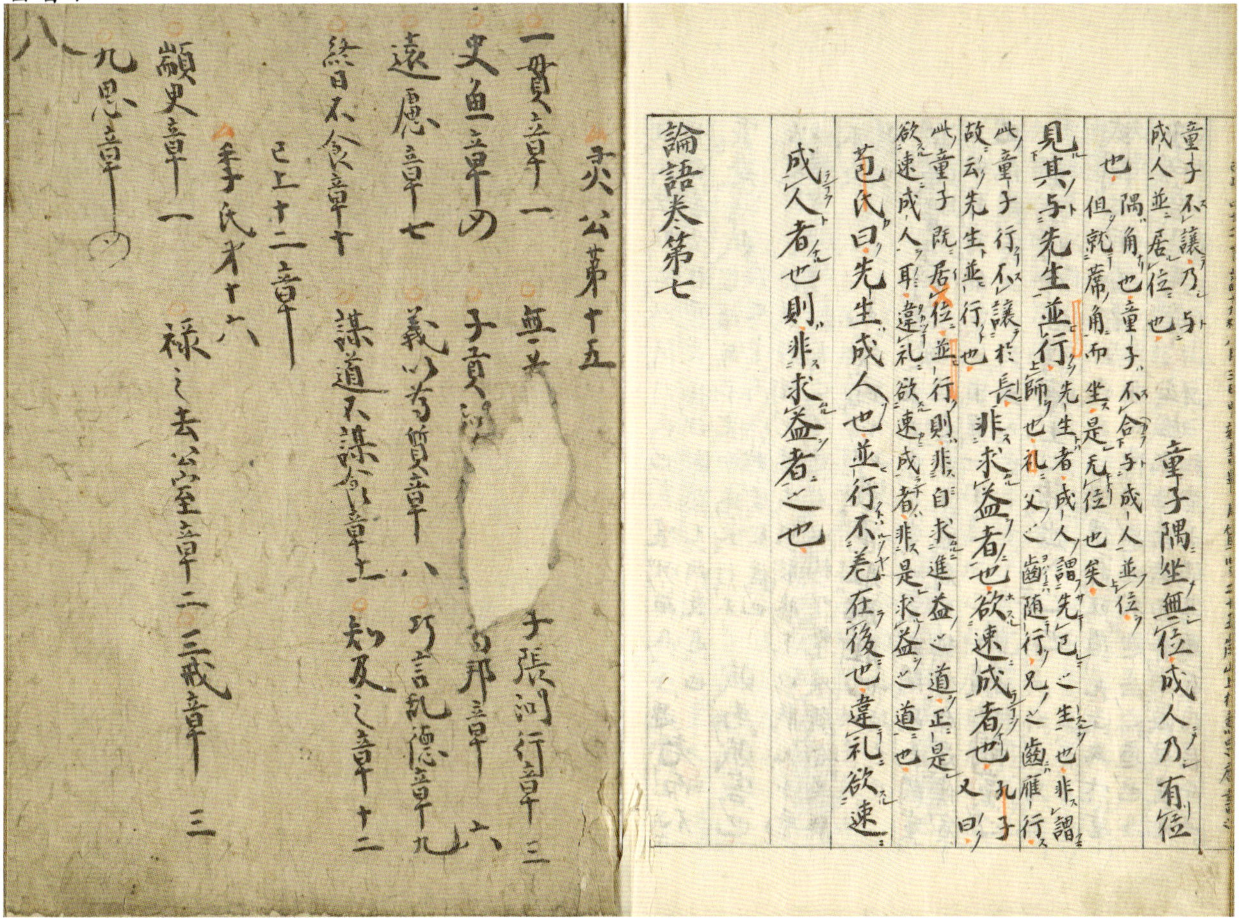

八

灵公第十五

無一并　子張問行章三

一貫章一　子貢問為邦章六

史魚章四　義以為質章八　巧言乱徳章九

遠慮章七　謀道不謀食章十一　知及之章十二

終日不食章十

已上十二章

季氏第十六

顓臾章一　禄之去公室章二　三戒章三

九思章

童子不讓乃与成人並居位也

隅角也童子不合与成人並位但就席角而坐是无位也矣

童子隅坐無位成人乃有位

見其与先生並行　先生者成人謂先己之生也非謂師也礼父之齒隨行兄之齒雁行

此童子行不讓於長故云先生並行也　非求益者也欲速成者也　孔子又曰

此童子既居位並行則非自求進益之道正是欲速成人耳違礼欲速成者非是求益之道也

苞氏曰先生成人也並行不差在後也違礼欲速成人者也則非求益者之也

論語巻第七

1a　　　　舊書衣背面

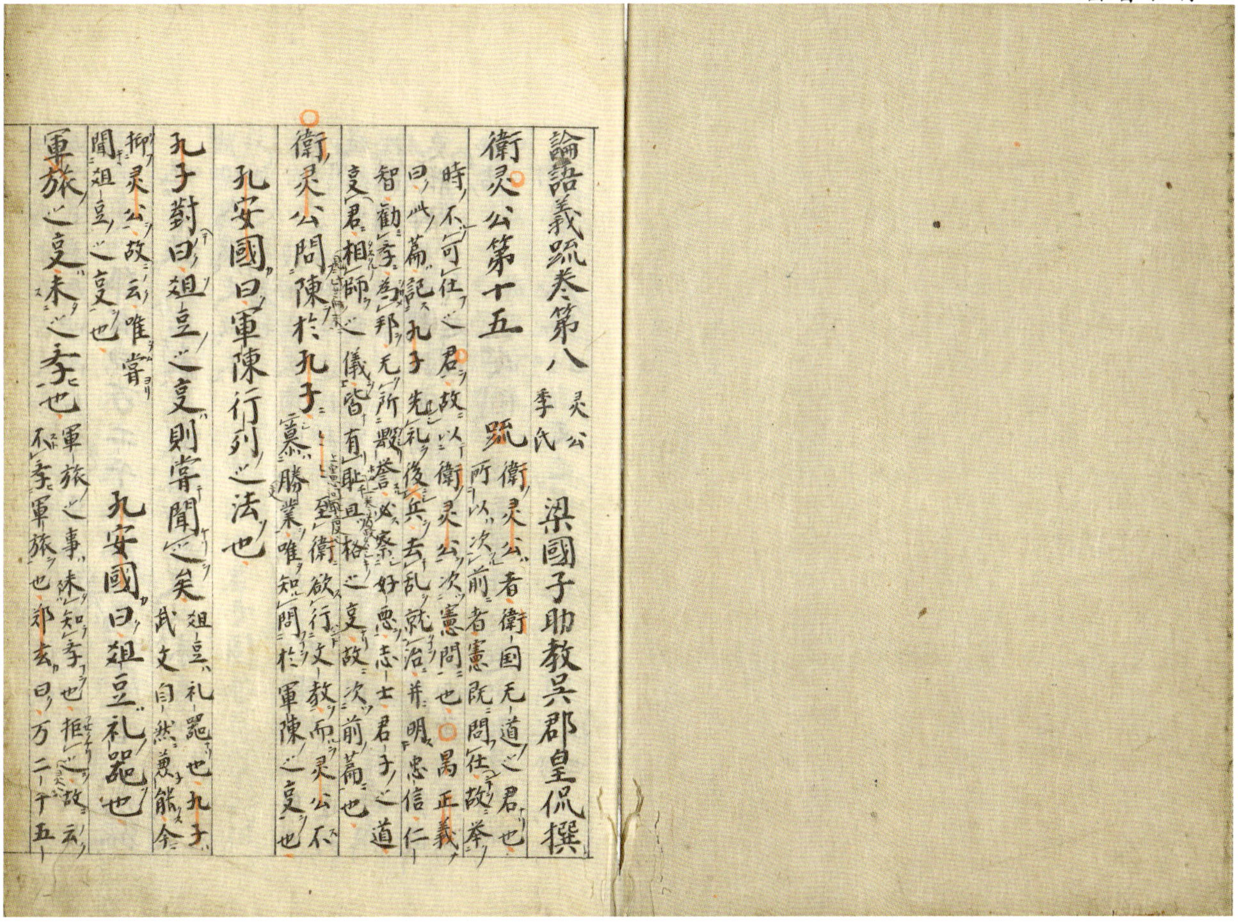

論語義疏巻第八　灵公　季氏　梁國子助教呉郡皇侃撰

衛灵公第十五

疏衛灵公者衛国无道之君也所以次前者憲既問仕故举時不可仕之君故以衛灵公次憲問也　曷正義曰此篇記孔子先礼後兵去乱就治並明忠信仁智勸学為邦无所毀誉必察好悪志士君子之道事君相師之儀皆有恥且格之事故次前篇也

衛灵公問陳於孔子　孔子至衛欲行文教而灵公不慕勝業唯知問於軍陳之事也

孔安國曰軍陳行列之法也

孔子對曰俎豆之事則嘗聞之矣　俎豆礼器也孔子武文自然兼能今抑灵公故云唯嘗聞俎豆之事也

孔安國曰俎豆礼器也

軍旅之事未之学也　軍旅之事未知学也拒之故云不学軍旅也鄭玄曰万二千五百人

1b

百人為軍五百人為旅也周礼小司徒職云五人為伍五伍為両四両為卒五卒為旅五旅為師五師為軍万二千五百人 鄭玄曰万二千五百人為軍五百人為旅也軍旅末事本未立則不可教以末事也 本謂文教也灵公未能文故不教之武者也

明日遂行 孔子至衛既為問武故其明日遂行不留衛国也 在陳絶粮 明日遂行初往曹ゝ不容又往宋在陳遭匡人之囲又往陳遇呉伐陳ゝ大乱故乏絶粮食矣也 従者病莫能興 従者謂諸弟子従孔子行在陳者也病飢困也興起也既絶糧故従行弟子皆飢困莫能起者也 孔安國曰従者弟子興起也孔子去衛如曹ゝ不容 如往也 又之宋遭匡人之難 之往也亦又之

2a

陳會呉伐陳ゝ乱故乏食 會猶遇也 子路慍見 諸子皆病无能起者唯子路對強独能起也心恨君子行道乃至如此困乏故便慍色而見孔子ゝ也 曰君子亦有窮乎 此慍見之辞也曾聞孔子云学也禄在其中則君子不應窮之今日如此与孔子詐乎故問云君子亦窮乎 子曰君子固窮小人窮斯濫矣 孔子言此答因抑小人也言君子之人固窮亦有窮時耳若不守窮而為濫溢則是小人故云小人窮斯濫者矣 濫溢也君子固亦有窮時但不如小人窮則濫溢為非也

○子曰賜也汝以予為多学而識之者与 時人見孔子多学識並謂孔子多学世事而識之故孔子問子貢而釋之也 對曰然 如此也子貢答云賜亦謂孔子多

2b

学故如此多識之也 孔安國曰然者謂多学而識之也 非与 子貢又嫌孔子非学而識故更問定云非与不定之辞 孔安國曰問今不然耶 曰非也 孔子又答云非也言我定非多学而識之也 予一以貫之 貫猶穿也既答云非也故此更答所以不多学而識之由也言我所以多識者我以一善之理貫穿万事而万事自然可識故得知之故云予一以貫之也 善有元事有會 元猶始也會猶終也元者善之長故云善有元也事各有所終故曰事有會也 天下殊塗而同歸 解事有會也事雖殊塗而其要會皆同有所歸也 百慮而一致 解善有元也致極也人慮乃百其元極則同起一善也 知其元則衆善挙矣故不待多学

3a

一以知之也 是善長挙元則衆善自挙所以不須多学而自能識之也

○子曰由知德者鮮矣 由子路也呼子路而語之也云夫知德之人難得故為少也 王肅曰君子固窮而子路慍見故謂之少於知德者也 按如註意則孔子此語為問絶糧而發之也

○子曰無為而治者其舜也与 舜上受堯禅於己ゝ又下禅於禹受授得人故孔子歎舜无為而能治 夫何為哉恭己正南面而已矣 既授受善得人无労於情慮故云夫何為哉也既垂拱而民自治故所以自恭敬而居天位正南面而已也 言任官得其人故無為而治也 由授受皆聖挙十六相在朝故是任官得其人也蔡謨曰謨昔聞過庭之訓於先君曰堯不得無為者所承非聖也禹不得無為者所授

3b

非聖也今三聖相係舜居其中承堯授禹又何爲乎夫道同而治異者時也自古以來承至治之世接二聖之間唯舜而已故時稱之焉

子張問行　問人立身居世修善若爲竟而其道竟可得行於世乎　子曰言忠信行篤敬　答也云欲使道行於世者出言必使忠信立行必須篤厚恭敬也　雖蠻貊之邦行矣　若身修前德无論居處於華夏假令居住蠻貊遠國則己之道德无所不行也　言不忠信行不篤敬雖州里行乎哉　又云若不能修身前德而身雖居中國州里之近而所行亦皆不行從故云行乎哉言不行也

鄭玄曰万二千五百家爲州五家爲鄰五鄰爲里　此王畿遠郊內外民居地名也　行乎哉言不可行也

4a

立則見其參然於前也　參猶森也言若敬德之道行己立在世間則自想見忠信篤敬之事森森滿亙於己前也　在輿則見其倚於衡也　倚猶憑依也衡車衡軛也　又若在車輿之中則亦自想見忠信篤敬之事羅列憑依滿於衡軛之上也　夫然後行也　若能行存想不忘事事如前則此人身无往而不行故云夫然後行也

苞氏曰衡軛也言思念忠信立則常想見參然在前在輿則若倚衡軛也

子張書諸紳　紳大帶也子張聞孔子之言可重故書題於己衣之大帶欲日夜存錄不忘也

孔安國曰紳大帶也

子曰直哉史魚　美史魚之行正直也

孔安國曰衛大夫史鰌也

4b

邦有道如矢邦無道如矢　證其爲直譬矢箭也性唯直而不曲言史魚之德恒直如箭不以人國有道无道爲變曲也

孔安國曰有道无道行直如矢不曲也

君子哉蘧伯玉　又美蘧瑗也進退隨時合時之變故曰君子哉也　邦有道則仕　出其君子之事也國若有道則肆其聰明以佐時也　邦無道則可卷而懷之　国若無道則韜光匿知而懷藏以避世之害也

苞氏曰卷而懷謂不与時政柔順不忤於人也

子曰可与言而不与言失人　謂此人可与共言而己不可与之言則此人不復見顧故是失於可言之人也　不可与言而与之言失言　与不可言之人共

5a

言是失我之言者也　智者不失人亦不失言　唯有智之士則備照二途則人及言並無所失也　所言皆是故无所失者也

子曰志士仁人　謂心有善志之士及能行仁之人也　無求生以害仁　既志善行仁恒欲救物故不自求我之生以害於仁恩之理也生而害仁則志士不爲也　有殺身以成仁　若殺身而仁事可成仁也則志士仁人必殺身爲之故云有殺身我成仁也殺身而成仁則志士所不吝也

孔安國曰无求生而害仁死而後成仁則志士仁人不愛其身也　繆播云仁居理足本无危亡然賢而晶變亡則理窮亡則任分所以有殺身之義故比干割心孔子曰殷有三仁也

子貢問爲仁　問爲仁人之法也　子曰工欲善其事必先利其

5b

器將欲荅於爲仁之術故先爲設譬也工巧師也器斧斤之類也言巧師雖巧藝若般輸而作器不利
則巧事不成如欲其所作事善必先磨必利其器之也居是邦也事其大夫之
賢者友其士之仁者也合譬成荅也是猶此也言人雖有賢才美質而居住此國
若不事賢不友於仁則其行不成如工器之不利也必欲行成當事此國大夫之賢者又友此國士之仁
者也大夫貴故云事士賤故云友也大夫言賢士云仁互言之也
孔安國曰言工以利器爲用人以賢友爲助也
顏淵問爲邦爲猶治也顏淵魯人當時魯家礼乱故問治魯國之法也子曰行夏
之時孔子此荅舉魯旧法以爲荅也行夏之時謂用夏家時節以行事也三王所尚正朔服色也雖
異而田獵祭祀播種並用夏時夏時得天之正故也魯家行事亦用夏時故云行夏之時也

6a

據見万物之生以爲四時之始取其易知也解所以用
夏時之義也夏之春物出地上和暖著見已故易知之也
乘殷之輅亦魯礼也殷輅木輅也周礼天子自有五輅一曰玉輅二曰金輅三曰象四曰革五曰
木五輅並多文飾用玉輅以郊祭而殷家唯有三輅一曰木輅二曰先輅三曰次輅而木輅最質素无飾
用以郊天魯以周公之故雖得郊天而不得事上同王故用木輅以郊也故郊特牲説魯郊云乘素車貴
其質也旂十有二旒竜章而設日月以象天也鄭玄注云設日月畫於旂上也素車殷輅也魯公之郊
用殷礼也按如記注則魯郊用殷之木輅也馬融曰殷車曰大輅
左傳曰大輅越席也照其儉也左傳之言亦説魯礼也
服周之冕亦魯郊也周礼有六冕一曰大裘冕二曰衮三曰鷩四曰毛毳五曰絺六曰玄周王

6b

郊天以大裘而冕魯雖郊不得用大裘但用衮以郊也郊特牲云祭之日王被衮以象天鄭玄注曰謂有
日月星辰之章也此魯礼也周礼王祀昊天上帝則服大裘而冕祀五帝亦如之魯侯之服自衮冕而下
冕也按此記注即是魯郊用衮也然魯廟亦衮或問曰魯既用周冕以郊何不用周金輅以郊耶荅曰
周郊乘玉輅以示文服用大裘以示質但車不對神故亦示文服以接天故用質也
苞氏曰冕礼冠也周之礼文而備也取其黈纊塞
耳不任視聽也周既文民人多過君上若任己視聽見民犯罪者多數用刑辟過者
見過而不治則非謂人君之法故服冕前後垂旒以乱眼左右兩邊垂瑱以塞耳示不任視聽也黈
黄色也纊新綿也當兩耳垂黄綿綿下又係玉名爲瑱也
樂則韶舞謂魯所用樂也韶舜樂也周用六代樂一曰雲門黄帝樂也二曰咸池堯樂也三曰

7a

曰大韶舜樂也四曰大夏禹樂也五曰大殷湯
樂也六曰大武周樂也若餘諸侯則唯用時王之樂
魯既得用天子之事故賜四代礼樂自虞而下故云
舜樂也所以明堂位云凡四代之服器官魯兼用之
是故魯王礼也而用四代並從有虞氏爲始也又春
秋魯襄公二十九年傳呉公子季札聘魯請觀周樂
乃爲之舞自周以上至見舞韶箾者曰德至矣哉大矣
如天之无不幬如地之无不載也雖甚盛德其蔑以
加於此矣觀止矣若有他樂吾不敢請已也杜注
云魯用四代之樂故及韶箾而季子知其終也
韶舞樂也盡善盡美故取之也解魯所以極韶不取堯樂之義也
放鄭声遠佞人亦魯礼法也每言礼法亦因爲後教也鄭声淫也魯礼无淫樂故言放之
也佞人悪人也悪人懐乱邦家故黜遠之也鄭声淫佞人殆出鄭声佞人所以宜放遠
之由也鄭地声淫而佞人闘乱使国家爲危殆之也孔安國曰鄭声佞

7b

人亦俱能感人心与雅樂賢人同而使人淫乱危
殆故當放遠之　按樂記云鄭音好放僻濫驕淫志所以是淫也
子曰人而無遠慮必有近憂　人生當思漸慮遠防於不然則憂患之交不得
近至若不為遠慮則憂患之来不朝則夕故云必有近憂也
王肅曰君子當思慮而預防也
子曰已矣吾未見好德如好色者也　既先云已矣明久已不見也疾
時色與德薄故起斯歎也此語亦是重出亦孔子再時行教也
子曰臧文仲其竊位者与　魯大夫也竊盗也臧文仲雖居位而不當与盗位
者同故云竊位者歟也　知柳下恵之賢而不与立也　此臧文仲竊位之由

8a

也凡在位者當助君挙賢才以共匡佐而文仲在位知柳下恵之賢而不薦之於君使与己同立公朝所以是素飡盗位也
孔安國曰柳下恵展禽也知其賢而不挙為竊位也
子曰躬自厚而薄責於人則遠怨矣　躬身也君子責己厚小人責人厚則為怨之府責己厚人不見怨故云遠怨
孔安國曰自責己厚責人薄所以遠怨咎也　蔡謨云儒
者之説雖於義无違而於名未安也何者以自厚
者為責己之文不辞矣厚者謂厚其德也而人又若
己所未能而責物以能故人心不服若自厚其德
而不求多於人則怨路塞責己之美雖存乎中然
自厚之義不施於責也侃按蔡雖欲異孔
而終不離孔辞亦得為蔡之釈也

8b

子曰不曰如之何　不曰猶不謂也如之何謂事卒至非己力勢可奈何者也言人生常
當思慮卒有不可如何之事逆而防之不使有起若无慮而事歘起是不曰如之何事也李充云謀之於
其未兆治之於其未乱何當至於臨難而方曰如之何乎
孔安國曰不曰如之何者猶言不曰奈是何也
如之何者吾末如之何也已矣　若不先慮而如之何之事非唯凡人不能
奈何矣雖聖人亦无如之何也故云吾末如之何也已矣　孔安國曰如
之何者言禍難已成吾亦无如之何也
子曰群居終日言不及義　三人以上為群居共聚有所談説終於日月而
未曾有及義之事　好行小恵難矣哉　小恵小小才智也若安陵調詭戲屬之也以此之人也

9a

処世亦難為成人也　鄭玄曰小恵謂
小小才智也難矣哉言終無成也
子曰君子義以為質　義宜也質本也人識性不同各以其所宜為本　礼以行
之　雖各以所宜為本而行之皆須合礼也　遜以出之　行之行及合礼而言出之必使遜順
也　信以成之　行信合礼而言遜順而歳寒終須信以成之也　君子哉　如上義可謂為
君子之行之也　鄭玄曰義以為質
謂操行也遜以出之謂言語也
子曰君子病无能焉不病人之不己知也　病猶患也君子之人
常患己无才能恥不患己有才能而人不見知之也　苞氏曰君子之人

9b

但病无聖人之道不病人不知己也
子曰君子疾没世而名不称焉 没世謂身没以後也身没而名誉不称揚
為人所知是君子所疾也故江熙云匠終年運斤不能成器匠者病之君子終年為善不能成名亦君子病之也 疾猶病也
子曰君子求諸己小人求諸人 求責也君子自責己德行之不足不責人也小人不自責己而責人之也 君子責己小人責人
子曰君子矜而不爭 矜ゝ庄也君子自矜庄己身而己不與人爭也故江熙云君子不使其身侻焉若不終日自敬而已非與人爭勝之也 苞氏曰矜ゝ庄也
群而不黨 君子乃朋群義聚而不相阿黨為私也江熙云君子以道知相聚ゝ則為群ゝ則似

10a

黨群居所以切磋成德非於私也
子雖衆不相私助義之与比也 孔安國曰黨助也君
子曰君子不以言舉人 必須知其德行不可聽言而薦舉之故君子不為也
苞氏曰有言者不必有德故不可以言舉人
不以人廢言 又不可以彼人之卑賤而廢其美言而不用也故李充云詢于芻蕘不恥下問也
子貢問曰有一言而可以終身行者乎 問求善言欲以終身奉行之也
子曰其恕乎 此是可終身行之一言也恕謂內忖己心外以处物言人在世當終身行於恕也故云其恕乎
己所不欲勿施於人也 此釈恕之也夫事非己所欲者不可施度与人也既己所不欲亦必人所不欲也
子曰吾之於人誰毀誰誉

10b

孔子言我之於世平等如一无有憎愛毀誉之心故云誰毀誰誉之也 如有可誉者其
有所試矣 既平等一心不有毀誉然君子掩惡揚善則宜揚而我從来者有所称誉者皆不虚妄必先試験其德而後乃誉之耳故云其有所試矣
苞氏曰所誉輒試以事不空誉而已矣 注意如向說又通云
我乃无毀誉若民人百姓有相称誉者則我亦不虚信而美之其必以事試之也
斯民也三代之所以直道而行也 斯民者謂若此養民也三代夏殷周也言養民如此无私毀誉者是三代聖王治天下用直道而行之時也郭象云无心而付之天下者直道也有心而使天下從己者曲法故直道而行者毀誉不出於區ゝ之身善与不善信之百姓故曰吾之於人誰毀誰誉如有所誉必試之斯民也
馬融曰三代夏殷周也

11a

用民如此无所阿私所以云直道而行也
子曰吾猶及史之闕文也 孔子此歎世澆流迅速時異一時也史者掌書之官也古史為書若於字有不識者則懸而闕之以俟知者不敢擅造為者也孔子自云已及見昔史有此時闕文也
苞氏曰古之史於書字有疑則闕之以待知者也
有馬者借人乘之 孔子又云亦見此時之馬難調御者不能調則借人乘服之也
則亡矣夫 亡无也當孔子末年時史不識字輒擅而不闕有馬不調則恥之其不能必自乘之以致傾覆故云今亡也矣夫
苞氏曰有馬者不能調良則借人使乘習之孔子自謂及見其人如此至今無有矣言此者以俗多穿鑿也

11b

子曰巧言乱德辭達而已不須巧弁文多更於德為乱之也小不忍則
乱大謀人須容忍則大事乃成若不敢忍小則大事之謀乱也又一通云凡為人法當依事以斷
疑无大小皆便求了若小小不忍有所慈為則大謀不成也孔安國曰巧
言利口則乱德義小不忍則乱大謀也
子曰衆悪之必察焉設有一人為衆所憎悪者必當察其德不可從衆雷同而悪之
也所以然者此人或特立不群為衆佞共所陷害故必察之也衆好之必察焉又設有一
人為衆所好愛者亦當必察不可隨衆而崇重之也所以然者或此人行悪為群悪之所黨愛故亦必察
也衛瓘云賢不与俗争則莫不好愛也俗人与時同好亦則見好也凶邪害善則莫不悪之行高志遠与
俗違忤俗亦悪之善人皆不可不察也王肅曰或衆阿黨比周或

12a

其人特立不群故好悪不可不察也
子曰人能弘道非道弘人也道者通物之妙也通物之法本通於可通不通
於不可通也若人才大則道随之而大是人能弘道也若人才小則道小不能使大是非道弘人之也
材大者道随大材小者道随小故不能弘人也故蔡
謨云道者寂然不動行之由人人可適道故曰人能弘道道不適人故云非道弘人之也
子曰過而不改是謂過矣人有過能改如日蝕反明人皆仰之所以非過遂而
不改則成過也江熙云過容恕文之則成罪也子曰吾嘗終日不食終夜
不寢以思无益不如学也勸人学也終猶竟也寢眠也言我嘗竟日終夕不食
不眠以思天下之理唯学益人餘事皆無益故云不如学也郭象曰聖人无詭教而云不寢不食以思者

12b

何夫思而後通習而後能者百姓皆然也聖人无事而不与百姓同事同則形同是以見形以為己唯
故謂聖人亦必勤思而力学此百姓之情也故用其情以教之則聖人之教因彼以教彼安容詭哉
子曰君子謀道不謀食謀猶圖也人非道不立故必謀道也自古皆有死也不食
亦死而後已而道不可道故謀道不謀食之也耕也餒在其中矣餒餓也唯知耕
而不学是无知之人也雖有穀必他人所奪而不得自食是餓在于其中也学也禄在其
中矣雖不耕而学則昭識斯明為四方所重縱不為乱君之所禄則門人亦共貢贍故云禄在其中
矣故子路使門人為臣孔子曰与其死於臣之手无寧死二三子之手是也君子憂道不
憂貧学道必禄在其中所以憂己无道而已也若必有道禄在其中故不憂貧也
鄭玄曰餒餓也言人雖念耕而不学故飢餓学

13a

則得禄雖不耕而不飢餓勸人学也江熙云董仲舒云遑遑求
仁義常恐不能化民者大人之意也遑遑求財利常恐匱乏者小人之意也此君子小人謀之不同
者也憂匱乏故勤耕恐道闕故勤学耕未必无餓学亦未必得禄在其中恒有之勢是未必君子
且當存大而遺細故憂道不憂於貧也
子曰智及之仁不能守之謂人有智識能仁得及為官位者故云智及之也雖
謀智能及不能用仁守官故云仁不能守之也此皆謂中人不備德者也雖得之必失之
禄位雖由智而得為之无仁以撿守之必失禄位也苞氏曰知能及
治其官而仁不能守雖得之必失之也
知及之仁能守之不莊以莅之則民不敬莅臨也又言若雖能

知及仁守爲臨民不用莊嚴則不爲民所敬也

苞氏曰不嚴以臨之則民不敬從其上也

知及之仁能守之莊以蒞之動之不以禮未善也雖智及仁守蒞莊而動靜必須禮以將之若動靜不用禮則爲未盡善也

王肅曰動必以禮然後善也李充云夫智及以智惠其失也蕩仁守以靜其失也寬莊蒞以威其失也猛故必須禮然後和之以禮制智則精而不蕩以禮輔仁則溫而不寬以禮御莊則威而不猛故安上治民莫善於禮也顏特進云智以通其變仁以安其性莊以安其下禮以安其情化民之善必備此四者也

二說 ○子曰君子不可小知而可大受也君子之道深遠不引凡人可知故云

不可小知也德能深潤物受之深故云而可大受也張憑云謂之君子必有大成之量不必能爲小善也故宜推誠闇信虛以將受之不可求備責以細行之

小人不可大受而可小知也小人道淺故云不可大受也淺則易爲物所見故可以小知也

君子之道深遠不可以小了知而可大受小人之道淺近可以小了知而不可大受也

二說 ○子曰民之於仁也甚於水火甚猶勝也仁水火三事皆民人所仰以生者也水火是人朝夕所須仁是万行之首故非水火則无以食非仁則无有恩義若无恩及飲食則必死无以立世三者並爲民人所急也然就三事之中仁最爲勝故云甚於水火也

馬融曰水火與仁皆民所仰而生者也仁最爲甚也

水火吾見蹈而死者矣未見蹈仁而死者也此明仁所以勝水火之事也水火乃能治民人人若誤履蹈之則必殺人故云水火吾見蹈而死者也而仁是恩愛政行之故宜爲美若誤履蹈而則未嘗殺人故云未見蹈仁而死者之也

馬融曰蹈水火或時殺人蹈仁未嘗殺人者也王弼曰民之遠於仁甚於遠水火也見有蹈水火死者未嘗見蹈仁死者也

○子曰當仁不讓於師仁者周窮濟急之謂也弟子每事則宜讓師唯行仁宜急不得讓師也

孔安國曰當行仁之事不復讓於師行仁急也張憑云先人後己外身愛物履讓處卑所以爲仁非不好讓此道非所以讓也

二說 ○子曰君子貞而不諒貞正也諒信也君子權變无常若爲事苟合道得理之正君子

爲之不必存於小信自經溝瀆也

孔安國曰貞正也諒信也君子之人正其道耳言不必有信也一通云君子道无不正不能使人信己也

○子曰事君敬其事而後其食國家之事知无不爲是敬其事也必有纏勳勲乃受祿賞是後其食也江熙云格居官次以達其道事君之意也蓋傷時利祿以事君之也

孔安國曰先盡力然後食祿也

○子曰有教無類人乃有貴賤同宜資教不可以其種類庶鄙而不教之也教之則善無本類之也

馬融曰言人在見教無有種類繆播曰世咸知斯言之崇教未信斯理之諒深生生之類同稟一極雖下愚不移然化所遷者其万倍也若生而聞道長而見教處之以仁道養之以德與道終始爲乃非道者余所不能論之也

15b

子曰道不同不相為謀　人之為事必須先謀若道同者共謀則精審不誤若道不同而乃共謀則方圓義鑿枘事不成也　子曰辭達而已矣　言語之法使辭足宜達其事而已不須美奇其詐以過事實也　孔安國曰凡事莫過於實足也辭達則足矣不須文艶之辭也

師冕見　師冕魯之樂師也見来見孔子也　孔安國曰師樂人盲者也名冕也

及階　及至也階孔子家堂階也師冕来見至孔子家階也　子曰階也　師冕盲来見至階孔子語之云階也使之知而登之也　及席也　冕已升階至孔子堂上席也　子曰席也

皆坐　孔子又語之云至席令之登席而坐皆倶也孔子見瞽者必起師既起則弟子亦随而起冕至于

16a

席已坐故孔子亦坐弟子並坐故云皆坐之也　子告之曰某在斯某在斯　其座中人也冕無目不識座上人故孔子歴告之以座上人之姓名也既多人故再云某在斯某在斯也随人所在毎一一告之云子張在此子貢在此也

孔安國曰歴告以坐中人姓字及所在処也

師冕出　見孔子竟畢而出去也　子張問曰与師言之道与　道猶礼也　子張見孔子告之皆階席人姓名字故冕出而問孔子而与師冕之語是礼不也　子曰然　答曰是礼者也　固相師之道也　又云冕既无目故主人宜為之導相所以歴告也

馬融曰相導也

論語季氏十六　疏　季氏者魯国上卿豪強僭濫者也所以次前者既明君悪

16b

故抑臣出故以季氏次衛灵公也○昺正義曰此篇論天下无道政在大夫故孔子陳其正道揚其得失称損益以教人挙詩礼以訓子明君子之行正夫人之名以前篇首章記衛君灵公失礼此篇首章言魯臣季氏專恣故以次之

季氏将伐顓臾　此章明季氏専征濫伐之悪也顓臾魯之附庸也其地与季氏菜邑相近故季氏将伐而并之也故云季氏将伐顓臾也　冉有季路見於孔子　二人時仕季氏為臣見季氏欲濫伐故来見孔子告道之也　曰季氏将有事於顓臾　此冉有告孔子之辭也有事謂有征伐之事也

孔安國曰顓臾宓犠之後風姓之國本魯之附庸當時臣属魯季氏貪其地欲滅而有之冉有与季路為季氏臣来告孔子也

17a

孔子曰求無乃爾是過与　求冉有名也爾汝也虽二人倶来而告冉有独告冉有又為季氏有聚歛之失故孔子独呼其名而問云此征伐之事无乃是汝之罪過与言是其教導季氏為之也　孔安國曰冉求為季氏宰相其室為之聚歛故孔子独疑求教也

夫顓臾昔者先王以為東蒙主　孔子拒冉有不聴伐之也言顓臾是昔先王聖人之所立以主蒙山之祭蒙山在東故云東蒙主也既是先王所立又為祭祀之主故不可伐也

孔安國曰使主祭蒙山也

且在邦域之中矣　言且顓臾在魯七百里封内故云在邦域中之也　孔安國曰魯七百里之邦顓臾為附庸在其域中也

是社稷之臣也　国主社稷顓臾既属魯　国故是社稷之臣也　何以為伐也
既歷陳不可伐之事而此段
問其何以用伐滅之為也
孔安國曰已属魯為社稷之臣何用滅之為也　鄭注
詩曰諸侯不臣附庸而此云是社稷臣者當爾時已臣属魯故也
冉有曰夫子欲之　夫子指季氏也冉有言伐顓臾之事是季氏所欲故云夫子欲之也
吾二臣者皆不欲也　称吾二臣是冉有自謂及子路也言我二臣皆不欲伐之也冉
有恐孔子不独信己故引子路為儔證也
孔安國曰歸咎於季氏
孔子曰求　孔子不許冉有歸咎於季氏故云又呼求名而語之也　周任有言曰
陳力就列不能者止　此語之辞也周任古之良史也　周任有言云人生事君當先量

後入若計陳我才力所堪乃後就其列次治
其職任耳若自量才不堪則當止而不為也
馬融曰周任古之良史也言當陳其才力度己所
任以就其位不能則當止也
危而不持顛而不扶則將焉用彼相矣　既量而就汝今為人之臣
之為用正至匡弼持危扶顛今假季氏欲為濫伐
此是危顛之事汝宜諫止而汝不諫止乃云夫子欲
之吾等不欲則何用汝為彼之輔　苞氏曰言輔
相乎若必不能是不量而就之也
相人者當能持危扶顛若不能何用相為也
且爾言過矣虎兕出柙亀玉毀櫝中是誰之過与　又罵
之而設譬也兕如牛而色青柙檻也檻貯於虎兕之
器也櫝函貯亀玉之匣也言汝云吾二臣皆不欲也

此是汝之罪也汝為人輔相當主諫君失辟如為人
掌虎兕亀玉若使虎兕破檻而逸出及亀玉毀砕於
函匱之中此是誰過則豈非守檻函者過乎今季氏
濫伐此是誰過則豈非汝輔相之過乎何得言吾二
臣不欲耶　馬融曰柙檻也櫝櫃也失毀非典守者
之過耶也　櫝即函也薬𡖖云陽虎家臣而叛是出
虎兕於檻也伐顓臾於邦內是毀亀玉
於櫝中也張憑云虎兕出於柙喩兵擅用於
外也亀玉毀於櫝中喩仁義廃於內之也
冉有曰今夫顓臾固而近於費　固謂城郭甲兵堅利費季氏菜邑名也冉
有既得孔子罵及辞窮而輸誠服罪更説顓臾宜伐
之意也言所以伐顓臾者城郭甲兵堅利復与季氏
邑相近之也　馬融曰固謂城郭完堅兵甲利也費
季氏之邑也　兵刃也甲鎧也

今不取後世必為子孫憂　子孫季氏之子孫也冉有
又言顓臾既城郭堅甲兵
利又与費邑相近其勢力旅豪及其今日猶可撲滅
若今日不伐取則其後世必伐於費所以為後世子
孫之憂也　孔子曰求君子疾夫　孔子聞冉有言知其虚妄
故更呼而語之也夫冉
有之言也季氏欲伐實是貪顓臾之地今汝不言季
孫是貪顓臾欲伐取之而假云顓臾固而近費恐為
子孫憂如汝此言是君子之
所謂疾也故云君子疾夫也　孔安國曰疾如汝之言也
舍曰欲之而必更為之辞　此是君子所疾者也舍猶
除也冉有不道季氏貪欲
濫伐是舍曰欲之而假称顓
臾固近費是亦必為之辞
孔安國曰舍其貪利之説而更作他辞是所疾也
丘也聞有國有家者不患寡而患不均　孔子罵冉有
既竟而更自

19b

稱名為其説季氏子孫之憂不顓臾也將欲言之故先廣陳其理也不敢云出己故曰聞也有國謂諸侯也有家謂卿大夫也言夫為諸侯及卿大夫者不患土地人民寡少所患政之不能均平耳今季氏為政不能均平則何用監伐欲多土地人民為耶　孔安國曰國諸侯也家卿大夫也不患土地人民之寡少患政治之不均平也

不患貧而患不安　為國家者何患民貧之政患不能使民安　孔安國曰憂不能安民耳民安則國富百姓足君孰與不足是也

蓋均無貧　結前意也此結前不貧之意也若為政均平則國家自富故無貧也　和無寡　此結不寡也言政若能和則四方来至故土地民人不寡少也　安無傾　若能安民則君不傾危也然上云不患寡患不均不患貧患不安則下應云均無寡安無貧今云均無貧和無寡又長云安無

20a

傾者並相互為義也均和故云安無傾之也　苞氏曰政教均平則不患貧矣上下和同不患寡矣小大安寧不傾危也

夫如是故遠人不服則修文德以来之　此明不患寡少之由也如是猶如此也若国家之政能如此安不傾者若遠人猶有不服化者則我廣修文德於朝使彼慕德而来至也故舜舞干羽於兩階而苗民至也　既来之則安之　遠方既至則又用德澤撫安之

今由与求也相夫子　季氏也言今汝及由二人相於季氏無恩德也　遠人不服而不能来也　言汝二人為季氏相不能修文德以来服遠人也　邦分崩離析而不能守也　言汝二人相季氏治魯既外不来遠人而内又離析不能守国也　孔安國曰民有異心曰分欲去曰崩不可會聚曰離析

20b

而謀動干戈於邦内　汝二人既不能来遠安近而唯知与動干戈以自伐邦国内地何也　孔安國曰干楯也戈戟也

吾恐季孫之憂不在顓臾　冉有云顓臾近費恐為後世子孫憂孔子廣陳之理已竟故此攺答也言我之所思恐畏於汝也汝恐顓臾而我恐季孫後世之憂不在顓臾也　而在蕭墻之内也　此季孫所憂者也蕭肅也墻屏也人君於門樹屏臣来至屏而起肅敬故謂屏為蕭墻也臣朝君之位在蕭墻之内也今云季孫憂在蕭墻内謂季孫之臣必作乱也然天子外屏諸侯内屏大夫以簾士以帷季氏是大夫應無屏而云蕭墻者季氏皆僭為之也故鄭玄云冉有季路並以王佐之姿処彼家相之任豈有不諫季孫以成其悪所以同其謀者将有以也量已揆勢不能制其悖心於外順其意以告夫子實欲致大聖之言以救斯弊是以夫子發明大義以酧来感弘舉治體自救時難引

21a

虎兕為以罪相者雖丈識二子而自在季孫既乖安危之理又抑強臣擅命二者兼著以寧社稷斯乃聖賢同符相為表裏者也然守文者衆達微者寡也覩其見軌而昧其玄致但釋其辭不釋所以辭懼二子之見幾將長淪於腐季是以正之以莅來旨也　鄭玄曰蕭之言肅也蕭墻謂屏君臣相見之礼至屏而加肅敬焉是以謂之蕭墻後季氏之家臣陽虎果囚季桓子也　證是在蕭墻也

孔子曰天下有道則礼樂征伐自天子出　礼樂先王所以飾喜鈇鉞先王所以飾怒故有道世則礼樂征伐並由天子而出也　天下無道則礼樂征伐自諸侯出　若天下無道天子微弱不得任自由故礼樂征伐從諸侯出也　自諸侯出蓋十世希不失矣　希少也若礼樂征伐從諸侯出非其所故僭濫之国十世少有

21b

不失國者也諸侯是南面之君故至十數之年而失也

孔安國曰希少也周幽王為犬戎所殺平王東迁周始微弱諸侯自作礼樂專征伐始於隱公至昭公十世失政死乾侯證十世為濫失国之君也周幽王无道為犬戎所殺其子平王東迁雖邑於是周始微弱不能制諸侯故于時魯隱公始專征濫伐至昭公十世而昭公為季氏所出死於乾侯之地也十世者隱一桓二莊三閔四僖五文六宣七成八襄九昭十也

自大夫出五世希不失矣若礼樂征伐從大夫而專濫則五世此大夫少有不失政者也其非南面之君道從勢短故半諸侯之年所以五世而失之也

孔安國曰季文子初得政至桓子五世為家臣陽

22a

虎所囚也此證大夫專濫五世而失家者季文子始得政而專濫至五世桓子為臣所囚也五世者文子一武子二悼子三平子四桓子五也

陪臣執國命三世希不失矣陪重也其為臣之臣故云重也是大夫家臣僭執邦国教令也此至三世必失既卑故不至五也則半於諸侯而五三亦半五大者難傾故至於極數也小者易危故轉相半理勢使然亡国喪家其數皆然未有過此而不失者也按此倶云執國命不云礼樂征伐出者其未能僭礼樂征伐也繆播云大夫五世陪臣三世者苟得之有由則失之有漸大者難傾小者易滅近本罪輕弥遠罪重輕故禍遅重則敗速二理同致自然之差也

馬融曰陪重也謂家臣也陽氏為季氏家臣至虎三世而出奔齊也證陪臣執政三世而失者也

22b

天下有道則政不在大夫政由於君故不在大夫由天下失道故也

孔安國曰制之由君也

天下有道則庶人不議君有道頌之声與載路有時雍之義則庶人民下无所街群巷聚以評議天下四方之得失也若無道則庶人共有所非議也

孔安國曰無所非議也非猶鄙也鄙議凡政之不是

孔子曰禄之去公室五世矣礼樂征伐自大夫出五世希有不失于時孔子見其數將尒知季氏必亡故發斯旨也公君也禄去君室謂制爵禄出於大夫不復関君也制爵禄不関君于時已五世也故云去公室五世

鄭玄曰言此之時魯定公之初也魯自東門襄仲殺文公之子赤而立宣公於

23a

是政在大夫爵禄不從君出至定公為五世襄仲既殺赤立宣公宣公雖立而微弱不敢自專故爵禄不復関己也宣公一成二襄三昭四定五也

政逮於大夫四世矣逮及也制禄不由君故及大夫也季文子初得政至武子悼子平子四世是孔子時所見故云四世

鄭玄曰文子武子悼子平子也

故夫三桓之子孫微矣大夫執政五世必失而季氏已四世故三桓子孫轉以弱也謂為三桓者仲孫叔孫季孫三家同出桓公故云三桓也初三家皆豪濫至介時並衰故云微也

孔安國曰三桓者謂仲孫叔孫季孫也三卿皆出桓公故曰三桓也仲孫氏改其氏稱孟氏至哀公皆衰也又後改仲孫稱孟氏故多云孟孫氏也

23b

孔子曰益者三友明与朋友益者有三事故云益者三友 損者三友又明与朋友損者只有三事故云損者三友也 友直一益也所友得正直之人也 友諒二益也所友得有信之人也諒信也 友多聞益矣三益也所友得能多所聞解之人也益矣上所言三事皆是有益之朋友 友便辟此一損也謂与便辟之人為朋友者也 馬融曰便辟巧避人所忌以求容媚者也謂語巧能為人所忌者為便辟也

友善柔二損也謂所友者善柔者也善柔謂面従而背毀者也 馬融曰面柔者也

友便佞三損也謂与便佞為友也便佞謂弁而佞者也 損矣上三事皆是為損之朋友也

鄭玄曰便弁也謂佞而辯也

孔子曰益者三樂謂以心中有所愛樂之事三者為益人者也 損者三樂

24a

又謂以心中所愛樂有三事為損人者也 樂節礼樂一益也謂心中所愛樂得於礼樂之節也 動静得於礼樂之節也動静樂得礼樂之節也

樂道人之善二益也心中所愛樂得以道説揚人之善事也 樂多賢友三益也心中所愛樂得多賢為朋友也 益矣此上三樂皆是為益之樂也 樂驕樂此明一損也心中所愛樂為驕傲以自樂也 孔安國曰恃尊貴以自恣也

樂佚遊此二損也心中所愛樂恣於自逸念而遨遊不用節度也

王肅曰佚遊出入不知節

樂宴樂三損也心中所愛樂宴飲酖酗以為樂也 損矣此上三樂皆是為損之樂也

孔安國曰宴樂沉荒淫瀆也三者自損之道也

24b

孔子曰侍於君子有三愆愆過也卑侍於尊有三事為過失也

孔安國曰愆過也

言未及之而言謂之躁一過也侍君子之坐君子言語次第承之未及其抄次而言此是軽動將躁之者也 鄭玄曰躁不安静也

言及之而不言謂之隠二過也言語次第已應及其人忽君之不肯出言此是情心不盡有所隠匿之者也 孔安國曰隠匿不盡情實也

未見顔色而言謂之瞽者盲人也盲人目不見人顔色而只言人之是非今若不看侍坐未見君子顔色趣向而便逆言之此是与盲者無異故謂之為瞽也

周生烈曰未見君子顔色所趣向而便逆先意語

25a

者猶瞽者也

孔子曰君子有三戒君子自戒其事有三故云有三戒也 少之時血氣未定戒之在色一戒也少謂三十以前也尓時血氣猶自薄少不可過慾過慾則為自損故戒之也 及其壯也血氣方剛戒之在闘二戒也壯謂三十以上也礼三十壯而為室故不復戒色也但年歯已壯血氣方剛性力雄猛无所与譲好為闘争故戒之也 及其老也血氣既衰戒之在得三戒也老謂年五十以上年五十始衰无復闘争之勢而戒之在得也得貪得也老人好貪故戒之也老人所以好貪者夫年少象春夏春夏為陽陽法主施故少年明怡也年老象秋冬秋冬為陰陰驗斂藏故老耆好斂聚多貪

孔安國曰得貪得也

25b

孔子曰君子有三畏 心服曰畏君子所畏有三事也 畏天命 一畏也天命謂
作善降百祥作不善降百殃從吉逆凶是天之命故君子畏之不敢逆之也
順吉逆凶天之命也
畏大人 二畏也大人聖人也見其含容而曰大人也見其作教正物而曰聖人也今云畏大人謂
居位為君者也聖人在上含容覆燾一蟲不察之而君子畏之也
大人即聖人与天地合其德者也
畏聖人言 三畏也聖人之言謂五經典籍聖人遺文也其理深遠故君子畏也
深遠不可易知則聖人之言也 理皆深遠不可改易也
小人不知天命而不畏也 既小人与君子反並不畏君子之所畏者也小人見

26a

天道恢疏而不信從吉逆凶故不畏之而造為惡逆也 恢疏故不知畏
也 天網恢恢疏而不失小人見天命不切之急謂之不足畏也
狎大人 見大人含容故褻狎慢而不敬也江熙云小人不懼德故媟慢也
直而不肆故狎之也 肆猶經威毒也大人但用行不邪而不私威毒也
侮聖人之言 謂經籍為虛妄故輕侮之也江熙云以典籍為妄作也
不可小知故侮之也 經籍深妙非小人所知故云不可小知也
孔子曰生而知之者上也 此章勸學也故先從聖人始也若生而自有知識者
此明是上智聖人故云上也 學而知之者次也 謂上賢也上賢既不生知資學以滿
分故次生知者也 困而學之又其次也 謂中賢以下也本不好學特以己有所用

26b

於理困憤不通故憤而學之只此次前上賢人也 孔安國曰困謂有所不通也
困而不學民斯為下矣 謂下愚也既不好學而困又不學此是下愚之民也故云
民斯為下也 孔子曰君子有九思 言君子所宜思之事其條有九 視思明
一也若目瞻視万事不得孟浪唯思分明也 聽思聰 二也若耳聽万理不得落漠唯思聰了也
色思溫 三也若顏色平常不得嚴切唯思溫和也李充云靜容謂之和柔暢謂之溫也 貌思
恭 四也若容貌接物不得違逆唯思遜恭也李充云動容謂之貌謙接謂之恭也 言思忠 五也
若有所言語不得虛妄唯思盡於忠心也 事思敬 六也凡行万事不得擻慢唯思於敬也故曲禮
云毋不敬也 疑思問 七也心有所疑不得輙自斷決當思諮問於事有識者也 忿思難
八也彼有違理之事來觸於我心必忿怒於彼雖然不得乘此忿心以報於彼當思於忿有急難日也一

思後有急難之

27a

朝之忿忘其身以及其親是謂難也 見得思義 九也不義而富且貴於我如浮雲若見己應有
所得當思是取也江熙云義後取也 孔子曰見善如不及 見有善者當慕而齊之恒
恐己不能相及也袁氏云恒恐失之故馳而及之 見不善如探湯 若見彼不善者則已
急宜畏避不相染入譬如人觸已以手探於沸湯為也 吾見其人矣吾聞其語
矣 孔子自云此上二事吾嘗見其人亦嘗聞有其語也
孔安國曰探湯喻去惡疾也 去猶避也疾速也謂避惡之速顏特進云
好善如所慕惡惡如所畏合義之情可傳之理既見其人又聞其語也
隱居以求其志行義以達其道 志達皆亂故願隱居道言出居以求其志
也行義以達其道常願道申故躬行仁義以達其道也 吾聞其語矣未見其人

也雖聞昔有夷齊能然是聞有其語也而今世无復
此人故云未見其人也顔特進云隱居所以求志
於世表行義所以達道於古人无立
之高難能之行徒聞其語未見人也　斉景公有馬千
駟四匹馬也　四千死之日民無得称焉　德新注　生時无徳而多馬
一旦死則身名俱消　故民無所
称誉也　孔安國曰千駟四千匹也
伯夷叔斉餓于首陽之下　夷斉是孤竹君之二子也
兄弟讓國遂入隱于首陽之山武王伐紂夷斉扣武王馬諫曰為臣伐君豈得
忠乎横尸不葬豈得孝乎武王左右欲殺之太公曰
此孤竹君之子兄弟讓國大王不然制也隱於首陽
山餓方立義不可殺是賢人即止也夷斉反首陽山
責周不食周粟唯食草木而已後遼西令支縣祐家
白張石虎往蒲坂採材謂夷斉云汝不食周粟何食
周草木夷斉聞言即遂不食七日
餓死也云首陽下者在山辺側也　馬融曰首

陽山在河東蒲坂華山之北河曲之中也
民致于今称之　夷斉无馬而餓死而民到孔子之時相傳揄揚愈盛也　其斯之謂
与　斯此也言多馬而无徳亦死即消夷斉餓而有
徳称義无慝言有徳不可重其此之謂也
王粛曰此所謂以徳為称者也
陳亢問於伯魚曰子亦有異聞乎　陳亢即子禽也伯
魚即鯉也亢言伯
魚是孔子之子孔子或私教伯魚有異門徒
聞故云子亦有異聞不也呼伯魚而為子也
馬融曰以為伯魚孔子之子所聞當有異也
對曰未也　伯魚對陳亢云我
未嘗有異聞也　嘗独立　此述已生平私
得孔子見語之
時也言孔子嘗独
立在左右无人也　孔安國曰獨立謂孔子也

鯉趨而過庭　孔子独立在堂而
鯉趨從中庭過也　曰学詩乎　孔子見伯
魚從庭過
呼而問之曰汝
嘗学詩不乎　對曰未也　伯魚述己答孔子曰不
言未嘗学之詩也
学詩无以言也　孔子問伯魚未嘗学詩故以此語之
言詩有比興答對酬酢人若不学詩
則无以与
人言語也　鯉退而学詩　伯魚得孔子之旨故退
还己舍而学詩也　他日
又獨立　他日別日也孔
子又在堂独立也　鯉趨而過庭　伯魚又從
中庭過也　曰
学礼乎　孔子又問伯魚
汝学礼不乎　對曰未也　亦答云未
学礼之也　不学礼
无以立　孔子又語伯魚云礼是恭倹荘敬立身之本
人有礼則安無礼則危若不学礼則无以自
立身也　鯉退而学礼　鯉從孔子旨
退而学礼也　聞斯二者矣　又答陳
亢言已
為孔子之唯私聞
学詩学礼二事也　陳亢退而喜曰問一得三　伯魚答
陳亢得

已二事故退而歓喜也言我問
異聞之一事而今得聞三事也　聞詩聞礼又聞君子
之遠其子也　伯魚二也又君子遠其子三也伯魚是
孔子之子一生之中唯知聞二事即是
君子不独親子故相踈遠是亢今得聞君子遠於其
子也范寧云孟子云君子之不教子何也勢不行也教
者必以正〻〻不行繼之以怒〻〻〻
則反夷矣父子相夷悪也
邦君之妻君称之曰夫人　當時礼乱称謂不明故此
正之也邦君自呼其妻曰
夫
人　夫人自称曰小童　此夫人向夫自称則曰小童
幼少之目也謙不敢自以比
於成
人也　邦人称之曰君夫人　邦人其国民人也若其国
之民呼其妻則曰君夫人
也君自称云單曰夫人故
人民人称常君言之也　夫称諸異邦曰寡小君　自
我
國臣民向他邦人称我君妻則曰寡小君也君自称
曰寡人故臣民称君為寡君称君妻為寡小君之也

襯頁　　　　　　　　29b

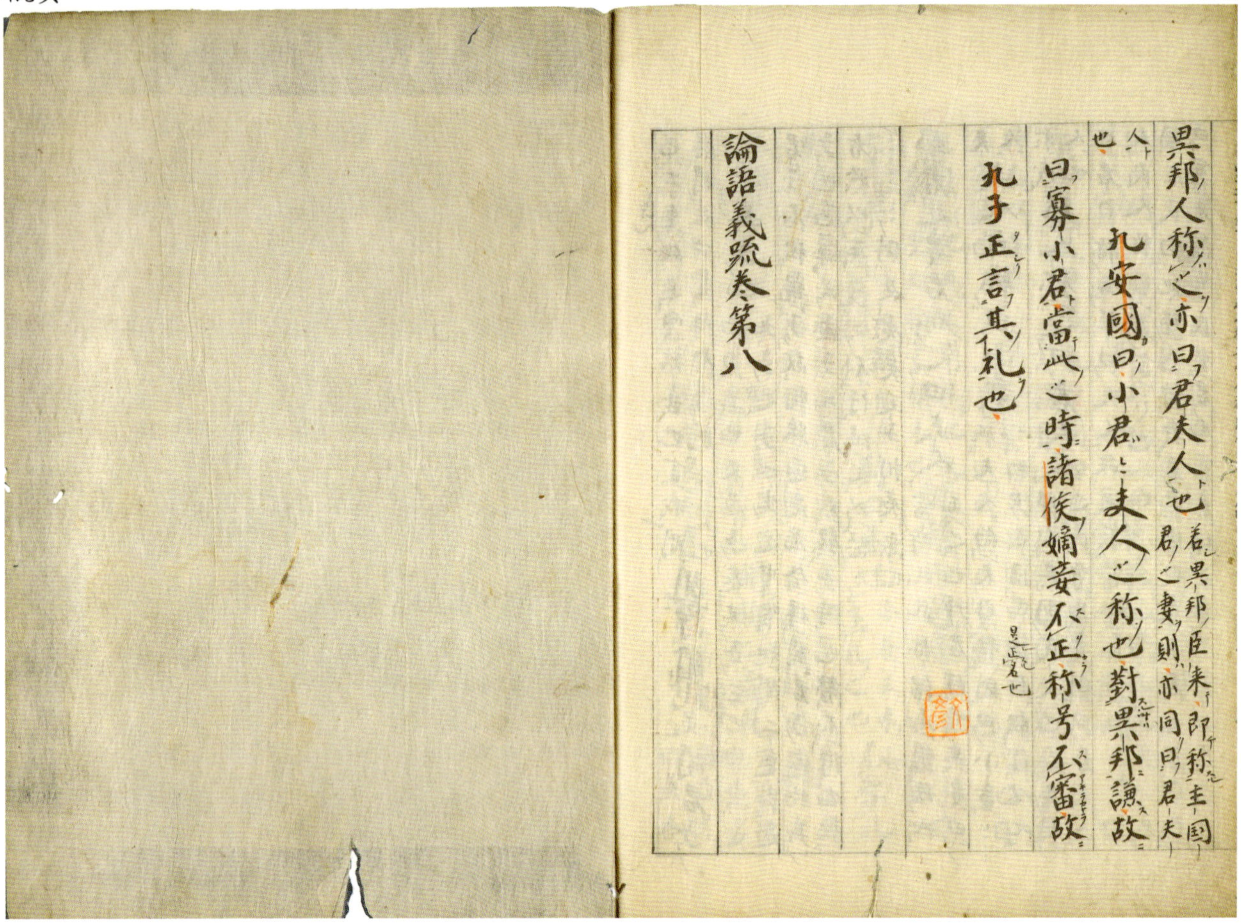

異邦人称之亦曰君夫人也若異邦臣来即称主国君之妻則亦同曰君夫人也
孔安國曰小君夫人之称也對異邦謙故曰寡小君當此之時諸侯嫡妾不正称号不審故孔子正言其礼也是正名也

論語義疏巻第八

書衣背面　　　　　　　　襯頁背面

書衣

書衣

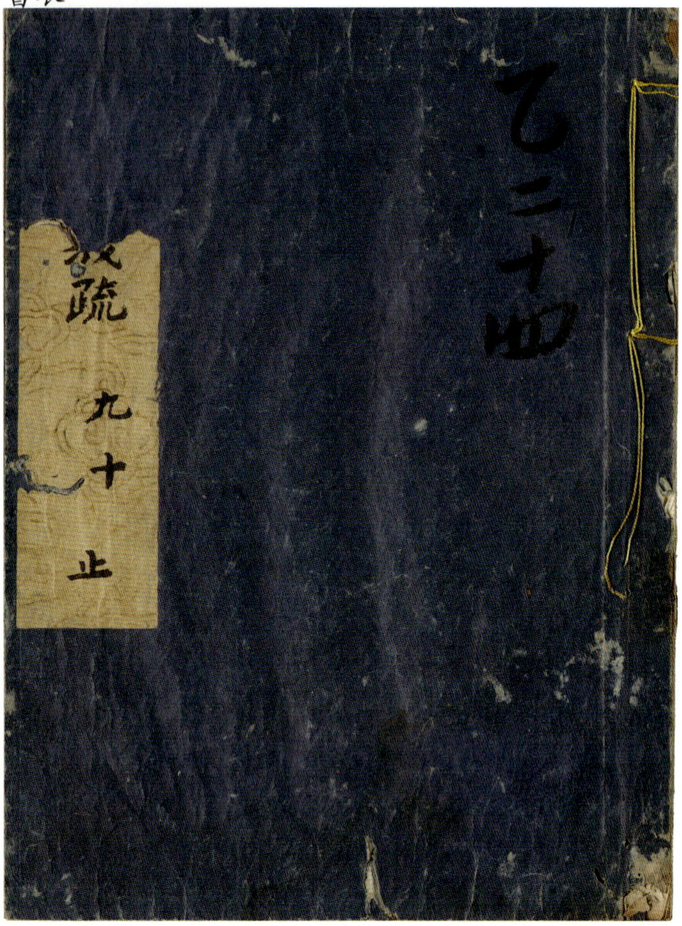

舊書衣

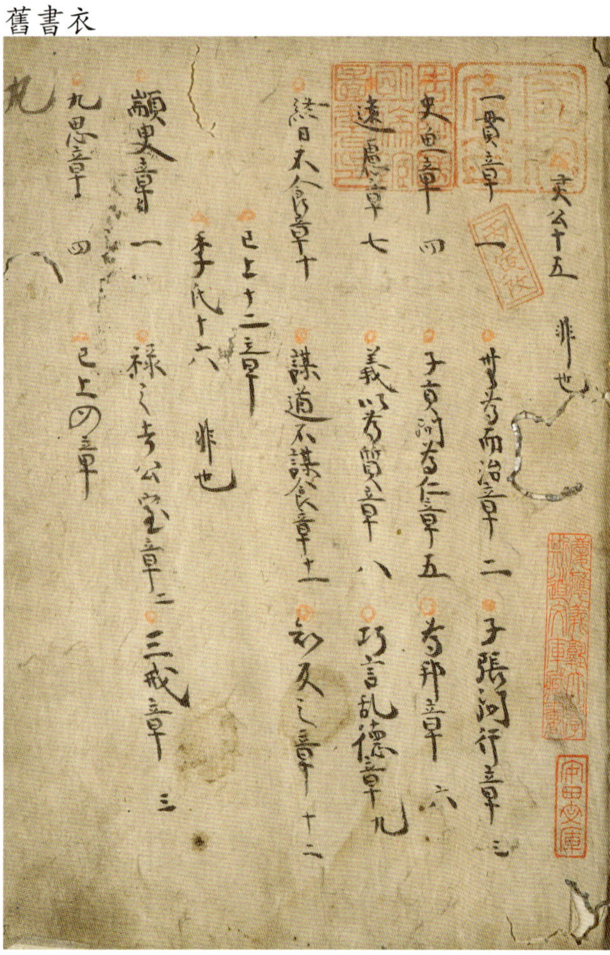

襯頁

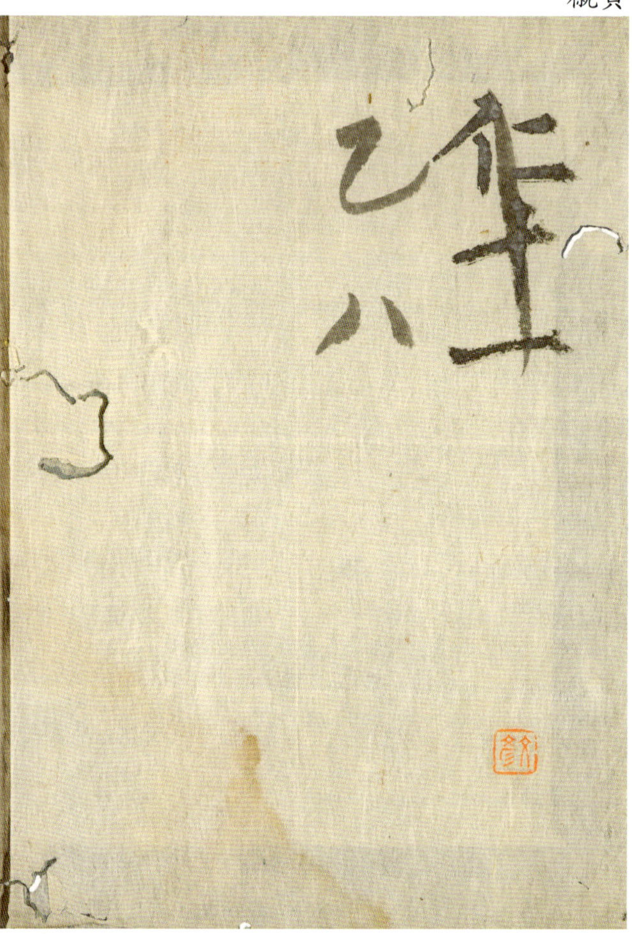

乙二十四

政疏 九十 止

九　九思章十四　　　顔史章十一　　綿目天命章十　遠慮章七　　　史魚章　四　　一覽章　一

已上の五章　　禄之在其中章三　季氏十六　非也　謀道不謀食章十一　義以為質章八　子貢問友仁章五　廿人為而治章十二　子張問行章三

三戒章三　　　己上十二章　　巧言乱德章九　方那章六　　非也

舊書衣背面

1a

論語義疏卷第九　陽貨　微子

陽貨第十七　疏　何晏集解　凡廿四章

疏陽貨者季氏家臣亦凶惡者也所以次前者明於時國亂非唯國臣无道至於陪臣賤亦並凶愚故陽貨次季氏也

爲正義曰此篇論陪臣專恣因明性習知愚禮樂本末六蔽之惡二南之美君子小人爲行各異今之與古其疾不同以前篇首章言大夫之惡此篇首章記家臣亂尊卑之差故相次也

陽貨欲見孔子　陽貨者季氏家臣陽虎也于時季氏稍微陽氏爲季氏宰專魯國政欲使孔子仕己故使人召孔子欲與孔子相見也　孔子不見　孔子惡專濫故不與之相見也

孔安國曰陽貨陽虎也季氏家臣而專魯國之政欲見孔子使仕也

1b

皈孔子豚　皈猶餉也既召孔子孔子不与相見故又遺人餉孔子豚也所以召不來而餉豚者礼得敵己以下餉但於己家拜餉而已勝己以上見餉先既拜於己家明日又往於餉者之室陽虎乃不勝孔子然己交專魯政期度孔子必來拜謝己因得与相見也得相見而勸之欲仕也

孔安國曰欲使往謝故遺孔子豚也

孔子時其亡也而往拜之　亡无也无謂虎不在家時也孔子曉虎見餉之意故往拜謝也若往謝必与相見〻〻於家是或盤桓故伺取虎不在家時而往拜於其家也　遇諸塗　塗道路也既伺其不在而往拜〻竟而還与之相逢於路中也孔子聖人所以不計避之而在路与相逢者其有所以也若遂不相見則陽虎求召不已既得相見期其意畢耳但不欲久与相對故造次在於塗路也所以知是已至其家遂与相逢者既先云時其亡也後云遇塗故知已至其家也其若未至室則於礼未

者其有所以也若遂不相見則陽虎求召不已既得相見期其意畢耳但不欲久与相對

2a

畢或有更隨其至己家之理故伺不在而往計畢還而相逢也

孔安國曰塗道也於道路与相逢也　一家通云餉豚之時孔子不在故往謝之也然於玉藻中爲便而不勝此集解通也

玉藻云大夫親賜士士拜受又拜於其室衣服弗服以拜敵者不在拜於其室

謂孔子曰來　貨於路見孔子而呼孔子令來孔子趍就己也　予与尒言　予我也尒汝也貨先呼孔子來而又云我与汝言也　曰懷其寶而迷其邦可謂仁乎　此是貨与孔子所言之辞也既欲令仕己故先發此言也此罵孔子不仁也寶猶道也言仁人之行當惻隱救世以安天下而汝懷藏佐時之道不肯出仕使邦国迷乱爲此之事豈可謂爲仁乎　曰不可　孔子曉虎之言故遜辞求免而荅已不可也言不可謂此爲仁人也

馬融曰言孔子不仕是懷寶也知國不治而不爲政是迷邦也

2b

好従事而亟失時可謂智乎 此亦罵孔子不知也好従事謂好周流東西従
於世事亟数也言智者以照了為用動无失時而孔
子数栖栖遑遑東西従事而数失時不為時用如此
豈可謂汝為智人乎 曰不可 又遜辞云不可也
孔安國曰言孔子
栖栖好従事而数不遇失時不為有智也
日月逝矣歳不我与 罵孔子辞既畢故貨又以此辞勧孔子出仕也逝速也言
日月不停速不待人豈得懐宝至老而不仕乎我孔子也
馬融曰年老歳月已往當急仕也
孔子曰諾吾将仕矣 孔子得勧故遜辞答之云諾吾将仕也郭象曰聖人无心仕与
不仕随世耳陽虎勧仕理无不諾不能用我則无
自用此直道而應者也然逸遜之理亦在其中也

3a

孔安國曰以順辞免害也
子曰性相近也習相遠也 性者人所稟以生也習者謂生後有百儀常所行習
之事也人俱稟天地之氣以生雖復厚薄有殊而同
是稟氣故曰相近也及至識若値善友則相効為善
逢悪友則相効為悪悪善既殊故云相遠也故范寧
云人生而静天之性也感於物而動性之欲也斯相
近也習洙泗之教為君子習申商之術為小人斯相遠矣也
孔安國曰君子慎所習也 然情性之義説者不同且依一家旧釈云性者
生也情者成也性是生而有之故曰生也情是起
欲動彰事故曰成也然性无善悪而有濃薄情是
有欲之心而有邪正性既是全生而有未涉乎用
非唯不可名為悪亦不可目為善故性无善悪也
所以知然夫善悪之名恒就事而顕故老子云
天下皆知美之為美斯悪已皆知善之為善斯不

3b

善已皆擬事而談情有邪正者情既是事若逐
欲流遷其事則邪若欲當於理其事則正故情不
得不有邪有正也故易曰利貞者性情也王弼云
不性其情焉能久行其正此是情之正也若心好
流蕩失真此是情之邪也若以情近性故曰性其
情情近性者何妨是有欲若逐欲遷故曰遠也若
欲而不遷故曰近但近性者正而即性非正雖即
性非正而能使正譬如近火者熱而即火非熱雖
即火非熱而能使之熱能使之熱者何気也熱
也能使之正者何儀也静也又知其有濃薄者孔
子云性相近也若全同也相近之辞不生若全異
也相近之辞亦不得立今云近者有同有異取其
共是无善无悪則同也有濃有薄
則異也雖異而未相遠故曰近也
子曰唯上智与下愚不移 前既云性近習遠而又有異此則明之也夫降聖以
還賢愚万品若大而言之且分為三上分是聖下分
是愚愚人以上聖人以下其中階品不同而共為一

4a

此之共一則有推移今云上智謂聖人下愚愚人也
夫人不生則已若有生之始便稟天地陰陽氣氣之
氣亦有清濁若稟得淳清者則為聖人若得淳濁者
則為愚人愚人淳濁雖澄亦不清聖人淳清攪之不
濁故上聖遇昏乱之世不能撓其真下愚値重尭疊
舜不能変其悪故云唯上知与下愚不移也而上知
以下下愚以上二者中間顔閔以下一善以上其中
亦多清少濁或多濁少清或半清半濁澄之則清攪
之則濁如此之徒以随世変改若遇善則清
升遇悪則滓淪所以別云性相近習相遠
孔安國曰上智不可使強為悪下愚不可使強賢
子游之武城聞絃歌之声 之往也于時子游為武城宰而孔子往焉既入其邑
聞絃歌之声也但解聞絃歌之声其則有二一云孔
子入武城堺聞邑中人家家有絃歌之響由子游正
化和楽故也故繆播云子游宰小邑能令民得其可
絃歌以楽也又一云謂孔子入城聞子游身自絃歌以

4b

教民也。於江熙云：小邑但當令足衣食教敬而已，反教歌詠先王之道也。

孔安國曰：子游為武城宰也。

夫子莞尒而咲，孔子聞絃歌邑而咲之也。莞尒者小咲貌也。

曰：割鷄焉用牛刀。孔子說可咲之意也。牛刀，大刀也。割鷄宜用鷄刀，割牛宜用牛刀。若割鷄而用牛刀，刀大而鷄小，所由之邑也。譬如武城小邑之政，可由小才而已，用子游之大才，是大才而用小也。於繆播云：惜不得導千乘之國，如牛刀割鷄，不盡其才也。江熙云：如牛刀割鷄，非其宜也。

孔安國曰：言治小何須用大道也。

子游對曰：昔者偃也聞諸夫子曰：君子學道則愛人，小人學道則易使也。子游得孔子咲已，故對以所以絃歌之意也。先据聞之於孔子

5a

言云：若君子學禮樂則必以愛人為用，小人學道則易使，為樂業，而偃今日所以有此絃歌之化也。一云：子游既學道於孔子，今日之化政，是小人易使。於繆播云：夫博學之言，亦可進退也。夫子聞鄉黨人之言，便引得射御；子游請牛刀之喻，且取非宜，故曰小人學道則易使也。子游不知之者，以為戲也；子游知之者，以為覺聖識五巻達巷黨人曰大哉孔子博學而無所成名子聞之謂門弟子曰吾何執執御乎執射乎吾執御矣之意也。

孔安國曰：道謂禮樂也。樂以和人，人和則易使也。

就如注意，言子游對所以絃歌化民者，欲使邑中君子學之則愛人，邑中小人學之則易使也。

子曰：二三子，二三子，從孔子行者也。孔子將欲美偃之是，故先呼從行之二三子也。

孔安國曰：從行者也。

偃之言是也。言子游之所以用絃歌之化是也。前言戲之耳。言我前云割鷄

5b

焉用牛刀是戲，是治小而才大也。

孔安國曰：戲以治小而用大道也。

公山不擾以費畔，姓公山，名不擾也。費，季氏采邑也。畔，背叛也。不擾當時為季氏邑宰，而作亂，與陽虎共執季氏，是背畔於季氏也。召，子欲往。既背畔，使人召孔子，孔子欲往應召也。

孔安國曰：不擾為季氏宰，與陽虎共執季桓子而召孔子也。

子路不悅，子路見孔子欲往，故不悅也。曰：末之也已，何必公山氏之之也。子路不悅而後說此辭也。末，無也。之，適也。已，止也。中之，語助也。下之，亦適也。子路云：無時不我用，若無所適往，則乃當止耳，何必公山氏之適也。

孔安國曰：之，

6a

適也。無可之則止耳，何必公山氏之適者也。

子曰：夫召我者而豈徒哉？孔子答子路所以欲往之意也。徒，空也。言夫欲召我者，豈容無事空然而召我乎？必有以也。如有復用我者，吾其為東周乎！若必不空然而用我時，則我當為興周道也。魯在東，周在西，云東周者，欲於魯而興周道，故云吾其為東周也。一云：周室東遷洛邑，故曰東周。又云周公旦子成王共近洛陽邑云東周

興周道於東方，故曰東周。王弼云：言如能用我者，不擇地而興周道也。

子張問仁於孔子。孔子對曰：能行五者於天下為仁矣。言若能行五事於天下，則為仁也。請問之。子張不曉五者之事，故反諮問其目也。

曰：恭寬信敏惠。答五者之目也。恭則不侮，又為歷解五事所以為仁之義也。言

6b

人若行己能恭則人以敬己不敢見輕侮也故江熙云自敬者人亦敬己也

孔安國曰不見侮慢也

寬則得衆 人君所行寬弘則衆附歸之是故得衆也 信則人任焉 人君立言必信則為人物所見委任也江熙云人思任其事不見其冥也 敏則有功 敏疾也人君行事不懈而能進疾則事以成而多功也

孔安國曰應事疾則多成功也

惠則足以使人 人君有恩惠加民民則以不憚勞役也故江熙云有恩惠則民忘勞也

佛新注佛音弼肸許密反

佛肸召 佛肸使人召孔子也 子欲往 孔子欲應召而往也

孔安國曰晉大夫趙簡子之邑宰也

子路曰昔者由也聞諸夫子曰親於其身為不善者

7a

君子不入也 子路見孔子欲應佛肸之召故擬昔聞孔子之言而諫止之也子路云由昔親聞夫子之言若有人自親行不善之事者則君子不入其家也

孔安國曰不入其國也

佛肸以中牟畔 擬佛肸身自為不善之事也佛肸經為中牟邑宰而遂背畔此是不善之事也 子之往也如之何 佛肸身為不善而今夫子若為往之故云如之何也 子曰然有是言也 然如此也孔子答曰有如此所說也我昔然有此君子不入於不善之國之言也

曰不曰堅乎磨而不磷不曰白乎涅而不緇 孔子既然之而更廣述我從來所言非一或云君子不入不善之國亦云君子入不善之國而不為害經為之設二辭也天下至堅之物磨之不薄至白之物染之不黑是我昔亦有此二語汝今那唯憶不入而不憶亦入乎故云不曰堅乎磨而不磷不曰白乎涅而不緇言我昔亦經有曰也故云不曰乎以詶汝也

7b

孔安國曰磷薄也涅可以染皂者也言至堅者磨之而不薄至白者染之於涅而不黑喻君子雖在濁亂濁亂不能污也 故孔子所以有此二說不同者或堪入不入是為賢人賢人以下易染故不許入亂國也若許入者是聖人聖人不為世俗染累如至堅至白之物也子路不欲往孔子欲往故其告也

吾豈匏瓜也哉焉能繫而不食 二說一云若八一云匏瓜星 孔子亦為說我所以一通之意也言人非匏瓜匏瓜係滯一處不須飲食而自然生長乃得不用何通乎而我是須食之人自應東西求覓豈得如匏瓜係而不食耶一通云匏瓜星名也言人有才智宜佐時理務為人所用豈得如匏瓜係天而不可

8a

食耶王弼云孔子機發後應事形乃視於地以處身資教於全度其也故不入亂人之邦聖人通遠慮微應變神化濁亂不能污其潔凶惡不能害其性所以避難不藏身絕物也以形也有是言者有所施也苟不得係而不食舍此適彼相去何若也

匏瓜也言匏瓜得繫一處者不食故也吾自食物當東西南北不得如不食之物繫滯一處也 江熙云夫子豈實之公山弗肸乎故欲往之意耶泛示無係以觀門人之情如欲居九夷乘桴浮於海耳子路見形而不及道故聞乘桴而喜聞之公山而不悅升堂而未入室安測聖人之趣哉

子曰由汝聞六言六蔽矣乎 呼子路名而問之也夫所欲問子路汝曾聞六言六蔽之事乎言而未許以有蔽塞之事乎言既有六故蔽亦有六故云六言六蔽之事在下文王弼云不自見其過也

六言六蔽者下六事謂仁智信直勇剛也

對曰未也 子路對曰未嘗聞也 居吾語汝 居猶復坐也子路得孔子問避席而對曰未也於孔子呼之使復坐也吾當語汝也

孔安國曰子路起對故使還坐

好仁不好学其蔽也愚 一也謂中人也夫事得中適莫不資学若不学而行事猶如夜行也仁者博施周急是德之盛也唯学者能裁其中若不学而施施必失所是与愚人同故其蔽塞在於愚也江熙云好仁者謂聞其風而悅之者也不学不能深原其道知其一而未識其二所以蔽也自非聖人必有所偏偏才雖美必有所蔽学者假教以節其性觀教知變則見所過也

孔安國曰仁者愛物不知所以裁之則愚也

好智不好学其蔽也蕩 二也智以運動為用若学而裁之則智動會理若不学而運動則蔽塞在於蕩蕩無所的守也

孔安國曰蕩無所適守也

好信不好学其蔽也賊 三也信者不欺為用若学而為信信則合宜不学而信信不合宜不合宜則蔽塞在於賊害其身也江熙云尾生与女子期死於梁下宋襄与楚人期傷泓不及信之害也

孔安國曰父子不知相隠之輩也

好直不好学其蔽也絞 四也直者不曲為用若学而行之得中適若不学而直則蔽塞在於絞絞猶剌也好譏剌人之非以成己之直也

好勇不好学其蔽也亂 五也勇是多力多力若学則能用勇敬拜於廊廟捍難於邊疆若勇不学則蔽塞在於作亂也

好剛不好学其蔽也狂 六也剛者無欲不為曲求也若復学而剛則中適為美若

剛而不学則必蔽在於狂狂謂抵觸於人無回避者也

孔安國曰狂妄抵觸人也

子曰小子 呼諸弟子欲語之也 何莫学夫詩 莫無也夫語助也門弟子汝等何無学夫詩者耶

苞氏曰小子門人也

詩可以興 又為說所以宜学詩之由也興謂譬喩也言若学詩詩可令人能為譬喩也

孔安國曰興引譬連類也

可以觀 詩有諸國之風俗盛衰可以觀覽以知之也

鄭玄曰觀風俗盛衰也

可以群 詩有如切如磋如琢如磨朋友之道可以群居也

孔安國曰群居相切磋也

可以怨 詩可以怨刺諷諫之法言之者無罪聞之者足以戒故可以怨也

孔安國曰怨刺上政也

邇之事父遠之事君 邇近也詩有凱風白華相戒以養是近有事父之道也又雅頌君臣之法是有遠事君之道也江熙云言事父事君以有其道也

孔安國曰邇近也

多識於鳥獸草木之名 關雎鵲巢是有鳥也騶虞狼跋是有獸也采蘩葛覃是有草也甘棠棫樸是有木也詩並載其名学詩者則多識之也

子謂伯魚曰女為周南召南矣乎 伯魚孔子之子也為猶学也周南關

10b

雎以下詩也召南鵲巢以下詩也孔子見伯魚而謂之云汝已曽学周召二南之詩乎然此問即是伯魚趍過庭孔子問之学詩乎時也人而不為周南召南其猶正墻面而立也与先問之而更為説周召二南所以宜学之意也墻面〻向墻也言周召二南既多所含載読之則多識草木鳥獣及可事君親故若不学詩者則如人面正向墻而倚立終无所瞻見也然此譬亦是伯魚過庭時對曰未学詩而孔子云不学詩无以言也

馬融曰周南召南国風之始得淑女以配君子三綱首王教之端故人而不為如向墻而立也

○子曰礼云〻〻玉帛云乎哉此章弁礼楽之本也夫礼所貴在安上治民但安上治民不因於玉帛而不達故行礼必用玉帛耳當乎周季末之君唯知崇尚玉帛而不能安上治民

11a

故孔子歎之云也故重言礼云〻〻玉帛云乎哉明礼之所云不玉帛也

鄭玄曰玉璋珪之属也帛束帛之属也言礼非但崇此玉帛而已所貴者乃貴其安上治民也

楽云〻〻鐘鼓云乎哉楽之所貴在移風易俗因於鐘鼓而宜故行楽必假鐘鼓耳當澆季之主唯知崇尚鐘鼓而不能移風易俗孔子重言楽云〻〻鐘鼓云乎哉明楽之所云不在鐘鼓也

馬融曰楽之所貴者移風易俗也非謂鐘鼓而已也王弼云礼以敬為主玉帛者敬之用飾也楽主於和鐘鼓者楽之器也于時所謂礼楽者厚贄幣而所簡於敬盛鐘鼓而不合雅頌故正言其義也繆播云玉帛礼之用非礼之本鐘鼓者楽之器也非楽之主假玉帛以達礼〻達則玉帛可忘借鐘鼓以顕楽〻顕則鐘鼓可遺以

11b

礼假玉帛於求礼非深乎礼者也以楽託鐘鼓於求楽非通乎楽者也苟能礼正則无持於玉帛而上安民治矣苟能暢和則无借鐘鼓而移風易俗也

二説

○子曰色厲而内荏厲矜正也荏柔佞也言人有顔色矜正於外而心柔佞於内者也

孔安国曰荏柔也謂外自矜厲而内柔佞者也

譬諸小人其猶穿窬之盗也与此為色厲内荏作譬也言其譬如小人為偸盗之時也小人為盗或穿人屋壁或踰人垣墻當此之時外形恒欲進為取物而心恒畏人常懐退走之路是形進而心退内外相乖如色外矜正而心内柔佞者也

孔安国曰為人如此猶小人之有盗心也穿〻壁也窬〻墻也江熙云田文之客能為狗盗穿壁如踰而入盗之窬也外為矜厲而實柔

12a

佞之窬也峻其墻宇謂之免盗而狗盗者往〻高其抗厲謂之免佞而色厲者入〻古聖難於荏人今夫子又苦為之窬明免之者鮮矣傳曰華門圭竇也

○子曰郷原徳之賊也郷〻里也原源本也言人若凡往所至之郷輙憶度逆用意源本其人情而待之者此是徳之賊也言賊害其徳也又一云郷向也謂人不能剛毅而好面従見人輙媚向而原趣求合人意此是賊徳也

周生烈曰所至之郷輙原其人情而為己意以待之是賊乱徳者也一曰郷向也古字同謂人不能剛毅而見人輙原其趣向容媚而合之言此所以賊徳也如前二釈也張憑云郷原〻壌也孔子郷人故曰郷原也彼遊方之外也行不應規矩不可以訓故毎抑其迹所以弘徳也

12b

子曰道聽而塗說德之棄也 道路也塗亦道路也記問之学不足以為人師為人必當温故而知新研精久習然後乃可為人傳說聽若聽之於道路則仍即為人傳說必多謬妄所以為有德者所弃也亦自弃其德也江熙云今之学者不為己者也況乎道聽者哉逐末愈甚弃德弥深也

馬融曰聞之於道路則傳而說之也

子曰鄙夫可与事君也与哉 言凡鄙之人不可与事君故云可与事君也与哉

孔安國曰言不可与事君也

其未得之也患得之 此以下明鄙夫不可与事君之由也患得之謂患不能得之也言初未得事君之時恒懃患己不能得事君也

患得之者患不能得之也楚俗言也 楚之風俗其言語如此也呼患不得為患得之也

13a

既得之患失之 患不失之也既得事君而生猒心故患己不遺失之也苟患失之无所不至矣 既患得失在於不定則此鄙心迴邪无所不至或為乱也

鄭玄曰無所不至言邪媚無所不為也

子曰古者民有三疾 古謂淳時也疾謂病疑也有三條在下文也 其今也或是之亡也 今謂澆時也亡无也言今之澆民无復三疾之事也

苞氏曰言古者民疾与今時異也 江熙云今之民无古者之疾而病過之也矣

古之狂也肆 一也古之狂者恒肆意所為好在抵觸以此為病也

苞氏曰肆極意敢言之也

今之狂也蕩 无所拘也猶動也今之狂不復肆直而皆用意澆競流動也復无得拘杖也

13b

孔安國曰蕩無所拘也

古之矜也廉 二也矜莊也廉隅也古人自矜莊者好大有廉隅以此為病也

馬融曰有廉隅也 李充曰矜厉其行向廉潔也

今之矜也忿戾 今世之人自矜莊者不能廉隅而因之為忿戾怒物也

孔安國曰惡理多怒也 言今人既惡則理自多怒物也李充曰矜善上人物所以不与則多之者至矣故怒以戾發忿激也

古之愚也直 三也古之愚者不用其智不知俯仰病在直情恒行故云直也

今之愚也詐而已矣 今之世愚不識可否唯欲欺詐自利者也又一通云古之狂者唯肆情而病於蕩今之狂則不復病蕩故蕩不肆也又古之矜者唯廉隅而病於忿戾今之矜者則不復病忿戾而

14a

不廉也又古之愚者唯直而病詐今之愚者則不復病詐故云詐而不直也

子曰惡紫之奪朱也 紫是間色朱是正色正色宜行間色宜除不得用間色之物以妨奪正色之用也言此者為時多以邪人奪正人故孔子託云惡之也

孔安國曰朱正色也紫間色之好者惡其邪好而奪正色也

惡鄭聲之乱雅樂也 鄭声者鄭国之音也其音淫也雅樂者其声正也時人多淫邑以廢雅樂故孔子惡之也

苞氏曰鄭声淫声之哀者也惡其奪雅樂也

惡利口之覆邦家也 利口弁佞之口也邦諸侯也家卿大夫也君子辞達而已不用弁佞无實而傾覆国家故為孔子所惡也

孔安國曰利口之人多

14b

言少實苟能悦媚時君傾覆其國家也

子曰予欲无言孔子忿世不用其言其言為益之少故欲无所復言也子貢曰子如不言則小子何述焉小子弟子也子貢聞孔子欲不復言故疑而問之也言夫子若遂不復言則弟子等輩何所復傳述也

言之為益少故欲无言也

子曰天何言哉四時行焉百物生焉天何言哉孔子既以有言无益遂欲不言而子貢怨若遂不言則門徒无述故孔子遂曰天亦不言而四時遞行百物互生此豈是天之有言使之然乎故云天何言哉也天既不言而亦行故我亦欲不言而教行是欲則天以行化也王弼云子欲无言蓋欲明本舉本統末而示物於極者也夫立言垂教將以通性而弊至於湮寄旨傳

15a

辭將以正邪而勢至於繁既求道中不可勝御是以修本廢言則天而行化以淳而觀則天地之心見於不言寒暑代序則不言之令行乎四時天豈諄諄者哉

孺悲欲見孔子使人召孔子欲与孔子相見也孔子辭之以病孔子不欲應孺悲之召故辭云有疾不堪往也將命者出户將命者謂孺悲所使之人也出户謂受孔子疾辭畢而出孔子戸以去也取瑟而歌使之聞之孺悲使者去纔出户而孔子取瑟以歌欲使孺悲使者聞之也所以然者若辭唯有疾而不往恐孺悲問疾差又召己不止也故取瑟而歌使使者聞之知孔子辭疾非實疾以還白孺悲令孺悲知故不来耳非為疾不来也

孺悲魯人也孔子不欲見故辭以疾為其將命者不知己故歌令將命者悟所以令孺悲思也李充曰孔

15b

子曰人絜己以進与其絜不保其往所以不逆乎互郷也今不見孺悲者何明非崇道故至發其蒙矣苟不崇道必有外寫之心則非教之所崇言之所諭將欲化之未若不見也聖人不顯物短使无自新之塗故辭之以疾猶未足以誘之故絃歌以表旨使抑之而不彰挫之而不絶則矜鄙之心頽而思善之路長也

宰我問三年之喪期已久矣礼為至親之服至三年宰我嫌其為重故問至期則久不假三年也君子三年不為礼礼必壞三年不為樂樂必崩宰我又說喪不宜三年之義也君子人君也人君化物必資礼樂若有喪三年則廢於礼樂礼樂崩壞則无以化民為此之故云宜期而不三年礼云壞樂云崩者礼是形化形化故云壞壞是漸敗之名樂是氣化氣化无形故云崩崩是墜失之称也舊穀既没新穀既升宰予又說

16a

一期為足意也言夫人情之変本依天道天道一期則万物莫不悉易故旧穀既没尽又新穀已熟則人情亦宜法之而奪也鑽燧改火鑽燧者鑽木取火之名也内則云小觿木燧是也改火者年有四時四時所鑽之木不同若一年則鑽之一周変改已遍也一期可已矣宰予斷之也穀没又升火鑽已遍故有喪者一期亦為可矣

馬融曰周書月令有更火春取榆柳之火夏取棗杏之火季夏取桑柘之火秋取柞楢之火冬取槐檀之火一年之中鑽火各異木故曰改火也引國語周書中月令之語有改火之文未為證也更猶改也改火之木随五行之色而変也榆柳色青春是木木之色青故春用榆柳也棗杏色赤夏是火火色赤故夏用棗杏也桑柘色黄季夏是土土色黄故季

16b

夏用桑柘也柞楢色白秋是金金色白故秋用柞楢也槐檀色黑冬是水水色黑故冬用槐檀也所以一年必改火者人若依時而食其火則得氣又宜人無灾厲也

子曰食夫稻也衣夫錦也於女安乎孔子聞宰予云一期為足故舉問之也夫語助也稻是穀之美者錦是衣中之文華者若一期除喪則畢便食美衣華在三年之內為此事於汝之心以此為安不乎曰安宰我荅孔子也云期而食稻衣錦以為安也曰汝安則為之孔子聞宰我之荅云安故孔子云汝言此為安則汝自為之也夫君子居喪食旨不甘聞樂不樂居處不安故不為也孔子又為宰我說三年內不可安於食稻衣錦也言夫君子之人居親喪者心如斬截故無食美衣錦之理假令食於美食亦不覺以為甘聞於韶武亦不以為雅樂設居處華麗亦非身所安故聖人依人情而制苴麤之禮不設美樂

17a

之具故曰不為也今汝安則為之陳旨既竟又更語之也昔君子之所不為今汝若以一期猶此為安則自為之再言之此者責之深也孔安國曰旨美也責其無仁恩於親故再言汝安則為之也或問曰喪服傳曰既練反素食鄭注云謂復平生時食也若如彼傳及注則朞外食稻非嫌孔子何以怪耶荅曰北人重稻稻為嘉食唯盛饌乃食之耳平常所食黍稷之屬也云及素食則謂此也

宰我出宰我得孔子之罵竟而出去也子曰予之不仁也仁猶恩也言宰我無恩愛之心故曰予之不仁也予宰我之名也子生三年然後免於父母之懷又解所以不仁之事也案聖人為禮制以三年有二義一是抑賢一是引愚抑賢者言夫人子於父

17b

母有終身之恩昊天罔極之報但聖人為三才宜理人倫超絕故因而裁之以為限節者也所以者何夫人是三才之一天地資人而成人之生世誰無父母父母若喪必使人子滅性及身服長凶人人以僉則二儀便廢為是不可故斷以年月使送死有已復生有節尋制服致節本應斷期斷期是天道一變人情亦宜隨之而易但故改火促期不可權終天之性鑽燧過隙無消創鉅之文故隆倍以再期再期是廿五月始於三年之中此是抑也一是引愚者言子生三年之前未有知識父母養之最鍾懷抱及至三年以後與人相關飢渴痛癢有須能言則父母之懷稍得寬免今既終身難遂故報以極時故必至三年此是引愚也而宰予既為其父母所生亦必為其父母所懷矣將欲罵之故先發此語引之

馬融曰子生未三歲為父母所懷抱也

夫三年之喪天下之通喪也人雖貴賤不同以為父母懷抱故制喪服不以

18a

尊卑致殊因以三年為極上自天子下至庶人故曰天下通喪也且汝是四科之限豈恒不及無儀之庶人乎故言通喪引之也孔安國曰自天子達於庶人也

予也有三年之愛於其父母乎予宰我名也為父母已故限三年今宰我欲不服三年是其誰有三年之愛於其父母不乎云愛惜也言宰我何忽愛惜三年於其父母也孔安國曰言子於父母欲報之德昊天罔極而予也有三年之愛乎依注亦不得為前兩通也繆播云尒時禮壞樂崩三年不行宰我大懼其往以為聖人無微旨以戒將來故假時人之謂啓情於夫子我在屈已以明道也予之不仁者荅曰時人失禮而予謂為然是不仁矣言不仁於萬物又仁者施與之名非奉上之稱若予安夫稻錦廢此三年乃不孝之甚不得直云不仁也李充云子之於親終身莫已而今不過

18b

三年者示民有終也而予也何愛三年而云久乎
余謂孔子目四科則宰我冠言語之先安有知言之人而發違情犯礼之問乎将以喪礼漸衰孝道弥薄故起斯問以發其責則所益者弘多也
子曰飽食終日无所用心難矣哉 夫人若飢食不足於衣食則无暇思慮他事若无事而飽衣食終日則必思計為非法之事故云難矣哉言難以為處也
不有博弈者乎為之猶賢乎已 博者十二棊對囲棊也賢猶勝也已止也言若飽食而无事則必思為非法若曽是无業而能有棊弈以消食采日則猶勝乎无事而直上往者
馬融曰為其无所拠樂善生淫欲也
子路曰君子尚勇乎 子路既有勇常言勇可崇尚故問於孔子君子之人常尚勇乎 衰氏云見世尚勇故謂可尚也
子曰君子義以為上 孔子答云君子唯所尚於

19a

義以為上也
君子有勇而无義為乱 君子既尚義若无義乱必作乱之李充曰既称君子又謂職為乱階也若過君親失道国家昏乱其於赴患致命而不知居正顧義者則亦畏陷乎為乱而受不義之責也
小人有勇而无義為盗 畏於君子不敢作乱乃為盗竊而已
子貢問曰君子亦有悪乎 悪謂憎疾也旧說子貢問孔子曰天下君子之道有所憎悪以不乎江熙云君子即夫子也礼記云昔者仲尼與於蜡賓事畢出遊喟然而歎言偃曰君子何歎乎
子曰有悪 孔子答言君子亦有所憎悪也
悪称人之悪者 此以下並是君子所憎悪之事也君子掩悪揚善故憎人称揚他人之悪事者也
苞氏曰好称說人之悪所以為悪也
悪居下流而訕上者 訕猶謗毀也又憎悪為人臣下而毀謗其君上者也故礼記云

19b

君臣之礼有諫而无訕是也
孔安國曰訕謗毀也
悪勇而无礼者 勇而无礼則乱故君子亦憎悪之也
悪果敢而窒者 窒塞也又憎好為果敢而塞人道理者也若果敢不塞人道理者則亦所不悪也
馬融曰窒塞也
曰賜也亦有悪也 子貢聞孔子說有悪已竟故云賜亦有所憎悪也故江熙云已亦有所賤悪也
悪徼以為智者 此子貢說己所憎悪之事也徼抄也言人生發謀出計必當出己心儀乃得為善若抄他人之意以為己有則子貢所憎悪也 徼新注古堯切
孔安國曰徼抄也抄人之意以為己有也
悪不遜以為勇者 勇須遜從若不遜而勇者子貢所憎悪也然孔子云悪不遜為勇者

20a

二事又相似但孔子所明躰先自有勇而後行之无礼者子貢所言本自无勇故假於孔子不遜以為勇也
悪訐以為直者 訐謂面發人之陰私也人生為直當自己不犯觸他人則乃是善若對面發人陰私欲成己直者亦子貢所憎悪也
苞氏曰訐謂攻發人之陰私也 然孔子所悪有四子貢有三亦示減師也
子曰唯女子与小人為難養也 女子小人並稟陰閑氣多故其意浅促所以難可養立也
近之則不遜 此難養之事也君子之人愈近愈敬而女子小人近之則其承狎而為不遜從也
遠之則有怨 君子之交如水亦相忘江湖而女子小人若遠之則生怨恨言人不接己也
子曰年四十而見悪焉其終也已 人年未四十則德行猶進當時虽未能善猶望可改若年四十已在不惑之時猶為人共所見憎悪者則當終其一生无復有善理故云其終也已

21a　20b

鄭玄曰年在不惑而為人所惡終无善行也

微子第十八　　何晏集解　凡十一章

疏微子者殷紂庶兄也明其覩紂凶惡必喪天位故先拂衣辭周以存宗祀也所以次前者明天下並惡則賢宜遠避故以微子次陽貨也○舊正義曰此篇論天下无道礼壞樂崩君子仁人或死或去否則隱淪岩野周流四方因記周公戒魯公之語四乳生八士之名以前篇言群小在位則必致仁人失所故以此篇次之也

微子去之　微子者名啓是殷王帝乙之元子紂之庶兄也殷紂暴虐殘酷百姓日月滋甚不從諫爭微子覩国必亡社稷顛殞己身元長宜存其係嗣故先去殷投周早為宗廟之計故云去也　箕子為之奴　箕子者紂之諸父也時為父師是三公之職屢諫不從知國必殞己身非長不能輒去職任寄重人不可死故佯狂而受囚為奴故云為之奴也鄭玄注尚書云父師者三公也時箕子為之奴

比干諫而死　比干亦紂之諸父也時為小師小師是非台輔不俟佯狂之留且生難死易故正極諫以至剖心而死故云諫而死也鄭玄注尚書云少師者大師之佐孤卿也時比干為之死也

馬融曰微箕二國名也　是殷家畿內采地名也子爵也畿外三等之爵公侯伯也畿內唯子男而微子紂之庶兄也　箕微二人並食箕微之地而子爵也鄭注尚書云微子與紂同母當生微子母猶未正及生紂時已得正為妻也故微子大而庶紂小而嫡也　箕子比干紂之諸父也二人皆是帝乙之弟也

見紂无道早去之　故尚書云微子乃告父師少師曰王子弗出我乃顛隮是遂去也

22a　21b

啟敗周後封微子於宋以為殷後也　箕子佯狂為奴比干以諫見殺也　故武王勝紂釋箕子囚以箕子歸作洪範而彝倫攸敘封比干墓天下悅服也

孔子曰殷有三仁焉　孔子評微子箕子比干其迹雖異而同為仁故云有三仁焉所以然者仁以憂世忘己身為用而此三人事迹雖異俱是為憂世民也然若易地而處則三人皆互能耳但若不有去者則誰保宗祀耶不有死者則誰為亮臣節耶各盡其所宜俱為臣法於教有益故稱仁也

馬融曰仁者愛人三人行各異而同稱仁以其俱在憂亂寧民也

柳下惠為士師　柳下惠展禽也士師獄官也惠時為獄官也

孔安國曰士師典獄之官也

三黜　三黜退也惠為獄官无罪而三過被黜退也　人曰子未可以去乎　人或人也或人見惠无罪而三被退逐故問之云子為何事而未可以去此乎欲令其去也

曰直道而事人焉往而不三黜　柳答或人言己所以不去之意也言時世皆邪曲而我独用直道以事曲故无罪而三黜耳若用直事不正非唯我國見黜假令至彼之國復世皆邪曲則亦當必復見黜故云焉往而不三黜也舍是三黜故不徙去也故李充云舉世喪乱不容正直以國觀國何往不黜也

孔安國曰苟直道以事人所至之國俱當復三黜也

枉道而事人何必去父母之邦　又對或人也枉曲也父母邦謂今所居桑梓之国也言我若能捨直為曲則是地皆合既往必共合亦何必遠離我之旧邦而更他適耶故曲直

22b

並不須去也孫綽云言以不枉道而求留也若道而可枉雖九生不足以易一死柳下恵之无此心明矣故毎仕必直〻必不用所以三黜也

斉景公待孔子

〻〻往斉而景公初欲以待孔子共為政化也

曰若季氏則吾不能

景公慕聖不篤初雖欲待而末又生悔發此言也季氏者魯之上卿也惣知魯政専任一国今景公云若稜義以国政委任孔子如魯之任季氏則可不能也

以季孟之間待之

孟者魯之下卿也不被任用者也景公言我不能用孔子如魯処季氏又不容令之孔子无克如魯之処孟氏也我當以有克无克之間処之故云以季孟之間待之也

孔安國曰魯三卿季氏為上卿最貴孟氏為下卿不用之言待之以二者之間也

曰吾老矣不能用也

景公初雖云待之於季孟之間而末又悔故自託吾老不能復

23a

用孔子也

孔子行

以聖道難成故云老矣

不能用

孔子聞不能用己故行去也江熙云麟不能為豺歩鳳不能為隼撃夫子所陳必正道景公不能用故託吾老可合則往於離則去聖人无常者也

斉人帰女樂

帰猶餉也女樂女伎也斉餉魯定公女伎致時孔子在魯斉畏魯強故餉魯女樂欲使孔子去之

季桓子受之

季氏使定公受斉之餉也

三日不朝

桓子既受之仍与定公奏之三日廢於朝礼也

孔子行

既君臣淫樂故孔子遂行也江熙云夫子色斯挙矣无礼之朝安可以処也

孔安國曰桓子季孫斯也使定公受斉之女樂君臣相与観之廢朝礼三日也

楚狂接輿歌而過孔子之門

接輿楚人也姓陸名通字接輿昭王時政令无

23b

常乃被髪佯狂不仕時人謂之為楚狂也時孔子適楚而接輿行歌従孔子辺過欲感切孔子也

孔安國曰接輿楚人也佯狂而来歌以欲感切孔子也

曰鳳兮〻〻何徳之衰

此接輿歌曲也知孔子有聖徳故以比鳳但鳳鳥待聖君乃見今孔子周行屢適不合所以是鳳徳之衰也

孔安國曰比孔子於鳳鳥也鳳鳥待聖君而乃見非孔子周行求合故曰衰也

往者不可諌也

言屢適不合是已往之事不復可諌是既往不咎也

孔安國曰已往所行不可復諌止也

24a

来者猶可追也

来者謂未至之事也未至之事猶可追止使莫復周流天下也

孔安國曰自今以来可追自止避乱隠居也

已而〻〻

今之従政者殆而

已而者言今世乱已甚也殆而者言今従政者皆危殆不可復救治之也

孔安國曰已而者言世乱已甚不可復治也再言之者傷之甚也

孔子下欲与之言

下〻車也孔子初在車上聞接輿之歌感切於己故下車欲与之共語也江熙云言下車明在道聞其言也

趨而避之不得与之言

趨疾走也接輿見孔子下車欲与己言己故急趨避之所以給孔子不得与之言也江熙云若接輿与夫子對共情言則非狂也達其懐於議者修其狂跡故疾行而去也

范氏曰下〻車也

24b

長沮桀溺二人皆隱士也耦而耕二人既隱山野故耦而共耕也孔子過之孔子行從沮溺二人所耕之處過也使子路問津焉津渡水處也時子路從孔子行故孔子使子路訪問於沮溺覓渡水津之處也究井曰欲顯之故使問也

鄭玄曰長沮桀溺隱者也耜廣五寸二耜為耦耕用耒是今之耜轉耜是今之鏵廣五寸〻〻則不成伐故二人並耕兩耜並得廣一尺〻〻則成伐也故云二耜為耦也津濟渡處也

長沮曰夫執輿者為誰乎子路行問津先問長沮〻〻不荅津處而先反問子路也執輿猶執轡也子路初在車上為御〻〻者執轡今既下車而往問津渡則廢轡与孔子〻〻時執轡故長沮問子路云夫在車中執轡者是為誰乎子路曰為孔丘子路荅云車中執轡

25a

者是孔丘也然子路問長沮稱師名者重師欲令天下知之也曰是魯孔丘与長沮更定之也此是魯國孔丘不乎對曰是也荅曰是魯孔丘也曰是知津矣沮聞是魯孔丘故不語津處也言若是魯之孔丘此人數周流天下無所不至必知津處也無俟我今復告也

馬融曰言數周流自知津處也

問於桀溺長沮不荅子路又問桀溺也桀溺曰子為誰又問子路汝是誰也曰為仲由子路荅言我姓仲名由也曰是魯孔丘之徒与又問言汝是孔丘之門徒不也對曰然子路荅曰是也曰滔滔者天下皆是也滔滔者猶周流也天下皆是謂一切皆惡也桀溺又云孔子何是周流者乎當今天下治乱如一捨此適彼定誰可易之者乎言皆惡也而誰以易之

25b

孔安國曰滔滔者周流之皃也言當今天下治乱同空舍此適彼故曰誰以易之

且而与其從辟人之士也豈若從辟世之士哉桀溺又微以此言招子路使從己隱也故謂孔子為辟人之士其自謂己為辟世之士也言汝今從於辟人之士則豈如從辟世之士乎

士有辟人之法有辟世之法長沮桀溺謂孔子為士從辟人法也己之為士則從辟世之法者也若如注意則非但令子路亦謂孔子從己也

耰而不輟耰覆種也輟止也二人与子路且語且耕覆種不止也覆種者植穀之法先散後覆也

鄭玄曰耰覆種也輟止也覆種不止不以

26a

津告之也

子路行以告子路問二人〻〻共不告及於借問而覆種不止故子路備以此更述車上以告孔子也夫子憮然猶驚愕也孔子聞子路告故愕怪彼不達己意而譏己也

為其不達己意而非己也

曰鳥獸不可与同群也孔子既憮然而又云隱山林者則鳥獸同群出世者則与世人為徒旅我今應出世自不得居於山林故云鳥獸不可与同群也

孔安國曰隱居於山林是与鳥獸同群也

吾非斯人之徒与而誰与言必与人為徒也既出世應与人為徒旅故云我云吾非斯人之徒与而誰与言必与人為徒也

孔安國曰吾自當与

26b

此天下人同群，安有能去人從鳥獸居乎

天下有道丘不與易也　言凡我道雖不行於天下，天下若有道者，而我道皆不至與彼易之，是我道大，彼道小故也

孔安國曰言凡天下有道者丘皆不與易也己道大而人小故也　江熙云易稱天下同皈而殊塗一致而百慮君子之道或出或處或默或語所以為皈致者期於內順生徒外惙教旨也惟此而已乎凡教或即我以導物或執彼以明節以救急疾於當年而發逆操於沮溺排抗言於子路知非問津之求也于時風政日昏彼此无以相易良所以猶然斯可已矣彼故不屑去就不輟其業不酬栖栖之問所以遂節於世而有惙於聖教者存矣道喪于茲感以事反是以夫子憮然曰鳥獸不可與同群也明夫理有大倫吾所不獲

27a

已也若欲潔其身韜其蹤同群鳥獸不可與斯民則所以居大倫者廢矣此即我以致言不可以乘彼者也丘不與易蓋物之有道故大湯武亦稱夷齊由管仲而无譏邵忽今彼有其道我有其道不執我以求彼不係彼以易我夫可滯哉沮若士云世亂賢者宜隱而全生聖人宜出以弘物故自明我道以救大倫彼之絕迹隱世實由世亂我之蒙塵栖遑亦以道喪此即彼與我同患世也彼實中賢无道宜隱不達教者也我則至德宜理大倫不得已者也我既不失彼彼亦无違无非可相非且沮溺是規子路亦不規夫子謂子路宜從己不言仲尼也自我道不可復與鳥獸同群宜與人徒本非言彼也彼居林野居然不得不群鳥獸避世外以為高行初不為鄙也但我自得耳以體大居正宜弘世也下云天下有道丘不與易也言天下人自各有道我不以我道易彼亦不使彼易我自各処其宜也如江熙所云大湯武而亦賢夷齊美管仲亦不譏召忽也

27b

子路從而後　随之未得相及故云從而後也孔子與子路同行孔子先發子路在後

遇丈人以杖荷篠　遇者不期而會也丈人者長宿之稱也荷擔揚也篠竹器名子路在孔子後未及孔子而與此丈人相遇見此丈人以杖擔一器蘿簏之属故云以杖荷篠也

苞氏曰丈人老者也篠竹器名也

子路問曰子見夫子乎　子路既見在後故借問丈人見夫子不乎也

丈人曰四體不勤五穀不分孰為夫子　四體手足也勤勤勞也五穀黍稷之属也分播種也孰誰也子路既借問丈人丈人故答子路也言當今乱世汝不勤勞四體以播五穀而周流遠走問誰為汝之夫子而問我索之乎袁氏云其人已委曲識孔子故譏之四體不勤不能如禹稷躬殖五穀誰為夫子而索耶

苞氏曰丈人云不勤勞四體不分

28a

殖五穀誰為夫子而索之耶

植其杖而芸　植竪也芸除草也丈人答子路竟至草田而竪其所荷篠之杖當掛篠於杖頭而植竪之竟而芸除田中穢草也

孔安國曰植倚也除草曰芸也　杖以為力以一手芸草故云植其杖而芸也

子路拱而立　拱沓手也子路未知所以答故沓手而倚立以觀丈人之芸也

未知所以答也

止子路宿　子路住倚當久已至日暮故丈人留止子路使停住就己宿也

殺雞為黍而食之　子路停宿故丈人家殺雞為臛作黍飯而食子路也

見其二子焉　丈人知子路是賢故又以丈人二兒見於子路也

明日子路行　至明日之旦子路得行逐孔子也

以告行及孔子而具以昨丈人所言及子曰隱者也孔子聞子路告丈人之㕝故云此丈人是隱処之士也使子路反見之孔子既云丈人是隱者而又使子路還丈人家須与丈人相見以己事説之也其事在下至則行矣子路反至丈人家而丈人已復出行不在也

孔安國曰子路反至其家丈人出行不在也

子路曰不仕无義丈人既不在而子路留此語以与丈人之二子令其父還述之也此以下之言悉是孔子使子路語丈人之言也言人不生則已既生便有在三之義父母之恩君臣之義人若仕則職於義故云不仕无義也君臣父子師才

鄭玄曰留言以語丈人之二子也

長幼之節不可廢也君臣之義如之何其可廢也既有長幼之恩又有君臣之義汝知見汝二子是識長幼之節不可廢闕而如何廢於君臣之義而不仕乎

一説孔安國曰言汝知父子相養不可廢反可廢君臣之義也耶

欲絜其身而乱大倫謂君臣之道理也又言汝不仕濁世乃是欲自清絜汝身耳如乱君臣之大道理何也

苞氏曰倫道也理也

君子之仕也行其義也又言君子所以仕者非貪栄禄富貴政是欲行大義故也

道之不行也已知之矣為行義故仕耳濁世不用亦是我道而我亦反自知之也

苞氏曰言君子之仕所以行君臣之義也不必自

道得行也孔子道不見用已知之矣

逸民者謂民中節行超逸不拘於世者也其人在下伯夷一人也叔齊二人也虞仲三人也夷逸四人也朱張五人也柳下恵六人也少連七人也

逸民者節行超逸者也苞氏曰此七人皆逸民賢者也

子曰不降其志不辱其身者伯夷叔齊与逸民雖同有異故孔子評之也夷齊隱居餓死是不降志也不仕乱朝是不辱身也是心迹俱超逸也

鄭玄曰言其直己之心不入庸君之朝也直己之心是不降志也不入庸君之朝是不辱身也

謂柳下恵少連降志辱身矣此二人心逸而迹不逸也並仕魯朝而柳下恵三黜則是降志辱身也言中倫行中慮其斯而已矣雖降志辱身而言行必中於倫慮故云其斯而已矣

孔安國曰但能言應倫理行應思慮如此而已矣張憑云彼被禄仕者乎其処朝也唯言不廢大倫行不犯色思慮而已豈以世務暫嬰其心哉所以為逸民也

謂虞仲夷逸隠居放言放置也隠居幽処廢置世務不須反言之者也矣

苞氏曰放置不復言世務也

身中清廢中權身不仕乱朝是中清潔也廢事免於世患是合於權智也故江熙云超然出於埃塵之表身中清也晦明以遠害發動中權也

30b

清純潔也遭世乱自廢棄以免患合於權也

我則異於是無可无不可 我則退不拘於世故与物无異所以是无可无不可

也江熙云夫迹有相明教有相資若數子者事既不

同而我亦有以異矣然聖賢致訓相為内外彼協契

於往載我拯溺於此也不以我異而抑物不以彼異

而通滞此吾所謂无可无不可者耳豈以此自目也

已所以異哉我迹之異蓋着于當時彼數子者亦不

宜各滞於所執矣故舉其往行而存其會通將以導

夫方類所挹抑乎

馬融曰亦不必進亦不必退唯義所在也

或問曰前七人而此唯評於六人不見朱張何乎答云王弼云朱張字子弓荀卿以比孔子今序六人而闕朱張者明趣舍与己合同也

大師摯適齊 自此以下皆魯之樂人名也魯君无道礼樂崩壞樂人散走所不同也大師樂師也名摯其散逸適往於齊国也

31a

亞飯干適楚 亞次也飯食也干其名也古天子諸侯食必奏樂每食各有樂人亞飯干是第二食奏樂人也其奔逸適於楚国也

孔安國曰亞次也次飯樂師也摯干皆名也 然周礼大司樂王朔望食乃奏樂日食不奏也又殷則日奏也故王制及玉藻皆云然也

三飯繚適蔡 繚名也第三食奏樂人散逸入蔡国也

四飯缺適秦 缺名也第四食奏樂人奔散入秦国也

苞氏曰三飯四飯樂章名也各異師繚缺皆名也

鼓方叔入于河 鼓能擊鼓者也方叔名也亦散逸入于河内之地居也

苞氏曰鼓擊鼓者也方叔名也入謂居其河内也

31b

播鼗武入于漢 播猶搖也鼗鞉鼓也其人能搖鞉鼓者也名武亦散奔入漢水之内居地也

孔安國曰播搖也武名也

小師陽擊磬襄入于海 小師名陽又擊磬人名襄二人俱散奔入海内居

孔安國曰魯哀公時礼壞樂崩樂人皆去陽襄皆名也

周公謂魯公 周公旦也魯公周公之子伯禽也周公欲教之故云謂魯公也孫綽云此是周公顧命魯公所以之辞也

孔安國曰魯公周公之子伯禽也封於魯也

曰君子不施其親 此周公所命之辞也施猶易也言君子之人不以他人易己之親是因不失其親也

孔安國曰施易也不以他人易其親也

32a

孫綽云不施猶不偏也以不惠偏所親使魯公崇至公張憑云君子於人義之與比无偏施於親親然後九族与庸勳並隆仁心与至公俱著也

不使大臣怨乎不以 以用也為君之道當委用大臣若惡君不用則是君之失也

孔安國曰以用也怨不見聽用也

故舊无大故則不棄也 故舊朋友也大故謂惡逆也朋友之道若无大惡逆之事則不得相遺棄也

無求備於一人 无具足不得責必備是君子易事之德也

孔安國曰大故謂惡逆之事也

周有八士 此八士云周世有一母身四乳而生八士八士並賢故記録之也

伯達伯适仲突仲忽叔夜叔夏季随季騧 侃案師說云非謂一人四乳乳猶俱

32b

生也有一母四過生輙双二子四生故八子也何以知其然就其名兩兩相隨似是双生者也

苞氏曰周時四乳得八子皆為顯士故記之也

論語義疏卷第九

舊書衣

子張十九

士見危章一　問交章二　子夏語十一章

博学章　三　百工居肆章四　大德小德章五

子文過人章六　子游二章　曾子四章

陽膚章七　子貢語六章　子會章　八

已上八章

堯曰二十

堯曰章一　五美章二　不知命章三

已上三章

十

舊書衣背面

1a

論語義疏卷第十

子張第十九　疏　何晏集解　凡廿五章　疏廿四章

疏　子張者弟子也明其君若有難臣必致死也所以次前者既明君惡臣宜拂衣而即去若人人皆去則誰為匡輔故此次明若未得去者必宜致身故以子張次微子也

○爲正義曰此篇記士行交情仁人勉學或接聞夫子之語或幷揚聖師之德以其皆弟子所言故差次諸篇之後也

就此篇凡有廿四章大分為五段揔明弟子稟仰記言行皆可軌則第一先述子張語第二明子夏語第三子游語第四曾參語第五子貢語就子張語自有二章也

○子張曰士見危致命　此是第一也此一篇皆是弟子語无孔子語也士者知義理之名是謂升朝之士也並若見国有危難必不愛其身當以死救之是見危致命也士既如此則大夫以上可

1b

知也

孔安國曰致命不愛其身也

見得思義 此以下並是士行也得祿也必不素食義然後取是見得思義也 祭思敬 士始得立廟守其祭祀祭神如神在是祭思敬也 喪思哀 方喪三年為君如父母必窮苴斬是喪思哀也 其可已矣 四叓如上為士若此則為可也江熙云但言若是自可也

子張曰執德不弘信道不篤焉能為有焉能為亡 弘大也篤厚也亡無也人執德能至弘大信道必使篤厚此人於世乃為可重若雖執德而不弘雖信道而不厚此人於世不足可重如有如無故云焉能為有焉能為亡也江熙云有德不能弘大信道不務厚至雖有其懷道德蔑然無也不能為損益也

孔安國曰言無所輕重也 此人則不足為輕世有此人亦不足為重也故云無所輕重也二章說此是子張語是第一

2a

子貢之門人問交於子張 此以下是第二是子夏語自有十一章子夏弟子問子張求交交之道也

孔安國曰問與人交接之道也

子張曰子夏云何 子張反問子夏之門人云汝師何所道故曰云何也 對曰子夏曰可者與之其不可者拒之 子夏弟子對子張述子夏語也言子夏云結交之道若彼人可者則與之交若彼人不可者則拒而不交也 子張曰異乎吾所聞 子張聞子夏之交與己異故云異乎吾所聞也 君子尊賢而容眾嘉善而矜不能 彼既異我故更說我所聞也言君子取交之法若見賢者則尊重之眾來歸我我則交之交之中有善者則嘉而美之有不善不能者則矜而不責不得可者與不可者拒之 我之大賢與於人何所不容 更說不宜不可者拒之也設他人欲與我交我若是大賢則他

2b

人必與我故云於人所不容也 我之不賢與人將拒我 又云若我設不賢而他人必亦拒我而不矜也 如之何其拒人也 我若矜人人必矜我若拒人人必拒我故云如之何其拒人也

苞氏曰友交當如子夏 既欲與為友故宜可者與之不可者拒也 汎交當如子張 若德悠悠汎交則嘉善矜不能也明二子各一是也鄭玄曰子夏所云倫黨之交也子張所云尊卑之交也王肅云子夏所云敵体子張所云覆蓋交也欒肇云聖人体備賢者或偏以偏師備學不能同也故準其所資而立業焉猶易云仁者見其仁知者見其智寬則得眾而遇濫偏則寡合而身孤明各出二子之偏性亦未能兼弘夫子度也

子夏曰雖小道必有可觀者焉 小道謂諸子百家之書也一往看覽亦微

3a

有片理故云必有可觀者焉也

小道謂異端也

致遠恐泥 致至也遠久也泥謂泥難也小道雖一往可觀若持行事至遠經久則恐泥難不能通也

苞氏曰泥難不通也

是以君子不為也 為猶學也既致遠必恐泥故君子之人秉持正典不學百家也江熙云聖人所以訓世軌物者遠有体趣故又文質可改而此處無改也至夫百家競說非無其理然家人之規謨不及於經國慮止於為身無貽厥孫謀是以君子舍彼取此也

子夏曰日知其所亡 此勸人學也亡無也無謂從來未經所識者也令人日新其德日日知所未識者令識錄之也

孔安國曰日知其所未聞也

月無忘其所能 謂已識在心者也既日日識所未知又月月無忘所能故云識之

3b

知也

孔安國曰致命不愛其身也

見得思義 此以下並是士行也得謂祿也必祭思敬士始得立廟守其祭祀祭神如神在是祭思敬也 喪思哀 方喪三年為君如父母必窮苴斬是哀也

喪思其可已矣 四事如上為士若此則為可也江熙云但言若是自可也

子張曰執德不弘信道不篤焉能為有焉能為亡 弘大也篤厚也亡無也人執德能至弘大信道必使篤厚此人於世乃為可重若雖執德而不弘雖信道而不厚此人於世不足可重如有如無故云焉能為有焉能為亡也江熙云有德不能弘大信道不務厚至雖有其懷道德蔑然無也不能為損益也

孔安國曰言無所輕重也 世無此人則不足為輕世有此人亦不足為重也故云無所輕重也二章訖此是子張語是第一十

4a

子夏之門人問交於子張 此以下是第二是子夏語子夏弟子問子張求交之道也

孔安國曰問與人交接之道也

子張曰子夏云何 子張反問子夏之門人云汝師何所道故曰云何也 對曰子夏曰可者與之其不可者拒之 子夏弟子對子張述子夏語也言子夏云結交之道若彼人可者則與之交若彼人不可者則拒而不交也 子張曰異乎吾所聞 子張聞子夏之交與己異故云異乎吾所聞也 君子尊賢而容衆嘉善而矜不能 彼既異我故更說我所聞也言君子取交之法若見賢者則尊重之衆來歸我則交之中有善者則嘉而美之有不善不能者則矜而不責不得可者與不可者拒之也 我之大賢與於人何所不容 更說不宜不可者拒之也設他人欲與我交我若是大賢則他

4b

則彌張乃是謂過也

孔安國曰文飾其過不言其情實也

子夏曰君子有三變 者有三其變但在一時也 望之儼然 一也君子正其衣冠儼然人望而畏之 即之也溫 二也即就也就近而視則其體溫潤也而人不憎之也袁氏注曰溫和潤也 聽其言也厲 三也厲嚴正也雖見其和潤而出言其嚴正也所以前矣云君子溫而厲是也

鄭玄曰厲嚴正也 李充曰厲清正之謂也君子敬以直內義以方外辭正體直而德容自然發人謂之變耳君子無變也

子夏曰君子信而後勞其民 君子謂國君也國君若能行信素著則民知其非私故勞役不憚故云信而後勞其民也 未信則以為厲己也 厲病也君若信未素著而動役使民民則怨君行私而橫見病役於己也江熙云君子克厲德也故民素信之服勞役故知非

5a

私信不素立民動以為病己而奉其私也

王肅曰厲病也

信而後諫 此謂臣下也臣下信若素著則可諫君君則知其惜我非虐故從之 未信則以為謗己也 臣若信未素立而忽諫君君則不信其言謂其所諫之事是謗於己也江熙云人非忠誠相與未能諫也然投人夜光鮮不案劍易曰貴在道明無素信不可輕致諫之也

子夏曰大德不踰閑 大德上賢以上也閑猶法也上德之人常不踰越於法則也

孔安國曰閑猶法也

小德出入可也 小德中賢以下也其立德不能恒全有時蹔至有時不及故曰出入也不素其備故曰可也

孔安國曰小德不能不踰法故曰出入可也

5b

子游曰子夏之門人小子當洒掃應對進退則可矣此下第三子游語自有二章門人小子謂子夏之弟子也子游言子夏語弟子不能廣學先王之道唯可洒掃堂宇當對賓客進退威儀之小礼於此乃則為可也耶矣抑末也本之則無如之何抑助語也洒掃以下之事抑但是末事耳若本之則無如之何也本謂先王之道

苞氏曰言子夏弟子於當對賓客脩威儀禮節之事則可然此但是人之末事耳不可無其本也故云本之則无如之何也

子夏聞之曰噫噫不平之声也子夏聞子游鄙己門人故為不平之声也

孔安國曰噫心不平之聲也

6a

言游過矣既不平之而又云言游之説實為過失也君子之道孰先傳焉孰後倦焉既云子游之説是過故更説我所以先教以小事之由也君子之道謂先王之道也孰誰也言先王大道即既深且遠而我知誰先能傳而後能倦懈者耶故云孰先傳焉孰後倦焉既不知誰故先歷試小事然後乃教以大道也張憑云人性不同也先習者或早懈晚學者或後倦當要功於歳終不可以一限也

苞氏曰言先傳大業者必先厭倦故我門人先教以小事後將教以大道也熊埋云凡童蒙初學固宜聞漸日進階麁入妙故先且啓之以小事後將教之以大道也

譬諸草木區以別矣言大道與小道殊異譬如草木異類區別學者當以次不可一往學致生厭倦也

馬融曰言大道與小道殊異譬如草木異類區別言學當以次也

6b

君子之道焉可誣也君子大道既深故傳學有次豈可發初使誣罔其儀而並學之乎

馬融曰君子之道焉可使誣言我門人但能洒掃而已也

有始有終者其唯聖人乎唯聖人有始有終學能不倦故可先學大道耳自非聖人則不可不先從小起也張憑云譬諸草木或春花而風落或秋榮而早實君子之道亦有遲速焉可誣也唯聖人始終如一可謂永无先後之異也

孔安國曰始終如一唯聖人耳也

子夏曰仕而優則學亦勸學也優謂行有餘力也若任官治官之法而已力有優餘則更可研學先王典訓也

7a

學而優則仕學既无當於立官不得不治故學業優足則必進仕也

馬融曰行有餘力則可以學文也

子游曰喪致乎哀而止致猶至也雖喪礼主哀然孝子不得過哀以滅性故使各至極哀而止也

孔安國曰毀不滅性也

子游曰吾友張也為難能也張子張也子游言吾同志之友有於子張容皃堂偉難為人所能及故云為難能也

苞氏曰言子張之容儀之難及者也

然而未仁袁氏云子張容皃難及但未能体仁也

曾子曰堂堂乎張也此以下是第四曾參語自有四章堂堂儀容可憐也難與

7b

並為仁矣 言子張雖容皃堂堂而仁行淺薄故云難並為仁並竝也

鄭玄曰言子張容儀盛而於仁道薄也 江熙云堂堂德宇廣也仁行之極也難與並仁蔭人上也然江熙之意是子張仁勝於人故難與並也

曾子曰吾聞諸夫子 我所聞於孔子也其事在下文 人未有自致者也必也親喪乎 此所聞於孔子之事也致極也言人於他行可有時不得自極然至及君親喪則必宜自極其哀故云必也親喪乎也 馬融曰言人雖未能自致盡於他事至於親喪必自致盡也

曾子曰吾聞諸夫子孟莊子之孝也其他可能也 人子為孝皆以愛敬而為體而孟莊子為孝非唯愛敬〻〻之外別又有事故云其他可能也 其不改

8a

父之臣與父之政是難也 此是其不可能之事也時人有喪三年之內皆改易其父平生時臣及於政事而莊子居喪父臣父政雖有不善者而莊子猶不忍改之能如此者所以是難也

見七卷憲問高宗諒闇下 馬融曰孟莊子魯大夫仲孫速也謂在諒闇之中父臣及父政雖不善者不忍改之也

孟氏使陽膚為士師 孟氏魯下卿也陽膚曾子之弟子也士師獄官也孟氏使陽膚為己家獄官也

包氏曰陽膚曾子弟子也士師典獄官也

問於曾子 曾參也陽膚將為獄官而還問師求其法術也 曾子曰上失其道民散久矣 曾子荅之使為法也言君上若善則民下不犯罪故堯舜之民比屋可封君上

8b

若惡則民下多犯罪故桀紂之民比屋可誅當于其時君上失道既久故民下犯罪離散者衆故云久也

如得其情則哀矜而勿喜 如猶若也若得其情謂責覈得其罪狀也言汝為獄官職之所司不得不辨覈雖然若得罪狀則當哀矜愍念之慎勿自喜言汝能得人之罪也所以必須哀矜者民之犯罪非其本懷政是由從君子故耳罪既非本所以宜哀矜

馬融曰民之離散為輕漂犯法乃上之所為也非民之過也當哀矜之勿自喜能得其情也

子貢曰紂之不善也不如是之甚也 此以下是第五子貢語自有五章紂者殷家無道君也無道失國而後世經是惡事皆云是紂昔所為然紂昔者為惡實不應頓如此之甚故云不如是之甚也

是以君子惡居下流天下之惡皆歸焉 一說

9a

下流謂為惡行而處人下者也言紂不遍為衆惡而天下之惡事皆云是紂所為故君子立身惡為居人下流若一居下流則天下之罪並歸之也

孔安國曰紂為不善以喪天下後世憎甚之皆以天下之惡歸之於紂也 蔡謨云聖人之化由群賢之輔闇主之亂由衆惡之黨是以有君無臣宋襄以敗衛靈無道夫婦其喪言一紂之不善其亂不得如是之甚身居下流天下惡人皆歸之是故亡也若如蔡謨意是天下惡人皆助紂為惡故失天下耳若直置一紂則不能如此甚也

子貢曰君子之過也如日月之蝕也 日月之蝕非日月故為君子之過非君子故為故云如日月之蝕也 過也人皆見之 日月之蝕人並見之如君子有過

9b

隱人亦見之更也人皆仰之更改也日月蝕罷改闇更明則天下皆並瞻仰君子之能

亦不以先過為累也 孔安國曰更改也

衛公孫朝 馬融曰朝衛大夫也

問於子貢曰仲尼焉學 公孫問意政嫌孔子无師故問云仲尼焉學也 子貢

曰文武之道未墜於地 子貢答稱仲尼焉學也將答道學故先廣引道理也文武

之道謂先王之道也未墜於地謂未廢落在於地也 在人 既未廢落墜地而在於人所行也

賢者識其大者不賢者識其小者 既猶在人所行人有賢否者大賢者

則學識文武之道大者不賢者則學識文武之道小也 莫不有文武之道焉 雖大

少有異而人皆有之故曰莫不有文武之道也 夫子焉不學 大人學識大者孔子是人之大

10a

者豈得獨不學識之乎 言師[illegible] 孔安國曰文武之道未墜落於

地賢與不賢各有所識夫子无所不從其學也

而亦何常師之有 言孔子識大所學者多端[illegible]故无常師也

孔安國曰无所不從學故無常師也

叔孫武叔語大夫於朝 武叔身是大夫又語他大夫於朝廷以譏孔子也

馬融曰魯大夫叔孫州仇也武謚也

曰子貢賢於仲尼 此所謂之言也言子貢人身識量賢於孔子也 子服景伯 魯大夫子服何忌也

以告子貢 景伯亦魯大夫當是于時在朝聞叔孫之語故來告子貢而道之也 子貢曰

譬諸宮墻 子貢聞景伯之告亦不驚拒仍為之設譬也言人之器量各有深淺深者難見淺者

10b

易觀譬如居家之有宮墻〻高則非闚闞所測墻下闚闞易了故云譬之宮墻也 賜之墻也

及肩 賜子貢名也子貢自言賜之識量短淺如及肩之墻也 闚見室家之好 既

及肩故他人從墻外行得闚見墻內室家之好也 夫子之墻數仞 七尺曰仞言孔子聖

量之深如數仞之高墻也 不得其門而入者不見宗廟之美百官

之富 墻既高峻不可闚闞唯從門入者乃得見內若不入門則不見其所內之美也然墻短下者其

內止有室家墻高深者故廣容有宗廟百官也 得其門者或寡矣 冨貴之門非賤者輕

入〻者唯冨貴人耳孔子聖人器量之門非凡鄙可至〻者唯顏子耳故云得門或寡〻少

包氏曰七尺曰仞也

夫子云不亦宜乎 子貢呼武叔為夫子也賤者不得入冨貴之門愚人不得入聖人之

11a

奥室武叔凡愚云賜賢於孔子是其不入聖門而有此訐故是其宜也袁氏云武叔凡人應不達聖也

包氏曰夫子謂武叔也

叔孫武叔毀仲尼 猶是前之武叔又訾毀孔子也 子貢曰无以為也

子貢聞武叔之言故抑止之使无以為訾毀 仲尼不可毀也 又明言語之云仲尼聖人

不可輕毀也 他人之賢者丘陵也猶可踰也 更喻之說仲尼不可毀之

譬也言他人賢者雖有才智〻〻之高止如丘陵〻〻雖高而人猶得踰越其上既猶可踰故可毀也

仲尼如日月也無得而踰焉 言仲尼聖知高如日月〻〻麗天豈有人得踰

踐者乎既不可踰故亦不可毀也 人雖欲自絕也其何傷於日月乎

世人踰丘陵而望下便謂丘陵為高未曾踰踐日月不覓日月之高既不覓高故訾毀日月謂便不勝

陵是自絶日月也。日月雖得人之見絶，而未曾傷減其明，故言何傷於日月也。譬凡人見小損智，便謂之為高，而不識聖人之奧，故毀絶之。雖復毀絶，亦何傷聖人德乎。多見其不知量也。不測聖人德之深而毀絶之，如不知日月之明而棄絶之。若有識之士視觀於汝，則多見汝愚闇不知聖人之度量也。言人雖欲自絶棄於日月，其何能傷乎。適足自見其不知量也。

陳子禽謂子貢曰：子為恭也，仲尼豈賢於子乎。此子禽必非陳亢，當是同姓名之子禽也。其見子貢每事稱師，故謂子貢云：汝何忽事事崇述仲尼乎。故政當是汝為人性多恭敬故爾耳，而仲尼才德豈賢勝於己乎。呼子貢以為子也。子貢曰：君子一言以為智，一言以為不智。子貢聞子禽之評，故方便答拒之也。言智與不智由

於一言耶。今汝出此言，是不知也。言不可不慎也。智否既寄由一言，故宜慎之耶。夫子之不可及也，猶天之不可階而升也。此出子禽不知之事也。夫物之高者莫峻嵩岳，嵩岳雖峻，而人猶得為階梯以升上之也。今孔子聖德其高如天，天之懸絶，既非人可得階升，而孔子聖德豈可謂我賢勝之乎。汝謂不勝為勝，即是一言為不智，故不可不慎也。夫子之得邦家者，子禽當是見孔子栖遑不被時用，故發此不智之評。子貢抑之既竟，故此更廣為陳孔子聖德不與世人同也。邦謂作諸侯也，家謂作卿大夫也。言孔子若為時所用，得為諸侯及卿大夫之日，其風化與堯舜无殊，故先張本云夫子之得邦家者也。孔安國曰：謂為諸侯若卿大夫。所謂立之斯立，言夫子若得為政，則立教无不立，故云所謂立之斯立也。導之斯

行之。又若導民以德，則民莫不興行也，故云導之斯行也。綏之斯來，綏，安也。遠人不服，修文德以安之，遠者莫不繦負而來也。動之斯和，動謂勞役之也。悅以使民，民忘其勞，故役使之莫不和穆也。其生也榮也，孔子生時則物皆賴之得性，尊崇於孔子，是其生也榮也。其死也哀，如之何其可及也。孔子之死，則四海遏密如喪考妣，是其死也哀也。袁氏云：生則時物皆榮，死則時物哀感也。

孔安國曰：綏，安也。言孔子為政，其立教則無不立，導之則莫不興行，安之則遠者來至，動之則莫不和穆，故能生則見榮顯，死則見哀痛也。

堯曰第二十　何晏集解　凡三章

疏：堯曰者，古聖天子所言也。其言天下太平，禪位與舜之事也。所以次前者，事君之道，若宜去者拂衣，宜留者致命，去留當理，事迹无虧，則太平可覩，揖讓如堯，故堯曰最後次子張也。○昺正義曰：此篇記二帝三王及孔子之語，兼明天命政化之美，皆是聖人之道，可以垂訓將來，故以殿諸篇，非所次也。

堯曰云云。堯曰者，稱堯之言教也。此篇凡有三章，雖初稱堯曰，而寬通衆聖，故其章內并陳二帝三王之道也。就此一章中凡有五重：自篇首至天祿永終為第一，是堯命授舜之辭；又下云舜亦以命禹為第二，是記者序舜之命禹亦同堯命舜之辭也；又自予小子履至万方有罪在朕躬為第三，是湯伐桀告天之辭；又自周有大賚至在予一人為第四，是明周武伐紂之文也；又自謹權量至章末為第五，明二帝三王雖有揖讓與干戈之異，而安民取治之同法則也。又下次子張問孔子章，明孔子之德同於堯舜諸聖王。

13b

也上章諸聖所以能安民者不出尊五美屏四惡而孔子非不能為政而時不值聖故師資殷勤往反論

之也下又一章不知命无以為君子也此章以明孔子非不能為而不為者知天命故也咨尒舜

自此以下堯命舜以天位之辞也咨咨嗟也尒汝也汝於舜也舜者謚也堯名放勲謚云堯也舜名重

華謚云舜也謚法云翼善傳聖曰堯仁盛聖明曰舜也堯将命舜故先咨嗟歎而命之故云咨汝舜也所

以歎而命之者言舜之德美兼合用我命也天之歴数在尒躬天天位也歴数謂天

位列次也尒汝也躬身也堯命舜云天位列次在汝身故我今命授与汝也

歴数謂列次也列次者謂五行金木水火土更王之次也

允執其中允信也執持也中謂中正之道也言天位運次既在汝身則汝宜信執持中正之道

也四海困窮四海謂四方蛮夷戎狄之国也困極也窮尽也若内執中正之道則德教外被

14a

四海一切服化莫不極尽也天禄永終永長也終猶卒竟也若内正中國外被四海則天祚

禄位長卒竟汝身也執其中則能窮極四海天禄所以長終也

苞氏曰允信也困極也永長也言為政信執其中

則能窮極四海天禄所以長終也

舜亦以命禹此第二重明舜讓禹也舜受堯禪在位年老而讓与禹亦用堯命己辞以命於

禹也故云舜亦以命禹也所以不別為辞者明同是揖讓而授也當云舜曰咨尒禹天之歴数以下之言

之孔安國曰舜亦以堯命己之辞命禹也

曰予小子履此第三重明湯伐桀也伐与授異故不因前揖讓之辞也澆淳既異揖讓之道

不行禹受人禪而不禪人乃傳位与其子孫至末孫桀无道為天下苦患湯有聖德應天從民告天而誅

14b

之此以下是其辞也予我也小子湯自称謙也履湯名也将告天故自称我小子而又称名也敢用

玄牡敢果也玄黒也牡雄也夏尚黒尒時湯猶未改夏色故猶用黒牡以告天故云果敢用於玄牡

也敢昭告于皇皇后帝昭明也皇大也后君也帝天帝也用玄牡告天而云敢明

告于大大君天帝将代桀告也

孔安國曰履殷湯名也此伐桀告天也文殷家尚

白未変夏礼故用玄牡也皇大也后君也大大君

帝謂天帝也墨子引湯誓其辞若此也此伐桀告天辞是墨

子之吾所言也然易説云湯名乙而此言名履者白虎通云本湯名履尅夏以復欲従殷家生子以

日為名故改履名乙殷家字甲乙丙丁以其人為名以為殷家法也

15a

有罪不敢赦湯既應天不赦罪故凡有罪者則湯亦不敢擅赦也

苞氏曰順天奉法有罪者不敢擅赦也

帝臣不蔽簡在帝心此明有罪之人也帝臣謂桀也桀是天子天子事天猶臣事君

故謂桀為帝臣也不蔽者言桀罪顕著天地共知不可隱蔽也

言桀居帝臣之位也有罪過不可隱蔽以其已簡

在天心故也

朕躬有罪無以万方朕我也万方猶天下也湯言我身若自有罪則我自有當之不湯

敢関預於天下万方也万方有罪在朕躬若万方百姓有罪則由我身也我為民主

我欲善而民善故有罪則歸責於我也孔安國曰無以万方万方

15b

〻不預也万方有罪我身過也

周有大賚善人是冨　此第四重明周家法也此以下是周伐紂誓民之辞也舜与尭同是揖讓共用一辞武与湯同是干戈故不為別告天之文而即用湯之告天文也而此述周誓民之文不述湯誓民文者尚書亦有湯誓也今記者欲互以相明故下挙周誓則湯其可知也周家也賚賜也言周家受天大賜故冨足於善人也或云周家大賜財帛於天下之善人〻〻故是冨也

周〻家也賚賜也言周家受天大賜冨於善人也

有乱臣十人是也　此如前通也

雖有周親不如仁人　已上尚書第六泰誓中文言雖与周有親而不為善則被罪黜不如雖无親而仁者必有禄爵也

16a

孔安國曰親而不賢不忠則誅之管蔡是也仁人謂箕子微子来則用之也　管蔡謂周公之弟管叔蔡叔也流言作乱周公誅之是有親而不仁所以被誅也箕子是紂叔父為紂囚奴武王誅紂而釈箕子因用為官爵使之行商容微子是紂庶兄也見紂悪而先投周武王用之為殷後於宋並是仁人於周无親而周用之也

百姓有過在予一人　此武王引咎自責辞也江熙云自此以上至大賚周告天之文也自此以下所修之政也禅者有命无告衆之命萬一準於尭周告天文少其畧如殷所異者如此存其躰不録修也侃案湯伐桀辞皆云天故知是告天也周伐紂文句〻称人故知是誓人也

謹權量　此以下第五重明二帝三王所修之政同也不為国則已既為便當然也謹猶慎也權称也量斗斛也當謹慎於称尺斗斛也

審法度　審猶諦也法度謂可治国之制典也宜審諦分明之也

修廢

17b

官　治故曰修若旧官有廢者則更修立之也

四方之政行矣　自謹權若皆得法則四方風政並服行也

苞氏曰權称也量斗斛也

興滅國　若有國為前人非理而滅之者新主當更為興起之也

繼絶世　若賢人之世被絶不祀者當為立後係之使得仍享祀也

挙逸民　若民中有才行超逸不仕者則招挙之於朝廷為官爵也

天下之民歸心焉　既能興継挙逸故為天下之民皆歸心繦負而至也

所重民食喪祭　此四事並又治天下所宜重者也国以民為本故重民為先也民以食為活故次重食也有生必有死故次重於喪也喪畢為之宗廟以鬼享之故次重祭也

孔安國曰重民國之本也重食民之命也重喪所以盡哀重祭所以致敬也

17a

寛則得衆　為君上若能寛則衆所共帰故云得衆也

敏則有功　君行事若儀用敏疾則功大易成故云有功也

公則民悦　君若為事公平則百姓皆歡悦也

孔安國曰言政教公平則民悦矣凡此二帝三王所以治也故傳以示後世也

子張問政於孔子曰何如斯可以従政矣　此章第二明孔子同於尭舜諸聖之事也子張問於孔子求為政之法也

子曰尊五美　尊崇重也孔子答曰若欲従政當尊崇於五事之美者也

屏四悪　屏除也又除於四事之悪者也

斯可以従政矣　若尊五除四則此可以従政也

孔安國曰屏除也

子張曰何謂五美也　子張并曰何謂五美也子張并不暁五美四悪未敢并問且

17b

分諮五美故云何謂五美也子曰君子惠而不費歷荅於五此其一也言為政之
道能令民下荷於潤惠而我无所費損故云惠而不費也勞而不怨二也君使民勞苦而民共
心无怨故云勞而不怨也欲而不貪三也君能遂己所欲而非貪吝也泰而不驕
四也君能恒寬泰而不驕傲也威而不猛五也君能有威嚴而不猛厲傷物也子張曰
何謂惠而不費子張亦并未曉五事故且先從第一而更諮也子曰因民之
所利而利之斯不亦惠而不費乎荅之也因民所利而利之謂民水居
者利在魚塩蜃蛤山居者利於菓實財木明君為政即而安之不使水者居山渚者居中原是因民所利
而利之而於君无所損費也王肅曰利民在政无費於財也
擇其可勞而勞之又誰怨孔子知子張並疑故並歷荅也言凡使民之法各有

18a

等差択其可應勞役者而勞役之則民各服其勞而不敢怨也欲仁而得仁又焉貪
欲有多塗有欲財色之欲有欲仁義之欲仁義者為廉欲財色者為貪言人君當欲於仁義使仁義事
顯不為欲財色之貪故云欲仁而得仁又焉貪也江熙云我欲仁則仁至非貪也君子無衆
寡言不以我富財之衆而陵彼之寡少也無小大又不得以我貴勢之大加彼之小也無
敢慢我雖衆大而愈我敬寡小故无所敢慢也
孔安國曰言君子不以寡小而慢之也
斯不亦泰而不驕乎能衆能大是我之泰不敢慢於寡小是不驕也故云泰而不驕
也殷仲堪云君子处心以虛接物以為敬不以衆寡異情大小改意无所敢慢斯不驕也君子正
其衣冠衣无撥冠无免也尊其瞻視瞻无回邪也儼然若思以若容也人

18b

望而畏之望之儼然即之也溫聽其言也厲故服而畏之也斯不亦威而不
猛乎望而畏之是其威也即之也溫是不猛乎子張曰何謂四惡已聞五美故次
更諮四惡也子曰不教而殺謂之虐一惡也為政之道必先施教〻若不從然
後乃殺若不先行教而即用殺則是酷虐之君也不戒視成謂之暴二惡也為君上
見民不善當宿戒語之戒若不從然後可責若不先戒勗而急卒就責目前視之取成此是風化无漸故
為暴卒之君也暴淺於虐也馬融曰不宿戒而責目前成
為視成也責目前之成故謂之視成也
慢令致期謂之賊三惡也与民无信而虛期〻不申勗丁寧是慢令致期也期若不至
而行誅罰此是賊害之君也袁氏云令之不明而急期之也

19a

孔安國曰与民無信而虛刻期也
猶之与人也四惡也猶之与人謂以物獻与彼人必不得止者也出內之吝吝難
惜之也猶會應与人而其吝惜於出入之屬故云出內之吝也謂之有司謂主典物者也
猶庫吏之屬也庫吏雖有官物而不得自由故物應出入者必有所諮問不敢擅易人君若物与人而不吝
即与庫吏无異故云謂之有司也
孔安國曰謂財物也俱當与人而吝嗇於出內惜
難之此有司之任耳非人君之道也
孔子曰不知命無以為君子也此章第三明若不知命无以為君子所以
更明孔子知命故不為政也命謂窮通夭壽也人生而有命受之由天故不可不知也若不知而強求則

襯頁

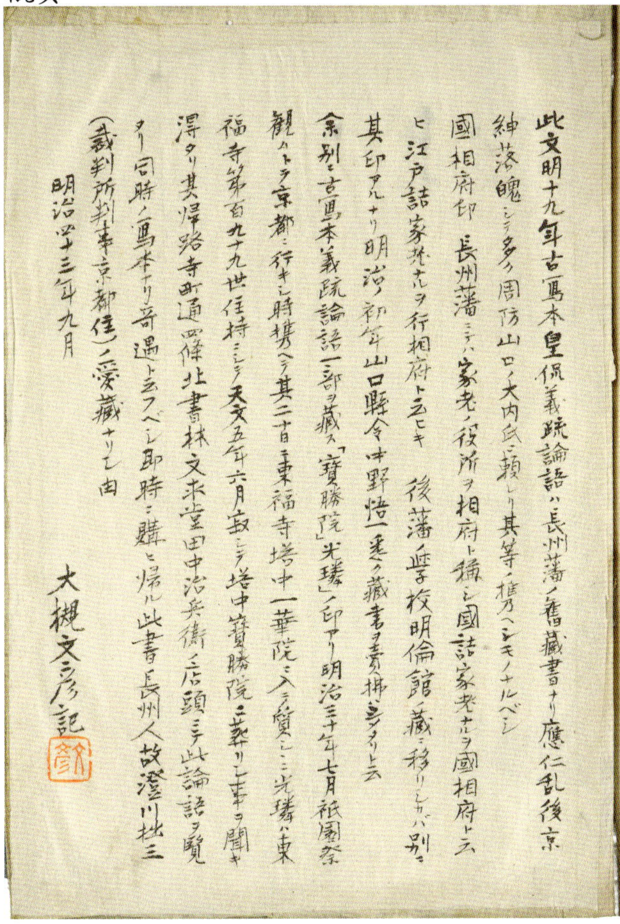
此文明十九年古寫本皇侃義疏論語ハ長州藩ノ舊藏書ナリ應仁亂後京紳落魄シテ多ク周防山口ノ大内氏ニ頼レリ其等ノ携ヘシモノナルベシ
國相府印　長州藩ニテハ家老ノ役所ヲ相府ト稱シ國詰家老ナルヲ國相府ト云ヒ江戸詰家老ナルヲ行相府ト云ヒキ　後藩學校明倫館ノ藏ニ移リシカハ別ニ其印アルナリ明治ノ初年山口縣令中野悟一悉ク藏書ヲ賣拂ヒタリト云
余別ニ古寫本義疏論語一部ヲ藏ス「寶勝院」「光瑛」ノ印アリ明治三十年七月祇園祭觀ムトテ京都ニ行キシ時携ヘテ其二十日ニ東福寺塔中一華院ニ入テ質シニ光瑛ハ東福寺第百九十九世住持ニシテ天文五年六月寂シテ塔中寶勝院ニ葬リシ事ヲ聞キ得タリ其帰路寺町通四條北書林文求堂田中治兵衛ノ店頭ニテ此論語ヲ覧タリ同時ノ寫本ナリ奇遇ト云フベシ即時ニ購ヒ帰ル此書長州人故澄川拙三（裁判所判事京都住）ノ愛藏ナリシ由
明治四十三年九月
大槻文彦記

19b

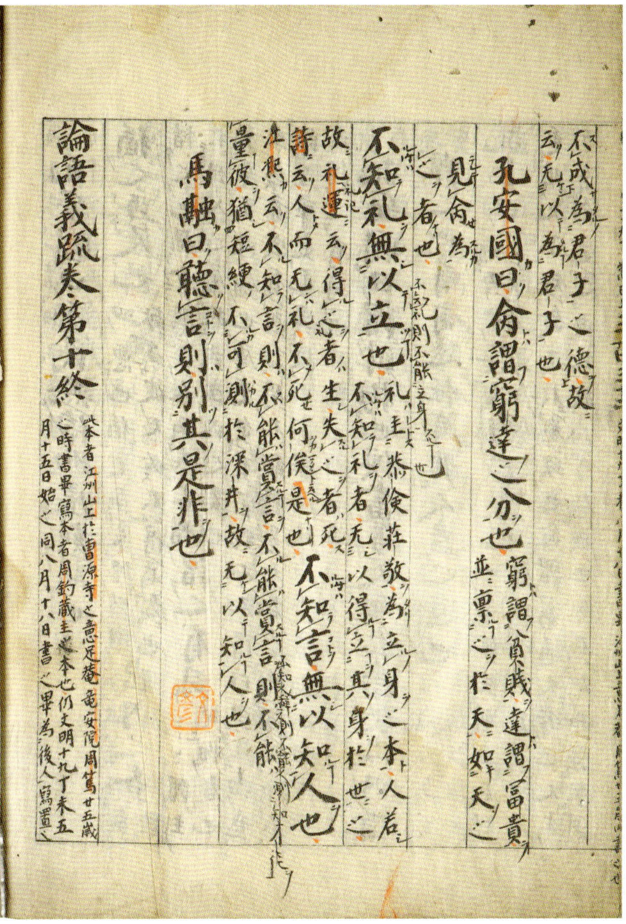
不成為君子之德故云无以為君子也
孔安國曰命謂窮達之分也　窮謂貧賤達謂富貴並稟之於天如天之見命為之者也
不知禮則不能立身也
不知禮無以立也　禮主恭儉莊敬為立身之本人若不知禮者无以得立其身於世之故禮運云得之者生失之者死詩云人而无禮不死何俟是也
不知言無以知人也　疏云不知言則不能賞言不能賞言則不能量彼猶短綆不可測於深井故无以知人也
馬融曰聽言則別其是非也
論語義疏卷第十終
此本者江州山上於曹源寺之意足菴竜安院周竹写廿五歳之時書畢寫本者周鈞藏主之本也仍文明十九丁未五月十五日始之同八月十八日書之畢為後人寫置之

書衣背面

襯頁背面

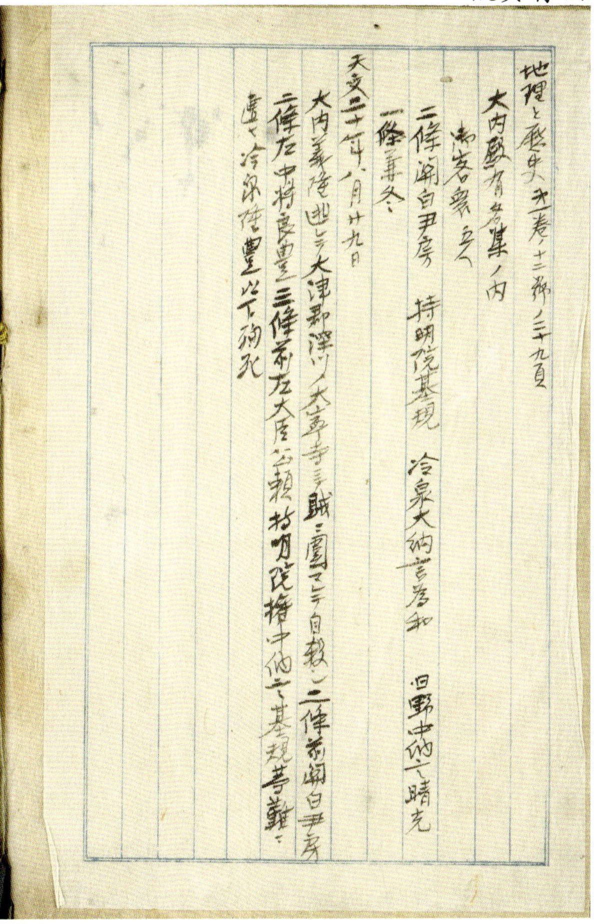
地理と歴史　第一巻ノ十三號ノ二十九頁
大内殿有名衆ノ内
御客衆　五人
二條關白尹房　持明院基規　冷泉大納言為和　日野中納言晴光
一條兼冬
天文二十年八月廿九日
大内義隆逃レテ大津郡深川ノ大寧寺ニテ賊ニ圍マレテ自殺シ二條前關白尹房
二條左中將良豊　三條前左大臣公頼　持明院權中納言基規等難ニ
遭ヒ冷泉隆豊以下殉死

書衣

卷一 1a

論語義疏卷第一

何晏集解　皇侃疏

他本多脱篇上第字

學而第一　疏　論語是此書總名學而為第一篇別目中間講說多分為科段矣侃昔受師業自學而至堯曰凡廿篇首末相次无別科重而持學而最先者言降聖以下皆須學成故學記云玉不琢不成器人不學不知道是明人必須學乃成此書既遍該衆典以教一切故以學而為先也而者因仍也第者審諦也一者數之始也既諦定篇次以學而之首故曰學而第一也

曷下有正義二字

○曷云自此至堯曰是魯論語廿篇之名及第次也當弟子論撰之時以論語為此書之大名學而以下為篇之小目其篇中所載各記舊聞意及則言不及義例或亦以類相從此篇論君子孝弟仁人忠信導國之法主友之規聞政在乎行德由禮貴於用和无求安飽以好學能自切磋而樂道皆人行之大者故為諸篇之先既以學為章首遂以名篇言人必須學也為政以下諸篇所次先儒不无意焉當篇各言其指

卷一 2b

朱註本悅作說

既學必因仍而修習日夜不亦悅乎　亦猶重也悅者懷抱欣暢之謂也言知學已為可欣又能修習不廢是日知其所亡月无忘其所能彌重為可悅故云不亦悅乎如問之然也

馬融曰子者男子通稱也　凡有德者皆得稱子故曰通稱也　謂孔子也　子乃是男子通稱今所稱子曰不關通他即指謂孔子也

王肅曰時者學者以時誦習也誦習以時學无廢業所以為悅懌也　背文而讀曰誦也然王此意即是日中不忘之時也舉日中不忘則前二事可知也

有朋自遠方來不亦樂乎　此第二段明取友也同處師門曰朋同執一志為友　朋猶黨也共為黨類在師門也友有也共執一志綢繆寒暑契闊飢飽相知有无也自猶從也學記云獨

卷一 3b

君子有道之稱也此有二釋一言古之學者為己己學得先王之道含章内映而他人不見知而我不怒此是君子之德也有德已為可貴又不怒人之不知故曰亦也　○又一通云君子易事不求備於一人故為教誨之道若人有鈍根不能知解者君子恕之而不慍怒之也為君者亦然也

慍怒也凡人有所不知君子不慍之也　就注乃得兩通而於後釋為便也故李充云慍怒也君子忠恕誨人不倦何怒之有乎明夫學者始於時習中於講肆終於教授者也

依是程子等謂論語書為有子曾子門人所記大錯矣

○有子曰　孔安國曰弟子有若也

朱註本悌作弟下同

也孝悌　其孝悌者也善事父母曰孝善事兄曰悌也　而好犯上者鮮矣　好謂心欲也犯謂諫爭也上謂君親也鮮少也言孝悌之人必以无違為心恭從為性若有欲

卷一 4b

亦有不好是頗君親之敗故孝子不孝同有不好而不孝者不好必欲作亂此孝者不好无亂理故曰未有之也

君子務本　此亦有子語也務猶向也慕也本謂孝悌也孝悌者既不作亂故君子必向慕之也

本立而道生　解所以向慕本義也若其本成立則諸行之道悉滋生也

本基也基立而後可大成也　以孝為基故諸德悉為廣大也

一本仁乃之間有義字恐衍

孝悌也者其為仁之本與　此更以孝悌解本以仁釈道也言孝是仁之本若以則仁乃生也仁是五德之初舉仁則餘從可知也故孝經云夫孝德之本也教之所由生也

苞氏曰先能事父兄然後仁可成也　王弼曰自然親愛為孝推愛及物為仁也

朱註本無有字

曰巧言令色鮮矣有仁　巧言者便辟其言語也令色者柔善其顏色也鮮少也

卷一 5a

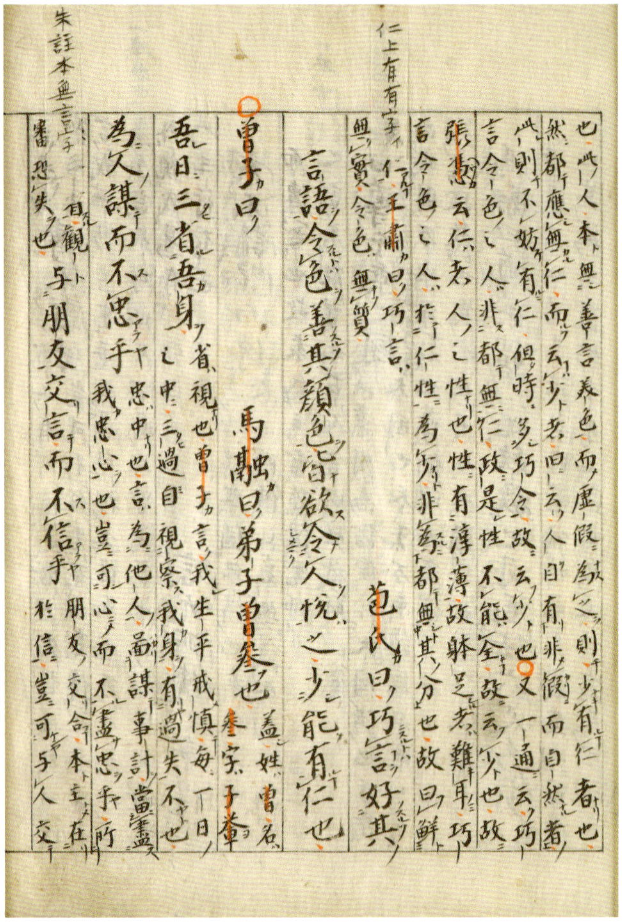

也此人本無善言美色而虛假為之則少有仁者也
然都應無仁而云少者明人自有非假而自然者
此則不妨有仁但時多巧令故云少也又一通云巧
言令色之人非都無仁政是性不能全故云少也故
張憑云仁者人之性也性有厚薄故體足者難巧
言令色之人於仁性為少非為都無其分也故曰鮮

仁上有有字イ

仁 王肅曰巧言無實令色無質 包氏曰巧言好其
言語令色善其顏色皆欲令人悅之少能有仁也
曾子曰 馬融曰弟子曾參也 蓋姓曾名參字子輿
吾日三省吾身 省視也曾子言我生平戒慎每一日之中三過自視察我身有過失不也
為人謀而不忠乎 忠中心也言為他人圖謀事計當盡我忠心也豈可心而不盡忠乎所

朱註本無言字

審思失也 與朋友交言而不信乎 朋友交合本主在於信豈可與人交

卷一 5b

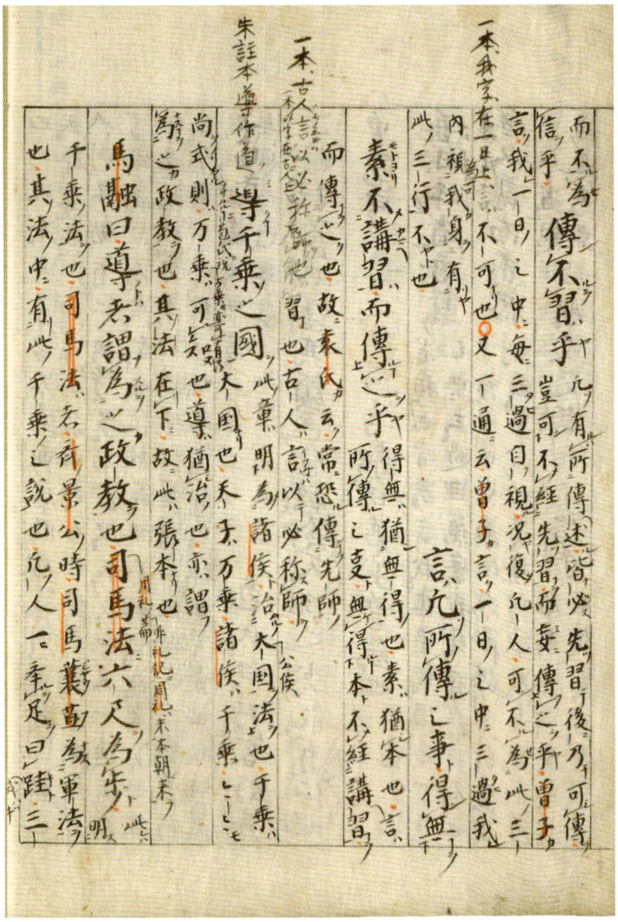

一本無字在一日上

而不為信乎 傳不習乎 凡有所傳述皆必先習後乃可傳豈可不經先習而妄傳之乎曾子
言我一日之中每三過自視況復凡人可不為此三
不可也又一通云曾子言一日之中三過我
內視我身有
此三行不也
言凡所傳之事得無
素不講習而傳之乎 得無猶無得也素猶本也言所傳之事無得本不經講習

一本古人言以必稱師也

而傳之也故袁氏云常恐傳先師之言不能習
習也古人言以必稱師

朱註本導作道

導千乘之國 此章明為諸侯治大國法也千乘大國也天子萬乘諸侯千乘
尚式則万乘可知也導猶治也亦謂
為之政教也其法在下故此張本也
馬融曰導者謂為之政教也司馬法六尺為步
千乘法也司馬法者齊景公時司馬穰苴為軍法
也其法中有此千乘之說也凡人一舉足曰跬三

卷一 8a

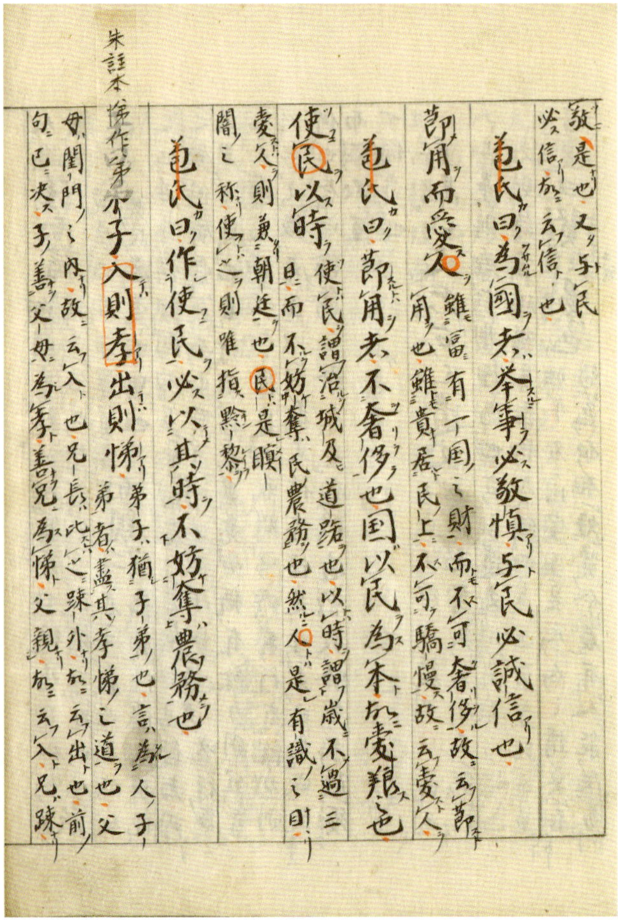

敬是也又與民必信於云信也
包氏曰為國者舉事必敬慎與民必誠信也
節用而愛人 雖富有一國之財而不可奢侈故云節用也雖貴居民上不可驕慢故云愛人
包氏曰節用不奢侈也國以民為本故愛養之也
使民以時 使民謂治城及道路也以時謂歲不過三日而不妨奪民農務也然人是有識之目
愛人則兼朝廷也民是瞑闇之稱使之則唯指黔黎
包氏曰作使民必以其時不妨奪農務也

朱註本悌作弟

子曰弟子入則孝出則悌 弟子猶子弟也言為人子弟者盡其孝悌之道也父母閨門之內故云入也兄長比之疏外故云出也前句已決子善父母為孝善兄為悌父親故云入兄疏

卷一 9b

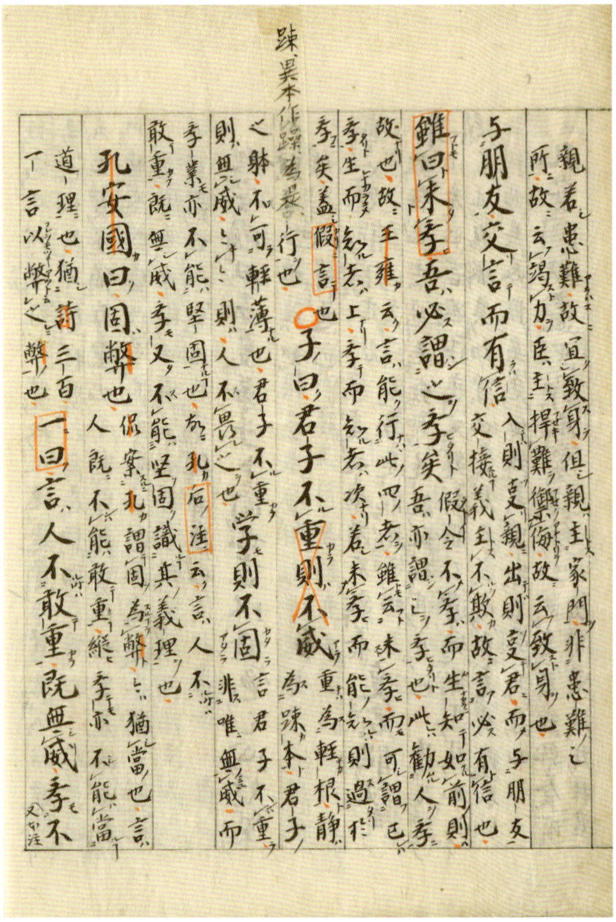

親者患難故宜致身但親主家門非患難之所故云竭力臣主捍難禦侮故云致身也
與朋友交言而有信 入則事親出則事君而與朋友交接義主不欺故言必有信也
雖曰未學吾必謂之學矣 假令不學而生知如前則吾亦謂之學也此勸人學
故也故王雍云言能行此四者雖云未學而可謂已
學生而知之者上也學而知之者次也若未學而能之則過於
學矣蓋假言也

躁異本作躁為躁

行也
子曰君子不重則不威 重為輕根靜為躁本君子
之躰不可輕薄也君子不重
則無威嚴則人不畏之也
學則不固 言君子不重非唯無威而
學業亦不能堅固也故孔安國注云言人不
敢重既無威學又不能堅固識其義理也
孔安國曰固蔽也 俶案孔謂固為蔽蔽猶當也言
人既不能敢重縱學亦不能當
道理也猶詩三百
一言以蔽之蔽也
一曰言人不敢重既無威學不

又如注

卷一 11b

朱註本無與下也字

也夫子即孔子也禮身經為大夫者則得稱為夫子孔子為魯大夫故弟子呼之為夫子也敦美潤澤謂之溫行不犯物謂之良和從不逆謂之恭去奢從約謂之儉推人後己謂之讓言夫子身有此五德之美推己以測人故凡所至之邦必逆聞之也故顧歡云此明非求非與直以自得之耳其故何也夫五德內充則是非自鏡也又一通云孔子入人境觀其民之五德則知其君所行之政也故梁冀云夫子所至之國入其境觀察風俗以知其政教其民溫良則其君政教之溫良也其民恭儉讓則其政教恭儉讓也孔子但見其民則知其君政教之得失也

夫子之求之也其諸異乎人之

此明夫子之求與人之求異也人則行就求之彼君求之而孔子至境推五德以測求之故云其諸異乎人之求之也諸猶之也與語助也故顧歡云夫子求知乎己而諸人訪之於聞故曰異也梁冀又云凡人求聞見乃知耳夫子觀化以知之與凡人異也

卷一 14a

遠恥辱也

朱註本無敬字

其親亦可宗敬也

因猶親也人能所親得其親者則此德可宗敬也親不失其親若近而言之則指於九族宜相和睦也若廣而言之則是汎愛眾而親仁乃義之與比是親不失其親也然云亦可宗者亦猶重也能親所親則是重為可宗也

孔安國曰因親也言所親不失其親亦可宗敬也

亦會二通然喪服傳云繼母與因母同是言繼母與親母同故孔亦謂此因為親也

子曰君子食無求飽居無求安

此勸人學也既所慕在形骸之內故無暇復在形骸之外所以不求安飽也一簞一瓢是無求飽也曲肱陋巷是無求安也

鄭玄曰學者之志有所不暇也

卷一 14b

也矣已朱註本作也已

敏於事

此以下三句是不飽不安所為之事也敏疾也事所學之行也疾學於所學之行也

而慎於言

言所學之言也所學之言當慎傳說之也

就有道而正焉

有道德者也

[illegible]前言之行心有疑昧則往就有道德之人決正之也

可謂好學也矣已

合結食無求飽以下之事並是可謂好學者也

孔安國曰敏疾也

有道者謂有道德者也正謂問事是非也

朱註本脫問字

問曰貧而無諂

乏財曰貧非分橫求曰諂也乏財者好以非分橫求也子貢問言若有貧者能不橫求何如故云貧而無諂也范寧云不以正道求人為諂也

富而無驕

積蓄財帛曰富陵上慢下曰驕也富積者既得人所求好生陵慢故云富而無驕也

何如

陳二事既畢故問云何如也

子曰可也

答子貢也言貧富如此乃是可耳未足為多也

卷一 15a

孔安國曰未足多也

范寧云孔子以為不驕不諂於道雖可未及臧也

朱註本脫道字

而樂道

孔子更說貧行有勝於無諂者也貧而無諂乃為可然而不及於自樂也故孫綽云顏氏之子一簞一瓢人不堪憂回也不改樂也

富而好禮者也

又歎富行勝於不驕者也富能不驕乃是可嘉而未如恭敬好禮者也然不云富而樂道貧而好禮者亦各指事也貧者多憂好不樂故以樂為勝又貧無財以行禮故不云禮也富既饒足本自有樂又有財可行禮故言禮也

鄭玄曰樂謂志於道不以貧賤為憂苦也

顏憲是也

朱註本詩曰作詩云無與下也字

如磋如琢如磨其斯之謂與也

子貢聞孔子言貧樂富禮並是宜自切磋之義故引詩以證之也爾雅云治骨曰切治象曰磋治玉曰琢治石曰磨言骨象玉石四物須切磋乃得成器如孔子所說貧樂富禮是自切磋成器之義其此之謂不乎以

卷一 15b

朱註本無者下七字

諂孔子也。○繆云：時子貢富志怠於學，故發此問，意
謂不驕而爲美德，故孔子抑之，亦也。言未足多。云云
子貢知師厉己，故引詩成之。衛
風淇澳之篇，美武公之德也。成就孔子之心
貧而樂道，富而好禮者，能自切磋琢磨者也。孔安國曰：能
子曰：賜也始可与言詩已矣。子貢既知引詩結成孔
子之義，故孔子美之云可与言詩也。言始可告諸往而知來者也。解所以
可言詩者，日知其賜於此也。
義也。諸，之也。諸我往告之以貧樂富禮，而子貢來答
知引切磋之詩以起予也。江熙云：古者賦詩見志。子
貢意見，故曰可与言詩矣。所貴悟言者，既得其言又
得其旨也。告往事而知將來，謂聞夷齊之賢可以知
不爲衛君，不欲指言其語，故舉其類耳。
孔安國曰：諸，之也。子貢知引詩
以成孔子義，善取類也。故然之，往告之以貧而樂

卷一 16a

朱註本作不患人之不己知患不知人也脱世字已字

道來答，以切磋琢磨者也。范寧云：子貢欲躬行二
者，故請問也。切磋琢磨所以成器，訓誘學徒，義同乎茲。子貢富而猶吝，仲
尼欲戒以禮，中子貢知心，厉己，故引詩以爲喩也。
子曰：不患人之不己知，患己不知人也。世人多言己有才而
不爲人所知，故孔子解抑之也。言不患人不知己，但
患己不知人耳。故李充云：凡人之情，多輕易於知人
而怨人不知己，故抑之。不患人し
引之教與乎此矣。

爲政第二 患己し

疏 爲政者，明人君爲風俗政之法也。謂
之爲政者，後卷云：政者，正也。子帥而
正，孰敢不正。又鄭注周禮司馬云：政，正也。政所以
正不正也。所以次前者，學記云：君子如欲化民成
俗，其必由學乎。是明先學後乃可爲政化民，故以
爲政次於學而也。○繆云：左傳云：學而後入政，故

卷三 5a

也。吾師稱吾者，古人皆然也。吾云言己
能究習，則不爲民所信，未堪仕也。一云
信則不可仕也。故張憑云：夫君臣之道，信而後交者
也。君不信臣，則無以授任；臣不信君，則難以委質。
君之誠未洽於民，
故曰未能信也。
孔安國曰：開，弟子也。漆
彫，姓也；開，名也。仕進之道未能信者，未能究習也。
子悅。孔子聞開言而歡悅之。范甯云：開知其學未習
究治道，以此爲政，不能使民信己，孔子悅其志
道之深，不汲汲於榮祿也。
鄭玄曰：喜其志道深也。
○子曰：道不行，乘桴浮於海。桴者，編竹木也，大曰筏，小
曰桴。孔子聖道不行於世，
故或欲居九夷，或欲乘桴泛海，故云道不行，乘桴浮
於海也。○繆云：桴，竹木所編小栰也。言我之善道中
國既不能行，則欲乘其桴栰浮渡
于海而居九夷，庶能行己道也。
從我者其由也與

口繪

卷三 12a

顏氏云：夫子道仰愈高，鑽愈堅。得魚忘筌，得兔忘蹄。言如此，夫子之性与天道，得深理，則夫六籍是可筌蹄。

疏曰：子貢言夫子之述作威儀禮法有文彩形質著見，可以耳聽目視，依循学習，故可得而聞也。

○子貢曰：夫子之文章，可得而聞也。子貢此歎顏氏之
庶幾與聖道相隣，故云鑽仰也。但顏既庶
幾於高堅，故自説聞於典籍而已。文章者，六籍也。六籍是
聖人之筌蹄，亦無關於魚兔矣。六籍者，有文字章著，
煥然可修耳目，故云夫子文章可得而聞也。○繆曰：
章，明也。子貢言夫子之述作威儀禮法，有文彩形
質著明，可以耳聽目視，依循學習，故可得而聞也。
章，明也。文彩形質著見，可以耳目自修也。然典籍著
見，可聞可見，而云可聞者，夫見之爲近，
近見故寄於遠聞而已也。
性與天道，不可得而聞也已矣。夫子之言，
則謂文章之所言也。性，孔子所稟以生者也。天道謂元亨日新
之道也。言孔子六籍乃是人之所見，而六籍所言之
旨，不可得而聞也。所以爾者，夫子之性與天地元亨
之道合其德，致此處深遠，非凡人所知，故其言不可

既得之患失之 患失之患不失之也既得之是君苟患 而生僻心故患己不遺失之也
失之无所不至矣 既患得失在於不定則此鄙 心廻邪无所不至或爲乱也
鄭玄曰無所不至言邪媚無所不爲也
異本或下有是字
子曰古者民有三疾 古謂淳時也疾謂病其 疑也有三條在下文也 今也或
之亡也 今謂澆時也亡无也言今 之澆民无復三疾之疑 苞氏曰言
古者民疾与今時異也 江熙云今民无古者 之疾而病過之也矣
古之狂也肆 一也古之狂者恒肆意所 爲好在抵觸以此爲病也
苞氏曰肆極意敢言也
今之狂也蕩 无所拠也猶動也今之狂不復肆直 而皆用意澆競流動也復无得拠杖也

孔安國曰蕩無所拠也
古之矜也廉 二也矜莊也廉隅也古人自矜 莊者好大有廉隅以此爲病
馬融曰有廉隅也 李充曰矜厲其 行向廉潔也
異本今之矜也忿戾
忿戾也 今世之人自矜莊者不能廉 隅而因之爲忿戾怒物也
孔安國曰惡理多怒也 言今人既惡則理自多怒 物也李充曰矜善上人物
所以不与則反之者至 矣故怒以戾之忿激也
直也之世異本無
愚也直也 三也古之愚者不用其智不知 俯仰病在直情恒行故云直也
愚也詐而已矣 今之世愚不識可否唯欲欺詐自利 者也又一通云古之狂者唯肆情而
病於蕩今之狂則不復病蕩故蕩不肆也又古之矜 者唯廉隅而病於忿戾今之矜者則不復病忿戾而

文明十九年寫本論語義疏　貼紙

慶應義塾大學論語疏研究會
北京大學東亞古典研究會 編

論語義疏二種

解題校理研究

〔南朝梁〕皇侃 撰

本冊目録

慶應義塾圖書館藏(南北朝末隋)寫本《論語疏》卷六解題

住吉朋彦 撰　劉佳琪 譯

論語疏□卷　存卷六(《子罕》《鄉黨》)　首闕　唐　大　一　軸　一三二X・二〇五・一

魏何晏注　梁〔皇〕(王)侃疏

(南北朝末隋)寫　藤氏　壬生家舊藏

後補素色護首(二七點三釐米×二四點六釐米),護首自左上徑書「論語疏卷第五」,爲後代人筆跡。護首右下方書「壬生家/(低格)藏」。卷子裝。後補前副葉,幅寬一七點九釐米。本文二十張(獲取本軸時,其現狀是: 第二、三、四張之間,以及第十八、十九、二十張之間已經剥離,第十九張卷在第二張後面,但所藏館根據本文、印記、花押的接續和歸屬,對其進行了排序和修復),每張幅寬約五六點二釐米(第一張二七點五釐米,第二十五張五一點七釐米)。卷首所闕部分以幅寬八點七釐米的彩紙補足。襯紙改裝。

卷首第一張第一至五行爲「(破損)五百家爲黨 : 各有(破損)/(破損)廣也言大哉孔子廣學道藝□(破損)遍不可一 : 而秤故(破損)/□(破損)德蕩 : 民无能名也故王弼云譬猶和樂出乎八音然八音非其(破損)/□(破損)弥貫六流不可以一藝名家故曰□(破損)也　注鄭玄曰達巷者黨名也五百家爲黨/此黨之人美孔子博學道藝不成名一而已也子聞之謂門苐子曰吾何執(下略)」。第十張第二八四至二八八行爲「鄉黨(隔四格)苐十/孔子於鄉黨　此一篇至末並記孔子平生德行也於鄉黨謂孔子還家教/化於鄉黨中時也天子郊内有鄉黨郊外有遂鄙孔子居魯 : 是/諸侯今云鄉黨當知諸侯亦郊内爲■(墨滅)鄉郊外爲遂也孔子家當在/魯郊内故云於鄉黨(下略)」等。經、注、疏均爲小字單行,經文後、注文前空一格。注文開頭標注「注」。

淡墨界(界高約二三點六釐米,界寬約一點七釐米),每張三十三行(第一張存十六行,第二十張存二十七行),每行字數不等。筆跡統一。尾題「論語疏卷苐六 子罕/鄉黨 王侃」,有其他筆跡將「六」改爲「五」。

行間補入與本文相同筆跡的校改。第二十八行以下,偶爾在行末加入改行符號。文内有朱筆旁點(經文)、右上角有「ㄱ」標記(注文開始處)、「三」符號(疏文開始處),以及其他筆跡的墨書校改。紙接合處的背面有單邊方形陽刻不明大朱騎縫印(A),尾題下和紙接合處背面有單邊方形陽刻「藤」大朱騎縫印(B)(向左旋轉)和墨筆花押(C)。鈐印和花押的位置及順序,一般有規律地交替出現,具體如下。紙背面的A印高度基本固定,這表明其鈐印時間要早一些。

尾題下		B		C
紙背　第一、二張接合處	B	A	C	
第二、三張接合處		A		B
第三、四張接合處	B	A		
第四、五張接合處		A		B
第五、六張接合處	B	A		
第六、七張接合處		A	C	B
第七、八張接合處	B	A		
第八、九張接合處		A		B
第九、十張接合處	B	A		
第十、十一張连接		A		B
第十一、十二張接合處	B	A	C	
第十二、十三張接合處		A		B
第十三、十四張接合處	B	A		
第十四、十五張接合處		A		B
第十五、十六張接合處	B	A		
第十六、十七張接合處		A	C	B
第十七、十八張接合處	B	A		
第十八、十九張接合處		A		B
第十九、二十張接合處	B	A	C	

見於該寫本尾題下的名稱「論語疏」，應該是「論語義疏」的略稱。〔一〕成書於唐代的《隋書・經籍志》和日本宮廷藏書目録《日本國見在書目録》等將此書著録爲「論語義疏十卷皇侃撰」，從這一點來看，本書的正式名稱顯然是「義疏」。但從《舊唐書・經籍志》以下正史以及日本《令集解》等書的古注中也可看到，本書很早就開始被簡稱爲「論語疏」。另外，現今敦煌出土的唐鈔異本（後述）中，亦有題作「論語疏」者。這可能是由於過去爲《論語》作疏者多，而其中最具代表性的作品就得到了「論語疏」的略稱。中國六朝時期盛行爲經典作「義疏」和「講疏」的注釋書，此類書籍採取通論各類解釋，並對其内容加以講述的體例，圍繞《論語》亦有諸家撰述流傳。不過，在衆多撰述中，或許由於細緻精確，皇侃的著作在後世取得了壟斷性的影響，因此「論語疏」「皇侃疏」就成爲其通稱。

關於該寫本尾題下的撰者姓名「王侃」，正史《梁書》和《南史》的皇侃傳記在講述皇侃家族世系的同時，亦記述了其撰述「論語義十卷」，因此作「皇」氏當無誤。不過，成書於日本鎌倉時代的《論語總略》中引用了「王侃疏序」，此外，古代中世的引

〔一〕關於《論語義疏》的整體情況，參考武内義雄《校論語義疏雜識》，一九二三年，收録于《武内義雄全集》第一卷，角川書店，一九七八年。武内義雄《論語之研究》，岩波書店，一九三九年。藤塚鄰《論語総説》，弘文堂，一九四九年。高橋均《論語義疏の研究》，創文社，二〇一三年。喬秀岩《義疏学衰亡史論》，東京大學東洋文化研究所，二〇〇一年。影山輝國《まだ見ぬ鈔本〈論語義疏〉（一）》，載《実践国文学》第七十八號，二〇一〇年。影山輝國《〈論語〉と孔子の生涯》，中央公論新社，二〇一六年。（校本、校勘記、影印本和解題除外。）

用中亦時見作「王」之處，可見，寫作「王侃」的淵源亦很古遠。〔二〕

另外，《論語》的《子罕》《鄉黨》兩篇，通常在二十篇本中分別爲第九、第十篇，在每兩篇合爲一卷的十卷本中爲卷五，但該寫本却將其劃爲卷六。儘管包括迄今所知的《論語義疏》在内，《論語》及其注釋書的分卷都是相同的，不過，考慮到《論語疏》卷六是一部卓越的古寫本，所以寫作「卷六」是否僅僅是失誤仍然難以判明，該寫本是否爲十卷本也不得而知。該寫本《子罕》篇首章「子罕言利與命與仁」的經文、注文和疏文，以及其後「達巷黨人曰」章的經文，全文均闕。《鄉黨》篇則完整留存。

該寫本的鈐印兩種和花押均有古氣。B「藤」印亦見於東京國立博物館所藏唐鈔本《史記》卷二十九的卷子零本接合處，作爲騎縫章，與C同筆的花押也見於此卷。A印則僅見於該寫本，款式、字樣與古代官印相似。關於B印，《經籍訪古志》卷三基於延喜二十年（九二〇）九月十一日右大臣家牒（收録於《東寺文書》中的《集古十種》《博愛堂集古印譜》），認爲是藤原忠平（八八〇—九四九）名章；但太田晶二郎確認印影，認爲此印雖屬於古代的藤原氏，但印種有別。〔三〕該寫本在中世的下落幾乎不可知，不過本書所收齋藤慎一郎論文認爲，彼時圍繞著清原家有相同系統寫本的傳播，可以參考。

降及近世，據後補護首上的墨筆文字，該寫本曾藏於官務壬生家。藤貞幹（一七三二—一七九七）《好古雜記》和《好古日録》中有記載，前者云：「論語王侃疏〈卷第五〔三字大字〕子罕、鄉黨〉零本一卷。壬生家藏。卷長九寸（約二七釐米），紙弘一尺八寸五分（約五六釐米），詳紙性八百年許本。＊罫七寸五分（約二二・七釐米）〈上九分，下六分〉，弘五分五釐（約一・七釐米）。〇合縫各朱記二面及草名」（圓括弧内補記）。基本可以確定這一著録指的就是該寫本。也就是説，該寫本很可能來源於壬生家管理的官庫。〔四〕此外，幕末之前，橋本

〔二〕關於《論語總略》，詳見注〔一〕中武内義雄著作，以及阿部隆一《室町以前邦人撰述論語孟子注釈書考（上）》，《斯道文庫論集》第二輯，一九六三年。此外，還參考了佐藤道生《〈論語疏〉中国六世紀写本の出現》，《斯文》第一百三十六號，二〇二一年。以及本書收録的齋藤慎一郎《慶應義塾図書館蔵〈論語疏〉卷六の文献価値——日本漢学研究資料としての特色》。

〔三〕太田晶二郎《日本漢籍史札記》，一九五五年，收録于《太田晶二郎著作集》第一册，吉川弘文館，一九九一年。

〔四〕根據小倉慈司在慶應義塾大學《論語疏》研究會傳來研究班所作報告。另外，影山輝國在論文《新發現〈論語義疏〉雜感》（《さいたま文学館紀要》創刊號，二〇二一年）中提到，在寬政四年（一七九二）三月十九日貞幹寫給立原翠軒的書信（三村竹清編《無仏斎書簡》卷下，收入《日本藝林叢書》第九卷，六合館，一九二九年）中，有「論語皇侃義疏古本所持仕候」，指出該本可能放在貞幹處。另外，貞幹曾到訪壬生家，並接觸過藏品，此點可參考本解題的附説，即一户涉《關於橋本經亮編〈遠年紙譜〉所收「皇侃義疏料紙」》。下同。

＊譯者注：原漢文。紙弘：紙寬；詳紙性八百年許本：據紙張判斷，距今約八百年。詳見藤貞幹《好古襍記》，寬政七年(1795)自筆寫本。京都大學貴重資料デジタルアーカイブ：https://rmda.kulib.kyoto-u.ac.jp/item/rb00013461?page=0

經亮獲得了一部分該寫本所用紙張；攝津吉田家《聆濤閣集古帖》的印章部分摹畫了B印；長谷川延年《博愛堂集古印譜》「皇侃《論語義疏》古本合縫所印」等處摹刻了A、B的印影。如此看來，江户後期，一些古物收藏家已經知曉該寫本的存在。此後，明治九年（一八七六），幕末明治時期的秋月藩儒者、京都大學校助教磯淳（一八二七—一八七六）在秋月之亂中自刎，他在給妻兒的遺書中寫道：「家寶物，古寫本《玉篇》，皇侃寫本」（《西南記傳》下卷二），此處所指是否爲該本，尚有疑問，〔五〕但之後的傳承情況不詳。

由於該寫本在平安前期與唐鈔本《史記》零卷一樣，同爲藤氏掌管，其抄寫時間應早於平安前期。儘管貞幹可能將該寫本視爲平安時代寫本，但在字體和樣式上，該寫本與楷書整齊、行草熟練的唐鈔本，以及以之爲模範的奈良平安時代日本舊鈔本，均差異明顯。目前仍無法確定其具體的抄寫年代和地域。但該寫本既與北魏碑文和敦煌文獻的筆畫偶有相似，同時又與《干禄字書》《五經文字》《九經字樣》所見唐代正統楷書書體大相徑庭，包含許多未定字體。並且，在用以比照的書籍中，該寫本與西域出土的南北朝時期佛典論疏寫本氣脈相通；〔六〕還與曾被稱爲六朝鈔本，而現在被認定爲唐初寫本的《禮記子本疏義》卷五十九殘本相近，呈現出楷書完善之前的字樣，〔七〕因此，可以推定該寫本是由遣隋使或遣唐使帶回日本的隋前鈔本。不過，這並不排除它經由同一時代朝鮮半島傳來的可能性。另外，該寫本部分位置似乎將梁太祖蕭順之的「順」字改爲「從」，但也能看到「順」字，因此難以確認其是否對梁、陳、隋、唐的諱字採取避諱。

本次慶應義塾圖書館收藏的上述《論語疏》卷六，是傳世紙質書籍中最古老的《論語》古寫本。在説明這一傳本的價值之前，此處略述《論語》注釋史。

作爲中國經典的代表之作，《論語》記録孔子及其弟子言

〔五〕參考久保尾俊郎《磯淳の舊藏書》，《ふみくら》第七十九號，二〇一〇年。此外，注〔四〕影山氏論文認爲，磯淳舊藏本是神宮文庫所藏室町寫本，而不是該寫本。久保尾氏論文亦提及了神宮文庫本，據複製的照片，書首確實有「秋月春風」「樓磯氏印」的鈐記，可以看出是磯氏舊藏。然而，該印記雖然見於江藤正澄經手的藏書中，但田中青山捐贈給早稻田大學圖書館並被該館收藏的唐鈔本《玉篇》卷九（國寶）却無此捺印。鑒於磯氏藏書豐富，就中善本亦富，存在遺書中稱「家寶物」的寫本就是該寫本的可能性。

〔六〕具體而言，可以舉出大英圖書館藏《勝鬘義記》的北魏正始元年（五〇四）鈔本（S. 2660）、法國國立圖書館藏《十地論義疏》的北周保定五年（五六五）鈔本（Pc. 2104）以及天津博物館藏《成實論疏》的南北朝鈔本等。但是，以上均未見原本。

〔七〕田中青山捐贈的早稻田大學圖書館藏本（國寶）。關於此本抄寫於六朝的觀點，可見於羅振玉《六朝寫本禮記子本疏義殘卷跋》，一九一六年，附於影印本，另見《雪堂校刊群書敘録》，收録於《永豐鄉人稿》甲之卷下；注〔一〕武内義雄著作，神田喜一郎《飛鳥奈良時代の中国学》，收録於《大和の古文化》，近畿日本叢書編集所，一九六〇年。（另作爲《扶桑学志》的一篇，收録在《神田喜一郎全集》第八卷，同朋舍出版，一九八七年）。然而，如果實際觀察原本，鑒於此本之前相鄰時代的正楷書體成立史，似乎很難將其視爲隋以前的古代風格。參考西川寧《西域出土晋代墨蹟の書道史的研究》，收録於《西川寧著作集 第四卷》，二玄社，一九九一年。

行並流傳至今。早在漢代,《論語》就已經區別出多種異本,將其整理爲現行文本的,是西漢的張禹和東漢的鄭玄等人。鄭玄亦爲《論語》經文作了注釋。三國魏時,以何晏爲代表的宫廷博士們整理了漢魏以前的注釋,形成了《論語集解》,鄭玄的經注正爲其提供了基礎。然而,南北朝以降——特別是南朝時期,相較於鄭注,何晏的《集解》獲得了更廣泛的流傳,漢代以前的經注向著完全以《集解》爲讀本的方向轉變,這一情形在宋代以後完全確立。其結果是,就現今的《論語》而言,即使可能推翻其注釋,但本文可以説無一例外都是基於《集解》。

於是,當時代與經注的形成時間相隔更遠,理解經文的意義就變得越來越困難,應當憑據的注釋也缺乏説明,各家意見不一,學者之間産生了混亂。因此,出於論定經注所指含義的必要,就需要在以往學者的論説基礎上增加新的注釋,此類注釋統稱爲「疏」。這種注釋形式在中國南方開啓的六朝非常盛行,《論語疏》可謂是其中的代表性作品。

本書作者皇侃(四八八—五四五)是生於六朝的齊代、又主要活躍于梁代的學者。除《論語》外,皇侃亦通曉《周禮》《儀禮》《禮記》和《孝經》,曾任梁國子助教,聽講者常至數百人之多。皇侃所著《論語》注釋書《論語義疏》十卷,亦名《論語疏》。因有其他同名書籍,故以下簡稱爲「皇疏」。

皇疏以何晏《集解》爲標準,引用了匯集晉代十三家注釋的晉代江熙所作《集解》,同時採録、探討其他注釋,並視具體情形間附己見,收集了總計約五十家觀點,可謂是一部詳細的注釋書。在把握何晏《集解》框架的同時,皇侃亦嘗試集各家注釋之大成,在反映六朝時代辯論的同時,也對其進行通解。

然而,南北統一後的唐代以降,整理並統一六朝學説的工作開始興起。《論語》《孝經》等在宋代成爲重新整理的對象,北宋咸平二年(九九九),真宗詔令邢昺爲《論語》撰寫新疏,此即《論語正義》。官撰的《正義》以皇疏爲基礎,將重心置於何晏《集解》中的解釋,並剔除皇侃原作中的多餘内容。隨著《正義》的登場,皇疏逐漸失去了被時人參考的必要性。因此,在宋末以降至元明時代的中國,伴隨著朱熹《論語集注》的流行,皇疏的傳承也逐漸中斷。此期,將《正義》與《論語集解》合併的《論語注疏》,以及《四書集注》的疏解類著作陸續出版,與之相比,皇疏則失去了出版機會,而這也加劇了其傳承中斷的趨勢。〔八〕

維繫本書傳承的是日本的漢學家們。〔九〕平安時代前期的宫廷藏書目録《日本國見在書目録》中記載了皇疏,此前成書於天平年間(七二九—七四九)的《大寶令》的注釋書《古記》中也引用了皇疏,由此可知其早期接受史。從古代到中世,宫廷學者參考皇疏的案例相對較多。降及中世後期尤其是室町

〔八〕注〔一〕佐藤道生論文中有相關論述。

〔九〕以下參考高田宗平《日本古代〈論語義疏〉受容史の研究》,塙書房,二〇一五年。

時代，對皇疏的引用達到了最高峰，且其還影響擴展至五山禪林和關東的足利學校。這一時代的本書舊鈔本，即使留存至今者也達三十部之多，是中世日本漢籍中數量尤其豐富的一部分。〔一〇〕

時間推移至江户前期，儘管對朱熹《集注》的參考凌駕於舊學之上，但在寬延三年（一七五〇），荻生徂徠（一六六六—一七二八）的弟子根本武夷（一六九九—一七六四）認識到了皇疏的價值，並將其在足利學校經眼的一部皇疏以後世樣貌整理出版，* 此書後經長崎傳到清朝學者手中，在中國引起了很大反響，大體爲人認可，盛清著名史家王鳴盛激賞其爲「藝苑之鴻寶」（《蛾術編》卷八），乾隆《四庫全書》亦加收録。此間情形諸家已有詳細論述，可參考本文注〔一一〕所列參考文獻。

不過，由於以室町時代舊鈔本爲基礎，寬延版皇疏存在缺點。寬延版在各篇篇首總説等處，包括卷中部分位置，均引用了宋代邢昺《正義》，而産生於六朝時期的皇疏事實上是不應該存在此類現象的。即使將寬延版對《正義》的引用，視爲中世日本人參考《正義》時所添加，但這樣的做法也會使人認爲《論語義疏》的原文舊貌發生了變化。因此，有部分清人以寬延版與唐代少量引用皇疏的《經典釋文》存在差異爲據，懷疑日本的皇疏是僞撰或内容經歷了篡改。此後，日本書誌學者也提出，宋版單疏本《五經正義》是單行疏文的形式，而皇疏舊鈔本則並非如此，由此認爲日本所傳的版本有可能基於宋代以後的版本。〔一一〕

敦煌出土的《論語疏》卷二零本（Pc. 3573），大體上解決了上述疑惑。這一保存了部分皇疏的唐鈔本長期藏於敦煌莫高窟藏經洞中，是二十世紀初到訪該地的伯希和持歸法國的資料之一。敦煌唐鈔本中自然没有引用宋代邢昺《正義》之處，除此之外，此本還是一部可以與日本皇疏舊鈔本進行對照的相同種類的版本。由於它是從遥遠的西部出土的，因此不存在從日本轉移至此的可能性。通過它們的一致性，日本人篡改本文的問題消失了，同時也推定出了一部分補入的《正義》。再看最近發現的《論語疏》卷六，雖然其《子罕》篇首已經損壞，但《鄉黨》篇首則完全没有舊鈔本中包含《正義》的總説。由於該寫本是日本古代以來傳承的舊本，因此皇疏在補入邢昺《正義》之前的形貌再次有了實證。

另一方面，在通常的《論語(義)疏》中，即使將邢昺《正義》除外，每篇篇首亦會留出放置一篇總説的地方，但該本《鄉黨》篇首却没有這一位置。儘管由於本軸缺失第一張的前半部分，無法確定《子罕》篇篇首的情況，但第一張殘存十六行，如

〔一〇〕參考注〔一一〕影山輝國論文和著作，以及本書所收住吉朋彦《慶應義塾大學附屬研究所斯道文庫藏文明十九年写本〈論語義疏〉解題》。

〔一一〕詳見注〔一一〕藤塚鄰著作。此外，亦可參考長澤規矩也《論語義疏伝来に関する疑問》，《漢学会雑誌》第一卷第一號，一九三三年。另收録於《長澤規矩也著作集》第七卷，汲古書院，一九八七年。

＊ 譯者注：「後世樣貌」，當指宋代以來經注疏合刻面貌。

果第一張和此後的第二張至第十九張一樣，均爲每張三十三行，那麼就可以推測前面原本應該還有十七行。而且，如果《子罕》篇的篇首與《鄉黨》篇一致，也有記録篇目和序數的首行，那麼本文將佔據十六行的空間。殘存的第一張後半部分每行有二十九至三十字，單純計算的話，該寫本《子罕》篇的篇首應該闕四百六十四至四百八十字不等。與此相對，通行的《義疏》在本軸開頭的「五百家爲黨」之前有五百一十九字，由於其中五十字是篇首總説，因此將之扣除後爲四百六十九字，與該寫本所闕字數大致相等。儘管以上只是一種推測，但該寫本的《子罕》篇首確實可能没有總説。這在舊鈔本中與校補了總説的清家文庫本的本文一致，但却與通行本《義疏》對立，可以説是該寫本的特色。

敦煌本的出現還在其他方面顯示出與舊鈔本的差異，並派生出新的問題。敦煌本首先在《論語》經文的各句之下，以小字雙行夾注的方式大體出示注文，又於一章之後以小字出示經注雙方的疏文。與此相對，舊鈔本則採用經文句下附雙行疏文，然後在一章之後下移一格放置單行注文，其句下亦置雙行疏文的體式。此外，兩者在字句層面也存在不僅僅是誤鈔的差異，是早先就分別爲異本的關係。至於兩者的先後順序，因唐代和室町時代相隔五百年，加上東西天各一方，故而難以比較，中日學者至今尚未達成共識。〔一二〕

關於這一點，大正年間校勘皇疏舊鈔本的武内義雄博士認爲皇疏由皇侃撰述，其弟子鄭灼添加了補記，同時還參考前述《禮記子本疏義》「六朝鈔本」卷五十九殘卷的體式，推測皇疏的原形應該是經、疏、注、疏以空格隔開的單行連續形式。〔一三〕該寫本恰好具備這一體式，僅在後方何晏《集解》開頭上標注「注」這一點上略有不同。即使與《禮記子本疏義》相比，該寫本也並不遜色，這一點強化了將其以下的日本傳來本視爲皇疏原形的看法。

關於此點，還有另一個旁證。正如已經指出的那樣，〔一四〕由平安時代明法家惟宗允亮編纂、成書於長保四年（一〇〇二）的《政事要略》卷二十九中，考證十二月宮中行事追儺的部分引用了皇疏：

> 《論語疏》云：鄉人儺。儺者逐疫鬼也。爲陰陽之氣不節時，退癘鬼，隨而爲人作禍。故天子使方相氏黄金四目，蒙熊皮，執戈揚楯，玄衣朱裳，口作儺儺之聲，改斂疫鬼也。一年三過爲之，三月，八月，十二月也。故《月令•季春》云：「命國儺。」鄭玄云：「此儺，儺陰氣也。陰氣*至此不止，害將及人。癘鬼亦隨之而出行。」至《仲秋》又

〔一二〕關於與敦煌本《論語疏》卷二的比較，參考注〔一〕高橋均著作。據高橋均判斷，敦煌本的形式接近原形。

〔一三〕詳見注〔一〕武内義雄論文。

〔一四〕參照注〔九〕高田宗平著作。

云：「天子乃儺。」鄭玄云：「儺，儺陽氣也。陽暑至此不衰，害亦將及人，癘鬼亦隨之而出行。」至《季冬》又云：「命有司大儺。」鄭玄云：「此儺，儺陰氣也。至此不止，害將及人。癘鬼將隨，殆陰出害人也。」侃案：三儺，二是儺陰，一是儺陽，儺陰乃異，俱是天子所命。春是一年之始，彌畏災厲，故命國民家家追儺。八月儺陽，陽是君法，臣民不可儺。君故偁天子乃儺也。十二月儺雖是陰，既非一年之急，故民亦不得同儺也。今云「鄉人儺」，是三月。朝服而立於阼階者。阼階，東階，主人之階也。孔子聞鄉人逐鬼，恐見驚動宗廟，故著朝服而立於阼階，以侍先祖，爲孝之心也。朝服者，玄冠緇布衣素績裳，是卿大夫之祭服也。

（*「氣」，《新訂增補国史大系》據校勘他本改爲「寒」）

這段引文初看與預期相反，似乎包含了《論語》的經文、注文和疏文，且區分並不清楚；但實際上，除劃綫部分「鄉人儺」「朝服而立於阼階」是經文外，其他皆爲皇疏。「鄭玄云」是皇疏中《月令》注的引文，不是《集解》的引文。由於將分處於兩個位置的經文，與疏文一同置於「論語疏云」下進行引用，因此分段變得不清楚。然而，如果觀察該寫本（第五〇二至五二一行，影印五四—五六頁），會發現實際上大致就是引文所示的體式，在引文末尾的「是卿大夫之祭服也」一句之後再空一格，「注」字下引用了所謂的孔安國注。這不僅傳達出，包含經文全文並首先加以疏通，再將注文（及其疏文）後置的形式是日本古代通行的皇疏體式，而且也與古文獻的引文形成了呼應。

在六朝時代疏的體式上，這一點與所謂單疏本作爲原形的觀點相對立。以往的一種通行觀點是，疏的原形是經文和注文只標出起止，僅全文收録疏文的「單疏本」，其根據是在日本殘存數種宋版的《五經正義》，具體來説有宮内廳書陵部收藏的《尚書正義》（宋孝宗朝，一一六二—一一八九）刊本，武田科學振興財團杏雨書屋藏《毛詩正義》宋紹興九年（一一三九）刊本，以及通過東洋文庫所藏舊鈔本可以部分窺見的《禮記正義》。而且這種觀點不僅適用於孔穎達《正義》，還適用於收藏在京都大學附屬圖書館清家文庫、據室町時代舊鈔本而得以傳承的隋代劉炫《孝經述議》殘本，因此得到廣泛認可。但是，通過此次重新考察而趨於明朗的是，至少在皇侃及其門下，使用了經注全載的疏本；並且，由於出現了《論語疏》卷六殘本這一可以追溯到隋以前的實例，「兩者關係如何」將是今後要探討的問題。

此外，《政事要略》引文中的「改斂」意義不明，不過該寫本此處寫作「以歐」。儘管引文可能是訛傳，但「歐」在一部分皇疏舊鈔本中寫作「驅」，諸校本也通行這一字形。然而，由於許多舊鈔本都寫作「歐」，《政事要略》可能首先是基於舊鈔本。「歐」在《漢書・張良傳》的顏師古注等處，有「歐，擊也」的解

釋，「歐」與「毆」通用。而且，皇疏的京都大學附屬圖書館清家文庫藏日本南北朝寫本、前田育德會尊經閣文庫藏應永三十四年（一四二七）以前鈔本、慶應義塾大學附屬研究所斯道文庫藏文明十九年（一四八七）抄寫大槻本（本書二三七頁）、足利學校藏室町末抄寫本等，都寫作「毆」。儘管「毆」與「驅」「歐」皆可通用，但在此處，將「歐」視作舊形是可行的，就皇疏諸本的校勘而言，該寫本的字形是有價值的。

即使通過以上內容，我們也可以認識到該寫本皇疏本文的價值，其詳細情況可參考本書所收種村和史所作校勘記。進一步說，關於何晏《集解》的校勘，該寫本也有應該參考之處。〔三五〕明顯的事例可能是《集解》所引注文之前出示的注者名的異同。例如，《子罕》篇「子謂顔淵曰」章「孔子謂顔淵進益未止」以下的《集解》，除正和四年（一三一五）寫本外，多數《集解》舊鈔本作「苞氏曰」，即認爲是漢代包咸的說法；但正如早在吉田篁墩（一七四五—一七九八）《論語集解考異》便可看到的那樣，《集解》的一些傳本作「馬融曰」。由於此處在所有皇疏中均作「馬融」，這不僅再次證明了寫作「馬融曰」的《集解》是受皇疏影響，同時也可以設想《集解》與皇疏之間存在對立。又，《子罕篇》「子在川上曰」章「逝往也」以下的《集解》，注者名多作「苞氏曰」，但皇疏及其影響下的《集解》卻作「鄭玄曰」。與此相對，該寫本雖然是皇疏，卻與《集解》相同，作「苞氏曰」。如此，通過參考該寫本，在一直以來皇疏原形和皇疏舊鈔本轉訛的難以區分之處，我們可以就《集解》與皇疏並不一定對立、可以假設皇疏內部存在轉訛、據皇疏進行《集解》校勘是否合適這些問題，獲得某種程度的洞察。

那麼，例如《子罕》篇「病間曰」章的《集解》，其中「非唯今日也」的「唯」字在多數皇疏傳本中也寫作「唯」。然而，該寫本卻寫作「適」，而這即使在《集解》舊鈔本中也僅與被視爲中原家系統的寫本相一致。這是與正和四年（一三一五）寫本和正平版等清原家系統的《集解》相對立的異文，而且還顯示出極爲古老的來源。於是，《集解》的異同就是一個連《論語》本身校勘也會受其影響的問題了。

《鄉黨》篇有「魚餒而肉敗不食」一章。這一「餒」字在清家本《集解》和大多數皇疏舊鈔本中都寫作「餒」，但在中家本系統《集解》以及皇疏中該寫本和清家文庫本兩本中寫作「餧」。「餧」表示魚腐壞的意思，「餒」雖然也與「餧」通用，但主要表示飢餓的意思。可見，中家本的字形並不是依據中家後世校訂的結果。不過，該寫本並不僅僅與中家本一致，也存在一些與清家本一致、卻與中家本對立之處，而這正證明了兩者皆有優長。從這一點出發，我們可以期待該寫本將在思考日本舊鈔《論語》，以及校訂中國傳承本文的過程中，發揮重要作用。

〔三五〕迄今爲止，關於《論語集解》和皇疏本文的關係，高橋智有詳細論述。高橋智《室町時代古鈔本〈論語集解〉の研究》，汲古書院，二〇〇八年。

另外，「肉敗不食」的「肉」字儘管在大多數皇疏舊鈔本都寫作異體字「完」，但《集解》和該寫本却作「肉」，這也許是皇疏內部的轉訛。

如此，作爲最古級別的紙本，在校訂《論語》時綜合考慮皇疏的情况下，該寫本或許能够成爲一個重要的參考標準。儘管《論語》傳本中有中國河北省定州市出土的漢代竹簡和朝鮮民主主義人民共和國平壤市樂浪郡遺址出土的後漢竹簡，但它們都損毁嚴重，處於無法充分利用的狀態。〔一六〕而且，雖然漢代石經拓本亦有傳世，但也只是極少部分。此外，由於木板書籍出版變得普及是在宋代以降，因此，除西域出土的古寫本殘篇外，〔一七〕能窺見此前《論語》舊貌的資料主要是日本留傳的舊鈔本。在使用舊鈔本、將唐開成石經以來宋版系統本文相對化的過程中，該寫本所提供參考的有效性，在根據同樣是日本所傳舊本來補正只有中世以降傳本之舊鈔本的後進性的情况下，無疑是最爲突出的。不僅如此，這也正是日本漢籍在文獻學上具有的作用。

綜上所述，《論語疏》卷六是皇侃《論語義疏》的最古寫本，也是使人窺見其原形的寶貴傳本。《論語義疏》是六朝時代經學的集大成作品，而如果將同類書籍罕有傳世也納入考慮，那麽可以説《論語疏》卷六在學術史研究上具有非常大的價值。而且，雖然只有兩篇流傳，且本文中包含相當多的誤抄，但該寫本在《子罕》《鄉黨》兩篇皇疏的校勘上仍有直接意義，並且在校勘完存的舊鈔本時，可能也會提供一定的參照。此外，由於皇疏包含了《論語集解》的全文，而該寫本是《子罕》《鄉黨》兩篇的現存最古寫本，因此在實質上支撑了《論語》傳承的《集解》的校勘方面，該寫本可以説也具有很高的啓發性。另一方面，從日本古代漢學資料的視角來看，該寫本也體現出深遠意義，它不僅特别展示了宮廷周邊的《論語》接受和藏書文化，還揚棄了平安末鎌倉時代以降清原和中原兩博士家證本的分

〔一六〕關於《論語》相關出土文獻，有以下報告、論文。關於定州漢簡《論語》，可參考河北省文物研究所《河北定縣 40 號漢墓發掘簡報》，《文物》一九八一年第八期；國家文物局古文獻研究室、河北省博物館、河北省文物研究所定縣漢墓竹簡整理組《定縣 40 號漢墓出土竹簡簡介》，《文物》一九八一年第八期；河北省文物研究所定州漢墓竹簡整理小組《定州漢墓竹簡・論語》，文物出版社，一九九七年。關於平壤樂浪郡遺址出土的漢簡《論語》，詳見李成市《平壤楽浪地区出土〈論語〉竹簡の歷史的性格》，《国立歷史民俗博物館研究報告》第一百九十四集，二〇一五年。此外，關於日本古代出土木簡，可參考奈良縣教育委員會編《藤原宮跡出土木簡概報》，大和歷史館史友會，一九六九年；東野治之《〈論語〉〈千字文〉と藤原宮木簡》，收入《正倉院文書と木簡の研究》，塙書房，一九七七年；德島縣埋藏文化財中心編《観音寺遺跡 一般国道 192 号德島南環狀道路改築に伴う埋蔵文化財発掘調查》，德島縣埋藏文化財中心，二〇〇二年；石川泰成《日本出土木簡・漆紙文書を用いた〈論語〉〈古文孝経孔氏伝〉の隋唐テキストの復原》，《九州産業大学国際文化学部紀要》第五十六號，二〇一三年。

〔一七〕敦煌本之外，從吐魯番鄯善縣洋海一號臺地四號墓出土的《論語》殘片被認爲是四至五世紀的十六國時代寫本。該資料抄寫在前秦建元二十年（三八四）三月高昌郡高寧縣都鄉安邑里户籍的背面，是無注本，《公冶長》篇「天道不可得文（聞）爾已矣」章以下，斷續留存二十五行內容。參考榮新江、李肖、孟憲實等主編《新獲吐魯番出土文獻》，中華書局，二〇〇八年。

化，甚至可以與唐開成石經本系統進行對照，足稱善本。要之，該寫本是瞭解紙本時代《論語》的關鍵秘笈，即使從作爲傳承中國南北朝時代的字體變化和筆法、體現卷子寫本全盛期的東洋圖書文化的珍貴書籍等方面來看，也具有參考價值。我們翹首以待，該寫本的研究今後能够在各個領域産生影響。

【附記一】

慶應義塾圖書館和大學附屬研究所斯道文庫兩個機構，主要是在阿部隆一的不懈努力下，構建起代表日本古代中世漢學的《論語集解》和《論語義疏》的舊鈔本收藏。此後，繼承了阿部氏功績的研究者成爲核心，努力進行補充和介紹，現今能够再加入一本更具特色的書籍，得益于相關人士和慶應義塾大學的支持。

本解題雖然由起首的署名者負責成稿，但其内容是基於隨該寫本收藏而組成的慶應義塾大學《論語疏》研究會的成果（有關研究會請參閲本書序文）。特別是，本稿在依據本書所收種村和史的全文校訂、齋藤慎一郎對該寫本與清家文庫本所作對校、一户涉對傳來的考證外，還特別委託小倉慈司進行了研究報告，多虧了他們的貢獻。

【附記二】

本解題是對第三十二次慶應義塾圖書館貴重書展示會《古代中世 日本人の読書》展圖録（慶應義塾圖書館，二〇二〇年）所載拙稿《一、論語疏□卷 存卷六（子罕 鄉党）》的修訂。

附　關於橋本經亮編《遠年紙譜》所收「皇侃義疏料紙」

一户涉　撰　劉佳琪　譯

慶應義塾圖書館所藏江户後期和學者橋本經亮（一七五五—一八〇五）舊藏資料「香果遺珍」中，有一本題爲《遠年紙譜》的古紙本册子（半紙本一册），册中粘貼了可能由經亮從文書和典籍中採集的約三十張紙片。其中有一張邊長約三點七釐米的方形紙片，附有經亮筆跡的注記「延曆（七八二—八〇六）年中紙　皇侃義疏料紙」。從尺寸和紙質等判斷，該紙片可以推定爲是從本書影印並介紹的慶應義塾圖書館藏《論語疏》卷六尾題左上，可能由於浸潤水份而出現斑文狀變色和破損的地方取出的。

近世，壬生官務家藏有這一《論語疏》零卷，且從藤貞幹（一七三二—一七九七）的著作《好古雜記》和《好古日録》中可以得知，貞幹曾親見過卷。經亮和貞幹從天明到寬政年間共同進行了東寺百合文書等各種調查活動。濱田德太郎《二種の遠年紙譜》（《和紙つれぐ》，靖文社，一九四八年）中，介紹了林若樹藏本，除經亮《遠年紙譜》之外，還有由貞幹編纂的同名古紙册子《遠年紙譜》，據説其中亦貼有「延曆（皇侃義疏）」的紙片。遺憾的是，目前無法確認貞幹編纂的《遠年紙譜》是否現存，但據吉澤義則《藤貞幹に就いて》（《国語説鈴》，立命館出版部，一九三一年）介紹，佐佐木竹苞樓所藏《貞幹略傳》的「著述目録」中，可見《遠年紙譜》的書名，而且，貞幹的遺品目録——佐佐木春行（一七六四—一八一九）《無仏斎遺伝書領目六》中，有「遠年紙譜　一册　售給川合家」的記録，當時應該是貞幹和經亮雙方或其中一人從壬生家那裏獲得了《論語疏》零卷原本中分離出的紙片，再將其分割並貼在各自的册子上。兩書都在注記中將該紙片的時代標爲「延曆」，但貞幹《好古日録》中却又有「考以紙性，八百餘年之本」的推定，可能貞幹由於某種原因改變了觀點，但前後關係不明。總之，從使用年號之處來看，貞幹等人是將本書視爲奈良末期或平安時代的寫本，這一看法應該無誤。

而且，在《論語疏》之外，貞幹等人還閲覽了壬生家多部藏書。此處就管見所及加以列舉。東京大學史料編纂所收藏的近代寫本《官史記》識語有「丙辰仲冬以官務藏本一校　幹」，宫内廳書陵部收藏的《内裏式》識語有「寬政四壬子三月以壬生各務所藏古本一校了　幹」，貞幹所撰《集古圖》中也有對壬生家藏品的摹寫。「香果遺珍」中，經亮所抄《後愚昧記》的封面上寫着「官務本所見拔粹」；水户藩小宫山楓軒的隨筆《千慮一得》（静嘉堂文庫藏）中，則有貞幹的證言——「壬生官務，官人之家藏書衆多，有《秘府略》雜穀部卷軸，亦有《後愚昧記》文書部真跡」。此外，國立歷史民俗博物館所藏《聆濤閣集古帖》

印章部分有注記爲「古寫論語義疏合縫捺印」的「藤」印摹畫，承擔該書編纂核心工作的攝津吴田豪商吉田道可也與貞幹存在交流。這樣看來，江户後期，在貞幹周圍，已經一定程度上共享着有關《論語疏》在内的壬生家藏書信息。

順便提及，經亮所編《遠年紙譜》中還貼有注記爲「論語義疏」的「不知年代」紙片，還能看到一部分筆畫。不過，如果此紙片與《論語疏》零卷有關，那麽應該會有相應記録，所以這可能是另一古寫本的一部分。

慶應義塾圖書館藏（南北朝末隋）寫本《論語疏》卷六釋文並校記

種村和史 撰　劉佳琪 譯

凡例

●本稿展示慶應義塾圖書館藏（南北朝末隋）寫本《論語疏》卷六的釋文及其校記。

●用於對校的是慶應義塾大學附屬研究所斯道文庫藏文明年間抄寫的《論語義疏》十卷（以下簡稱爲「文明抄寫大槪本」，校記中以「**大**」標示）和高尚榘校點本（《中國思想史資料叢刊》，中華書局，二〇一三年，以下簡稱爲「排印本」，校記中以「**排**」標示）。前者被評價爲室町時代以降所抄《論語義疏》諸寫本中的典型，後者則是以武内義雄校訂本爲底本的排印本，是目前流傳最廣的《論語義疏》。

●釋文按照原卷進行換行，每行行首標注行號。

●《子罕篇》按照通行本的方式，標注了第一條、第二條等條的序號，《鄉黨篇》則是一篇一條，篇内不再分條。

●《論語疏》卷六中，經文、注文和疏文使用大小相同的字體書寫。經文與疏文、注文，以及注文與疏文之間，基本上用一個空格隔開，再繼續書寫。另外，注文開頭標注了「注」字，「注」字右上角有朱筆鉤形符號（也有很多例外情況）。經文的文字上方有朱色點（也存在第一個字右上方用墨筆劃斜綫的情況）。疏文第一個字的右邊書寫「三」（有時也存在第一個字右上方用墨筆劃斜綫的情況）。目前並不確定以上點和標記是原來的抄寫者所爲，還是由後人補寫。本文中有很多地方並没有遵循這樣的抄寫格式。本稿爲了區分，經文使用粗體表示，注文的「注」使用㊟表示，疏文中如果第一個字的右邊有「三」標注，則以此標示疏文，如果没有標注「三」，且與前面注文難以區分的情況下，便在第一個字的右側標注「（疏）」。文明抄寫大槪本和排印本中，注文的開頭没有寫「注」，但爲了避免繁瑣，校記中不予顯示。

●《論語疏》卷六和文明抄寫大槪本使用了許多異體字，但在本釋文和校記中，基本使用正體字表示。* 如果對字的認定存在疑慮，則會在該字右邊附上「？」。對於《論語疏》卷六的異體字認定，在唐代顏元孫的《干禄字書》、張參的《五經文字》、唐玄度的《九經字樣》之外，還主要參考了近年出版的各種異體字字典，例如《敦煌俗字典》（第二版，黃征著，上海教育出版社，二〇一九年）、《漢魏六朝碑刻異體字典》（毛遠明著，中華書局，二〇一四年）等。

* 譯者注：日文原稿中爲日本漢字的正體字，此處改爲中文正體字。

●《論語疏》卷六和對校本混合使用「肉」和「宍」、「殺」和「煞」等別體字，本稿原則上使用正體字進行表示，不出校記。

●《論語疏》卷六中，「己」「已」「巳」不作區分，統一使用「已」來表示，但本稿根據對上下文的判斷，適當使用「己」「已」「巳」進行表示。又，《論語疏》卷六中，「弟」「第」不區分，統一使用「弟」來表示，但本稿根據上下文使用「弟」「第」進行表示。

●在由於紙張缺損等原因導致文字難以辨讀的情況下，本稿參考排印本進行文字補充，並用□圍繞的方式進行標示。

●《論語疏》卷六本文中，有使用墨色、淡墨色、朱色等顏色的筆在文字上方或旁邊附記各種符號的情況，但由於無法判斷是否爲原來抄寫者的筆跡，而且也存在可能是後代補入的情況，因此不一一展示，只在必要時於校記中進行說明。然而，對於行末附有「〃」「、」等其他符號的情況，會在本文中進行出示。

●對於存在異文的語句，均於其首字添加＊1、＊2、＊3……等注記。

●在重複使用漢字的情況下，校記中不會顯示此處是以漢字還是疊字符號表示。重複使用二字熟語時，對於ABAB、AB〃〃、A〃B〃等表記上的差異，校記中不予顯示。

子罕篇

第二條

達巷黨人曰大哉孔子博學
而無所成名五百家爲黨〻各有名此黨名達巷達巷黨中
人美孔子道大故

曰大哉也博[※1]廣也言大哉孔子廣學道藝周遍不可一〻而
秤[※2]故云無所成名也猶如

堯德蕩〻民无[※1]能名也故王弼云譬[※2]猶和樂出乎八音然八音
非其名也江熙曰言

其彌貫六流不可以一藝名[※1]家故曰大也 注 鄭玄曰達巷
者[※2]黨名也五百家爲黨

此黨之人美孔子博學道藝不成名[※1]一而已也[※2]**子聞之謂門弟**
子曰吾何執

孔[三]子聞達巷人美己故呼弟子而語之也彼既美我之博學而
我於道藝何所

持執乎欲自謙也**執御乎執射乎**[三]既欲謙己之不多故陳六藝
之下者以自

許也言吾所執〻於御及射乎御〻車[※1]也**吾執御**[※2]向欲合[※3]以射
御自許又嫌太多故又

第二條

2 ※1「博廣也言大哉」**大**無。※2「秤」**大**、**排**作「稱」。
3 ※1「无」**排**作「無」。※2「云」**排**作「曰」。
4 ※1「名家」**大**、**排**作「取名焉」。※2「者」**大**無。
5 ※1「名一」**大**、**排**作「一名」。※2「也」**排**無
8 ※1「車」下**排**有「者」。※2「御」下**大**、**排**有「矣」。
※3「合」傍寫「令」。

9 減射而云吾執御也[*1]　㊟鄭玄曰聞人美之承以謙也吾執
御者欲名六藝之卑
10 者[*1]也　六[三]藝一曰五禮二曰六樂三曰五射四曰五馭五曰六
書六曰九數也今云執御〻比

第三條

11 禮樂射爲卑也[*1]**子曰麻[*2]冕禮也**　禮[三]謂周禮也[*3]有六冕以平板
爲主而用卅[*4]升麻布衣[*5]
12 上玄下纁[*1]故曰[*2]麻冕[*3]禮也**今也[*4]純[*5]**　今[三]謂周末孔[*6]時也純絲也
周末不復用卅
13 升布但織絲爲之故云今也純[*1]　卅[三][*2]升布用功臣[*3]多難〻得〻
則爲大[*4]者華而織絲
14 易〻成〻則爲儉約故云儉也**吾從衆**[*1]周末時人也時既人〻
從易用絲故
15 孔子云[*1]吾亦從衆也所以從之者周末每事大者[*2]華孔子寧欲
抑大[*3]者就儉今
16 幸得衆共用儉故孔子從[*1]也　㊟孔安國曰冕繙[*2]布[*3](疏)冠冕通名
也且[*4]周家委貌冠亦
17 用卅升繙[*1]布也㊟古者積麻卅[*2]升爲[*3]布以爲之純絲也糸[*4]易成
故從檢[*5]也[*6]**拜下**

---

9 *1「御」下**排**有「者」。

10 *1「者」**大**、**排**無。

第三條

11 *1「也」**大**無。
*2「麻冕」二字緊貼着寫，似爲一字。旁寫「麻寃」。
*3「也」右下寫「周禮」。**大**、**排**有「周禮」。 *4「卅」**排**作「三十」。
*5「衣」下**大**、**排**有「板」字。

12 *1「纁」似「緟」下補寫「灬」。**大**、**排**作「纁」。 *2「曰」**大**、**排**作「云」。
*3「冕」旁寫「寃」。 *4「也」**排**無。 *5「純」下**排**有「儉也」(經文)。
*6「孔」右下寫「子」。**大**、**排**有「子」。

13 *1「純」右下寫「儉」。**大**作「儉」(經文)。**排**無「純」。
*2「卅」**排**作「三十」。 *3「臣」**大**、**排**作「巨」。
*4「大者」字間劃綫表示爲一字。旁寫「奢」。**大**、**排**作「奢」。

14 *1「衆」下**大**、**排**有「衆謂」。

15 *1「云」**排**作「曰」。 *2「大者」字間劃綫表示爲一字。**大**、**排**作「奢」。
*3「大者」字間劃綫表示爲一字。**大**、**排**作「奢」。

16 *1「從」下**大**、**排**有「之」。 *2「繙」旁寫「緇」。**大**、**排**作「緇」字。
*3「布冠」下**大**、**排**有「也冠」二字。「冠冕通名也」以下爲注之疏文。
*4「且周」，緊貼着寫，似爲一字。旁寫「且周」。**大**、**排**作「且周」。

17 *1「繙」旁寫字，不明。**大**、**排**作「緇」。 *2「卅」**大**、**排**作「三十」。
*3「爲」**大**、**排**無。 *4「糸」**大**、**排**作「絲」字。
*5「撿」旁寫「儉」。**大**、**排**作「儉」。 *6「也」**大**無。

禮也[三]下謂堂下也禮君與臣燕臣[*1]得君賜酒皆下堂而再拜以[?*2]云拜下禮

也**今拜乎上太也**[*1]　今[三]謂周求[*2]孔子時也上謂堂上也泰也[*3]當[*4]于周末君臣飲燕

臣得[*1]賜酒不復下堂但於堂上而拜故云今拜乎上泰也拜不下堂是由臣驕泰

故云泰也**雖違衆吾從下**　當[三]時皆違禮而拜上者衆孔子不從拜上故云

雖違衆也違衆而從舊[*1]拜於下故云吾從下也　(注)王肅曰臣之與君行禮

者下拜然後升成禮　燕[三]義云[*1]君舉於[*2]旅賓及君所賜爵皆[*3]降再拜稽首升成

拜明臣禮也案燕義之[*1]賓皆是臣也[*2]得君旅及賜爵降下堂再[*3]拜〻竟更升

堂又再拜謂爲成〻拜〻者向在堂下之拜若禮未成然故更升堂以成[*1]也

(注)時臣驕泰故於上拜也　周[三]末時如此也　(注)今從下禮之恭也　孔子欲從下

第四條

之禮是[*1]爲恭也[*2][*3]**絶**者无[*4]也明孔子聖人无[*5]此下四事故云絶四也不云无[*6]

---

18 *1「臣得」大無。*2「以？」旁寫「故」。**大**、**排**作「故」。

19 *1「太」**大**、**排**作「泰」。*2「求」旁寫「末」。**大**、**排**作「末」。
*3「泰」右下寫「驕泰」。**大**、**排**有「驕泰」。*4「于」下**大**、**排**有「時」。

20 *1「得」下**大**、**排**有「君」字。

22 *1「舊」下**大**、**排**有「禮」字。

23 *1「云」**排**作「曰」。*2「於旅」**大**、**排**作「旅於」。*3「皆」**大**作「即」。

24 *1「之」**大**作「云」。
*2「也」**大**作「之」，「之」下有「臣」。「也」下**排**有「臣」。
*3「再拜〻」，「再」旁寫「〻」。**大**、**排**作「再拜再拜」。

25 *1「成」下**大**、**排**有「之」字。

第四條

27 *1「是」下**大**有「禮」。
*2「也」右下寫「子」。**大**、**排**有「子」（經文）。
*3「絶」右下寫「四絶」。**大**、**排**有「四」（經文）「絶」（疏文）。
*4「无」**大**、**排**作「無」。*5「无」**排**作「無」。*6「无」**排**作「無」。

28 而云絶者據世人以[※1]言之也四事世人未能絶而孔子絶之故
云絶也故[※2]顔乚[※3]

29 延之云[※1]謂絶人四者也**无**[※2]**意**一也此謂聖人心也凡人有滯故
動靜委曲自任

30 用其意[※1]聖人无[※2]心之[※3]從[※4]若不係舟[※5]豁寂同道故无[※6]意也　注以
道爲度故不任：[※7]

31 意也**无**[※1]**必**二也　此[※2]聖人行化時也物求則赴[※3]无[※4]所抑[※5]无[※6]必[※7]故
牙[※8]鄉進而與之是

32 也[※1]由无[※2]意故能爲化无[※3]必[※4]也　注用之則行舍[※5]之則藏[※6]無[※7]專必
也**无**[※8]**固**[※9]三　也此聖人

33 已應物行化後[※1]也固謂執守堅固也聖雖已應物：若不能[※2]行
則聖亦不追

34 固執之不反[※1]三隅則不復是也亦由无[※2]意故能无[※3]固也　注无[※4]
可无[※5]不可故无[※6]固行

35 也**无**[※1]**我**四也　此聖人行教功[※2]成身退之迹也聖人晦功[※3]：遂
身退恒不自異故无[※4]我

36 也亦由无[※1]意故能无[※2]我也　注述古而不自作處群萃而不自
異唯道是從故

37 不[※1]有其身也　萃聚也或問曰孔子或拒絶孺悲或[※2]生德於予
何得云無[※3]必[※4]无[※5]我

---

28 ※1「以」排作「似」。※2「故」大無。
※3「乚」疑原附行末記號，後人不知其意，傍加三點爲刪除符號。

29 ※1「云」排作「曰」。※2「无」大、排作「毋」。

30 ※1「意」大作「心」。※2「无」排作「無」。※3「之」大、排無。
※4「從」大、排作「泛」。※5「舟」右下寫「侯」。※6「无」排作「無」。
※7「：」疑是行末符號。

31 ※1「无」大、排作「毋」。※2「此」下大、排有「謂」字。
※3「赴」排作「趣」。大「赴」下有「應」字。排「趣」下有「應」字。
※4「无」排作「無」。※5「抑」旁寫「擇」。大、排作「抑」。
※6「无」傍有二點。大、排無「无」。※7「必」下大有「也」。
※8「牙」旁寫「牙」。大、排作「互」。

32 ※1「也」下大、排有「無所抑必」四字。※2「无」排作「無」。
※3「无」排作「無」。※4「必」傍寫「必」。
※5「舍」大、排作「捨」。※6「藏」下大、排有「故」字。
※7「無」下排有「自」字。※8「无」大、排作「毋」。※9「固」傍寫「固」。

33 ※1「後」大、排作「故」。※2「能」下大、排有「得」字。

34 ※1「反」大作「返」。※2「无」排作「無」。※3「无」排作「無」。
※4「无」大、排作「無」。※5「无」大、排作「無」。※6「无」大、排作「無」。

35 ※1「无」大、排作「毋」。※2「功」下大、排有「德」。
※3「功」大、排作「迹」(「功」下「：」大、排作「功」)。※4「无」排作「無」。

36 ※1「无」排作「無」。※2「无」排作「無」。

37 ※1「不」下大、排有「自」。※2「或」下大、排有「天」。※3「無」大作「无」。
※4「必」傍寫「必」。「無必」排無。※5「无」排作「無」。

38 乎答云[*1]聖人作教應幾[*2]不可一准[*3]今爲其迹涉慈[*4]地爲物所嫌
恐心實如

第五條

39 此故正明名[*1]絶[*2]四以見本地也**子畏於匡**心服曰畏[*3]匡宋地名
也于時匡人誤
40 以兵圍孔子故孔子周[*1]物畏之[*2]孫綽云[*3]畏匡之[*4]說皆衆家之
言而
41 不釋畏名解書之理爲漫夫體神知幾玄定安危者雖兵圍
42 百重安若大[*1]山豈有畏哉雖然兵事極嶮[*2]常情所畏聖人無[*3]心
故即
43 以物畏爲畏也 注苞昏[*1]匡人誤圍夫子以爲陽虎也[*2]陽虎曾[*3]
暴於匡
44 夫子弟子顔尅時又與[*1]虎俱[*2]後尅爲夫子御至[*3]ゝ人相與共識
尅又
45 夫子容貌正[*1]與虎相似故匡人以兵圍[*2]也[*3] 注[*4(疏)]釋誤圍之由[*5]也
曰文王既沒
46 **文不在慈[*1]乎**孔子得圍而自說己德欲使匡人知己也[*2]茲[*3]此也
孔子自
47 此己也言昔文王聖德有文章[*1]宜須人傳ゝ文章者非我而誰
故云[*2]文王既

---

38 *1「云」大、排作「曰」。*2「幾」大、排作「機」。
*3「一准」二字緊貼着寫，似爲一字。「准」大、排作「凖」。
*4「慈」傍寫「茲」。大、排作「茲」。

第五條

39 *1「名」大、排無。*2「絶」下大、排有「此」。*3「畏」下大有「也」。
40 *1「周」傍寫「同」。大、排作「同」。*2「之」下排有「也」。
*3「云」排作「曰」。*4「之」下排有「人」。
42 *1「大」大、排作「太」。*2「極嶮」大、排作「阻險」。
*3「無」大作「无」。
43 *1「昏」傍寫「氏曰」。大、排作「氏曰」。*2「也」大無。
*3「曾」大、排作「嘗」。
44 *1「與」下排有「陽」。*2「俱」下大、排有「往」。
*3「至ゝ」，「ゝ」旁寫「匡」。大、排「至」下有「於匡匡」三字。
45 *1「正」大、排無。*2「圍」下排有「之」。*3「也」大作「之」。
*4「注」右上用朱劃鉤，表示爲注文。排無「注」。「注（排無）釋～由也」大、排作疏文。*5「由」下大、排有「者」。
46 *1「慈」傍寫「茲」。大、排作「茲」。*2「也」大無。
*3「茲」似原作「慈」，後字上補筆爲「茲」。大、排作「茲」。
47 *1「章」下大有「以教化天下也文王今既没則文章」十四字。排有「以教化天下也文王今既已没則文章」十五字。
*2「云」排作「曰」。

48 没文不在茲[*1]乎言此我當傳之也　注孔安國曰茲此也言文王雖已死[*2]其
49 文見在此ミ自此其身也其[*1]身[*2]也**天之將喪斯文也後死者不得與於**
50 **斯文也**　既[三]云傳文在我故更說我不可殺之意也斯文即文王之文章也
51 後死孔子自謂也夫生必有死文王既没己亦當幾[*1]但文王已[*2]没於前
52 則己方死於後故自謂爲後死也言天若將欲喪棄文王之文章則
53 不應今使我已得預知識之[*1]也　注孔安國曰文王既没故孔子自謂
54 後死也言天將喪此文者本不當使我知之今使我知之[*1]未[*2]欲喪也**天**[*3]**未喪**
55 **斯文也匡人其如予何**　天[三]今使我知之是[*1]未欲喪此[*2]文也既未欲喪此文使
56 己傳之則匡人豈能違天而害我乎故云[*1]如予何也衛瓘曰[*2]若孔子[*3]自
57 明非陽虎必謂之許晏然而言若是匡人足[*1]知非陽而虎[*2]懼害賢
58 所以免也　注馬融曰如予何[*1]猶言奈我[*2]也天[*3]未喪此文[*4]則我當傳之匡

48 ※1「茲」似原作「慈」，後字上補筆爲「茲」。大、排作「茲」。
※2「死」大、排作「没」。
49 ※1「其身」，「其」傍有斜綫。「其」大無。
※2「身」右下寫「夫子身」。大、排有「夫子身」。
51 ※1「幾」大、排作「終」。※2「已」大作「既」。
53 ※1「之」大無。
54 ※1「之」大無。※2「未」上用淡墨塗抹。傍寫「未」。
※3「天」右下寫「之」。大、排有「之」。
55 ※1「末」上用淡墨補寫爲「未」，傍寫「未」。大、排作「未」。
※2「此」大作「斯」。
56 ※1「云」排作「曰」。※2「曰」大作「云」。※3「子」下大有「則」。
57 ※1「足」排作「是」。
※2「而虎」，「虎」傍有符號。大、排作「虎而」。
58 ※1「何」下大、排有「者」。※2「我」下大、排有「何」。
※3「天未喪此文則」（注文）之「天未喪」三字與「文則」二字上誤加朱點。「天」下大、排有「之」。※4「文」下大有「也」。

59 人欲奈我何[*1]言其[*2]不能違天而害己也　江[三]熙云言文王之道
爲後代之

第六條

60 軌己未得述上天之明必不使没也**太宰問於子貢曰夫子聖**
者與何
61 **其多能也**太宰問[*1]孔子聖又聞孔子多能而其心疑聖人務大
不應
62 細碎多能故問子貢言孔子既聖其那復多能乎　㊟孔安國
曰大宰大夫官
63 名也卿[三]大夫職有家[*1]宰或[*2]大宰故云是大夫官也　㊟或[*3]宋或
吴未可分也既[三]
64 唯云太[*1]宰不論名氏故不知何人而吴有太[*2]宰嚭宋有太[*3]宰華
督故云未可分
65 也然此應是吴臣何以知之魯哀公七[*1]會吴于鄫[*2]吴子[*3]人徵百
牢使子貢
66 辭於太[*1]宰嚭十二年公會吴師于橐睪[*2]吴子使[*3]宰嚭請莅盟公
不欲使子
67 貢對將恐此時[*1]宰嚭問子貢也且宋大宰督去孔子世遠或[*2]至
後世所不論耳
68 ㊟疑孔子多能於小藝[*1]也**子貢曰固天縱之將聖又多能**[*2]　子[三]
貢答曰孔子大

59 ※1「何」下排有「也」。※2「其」排無。

第六條

61 ※1「問」大、排作「聞」。
63 ※1「家」旁補寫「冢」。大、排作「冢」。※2「或」右下寫「云」。大、排有「云」。
※3「或宋或吴」大、排作「或吴或宋」。
64 ※1「太」，疑原作「大」改寫「太」。大、排作「大」。※2「太」大、排作「大」。
※3「太」大、排作「大」。
65 ※1「七」右下寫「年公」。大、排有「年公」。※2「鄫」排作「鄫」。
※3「子」大、排無。
66 ※1「太」大、排作「大」。※2「睪」大、排作「皐」。
※3「使」下大有「太」，排有「大」。
67 ※1「時」下大、排有「大」。※2「或」下大、排有「其」。
68 ※1「藝」似作「藝云」二字。二字上用淡墨塗抹。
※2「能」下大、排有「也」。

69 聖是天所固縱又使多能也固故也將大也　㊟孔安國曰言
天固縱[*1]大聖
70 之德又多[*1]使能也**子聞之曰大宰[*2]知我者**[*3]　[三]孔子聞大宰之疑
而云[*4]知我則
71 許疑我非聖是也繆協[*1]云我信多能故曰知我江熙云大宰嫌
多能非聖
72 故云知我謙謙[*1]之意也**吾[*2]少也賤故多能鄙事**[*3]又說我非聖而
所以多能之
73 由也言我少小貧賤故多能爲鹿[*1]鄙之事也**君子多乎哉不多**
也　更[三]云若聖人
74 君子豈多能鄙事乎則不多[*1]也繆[*2]協云[*3]君子從物應務道達則
務〻簡〻則
75 不多能也江熙云[*1]言君子所存達[*2]者[*3]不應多能也[*4]　㊟苞昏[*5]我
少小貧賤常自
76 執事故多能[*1]鄙人之事君子固不當多能也　欒[三]肇云[*2]周禮百
工之事皆聖人之
77 作也明聖人兼杖[*1][*2]備藝過人也是以太[*3]宰見其多能固疑夫子
之聖也子貢曰固
78 天縱之[*1]聖又多能故承以謙也且枊[*2]非[*3]務言不以多能爲君子
也謂君子不當多能也
79 明兼才者自然多〻能〻者非所學所以[?*1]先道德後伎藝耳非
謂多能必不聖也據

69 *1「縱」下**大**、**排**有「之」。
70 *1「多使」，「使」傍有「✓」。**大**、**排**作「使多」。*2「大」**大**作「太」。
*3「者」下**大**、**排**有「乎」。*4「云」**大**作「言」。
71 *1「云」**排**作「曰」。
72 *1「謙謙」**大**、**排**作「謙」。*2「吾」傍有斜綫。*3「又」傍有斜綫。
73 *1「鹿」上補筆畫改作「麁」。**大**作「麁」。**排**作「麤」。
74 *1「多」下**大**、**排**有「能」。*2「繆協」**大**作「協」。*3「云」**排**作「曰」。
75 *1「云」**排**作「曰」。*2「達」**大**、**排**作「遠」。*3「者」下**大**、**排**有「大者」。
*4「也」**大**無。*5「昏」**大**、**排**作「氏曰」。
76 *1「能」下**大**、**排**有「爲」。*2「云」**排**作「曰」。
77 *1「杖」旁寫「材」。**大**、**排**作「材」。*2「備」**大**作「脩」。**排**作「修」。
*3「太」**排**作「大」。
78 *1「之」下**大**、**排**有「將」。*2「枊」**大**、**排**作「抑」。*3「非」**排**作「排」。
79 *1「先？」旁寫「先」。**大**、**排**作「先」。

第七條

80 孔子聖人而多能斯伐柯之近鑿也**罕**[*1]**曰子云**[*2]**吾不誠**[*3]**故藝**用[*4]
誠也子罕[*5]述孔子言

81 緣我不被時用故得多學故[*1]藝云[*2]也繆協云此[*3]蓋所以不多[*4]能
之義也言我若見

82 用將崇本息末[*1]歸純反素[*2]兼愛以忘仁遊以[*3]藝去藝豈唯不多
能鄙事而已

第八條

83 注鄭玄曰罕[*1]弟子ミ罕[*2]也誠[*3]用也言孔子自云[*4]我不見用故多
能伎藝也**子曰吾有知**

84 **乎哉**[*1]**无**[*2]**知也**知[三]謂有私意於其間之知也明[*3]聖人體道爲度無[*4]
有用意之知故

85 先問弟子云[*1]吾有知乎哉[*2]又云[*3]无[*4]知也明己不有知ミ之意也
即是无[*5]意也

86 注知者知意之知也　知意[*1]故用知爲知也知[*2]聖人忘知故无[*3]
知ミ[*4]也　注知者[*5]言

87 未必盡若[*1]（疏）[*2]　用知者即[*3]用意有偏[*4]故其言未必[*5]盡[*6]　注今[*7]誠盡
也　我[三][*8]不知ミ故於

88 言誠无[*1]盡也**有鄙夫**[*2]**問於我空ミ如也**　此[三]舉无[*3]知而誠盡之
事[*4]鄙夫鄙劣之

第七條

80 *1「罕」大、排作「牢」。*2「云」排作「曰」。*3「誠」大、排作「試」。
*4「用誠」，「誠」旁有「✓」。大、排作「試用」。
*5「罕」傍寫「牢」。大、排作「牢」。

81 *1「故」大、排作「伎」。*2「云」旁有三點。大、排無「云」。
*3「此」大作「我」。*4「不」大無。

82 *1「息末」似合寫作一字。旁寫「息末」。*2「素」旁寫「素」。
*3「以藝」，「藝」旁有符號。大、排作「藝以」。

第八條

83 *1「罕」旁寫「牢」。大、排作「牢」。
*2「罕」上用淡墨補寫作「牢」。大、排作「牢」。
*3「誠」旁寫「試」。大、排作「試」。*4「云」排作「言」。

84 *1「哉」旁寫「哉」。*2「无」大、排作「無」。
*3「明」旁用「ミ」。大、排無「明」。*4「無」大、排作「无」。

85 *1「云」排作「曰」。*2「哉」下大、排有「也」。*3「云」排無。
*4「无」大、排作「無」。*5「无」排作「無」。

86 *1「意」下大、排有「謂」。*2「知」旁有二點。大、排無「知」。
*3「无」排作「無」。*4「ミ(知)」下大、排有「意」。
*5「知」大、排作「言知」。

87 *1「盡」下大、排有「也」。*2「若」旁有斜綫。大、排「若」以下義疏文。
*3「即」大、排作「則」。*4「偏」大、排作「偏」。*5「必」旁寫「必」。
*6「盡」下大、排有「也」。*7「今」右下寫「我」。大、排有「我」。
*8「我」下大、排有「以」。

88 *1「无」右下寫「不」。「无」排作「無」，「无(排無)」下大、排有「不」。
*2「夫」下排有「來」。*3「无」排作「無」。
*4「事」右下寫「也」。大、排有「也」。

89 夫也空[*1]〻无識也言有鄙夫來問我心[*2]抱[*3]空虛如也**我叩其兩**
端而竭焉兩[三]端
90 事之終始也言[*1]雖復鄙夫而又虛空來問於我我亦无[*2]隱不以[*3]
用知虛[*4]之故即
91 爲其發事終始端[*1]盡我誠也即是无[*2]必也故李充云[*3]日月照臨?[*4]
不爲愚智
92 易光聖人善誘不爲賢鄙異教雖復鄙夫寡識而率其疑誠諮
疑[*1]於
93 聖必示[*1]以善惡之兩端[*2][*3]竭心以誨[*4]也　㊟孔安國曰有鄙夫來
問[*5]我其意空〻然我則
94 發事之終始兩端以語之[*1]竭盡所知不爲有[*2]愛也　繆[三]播[*3]云[*4]夫
名由迹生[*5]知從事
95 顯無[*1]爲寂然何知之有唯其无[*2]也故能无[*3]所不應雖鄙夫誠問
必爲盡其本末

第九條

96 也**子曰鳳鳥不至河不出圖吾已矣**[*1]　時[三]人皆願孔子有人主
之事故孔子釋己不得
97 以塞之也言昔之聖人應王者必[*1]有鳳鳥河圖之瑞今天无[*2]瑞
故云吾已矣已[*3]
98 止也言吾已止无[*1]此事也故繆協云[*2]夫聖人達命不復俟此乃
知也方遺□[*3]任事故

---

89 *1「无」排作「無」。*2「我」下大、排有「而」。*3「抱」旁寫「抱」。
90 *1「言雖」大作「雖言」。*2「无」排作「無」。*3「以」大作「得」。
*4「虛」大、排作「處」。
91 *1「端」旁有四點。大、排作「竭」。*2「无」排作「無」。
*3「云」排作「曰」。
*4「臨?」旁寫「臨」。大、排作「臨」。
92 *1「疑」排無。
93 *1「示」下大、排有「之」。*2「端」下大有「己」。
*3「竭」下大、排有「己」。*4「誨」下大、排有「之」。
*5「問」下大、排有「於」。
94 *1「之」下排有「也而」。*2「有」下大、排有「所」。
*3「播」大、排作「協」。→【補注】*4「云」排作「曰」。
*5「生」下大、排有「故」。
95 *1「無」大作「无」。*2「无」排作「無」。*3「无」排作「無」。

【補注】

［皇侃 論語義疏自序］

又……晉中書令蘭陵繆播字宣則……右十三家，爲江熙字大和所集。侃今之講，先通何集，若江集中諸人有可採者，亦附而申之。（排印本第五頁）

第九條

96 *1「矣」下大、排有「夫（經文）夫（疏文）」。
97 *1「必」旁寫「必」。*2「无」排作「無」。「无（排無）」下大、排有「此」。
*3「矣」下大、排有「夫」。
98 *1「无」排作「無」。*2「云」排作「曰」。*3「□」大、排作「知」。

99 理至乃言所以言者將釋衆庶之望也今天无此[*1]瑞吾已矣夫[*2]
不得見也 注孔安國
100 曰有聖人受命[*1]鳳皇[*2]至麟三鳳五靈王者之嘉瑞也 注河出河[*3]
圖[*4] 聖人三王則
101 有龍馬及神龜負應王之圖書從河而出爲瑞也如龍圖授[*1]義[*2]
龜書畀?[*3]似[*4]
102 也 注河圖八卦是也 八卦即[*1]易乾坤等八方之卦也龍負
之出授伏義[*2]也又孫綽云[*3]
103 孔子所以[*1]及發此言者以體大聖之德弟子皆禀絶異之質疊
落殊才英偉命
104 世[*1]蓋王德光乎[*2]上將相備畀?[*3]下當世之君咸有忌難之心故秤[*4]
此以徵已之不王絶不

第十條

105 達者之疑望也**子見**齋[*1]**衰者**此三[*2] 孔子哀[*3]人有喪者也齋[*4]衰五
服之第二
106 者也言齋[*1]則斬從可知而大功不類[*2]也**冕**[*3]**衣裳者**記孔子尊敬
在位者也冕[*4]
107 衣裳者周禮大夫以上之服也大夫以上尊則土[*1]不在例[*2]也**瞽**[*3]
與者記三 孔子愍不成
108 人也瞽盲者也言與者盲者卑故加與字以別之也言瞽者則
聾者則[*1]聾者

---

99 *1「今天无此瑞吾已矣夫不得見也」大、排無。*2「此」旁寫「此」。

100 *1「命」下大、排有「則」。*2「皇」大、排作「鳥」。
*3「河」旁有符號。大、排無「河」。
*4「圖」下大、排有注文「今天無此瑞吾已矣夫者不得見也」。

101 *1「授」下大、排有「伏」。*2「義」大作「犧」。排作「羲」。
*3「畀？」大、排作「畀」。*4「似」旁寫「姒」。大、排作「姒」。

102 *1「即」大、排作「則」。*2「義」旁寫「羲」。大作「犧」。排作「羲」。
*3「云」排作「曰」。

103 *1「及」旁寫「乃」。大作「乃」。

104 *1「世」下大、排有「之才」。*2「乎」大、排作「于」。
*3「畀？」旁寫「乎」。大、排作「乎」。*4「秤」大、排作「稱」。

第十條

105 *1「齋」旁寫「齋」。大、排作「齊」。*2「此」下大、排有「記」。
*3「哀」旁寫「哀」。*4「齋」大、排作「齊」。

106 *1「齋」大、排作「齊」。*2「類」大、排作「預」。
*3「冕衣裳者」（經文）不加朱點。「冕」旁寫「寃（「冕」異體字）」。
*4「冕」旁寫「寃」。

107 *1「土」旁寫「士」。大、排作「士」。*2「例」大、排作「列」。
*3「瞽與」，「與」旁有「✔」。大、排作「與瞽」。

108 *1「則聾者」旁有二點。大、排無。

109 者[*1]不預也疾聾[*2]輕於盲者[*3]也　㊟苞氏曰冕者[*4]冠也大夫之[*5]服
也瞽[*6]盲者也**見之雖少者必作**
110 言[三]孔子見此三種人雖復年少孔子改坐而見之必爲之起也
過之必趨ミ[三]　疾行也又明孔子若
111 行過此三種人必爲之疾速不敢[*1]自脩[*2]容[*3]也苞[*4]甯[*5]云[*6]趨就之也
㊟苞氏曰作起也

第十一條

112 趨疾行也此夫子哀有喪尊在位恤不成人[*1]也恤(疏)[*2]　憂也**顏淵**
喟然歎曰
113 孔[三]子至聖顏生上賢ミ聖道絕故顏致歎[*1]　㊟喟[*2]歎聲也**仰之**
彌高
114 **鑽之彌堅**[三]　此所歎之事也夫物雖高者若仰瞻則可覩也物[*1]
堅者若鑽
115 錐[*1]則可入也而顏[*2]於孔子道愈瞻愈高彌鑽彌堅非己廣功[*3]之
能得也故
116 孫綽云[*1]夫有限之高雖嵩岱可陵有形之堅雖金石可鑽若乃
彌[*2]堅鋻仰所
117 不達[*1]故[*2]絕域[*3]高堅末可以力至也　㊟言不可窮盡也**瞻之在**
前忽焉在後[三]
118 向明瞻鑽[*1]上下之絕域此明四方之無[*2]窮也若四方而擴[*3]復[*4]爲
寮[*5]遠故恍[?][*6][*7]忽非

109 *1「者」**大**、**排**無。*2「疾聾」，「聾」旁有「✓」。**大**、**排**作「聾疾」。*3「者」**大**、**排**無。*4「者」下有二點，右下寫「禮」。**大**、**排**「者」下有「冕」。*5「之」**大**、**排**無。*6「瞽」下**大**、**排**有「者」。

111 *1「敢」**排**作「取」。*2「脩」**大**、**排**作「修」。*3「容」**大**作「客」。*4「苞」**大**、**排**作「范」。*5「甯」**排**作「寧」。*6「云」**排**作「曰」。

第十一條

112 *1「人」下**大**、**排**有「之」。*2「恤憂也」**大**、**排**爲注之疏文。

113 *1「歎」下**大**、**排**有「也」。*2「喟」下**大**、**排**有「然」。

114 *1「物」右下寫「雖」。**大**、**排**有「雖」。

115 *1「錐」**大**作「鏇」。*2「而」**大**、**排**無。*3「廣功」**大**、**排**作「厝力」。

116 *1「云」**排**作「曰」。*2「彌」右下寫「高彌」。**大**、**排**有「高彌」。*3「鋻」上用朱塗抹。傍寫「鑽」。**大**、**排**作「鑽」。

117 *1「達」**大**、**排**作「逮」。*2「故」下**大**、**排**有「知」。*3「域」下**大**、**排**有「之」。

118 *1「鑽」**排**作「仰」。*2「無」**大**作「无」。*3「擴」旁寫「瞻」。**大**、**排**作「瞻」。*4「復」**排**作「後」。*5「寮」**大**、**排**作「遼」。*6「恍?」**大**、**排**作「恍」。*7「忽」**大**、**排**作「惚」。

119 己所定所以或[*1]後也　(注)言恍[*2]忽不可爲形象[*3]也　亦如向説
又一通云[*4]愈瞻愈遠
120 故云瞻之在前也愈顧愈後故云忽焉在後也故孫綽云馳而
不及待而不至
121 不行不動熟[*1]能琱[*2]其妙[*3]所哉江熙云慕聖之道其殆庶幾是以
欲齊[*4]其高而仰之
122 愈邈思等其深而鑽鑿愈堅尚竝其前而俛仰塵[*1]絶[*2]此所以喟
然者也**夫子**
123 **循[*1]然善誘人**　又[三]歎聖道雖縣[*2]而令人企慕也循〻[*3]次序也誘
進也言孔子以聖
124 道進[*1]勸人而有次序故曰善誘人也[*2]　(注)循〻次序貌也誘進
也言夫子正以此道進[*3]勸
125 人有次序也**博我以文約我以禮**此[三]　以[*1]説善誘之事也博廣
也文文章也言孔子廣以文章
126 誘引[*1]於我故云博我以文[*2]也又以禮教約束我故云約我以禮
也**欲罷不能**文博禮束故我
127 雖欲罷止而不能文[*1]博禮束故我雖欲罷止而不能止也**既竭**
吾才既[三][*2]盡也才〻力
128 也我不能罷故盡竭我之才力學之也故孫綽云[*1]既以文章博
我視聽又[*2]以禮節

---

119 *1「或」右下寫「前或」。**大、排**有「前或」。*2「恍忽」**大、排**作「忽恍」。
*3「象」**大、排**作「像」。*4「云」**排**作「曰」。
121 *1「熟」**大、排**作「孰」。*2「琱」旁寫「測」。**大、排**作「測」。
*3「妙所」**大**作「所妙」。*4「齊」旁寫「齊」。
122 *1「塵」**大、排**作「塵」。*2「絶」旁寫「絶」。
123 *1「循」右下寫「〻」。**大、排**作「循循」。*2「縣」旁寫「懸」。**大、排**作「懸」。
*3「〻」，疑是行末符號。
124 *1「進勸」**排**作「勸進」。*2「也」**大**無。*3「進勸」**大、排**作「勸進」。
125 *1「以」**大、排**無。
126 *1「引」旁寫「引」。*2「文」下**大、排**有「章」。
127 *1「文博禮束故我雖欲罷止而不能」十三字旁有二點。**大、排**無此十三字。
*2「既」**排**作「竭」。
128 *1「云」**排**作「曰」。
*2「又以禮節」之「又」「禮節」三字上有朱點。**大、排**無「又以禮節」。

129 又以禮節約我以中俯仰動止莫不景行才力已竭猶不能已罷猶罷息

130 也**如有所立卓爾**　此[三]明絶地不可得[*1]之處也卓高遠貌也言雖自竭

131 才力以學博文約禮而孔子更有所言述創立則卓爾高絶也**雖欲從之末由也已**末无[*1]

132 也言其[*1]妙高[*2]絶雖已欲從之而無[*3]由可及也故孫綽云[*4]常事皆循[*5]而行之若有所

133 異[*1]立卓然出乎[*2]視聽之表猶天之不可階而叔[*3]從之將何由也此顔孔所絶處也

134 注孔安國曰言夫子既以文章開博我又以禮節〻約我使我欲罷而不能張[*1]已竭

135 我才矣其有所立則又卓然不可及言已雖蒙夫[*1]之善誘猶不能及夫子之

第十二條

136 所立也[*1]**子疾病**　孔[三]子病甚也　注苞氏曰疾甚曰病[*2]**子路使門人爲臣**子[三]路以孔

137 子聖人宜爲人君且嘗爲大〻夫〻亦有家臣今疾病恐忽終亡故使弟子

138 行臣禮也故江熙云[*1]子路以聖人君道足宜有臣猶禱上下神祇也注鄭玄

---

130 *1「得」下大、排有「言」。

131 *1「无」排作「無」。

132 *1「其」下大、排有「好」。*2「高」下大、排有「已」。*3「無」大作「无」。*4「云」排作「曰」。*5「循」排作「脩」。

133 *1「異」大、排作「興」。*2「乎」大無。*3「叔」大、排作「升」。

134 *1「張」傍有「排」。大、排無「張」。

135 *1「夫」右下寫「子」。大、排有「子」。

第十二條

136 *1「也」大無。*2「病」下排有「也」。

138 *1「云」排作「曰」。

139 曰孔子嘗爲大夫故子路欲使弟子行其臣之禮也**病間曰久矣哉由之行**

140 **詐也** 孔子病少差※1曰間謂小差爲間者若病不差則病病相續※2無※3開斷

141 也若※1小差則病勢斷絶有間隙也當孔子病困時不覺子路爲立臣至於小差乃

142 覺而歎子路行詐也言子路有此行詐之心非復一日故曰久矣也※1**无**※2**臣而爲爲**※3**有**※4

143 所以是行詐也**吾誰欺〻天乎**我實无※1臣今汝詐立之持此詐欺誰乎天下※2皆知我

144 无※1臣則人不可欺今日立※2此政是※3欲欺天故云欺天乎㊟※4孔安國曰※5小※6差曰間也言子路※7

145 有是心非適※1今日也夫（疏）※2 立臣事大非卒可定汝今立之是知有其心已久故也**且**

146 **予與其死於臣之手也无**※1**寧死於二三子之手**※2 又以理喩之言在三事同若※3以親密※4而言則

147 臣不及弟子也予我也二三子諸弟子也无寧〻也言※1使與我死於臣手則我寧死

148 弟子手也臣※1禮就養有〻方〻※2隔弟子无〻方〻則親也㊟※3馬融曰无寧〻也二三子門

149 人也就使我有臣而死其乎?※1我寧死弟子之手乎也※2**且**※3**予縱不得太**※4**葬** 又※5明在

140 ※1「差」下**大、排**有「也小差」。※2「無」**大**作「无」。※3「開」傍寫「間」。**大、排**作「間」。

141 ※1「若」傍寫「若」。

142 ※1「也」**排**作「哉」。※2「无」**大、排**作「無」。※3「爲」傍有二點。**大、排**無「爲」。※4「有」下**大、排**有「臣無（大无）臣而爲有」（第一字「臣」爲經文。第二字以下「無臣而爲有」爲疏文）。

143 ※1「无」**排**作「無」。※2「下」傍寫「人」。**大、排**「下」下有「人」。

144 ※1「无」**大、排**作「無」。※2「立」下**大、排**有「之」。※3「是」下**大、排**有「遠」。※4「注」傍有斜綫。※5「曰」下**大、排**有「病」。※6「小」**大**作「少」。※7「路」下**大、排**有「久」。

145 ※1「適」**大、排**作「唯」。※2「夫」傍有斜綫。**大、排**「夫立」至「故也」爲疏文。

146 ※1「无」**大、排**作「無」。※2「手」下**大、排**有「乎」。※3「若」傍寫「若」。※4「密」**大**作「蜜」。

147 ※1「言」下**大、排**有「設」。

148 ※1「臣」傍寫「臣」。※2「〻（方）」下**大、排**有「則」。※3「注」傍有斜綫。

149 ※1「乎?」傍有「手」。**大、排**作「手」。※2「之」**排**無。※3「且」傍有斜綫。※4「太」**大、排**作「大」。※5「又」傍有二點。**排**有「又」。

150 三同也大葬臣[*1]葬君也君[*2]葬禮太[*3]故曰大葬也　㊟[*4]安國曰君
臣禮葬之[*5]也**予死[*6]於道**
151 **路乎**　若[三][*1]縱不得君[*2]禮葬有二三[*3]予[*4]豈復被棄櫬[*5]於道路乎言
亦必[*6]得葬
152 ミ[*1]也　㊟馬融曰就我[*2]使不得以君[*3]禮葬有二三子在我寧當
憂棄於道路

第十三條

153 乎**子貢曰有美玉於斯**　子[三]貢欲觀孔子聖德藏用何如故[*1]事
以諮裹[*2]否
154 也美玉譬孔子聖道也[*1]孔子有聖道可重如世間有美玉[*2]在此
也**韞[*3]遺[*4]**
155 **而藏諸求善賈而沽諸**[三]　諸[*1]之也韞謂[*2]裹[*3]之也遺[*4]謂匣櫝[*5]之也
善賈貴價[*6]也
156 沽賣也言孔子聖道如美玉在此爲當韞匣而藏之爲當得[*1]價
而賣
157 之[*1]假有人請求聖道爲當與之否[*2]耶　㊟馬融曰[*3]藏也[*4]遺[*5]也謂[*6]
藏[*7]匱中也
158 沽賣也得善賈[*1]寧肯[*2]賣之耶[*3]**子[*4]曰沽沽之之哉哉**　答[三]曰[*5]求[*6]不
衒賣之[*7]

150 *1「臣」下**大、排**有「禮」。*2「君」下**排**有「臣」。
*3「太」**大、排**作「大」。*4「注」右下寫「孔」。**大、排**有「孔」。
*5「之」**大、排**無。*6「死」傍寫「死」。
151 *1「若」**排**作「君」。*2「君」下**大、排**有「臣」。
*3「三」右下寫「在」。**大、排**有「子在」。*4「予」**大、排**作「我」。
*5「櫬」**大、排**作「擲」。*6「必」傍寫「安」。
152 *1「ミ(葬)」傍有二點。**大、排**無「葬」。
*2「我使」**大、排**作「使我」。*3「君」下**大、排**有「臣之」。

第十三條

153 *1「故」右下寫「託」。**大、排**有「託」。*2「裹」**大**作「衰」。**排**作「臧」。
154 *1「也」右下寫「言」。**大、排**有「言」。*2「玉」下**大、排**有「而」。
*3「韞」傍有斜綫。*4「遺」，疑「匱」之誤，或通用「匱」。**大、排**作「匱」。
155 *1「諸」傍有斜綫。*2「謂」**大、排**無。*3「裹」傍寫「韞」。**大、排**作「裹」。
*4「遺」**大、排**作「匵」。*5「櫝」**大、排**作「櫃」。*6「價」**大**作「賈」。
156 *1「得」下**大、排**有「貴」。
157 *1「之」下**大、排**有「不乎」。*2「否」**大、排**作「不」。
*3「曰」下**大、排**有「韞」。*4「也」下**大、排**有「匵」。
*5「遺」用淡墨改寫「匱」。**大、排**作「匱」。*6「謂」**大、排**無。
*7「藏」下**排**有「諸」。
158 *1「賈」**大**作「價」。*2「肯」**大**無。*3「耶」**大、排**作「也」。
*4「子」傍有斜綫。*5「曰」**大、排**作「云」。*6「求」**大、排**作「我」。
*7「之」下**大、排**有「者」。

159 也故重云沽之哉明不衒[*1]之深也**我[*2]待賈[*3]者也**　又[三]言求[*4]雖不
衒賣然求[*5]亦待

160 貴賈耳有求者則與之也㊟[*1]苞氏曰沽之哉不衒賣之辭也我
居而待賈之[*2]

161 辭[*1]也我居而待賈者也王[疏][*2]弼云重言沽之哉[*3]賣之不疑也故
孔子乃聘諸侯

第十四條

162 以急行其道也**子欲居九夷**　孔[三]子聖道不行於中國故託欲
東[*1]於九[*2]也亦如欲乘

163 桴浮海也　㊟馬融曰九夷東方之夷有九種也　四[三]方東有
九夷一玄菟[*1]二樂浪三

164 高麗四滿飾五鳥[?*1]吏邊更六索家七東屠八倭人九天[*2]鄙南有
八蠻一天竺二吹[*3]

165 首三焦堯四跛[*1]踵五穴[*2]可[?][*3]匈六儋耳七狗[*4]耶[*5]八庯[*6]舂[*7]西[*8]六戎一
差[*9]夷二依伯[*10]三織皮四着[*11]

166 差[*1]五鼻息六天罡[*2]北[*3]五狄一月支二穢[*4]貊[*5]二[*6]匈[*7]奴四單于五白
屋[*8]**或曰陋如之何**　或[三]人不達

167 孔子意謂之實之[*1]居故云陋如之何言夷狄鄙陋不可居也**子
曰君子居之何陋之**

---

159 *1「衒」下**大**、**排**有「賣」。*2「我」傍有斜綫。*3「賈」**大**作「價」。*4「求」**大**、**排**作「我」。*5「求」**大**、**排**作「我」。

160 *1「注」傍有斜綫。*2「之」**大**、**排**無。

161 *1「辭也我居而待賈」**大**、**排**無。*2「王」傍有斜綫。*3「哉」下**大**有「我」字。

第十四條

162 *1「東」下**大**、**排**有「往居」。*2「九」右下寫「夷」。**大**、**排**有「夷」。

163 *1「菟」**排**作「兎」。

164 *1「鳥吏邊更」上用淡墨劃綫，傍寫「鳥臾」。**大**、**排**作「鳥臾」。*2「天」**大**、**排**作「夭」。*3「吹」**大**作「次」。

165 *1「跛」**大**、**排**作「跂」。*2「穴可?」傍寫「穿」。**大**、**排**作「穿」。*3「匈」**大**、**排**作「胸」。*4「狗」**大**作「狛」。*5「耶」**大**、**排**作「邦」。*6「庯」**大**、**排**作「虎」。*7「舂」**排**作「春」。*8「西」下**大**、**排**有「有」。*9「差」**大**、**排**作「羌」。*10「伯」**大**、**排**作「貊」。*11「着」**大**、**排**作「耆」。

166 *1「差」**大**、**排**作「羌」。*2「罡」**排**作「岡」。*3「北」下**排**有「有」。*4「穢」**排**作「濊」。*5「貊」**排**作「貊」。*6「二」**大**、**排**作「三」。*7「匈」**大**作「匃」。*8「屋」下**大**、**排**有「也」。

167 *1「之」**大**、**排**無。

168 **有** 孔三子答云※1君子所居即化豈以鄙陋爲疑乎不復遠申己
意也孫綽※2云九夷所※3
169 爲陋者以无※1禮※2義也君子所居者化則陋者※3泰也 (注)馬融曰
君子所居者風化※4

第十五條

170 之※1也(疏)聖人所在則化九夷憂※2中夏也**子曰吾自衛反於魯然後**
樂正雅頌各得其
171 **所** 孔三子去魯後而魯禮樂崩壞孔子以魯哀公十一年從衛
還魯而那※1詩※2
172 定禮※1故※2〻音〻得〻正〻所以雅頌之詩各得其本所也 注
鄭玄※3曰反魯〻哀公十一年冬
173 也是時道衰樂廢孔子來還乃正之※1故※2雅頌各得其所也 雅三
頌是詩

第十六條

174 之美〻者〻既正則餘者正者※1※2亦可知也**子曰出則事公卿**
三公君也卿長也人子
175 之禮※1移事父孝以事於君則忠移事兄弟※2以事於長則從也故
出仕朝

168 ※1「云」排作「曰」。※2「云」排作「曰」。
※3「所」下大、排有「以」。
169 ※1「无」排作「無」。※2「禮」傍寫「禮」。※3「者」大、排作「有」。
※4「風化」大作「皆化」。排作「皆德化」。

第十五條

170 ※1「之」大、排無。※2「憂」大、排作「變」。
171 ※1「那」傍寫「刊」。大、排作「删」。※2「詩」下大、排有「書」。
172 ※1「禮」下大、排有「樂」。※2「故」下大、排有「樂」。
※3「玄曰」二字緊貼着寫，似爲一字。
173 ※1「之」下大、排有「也」。※2「故」下大、排有「曰」。

第十六條

174 ※1「正」傍寫「正」。※2「者」大、排無。
175 ※1「禮」右下寫「〻」。
※2「弟」傍寫「悌」。大、排作「悌」。

176 庭[※1]必事公卿也**入則事父兄**　孝[三]以事父[※2]悌以事兄還入閨門[※3]
盡其禮也[※4]先言
177 朝庭[※1]後云閨門者勗已仕者也猶仕而優則學也**喪事不敢不**
勉ゝ[三]
178 强也父兄天性績[※1]莫大焉公卿義合厚莫重焉若有喪事則不
敢不
179 勉强也**不爲酒困**[※1]唯[三]酒无[※2]量不及亂時多亂[※3]故戒之也衛瓘云[※4]
三事爲
180 酒興也侃案如衛[※1]意朝廷閨門乃[※2]有喪者並不爲酒所困故云
三事爲酒興
181 也**何有於我我哉**[※1]　言[三]我可[※2]能行此三事故[※3]何有於我哉又一
云人若能張[※4]
182 如此則何復[※1]酒[※2]我故云於[※3]我何有哉也縁人不能張[※4]故有我應
世耳

第十七條

183 ㊟馬融曰困亂也**子在川上曰逝者如斯夫不舍書夜**[※1]　逝[三]往
去之辭也孔
184 子在川水之上見川流迅[※1]邁未嘗渟[※2]止故歎[※3]人年往去亦復如
此向我非今我故云逝
185 者如斯夫[※1]也斯也此也[※2]夫語助也日月不居有如流水故云不
捨[※3]晝夜也江熙

176 ※1「庭」**大、排**作「廷」。※2「父」傍寫「父」。※3「門」下**大、排**有「宜」。※4「也」**大**無。

177 ※1「庭」**大、排**作「廷」。

178 ※1「績」**大、排**作「續」。

179 ※1「困」下**大、排**有「雖」(疏文)。※2「无」**排**作「無」。※3「亂」**大、排**作「沈酗」。※4「云」**排**作「曰」。

180 ※1「衛」**大**作「瓘」。※2「乃」**大、排**作「及」。

181 ※1「我」**大、排**無。※2「可」**大、排**作「何」。
※3「故」下**大、排**有「云」。
※4「張」傍有二點。**大、排**無「張」。

182 ※1「復」傍寫「復」。※2「酒」傍寫「須」。**大、排**作「須」。
※3「於我何有」**大、排**作「何有於我」。
※4「張」傍有二點。**排**無「張」。

第十七條

183 ※1「書」**大、排**作「晝」。

184 ※1「迅」上用淡墨補筆作「迅」。※2「渟」**大、排**作「停」。
※3「歎」**大、排**作「嘆」。

185 ※1「夫」下**大**有「者」。※2「也」**大、排**無。※3「捨」**排**作「舍」。

186 云言人非南山立德立功俛仰時過臨流興懷能不慨然[*1]聖人
以百姓心爲心也
187 孫綽云川流不捨[*1]年逝不停時已晏矣而道猶不興所以憂歎[*2]
注苞[*3]氏曰

第十八條

188 逝往也言凡往者如川之流也**子曰吾未見好德如好色者也**
時[三][*1]多好色而
189 无[*1]好德孔子患之故曰[*2]未有[*3]以厲之也　注疾時人薄於德[*4]厚
於色[*5]故以[*6]此言也本[三]

第十九條

190 注[*1]云責其心也**子曰譬如爲山未成一蕢[*2]止吾止也**[三]此戒人爲
善垂成而止者也蕢[*3]土籠也
191 言人作善[*1]善垂足而止則善事不成如爲山垂足唯少一籠土
而止則山不成此是
192 建功不篤與不作无[*1]異則吾亦不以其前功多爲善如爲善不
成吾亦不美
193 其前功多也故云吾止也　注苞氏曰蕢[*1]土籠也此勸人進於
道德也爲山者
194 其功雖已多未成一籠而中道止者我不以其前功多而善之
也見其志不

---

186 *1「然」下排有「乎」。
187 *1「捨」大、排作「舍」。*2「歎」大、排作「嘆」,「嘆」下有「也」。
*3「苞氏」大、排作「鄭玄」

第十八條

188 *1「時」下大、排有「人」。
189 *1「无」排作「無」。*2「曰」大、排作「云」。*3「有」大、排作「見」。
*4「德」下大、排有「而」。*5「色」下排有「也」。
*6「以」下大、排有「發」。

第十九條

190 *1「注」排作「註」。*2「蕢」大、排作「簣」。*3「蕢」大、排作「簣」。
191 *1「善」傍有二點。大、排無「善」。
192 *1「无」大、排作「無」。
193 *1「蕢」大、排作「簣」。

195 遂故不與也**譬如平地雖覆一蕢**[*1]**進吾往也**　此奬[*2]人始爲善
而不往[*3]者也
196 譬於平地作山〻乃須多土而始覆一〻籠〻雖少交是其有
欲進之心可嘉
197 如人始爲善〻乃未多交求進之志可重吾不以其功少而不
重[*1]〻之有勝於
198 垂成而止[*1]者故云吾往也　㊟馬融曰平地者將進加功雖始
覆一蕢[*2]我不以其

第二十條

199 見功少而薄之據[*1]也其欲進而與之也**子曰語之而不惰者其**
回也[*2]　惰[三]疲懈
200 也餘人不能盡解故聞孔子語而有疲懈唯顔回體之故聞語
即解所以云[*1]語之[*2]

第二十一條

201 不惰[*1]其回也與　㊟顔淵[*2]解故語之不惰餘人不解故有惰語
之時也**子謂顔淵曰**
202 **惜乎吾見其進也未見其止也**　顔淵死[*1]後孔子有此歎也云
見進未見止惜其神識

195 *1「蕢」大、排作「簣」。*2「奬」，似寫爲二字。傍寫「奬」。*3「往」傍寫「住」。排作「住」。

197 *1「重」大、排作「善」。「重〻之」大、排作「善之善之」。

198 *1「止」傍寫「與」。*2「蕢」大、排作「簣」。

第二十條

199 *1「據也」，「據」傍有「✓—」。大、排作「也據」。*2「也」下大、排有「與」。

200 *1「云」排作「曰」。*2「之」下大、排有「而」。

第二十一條

201 *1「惰」下排有「者」。*2「淵」下大有「則」。

202 *1「死」傍寫「死」。

203 猶[※1]長也然顏淵分已滿至於屢空而此云未見其止者勗[※2][※3]引之
言也故殷仲堪[※4][※5]云夫賢
204 之所假一語[※1]而盡豈有彌進之[※2]實乎蓋其軓[※3]物之行日見於迹
夫子從而

第二十二條

205 咨[※1]嗟以盛德之業也㊟馬融[※2]曰孔子謂顏淵[※3]進益未止[※4]痛惜之[※5]
也**子曰苗而不秀**
206 **者有矣夫秀而不實者有矣夫** 又[三]爲歎[※1]顏淵爲譬也萬物草
木有稼[※2]苗
207 蔚茂不經秀穗遭風霜而死者又亦有雖能秀穗而值彌[※1]氣不
能[※2]粒實
208 者故並云有是[※1]夫也物既有然故人亦如此[※2]以顏淵摧[※3]蘭於早
年矣

第二十三條

209 ㊟孔安國曰言萬物有生而不云月[※1]成者喻人亦然也**子曰後**
生可畏也 後[三]
210 生謂年少在己[※1]後生己者也可畏[※2]有才學可心服者也**焉知來**
者[※3]不如今也

203 ※1「猶」下**大**、**排**有「不」。※2「勗」**大**作「勸」。※3「引」傍寫「引」。
※4「堪」**大**作「湛」。※5「云」**排**作「曰」。
204 ※1「語」**大**、**排**作「悟」。※2「之」**大**作「勗」。※3「軓」**排**作「軌」。

第二十二條

205 ※1「咨」**大**作「啓」。※2「馬融」**排**作「苞氏」。※3「淵」下**大**有「曰」。
※4「止」下**大**、**排**有「故」。※5「之」下**大**、**排**有「甚」。
206 ※1「歎」**大**作「嘆」。※2「稼苗」、「苗」傍有「✓」、**大**、**排**作「苗稼」。
207 ※1「彌」傍寫「沴」。**大**、**排**作「沴焊」。※2「能」下**大**、**排**有「有」。
208 ※1「是」下**排**有「矣」。※2「此」右下寫「所」。**大**、**排**有「所」。
※3「摧」下**大**、**排**有「芳」。

第二十三條

209 ※1「云月」兩字傍寫「育」。**大**、**排**作「育」。
210 ※1「己」傍有二點。**大**、**排**無「己」。※2「畏」下**大**、**排**有「謂」。
※3「者」下**大**、**排**有「之」。

211 焉安[三]也來者未來之事[※1]也今謂我今師徒也後生既可畏亦安
知[※2]來之人
212 師徒教化不如我之今日乎[※1]不可誣也 注後生謂年少也**卌**[※2]
五[※3]**十而无**[※4]**聞焉斯亦**
213 **不足畏也已**[※1] [三]又言後生雖可畏若[※2]年卌[※3][※4]五十而无[※5]聲譽聞達
於世者則於[※6]人亦

第二十四條

214 不足可畏也孫綽云[※1]年在知命夢[※2]然无[※3]聞不足畏也**子曰法語**
之言能无[※4]**從**
215 **乎改之爲貴** [三]言彼人有過失若[※1]我以法則語之彼人聞法當
時无[※2]不口從
216 而云已[※1]當不敢復爲也[※2]故云能无[※3]從乎但若口雖從而身爲失
不止者則此
217 口從不足爲貴也我所貴者在於口從而行亦改者耳故云改
之爲貴也
218 注孔安國曰人有過以正道告之口无[※1]所不順從之能必改乃
爲貴也[※2]**選與之言能无**[※3][※4]**悅乎**
219 **繹之爲貴** [三][※1]選恭遜也繹尋續[※2]也言有彼人不遜而我謙遜與
彼共[※3]言故云遜與之言也

211 ※1「之」**大**無。※2「知」下**大**、**排**有「未」。
212 ※1「乎」下**大**、**排**有「曰」。※2「卌」**大**、**排**作「四十」。※3「五十」疑是合字。**排**作「五十」。※4「无」**排**作「無」。
213 ※1「已」下**大**、**排**有「矣」。※2「若」傍寫「若」。※3「卌」**大**、**排**作「四十」。※4「五十」，疑是合字。**大**、**排**作「五十」。※5「无」**排**作「無」。※6「於」**大**、**排**作「此」。

第二十四條

214 ※1「云」**排**作「曰」。※2「夢」傍寫「蔑」。**大**、**排**作「蔑」。※3「无」**排**作「無」。※4「无」**大**、**排**作「無」。
215 ※1「若」傍寫「若」。※2「无」**排**作「無」。
216 ※1「已」**大**、**排**作「止」。※2「也」**大**作「者也」。**排**作「者」。※3「无」**排**作「無」。
218 ※1「无」**排**作「無」。※2「選」**大**、**排**作「巽」。※3「无」**排**作「無」。※4「悅」**大**、**排**作「説」。
219 ※1「選」**大**、**排**作「巽」。※2「續」**排**作「繹」。※3「共」**大**、**排**作「恭」。

220 彼不遜者得我遜言[*1]彼〻必亦持[*2]遜爲悦故云能无[*3]悦乎然雖悦人遜己而已不能尋續[*4]

221 遜事是[*1]悦不足爲貴也我所貴者在於尋續[*2]行遜耳故云繹之爲貴也　注馬融曰撰[*3]恭也

222 謂恭選[*1]謹敬之言也[*2]聞之无[*3]不悦者也能尋續[*4]行之乃爲貴也**說[*5]而不繹從而不改吾末如**

223 **之何也已矣**　不[三]繹不改聖所不教故孔子云[*1]末如之何也末无[*2]也孫綽云[*3]疾夫形服心

第二十五條

224 不化也**子曰主忠信无[*1]友不如己者過則勿憚改**此[三]事再出[*2]所以然者苞甯[*3][*4]云聖人應[*5]

225 物作教一事時或再言弟子重師之訓[*1]又書而存焉　注愼[*2]所主所友有過務改皆所

第二十六條

226 以爲益者也[*1]**子曰三軍可奪師[*2][*3]也匹夫不可奪志也**　此[三]明人能守志雖獨夫亦不可

227 奪若[*1]其心不堅雖衆必傾故三軍可奪匹夫无[*2]回也謂爲匹夫者言其賤俱[*3]夫

---

220 *1「言」下大、排有「遜」。*2「持」大、排作「特」。*3「无」排作「無」。*4「續」排作「繹」。*5「行」下大、排有「此」。

221 *1「是」下大、排有「雖」。*2「續」排作「繹」。*3「撰」大、排作「巽」。

222 *1「選」大、排作「巽」。*2「也」排無。*3「无」排作「無」。*4「續」大、排作「繹」。*5「說」大、排作「悦」。

第二十五條

223 *1「云」排作「曰」。*2「无」排作「無」。*3「云」排作「曰」。

224 *1「无」排作「無」。*2「出」下大、排有「也」。*3「甯」排作「寧」。*4「云」排作「曰」。*5「應」下大、排有「於」。

225 *1「訓」下大、排有「故」。*2「愼」下大、排有「其」。

第二十六條

226 *1「者」排無。*2「師」傍寫「帥」。排作「帥」。*3「也」大無。

227 *1「若」傍寫「若」。*2「无」排作「無」。*3「俱」傍寫「但」。大、排作「但」。

228 婦相配匹而已也又云古人質衣服尌[*1]狹一[*2]衣裳唯共用[*3]匹故
云[*4]匹夫匹婦也
229 注孔安國曰軍[*1]雖衆人心不[*2]一則其將師[*3]可奪[*4]而取匹夫雖微
苟守其志不可得

第二十七條

230 而奪也**子曰衣弊縕袍與衣狐貉者立而不恥者其由也與**
衣[三][*1]猶着也弊敗也縕枲[*2]⺀[*3]
231 着也狐貉輕裘也由子路也當時人大[*1]者華皆以惡衣爲恥唯
子路能果敢
232 率素雖服敗麻枲[*1]着袍裘與服狐貉輕裘者竝立而不爲着[*2]恥故
233 云其由[*1]與　注孔安國曰縕枲[*2]着也　[三]以碎麻着裘也碎麻曰
縕故絮亦曰縕
234 玉藻曰縕爲袍是也顔延之云[*1]狐貉縕袍誠不足以榮[*2]恥然自
非勇於

第二十八條

235 見義者或以心戰不能素泰也**不忮[*1]不求何用不臧**　[三]孔子更
引疾貪惡忮[*2]
236 之詩證子路意[*1]美也忮害也求貪也臧善也言子路[*2]人身不害
物不貪求

228 *1「尌」傍寫「短」。**大、排**作「短」。*2「一」右下寫「人」。**大、排**作「二人」。
*3「用」下**大、排**有「一」。*4「云」**大**作「曰」。
229 *1「曰」右下寫「三」。**大、排**有「三」。*2「不」**大、排**作「非」。
*3「師」**排**作「帥」。*4「奪」下**大、排**有「之」。

第二十七條

230 *1「猶」傍寫「猶」。*2「枲」傍寫「枲」。*3「⺀」疑是行末符號。
231 *1「大者」二字上補寫，似爲一字。「大」傍寫「尚」。**大、排**作「尚奢」。
232 *1「枲」傍寫「枲」。*2「着」傍寫「羞」。**大、排**作「羞」。
233 *1「由」下**大、排**有「也」。
*2「枲着也」，「着」傍有「ㄙ」，右下寫「麻」。**大、排**作「枲着也(孔安國注文)枲麻也(疏文)」。
234 *1「云」**排**作「曰」。*2「榮」**大**作「策」。

第二十八條

235 *1「忮」傍寫「忮」。**大、排**作「忮」。*2「忮」傍有二點。**大、排**無「忮」。
236 *1「意」傍寫「德」。**大、排**作「德」。*2「路」下**大、排**有「之」。

237 德行如此何用不謂之爲善乎言其善也 注馬融曰伎[※1]害也
臧善也言不
238 忮害不貪求何用爲不善疾貪惡忮害之詩也**子路終身誦之**
子[三]路得孔[※1]美己[※2]以
239 爲美故終身長誦不忮不求何用[※1]不臧之言也**子曰是道也**[※2]**何**
足以臧[※3]
240 [三]孔子見子路誦之不止故抑之也言此不忮不求乃可是道亦
何足過爲善
241 而汝誦之不止乎言尚復有勝於此者也顏延之云[※1]懼其伐善
也 注馬融

第二十九條

242 曰臧善也尚後[※1]有美於是者何足以爲善也**子曰歲寒然後知**
松栢[※2]**之後彫**[※3]**也**[※4]
243 [三][※1]欲明君子德性與小人異也故以松栢[※2]匹於君子衆木偶乎小
人矣言君子小
244 人若[※1]同居聖世君子性本自善小人服從教化是君子小人竝
不爲惡故
245 堯舜之民比屋可封如松栢[※1]與衆木同處春夏松栢[※2]有心故本[※3]慈[※4]鬱
246 衆木隨[※1]時亦盡其茂美者也若[※2]至无[※3]道之主君子秉性无[※4]迴[※5]故
木[※6]爲

---

237 ※1「伎」傍寫「忮」。大、排作「忮」。

238 ※1「孔」下大、排有「子」。※2「己」下大、排有「才」。

239 ※1「用」大作「以」。※2「也」大作「之」。※3「以」下大、排有「爲」。

241 ※1「云」排作「曰」。

第二十九條

242 ※1「後」傍寫「復」。大、排作「復」。※2「栢」排作「柏」。※3「彫」大作「凋」。※4「也」排無。大「也」下有「此（疏文）」。

243 ※1「欲」上大、排有「此」。※2「栢」排作「柏」。

244 ※1「若」傍寫「若」。

245 ※1「栢」排作「柏」。※2「栢」排作「柏」。※3「本」排作「木」。※4「慈」傍寫「蕊」。大、排作「蓊」。

246 ※1「隨」大、排作「從」。※2「若」傍寫「若」。※3「无」排作「無」。※4「无」排作「無」。※5「迴」大作「回」。排作「過」。※6「木」傍寫「不」。大、排作「不」。

247 惡而小人无[*1]復忌憚即隨世反[*2]改故[*3]桀紂之民比屋可誅譬如
松栢[*4]衆木
248 同在秋冬松栢[*1]不改柯易葉衆木枯零先盡而此云歲寒然後
知松栢[*2]後彫[*3]
249 者就如平叔之[*1]意若[*2]平歲之寒衆木猶有不死不足致別如平
世之小人有[*3]
250 亦脩[*1]飾而木[*2]反[*3]者唯大寒[*4]則衆木皆死大亂則小人悉惡故云
歲寒也又云然後
251 知松栢[*1]後彫[*2]者後非但[*3]時之目彫[*4]非枯死之名言大寒冬[*5]之後
松栢[*6]形[*7]彫[*8]衰而
252 心性猶在[*1]如君子之人遭值積惡外逼闇世不得不遜遊[*2]迹隨
時是小彫[*3]
253 矣而性猶不反[*1]如[*2]如松栢也而琳公曰夫歲寒別大[*3]遭固[*4]別士
寒嚴[*5]霜降知
254 松栢[*1]之後彫[*2]謂[*3]凡木也遭[*4]世小人自反[*5]君子不改其操也
(注)大寒之歲衆木皆
255 死然後[*1]松栢[*2]小彫[*3]傷[*4]平歲則衆木亦有不死者故須歲寒而後
別之喻凡

第三十條

256 人處治世亦能自脩[*1]整與君子同在濁世然後知君子之心[*2]不
苟容也**子曰智**

---

247 *1「无」**排**作「無」。*2「反」**大、排**作「變」。*3「故」**大**無。*4「栢」**排**作「柏」。

248 *1「栢」**排**作「柏」。*2「栢」**排**作「柏」。*3「彫」**大**作「凋」。

249 *1「之」下**大**有「註」。**排**有「注」。*2「若」下**大、排**有「如」。*3「有(次行)亦」、「亦」傍寫「✓」。**大、排**作「亦有」。

250 *1「脩」**大、排**作「修」。*2「木」傍寫「不」。**大、排**作「不」。*3「反」**大、排**作「變」。*4「寒」下**大、排**有「歲」。

251 *1「栢」**排**作「柏」。*2「彫」**大**作「凋」。*3「但」傍寫「俱」。**大、排**作「俱」。*4「彫」**大**作「凋」。*5「冬」**大、排**無。*6「栢」**排**作「柏」。*7「形」下**大、排**有「小」。*8「彫」**大**作「凋」。

252 *1「在」**大、排**作「存」。*2「遊」**大、排**無。*3「彫」**大**作「凋」。

253 *1「反」**大、排**作「變」。*2「如」用淡墨塗抹。**大、排**無「如」。*3「大」傍寫「木」。**大、排**作「木」。*4「固」傍寫「困」。**大、排**作「困」。*5「嚴」**排**作「麗」。

254 *1「栢」**排**作「柏」。*2「彫」**大**作「凋」。*3「謂」下**大、排**有「異」。*4「遭」下**大、排**有「亂」。*5「反」**大、排**作「變」。

255 *1「後」下**大、排**有「知」。*2「栢」下**大**有「之」。「栢」**排**作「柏」。*3「彫」**大**作「凋」。*4「傷」下**排**有「也」。

第三十條

256 *1「脩」**大、排**作「修」。*2「心」**大、排**作「正」。

257 **者不或**[*1]　此[三]章談人性分不同也智以照了爲用故於事无[*2]疑
或[*3]也故孫綽云[*4]
258 智能辨物故不或[*1]也　㊟苞氏曰不或[*2]亂也**仁者不憂**　ミ[三]患
也仁人常救濟
259 爲務不當[*1]侵物故[*2]憂之[*3]不且物侵患也孫綽云[*4]安於仁不改其
樂无[*5]
260 憂也　㊟孔安國曰无[*1]憂患[*2]内省不疾故无[*3]憂患也**勇者不懼**
勇[三]以多力爲

第三十一條

261 用故无[*1]怯懼於前敵也繆協云[*2]見義而爲[*3]不畏强御[*4]故不懼[*5]**子**
曰可以[*6]**共學未可與**
262 **適道**　此[三]章明[?*1]權道之難也夫正道易行權[*2]達既欲明權故先[*3]
正起[*4]道謂所
263 學之道也言凡人乃可與同處師門共學而已既未得彼性則
未可便與爲
264 支[*1]共適所志之道也㊟適之也雖學或得異端未必[*2]能之道[*3]也
異[三]端非正典
265 也人各[*1]有性彼或不能寧學正道而唯讀[*2]能史子故未可便與
之共之於正

---

257 *1「或」字下用淡墨補寫「心」作「惑」。**大、排**作「惑」。
*2「无」**排**作「無」。*3「或」**大、排**作「惑」。*4「云」**排**作「曰」。
258 *1「或」字下用淡墨補寫「心」作「惑」。**大、排**作「惑」。
*2「或」字下用淡墨補寫「心」作「惑」。**大、排**作「惑」。
259 *1「當」傍寫「嘗」。**大、排**作「嘗」。*2「故」下**大、排**有「不」。
*3「之不且物」**大、排**作「物之見」。*4「云」**排**作「曰」。
*5「无」傍寫「无」。**排**作「無」。
260 *1「无」**大**作「不」。**排**作「無」。*2「患」右下寫「也」。**大、排**有「也」。
*3「无」**排**作「無」。

第三十一條

261 *1「无」**排**作「無」。*2「云」**排**作「曰」。*3「爲不」**排**作「不爲」。
*4「御」傍寫「禦」。**大、排**作「禦」。*5「懼」下**大、排**有「也」。
*6「以」**大、排**作「與」。
262 *1「明?」**大、排**作「明」。*2「權」右下寫「事難」。**大、排**有「事難」。
*3「先」右下寫「從」。**大、排**有「從」。*4「起」右下寫「也」。**大、排**有「也」。
264 *1「支」傍寫「友」。**大、排**作「友」。*2「必能」上用淡墨塗抹。傍寫「必能」。
*3「道」下**大**有「者」。
265 *1「各」下**大、排**有「自」。*2「讀能」,「能」傍有「✔」。**大、排**作「能讀」。

266 道也**可與[*1]立**　立[三]謂[*2]議之立[*3]也亦人性各異或能學問而未必
能建立世中正事者
267 故可與共適所學之道而未便可與共立事也　㊟雖能之道
未[*1]能以有所[*2][*3]立
268 也**可與立未可與權ゝ**[三]　者反常而合於道者也自非通反[*1]達
理則所不能故
269 唯[*1]可共立於正事而未[*2]便與之爲權也故王權[*3][*4]云權者道之反[*5]
ゝ无[*6]常體神
270 而明之存乎其人不可豫設尤[*1]至難[*2]也　㊟雖能[*3]之道未必能
權量其輕
271 重之極也　能[三]權量輕重即是曉權也張馮[*1][*2]曰此言學者斬[*3]進
皆[*4]級之次耳
272 始志於學求發其蒙而未審所適也既向方[*1]矣而信道未篤則
所立未固[*2]
273 也[*1]既固[*2]又未達[*3]反通之權也明知反而合道者則日勸之業亹
ゝ之功其幾乎此矣

第三十二條

274 **唐棣之華[*1][*2]偏其反而**　引[三]明權之逸詩以證權也唐[*3]棣樹[*4]也華[*5]
花也夫樹木之華[*6]

266 *1「與」右下寫「適道未可」。**大**、**排**有「適道未可」。*2「謂」下**大**、**排**有「謀」。*3「立」下**大**、**排**有「事」。
267 *1「未」下**大**、**排**有「必」。*2「所」下**大**、**排**有「成」。*3「立」下**大**有「者」。
268 *1「反」**大**、**排**作「變」。
269 *1「唯」傍寫「雖」。**大**、**排**作「雖」。*2「未」下**大**、**排**有「可」。*3「權」**大**、**排**作「弼」。*4「云」**大**、**排**作「曰」。*5「反」**大**、**排**作「變」。*6「无」**排**作「無」。
270 *1「尤」**排**作「最」。*2「難」下**大**、**排**有「者」。*3「能之道」大作「有能所立」。**排**作「能有所立」。
271 *1「馮」**大**、**排**作「憑」。*2「曰」**大**、**排**作「云」。*3「斬」上用淡墨補寫「氵」作「漸」。**大**、**排**作「漸」。*4「皆」**大**、**排**作「階」。
272 *1「方」**排**作「道」。*2「固」傍寫「固」。
273 *1「也」下**大**、**排**有「又」。*2「固」傍寫「固」。*3「反」**大**、**排**作「變」。

第三十二條

274 *1「華」傍寫「華」。*2「偏」**大**、**排**作「偏」。*3「唐」**排**作「康」。*4「樹」上塗抹，傍寫「ゝ（棣）樹」。**大**作「ゝ（棣）樹」。**排**作「逸詩」。*5「華」傍寫「華」。*6「華」傍寫「華」。**大**、**排**作「花」。

275 皆先合而後開唐棣之花則先開而後合譬如正道則行之有
次而權之爲用［先］
276 反後至於大從[*1]故云偏其反而也[*2]言偏者明唯其道偏與反常[*3]
豈不爾[*4]思室、[*5]
277 **是遠而**[三]言凡思其人而不得見者其居室遼遠故也人豈不思
權〻道[*1]玄邈[*2]其
278 室奧遠故也 注逸詩也唐棣〻[*1]也華[*2]反而後合賦此詩以言
權道反而[*3]至於[*4]太[*5]從[*6]

第三十三條

279 也 初[三]逆而後從[*1] 注思其人而不得[*2]者其室遠也以言思權[*3]
而不得[*4]者其道遠也[*5]**子曰**
280 **未之思也夫何遠之有**[*1] 又[三]敍[*2]孔子言譏[*3]權可思也言權道易
思但未有思
281 之〻[*1]者耳若反道而思之則必可得故云夫何遠之有也
注夫[*2]思者當思
282 其反〻是不思所以爲遠也能思其反何遠之有言權可知唯
不知思耳思之
283 有次[*1]斯[*2]可知[*3]矣[*4]

276 ＊1「從」**大、排**作「順」。＊2「也」大無。＊3「反常」**大、排**作「常反也」。
＊4「爾」傍寫「爾」。＊5「、」上用淡墨塗抹。

277 ＊1「道」下**排**有「或」。＊2「邈」下**大、排**有「如」。

278 ＊1「〻(棣)」**大、排**作「栘」。＊2「華」傍寫「華」。
＊3「而」下有二點，右下寫「後」。**大、排**有「後」。＊4「於」**排**無。
＊5「太」**大、排**作「大」。＊6「從」傍寫「順」。**大、排**作「順」。

第三十三條

279 ＊1「從」下**排**有「也」。＊2「得」下**大、排**有「見」。
＊3「權」下**大、排**有「道」。＊4「得」右下寫「見」。**大、排**有「見」。
＊5「也」下**大、排**有「如前釋」(疏文)。

280 ＊1「有」下**大、排**有「哉」。＊2「敍」傍寫「引」。**大、排**作「引」。
＊3「譏」傍寫「證」。**大、排**作「證」。

281 ＊1「〻(之)」**大、排**無「之」。＊2「夫」**大**作「未」。

283 ＊1「次」右下寫「序」。**大、排**有「序」。＊2「斯」右下寫「則」。
＊3「知」下**排**有「之」。＊4「矣」**排**作「耳」。

鄉黨篇

284 鄉[*1]黨　第十[*2]
285 **孔子於鄉黨**　此[三]一篇至末竝記孔子平生德行也於鄉黨謂
孔子還家教
286 化於鄉黨中時也天子郊内有鄉黨郊外有遂鄙孔子居魯
::是
287 諸侯今云鄉黨當知諸侯亦郊内爲[二][*1]遂鄉郊外爲遂也孔子家
當在
288 魯郊内故云於鄉黨[*1]**恂::如也**　恂[三][*2]溫恭貌也[*3]既還鄉::里[*4]::
宜須和恭以::[*5]
289 相接故恂恂如也**似不能言者**　既[三]其溫恭則言語寡少故一
往觀之如
290 似不能言者也　㊟王肅曰恂恂溫恭貌[*1]也**其在宗廟朝庭[*2]哽[*3]**
::言唯::[*4]
291 **謹爾**　謂[三][*1]孔助君祭在宗廟及朝庭[*2]也既在君朝應須[*3]詡[*4]答及
入太[*5]廟、
292 每事須問竝不得不言也言須流哽[*1]::[*2]言也言雖流便[*3]而必謹
敬[*4]云唯

284 *1「鄉黨」前**排**有「論語」。*2「第十」後大空一格有「疏」。**排**有「何晏集解凡一章」。**大、排**下（**排**改行）有篇首總説及邢昺《論語正義》文。

287 *1「遂」上用淡墨塗抹，傍用朱寫「二」。**大、排**無「遂」。

288 *1「黨」下**大、排**有「也」。*2「恂」下**大、排**有「恂」。*3「也」**大、排**無。*4「里」**大、排**作「黨」。*5「::（疑是行末符號）」上用淡墨塗抹。

290 *1「恭」下**排**有「之」。*2「庭」**大、排**有「廷」。*3「哽::」**大、排**作「便便」。*4「::（疑是行末符號）」上用淡墨塗抹。

291 *1「孔」下**大、排**有「子」。*2「庭」**大、排**作「廷」。*3「須」傍寫「須」。**大、排**作「順」。*4「詡」傍寫「訓」。**大、排**作「酬」。*5「太」**大、排**作「大」。

292 *1「哽::」**排**作「⿰口便」。*2「::（哽）」**大、排**作「故云便便」。*3「便」作「⿰口便」，**排**作「⿰口便」。*4「敬」右下寫「故」。**大、排**有「故」。

293 謹爾[※1]㊟鄭玄曰哽[※2]ミ辨[※3]而謹敬[※4]**朝與下大夫言侃ミ**[※5]**也**侃[※6]ミ
和樂貌也　下[三]大
294 夫賤孔子與之言宜用將接故和樂如也　㊟孔安國曰侃ミ[※1]
樂[※2]貌也**與上大夫**
295 **言誾ミ如也**　上大[三]夫卿也誾ミ中正貌也卿貴不敢和樂接
之宜以謹正相對
296 故誾ミ如也　孔[※1]㊟孔安國曰誾ミ中正[※2]貌也**君在踧踖如也**
君[三]在謂君出視
297 朝時也踧踖恭敬貌也禮君每日旦諸臣列在路門外以朝君
ミ至日出而[※1]
298 視ミ之ミ則一ミ揖卿大夫而都一揖[※1]二人士當此[※2]視朝之時
則臣皆起恭敬之、
299 貌故孔子踧踖如也**與ミ如也**雖須踧踖又不得急速所以二[※1]
以形容舉動每
300 須與ミ如也與ミ猶徐ミ也所以恭而安也　㊟馬融曰君在[※1]
君視朝也踧踖
301 恭[※1]敬貌也與ミ威儀中適之[※2]貌也**君召使擯ミ**[三]　者爲君接賓
也謂有
302 賓來[※1]召已迎接之也　㊟鄭玄曰[※2]使擯者有賓[※3]使迎之也
[三]聘禮云[※4]卿

293 ※1「爾」下排有「也」。※2「哽ミ」大、排作「便便」。
※3「辨」右下寫「也雖辨」。「辨」下大有「貌雖辨」，排有「貌也雖辨」。
※4「敬」下排有「也」。※5「ミ」右下寫「如」。大、排有「如」。
※6「侃ミ和樂貌也」大、排有疏文。
294 ※1「ミ」右下寫「和」。大、排有「和」。※2「樂」下排有「之」。
296 ※1「孔」大、排無。※2「正」下排有「之」。
297 ※2「而」下大有「出」。
298 ※1「揖二人士」，「揖」右下寫「ミ士」、「二」「士」上用朱塗抹。大、排作「揖士」。
※2「此」下大、排有「君」。
299 ※1「二以」上用朱塗抹。大、排無「二以」。
300 ※1「在」下大、排有「者」。
301 ※1「敬」下排有「之」。※2「之」排無。
302 ※1「來」右下寫「君」。大、排有「君」。※2「曰」下大、排有「君召」。
※3「賓」下大、排有「客」。※4「云」排作「曰」。

303 爲上擯大夫爲承擯士爲末[*1]擯是也**色勃如也**　[三]既召己接賓
故己宜[*2]反色起
304 敬故勃然[*1]如也　㊟孔安國曰[*2][*3]反色也**足躩[*4]如也**躩[*5][*6]磬辟貌也
既被召不敢
305 自容故速行而足磬[*1]辟也故江熙云[*2]不暇閑步躩躍[*3][*4]速貌也
306 ㊟苞氏曰磬[*1][*2]辟貌也　磬[*3]辟即足轉速也**揖所與立左右[*4]手**
衣前
307 **後襜如也**　此[三]謂君出迎賓已爲君副列[*1]擯時也賓副曰[*2]介主
人副
308 曰擯[*1]且作敵國而言若[*2][*3]云詣公法也賓至主人大門外西邊而[?][*4]
□[*5]□門
309 九十步而下車面向北而倚賓則九副在賓北而東向麗[*1]迣[*2]而
西北在卌[*3]
310 五步之中主人出門東邊南向而倚主人是公則五擯[*1]主人是
侯伯則四
311 擯主人是子男則三擯不隨[*1]不隨[*2][*3]命主人謙故竝用强半之[*4]數
也公陳
312 擯在公之南而[*1]麗[*2]迣[*3]而東南亦在卌[*4]五步之[*5]中使主人下擯與
賓下介相對而[*6]
313 間相去三丈六尺列賓主介擯既竟主人語上擯使就賓請辭
問所以來

303 ＊1「未」**大、排**作「紹」。＊2「反」**大、排**作「變」。
304 ＊1「然」傍有二點。＊2「曰」右下寫「必」。**大、排**有「必」。
＊3「反」**大、排**作「變」。＊4「躩」**排**作「躩」。＊5「躩」**大**作「躍」。**排**作「躩」。
＊6「磬」**大、排**作「盤」。
305 ＊1「磬」**大、排**作「盤」。＊2「云」**排**作「曰」。
＊3「躍」傍寫「〻」。**大、排**無「躍」。＊4「躍」**排**作「躩」。
306 ＊1「磬」傍寫「便」。**大、排**作「盤」。＊2「辟」下**排**有「之」。
＊3「磬」**大、排**作「盤」。＊4「右」下**大、排**有「其」。
307 ＊1「列」傍寫「列」。＊2「曰」下**大、排**有「命」。
308 ＊1「擯」下**排**有「副」。＊2「若」傍寫「若」。
＊3「云」傍寫「公」。**大、排**作「公」。＊4「而？」**大**作「向」。**排**作「而向」。
＊5「□□」**大、排**作「北去」。
309 ＊1「麗」上用淡墨補筆作「邐」。傍寫「邐」。**大、排**作「邐」。
＊2「迣」傍寫「迤」。**大、排**作「迤」。＊3「卌」**大、排**作「四十」。
310 ＊1「擯」傍寫「擯」。
311 ＊1「不」**大、排**無。＊2「隨」上用淡墨塗抹。**大、排**無「隨」。
＊3「命」下**大、排**有「數」。＊4「之」**大、排**無。
312 ＊1「而」下**大、排**有「西向」。＊2「麗」上用淡墨補筆作「邐」。**大、排**作「邐」。
＊3「迣」**大、排**作「迤」。＊4「卌」**大、排**作「四十」。
＊5「之」**大、排**無。＊6「而」下**大、排**有「中」。

之意於是上賓[※1]相傳[※2]以至於下擯[※3]ミ進前揖賓之下介而傳語
問之下介傳
問而上[※1]以次至賓ミ答語使上介傳[※2]次而下至下ミ[※3]介介亦進
揖下ミ擯ミ傳[※4]而上以
至主人凡相傳雖在列行[※1]當授[※2]言語之時皆半轉身廢[?※3]手相揖
既竝立而
相揖故云揖[※1]所與立也若揖左人則移其手向在[※2]若揖右人則
移其手向右故
云左右手[※1]也既半迴身左右迴手當使身上所着之衣必襜ミ[※2]
有容儀如[※3]也
故江熙云揖兩手衣裳襜如動也　(注)鄭玄曰揖左人左其手
揖右人右其手一
俛一仰[※1]衣前後則襜如也**趨進翼如也**謂擯迎賓進在廷[※2]行時
也翼如
謂端正也徐趨衣裳端正如鳥欲翔舒翼時也　(注)孔安國曰
言端好[※1]也**賓**
退必復命曰賓不顧至[※1]謂君使己送賓時也復命反命也反命
謂初受君
命以送賓ミ退故返[※1]還君命以白君也[※2]賓若[※3]已去反命白君道
賓已去也[※4]云不
顧者舊云主人若禮送賓不[※1]足則賓猶迴顧若禮已[※2][※3]足則賓直
去不復

314　※1「賓」大、排作「擯」。※2「傳」傍寫「傳」。大、排作「下擯下擯」。
※3「下擯ミ」，「下」右下寫「ミ」。
315　※1「上以次」排作「以次上」。※2「傳」下排有「以」。※3「下ミ介介」，「ミ」上用淡墨塗抹。上「介」右下寫「下」。大、排作「下介下介」。
※4「傳」傍寫「傳」。
316　※1「行」大、排作「位」。※2「授」下大、排有「受」。※3「廢？」大排「戾」。
317　※1「云」大、排作「曰」。※2「在」傍寫「左」。大、排作「左」。
318　※1「右」下大、排有「其」。※2「ミ(襜)」下排有「如」。※3「如」排無。
320　※1「仰」下大、排有「故」。※2「廷」大、排作「庭」。
321　※1「好」大、排作「正」。
322　※1「至」傍寫「矣」。大、排作「矣」。
323　※1「返」排作「反」。※2「也賓～白君」大、排無。※3「若」傍寫「若」。
※4「也」大、排無。
324　※1「不」大、排作「未」。※2「已」排無。※3「足」下排有「送」。

325 迴顧此則[*1]明送賓禮足故云不顧也　㊟鄭[*2]玄曰復命白[*3]賓已
去也　言反[白]

326 君道賓已去也然云賓已去亦是不復來見顧也**入公門鞠聘**[*1]
如也如不容

327 公[三]君也謂孔子入君門時也鞠曲斂也聘[*1]身也臣入君門則[*2]自
曲斂身也君門雖

328 太[*1]而已恒曲斂如君門之俠[*2]不見容受爲也　㊟孔安國曰躬[*3]
身也**立不中門**謂[三]

329 在君門倚立時也中門謂棖闑之中也門中央有闑〻以硋門
兩扇[*1]之交處[*2]門左

330 右兩楗[*1]邊各竪一木名之爲棖〻以御[*2]車過恐棖[*3]觸門也[*4]門也
闑東是君行

331 之道闑西是賓[*1]行之道而臣行君道示係屢[*2]於君也臣若[*3]倚[*4]立
時則不得[當]

332 君所行帳[*1]闑之中史[*2]當中時不敬故云不中門也[*3]**不履閾**　履[三]
踐也閾限〻[*4]也

333 若土[*1]入時則不得踐君之門限也所以然者其有儀[*2]二一[*3]則忽
上升限似自高矜

334 二則人行跨限已若[*1]履之則洿[*2]〻限〻則洿[*3]跨者之衣也
㊟孔安國曰閾門限也

335 **過位**[*1]**色勃如**[*2]**足躍**[*3]**如也**　謂[三]臣入朝君時也位君常所在外之
位也謂[*4]宁[*5]屏之間[*6]

---

325 *1「則明」，「則」傍有三點。**大、排**作「明則」。 *2「鄭玄」**大**作「孔安國」。
*3「白」下**大、排**有「君」。

326 *1「聘」上用淡墨補寫作「躬」。**大、排**作「躬」。

327 *1「聘」上用淡墨補寫作「躬」。**大、排**作「躬」。 *2「則」**大、排**無。

328 *1「太」**大、排**作「大」。 *2「俠」**大、排**作「狹」。 *3「躬」**大、排**作「斂」。

329 *1「扇」傍寫「扉」。**大、排**作「扉」。 *2「處」下**大、排**有「也」。

330 *1「楗」**大、排**作「楗」。 *2「御」**大、排**作「禦」。 *3「棖」**大、排**無。
*4「也門」上用朱塗抹。**大、排**無「也門」。

331 *1「道」下**大、排**有「也」。 *2「屢」傍寫「屬」。**大、排**作「屬」。
*3「若」傍寫「若」。 *4「倚」下**大、排**有「門」。

332 *1「帳」**大、排**作「棖」。 *2「史」傍寫「央」。**大、排**作「央」。
*3「也」下**大、排**有「行」（經文）。
*4「限」上用朱塗抹，傍有二點。**大、排**無「限」。

333 *1「土」**大、排**作「出」。 *2「其有儀」，「有」右下寫「二」。**大、排**作「其義
有二」。
*3「二一」二字緊貼着寫，似「三」，用淡墨塗抹，右下寫「一」。**大、排**作「一」。

334 *1「若」傍寫「若」。 *2「洿」**大、排**作「汚」。 *3「洿」**大、排**作「汚」。

335 *1「位」傍寫「位」。 *2「如」下**排**有「也」。
*3「躍」傍有朱圈。**大**作「躍」。**排**作「躩」。 *4「謂」下**大、排**有「在」。
*5「宁」傍寫「宁」。**大**作「中」。 *6「間」**排**作「門」。

楫[*1]賓之處也即君雖不在此位可尊[*2]此位故臣行入從[*3]位[*4]邊過而色勃[*5]足躍[*6]爲敬也　㊟苞氏曰過君之空位也[*1]**其言似不足者**　既[三]入過位漸以近君故[言]語細下不得多言如言不足之狀也不足少美[*1]不能也**攝齋升堂鞠躬如**也攝[三][*1]摳也至君堂也齋[*2]裳下絳[*3]也既至君當堂[*4]升之未升之前而摳、提裳前使齋下去地一尺故曰[*1]攝齋升堂也升堂將近君故又自斂鞠躬[*2]也必攝齋者爲妨屨[*1]輟行故也**屏氣似不息者**屏[三]疊除之[*2]貌也[*3]息亦氣[*4]己至君前當疊[*1]藏其氣如似无[*2]氣息者也不得咆啉[*3]棖[*4]君也㊟孔安國曰皆、重慎也衣下曰齋[*1]攝齋[*2]者摳衣也　曲[三]禮云兩手摳衣去齋尺是[*3]**出降一等呈[*4]顏色怡〻如也**　降[三]下也呈[*1]申也出降一等謂見君已竟而下堂至階第一級時也初對君時[*1]既屏氣[*2]故出降一等而申氣〻申則顏色亦申故顏容怡悅[也]㊟孔安國曰先屏氣下階舒氣故怡[*1]如也**沒階趨進翼如也**沒[三]猶盡也盡

---

336 *1「楫」**大、排**作「揖」。*2「可尊此位」**大、排**作「此位可尊」。*3「從」下**排**有「君」。*4「位」下**大**有「之」。*5「勃」下**大、排**有「然」。*6「躍」**排**作「躩」。

337 *1「也」下**排**有「如前釋也」。

338 *1「美」**大、排**作「若」。

339 *1「攝摳也至君堂也」,「也」用朱塗抹,傍有二點。**大、排**作「至君堂也攝摳也」。*2「齋」下**大、排**有「衣」。*3「絳」傍寫「縫」。**大、排**作「縫」。*4「當堂」,「當」上用朱塗抹,傍有二點。**大、排**作「堂當」。

340 *1「曰」**大、排**作「云」。*2「躬」下**大、排**有「如」。

341 *1「屨」**大、排**作「履」。*2「之」**大、排**無。*3「也」**大**無。*4「氣」下**大、排**有「也」。

342 *1「疊」下**大、排**有「除」。*2「无」**排**作「無」。*3「啉」**大**作「咻」。*4「棖」**大**作「張」。

343 *1「齋」**大**無。*2「齋」**大**無。*3「是」下**大、排**有「也」。*4「呈」**大、排**作「逞」。

344 *1「呈」**大、排**作「逞」。

345 *1「時」**排**無。*2「氣」傍寫二點。**大、排**無「氣」。

346 *1「怡」**大、排**作「怡怡」。

階謂下諸[※1]級盡至平地時也既去君遠故又徐趨而翼如也㊟孔安國曰没盡也

下盡階〻[※1]也[※2]**復其位踧踖如也**[※3]　位[三]謂初入時所過君之空位也今出至此[※4]而〔注〕[※5]踧踖

爲敬也　㊟孔安國曰來時所過位也**執圭鞠躬如也**[※1]**如不勝**謂[三]爲君出使聘

問隣國時也圭者[※1]瑞玉也周禮五等諸侯各受王者之玉[※2]爲瑞信公桓圭九寸侯

身[※1]圭七寸伯躬圭七寸子穀璧五寸男蒲璧五寸若[※2]五等自執朝王則各如

其寸數君[※1]使其臣出聘[※2]國乃各執其君之玉而各[※3]咸[※4]其[※5]一寸也今云執圭魯〔是〕

侯〻執身[※1]圭則孔子[※2]執〻君之身[※3]圭也初在國及至他國執圭皆爲敬愼至[※4]

雖輕而已執之恆如圭重[※1]己不能勝故曲身如不勝也[※2]　㊟苞氏曰爲君使[※3]

聘問鄰國執則[※1]君之圭鞠躬者敬愼之至也**上如揖**謂初[※2]授[※3]圭時[※4]容儀也

上如揖謂就下取玉[※1]授與人時也人[※2]府[※3]身爲敬故如揖時也**下如授**謂奠玉置地時

地[※1]也雖奠置地亦徐〻府[※2]僂如授與人[※3]時也**勃如戰色**　通[三]謂執[※4]行及授受[※5]

347 ※1「諸」**排**作「階」。

348 ※1「〻（階）」傍有「ム」。**大**、**排**無「階」。※2「也」**大**無。※3「也」**大**無。※4「此」下**大**、**排**有「位」。※5「〔注〕」傍寫「注」。**大**、**排**作「更」。

349 ※1「也」**大**無。

350 ※1「者」**大**、**排**無。※2「玉」下**大**、**排**有「以」。

351 ※1「身」**大**、**排**作「信」。※2「若五等」**大**、**排**作「五等若」。

352 ※1「君」**大**、**排**作「若」。※2「聘」右下寫「鄰」。**大**、**排**有「鄰」。※3「各」**大**、**排**無。※4「咸」**大**、**排**作「減」。※5「其」右下寫「君」。**大**、**排**有「君」。

353 ※1「身」**大**、**排**作「信」。※2「子」傍用朱寫「所」。**大**、**排**作「子所」。※3「身」**大**、**排**作「信」。※4「至」**大**、**排**作「圭」。

354 ※1「重」下**大**、**排**有「似」。※2「也」**大**無。※3「使」下**大**、**排**有「以」。

355 ※1「則」傍寫「時」。**大**、**排**作「持」。※2「初」**大**、**排**作「欲」。※3「授」下**大**、**排**有「受」。※4「時」**大**作「之」。

356 ※1「玉」下**大**、**排**有「上」。※2「人」傍有「ム」。**大**、**排**無「人」。※3「府」**大**、**排**作「俯」。

357 ※1「地」傍有二點。**大**、**排**無「地」。※2「府」**大**、**排**作「俯」。※3「人」**排**作「之」。※4「執」下**排**有「受」。※5「受」**大**、**排**無。

358 時之顏色也人[*1]臨陳[*2]鬪[*3]尌戰則色必懼怖故今重君之玉使己
顏色恆如戰
359 時也**足蹜〻如有循也**　謂舉玉行時[*1]容也蹜〻猶蹴〻也循
猶緣循也言舉
360 玉行時不敢廣步速進恆如足前有所就[*1]有所緣循也　(注)鄭
玄曰上如揖授玉
361 宜敬也下如授不敢㤀[*1]禮也戰色敬也足蹜〻如有循舉前电[*2]
踵行也(疏)[*3]解蹜〻[*4]三有
362 循之事也舉足前恆使不至地而踵电[*1]不離地如車輪也**享禮**
有容色
363 享[三]者躬[*1]後之禮也夫諸侯朝天子及五等更相朝身[*2]禮初至皆
先單執玉行
364 禮〻玉[*1]謂之爲朝使臣禮主國之君謂之君[*2]謂　之爲聘〻問
也政言久不相見
365 使臣來問於安否也既是初至其禮質敬故无[*1]他物唯[*2]有瑞玉
表至誠而已
366 行朝躬[*1]既竟次行享禮享者獻[*2]也亦各有玉〻不與聘玉同[*3]又
皆有物將之或用
367 皮馬或用錦[*1]繡又獻土地所生羅列滿廷[*2]謂之廷[*3]實其中差異
不復曲論
368 但既是次後行禮以多爲貴則質敬之事稍[*1]輕故有容貌采章
及裼以

358 ※1「人」**大、排**無。※2「陳」**大、排**作「陣」。
※3「鬪尌」，「鬪」傍有二點。「尌」傍寫「鬪」。「鬪尌」**大、排**作「鬪」。
359 ※1「時」下**大**有「之」。
360 ※1「就」**大、排**作「蹴」。
361 ※1「㤀」傍寫「忘」。**大、排**作「忘」。※2「电」**大、排**作「曳」。
※3「解」以下**大、排**爲疏文。※4「三」上用朱塗抹。**大、排**無「三」。
362 ※1「电」**大**作「戉」。**排**作「曳戉」。
363 ※1「躬」傍寫「聘」。**大、排**作「聘」。
※2「身」左用淡墨補寫「甹」作「聘」。**大、排**作「聘」。
364 ※1「玉」**大、排**作「王」。
※2「君謂之」、「謂」「之」二字上用朱塗抹，傍有二點。**大、排**無「君謂之」。
365 ※1「无」**排**作「無」。※2「唯」傍寫「雖」。
366 ※1「躬」**大、排**作「聘」。※2「獻」下**大、排**有「物」。※3「同」下**大、排**有「也」。
367 ※1「錦」**排**作「綿」。※2「廷」**大、排**作「庭」。※3「廷」**大、排**作「庭」。
368 ※1「稍」**大、排**作「猶稍」。

369 行事故云有容色也　㊟鄭玄曰享獻也躬[*1]禮既聘而享ゝ用
圭璧[*2]有廷[*3]實
370 也　亦有圭璧所執不用[*1]聘時也**私覿愉ゝ如也**　私[三]非公也
覿見也愉ゝ顔色和
371 也謂行聘享公禮已竟別日使臣私𧶠[*1]己物以見於主君故謂
爲私覿
372 也既私見非公故容[*1]儀轉以自若故顔[*2][*3]容有和悦之色无[*4]復勃
戰之[*5]容也
373 ㊟鄭玄曰覿見也既享乃以私禮見愉ゝ顔色[*1]和也　私[三]禮謂
束[*2]錦[*3]乘馬
374 之屬也**君子不以紺緅**[*1]　君[三]子者[*2]自士以上也[*3]衣服有法不可
雜色也
375 紺緅者孔意言紺是玄色[*1]緅是淺絳[*2]也飾者衣之領袖緣也
所以
376 不用紺緅爲衣領袖緣者[*1]玄是齊[*2]服若[*3]用紺爲衣飾是似衣齊[*4]
377 服故不用也又三年之喪練而受淺絳爲緣也若用緅爲衣飾
是似
378 衣喪服故不[*1]用也故云君子不[*2]紺緅飾也　㊟孔安國曰一入
曰緅飾者不以
379 爲領袖緣也紺者齊[*1]服盛色以爲飾似衣齊[*2]服也紺[*3]緅者三
年練

---

369 *1「躬」**大、排**作「聘」。*2「璧」**大、排**作「壁」。*3「廷」**大、排**作「庭」。
370 *1「用」傍寫「同」。**大、排**作「同」。
371 *1「𧶠」（疑是「賫」之誤寫）**大、排**作「齎」。
372 *1「容」傍用朱加點。*2「顔」下**大、排**有「色」。*3「容」下**大、排**有「貌」。*4「无」**排**作「無」。*5「容」下**大**有「者」。
373 *1「色」下**排**有「之」。*2「錦」**大、排**作「帛」。*3「乘」**排**作「棄」。
374 *1「緅」下**大、排**有「飾」。*2「者」**排**作「有」。*3「也」**大**作「士以上」。**排**「也」下有「士以上」。
375 *1「色」下**大、排**有「也」。*2「絳」下**大、排**有「色」。
376 *1「緣」**排**作「飾」。*2「齊」**大、排**作「齋」。*3「若」傍寫「若」。*4「齊」**大、排**作「齋」。
378 *1「不」下**大、排**有「敢」。*2「不」下**大、排**有「以」。
379 *1「齊」傍用朱加點。「齊」**大、排**作「齋」。*2「齊」**大、排**作「齋」。*3「紺」傍有二點。**大、排**無「紺」。

380 以緅爲[*1]飾衣爲其似[*2]喪服也[*3]故皆不[*4]飾衣也　然案孔以紺爲
齊[*5]服
381 盛色或可言緅[*1]深於玄爲似[*2]齊[*3]服故不用也而禮家三年練
以縓
382 爲深衣頒[*1]緣不云用緅[*2]且撿[*3]考[*4]工[*5]三入爲纁[*6]五入爲緅七入爲
緇則
383 緅非復淺絳[*1]明矣[?*2]故解者相承皆云孔此注誤也**紅紫不以爲**
384 **褻服**　紅[三]紫非正色[*1]褻服私褻之服非正衣也褻尚不衣
385 則正服故宜不用也所以言此者爲時多重紅紫棄正色故孔
386 子不衣之也故後卷三云惡紫之奪朱也　㊟王肅曰褻服私居非
387 公會之服也[*1]皆不正褻尚不衣正服无[*2]所施也[*3]　鄭[三*4]注論語[*5]
緅紫
388 玄之類也紅纁[*1][*2]所之類也玄纁[*3]所以爲祭服尊其類也紺緅右[*4]
389 染不可爲衣飾紅紫草染不可爲褻服而已飾謂[純]緣
390 也侃案五方正色青赤白黒黄[?*1]五方閒色緣[*2]爲青之閒紅爲
赤之
391 閒碧爲白之閒紫爲黒之閒流[*1]黄爲黄[*2]閒也之[*3]故不用紅紫言
392 是閒色也所以爲閒者潁[*1]子嚴云東方木〻色青木克[*2]於土〻
色黄
393 以青加黄故爲緣[*1]〻爲東方[*2]閒也又南方火〻色赤火克[*3]金〻
白[*4]色以赤

380 ＊1「爲」**大、排**無。＊2「似」下**大、排**有「衣」。＊3「也」**排**無。
＊4「不」下**大、排**有「以」。＊5「齊」**大、排**作「齋」。
381 ＊1「緅」**大、排**作「紺」。＊2「似」傍寫「似」。＊3「齊」**大、排**作「齋」。
382 ＊1「頒」傍寫「領」。**大、排**作「領」。＊2「緅」**大**作「輙」。
＊3「撿」**排**作「檢」。＊4「考」**排**作「孝」。＊5「工」下**大、排**有「記」。
＊6「纁」傍用朱加點。**大、排**作「纁」。
383 ＊1「絳」傍有朱點。＊2「矣？」傍寫「矣」。**大、排**作「矣」。
384 ＊1「色」下**大、排**有「也」。
387 ＊1「也」**排**無。＊2「无」**大、排**作「無」。＊3「也」**大**無。
＊4「鄭」下**大、排**有「玄」。＊5「語」右下寫「紺」。**大、排**有「云紺」。
388 ＊1「纁」**大、排**作「纁」。＊2「所」上用朱塗抹。**大、排**無「所」。
＊3「纁」**大、排**作「纁」。＊4「右」傍寫「石」。**大**作「木」。**排**作「石」。
390 ＊1「黄？」傍寫「黄」。**大、排**作「黄」。＊2「緣」**大、排**作「緑」。
391 ＊1「流黄」**大、排**作「緇」。＊2「黄」右下寫「之」。**大、排**有「之」。
＊3「之」傍有二點。**大、排**無「之」。
392 ＊1「潁」**大**作「潁」。**排**作「穎」。＊2「克」**大、排**作「尅」。
393 ＊1「緣」傍寫「緑」。**大、排**作「緑」。＊2「方」下**大、排**有「之」。
＊3「克」**大、排**作「尅」。＊4「白色」**大、排**作「色白」。

394 加白故爲紅〻[*1]南方問[*2]也又西方金〻色白金克[*3]木〻色青以
白加青
395 故爲碧〻爲西方閒也又北方水〻色黑水克[*1]火〻色赤以黑
加赤故
396 爲紫〻爲北方閒也又中央土〻色黄土克[*1]水〻色黑以黄
加黑
397 故爲流[*1]〻黄〻爲中央閒也流黄[*2]〻黑之色也又一法[*3]云東甲
乙木南
398 丙丁火中央戊[*1]己土西康[*2]辛金北壬关●[*3]水以木克[*4]土以戊[*5]妹己
嫁[*6]木甲
399 是黄入於青故[*1]緣[*2]也又火克[*3]金康[*4]以妹辛嫁於丙是白入於
赤故
400 爲紅也又金克[*1]木甲以妹乙嫁[*2]康[*3]是青入[*4]白故爲碧也又水
克[*5]火
401 丙以妹丁嫁於壬是赤入[*1]里[*2]故爲紫也又土克[*3]水壬以妹关[*4]嫁
於戊
402 是黑入黄故爲流[*1]黄[*2]也矣[*3]**當暑縝絺綌必表而出** 暑[三]熱也縝
403 單也絺細練葛也綌[*1]大練葛也表謂加上衣也古人冬則衣裘
夏則
404 衣葛也若在家則裘葛之上亦无[*1]別加衣若出行接賓皆加
上衣

394 *1「〻（紅）」下排有「爲」。*2「問」大、排作「閒」。*3「克」大、排作「尅」。

395 *1「克」大、排作「尅」。

396 *1「克」大、排作「尅」。

397 *1「流」大、排作「緇」。*2「流」大、排作「緇」。*3「法」大作「註」。排作「注」。

398 *1「戊」傍寫「戊」。*2「康」大、排作「庚」。*3「关」大、排作「癸」。*4「克」大、排作「尅」。*5「以戊」,「戊」傍寫「戊」。大作「成以」。排作「戊以」。*6「嫁」下大、排有「於」。

399 *1「故」下大、排有「爲」。*2「緣」傍寫「緑」。大、排作「緑」。*3「克」傍寫「克」。大、排作「尅」。*4「康」大、排作「庚」。

400 *1「克」大、排作「尅」。*2「嫁」下大、排有「於」。*3「康」大、排作「庚」。*4「入」下大、排有「於」。*5「克」大、排作「尅」。

401 *1「入」下大、排有「於」。*2「里」大、排作「黒」。*3「克」大、排作「尅」。*4「关」大、排作「癸」。

402 *1「流」大、排作「緇」。*2「黄」下大、排有「者」。*3「矣」大、排無。

403 *1「綌」傍有朱點。

404 *1「无」大、排作「無」。

405 當暑雖熱絺綌可單若步[※1]不可單則必加上衣[※2]故云必表而出
406 也然裘上出亦[※1]加衣而獨云當暑絺綌者嫌暑熱不加故特
407 明之也然又衣裏[※1]裘必隨上衣之色使衣裘相秤[※2]則葛之爲衣
408 亦未必隨上服之[※1]色也　㊟孔安國曰[※2]暑則單服絺[※3]葛也必
表而
409 出加上衣也**緇衣羔裘**　〻三色既隨衣故此仍明裘上之衣也
緇深[※1]
410 黑七入者也玄則六入[※1]也羔者烏羊也裘與上衣相秤[※2]則緇衣
之内故[※3]
411 羔裘也緇衣服者玄冠十五升緇[※1]布衣素積[※2]者用素爲之辟[※3]
412 積攝之无[※1]數故云素積也此是諸侯日視朝之[※2]服也諸侯視
413 朝與辟[※1]臣同服孔子是魯臣故亦服此服以日朝君[※2]也**素衣麑**
414 **裘**　三素衣謂衣裳竝用素也麑鹿子也鹿子色近白與素微相
415 秤[※1]也謂國有凶荒君素服則羣臣從[※2]故孔子魯臣亦服之也
416 喪服則大鹿爲裘[※1]故檀弓云鹿裘横長袪[※2]是也此凶荒之服[※3]輕
417 故裘[※1]用鹿〻子〻文勝於大鹿也或云太[※2][※3]鹿蜡祭百物之神皮
并[※4]素服
418 也故鄭[※1]注[※2]郊持[※3]皮并[※4]素服而祭以送終也[※5]云素服衣裳皆素也
419 **黄衣狐裘**　三此服謂蜡祭宗廟五祀也歳終太[※1]蜡報功衆[※2]物色
420 黄落故着黄衣黄冠[※1]而狐狢亦黄故持[※2]裘以相秤[※3]也孔子
421 爲臣助蜡祭亦隨君之[※1]黄衣也故禮運云昔者仲尼預於蜡賓

---

405 ※1「步」**大**、**排**作「出」。※2「衣」下**大**有「也」。
406 ※1「亦」下**大**、**排**有「必」。
407 ※1「裏」下**大**、**排**有「之」。※2「秤」**排**作「稱」。
408 ※1「之」**大**無。※2「曰」下**排**有「當」。
※3「絺」下**大**、**排**有「綌」。
409 ※1「深」**大**、**排**作「染」。
410 ※1「入」下**大**、**排**有「色」。※2「秤」**排**作「稱」。※3「故」下**排**有「曰」。
411 ※1「緇」傍有朱點。※2「積」右下寫「裳也素積」。**大**、**排**有「裳也素積」。
※3「辟」**大**、**排**作「襞」。
412 ※1「无」**排**作「無」。※2「之」**大**、**排**無。
413 ※1「辟」傍有朱點。**大**、**排**作「羣」。※2「君」下**大**有「之」。
415 ※1「秤」**大**、**排**作「稱」。※2「從」下**大**、**排**有「之」。
416 ※1「裘」下**大**、**排**有「也」。※2「袪」傍有朱點。※3「服」下**大**、**排**有「既」。
417 ※1「裘」**排**作「裳」。※2「太」**大**、**排**作「大」。
※3「鹿」傍有朱點。**大**、**排**無「鹿」。※4「并」**大**、**排**作「弁」。
418 ※1「鄭」下**排**有「玄」。※2「注」**大**作「註」。
※3「持」**大**、**排**作「特」，「特」下有「牲云」。※4「并」**大**、**排**作「弁」。
※5「也」下**大**、**排**有「注」。
419 ※1「太」**大**、**排**作「大」。※2「衆」**大**、**排**作「象」。
420 ※1「冠」下**大**、**排**有「也」。※2「持」**大**、**排**作「特」。「特」下**大**、**排**有「爲」。
※3「秤」**大**、**排**作「稱」。
421 ※1「之」**大**作「着之」。**排**作「着」。

422 是也鄭玄?[*1][*2]曰郊持[*3]黃衣黃冠而祭[*4]謂既蜡而臘[*5][*6]先祖五祀也又
423 云論語曰[*1]黃衣狐裘案鄭以論[*2]語黃衣即[*3]是郊特姓[*4]蜡臘[*5]祭廟
服也
424 注孔[*1]安國曰服皆中外之色相秤[*2]也**褻裘長短右皮**[*3]　褻[三]裘謂家[*4]
425 常着[*1]之裘也上无[*2]加衣故不云衣也家居主溫暖[*3]故長爲之也
而右
426 臂是有事之用故短爲右袂使[*1]也袂謂衣裓屬身者也若[*2]手
閒屬
427 袂者則名袪亦曰袖也　注孔安國曰[*1]私家裘長主溫也短右
袂[*2]便作
428 事也**必有寢衣長一身有半**　寢[三]衣謂被[*1]也被宜長故[*2]一身有
半也
429 注孔安國曰今之[*1]被也**狐貉之厚以居**　此[三]謂在家接賓客[*2]之
裘也家
430 居主溫故厚爲之也既接賓客則其上亦應有衣也　注鄭
玄曰
431 在家以接賓客也　然前褻[*1]亦應是狐貉[*2]之厚也**去喪无[*3]所**
不佩
432 去[三]喪謂三年喪[*1]畢喪已除也无[*2]所不佩謂[*3]已今吉所宜得佩
者悉
433 佩之也嫌既經既[*1]喪親恐除服後猶宜有異故持[*2]明之也[*3]　注
孔安

422 ※1「玄?」**大、排**作「玄」。※2「曰」**大、排**作「注」。※3「持」**大、排**作「特」，「特」下**大、排**有「牲云」。※4「祭」右下寫「云祭」。**大、排**有「注云祭」。※5「而」**大**無。※6「臘」**排**作「臘」。

423 ※1「曰」**大、排**作「云」。※2「論」**大**作「侖」。※3「即」**排**無。※4「姓」傍寫「牲」。**大、排**作「牲」。※5「臘」**大、排**作「臘」。

424 ※1「孔~秤（**大、排**作「稱」）也」（注文）。**排**在427「亦曰袖也」下。※2「秤」**大、排**作「稱」。※3「皮」傍寫「袂」。**大、排**作「袂」。※4「家」下**大、排**有「中」。

425 ※1「之」**排**無。※2「无」**排**作「無」。※3「暖」傍寫「暖」。

426 ※1「使」右下寫「作息便」。**大、排**有「作事便」。※2「若」**排**無。

427 ※1「曰」下**排**有「服皆中外之色相稱也」。※2「袂」下**排**有「之」。

428 ※1「被」**大**無。※2「故」下**大、排**有「長」。

429 ※1「之」**大**無。※2「客」傍寫「客」。

431 ※1「褻」下**大、排**有「裘」。※2「狐貉」傍寫「狐貉」。※3「无」**排**作「無」。

432 ※1「喪」下**大、排**有「服」。※2「无」**排**作「無」。※3「謂」下**大、排**有「佩」。

433 ※1「既」上用朱塗抹。**大、排**無「既」。※2「持」**大、排**作「特」。※3「之」下**大**有「者」。

434 國曰去除也非喪則備[*1]所宜佩也(疏)備佩所宜佩若[*2][*3]爲太[*4]夫而玄
冕公侯
435 甕鷩[*1]之屬及[*2]玉佩之飾也**非帷裳必殺之**帷裳謂帷幔之屬也
殺謂
436 縫之也若[*1]非帷[*2]裳[*3]必縫殺[*4]縫之面置裏不殺之面在外而帷
裳但
437 刺連之如今眠[*1]帊[*2]不有裏外煞縫之異也所以然者帷幔内外
竝爲人
438 所見必須飾故刺連之而已也所以喪服云凡衰[*1]内削幅裳外[*2]
削幅鄭
439 玄[*1]注曰[*2]削猶殺也而鄭注[*3]此云帷裳謂朝祭之服其制正幅[*4]如
帷也
440 非者謂餘衣也殺之者削其幅使縫齋[*1]倍要[*2]也(注)蕭[*3]曰衣必有
441 殺[*1]唯帷裳无[*2]殺也**羔裘玄冠不以弔**[三]**：**弔喪也喪凶主素故
玄[*3]冠
442 不用弔[*1]也(注)孔安國曰凶[*2]主素吉主玄吉凶異服[*3]也**吉月必**
朝服而
443 **朝**　吉[三]月者月朔也朝服者凡言朝[*1]唯是玄冠緇布衣素積
444 裳今此云[*1]朝服謂皮弁十五升白布衣素積裳也所以亦謂
爲朝
445 服者天子用之以日視朝今云朝服是從天子受名也諸侯用
之以視

434 ※1「備」下大、排有「佩」。※2「佩」下排有「者」。※3「若」傍寫「若」。
※4「太」大、排作「大」。
435 ※1「甕」大、排作「袞」。※2「及」下大、排有「佩」。
436 ※1「若」傍寫「若」。※2「帷」下大、排有「幔」。※3「裳」下大、排有「則」。
※4「殺」右下寫「之以煞」。大、排有「之以殺」。
437 ※1「眠」排作「服」。※2「帊」傍寫「帊」。
438 ※1「衰」大、排作「裳」。※2「外」下大、排有「不」。
439 ※1「玄」大、排無。※2「曰」大、排作「云」。※3「注」排無。
※4「幅」傍寫「幅」。
440 ※1「齋」傍寫「齋」。大作「齊」。※2「要」大作「腰者」。排作「腰」。
※3「蕭」上補寫「王」。大、排作「王肅」。
441 ※1「殺」下大、排有「縫」。※2「无」排作「無」。※3「玄冠」大、排「羔玄」。
442 ※1「弔」傍寫「予」。※2「凶」大、排作「喪」。※3「服」下大、排有「故不相弔」。
443 ※1「朝」下大、排有「服」。
444 ※1「云」排作「言」。

446 朔孔子魯臣亦得與君用[二][*1]同服故月朔必服之也然魯自文
公不
447 視朔[*1]故子貢欲去告朔[*2]餼羊而孔子是哀公之臣應无[*3]隨君視
朔之
448 事而云必服也[*1]當是君雖不視[*2]朔而孔子月朔必服[*3]以朝是我
愛[*4]其
449 禮也 (注)孔安國曰吉月：：朔也朝服皮弁服也皮[三]弁以鹿皮
爲弁：：形如[*1]祭
450 酒道士[*1]扶容冠而无[*2]邊葉也身着十五升白布衣素積裳而
頭 [着]
451 皮弁也天子皮弁服内則着素錦衣狐白裘諸侯皮弁皮[*1]弁服
内着狐
452 黄裘黄錦衣也卿[*1]大夫不得衣錦而皮弁服内當着麑裘
[責][?*2] [豻][?*3]
453 袖[*1]絞衣以裼[*2]之者也**齊**[*3]**必有明衣布**[*4]**也** 謂[三]齊[*5]浴晞[*6]所着之衣
也浴
454 竟身未燥未堪着好衣又不可露肉故用布爲衣如私[*1]而長
455 身也着之以待身燥故玉澡[*1]云君衣布晞身是也(注)孔安國曰
以布[*2]爲沐浴[*3]
456 衣也 然[三]浴時乃用布使乎[*1]肉燥江長[*2][*3]云沐者當是沐[*4]時亦衣
此服置衣[*5]

---

446 *1「用」傍有二點。**大、排**無「用」。
447 *1「朔」傍寫「朔」。*2「朔」下**大、排**有「之」。*3「无」**排**作「無」。
448 *1「也」**大、排**作「之者」。*2「視」**排**作「見」。*3「服」下**大、排**有「而」。
*4「愛」**排**作「受」。
449 *1「如」下**大、排**有「今」。
450 *1「士」上用墨塗抹，傍寫「士」。*2「无」**排**作「無」。
451 *1「皮弁」傍有二點。**大、排**無「皮弁」。
452 *1「卿」**大**作「外」。*2「責？」傍寫「青」。**大、排**作「青」。
*3「豻？」**大、排**作「豻」。
453 *1「袖」**大、排**作「褒」。*2「裼」**大**作「褐」。*3「齊」**大、排**作「齋」。
*4「布」傍寫「布」。*5「齊」**大、排**作「齋」。*6「晞」**大、排**作「時」。
454 *1「私」**大、排**作「衫」。
455 *1「澡」**大、排**作「藻」。*2「布」傍寫「布」。*3「浴」下**排**有「之」。
456 *1「乎」下**大、排**有「待」。*2「長」**大、排**作「熙」。*3「云」**排**作「曰」。
*4「沐」下**大、排**有「浴」。*5「衣」**排**無。

457 上以辟[*1]身濕也**齊**[*2]**必**[*3]**變食**　方[三]應接神欲自潔淨故變其
常食也

458 ㊟孔安國曰改常[*1]也**居**[*2]**必遷坐**亦[三]不坐恒[*3]居之室[*4]也故於祭前
先散齊[*5]

459 於路寢門外七日[*1]又致齊[*2]於路寢中三日也故苞[*3]甯[*4]云[*5]齊[*6]以敬
潔爲主[*7]期

460 神明之享故改常之食遷居齊[*1]室[*2]也　㊟孔安國曰易[*3]處也**食**
不厭

461 **精**　此[三]兼明平常禮也食[*1]麤則誤人生病故調和不厭精絜[*2]
也**膾**

462 **不厭細ゝ**[三]切魚及肉[*1]皆曰鱠[*2]也既腥食之故不厭細[*3]也**食饐**[*4]**ゝ**[三]
謂[*5]食

463 經久而腐臭也**而**[*1]**餲ゝ**[三]謂經久而味[*2]惡也如[*3]乾肉[*4]久而味惡也
㊟孔安

464 國曰饐餲臭味反[*1]也[*2]餲味反[*3]也爾雅云[*4]食饐謂之餲李充[*5]注云[*6]
皆飲

465 食壞敗之名也　**魚餒**[*1]**ゝ**[三]謂魚[*2]臭壞也魚敗而餒[*3]ゝ然也**而**[*4]**肉**[*5]
敗肉[*6]

466 臭壞也爾雅云肉[*1]謂之敗魚謂之餒[*2]李巡[*3]云[*4]肉敗久則[*5]魚餒[*6]
肉[*7]爛[*8]

467 **不**[*1]**食**　自[三]食饐而餲以下竝不可食也　㊟孔安國曰魚敗曰
餒[*2]也**色**

---

457 *1「辟」傍寫「避」。*2「齊」大、排作「齋」。*3「必」傍寫「必」。

458 *1「常」右下寫「食」。大、排有「食」。*2「居」傍寫「居」。*3「恒」傍寫「恒」。*4「室」大作「坐」。排作「座」。*5「齊」大、排作「齋」。

459 *1「七日」排作「七月」。*2「齊」排作「齋」。*3「苞甯」,「苞」大、排作「范」。*4「甯」排作「寧」。*5「云」排作「曰」。*6「齊」排作「齋」。*7「主」右下寫「□以」。大、排有「以」。

460 *1「齊」排作「齋」。*2「室」下排有「者」。*3「易」下大、排有「常」。

461 *1「食」下大、排有「若」。*2「絜」大、排作「潔」。

462 *1「肉」大作「完」。*2「鱠」傍寫「膾」。排作「膾」。*3「細」下大有「者」。*4「饐」下大、排有「而餲」(經文)。*5「謂」下大、排有「飲」。

463 *1「而餲」大、排無。*2「味」傍寫「味」。*3「如」下大、排有「乾魚」。*4「肉」傍寫「肉」。大作「完」。

464 *1「反」大、排作「變」。*2「也」下大、排有「饐臭變也」(疏文)。*3「反」大、排作「變」。*4「云」排作「曰」。*5「充」傍寫「充」。*6「云」排作「曰」。

465 *1「餒」大、排作「餧」,「餧」下排有經文「而肉敗不食」。*2「魚」排作「肉」。*3「餒」大、排作「餧」。*4「而肉敗」排無。*5「肉」大作「完」。*6「肉臭壞也」排無。「肉」大作「完」。

466 *1「肉」大作「完」。*2「餒」大、排作「餧」。*3「云」排作「曰」。*4「肉」大作「完」。*5「則」下大、排有「臭」。*6「餒」排作「餧」。排作「腇」。*7「肉」大作「完」。*8「爛」排作「爛」。

467 *1「不食」排作「不食者」(疏文)。*2「餒」大、排作「餧」。

468 **惡不食**ミ[三]失常色是爲色ミ惡ミ則不可食也**臭惡不食**臭[三]
惡謂
469 餧[*1]臭不宜人[*2]故不食也**失飪不飪**[*3][*4][*5]食謂生熟節也煮食或未熟
470 或已過熟竝不食也　㊟孔安國曰失飪失生熟之節也**不時**
不食
471 不[三]時非朝夕日中時也非其時則不宜人[*1]故不食也江熙云不
時謂生
472 非其時若冬梅李實也　㊟鄭玄曰不時不[*1]朝夕日中時也**割**
不正不
473 **食**一[三]云古人割必[*1]方正若不方正[*2][*3]故不食也江熙云殺不以道
爲不正
474 也**不得其將**[*1]**酉不食**ミ[三]味各有所宜羸[*2]醢菰[*3]食魚鱠[*4]芥醬竝
475 相宜也故若食不得所宜之[*1]醬則不食也　㊟馬融曰魚膾
非芥
476 醬不食也[*1]　古[三]者醬齊[*2]菹[*3]三者通名[*4]芥醬即芥齊[*5]也**肉雖多**
477 **不使勝食氣**　勝[三]猶多也食謂他饌也食氣多[*1]肉少則肉[*2]
478 美若肉[*1]多他食少則肉[*2]不美故不使肉[*3]勝食氣也亦因殺
479 止多殺也**唯**[*1]**酒无量不及禮**[*2]　一[三]云酒雖多无[*3]有限量而人
宜隨
480 己能而飲不得及至於醉亂也[*1]一云不格人爲量[*2]隨人所能
481 而莫亂也**沽酒市脯不食**　酒[三]不[*1]作則未必精[*2]淨脯不自作

469 *1「餧」**大、排**作「饌」。*2「人」**大、排**作「食」。
*3「飪」字上寫「食」。**大、排**作「食」。
*4「食」傍「✔」。「食」右補寫「壬」作「飪」。**大、排**作「飪」。
*5「謂」下**大、排**有「失」。
471 *1「人」**大、排**作「食」。*2「云」**排**作「曰」。
472 *1「不」**大、排**作「非」。
473 *1「必」上用淡墨塗抹。傍寫「肉必」。**大**作「完必」。**排**作「肉必」。
*2「正」下**大、排**有「割之」。*3「故」**排**作「則」。
474 *1「將酉」二字中間劃綫。**大、排**作「醬」。*2「羸」**大**作「蠃」。
*3「菰」傍寫「苽」。*4「鱠」**大、排**作「膾」。
475 *1「之」**排**無。
476 *1「也」**大**無。*2「齊」**排**作「薺」。*3「菹」**大、排**作「葅」。
*4「名」下**大、排**有「也」。*5「齊」**排**作「薺」。
477 *1「多」下**排**有「而」。*2「肉」**大**作「完」。
478 *1「肉」**大**作「完」。*2「肉」**大**作「完」。*3「肉」**大**作「完」。
479 *1「唯」傍寫「雖」。**排**作「唯」。
*2「禮」傍有三點。傍寫「亂」。**大、排**作「亂」。*3「无」**排**作「無」。
480 *1「也」**排**無。*2「量」下**大、排**有「而」。
481 *1「不」右下寫「自」。**大、排**有「自」。*2「精」**大、排**作「清」。

482 則不知何物之肉故沽市所得竝[*1]不食也或問曰沽酒不飲
483 則【補注】詩[*1]那云无酒沽我乎答曰論所明是祭神不用詩所明
是人
484 得用也**不撤[*1]薑食**撤[*2]除也齊[*3]禁君[*4][*5]辛薑而不君[*6]嫌亦禁之
485 故明食時不除薑[*1]也 ㊟孔安國曰撤去[*2]也齊[*3]禁薑[*4]物薑辛而[*5]
486 不[*1]薑故不撤[*2]也**不多食** 多則傷廉故不多也 ㊟孔安國曰
487 不過飽也 江熙云[*1]少所啖也 **祭於公不宿肉** 祭於公謂
孔子仕時
488 助君祭也助祭必得〻賜〻俎〻還即分賦食之不得留置經
489 〻宿〻是慢鬼神餘也 ㊟周生烈曰助祭於君所得牲體
歸[則]
490 以班賜不留神惠也[*1]牲體謂[*2]隨臣貴賤以性[*3]骨體爲俎賜[*4]
491 之祭總[*1]云貴者得貴骨賤者得賤骨是也**祭肉不出〻三〻日**
〻不
492 **食之矣**[?*1] 謂家自祭也自祭多肉[*2]故許經宿但不得出〻三
〻日
493 〻是褻慢鬼神之餘故人亦[*1]不得復[*2]食[*3]也 ㊟鄭玄曰自其
家祭
494 肉[*1]也過三日不食[*2]是褻鬼神之餘也**食不語寢不言**〻是[*3]出己
495 語是答述也食須[*1]加益故許言而不[*2]語〻則口可惜亦不敬
也寢

482 ＊1「竝」下**大**、**排**有「所」。
483 ＊1「无」**排**作「無」。

【補注】
「无酒沽我」，《頌・那》中無。《小雅・伐木》有「無酒酤我」。

484 ＊1「撤」**大**作「徹」。＊2「撤」**大**作「徹」。＊3「齊」**大**、**排**作「齋」。
＊4「君」傍寫「葷」。**大**、**排**作「葷」，「葷」下有「物」。
＊5「辛」以墨筆圈出，傍有二點，右下寫「君辛？」，以墨筆圈出。「薑」右下寫「辛」。**大**、**排**作「薑辛」。＊6「君」傍寫「葷」。**大**、**排**作「葷」。
485 ＊1「薑」下**大**有「者」。＊2「撤」**大**作「徹」。「撤」下**排**有「者」。
＊3「齊」**大**、**排**作「齋」。＊4「薑」傍寫「葷」。**大**、**排**作「葷」。＊5「而」**排**無。
486 ＊1「薑」傍寫「葷」。**大**作「葷」。**排**作「臭」。
＊2「撤」**大**作「徹」。**排**作「去」。
487 ＊1「云」**排**作「曰」。
490 ＊1「也」下**排**有「謂之」。＊2「謂」**排**無。＊3「性」**大**、**排**作「牲」。
＊4「賜」下**大**有「士」。
491 ＊1「總」**大**、**排**作「統」。
492 ＊1「矣？」傍寫「矣」。**大**、**排**作「矣」。
＊2「多肉」**大**作「完多」。**排**作「肉多」。
493 ＊1「亦」**排**無。＊2「復」**大**、**排**作「後」。＊3「食」下**排**有「之」。
494 ＊1「肉」**大**作「完」。＊2「食」下**排**有「也」。＊3「是」下**大**、**排**有「宜」。
495 ＊1「須」傍寫「須」。＊2「不」下**大**、**排**有「許」。

496 是眠ミ臥ミ須靜若言則驚閙於人故不言[*1]也**雖蔬[*2]食菜羹苽**
497 **祭必齊[*1]如[*2]**疏[三][*3]　食麤食也菜羹苽祭謂用麤[*4]食菜[*5]羹及苽
498 特此三物供祭也三物雖薄而必宜盡齊[*1]敬之理鬼神饗德
不饗
499 味故也　㊟孔安國曰齊[*1]嚴故[*2]貌也三物雖薄祭之必敬也**席**
不正不坐
500 舊[三]說云鋪[*1]之不周正則不坐之也故范甯云[*2]正席所以恭敬也
或云
501 如禮所言諸侯之席三重大夫二[*1]重是各有其正[*2]也**鄉人飲**
酒杖
502 **者出斯出斯[*1]出矣**　鄉[三]人飲酒謂鄉飲酒之禮也杖者老•人
503 也禮五十杖於家六十枚[*1]於鄉故呼老人爲枚[*2]者也鄉[*3][*4]酒貴齒[*5]
504 崇年故出入以老[*1]者爲節也若飲酒禮畢杖者先出則同
505 飲之人乃從此[*1]而出故云枚[*2]者出斯出矣[*3]　㊟孔安國曰[枚][*4]者
506 老人也鄉人飲酒之禮主於老ミ者ミ禮畢出孔子從而[*1]出也**鄉**
507 **人儺ミ**[三]　者逐疫鬼也爲陰[?*1]陽之氣不即時退厲[*2]鬼隨而爲人
508 作禍故天子使方相氏黃金四目蒙熊皮執戈揚楯[*1]玄衣朱[*2]裳
509 口作儺ミ之聲以歐[*1]疫鬼也一年三過爲之三月八月[*2]也故月
令季
510 春云命國儺鄭玄云[*1]此儺儺陰氣也陰氣至此不止害將及人
厲鬼

---

496 *1「言」下**大**、**排**有「之」。*2「蔬」傍寫「蔬」。**排**作「疏」。
497 *1「齊」**大**、**排**作「齋」。*2「如」傍寫「也」。「如」下**大**、**排**有「也」。
*3「疏」**大**、**排**作「蔬」。*4「麤」右下寫「菜」。*5「菜」傍寫「用」。
498 *1「齊」**大**、**排**作「齋」。
499 *1「齊」**大**、**排**作「齋」。
*2「故」上用朱塗抹，下有二點，傍寫「敬」。**大**作「敬」。**排**作「敬之」。
500 *1「鋪」**排**作「舖」。*2「云」**排**作「曰」。
501 *1「二」**大**、**排**作「再」。*2「正」下**大**有「者」。
502 *1「斯出」以墨筆圈出，傍有二點。**大**、**排**無「斯出」。
503 *1「枚」傍寫「杖」。**大**、**排**作「杖」。*2「枚」傍寫「杖」。**大**、**排**作「杖」。
*3「鄉」右下寫「飲」。**大**、**排**作「鄉人飲」。*4「酒」下**大**、**排**有「者」。
*5「齒」**大**作「齡」。
504 *1「老」下**大**有「人」。
505 *1「此」**大**、**排**作「之」。*2「枚」傍寫「杖」。**大**、**排**作「杖」。
*3「矣」**排**作「也」。*4「[枚]」**大**、**排**作「杖」。
506 *1「而」下**大**、**排**有「後」。
507 *1「陰?」傍寫「陰」。**大**、**排**作「陰」。*2「厲」**大**作「癘」。
508 *1「楯」傍寫「楯」。**大**、**排**作「楯」。*2「朱」**排**作「未」。
509 *1「歐」**大**作「毆」（「驅」古文）。**排**作「驅」。
*2「月」傍寫「十二月」。**大**、**排**有「十二月」。
510 *1「云」**排**作「曰」。

511 隨之而出行至仲秋又[*1]天子乃儺鄭玄云[*2]此儺〻陽氣也陽景[*3]
512 至此不〻[*1]衰害亦將及人厲鬼亦隨[*2]而出行至季冬又云命有
513 司大儺〻[*1]鄭玄[*2][*3]云此儺〻陰氣也[*4]厲鬼將隨强陰出害人也侃
514 案三儺二是儺陰一是儺[*1]陰[*2]一是儺陽〻[*3]陰乃異俱是天子
所命
515 春是一年之始彌畏災厲[*1]故命國民家〻悉儺八月儺陽〻是
516 君法臣民不可儺君故秤[*1]天子乃儺也十二月儺雖是陰既非
一年[*2]
517 急故民亦不得[*1]儺也今云鄉人儺是三月[*2]也**朝服而立於阼階**
518 [三][*1]〻東階主人之階[*2]孔子聞鄉人逐鬼恐見驚動宗廟故着[*3]服
519 而立[*1]阼階以侍先祖爲孝之心也朝[*2]服者[*3]玄冠緇布衣素積裳
是卿
520 大夫因[*1]祭之[*2]服也禮唯孤[*3]爵弁自祭若[*4]卿大夫以下悉[*5]玄冠以
自【齋】
521 〻祭〻不異冠服也　㊟孔安國曰儺歐[*1]逐疫鬼也恐驚先祖
故朝
522 服立[*1]廟之阼偕[*2]也**問人於他邦再拜而送之**　問[三]者謂更相聘
問也
523 他邦謂隣國之君也謂孔子與隣國交遊而遣使往彼聘問
524 時也既敬彼君故遣使〻[*1]者去則再拜送之也爲人臣[*2]禮乃
无[*3]外

511 *1「又」右下寫「云」。**大、排**有「云」。*2「云」**排**作「曰」。
*3「景」**大、排**作「暑」。
512 *1「〻(不)」上用朱塗抹。**大、排**無「不」。*2「隨」下**大、排**有「人」。
513 *1「〻(儺)」傍有二點。**大、排**無「儺」。*2「玄」**大**無。
*3「云」**排**作「曰」。*4「也」下**大、排**有「至此不止害將及人」。
514 *1「儺」上用朱塗抹。**大、排**有「儺」。
*2「陰一是儺」以墨筆圈出，用朱塗抹，傍有二點。**大、排**無「陰一是儺」。
*3「〻(陽)陰」**大、排**作「陰陽」。
515 *1「厲」**大、排**作「害」。
516 *1「秤」**大、排**作「稱」。*2「年」下**大、排**有「之」。
517 *1「得」下**大、排**有「同」。*2「月」下**大**有「之」。
518 *1「〻」**大、排**作「阼階」。*2「階」右下寫「也」。**大、排**有「也」。
*3「着」下**大、排**有「朝」。
519 *1「立」下**大**有「於」。*2「朝」右下寫「爲」，以墨筆圈出。**大、排**無「爲」。
*3「者」上用朱塗抹。傍有二點，又傍寫「者」。**大、排**有「者」。
520 *1「因」**大**作「之」。**排**作「自」。*2「之」**大**無。*3「孤」下**大、排**有「卿」。
*4「若」傍寫「若」。*5「悉」傍寫「悉」。
521 *1「歐」**大、排**作「驅」。
522 *1「立」下**排**有「於」。*2「偕」**大、排**作「階」。
524 *1「〻(使)」**排**無。*2「臣」傍寫「君」。
*3「无」傍寫「无」。**大**作「无」。**排**作「無」。

525 交而孔子聖人應聘東西无[*1]疑也 注孔安國曰拜送使者敬[*2]
526 也**康子饋藥拜而受之** 饋餉也魯季康子餉孔子藥
527 也孔子得彼餉而[*1]受是禮也 注苞氏曰遺孔子藥也**曰丘未**
達不
528 **敢嘗**[*1] 達猶曉解也孔子雖拜受而不遂飲故秤[*2]名云[*3]丘未曉
529 此藥治何病故不能[*1]嘗之也 注孔子[*2]安國曰未知其故ミ不
嘗禮
530 也**廄焚** 廄養馬[*1]處也焚燒也孔子家養馬處燒[*2]也**子退朝**
531 孔子早[?*1]上朝ミ竟而退還家也少儀[*2]云朝廷曰退也**曰傷人乎**
不問[*3]
532 **馬**從朝還退見廄遭火廄是養馬處而孔子不問傷馬唯
533 唯[*1]問傷[*2]人乎是重人賤馬故云不問馬也王弼云[*3]孔子時爲
魯司
534 寇自公朝[*1]而之火所[*2]不問馬[*3]矯[*4]重人[*5]也 注鄭玄曰重人賤畜
也退
535 朝者自[*1]君之朝來歸也**君賜食必正席先嘗之**席猶坐也君
536 賜孔子食孔子雖不嗜[?*1]必正坐先嘗[*2]敬君之惠也 注孔安國
曰敬
537 君[*1]惠也既嘗之乃以班賜[*2]也**君賜腥必熟[*3]而薦之**謂君賜孔子
腥肉
538 也薦ミ宗廟也孔子受之煮熟而薦宗廟重榮君[*1]也賜熟食不

---

525 *1「无」**排**作「無」。*2「敬」下**大、排**有「之」。
527 *1「而」下**大、排**有「拜」。
528 *1「嘗」下**排**有「之」。*2「秤」**大、排**作「稱」。*3「云」**排**作「曰」。
529 *1「能」**大、排**作「敢飲」。*2「子」**大、排**無。
530 *1「馬」下**大**有「之」。
531 *1「早？」傍寫「早」。**大、排**作「早」。*2「儀」**大**作「義」。
*3「問」下**排**有「傷」。
*2「燒也」用墨塗抹，傍寫「被燒也」。**大、排**作「被燒也」。
533 *1「唯」**大、排**無。*2「傷人乎」**大**「傷人之乎」。**排**作「人之乎」。
*3「云」**大、排**作「曰」。
534 *1「朝」下**大、排**有「退」。*2「所」**排**作「處」。*3「馬」下**大、排**有「者」。
*4「矯」下**大、排**有「時」。*5「人」**大、排**作「馬者」。
535 *1「自」下**大**有「魯」。**排**有「魯之」。
536 *1「嗜？」傍寫「嗜」。**大、排**作「嗜」。「嗜」下**大、排**有「食」。
*2「嘗」下**大、排**有「之」。
537 *1「君」下**排**有「之」。*2「賜」下**排**有「之」。*3「熟」**排**作「孰」。
538 *1「君」下**大、排**有「賜」。

539 薦者熟爲藝※1也　㊟孔※2子安國曰薦〻其※3先祖也**君賜生必畜**
之生謂活
540 物也得※1賜活物當養畜之待至祭祀時充牲用也**侍食於**
541 **君**謂　孔子侍君共食※1時※2**君祭先飯**　祭謂祭食之※3先※4夫禮
食必
542 先取※1種〻出臣※2子置俎豆邊地名爲祭〻者報昔初造此食
543 者也君子得惠不忘報故將食而先出報也當君政祭食
544 之時而臣先取飯唯※1喰※2也所以然者示爲君※3嘗食先知調和
545 之是非※1也　㊟鄭玄曰於君祭則※2先飯矣若※3爲嘗食然也**疾**※4謂
546 孔子疾病時也**君**※1**視之**　孔子病而魯君來視之也此君是
哀※2公
547 也**東首**※1　是生陽之氣故頭※2眠東※3首也故玉藻云君子之居
548 恒當※1戶寢恒東首※2是也**加朝服地**※3**紳**加覆也朝服謂健時
549 從君日視朝之服也拖※1猶牽也紳大帶也孔子既病不能※2着
衣※3而
550 見君不宜私服故加朝服覆於體上而牽引大帶於心下至足
551 如健時着※1之爲也　㊟苞氏曰夫子疾※2※3也處南牖之下病本當
552 户※1北壁下東首君既來而※2君不宜北面故移處南窻之下令君
553 入戶而西轉面得南向也故奕欒※1肇※2云南牖※3下欲令南面視之※4
554 也　㊟東首加其朝服拖※1紳※2帶不敢不衣朝服※3見君也**君命召**※4
555 謂君有命召見見※1孔子時也**不**※2**俟駕行矣**　君尊命重故得

539 ※1「藝」傍寫「褻」。**排**作「褻」。※2「子」**大**、**排**無。※3「其」**排**無。
540 ※1「得」下**大**、**排**有「所」。
541 ※1「食」下**大**有「之」。※2「時」下**大**、**排**有「也」。※3「之」下**排**有「物也」。
※4「先」**排**無。「先」下**大**有「也」。
542 ※1「取」下**大**、**排**有「食」。※2「臣」**大**、**排**作「片」。
544 ※1「唯」傍有三點。**大**、**排**無「唯」。
※2「喰」，「口」似後人補寫。右下寫「之故先飯〻喰」。**大**、**排**作「食」。「食」下有「之故云先飯飯食」。※3「君」右下寫「先」。**大**、**排**有「先」。
545 ※1「非」下有「者」。※2「則」**大**無。※3「爲」下**大**、**排**有「君先」。
※4「疾」下**大**有「疾」（疏文）。**排**有「君視之」（經文）與「疾」（疏文）。
546 ※1「君視之」**排**無。※2「哀」傍寫「哀」。
547 ※1「首」下**大**、**排**有「病者欲生東」（疏文）。※2「頭」**排**無。
※3「東首」**大**、**排**作「首東」。
548 ※1「當」下**大**有「于」。※2「首」下**大**、**排**有「者」。
※3「地」傍寫「拖」。**大**作「拕」。**排**作「拖」。
549 ※1「拖」傍寫「拖」。**大**作「拕」。**排**作「拖」。※2「能」下**大**、**排**有「復」。
※3「衣」**排**作「之」。
551 ※1「着」下**大**、**排**有「衣」。※2「疾」**大**作「病」。※3「也」**排**無。
552 ※1「户」下**大**、**排**有「在」。※2「而」下**排**無「君」。
553 ※1「欒」**大**作「奕」。※2「云」**排**作「曰」。※3「牖」**排**作「窻」。
※4「之」下**大**有「者」。
554 ※1「拖」傍寫「拖」。**大**作「拕」**排**作「拖」。※2「紳」下**大**、**排**有「紳大」。
※3「服」下**大**有「也」。※4「召」下**排**有「不俟駕行矣」（經文）。
555 ※1「見」上用朱塗抹，傍有二點。**大**、**排**無「見」。※2「不俟駕行」**排**無。

556 召不俟駕車而即徒趨以[*1]往也故玉藻云[*2]君命[*3]以三節[*4]以走
在官
557 不俟屨在家[*1]不俟車是也　㊟鄭玄曰急趨君命[*2][*3]行出而車既
558 駕隨[*1]之也[*2]　大≡夫不可徒行故後人駕車而隨之使乘[*3]也**入**
太[*4]廟
559 **每事問**　或≡云此句煩重舊通云前是記孔子對或人之時[*1]是
560 録平生常行之行[*1]故兩出也[*2][*3]**明友死无[*4]所歸曰於我殯∶**≡謂、
561 停喪於寢以待葬也時孔子有明[*1][*2]友在孔子[*3]家死而此明[*4]友
562 无[*1]親情來奔喪者故云无[*2]所歸也既未有所歸故曰於我[*3]殯
563 也㊟孔安國曰重明[*1][*2]反之恩也无[*3]所歸无[*4]親昵[*5]也[*6]**明友之饋**
謂≡明[*7]
564 友有物見餉也**雖[*1]車馬非祭肉不拜**　車≡馬家財之太[*2]者也明[*3]
565 友有通財之∶[*1]義故雖復見餉車馬而我不拜謝也所可拜者
566 若[*1][*2]明友見餉其家之祭肉[*3]雖少[*4]拜受之敬祭[*5]也故云雖車馬非
567 祭肉[*1]不拜也　㊟孔安國曰不拜明[*2]友有通財之義也**寢不**
尸寢≡
568 眠也尸謂死尸也眠當小斂不得直却[*1]申布似[*2]死人[*3]也　㊟苞
氏曰不
569 偃[*1]臥四[*2]布展手足似死人也　偃[*3][*4]却眠也展舒也曲禮云寢无[*5]
570 伏此云不偃臥[*1]展舒手足似死人則不得覆却[*2]唯當斂而小
展[?][*3][*4]屈

---

556 *1「以」**大**作「而」。*2「云」**排**作「曰」。*3「命」下**大、排**有「召」。
*4「節」右下寫「一節以趨二節」。**大、排**有「一節以趨二節」。
557 *1「家」**大**作「外」。*2「命」下**大、排**有「也」。*3「行出」**大**作「出行」。
558 *1「隨」**排**作「從」。*2「也」**大**無。*3「乘」下**大、排**有「之」。
*4「太」**大、排**作「大」。
559 *1「時」下**大、排**有「此」。
560 *1「行」**排**作「事」。*2「也」下**大、排**有「鄭玄曰爲君助祭也大廟周公廟也」（注文）。*3「明」**大、排**作「朋」。*4「无」**大、排**作「無」。
561 *1「明」**大、排**作「朋」。*2「友」下**排**有「既」。*3「子」下**大、排**有「之」。
*4「明」**大、排**作「朋」。
562 *1「无」**排**作「無」。*2「无」**排**作「無」。*3「我」下**大、排**有「家」。
563 *1「明」**大、排**作「朋」。*2「反」傍寫「友」。**大、排**作「友」。
*3「无」**大、排**作「無」。*4「无」**大、排**作「無」。
*5「昵」傍寫「昵」。**大、排**作「昵」。*6「明」**大、排**作「朋」。
*7「饋」下**排**有「雖車馬非祭肉不拜」（經文）。*8「明」**大、排**作「朋」。
564 *1「雖車馬非祭肉不拜」**排**無。*2「太」**大、排**作「大」。
*3「明」**大、排**作「朋」。
565 *1「∶（之）」上用墨塗抹。**大、排**無「之」。*2「所可」**大**作「可許」。
566 *1「若」傍寫「若」。*2「明」**大、排**作「朋」。*3「肉」**大**作「完」。
*4「少」**大、排**作「小」。「小」下**大、排**有「亦」。*5「祭」下**大**有「故」。
567 *1「肉」**大**作「完」。*2「明友」，「友」傍寫「友」。**大、排**無「明友」。
568 *1「却」傍寫「却」。**大、排**作「脚」。*2「似」下**大**有「於」。
*3「人」下**大**有「者」。
569 *1「偃」補寫爲「偃」。**大、排**作「偃」。*2「四」右下寫「體」。**大、排**有「體」。
*3「偃」補寫爲「偃」。**大、排**作「偃」。*4「却」傍寫「刧」。**大、排**作「脚」。
*5「无」**排**作「無」。
570 *1「臥」下**大、排**有「四體」。*2「却」傍寫「刧」。**大**作「脚」。**排**作「却」。
*3「展？」**大**作「展」。**排**無。*4「屈」**大**無。

571 也**居不容**　謂[三]家中常居也家主和怡[※1?※2]燕居告[※3]温〻故不爲
容自、[※4]
572 處[※1]也㊟孔安國曰爲[※2]家室之敬難久[※3※4]也**見齎**[※5]**衰者雖押**[※6]**必變**押[三※7]
573 謂素相親押[※1]也哀[※2]有喪[※3]必反[※4]〻謂必作必趨也　㊟孔安國
曰狎
574 者[※1※2]素親狎也見冤者與**瞽者雖褻必以貌**褻謂无[※3]親而卑[?※4]數
575 者也尊在位恤不成人故必以〻貌〻褻[※1]色對之也反[※2]重
貌輕、[※3]
576 親狎重故言變卑[?※1]褻輕故以貌也　㊟周生烈曰褻謂數相
見也
577 必當以貌禮也　然[三]前篇必作[※1]趨謂見疏者也**凶服者**[※2]**式之**凶[三]
578 服送死[※1※2]之衣物也孔子見他人送死之衣物必爲敬而式之也
579 式者古人乘露車如今龍旂車皆於車中倚[※1]〻立難久故
580 於車箱上安一横[※1]以手隱[※2]之謂之爲〔較〕[※3]詩云輢[※4※5]童較予[※6]是也
581 又於較之下未至車床半許[※1]安一横[※2]名爲軾[※3※4]若在車上應爲
582 敬時則落手凴[※1]〻軾〻則身府[※2]僂故云式[※3]也〔**式**〕**負板者**
583 負[三]謂擔揭[※1]也板謂却[※2]國圖籍也古未有紙凡所書[※3]皆於板
584 故云板也孔子見人擔揭[※1]國之圖板者皆式[※2]之也　㊟孔安國
曰凶
585 服[※1]送死[※2]衣物也　此[三]釋式凶服也　㊟板[※3]持邦國[※4]圖籍者也
586 鄭[三]司農注官[※1]伯職云板名籍也以板爲之今時鄉戶籍謂

---

571 ※1「怡」**大**作「恬」。※2「燕？」傍寫「燕」。**大、排**作「燕」。
※3「告」**大、排**作「貌」。※4「、」用墨塗抹。
572 ※1「處」下**大**有「者」。※2「家室」**大**作「室家」。※3「久」傍寫「久」。
※4「也」下**大、排**有「子」(經文)。※5「齎」**大、排**作「齊」。
※6「押」**大、排**作「狎」。※7「押」**大、排**作「狎」。
573 ※1「押」**大、排**作「狎」。※2「哀」**排**作「衰」。※3「喪」下**大、排**有「故」。
※4「反」**大、排**作「變」,「變」下有「必」。
574 ※1「者」**排**無。※2「素」下**大、排**有「相」。
※3「无」傍寫「元」。**排**作「無」。※4「卑？」傍寫「早」。**大、排**作「卑」。
575 ※1「褻」**大、排**作「變」。※2「反」**大、排**作「變」。※3「、」用墨塗抹。
576 ※1「卑？」傍寫「早」。**大、排**作「卑」。
577 ※1「作」右下寫「必」。「作」下**大、排**有「必」。※2「者」下**排**有「必」。
578 ※1「死」下**大、排**有「人」。※2「之」**大**無。
579 ※1「倚〻立」**排**作「倚立倚立」。
580 ※1「横」下**排**有「木」。※2「隱」傍寫「穏」。**大、排**作「隱」,「隱」下有「凴」。
※3「〔較〕」傍寫「較」。**大、排**作「較」。
※4「輢」傍寫「較」。**大、排**作「倚」。
※5「童」**大、排**作「重」。※6「予」傍寫「子」。**大**無。**排**作「兮」。
581 ※1「許」**大**作「計」。※2「横」下**大、排**有「木」。※3「軾」**排**作「式」。
※4「若」傍寫「若」。
582 ※1「凴」**大、排**作「憑」。※2「府」**大、排**作「俯」。
※3「式」下**大、排**有「之式軾」。
583 ※1「揭」**大**作「揚」。※2「却」傍寫「邽」。**大、排**作「邦」。
※3「書」下**排**有「畫」。
584 ※1「揭」**大**作「揚」。※2「式」下**大、排**有「敬」。
585 ※1「服」下**大、排**有「者」。※2「死」右下寫「之」。**大、排**有「之」。
※3「板」上**大、排**有「負」。「板」下**排**有「者」。※4「國」下**大、排**有「之」。
586 ※1「官」傍寫「宮」。**大、排**作「宗」。

587 之戶版鄭康成注內宰[※1]版謂官[※2]中閽寺之屬及其子弟[※3]録籍也

588 圖王及后世子之官[※1]：中史官[※2]形象也**有盛饌必[※3]反[※4]色而作**：[三]

589 起也孔子見主人食饌有盛平常故反[※1]色而起也所以然者

590 主人自親饋故容[※1]起敬也 ㊟孔安國曰作起[也]敬主人

之親

591 饋也[※1]（疏）謂主人自報[※2]食設之也[※3]**迅雷風烈**[※4]**必反**[※5] 迅[三]急[※6]疾也風而[※7]

592 雷疾急名爲烈也風疾而雷此是陰陽氣激[?・※1]爲天之怒

593 故孔子[※1]自整反[※2]顔容以敬之也故玉藻云若[※3]疾風迅雷甚

594 雨則必反[※1]雖夜必興[※2]衣服冠而坐[※3]是也 ㊟鄭玄曰敬天之

595 怒也[※1]風疾雷爲烈[※2]**升車必正立疾綏** 謂[三][孔]子升車禮也綏

596 牽以上車之繩也若升車時[※1]正立而執綏以上所以爲安也

597 ㊟周正烈曰必[※1]正立執綏所以爲安也**車**[※2]**中不內顧**內猶後也

[?・※3※4]顧迴

598 顧[※1]頭也升在車上不迴[※2]頭後顧也以所[※3]肰[※4]一者後人從己者不[※5]

能常

599 正若轉顧[※1]見之則[※2]掩人之非[※3※4]不備[※5]大德之所爲[※6※7]故衛瓘云[※8]不

掩人

600 之不備也 ㊟苞氏曰輿中不內顧言[※1]前視不過衡扼[※2]也

車[三]床

601 名輿故云輿中也衡扼[※1]轅端也若前視不得遠故曲禮云立

視五

---

587 ※1「宰」右下寫「云」。**大、排**有「云」。※2「官」傍寫「宮」。**大、排**作「宮」。※3「弟」**排**作「第」（慶應本「弟」「第」不分）。

588 ※1「官」傍寫「宮」。**大、排**作「宮」。※2「官」傍寫「宮」。※3「必」傍寫「必」。※4「反」**大、排**作「變」。

589 ※1「反」**大、排**作「變」。

590 ※1「容」**排**作「客」。

591 ※1「也」下**大、排**有「親饋」（疏文）。※2「報」傍寫「執」。**大、排**作「執」。※3「也」**大**無。※4「烈」傍寫「烈」。※5「反」**大、排**作「變」。※6「急」**大、排**無。※7「而」**排**作「雨」。

592 ※1「激？」**大、排**作「激」。

593 ※1「子」下**排**有「必」。※2「反」**大、排**作「變」。※3「若」下**排**有「有」。

594 ※1「反」**大、排**作「變」。※2「必」傍寫「必」。※3「坐」傍寫「坐」。

595 ※1「也」**排**無。※2「烈」下**大、排**有「也」。

596 ※1「时」傍寫「則」。**大、排**作「則」。

597 ※1「必」**大**無。※2「車」右上有斜綫。※3「顧？」**大、排**作「顧」。※4「迴」**排**作「回」。

598 ※1「顧」**大、排**無。※2「迴」**排**作「回」。※3「以所」**大、排**作「所以」。※4「肰一（疑誤認「然」爲上下二字）用墨塗抹，傍寫「然」。**大、排**作「以然」。※5「者」**排**作「有」。

599 ※1「顧」傍寫「顧」。※2「則」下**排**有「不」。※3「之」**大**無。※4「非」上用朱塗抹。**大、排**作「私」。※5「備」右下寫「非」。**大、排**有「非」。※6「爲」右下寫「故不爲也」。**大、排**有「故不爲也」。※7「故」**排**無。※8「云」**排**作「曰」。

600 ※1「言」**大、排**作「者」。※2「扼」傍寫「扼」。**排**作「枙」。

601 ※1「扼」**排**作「枙」。

602 **〓**[*1]〻[*2]九大[*3]地也式[*4]視馬〻尾〻近在車床蘭[*5]閒也竝是不過衡
扼[*6]之類
603 也 ㊟旁[*1]親不過輢轂也[*2] 旁[三]謂兩邊也輢竪在車箱兩邊三
604 分居前之一蒙[*1]較者也轂在箱外當人兩邊故云旁視不遇[*2]輢
605 輢[*1]轂也**不疾言** 疾[三]高急也在車上言易高故不言[*2]疾爲驚[*3]
606 人也故繆協云[*1]車行則[*2]言傷疾也**不親指** 恒[三][*3]車上既高亦
不得
607 手[*1]有所視[*2]指點[?*3]爲戒[*4]下人也**色斯舉矣** 謂[三]孔子在處觀[*5]人
顏色
608 而舉動也 ㊟馬融曰見顏色不善則去[*1] 繆[三]協云自親
609 指以上鄉黨[?*1]恂〻之禮應事適用之迹詳矣有
610 其禮而无[*1]其時蓋天運之極也將有遠感高興
611 故色斯舉矣也[*1]**翔而後集** 謂[三]孔子所至〻[*2]處也
612 必迴[*1]觀之後乃下集也 ㊟周正烈曰迴翔審觀
613 而後下必[*1]正[*2]也**曰山梁雌[*3]時〻哉〻**此記者記孔子因
614 見[*1]所而有歎[*2]也山梁者以木加木[*3]水上可踐渡水之
615 處也孔子從山梁閒過[*1]見山[*2]梁[*3]有此**〓**[*4]雉也時哉[*5]言雉
616 逍遥得時[*1]也所以有歎[*2]者言人遭亂世翔集不得其
617 所是失時矣而不如梁閒之雉十步一彖[*1]百步一飲是得
618 其時故歎[*1]之也獨云雌者因可[*2]見而言也[*3]**子路供**
619 **之** 子[三]路不達孔子時哉[*1]之歎而謂歎[*2]是時月之味[*3]馳

---

602 ※1「**〓**」**大、排**作「儁」。 ※2「〻」**大、排**作「五儁」。
※3「大」傍寫「丈」。**大、排**作「丈」，「丈」下有「九尺」。
※4「式」傍寫「或」。**大、排**作「式」。 ※5「蘭」**大、排**作「欄」。
※6「扼」**排**作「枙」。 ※7「類」似後人補寫。
603 ※1「旁親」傍寫「傍視」**大**作「旁視」。**排**作「傍視」。 ※2「也」**大**無。
604 ※1「蒙」傍寫「承」。**大、排**作「承」。 ※2「遇」傍寫「過」。**大、排**作「過。」
605 ※1「輢」傍寫二點。**大、排**無此字。 ※2「言疾」**大、排**作「疾言」。
※3「驚」下**大**有「於」。
606 ※1「云」**排**作「曰」。 ※2「則」右下寫「不」。 ※3「恒」**大、排**無。
607 ※1「手」**排**作「乎」。 ※2「視」傍寫「親」。**大、排**作「親」。
※3「點?」**大、排**作「點」。 ※4「戒」傍寫「惑」。**大、排**作「惑」。
※5「觀」**排**作「覩」。
608 ※1「去」右下寫「矣」。「去」下**大**有「之」，**排**有「之也」。
609 ※1「黨?」**大、排**作「黨」。
610 ※1「无」**排**作「無」。
611 ※1「也」**排**無。 ※2「〻」**大、排**作「之」
612 ※1「迴」下**大、排**有「翔審」。
613 ※1「必」**大、排**無。 ※2「正」傍寫「止」。**大、排**作「止」。
※3「雌」右下寫「雉」。**大、排**有「雉」。
614 ※1「見所」**大、排**作「所見」。 ※2「歎」**大、排**作「嘆」。
※3「加木」傍寫「架」。**大、排**作「架」。
615 ※1「過」**排**無。 ※2「山梁」**排**無。 ※3「梁」下**大**有「閒」。
※4「**〓**」傍寫「雌」。**大、排**作「雌」。 ※5「哉」下**大、排**有「者」。
616 ※1「時」下**大**有「所」。 ※2「歎」**大、排**作「嘆」。
617 ※1「彖」傍寫「喙」。**大、排**作「喙」。
618 ※1「歎」**大、排**作「嘆」。
※2「可」傍寫「所」。**大、排**作「所」。 ※3「也」**排**作「矣」。
619 ※1「哉」下**大、排**有「時哉」。 ※2「歎」**大、排**有「雌雉」。
※3「味」下**大、排**有「故」。

逐驅拍遂得此[※1]雉煮孰[※2]而進以供養孔子故云[※3]子路
供之也三臭[※1]而作　臭[三※2]謂鼻[※3]歆翕其氣也作起也子路不
達孔子意而供此熟雖[※1]亦[※2]孔[※3]本心孔[※4]若直爾不看[※5]則恐
子路生怨若遂而食之則又乖我[※1]心[※2]故先三歆[※3]氣而
後乃起亦[※1]得食[※2]不食之間[※3]　㊟言山梁雌雉得性[※4]而人
不得時故歎[※1]之子路[※2]以其時物故供具之非[※3]本意
不苟食故三臭[※1]而起也　顧觀[※2][※3]云夫栖遲[※4]丘雉
之[※1]適也[※2]不以剛武復[※3]性雉[※4]之德也故於翔集之
下繼以斯[※1]歎[※2]而仲由之獻偶與歎偕[※3]若即饗之
則事與情反若棄而弗御則似由也[※1]有失故三臭[※2]
而起則心事雙全[※1]虞氏贊曰色斯舉矣[※2]翔而
後集此以人事喻於雉[?※1]也雉之爲物精儆難狎
譬人在亂世去免[※1]就安當如雉也曰山梁雌雉
時哉以此解上義也時者是[※1]供猶設也言子路見
雉在山梁因設食物以張之雉牲[※1]明儆知[※2]非常
三臭[※1]而去[※2]不食其供也正言雉[※3]者記[※4]子路所、
見也
論語[※1]疏卷第六[※2][※3]〔子罕鄉黨（雙行）〕王侃

620　※1「此」大、排作「雌」。※2「孰」大、排作「熟」。※3「云」排作「曰」。
621　※1「臭」大作「嗅」。※2「臭」大、排作「嗅」。※3「鼻」排無。
622　※1「雖」大、排作「雉」。※2「亦」傍寫「乖」。大、排作「乖」。
※3「孔」下大、排有「子」。※4「孔」下大、排有「子」。
※5「看」大作「食」，排作「食者」。
623　※1「我」下排有「本」。※2「心」大作「意」。※3「歆」大作「嗅」。
624　※1「亦」下大、排有「如」。※2「食」傍寫二點。
※3「間」下大、排有「也」。※4「性」大、排作「其時」。
625　※1「歎」排作「嘆」。※2「路」下排有「雖」。※3「非」下大、排有「其」。
626　※1「臭」大、排作「嗅」。※2「觀」大、排作「歡」。※3「云」排作「曰」。
※4「遲」右下寫「一」。大、排有「一」。
627　※1「之」下大有「道」。※2「也」傍有二點。※3「復」傍寫「傷」。大、排作「傷」。
※4「雉」大作「雌」。
628　※1「斯」大作「此」。※2「歎」排作「嘆」。※3「歎偕」大、排作「嘆諧」。
629　※1「也」排作「之」。※2「臭」大、排作「嗅」。
630　※1「全」大、排作「合」。※2「矣」傍寫「矣」。
631　※1「雉？」傍寫「雉」。大、排作「雉」。
632　※1「免」傍寫「危」。大、排作「危」。
633　※1「是」右下寫「也」。大、排有「也」。
634　※1「牲」傍寫「性」。大、排作「性」。※2「知」下大、排有「其」。
635　※1「臭」大、排作「嗅」。※2「去」大作「作去」，排作「作者」。
※3「雉」大、排作「雌」。※4「記」大作「起」。
637　※1「語」下大、排有「義」。※2「六」傍寫「五」。大、排作「五」。
※3「〔子罕鄉黨〕王侃」大、排無。排有「經一千四百六十二字　注二千二百九十七字」。

附　慶應義塾圖書館藏《論語疏》卷六校記舉例——義疏部分

種村和史 撰　劉佳琪 譯

前言

慶應義塾圖書館新近收藏的（南北朝末隋）寫本《論語疏》卷六（以下簡稱《論語疏》卷六）與現存室町時代以後抄寫的《論語義疏》諸本存在較多文字差異，此從本書《慶應義塾圖書館藏論語疏卷六　慶應義塾大學附屬研究所斯道文庫藏論語義疏　影印和解題》即可窺見一斑。* 據推測，其中也有多處是簡單的誤字、脱字或衍字，這可能反映了《論語疏》卷六抄寫者的儒學造詣或抄寫態度。

然而，另一方面，即使按照《論語疏》卷六的文字，我們也可以經常見到意義通順，甚至在合理性和邏輯性方面優於諸本的例子。如果從前述狀況來考慮的話，這種情況與其説是源於抄寫者自己的學識，毋寧説更有可能是原封不動地繼承了所據底本的文字，這表明《論語疏》卷六依據的版本可能傳承了《論語義疏》原書的面貌。在這個意義上，這些差異爲考證《論語義疏》的本文提供了寶貴信息。《論語疏》卷六被推定爲現存《論語義疏》諸本中最古老的一本，但無論是其成立和傳承的經過，還是在內容層面，均有許多未明之處；同時，該寫本的學術價值究竟有多大，也有待今後進一步的深入研究。收集考察材料是研究的基礎性工作，爲此，我們有必要在該寫本和其他諸本的文字異同中，將有探討價值的和無檢討價值的部分進行篩選和區分。

基於這樣的考慮，本稿在《論語疏》卷六與其他諸本的異同中，介紹了一些可能具有學術價值的事例，並附上考察。當然，由於筆者學力有限，其中可能也多有誤認，或者錯失了許多其他值得探討的事例。不過，如果本稿能對學界今後研究《論語疏》卷六有所啓發，那將是非常幸運的。

凡例

● 本稿在《論語疏》卷六中義疏部分與現存室町時代以後所抄《論語義疏》諸本的文字異同中，選取有探討價值及筆者有所思考之處進行討論。關於經文和集解的異同，留待他日研究。

● 校勘主要是在《論語疏》卷六和下列二十四種《論語義疏》諸本之間進行（披見二十五種，除去缺少了《子罕》《鄉黨》

＊ 譯者注：此爲日版書名之漢譯，此次改爲《論語義疏二種》。

在內部分的一種）。由於最近社會情況的制約，此次主要依靠在慶應義塾大學附屬研究所斯道文庫內調查所得的資料，以及各收藏機構在互聯網上公開的數字化資料進行校勘工作。此外，與影山輝國已確認所在的三十六種《論語義疏》抄本相比，筆者只使用了其中三分之二。〔一〕 在這個意義上，本稿只是一項階段性的校勘工作報告。

●關於各種異同，本稿首先展示「內容及其通釋」，然後在「異同之處」和「諸本狀況」中展示《論語疏》卷六與諸本的異同，並在「考察」中就此闡述鄙見。

●本稿引用的經文、經文的疏文、注文、注文的疏文，均在原文之後的（　）內出示了訓讀或現代語譯。*

●引用《論語疏》卷六時，疑爲抄寫者誤抄之處，主要參考了高尚榘校點《論語義疏》（《中國思想史資料叢刊》，中華書局，二〇一三年），同時進行了文字修訂。不過，修訂儘量限於最小限度，只有在不修訂則無法進行通釋的情況下才進行修訂。修訂文字時，使用以下符號在原文中標示修訂位置，並根據修訂後的文字進行通釋。

（　）表示《論語疏》卷六的衍字。

〔　〕表示對《論語疏》卷六脱字的補充。

〖　〗表示《論語疏》卷六的誤字，【　】內參考諸本出示正確的字。

●《論語疏》卷六引文中插入的數字，表示《論語疏》卷六的行號。「後51」表示「後」字以下爲第51行。行號用（　）括起來的注或疏，表示該注文緊接著前面相鄰經文的同一行繼續抄寫，或者該疏文緊接著前面相鄰經文和注文的同一行繼續抄寫。

●《論語疏》卷六的引文中，用□圍住的語句，是因《論語疏》卷六破損，無法判斷，而根據高尚榘校點本補充的內容。

校本（起首是本稿中的簡稱）

●京A	京都大學附屬圖書館藏清家文庫本	日本南北朝寫
●京B	京都大學附屬圖書館藏清家文庫本	江户初寫
●都	都立中央圖書館藏	室町寫
●足	足利學校遺蹟圖書館藏	室町寫
●蓬	名古屋市立蓬左文庫藏	室町寫
●尊A	前田育德會尊經閣文庫藏	應永三四年寫
●尊B	前田育德會尊經閣文庫藏	室町寫
●急A	大東急記念文庫藏	延德二年寫
●急B	大東急記念文庫藏	近世寫

〔一〕 據影山輝國《〈論語義疏〉抄本與根本刻本的底本》，劉玉才主編《從鈔本到刻本——中日〈論語〉文獻研究》，北京大學出版社，二〇一三年。

* 譯者注：日文原稿中，作者在「內容及其通釋」部分針對經文出示訓讀文、針對注文和疏文出示日語現代語譯。同時，就「考察」部分中的一些引文，也出示了訓讀文或日語現代語譯。中文譯文中，僅翻譯日語現代語譯部分。日語訓讀文翻譯成中文後，與文獻原文基本一致，爲避繁瑣，不出示漢語譯文。

- ●書　宮内廳書陵部藏　室町末寫
- ●個　個人藏桃華齋本[二]　室町末寫
- ●關　關西大學圖書館藏　室町末寫
- ●國　國立國會圖書館藏　寫、文明十四年識語
- ●斯A　斯道文庫藏大槻本　文明十九年寫
- ●斯B　斯道文庫藏東福寺舊藏大槻本　室町寫
- ●斯C　斯道文庫藏稻田本　室町末寫

（此外，斯道文庫還藏有林本，但闕《子罕》《鄉黨》兩篇）

- ●圖　慶應義塾大學圖書館藏　天文十年、十四年寫
- ●龍　龍谷大學圖書館藏　室町中期抄本
- ●神　神宮文庫藏　室町寫
- ●故A　「國立」故宮博物院藏　室町寫
- ●故B　「國立」故宮博物院藏　江户末明治初寫
- ●故C　「國立」故宮博物院藏　室町寫
- ●故D　「國立」故宮博物院藏　近世初寫
- ●故E　「國立」故宮博物院藏　寫

參考文獻

金谷治《唐抄本鄭氏注論語集成》，平凡社，一九七八年。

《重要文化財 論語集解 正和四年寫》，東洋文庫善本叢書11，勉誠出版，二〇一五年。

北宋邢昺撰《論語注疏》，十三經注疏，藝文印書館據嘉慶二十年江西南昌府學刊本影印本。

高尚榘校點《論語義疏》，中國思想史資料叢刊，中華書局，二〇一三年。

黃懷信主撰《論語彙校集釋》，中華要籍集釋叢書，上海古籍出版社，二〇〇八年。

舉例1　《子罕》第二條「達巷黨人曰」條

內容及其通釋

經文「達巷黨人曰：大哉，孔子。博學而無所成名」的疏文

江熙曰言[4] 其彌貫六流不可以一藝**名家**，故曰大也。（江熙說，他通貫六流，不能稱他通過一種藝能名家，所以說是偉大的。）

異同之處

《論語疏》卷六作「名家」。

諸本狀況

京A、京B、都、足、蓬、尊A、尊B、急A、急B、書、個、關、國、斯A、斯B、斯C、圖、龍、神、故A、故B、故C、故D、故E作「取名焉」。

考察

《論語疏》卷六作「名家」，諸本作「取名焉」，兩者皆通。

[二] 關於此本，獲得了影山輝國教示。

舉例 2　《子罕》第五條「子畏於匡」條

內容及其通釋

經文「天之將喪斯文也，後死者不得與於斯文也」的疏文

後[51]死，孔子自謂也。夫生必有死。文王既没，己亦當**幾**。（「後死」是孔子自己說的話。說到底，有生就必然有死。文王已經去世了，我自己又能活多久呢。）

異同之處

《論語疏》卷六作「當幾」。

諸本狀況

京 A、都、尊 B、急 A、急 B（「當終」之旁補寫「然」）、書、斯 C、龍、故 C 作「當然終」。

足、蓬、尊 A、個、關、國、斯 A、斯 B、圖、神作「當終」。

京 B、故 A、故 B、故 D、故 E 作「當然」。

考察

「終」「幾」皆通。諸本的「終」，《禮記・文王世子》中有「文王九十七乃終，武王九十三而終」（文王於九十七歲亡故，武王於九十三歲終結了一生——竹内照夫譯[三]），其注釋云「君子曰終，終其成功」，「終」的意思是「去世」。另一方面，《論語疏》卷六的「幾」，六朝齊代鮑照《望孤石》一詩中有「浮世會當幾，歡酌每盈衷」（《先秦漢魏晉南北朝詩》中册，中華書局，一九八三年，一三一〇頁），「幾」可以解釋爲表達人生的無常與短暫。

舉例 3　《子罕》第六條「太宰問於子貢曰」條

內容及其通釋

經文「子聞之曰，太宰知我者」的疏文

江熙云，太宰嫌多能非聖。故[72]云知我。**謙謙之意也**。（江熙說，太宰疑惑，多能的人應該不是聖人。因此「孔子」說「知我」。這就是「謙謙」這樣謙虛的性情。）

異同之處

《論語疏》卷六作「謙謙之意也」。

諸本狀況

都作「謙﹅意也」。

京 A、京 B、足、蓬、尊 A、尊 B、急 A、急 B、書、個、關、國、斯 A、斯 B、斯 C、圖、龍、神、故 A、故 B、故 C、故 D、故 E 作「謙之意也」。

考察

北宋邢昺《論語注疏》的本條疏文中，「謙謙」一詞使用了兩次：

〔三〕竹内照夫《禮記（上）》，新釋漢文大系，明治書院，一九七一年，第三〇八頁。

孔子聞太宰疑己多能非聖，故云知我乎。**謙謙**之意也……言君子固不當多能也。今己多能，則爲非聖。所以爲**謙謙**也。

假設此處參考了《論語義疏》本條，那麼寫作「謙謙」的《論語疏》卷六和「都」本應該更爲優秀。「謙謙」，《易》謙卦「初六」曰「謙謙君子，用涉大川，吉」，其「象傳」言：「謙謙君子，卑以自牧也」。

舉例 4　《子罕》第十一條「顔淵喟然歎曰」條

内容及其通釋

經文「博我以文，約我以禮」的疏文

此以説善誘之事也。博，廣也。文，文章也。言孔子廣以文章誘[126]引於我，**故云「博我以文」也**。又以禮教約束我，故云「約我以禮」也。（這是解説孔子善於引導的事情。「博」是擴展的意思。「文」是文章的意思。孔子爲了擴展（我），用文章引導我，所以説「博我以文」。又以禮教約束我，所以説「約我以禮」。）

異同之處

《論語疏》卷六作「故云博我以文也」。

諸本狀況

京A、京B、都、足、蓬、尊A、尊B、急A、急B、書、個、關、國、斯A、斯B、斯C、圖、龍、神、故A、故B、故C、故D、故E作「故云博我以文章也」。

考察

由於「故云」之後是引用的經文，所以如《論語疏》卷六一樣無「章」字更妥。這也可以從下文「故云『約我以禮』也」原樣引用經文的情況中獲得證實。

舉例 5　《子罕》第十四條「子欲居九夷」條

内容及其通釋

經文「子曰：君子居之，何陋之有」的疏文

孫綽云：九夷所爲[169]陋者，以无礼義也。君子所居者化，則**陋者泰也**。（孫綽説，九夷之所以卑賤，是因爲没有禮義。但因爲君子所居之地將得到教化，所以卑賤者也會變得崇高。）

異同之處

《論語疏》卷六作「陋者泰也」。

諸本狀況

京A、京B、都、足、蓬、尊A、尊B、急A、急B、書、個、關、斯A、斯B、斯C、圖、龍、神、故A、故B、故C、故D作「陋有泰也」。國、故E作「陋者有泰也」。

考察

《論語疏》卷六和諸本皆通。

舉例6 《子罕》第十六條「子曰出則事公卿」條

內容及其通釋

*《論語》本條可舉出三種異同之處。因此，此處先出示經文和疏文的全文及其通釋。

㊂經 子曰：出則事公卿。

疏 公，君也。卿，長也。人子之[175]禮，移事父孝以事於君則忠，移事兄弟以事於長則從也。故出仕朝庭[176]必事公卿也。（公指君主，卿指尊長。作爲人子的禮儀是，將侍奉父的孝援用於君主，就是忠；將侍奉兄的悌援用於尊長，就是從。因此，如果要出仕朝廷的話，就一定侍奉公卿。）

經 入則事父兄。

疏 孝以事父，悌以事兄，還入閨門，盡其禮也。先言朝[177]庭，後云閨門者，勗已仕者也。猶仕而優則學也。（以孝侍奉父，以悌侍奉兄，如果進入家門內，就要盡其禮。之所以先言朝廷，後言家門之內，是爲了勉勵已經出仕的人。如同《論語・子張》所言「仕而優則學也（學而優則仕也）」一樣。）

經 喪事不敢不勉。

疏 ：强[178]也。父兄天性，績莫大焉。公卿義合，厚莫重焉。若有喪事，則不敢不勉[179]强也。（勉就是强。父兄是天性，沒有比這更大的功績。公卿合乎義。沒有什麼比這更重要的仁厚。如有喪事，務必勉力爲之。）

經 不爲酒困。

疏 唯酒无量，不及亂。**時多亂**，故戒之也。衛瓘云：三事爲酒[180]興也。侃案：如衛意，朝廷閨門〖乃〗【及】有喪者，並不爲酒所困。故云三事爲酒興也[181]。（只是酒並沒有確定的飲用限度，只要不喝至混亂就好。當時，喝至混亂的情況很多，所以才要對此加以告誡。衛瓘說（朝廷、家庭和喪事）這三件事都是通過酒而興盛的。皇侃案：根據衛瓘的觀點，無論是朝廷、家庭還是喪事，都必須避免因爲飲酒而混亂。所以說，這三件事是通過酒興盛的〔這三件事能否順利進行，取決於飲酒的方式〕。）

經 何有於我（我）哉。

疏 言**我可能行此三事**，故何有於我哉。又一云，**人若能張**如[182]此，則何復〖酒〗【須】我。故云於我何有哉也。緣人**不能張**，故有我應世耳。（所說的是，由於我能夠做這三件事情，所以才說「何有於我哉」。另外有一種說法是，如果別人能夠做到這樣，那我還有什麼必要呢。所以才說「於我何有哉」。正因爲其他人做不到，所以我要親自去展示在現今世上被認爲是必要的事情。）

注 馬[183]融曰：困，亂也。

異同之處

經文「不爲酒困」的疏文，《論語疏》卷六作「時多亂」。

諸本狀況

京A作「時多亂沈酗」。

京B、都、足、蓬、尊A、尊B、急A、急B、書、個、關、國、斯A、斯B、斯C、圖、龍、神、故A、故B、故C、故D、故E作「時多沈酗」。

考察

《論語疏》卷六「時多亂」和諸本「時多沈酗」皆通，分别與《論語》其他地方的經文和義疏相對應。京A本的「時多亂沈酗」是將兩者融合在一起的形式。〔四〕

義疏中，該句之前的疏文「唯酒无量，不及亂」，引用自《鄉黨》篇的經文（《論語疏》卷六）。其皇疏曰：

> 一云：酒雖多，无有限量，而人宜隨己480能而飲，不得及至於醉亂也。一云：不格人爲量。隨人所能而481莫亂也。（有一種説法是：酒即使再多，也並非定好了在此之上不能再喝的量，人們根據自己的酒量來喝就好，只是不應該喝到醉醺醺、失去理智的程度。另一種説法是：不應該用飲酒的量來束縛人，根據各自的酒量，只要不陷入混亂的狀態就好。）

《論語疏》卷六的「時多亂」是指陳當時違背孔子教導的混亂狀態的語句，因此可以説，此處直接使用可見於《鄉黨》引文中的「亂」字是合理的。

京A之外的諸本義疏作「時多沈酗」。「沈酗」指的是沈溺於酒。《尚書·微子》有「我用沈酗於酒，用亂敗厥德於下」，其《正義》釋曰：「人以酒亂，若沈於水，故以耽酒爲沈也……《説文》云：酗，醟也。然則酗、醟一物，謂飲酒醉而發怒。」（人酒醉後會混亂，恰似沉入水中一樣，所以稱「耽酒」爲「沈」。……《説文》（十四下酉部）説「酗是醟」，〔五〕不過「酗」和「醟」是相同的，都指的是飲酒後醉酒並發怒的情況。）《論語·季氏》有「孔子曰：益者三樂，損者三樂」，並將「樂宴樂」列舉爲第三種損害。此句的義疏曰「三損也。心中所愛樂，宴飲酖酗以爲樂也」，（第三種損害。心中所喜愛、享受的是，在宴席上飲酒時，將飲酒以至沉溺視爲一種樂趣。）使用了類似於「沈酗」的詞語。

〔四〕關於本條的解釋，《義疏》和邢昺《論語注疏》存在很大差異。邢疏云：

> 此章記孔子言忠順孝悌哀喪慎酒之事也。困，亂也。言出仕朝廷，則盡其忠順以事公卿也。入居私門，則盡其孝悌以事父兄也。若有喪事，則不敢不勉力以從禮也。未嘗爲酒亂其性也。他人無是行，於我，我獨有之，故曰「何有於我哉」。

孔子説「何有於我哉」，指的是「出則事公卿」「入則事父兄」「喪事不敢不勉」「不爲酒困」四件事情。

與此相對，皇侃云「言我可能行此三事，故何有於我哉」，這表明皇侃認爲孔子指的是「出則事公卿」「入則事父兄」「喪事不敢不勉」三個事情。在皇侃的解釋中，「何有於我哉」（對我來説並不是困難的事情）所説的是，飲酒在以上三種情況下是常有的，但無論喝多少，都不會因爲醉酒而亂了儀禮。由此可見，皇侃認爲，孔子將當時因飲酒而致禮義作法混亂的風氣視爲一個問題。

〔五〕《説文解字》十四下的酉部，作「酗，酒醟也」，中華書局據清陳昌治刻本影印本，二〇一三年。

舉例7 《子罕》第十六條「子曰出則事公卿」條

內容及其通釋

參照前一條。

異同之處

《論語疏》卷六作「可能行此三事」。

諸本狀況

京A、京B、都、足、尊A、尊B、急A、急B、個、闕、國、斯A、斯C、圖、龍、神、故A、故B、故C、故D、故E作「何能行此三事」。

蓬、斯B作「何能所此三事」。

書作「何行此三事」(「能」字右側有好像是「上」字的批注)。

考察

關於該句疏文，如果按《論語疏》卷六作「可」，那麼，包含該句在內的語句是說「我能够做這三件事(事公卿、事父兄、喪事)」，因此才會說「何有於我哉」。〔六〕另一方面，諸本都寫作「何」，如果按這一寫法的話，此處是說「我怎麼可能做到這三件事呢(不，我做不到)」，因此才會說「何有於我哉」。該句在《論語疏》卷六中表現出的是孔子的自信，與此相對，在諸本中則表達了孔子的謙虛態度。

對這部分的解釋，歷來有很多爭議。吉川幸次郎解讀爲「這四件事對我來說算不了什麼，是可以做到的，不是特别困難的事情」，然後進行了以下解說：

將最後的「何有於我哉」與前面的《述而篇》(第208頁)作同樣解讀，應該是比較穩妥的。如果根據新注，此處的意思是，即使是這四個〔七〕平凡而良好的行爲，我也没有擁有，〔八〕即解讀爲一種謙遜的言辭；伊藤仁齋「古義」的解讀是，我只有這四種行爲，然而除此之外，在其他方面没有任何可取之處；而徂徠則認爲，這四件事我都能够自然而然地做到，不需要努力，因爲我一直將禮作爲生活的基本準則。以上諸說，分别與其對前面《述而篇》的解讀相一致。此外，該處的皇侃疏文舉出了兩種說法，按其中一說，這些事情恰好只有我能做到，這是不合理的，這種說法與《述而篇》的鄭玄注相合；另一說是，我如

〔六〕將「可能」作爲複合詞，有《列子・黄帝》「顏回問乎仲尼曰……操舟可學邪？曰：可。能遊者可教也」；《詩經・小雅・四月》「匪鶉匪鳶，翰飛戾天」的《正義》「鄭以王政亂虐，下民逃散。言若鶉若鳶，可能高飛至天」，以及《白衣金幢二婆羅門緣起經三卷》卷上「汝今可能同我往詣佛世尊所」等用例。

〔七〕朱熹《論語集注》取四件事情的說法，而皇侃《義疏》則取三件事情的說法。關於這一點，請參考前面的注釋〔三〕。

〔八〕朱熹在《論語集注》的《述而》篇解釋說：「何有於我，言何者能有於我也。三者已非聖人之極至，而猶不敢當，則謙而又謙之辭也。」

何能做到這些事情呢？這是此前所引用的後出新注的觀點。〔九〕

吉川氏所言「前面的《述而篇》」指的是：

子曰：默而識之，學而不厭，誨人不厭，何有於我哉。

關於此處，皇侃的疏文是：

言人無此諸行，故天下貴於我耳。若世人皆有此三行，則何復貴有於我哉。故李充曰：言人若有此三行者，復何有貴於我乎？斯勸學敦誨誘之辭也。（所説的是，人們並不如此行事，正因如此，天下人才以我爲貴。如果世人都去做這三件事，那還有什麼理由以我爲貴呢？故而李充説：如果人們做這三件事，那還有什麼理由以我爲貴呢？這是爲了鼓勵學問，真心誠意地教導和勸誘他人的話語。）

此外，鄭玄注文「人無有是行，於我我獨有之也」一句，皇侃的疏文是：

言天下人皆無此三行也。釋「於我哉」也。言由我獨有之，故天下貴有於我也。（所説的是，天下的人都没有做這三件事。這是在説明「於我哉」。因爲只有我一個人擁有這些行爲，所以天下人才尊敬我。）

由此可見，儘管「何有於我哉」一句在《述而》和《子罕》兩篇中都出現過，但皇侃在《述而》的義疏中只舉出了一種説法，而在《子罕》義疏中則同時舉出了兩種説法。這種情況下，本條疏文在《論語義疏》諸本中寫作「何能行此三事」，即解釋爲孔子自言「我做不到」，這與另一説法「我能做到」在意義上是正反相對的；但令人疑惑的是，在《述而篇》同一句的皇疏中，卻並没有這兩種明顯截然相反、而又並存的解釋。

與此相對，本條疏文在《論語疏》卷六中寫作「可有於我哉」，表示「我能做到」，這就與另一説法在意義上没有明顯的方向性差異，而且《述而篇》中也只舉出了一種説法，由此也就没有那麼令人疑惑。

這樣來看，《論語疏》卷六可能比諸本更爲優秀。

舉例８　《子罕》第十六條「子曰出則事公卿」條

内容及其通釋

參照前一條。

〔九〕吉川幸次郎《論語（上）》，中國古典選三，朝日新聞社，一九七八年，第三〇六頁。

異同之處

《論語疏》卷六作①「若能張」，②「不能張」（①②的「張」旁邊都有兩個點的符號，可能是刪除符號）。

諸本狀況

京A、京B、都、足、蓬、尊A、尊B、急A、急B、書、個、關、國、斯A、斯B、斯C、圖、龍、神、故A、故B、故C、故D、故E作①「若能」，②「不能」。

考察

①②的用字一致，因此可能不能一概而論爲衍字。此外，還有一處差異應該與本條合併考察。《子罕》第十一條「顏淵喟然歎曰……雖欲從之末由也已」的集解，《論語疏》卷六爲：

> 孔[134]安國曰：言夫子既以文章開博我。又以禮節約我，使我欲罷而不能張，已竭我[135]才矣。

與《論語疏》卷六作「不能張」相對，諸本皆作「不能」。雖然集解和義疏存在差異，但由於有相同的用字，因此直接將「張」直接處理爲單純的衍字是值得商榷的。即使將其視作是抄寫者的誤抄，也有必要考慮爲什麼會出現這樣的錯誤。

但是，至今尚未找到適當的表達來爲此處的「張」進行訓詁。「張」有「拉弓」「設置陷阱」「準備宴會」等意思，如果參考這些的話，就會聯想到如「意志性的」「做到底」等三者的共通意味，但尚未發現這樣的用例，有待進一步研究。

舉例9 《子罕》第十九條「子曰譬如爲山」條

內容及其通釋

經文「譬如平地，雖覆一蕢，進吾往也」的疏文

譬於平地作山，ミ乃須多土，而始覆一ミ籠ミ雖少，交是其有欲進之心可嘉。如[197]人始爲善，ミ乃末多，交求進之志可重。吾**不以其功少而不重**，ミ之有勝於垂[198]成而止者。故云「吾往」也。（如果以平地造山作比喻的話，造山需要大量的土壤，但是要從倒一杯土開始。雖然一杯土很少，但是每個人都有向前進的心，這是值得稱讚的。這就像人剛開始行善，雖然善行還不多，但是每個人都有追求前進的志向，這同樣是值得重視的。我不會因其功績少而不重視。之所以重視，是因爲比起那些離完成僅一步之遙時却停下來的人，他們有勝出之處。所以說「吾往矣」。）

異同之處

《論語疏》卷六作「不以其功少而不重」。

諸本狀況

京A、京B、足、蓬、尊A、尊B、急A、急B、書、個、關、國、斯A、斯B、斯C、圖、龍、神、故A、故B、故C、故D、故E作「不以其功少而不善之」。

都作「不以其功少而不□」。

考察

「不重」和「不善之」在意義上皆通。《論語疏》卷六作「不重」，可以認爲與上句「求進之志可重」形成呼應。另一方面，諸本作「不善之」，該經文的前句是「譬如爲山，未成一簣，止吾止也」，其疏文是「吾亦不以其前功多爲善」，從踏襲上句疏文中的「善」來看，作「不善之」也是合理的。因此，無法得出哪個更優越的結論。

舉例 10 《子罕》第二十一條「子謂顔淵曰」條

内容及其通釋

經文「子謂顔淵曰：惜乎，吾見其進也，未見其止也」的疏文

顔淵死後，孔子有此歎也，云：見進未見止。惜其神識猶[203]**長也**。然顔淵分已滿，至於屢空。而此云未見其止者，勗引之言也。故殷仲堪云：夫賢之[204]所假，一語而盡，豈有彌進之實乎。蓋其軌物之行，日見於迹。夫子從而咨[205]嗟以盛德之業也。（顔淵死後，孔子發出了這樣的歎息：「雖然見到了他的進步，但尚未見到他的停止」。他對顔淵的精神知識仍在不斷發展感到惋惜。然而，顔淵的天性才能已經充分發揮，達到了「（《論語・先進篇》回也，其庶乎！）屢空」的境地。儘管如此，在這裏説「尚未見到他的停止」，是激勵的言語。因此，殷仲堪説：天授予智者的才能一語而盡，其實質不會逐漸進步。也許，他的行爲對外界産生影響，其痕跡在日常生活中顯現。夫子可能是出於這個原因，悲歎（顔淵早逝），其盛德無法作爲具體的功業獲得實現。）

異同之處

《論語疏》卷六作「猶長也」。

諸本狀況

京 A、京 B、都、足、蓬、尊 A、尊 B、急 A、急 B、書、個、關、國、斯 A、斯 B、斯 C、圖、龍、神、故 A、故 B、故 C、故 D、故 E 作「猶不長」。

考察

如果據諸本作「猶不長」，此處的意思是，孔子對顔淵的神識尚未充分成熟感到惋惜。另一方面，如果據《論語疏》卷六作「猶長」，那麼顔淵的神識仍在繼續發展，假設他還活著，可能已經達到更高的境地，這也是令人惋惜的。由於經文「未見其止也」和馬融注「孔子謂顔淵進益未止」都表明顔淵仍在發展中，所以《論語疏》卷六的寫法可能與經注更加吻合。而且，皇侃認爲顔淵的才德已經得到了完全的發展，引用殷仲堪的説法，認爲孔子之所以發出「未見其止也」的歎息，並不是指顔淵人格的完成，而是指他在天下所能産生的功業的影響。這樣看來，如果按孔子評價顔淵「神識猶不長」來解釋的話，即使是爲了「勗引」（激勵）顔淵，也可能仍然是略微苛刻的評語。

舉例 11　《鄉黨》「賓退必復命曰賓不顧矣」條

內容及其通釋

經文「賓退[322]，必復命曰賓不顧〖至〗【矣】」的疏文

謂君使己送賓時也。復命，反命也。反命謂初受君命[323]以送賓，：退，故返還君命**以白君也**。**賓若已去，反命白君道賓已去也**。云不顧[324]者，舊云主人若礼送賓不足，則賓猶迴顧。若礼已足，則賓直去不復迴[326]顧。**此則明送賓礼足**，故云不顧也。（所説的是主君讓自己送别客人時的事情。所謂「復命」就是回答主君的命令。回答命令是指，最初主君給予命令，讓自己送别客人，由於客人已經離開，爲了將主君的命令回報給主君，就需要向主君匯報。如果客人是立即離去，爲了回答主君命令，就會向主君匯報「您的客人已經立即離去」。「不顧」所説的是，根據舊説，如果主人按照禮儀送客，但禮儀還有不足之處，客人會回頭看。如果禮儀已經充分完備，客人就會直接離開而不回頭看。此處是爲了明確表達送客的禮儀是充分的，所以説「不顧」。）

異同之處

《論語疏》卷六作「以白君也賓若已去反命白君道賓已去也」。

諸本狀況

京 A 作「以白君道賓已去反命白君道賓已去也」。

龍作「以白君道賓已去反命白君道賓已去」。

尊 A 作「以白君道賓已去●●●■■■●●」（八字位置上有墨塗抹）。

京 B 作「以白君道賓已去也□命白君道賓已去」。

國、故 E 作「以白君道賓已去也」。

都、足、蓬、尊 B、急 A、急 B、書、關、斯 A、斯 B、斯 C、圖、神、故 A、故 C、故 D（故 B「白」誤爲「自」）作「以白君道賓已去」。

個作「以白君賓已去」。

考察

諸本間存在多種差異。《論語疏》卷六字數最多，但正如日本語譯所示的那樣，其記述没有重複之處且合乎邏輯。在《論語疏》卷六通過作「也」將「以白君也。賓若已去……」分成兩句之處，京 A 和京 B 作「以白君道，賓若已去……」，即通過作「道」，使「賓已去……」成爲向主君上報的内容，而這就與下文「白君道賓已去」的記述重複，由此導致理解困難。尊 A 本有八個字的位置存在墨筆塗抹，恰好與「反命白君道賓已去」的字數相同，這可能是爲了避免出現和京 A 和京 B 一樣的記述混亂，因此將最初抄寫進去的八字用墨塗抹。

舉例 12 《鄉黨》「賓退必復命曰賓不顧矣」條

內容及其通釋

參照前一條。

異同之處

《論語疏》卷六作「此則明送賓禮足」。

諸本狀況

京A、京B、都、足、蓬、尊A、尊B、急A、急B、書、個、闕、國、斯A、斯B、斯C、圖、龍、神、故A、故B、故C、故D作「此明則送賓禮足」。

故E作「此明送賓禮足」。

考察

即使是《論語疏》卷六的形式，意思亦通（或許比諸本更容易理解）。

舉例 13 《鄉黨》「執圭鞠躬如也如不勝」條

內容及其通釋

經文「執圭鞠躬如也。如不勝」的疏文

謂爲君出使聘問[350]隣國時也。圭者，瑞玉也。《周禮》，五等諸侯各受王者之玉爲瑞信。公，桓圭九寸。侯，**身**[351]圭七寸。伯，躬圭七寸。子，穀璧五寸。男，蒲璧五寸。若五等自執朝王，則各如其[352]寸數。君使其臣出聘國，乃各執其君之玉而各咸其一寸也。今云執圭，魯是侯[353]，ゝ執**身**圭，則孔子執，ゝ君之**身**圭也。（這裏討論的問題是，作爲使者出國訪問鄰國時的情況。「圭」指的是瑞玉。《周禮》中，五等諸侯分别從王那裏接受玉作爲瑞信。公是桓圭九寸，侯是身圭七寸，伯是躬圭七寸，子是穀璧五寸，男是蒲璧五寸。如果是五等的諸侯自己執圭覲見王，就按照據各自身份而定的尺寸。而當主君派遣臣下出使他國訪問時，則臣下分别執其主君之玉，且各減去一寸。此處所言「執圭」，由於魯是侯國，侯執身圭，因此孔子執圭指的是執主君的身圭。）

異同之處

《論語疏》卷六「侯身圭七寸」「魯是侯ゝ執身圭則孔子執ゝ君之身圭也」，三處皆作「身圭」。

諸本狀況

京A、京B、都、足、蓬、尊A、尊B、急A、急B、書、個、闕、國、斯A、斯B、斯C、圖、龍、神、故A、故B、故C、故D、故E作「信圭」。

考察

《周禮》中，《春官宗伯・大宗伯》和《春官宗伯・典瑞》中有「侯執信圭」，《秋官司寇・大行人》中有「諸侯之禮執信圭，七寸」，《秋官司寇・小行人》中有「侯用信圭」，以及《冬官考工記・玉人》中有「命圭七寸謂之信圭，侯守之」，等等，均作「信

圭」。而且，「信圭」一詞也可見於諸經注疏。例如，《尚書・舜典》「正月上日，受終於文祖……輯五瑞」，其《正義》曰：「《周禮・典瑞》云……侯執信圭」；《詩經・唐風・無衣》「豈曰無衣七兮」，其《正義》曰「《秋官・大行人》云，諸侯之禮，執信圭七寸」等等，亦皆作「信圭」。

但是，東漢的鄭玄提出了「信圭」是「身圭」之誤的説法。《周禮・春官・大宗伯》「侯執信圭」的鄭玄注云：

信當爲身，聲之誤也。身圭躬圭，蓋皆象以人形爲瑑飾，文有麤縟耳。欲其慎行以保身。圭皆長七寸。（「信」確切來説應該是「身」。由於發音相同，所以發生了錯誤。「身圭」和「躬圭」都是雕刻人的形象來作爲圭的裝飾紋樣，［「身圭」「躬圭」之間］可能只是紋樣的粗細有所不同。［通過施加這樣的紋樣］希望佩戴者能謹慎行事、保守己身。圭的長度都是七寸。）

唐代陸德明《經典釋文》云「信，音身」，亦認爲二字音通。唐代賈公彥的疏文中，將「信」作爲與「身」通音的假借字來進行説明：

鄭必破信爲身者，古者舒申字皆爲信。故此人身字亦誤爲信。故鄭云聲之誤也。（鄭玄之所以斷定「信」是「身」的假借字，是因爲古代［與「身」同音（《廣韻》上平十七真）］的「舒申」的「申」字都替換寫作「信」。［一〇］因此認爲本條也是將「人身」的「身」誤寫成了「信」。因此，鄭玄説這是「聲音的錯誤」。）

與諸本作「信圭」不同，《論語疏》卷六作「身圭」。但結合以上內容來考慮的話，我們不能將《論語疏》的寫法簡單地判定爲誤抄，這也可能是參考了《周禮・大宗伯》鄭玄注的結果。

舉例14 《鄉黨》「君子不以紺緅〔飾〕」條

內容及其通釋

＊本例討論的是注文的疏文的差異，但在經文的疏文之後的通釋中，對皇侃的論旨進行了詳解。「內容及其通釋」亦如此表示。

㊂經君子不以紺緅〔飾〕［一一］。

疏君子者自士以上也。衣服有法，不可雜色也。紺[375]緅者，孔意言，紺是玄色，緅是淺絳也。飾者，衣之領袖緣也。所

［一〇］《通假字典》中收録了很多將「信」作爲「申」（或「伸」）的通假字的例子。例如，《禮記・儒行》有「起居竟信其志」一句，鄭玄注曰：「信，讀如屈伸之伸，假借字也」。馮其庸審定，鄧安生纂著《通假字典》，花山文藝出版社，一九九八年。

［一一］「紺緅」之下，諸本有「飾」字，據之以補。

以不[376]用紺緅爲衣領袖緣者，玄是齊服，若用紺爲衣飾，是似衣齊服[377]，故不用也。又三年之喪，練而受淺絳爲緣也。若用緅爲衣飾。是似衣[378]喪服，故不用也。故云君子不紺緅飾也。（「君子」指的是士以上的人。衣服有規定，不可使用雜色。所謂「紺緅」，按照孔安國的説法，「紺」是玄色，「緅」是淺絳色（薄赤）。「飾」指的是衣服衣領和袖口的邊緣。紺色和緅色不用於衣領和袖口邊緣的理由是，「玄」是齋戒的服飾，如果使用紺色作爲衣服的裝飾，就會像穿著齊戒的服飾一樣，因此不使用。而且，在三年的喪期中，人們在練［白色絹布］上用淺絳色作爲邊緣。如果將緅色用作衣服的裝飾，就會像穿著喪服一樣，因此不使用。所以説「君子不使用紺色和緅色作爲裝飾」。）

㊟孔(378)安國曰：一入曰緅，飾者不以爲[379]領袖緣也。紺者齊服盛色，以爲飾似衣齊服也。（紺）〔二〕緅者，三年練，以[380]緅爲飾衣，爲其似喪服也。故皆不飾衣也。（孔安國説，浸入染料一次的稱爲「緅」。「飾」的時候不在衣領和袖口邊緣上使用。因爲「紺」是齋戒服裝所使用的盛色，所以如果使用它作爲裝飾，就會像穿著齋戒的服飾一樣。「緅」，三年喪期的練服上以「緅」爲邊緣裝飾。由於衣服會變得像喪服，所以無論哪個顏色都不用於衣服邊緣的裝飾。）

㊕然(380)案孔以紺爲齋服盛[381]色，或可言**緅深於玄**，爲似齊服，故不用也。而禮家三年練，以縓爲[382]深衣〖頌〗【領】緣，不云用緅。且撿《考工》：「三入爲〖緟〗【纁】，五入爲緅，七入爲緇。」則緅[383]非復淺絳明矣。故解者相承。皆云孔此注誤也。（然案，孔安國將「紺」視爲齊戒之服的盛色。［將其聯繫起來進一步思考的話］，或許是因爲**緅比玄色更深**，類似於齊戒服飾，所以才可以説不使用。而禮家三年喪期的練上面，使用「縓」作爲深衣的衣領邊緣裝飾，而並没有提到「使用緅」。而且，翻閲《周禮・考工記・鍾氏》，其中有「浸泡三次染料爲『纁』，浸泡五次爲『緅』，浸泡七次爲『緇』」的説法。據此，可以明確「緅」並不是薄赤色。因此，本條的解釋者先後繼承，都認爲孔安國注是錯誤的。）

異同之處

注文的疏文，《論語疏》卷六作「**緅**深於玄」。

諸本狀況

京A、京B、都、足、蓬、尊A、尊B、急A、急B、書、個、闕、國、斯A、斯B、斯C、圖、龍、神、故A、故B、故C、故D、故E作「**紺**深於玄」。

考察

集解所引孔安國注將「緅」解釋爲薄赤色。這是將此字釋爲喪服邊緣裝飾的顏色。《禮記・檀弓上》曰：

練，練衣黄裏，縓緣。（「在死後一年」舉行的練祭中，要穿練衣，此衣内裏染成黄色，緣飾染成薄赤色。——譯文據竹内照夫譯本〔三〕）

〔二〕《論語疏》卷六的「紺」字右邊有兩個點的標記，應該是删除符號。排印本中亦無「紺」字，今從之。

〔三〕竹内照夫《禮記（上）》，新釋漢文大系，第一三〇頁。

其鄭注曰：

小祥，練冠練中衣，以黄爲内，縓爲飾。黄之色卑於纁。縓纁之類，明外除。（在小祥［「練祭」的别稱］時，要穿著練冠和練中衣，以黄色作爲衣服的内裏，以薄赤色作爲緣飾的顔色。黄色比纁［赤色］〔一四〕更卑下。薄赤色和赤色之類的顔色，表示由於喪服的期間已經過去，喪服的規定變得寬鬆了。）

也就是説，「縓」字〔一五〕表示三年喪期中第二年的小祥祭時所穿服裝的襟飾顔色，即淺絳（薄赤）色，而孔安國則將「緅」作爲「縓」字的同義字〔一六〕。皇侃疏文反對孔安國的訓詁，並就此展開了議論。基於此，我們可以認爲，相比諸本中作「**紺**深於玄」，作「**緅**深於玄」的《論語疏》卷六的議論首尾連貫，更爲優秀。

皇侃引用了《周禮・考工記・鍾氏》一句：

三入爲纁，五入爲緅，七入爲緇。（三次浸入赤色染料〔一七〕爲纁，五次浸入爲緅，七次浸入爲緇。）

此句鄭玄注曰：

染纁者三入而成。又再染以黑則爲緅……又復再染以黑，乃成緇矣。鄭司農説以《論語》曰「君子不以紺緅飾」……《詩》云「緇衣之宜兮」，玄謂此同色耳……凡玄色者，在緅緇之間。其六入者與。（染成纁色需要三次浸入染料才可以。再用兩次黑色染料進行染色的話，就變成了緅。……再用兩次黑色染料進行染色，才能變成緇。鄭司農通過《論語》「君子不以紺緅飾」來解説……《詩經・鄭風・緇衣》曰「緇衣之宜兮」，説明玄色與此屬於同一色系……玄色大致位於緅和緇中間。這種顔色可能通過六次染料浸泡才可以形成。）

可見，鄭玄將「緅」釋爲濃赤黑色。皇侃接受了這一觀點，

〔一四〕本文所引之條的《正義》曰：「纁是赤色也。」

〔一五〕《説文解字》十三上「糸」部云：「縓，帛赤黄色。一染謂之縓」。《爾雅・釋器》有「一染謂之縓」，其郭璞注曰：「今之紅也。」《禮記・檀弓上》本文中所引内容的《正義》中説，「縓爲淺絳色也」。

〔一六〕此處亦參照了以下内容。《儀禮》卷三三「喪服・記」：「公子爲其母練冠，麻，麻衣，縓緣。爲其妻縓冠，葛絰帶，麻衣縓緣，皆既葬除之。」其鄭玄注曰：「公子，君之庶子也。其或爲母，謂妾子也。麻者，緦麻之絰帶也。此麻衣者，如小功布，深衣，爲不制衰裳變也。《詩》云「麻衣如雪」。縓，淺絳也。一染謂之縓。練冠而麻衣縓緣。三年練之受飾也。《檀弓》曰：「練，練衣黄裏縓緣。」諸侯之妾子厭於父，爲母不得伸，權爲制此服，不奪其恩也。爲妻縓冠，葛絰帶，妻輕」。

〔一七〕之所以將染料「纁」譯爲赤色，是根據本文所引經文的鄭玄注的《正義》，其言：「按《爾雅》，一染謂之縓，再染謂之竀，三染謂之纁。三入謂之纁，即與此同。此三者皆以丹秫染之。」（按，《爾雅》中説「一染謂之縓，再染謂之竀，三染謂之纁」，本條經文中，浸泡三次染料的顏色稱爲「纁」，與《爾雅》的記述一致。縓、竀、纁三種都是用丹秫［從赤色穀物中提取的染料］染制而成的。）

反駁了孔安國將「緅」視爲與「縓」同色的淺絳色，即喪服緣飾的顏色的說法。在此基礎上，皇侃對經文的解釋是，「緅」是赤黑色，與「紺」一樣，均屬於黑色系，比「玄」更深（「或可言緅深於玄」），「緅」與「紺」，即齋戒的服裝顏色（玄色）接近，所以君子才避免將其用作緣飾的顏色。這樣來看的話，《義疏》的論述是一致且流暢的。

而且，這樣的思路也與《周禮・考工記・鍾氏》疏文的說法相吻合：

> 云《論語》曰「君子不以紺緅飾」者，《淮南子》云以涅染紺則黑於涅，涅即黑色也。纁若入赤汁則爲朱，若不入赤而入黑汁則爲紺矣。若更以此紺入黑則爲緅，而此「五入爲緅」是也。紺緅相類之物，故連文云「君子不以紺緅飾」也。（「《論語》云君子不以紺緅飾」所說的是，從《淮南子・俶真訓》「以涅染紺則黑於涅」可知，〔一八〕涅即爲黑色。如果將纁放入赤色染料中，則變爲朱色；如果不將纁放入赤色染料中，而是放入黑色染料中，則變爲紺色。如果再將此紺色放入黑色染料中，則變爲緅色。這就是所謂的「五入爲緅」。紺和緅是相似的顏色，因此將這兩個字連在一起說「君子不以紺緅飾」。）

此處說的是，將「纁」浸泡在黑色染料中會變成「紺」，再次浸泡在黑色染料中會變成「緅」。如果將本條經文的疏文中「紺是玄也」，即「紺」等同于「玄」作爲根據，那麼《論語疏》卷六中「緅深於玄」（即緅深於紺）的說法就有了確鑿的證據。與此相似，邢昺《論語注疏》也採用了相同觀點。由此可見，「紺」和「緅」是有淺深差異的同系赤黑色的說法，是被廣泛接受的。皇侃疏文「故解者相承。皆云孔此誤也」所描述的孔安國觀點持續遭到批判的情況，應該就是指此。

另一方面，《論語義疏》諸本作「或可言紺深於玄」。據此的話，這部分義疏是「然案孔以紺爲齋服盛色，或可言紺深於玄，爲似齋服，故不用也」。當然，僅僅就該部分來看，此種版本的敘述也是通順的，但是《義疏》在經文的疏文「孔意言，紺是玄色」中，已經以推測孔安國觀點的形式指出「紺是玄色」，因此如果此處又將紺視爲比玄色更深的顏色，並指出兩者深淺差異的話，前後就會互相矛盾。而且，按照諸本的形式，下文的「而」就成爲了表示逆接或對比的接續詞，而不是《論語疏》卷六中的表示順接。在這種情況下，「而禮家三年練，以縓爲深衣〖頌〗【領】緣，不云用緅」以下的內容就可能會有文脈混亂的嫌疑。其原因是，如果按這樣的敘述，此處就僅僅只是解釋了「緅」不是喪服的顏色，但最終却並沒有回答，孔子究竟因何不將其用於緣飾。關於「紺」不被使用的理由，疏文中給出

〔一八〕《淮南子・俶真訓》云：「今以涅染緇則黑於涅」。《周禮・鍾氏》疏文在作「紺」處作「緇」。

了紺是齋服用色的答案；但對於「緅」却並没有説明理由，由此就缺乏了平衡。

從這個角度來看，《論語疏》卷六作「或可言緅深於玄」應該並不是簡單的誤抄，相反，將其視爲保留了《義疏》原貌可能更好。

不過，《周禮・鍾氏》的鄭玄注云：

凡玄色者，在緅緇之間，其六入者與。（玄這個顏色大致介於「緅」和「緇」之間。這可能是指六次浸入染料所得到的顏色）。

這一注文與《論語疏》卷六「緅深於玄」相矛盾。然而，即使按照諸本作「紺深於玄」，但由於《義疏》也有「紺是玄色」的説法，説明紺和玄是同色，且並未提及兩者的深淺差異，因此，問題仍然没有得到徹底解決。

此外，此前所引《鍾氏》疏文的後文是：

若更以此緅入黑汁即爲玄，則六入爲玄。但無正文，故此注與《士冠禮》注皆云「玄則六入與」。（如果將此緅再放入黑色染料，就會變成玄色。也就是「六入爲玄」。然而，這並不是正式的經文。因此，鄭玄注和《士冠禮》注都表示「玄則六入與」。）

鄭玄的説法並非基於經文，而只是一種推測，他通過「……與」在避免斷定的同時進行了説明。因此我們可以認爲，鄭玄所言玄比緅顏色更深的説法，並不一定是必須遵循的。

此外，疏文是針對經文而作，但令人疑惑的是，本條義疏却僅僅解説了孔安國的説法，而没有對經文進行解釋。皇侃反對孔安國的説法，那麼，此處原本應該有皇侃根據自己觀點——將「緅」解釋爲赤黑色——來解釋經文的地方。而且，注的疏文以「然」開頭也頗令人費解。或許，現在作爲經的疏文的部分，本來屬於注的疏文，如果將其置於以「然」開頭的注的疏文之前來考慮的話，疑問就可以解決了。但還缺乏根據，有待進一步考察。

舉例 15 《鄉黨》「紅紫不以爲褻服」義疏

内容及其通釋

經文「紅紫不以爲褻[384]服」的疏文

三 紅紫非正色。褻服私褻之服，非正衣也。褻尚不衣，則[385]正服故宜不用也。所以言此者，爲時多重紅紫，棄正色。故孔子[386]不衣之也。故後卷云「惡紫之奪朱」也。（紅和紫不是正色。褻服是在私人場合穿的衣服，不是正式的衣服。即使是褻服，也不會穿紅色和紫色的衣服，所以正式衣服不使用紅色和紫色是恰當的。這樣説的原因是，孔子的時代，重視紅色和紫色衣服的人很多，傾向於拋棄正色。

所以孔子（即使在私人場合）也不穿紅色和紫色的衣服。因此，在後面的《陽貨》卷說「惡紫之奪朱」。）

注 王肅曰：褻服私居，非公[387]會之服也，皆不正。褻尚不衣，正服无所施也。（王肅如下説道，「褻服」是在私人場合穿的衣服，不是公共場合穿的衣服。紅紫色和褻服一樣，都不是正式的東西。如此，即使是私服，也不會穿紅色和紫色的服裝，所以正式服裝也不會使用紅色和紫色。）

疏 鄭注《論語》：〔紺〕緅紫玄[388]之類也。紅〖緟〗【纁】（所）之類也。玄〖緟〗【纁】所以爲祭服，尊其類也。紺緅〖右〗【石】染[389]，不可爲衣飾。紅紫草染，不可爲褻服而已。飾謂純 緣也[390]。侃案：五方正色，青赤白黑黄。五方間色，〖緣〗【緑】爲青之間，紅爲赤之間[391]，碧爲白之間，紫爲黑之間，**流黄**①爲黄〔之〕間也（之）。故不用紅紫，言是[392]間色也。所以爲間者，潁子嚴云：東方木，ミ色青，木克於土，ミ色黄，以[393]青加黄，故爲〖緣〗【緑】。ミ爲東方間也。又南方火，ミ色赤，火克金，ミ白色，以赤加[394]白，故爲紅。ミ〔爲〕南方〖問〗【間】也。又西方金，ミ色白，金克木，ミ色青，以白加青，故[395]爲碧。ミ爲西方間也。又北方水，ミ色黑，水克火，ミ色赤，以黑加赤，故爲[396]紫。ミ爲北方間也。又中央土，ミ色黄，土克水，ミ色黑，以黄加黑，故[397]爲**流**ミ**黄**ミ②③（流黄。流黄——筆者所加校記）爲中央間也。**流黄**④ミ黑之色也。又一法〔一九〕云，東甲乙木，南丙[398]丁火，中央戊己土，西〖康〗【庚】辛金，北壬〖关〗【癸】水。以木克土，〖以戊〗【戊以】妹已嫁木甲，是[399]黄入於青，故〖緣〗【緑】也。又火克金，庚以妹辛，嫁於丙，是白入於赤，故爲[400]紅也。又金克木，甲以妹乙，嫁〖康〗【庚】，是青入白，故爲碧也。又水克火，丙[401]以妹丁嫁於壬，是赤入〖里〗【黑】，故爲紫也。又土克水，壬以妹〖关〗【癸】嫁於戊，是[402]黑入黄，故爲**流黄**⑤黄也矣。（鄭玄在《論語》的注中如下説道，紺緅是紫玄之類。紅是纁之類。由於玄和纁都是祭服的顏色，這一種類受到尊重。紺和緅是用石染的，不能用作衣服邊緣的裝飾。紅和紫是用草染的，不能用於私人場合的衣服。邊緣裝飾指的是純色的邊緣。侃案，五方的正色是青赤白黑黄。五方間色是指，緑是青的間色，紅是赤的間色，碧是白的間色，紫是黑的間色，流黄是黄的間色。所以説，之所以不使用紅和紫，是因爲它們是間色。關於這些顏色被認爲是間色的原因，潁子嚴如下説道，東方是木，木的顏色是青，木克於土，土的顏色是黄，在青中加入黄就變成了緑。緑是東方的間色。又，南方是火，火的顏色是赤，火克金，金的顏色是白，赤中加入白就變成了紅。紅是南方的間色。又，西方是金，金的顏色是白，金克木，木的顏色是青，白中加入青就變成了碧。碧是西方的間色。又，北方是水，水的顏色是黑，水克火，火的顏色是赤，黑中加入赤就變成了紫。紫是北方的間色。又，中央是土，土的顏色是黄，土克水，水的顏色是黑，黄中加入黑就變成了流黄。流黄是中央的間色。流黄是黄和黑的混合色。又一種説法是，東方甲乙木，南方丙丁火，中央戊己

〔一九〕「又一法」中的「法」，文明抄寫大槻本作「註」，高尚榘點校本作「注」，但後文所示《海録碎事》和注〔一二四〕所介紹的《緯略》，都引用了《論語疏》並據之作「法」，而且，「法」在意義上也是通順的，因此仍按原文。

土，西方庚辛金，北方壬癸水。由於木克土，戊以妹己嫁木甲，黄入青，所以變成緑。又，火克金，庚以妹辛嫁於丙，白入赤，所以變成紅。又，金克木，甲以妹乙嫁於庚，青入白，所以變成碧。又，水克火，丙以妹丁嫁於壬，赤入黑，所以變成紫。又，土克水，壬以妹癸嫁於戊，黑入黄，所以變成流黄。）

異同之處

皇侃義疏關於「正色」和「間色」的部分中，説明正色黄色所對應間色的位置（五處）。

《論語疏》卷六①「流黄」②「流黄」③「流黄」④「流黄」⑤「流黄」（②③以「流〻黄〻」表記。以下諸本中也有很多將③表示爲「〻〻」，但以下以漢字表示）。

諸本狀況

京A、京B、足、尊A、斯A、急B①作「緇」，②作「緇黄」，③作「緇黄」，④作「緇黄」，⑤作「緇黄」。

都、蓬、尊B、急A、書、個、關、國、斯B、圖、神、故A、故B、故D①作「緇」，②作「騮黄」，③作「騮黄」，④作「騮黄」，⑤作「騮黄」。

故C①作「緇」，②作「騮黄」，③作「騮黄」，④作「騮黄」，⑤作「騮黄者」。

龍①作「騮黄」（旁注「緇」），②作「騮黄」，③作「騮黄」，④作「騮黄」（缺⑤）。

故E①作「緇」（缺②③④⑤）。

斯C①作「緇」，②④⑤作「驪黄」，③作「騮黄」。

考察

《論語疏》卷六①—⑤均作「流黄」（以及龍本①—④作「騮黄」）應該是更爲優越的。理由如下。

首先，與本例内容相同的皇侃説法，亦被《禮記・玉藻》的《正義》引用，[三〇]該處作「騮黄」。《玉藻》「衣正色，裳間色」的《正義》有如下解釋：

> 皇氏云：正謂青赤黄白黑，五方正色也。不正謂五方間色也，緑紅碧紫騮黄是也。青是東方正，緑是東方間。東爲木，木色青。木克土，土黄，並以所克爲間，故緑色青黄也。朱是南方正，紅是南方間。南爲火，火赤。克金，金白，故紅色赤白也。白是西方正，碧是西方間。西爲金，金白。克木，故碧色青白也。黑是北方正，紫是北方間。北方水，水色黑。水克火，火赤，故紫色赤黑也。黄是中央正，騮黄是中央間。中央爲土。土克水，水黑，故騮黄之色黄黑也。

此處引用的皇侃説法，與《鄉黨篇》本條的《義疏》文字基

[三〇]《隋書・經籍志》經部禮類著録了皇侃所撰《禮記義疏》九十九卷和《禮記講疏》四十八卷。可能引用自兩者中的一種。

本相同。其中，中央的間色作「駵黃」，不過應該是由於「駵」與「流」同音（「力求切」，《廣韻》「下平十八尤」），因而通用。按這一思路，認爲皇侃將本條義疏作「流黃」的想法，就有其一致性。〔三一〕此外，上文《玉藻》的《正義》所引用的皇疏，也見引於北宋邢昺《論語注疏》的《陽貨篇》。〔三二〕

其次，還可以舉出的是，在宋代葉廷珪《海録碎事》卷五衣冠服用部女工門「正色間色」中，也可見「流黃」，這似乎是引用了《鄉黨篇》本條《義疏》的內容（筆者已據國防研究院圖書館藏明萬曆戊戌年刻本的影印本［出版社、出版年不明，慶應義塾大學圖書館藏］予以確認）。以下出示與本項有關的部分：

> 案五方正色青赤白黑黃。五方間色者……流黃爲黃之間……所以爲間者。潁子嚴云……又中央土，土色黃，以黃加黑爲流黃，流黃爲中央之間色。又一法云……土克水，壬以妹癸，嫁於戊，是黑入黃爲流黃也。《論語疏》

以「潁子嚴云」引用的內容，以及「又一法」以下的説明，與《鄉黨篇》本條的《義疏》一致。此外，包括本例在內，《海録碎事》有八處引用了《論語疏》，〔三三〕其中儘管存在若干差異，但所有引用內容在《論語義疏》中都可以發現同樣或者類似的文字，而在《論語注疏》中則找不到相應的內容。由此可以判斷，葉廷珪引用的是皇侃《論語義疏》。也就是説，生活在北宋末

〔三一〕關於《禮記・玉藻》的《正義》引用皇侃的説法，得到了臺灣大學中文系李子卓的教示。

〔三二〕《論語・陽貨篇》：「子曰：惡紫之奪朱也。惡鄭聲之亂雅樂也。惡利口之覆邦家也」。其《集解》曰：「孔曰：朱，正色；紫，間色之好者。惡其邪好而奪正色」。《集解》的邢昺疏文，有如下所述：

> 皇氏云：〔正〕謂青赤〔黃〕白黑五方正色。不正謂五方間色，緑紅碧紫駵黃色是也。青是東方正，緑是東方間。東爲木，木色青。木刻土，土色黃，並以所刻爲間，故緑色青黃也。朱是南方正，紅是南方間。南爲火，火色赤。火刻金，金色白，故紅色赤白也。白是西方正，碧是西方間。西爲金，金色白。金刻木，故碧色青白也。黑是北方正，紫是北方間。北爲水，水色黑。水刻火，火色赤，故紫色赤黑也。黃是中央正，駵黃是中央間。中央土，土色黃。土刻水，水色黑，故駵黃色黃黑也。（引文據阮刻十三經注疏本。旁記○的「正」「黃」二字，是據阮元校勘記予以補改。）

此外，據王孫涵之指出，此處的邢疏並非從皇侃義疏中直接引用，而是重引了《禮記・玉藻》的孔穎達《正義》所引內容（王孫涵之《北宋初期における「注疏の学」——邢昺〈論語正義〉の編纂をめぐって》，《日本中國學會報》第七十二集，二〇二〇年）。

〔三三〕除本例之外，《海録碎事》明示引用《論語疏》的例子如下。據《文淵閣四庫全書電子版——原文及全文檢索版》（上海人民出版社・迪志文化出版有限公司）確認。（ ）内爲《論語義疏》的出處。

卷二，天部下，儺門「三儺」，「儺逐疫鬼也」（《義疏》卷五《鄉黨》「鄉人儺」的疏文）。

卷四下，地部下，梁柱門「侏儒柱」，「藻棁者畫梁上侏儒柱爲藻文也」（《義疏》卷三《公治長》「子曰臧文仲居蔡」的疏文）。

卷四下，地部下，梁柱門「薄廬」，「山楶者刻薄廬爲山也」（《義疏》卷三《公治長》「子曰臧文仲居蔡」的疏文）。

卷五，衣冠服用部，冠冕門「玄端章甫」，「玄端之衣章甫之冠」（《義疏》卷六《先進》「子路曾皙冉有公西華」的疏文）。

（轉下頁）

南宋初的葉廷珪所看到的《義疏》，此處作「流黃」。當然，也不能排除葉廷珪重引其他書籍所引《義疏》內容的可能性，但在《文淵閣四庫全書》的檢索範圍內，從《義疏》中引用最多的就是《海録碎事》八例，而且在葉廷珪之前，八例中有多數沒有被以相同內容引用過，據此，葉廷珪很可能親眼見到了《論語義疏》（用他的用語來説就是《論語疏》）。[二四]

另外可以作爲旁證的是，在提到「間色」的其他書籍中，也有將其稱爲「流黃」的例子。比如《文選》卷十六江淹《別賦》「慙幽閨之琴瑟，晦高臺之流黃」的李善注，以及《太平御覽》卷八一四布帛部一「染」所引用的《環濟要略》中，均有「間色有五，（《環濟要略》有「謂」字）紺、紅、縹、紫、流黃也」。

據上述內容，可以認爲《論語疏》卷六作「流黃」傳承了《義疏》的本來面貌。

舉例 16 《鄉黨》第七條「齊必有明衣布，齊必變食，居必遷坐」條

內容及其通釋

經文「居必遷坐」的疏文

亦不坐恒居之室也。故於祭前先散齊於[459]路寢門外七日。又致齊於路寢中三日也。故范甯云：齊以敬潔爲主，期神[460]明之享。故改常之食，遷居齊室也。（而且，不坐在平時居住的房間內。因此，在祭祀之前，首先要在路寢的門外進行七天的散齊，然後在路寢的內部進行三天的致齊。因此范甯説，齊戒主要是爲了尊重清潔，祈盼能得到神明的接受。所以要改變平時的飲食，移居至齊室。）

異同之處

《論語疏》卷六作「恒居之室」。

諸本狀況

京A、京B、都、足、蓬、尊A、尊B、急A、急B、書、闕、國、斯A、斯B、斯C、圖、神、故A、故B、故C、故D、故E作「恒居之坐」。

個、龍作「恒居之座」（旁注「坐」字）。

考察[二五]

《論語疏》卷六「不坐恒居之室」作「室」，這與後文「范甯云」的內容「遷居齊室」互相呼應，所以具有合理性。而且，這

（接上頁）卷五，衣冠服用部，簾幙門「帷裳」，「帷裳謂帷幔之屬」（《義疏》卷五《子罕》「君子不以紺緅飾」的疏文）。

卷二二上，鳥獸草木部，飛鳥「車覆粟」，「公冶長辨鳥雀語……」（《義疏》卷三《公冶長》「子謂公冶長」的疏文）。

此外，卷五衣冠服用部衣服門「枲著」條有「語衣敝緼袍。注，敝，敗也。緼，枲著也。言以碎麻著裘也」，「注」以下文字中，「緼，枲著也」在《集解》中作爲「孔安國曰」的內容被引用，而「敝，敗也」和「言以碎麻著裘也」在《義疏》中作爲疏文出現（但後者在《義疏》中沒有「言」字），却不見於《論語注疏》，因此可以推定爲引用自《論語義疏》。

[二四] 此外，本引文還見引於南宋高似孫《緯略》卷七「流黃素」（左洪濤校注《高似孫〈緯略〉校注》，浙江大學出版社，二〇一二年，第一一八頁）。

[二五] 關於本條的考察，得到了臺灣大學中文系莊民敬的教示。

也與此前所述從路寢的門外（雖然説是門外，但實際上是在那裏度過七天的物忌時間，所以應該不是在野外）移居到路寢的內部，即移動居室的説法相合。經文中僅提到了「遷坐」，皇侃則將其明確解釋爲移動居室。「路寢」通常指天子的正殿，但由於此一經文所述並不限於天子，而是一般的教誨，故而令人頗爲疑惑。關於這一點，清代的胡培翬有相關的解釋。〔三六〕

舉例 17 《鄉黨》第八條「食不厭精」條

內容及其通釋

①【經文「臭惡不食」的疏文】

臭惡謂〔餧〕[469]【饌】臭**不宜人**。故不食也。（「臭惡」指的是，對人而言食物氣味不好的情況。所以不吃。）

②【經文「不時不食」的疏文】

不[471]時，非朝夕日中時也。非其時則**不宜人**。故不食也。（「不時」所説的是，不是朝晝晚之時。如果不是適當的時間，對人體來説就是不好的，因此不吃。）

異同之處

《論語疏》卷六①②皆作「不宜人」。

諸本狀況

京A、京B、都、足、蓬、尊A、尊B、急A、急B、書、個、闕、國、斯A、斯B、斯C、圖、龍、神、故A、故B、故C、故D、故E①②皆作「不宜食」。

考察

由於《論語疏》卷六①②用字一致，因此不能一概而論爲誤抄。從意義上來看，《論語疏》卷六和諸本皆通。無論是「不宜食」還是「不宜人」，在本草學和醫學書籍中都頻繁出現。

舉例 18 《鄉黨》第八條「食不厭精」條

內容及其通釋

＊本條《論語疏》卷六的經文和義疏中可能存在誤抄（請參考「考察」），因此，本稿在糾正之後進行通釋。

【經文「失飪不食」的疏文】

飪謂生熟節也。煮食或未熟，或[470]已過熟，並不食也。

（「飪」指的是「飯」的生熟程度。煮飯時，有的時候還沒有完全煮熟，有的時候已經煮得過熟，都不會被食用。）

異同之處

《論語疏》卷六作「飪謂生熟節也」。

〔三六〕胡培翬《研六室文鈔》卷三「論語居必遷坐解」中提到了這個問題：「路寢君制。此舉路寢以見大夫士之齋，亦於正寢也」，將本條作爲代表君主的事例舉出，説明在士大夫的情況下，「正寢」相當於是君主的「路寢」。關於此文所在，也得自臺灣大學中文系莊民敬教示。

諸本狀況

京A、足、蓬、尊A、尊B、急A、急B、書、個、闕、國、斯A、斯B、斯C、圖、龍、神、故A、故B、故C、故D、故E作「飪謂失生熟節也」。

都作「飪謂失生熟節」。

京B作「飪謂失生熟不節也」（「不」旁寫「之亻」）。

考察

《論語疏》卷六經文和疏文第一句原寫爲「失飪不飪*1食*2謂生熟節也」，但可能存在誤抄。《論語疏》卷六的補抄者也指出了這一點。首先，對於*1「飪」字，補抄者在其上面重疊書寫了「食」字進行更正，又在*2「食」字右邊添寫「壬」字，將其改爲「飪」字。如果按照這一修正，本句就變成了「失飪不食飪謂生熟節也」。另外，在*2「食」字旁，還有其他筆跡所加的「✔」符號。如果這一符號表示的是「飪」和「食」字序顛倒，那麼此處仍然會變成「失飪不食飪謂生熟節也」。如果遵從這兩重更正的話，那麼「失飪不食」是經文，「飪謂生熟節也」以下則是義疏。此處從之。

該處的疏文，京A以下諸本與《論語疏》卷六不同，作「飪謂失生熟節也」（都本沒有「也」字。京B本作「飪謂失生熟不節也」，但文義不通順，「不」字應該是誤入），即「謂」字後面皆有「失」字。據此訓讀的話，應該是「『飪』謂失生熟之節」。然而，在「飪」的字義訓釋中，並不需要「失」字。

《論語疏》卷六中，本條疏文下有一個空格，其後寫「注」字，接着引用了《集解》的內容：

孔安國曰：失飪失生熟之節也。（孔安國說，「失飪」是指失去了生熟程度。）

與前面的疏文不同，此處是「失飪」的語釋，因此「失生熟之節也」（失去了生熟的程度）的解釋是合理的。或許《義疏》諸本是受這一孔注的影響，由此導致了誤抄。（排印本校注中提到，《四庫全書》本、《知不足齋叢書》本《論語義疏》作「失飪謂失生熟節也」。儘管據此來看，訓詁上沒有破綻，但也可能是後人遵從孔安國注，加上了「失」字。）

《論語疏》卷六與諸本不同，沒有「失」字，在「飪」字的訓詁上面也就沒有產生矛盾。考慮到這一點，可以說《論語疏》卷六更爲優秀。

慶應義塾圖書館藏（南北朝末隋）寫本《論語疏》卷六與清家文庫本校記

齋藤慎一郎 撰　劉佳琪 譯

凡例

一、本校記以本書影印部分收録的慶應義塾圖書館藏《論語疏》卷六（以下稱「慶應本」）爲底本，出示該寫本與京都大學附屬圖書館清家文庫藏日本南北朝寫本（請求記號：一一六六/ロ/四貴。本校記以下稱「清家本」）卷五本文文字和批注所見文字之間的差異。

一、各項開頭，以「慶應本幾」表示的阿拉伯數字是慶應本的行數，與本書影印部分《論語疏》卷六頁面上方所附阿拉伯數字相對應。慶應本3「乎八音」、清家本作「乎八音乎」，意指慶應本第3行的「乎八音」，在清家本中作「乎八音乎」，句末較慶應本多一「乎」字。

一、（　）内記録的是各自本文左右和欄外等處所見補記（批注）等狀況。慶應本4「一藝名家」、清家本作「一藝取名焉（右：イ无，左下：家イ）」，意指慶應本第4行的「一藝名家」，在清家本中作「一藝取名焉」，並於「焉」字右側旁記「イ无」，左下旁記「家イ」。

一、適當使用〔　〕記入備考。

一、考慮到慶應本在中世日本人眼中的認識情況，同時爲了比較兩本，本校記對存在異體字關係的文字，盡可能使用原樣文字以顯示其差異。

一、判讀困難的字以□表示。存疑時使用「?·」。

一、行末標記＊的語句，本書所收《慶應義塾圖書館藏〈論語疏〉卷六的文獻價值——作爲日本漢學研究資料的特色》一文有討論，可參考。

慶應本3「乎八音」，清家本作「乎八音乎」。

慶應本4「一藝名家」，清家本作「一藝取名焉(右：亻无，左下：家亻)」。

慶應本4「□」，清家本作「大」。

慶應本4「注」，清家本無。

慶應本4「達巷者黨名也」，清家本作「達巷黨名也」。

慶應本5「名一」，清家本作「一名」。

慶應本6「□」，清家本作「所」。

慶應本7「也」，清家本作「也(右下：之亻)」。

慶應本7「執御乎執射乎」，清家本作「執御(左：丨車也)乎執射乎吾執御矣(右：亻无)」。

慶應本8「御〻車也」，清家本作「御〻車者(右下：亻)也」。

慶應本8「吾□御向欲合(右：令)」，清家本作「向欲合」。

慶應本9「射」，清家本作「躾」。

慶應本9「吾執御也」，清家本作「吾執御者(右下：亻)也」。

慶應本9「注」，清家本無。

慶應本9「卑者也」，清家本作「卑也」。

慶應本11「爲卑也」，清家本作「爲卑也(左下：亻无)」。

慶應本11「子曰麑(右：麻冕)礼也」，清家本作「子曰麻冕礼也」。

慶應本11「(右補入：周礼)有六冕」，清家本作「周礼有六冕」。

慶應本12「曰」，清家本作「云」。

慶應本12「冕(右：寃)」，清家本作「冕」。

慶應本12「今也純」，清家本作「今也純儉」。

慶應本12「孔(右補入：子)時也」，清家本作「孔子時也」。

慶應本12「□」，清家本作「卅」。

慶應本13「故云今也純(右補入：儉)卅升布」，清家本作「故云今也純也儉卅升布」。

慶應本13「難〻得〻」，清家本作「難得〻〻」。

慶應本13「大者(右：奢)」，清家本作「奢」。

慶應本14「易〻成〻」，清家本作「易成〻〻」。

慶應本14「故云儉也」，清家本作「故云今也純儉也」。

慶應本14「吾従衆周末」，清家本作「吾従衆〻謂周末」。

慶應本15「大者」，清家本作「奢」。

慶應本16「従也」，清家本作「従之也」。

慶應本16「注」，清家本無。

慶應本16「孔安國曰冕繙(右：緇)布冠冕通名也」，清家本作「孔安国曰冕緇布冠也冠冕通名也」。

慶應本17「繙(右：□)」，清家本作「緇」。

慶應本17「注」，清家本無。

慶應本17「績麻卅」，清家本作「績麻三十」。

慶應本17「升爲布以爲之」，清家本作「升布以爲之」。

慶應本17「糸易成」，清家本作「絲易成」。

慶應本17「撿(右：儉)」，清家本作「儉」。

慶應本18「以？（右：故）」，清家本作「故」。

慶應本19「太」，清家本作「泰」。

慶應本19「求（右：末）」，清家本作「末」。

慶應本19「泰（右補入：驕泰）也」，清家本作「泰驕泰也」。

慶應本19「當于周末」，清家本作「當于時（右下：亻无）周末」。

＊例A

慶應本20「臣得賜酒」，清家本作「臣得君賜酒」。

慶應本20「不復」，清家本作「復不」。

慶應本22「舊」，清家本作「舊礼」。

慶應本22「注」，清家本無。

慶應本23「於旅」，清家本作「旅於」。

慶應本24「之」，清家本作「云」。

慶應本24「得君旅」，清家本作「臣得君旅」。

慶應本24「再（右補入：〻）拜〻」，清家本作「再拜〻〻」。

慶應本25「成〻拜〻」，清家本作「成拜〻〻」。

慶應本25「成也」，清家本作「成之者也云」。

慶應本26「注」，清家本無。

慶應本27「（右補入：子）絶（右補入：四絶）者」，清家本作「子絶四絶者」。

慶應本29「无意」，清家本作「毋意」。

慶應本30「之従」，清家本作「泛」。

慶應本30「舟（右下：侯）」，清家本作「舟」。

慶應本30「同」，清家本作「固（右上：匕，右下：同）」。

慶應本30「注」，清家本無。

慶應本31「无必」〔經文〕，清家本作「毋必」。

慶應本31「此聖人」，清家本作「此謂聖人」。

慶應本31「赴」，清家本作「赴應」。

慶應本31「抑（右：擇）无（右：删除符號）必」，清家本作「抑必」。

慶應本31「牙（右：牙）」，清家本作「互」。

慶應本32「由无意故能爲化无必（右：必）也」，清家本作「无所抑必（左：□字亻无）由无意故能爲化无必也」。＊例B

慶應本32「注」，清家本無。

慶應本32「舎」，清家本作「捨」。

慶應本32「無専必也」，清家本作「故無専必也」。

慶應本32「无固（右：固）」，清家本作「毋固」。

慶應本33「後」，清家本作「故」。

慶應本33「不能行」，清家本作「不能得行」。

慶應本34「反」，清家本作「返」。

慶應本34「无固也」，清家本作「无堅（右：亻）固也」。

慶應本34「注」，清家本無。

慶應本34「无可无不可」，清家本作「無可無不可」。

慶應本35「无我」〔經文〕，清家本作「毋我」。

慶應本35「功成」，清家本作「功德（右：亻无）成」。＊例C

慶應本35「晦功〻遂」，清家本作「晦迹功遂」。

慶應本 35「故无我也」，清家本作「故無我也」。
慶應本 36「亦由无意故能无我也」，清家本無。
慶應本 36「注」，清家本無。
慶應本 37「不有其身也」，清家本作「不自有其身也」。
慶應本 37「孺」，清家本作「⿰歹需」。
慶應本 37「或生德」，清家本作「或天生德」。
慶應本 37「無必（右：必）」，清家本作「无必」。
慶應本 38「慈（右：茲）」，清家本作「茲」。
慶應本 39「明名」，清家本作「明」。
慶應本 39「絶四」，清家本作「絶此（右下：亻无）四」。＊例 D
慶應本 40「周（右：同）」，清家本作「同」。
慶應本 40「畏之」，清家本作「畏之也」。
慶應本 40「匡之」，清家本作「匡之（右：亻）人（右：亻无）」。
慶應本 42「大」，清家本作「太」。
慶應本 42「極嶮」，清家本作「阻険」。
慶應本 42「無」，清家本作「无」。
慶應本 43「注」，清家本無。
慶應本 43「昏（右：氏曰）」，清家本作「氏曰」。
慶應本 43「陽虎也陽虎」，清家本作「陽虎〻〻」。
慶應本 43「曽」，清家本作「甞」。
慶應本 44「虎」，清家本作「（右補入：陽）虎」。
慶應本 44「俱後」，清家本作「俱徃後」。

慶應本 44「至（右補入：匡）〻人」，清家本作「至於匡〻人」。
慶應本 44「識尅」，清家本作「識（右補入：顔）尅」。
慶應本 45「正与」，清家本作「与」。
慶應本 45「以兵圍也」，清家本作「以兵（右補入：而）囲之（右：〇印）也」。
慶應本 45「注」，清家本無。
慶應本 45「由也」，清家本作「由者也」。
慶應本 46「慈（右：茲）乎」，清家本作「茲乎」。
慶應本 46「説」，清家本作「設」。
慶應本 46「也」，清家本作「也（右：亻）」。
慶應本 46「慈？此也」，清家本作「茲此也」。
慶應本 47「聖德有文章宜須人傳」，清家本作「聖德有文章以教化天下也父王今既已没則文章宜須人傳」。
慶應本 48「慈？乎」，清家本作「茲乎」。
慶應本 48「注」，清家本無。
慶應本 48「慈？此也」，清家本作「茲此也」。
慶應本 48「死」，清家本作「没」。
慶應本 49「此其身也」，清家本作「此（右：比亻）其身也」。
慶應本 49「其身（右補入：夫子身）也」，清家本作「其身者夫子之身也」。
慶應本 50「既去」，清家本作「既云（右下：去亻）」。＊例 M
慶應本 51「幾」，清家本作「然（右下：亻）終」。

慶應本 53「注」，清家本無。
慶應本 54「知之末(用墨塗抹，右：末)」，清家本作「知末」。
慶應本 54「喪也」，清家本作「喪之」。
慶應本 54「天(右補入：之)末」，清家本作「天之末」。
慶應本 55「末(右：未)」，清家本作「未」。
慶應本 56「曰」，清家本作「云」。
慶應本 57「足」，清家本作「是」。
慶應本 57「而虎」，清家本作「虎而」。
慶應本 58「注」，清家本無。
慶應本 58「何猶」，清家本作「何者猶」。
慶應本 58「奈我也」，清家本作「奈我何也」。
慶應本 58「天未喪」，清家本作「天之未喪」。
慶應本 58「此文則」，清家本作「此文也則」。
慶應本 61「問」，清家本作「耆」。
慶應本 62「注」，清家本無。
慶應本 63「家(右：冢)」，清家本作「冢」。
慶應本 63「或(右補入：云)大」，清家本作「或云大」。
慶應本 63「注」，清家本無。
慶應本 63「或宋或吴」，清家本作「或吴或宋」。
慶應本 64「云太宰」，清家本作「云大宰」。
慶應本 65「七(右補入：年公)會」，清家本作「七年公會」。
慶應本 65「吴于鄫」，清家本作「吴于鄫吴于鄫(後三字右上：ヒ)」。

慶應本 65「吴子人」，清家本作「吴人」。
慶應本 66「於太宰」，清家本作「於大宰」。
慶應本 66「睪」，清家本作「臯」。
慶應本 66「使宰」，清家本作「使大宰」。
慶應本 66「莅」，清家本作「莅(左下：□イ)」。
慶應本 67「此時宰」，清家本作「此時大宰」。
慶應本 67「或至」，清家本作「或其(右下：イ)至」。
慶應本 68「注」，清家本無。
慶應本 68「藝(〔藝云？〕)」，清家本作「藝」。
慶應本 68「又多能」，清家本作「又多能也」。
慶應本 68「答曰」，清家本作「答云」。
慶應本 69「固故也」，清家本作「固縱(右：イ)故也」。
慶應本 69「注」，清家本無。
慶應本 69「縱大聖」，清家本作「縱之大聖」。
慶應本 70「多使(右：雁點*)能」，清家本作「使多能」。
慶應本 70「大宰知」，清家本作「太宰知」。
慶應本 70「者」，清家本作「者乎」。
慶應本 70「大宰之」，清家本作「太宰之」。
慶應本 71「大宰嫌」，清家本作「太宰嫌」。

* 譯者注：雁點：漢文訓讀的返點符號之一，表示語序顛倒。因古時符號書作「ㄑ」，形似大雁飛而得名。

慶應本 72「謙謙」，清家本作「謙」。
慶應本 74「不多也」，清家本作「不多能也」。
慶應本 74「務〻簡〻」，清家本作「務簡〻〻」。
慶應本 75「達者不應」，清家本作「遠者大者不應」。
慶應本 75「注」，清家本無。
慶應本 75「昏」，清家本作「氏曰」。
慶應本 76「多能鄙人」，清家本作「多能爲鄙人」。
慶應本 77「兼杖（右：材）」，清家本作「兼宜（右：亻）材」。
慶應本 77「太宰」，清家本作「大宰」。
慶應本 77「固疑」，清家本作「因（右下：固亻）疑」。
慶應本 78「聖」，清家本作「将聖也」。
慶應本 78「非」，清家本作「排」。
慶應本 79「多〻能〻」，清家本作「多能〻〻」。
慶應本 79「九（右：先）道德」，清家本作「先道德」。
慶應本 80「鑿」，清家本作「鉴」。
慶應本 80「罕曰」，清家本作「牢曰」。
慶應本 80「不誠」，清家本作「不試」。
慶應本 80「用誠（右：雁點）也」，清家本作「試用也」。
慶應本 80「子罕（右：牢）」，清家本作「子牢」。
慶應本 81「故藝云也」，清家本作「伎藝也」。
慶應本 82「愛」，清家本作「受」。
慶應本 82「以藝（右：雁點）」，清家本作「藝以」。
慶應本 82「而已」，清家本作「而已也」。
慶應本 83「注」，清家本無。
慶應本 83「罕（右：牢）弟子〻罕（其上重疊書寫爲「牢」）也」，清家本作「牢弟子子牢也」。
慶應本 83「孔」，清家本作「□（右：孔）」。
慶應本 84「間」，清家本作「問（右下：聞亻）」。
慶應本 84「明（右：删除符號）」，清家本無。
慶應本 84「無」，清家本作「无」。
慶應本 85「乎哉」，清家本作「乎哉也」。
慶應本 85「知〻」，清家本作「知知」。
慶應本 85「之意也」，清家本作「之意」。
慶應本 86「注」，清家本無。
慶應本 86「知意故」，清家本作「知意謂故」。
慶應本 86「无知〻也」，清家本作「无知〻意也」。
慶應本 86「注知者言未必盡」，清家本作「言知者言未必尽也」。
慶應本 87「即」，清家本作「則」。
慶應本 87「其言未必盡」，清家本作「其言未必尽也」。
慶應本 87「注」，清家本無。
慶應本 87「今（右補入：我）誠」，清家本作「今我誠」。
慶應本 87「我不知〻」，清家本作「我以不知知」。
慶應本 88「无（右補入：不）盡」，清家本作「无不尽」。

慶應本 88「問」，清家本作「來問」。
慶應本 88「事（右補入：也）」，清家本作「吏也」。
慶應本 89「我心」，清家本作「我而心」。
慶應本 89「抱」，清家本作「懷（右：亻）抱」。
慶應本 90「言雖」，清家本作「雖言」。
慶應本 90「鄙」，清家本作「（左上：虛）鄙」。
慶應本 90「我我」，清家本作「我〻」。
慶應本 90「虛之」，清家本作「処之」。
慶應本 91「端（右：刪除符號）」，清家本作「竭」。
慶應本 91「臨？（右：臨）」，清家本作「臨」。
慶應本 93「示」，清家本作「示之」。
慶應本 93「心」，清家本作「己心」。
慶應本 93「誨」，清家本作「誨之」。
慶應本 93「注」，清家本無。
慶應本 93「問我」，清家本作「問於我」。
慶應本 93「然」，清家本作「如」。
慶應本 94「有愛也」，清家本作「有愛（行末補入：也）」。
慶應本 94「繆播」，清家本作「繆協」。
慶應本 94「生知」，清家本作「生故（右：亻无）知」。 ＊例E
慶應本 95「無」，清家本作「无」。
慶應本 96「已矣」，清家本作「已矣夫」。
慶應本 96「時人」，清家本作「夫（右下：亻）時人」。

慶應本 97「昔之」，清家本作「昔之（右下：亻无）」。
慶應本 97「无瑞」，清家本作「无此（右：亻无）瑞」。 ＊例F
慶應本 97「已矣」，清家本作「已矣也」。
慶應本 99「望也」，清家本作「望者也」。
慶應本 99「今天无此瑞吾已矣夫不得見也」，清家本無。
慶應本 99「注」，清家本無。
慶應本 100「受命鳳」，清家本作「受夻則鳳」。
慶應本 100「皇」，清家本作「鳥」。
慶應本 100「注」，清家本無。
慶應本 100「河出河（右：刪除符號）啚」，清家本作「河出囗」。
慶應本 100「河出河（右：刪除符號）啚」下，清家本有「今天无此瑞吾已矣夫者不得見也」。〔與慶應本 99 對應，「夫者不」，慶應本作「夫不」。〕
慶應本 101「授羲？」，清家本作「授伏羲」。
慶應本 101「畀？似（右：姒）」，清家本作「畀姒（左下批注：禹）」。
慶應本 102「注」，清家本無。
慶應本 103「及（右：乃）」，清家本作「乃」。
慶應本 103「殊才」，清家本作「殊特（左下：亻）」。
慶應本 103「命世」，清家本作「夻世之才」。
慶應本 104「畀？（右：乎）」，清家本作「乎」。
慶應本 104「秤」，清家本作「称」。

慶應本 105「齋（右：齋？）」，清家本作「斎衰者」。
慶應本 105「此〔空格〕孔子」，清家本作「此記孔子」。
慶應本 105「袞？（右：哀）人」，清家本作「哀」人。
慶應本 106「類？」，清家本作「預」〔額〕。
慶應本 106「冕？（右：寃）」，清家本作「冕」。
慶應本 107「大夫以上尊」，清家本作「大夫以上之尊」。
慶應本 107「士（右：士）」，清家本作「士」。
慶應本 107「瞽与（右：雁點）者」，清家本作「与瞽者」。
慶應本 108「則聾者則聾者（以上三字右側：刪除符號）者不預也」，清家本作「則聾者不預也」。
慶應本 109「疾聾（右：雁點）輕」，清家本作「聋疾輕」。
慶應本 109「於盲者也」，清家本作「於盲之也」。
慶應本 109「注」，清家本無。
慶應本 109「者（右補入：礼）冠」，清家本作「者冠」。
慶應本 109「瞽盲者」，清家本作「瞽者盲者」。
慶應本 110「改」，清家本作「改（左下：政イ）」。
慶應本 111「苞甯」，清家本作「范甯」。
慶應本 111「注」，清家本無。
慶應本 112「不成人也」，清家本作「不成人之也」。
慶應本 113「致歎」，清家本作「致歎也」。
慶應本 113「注」，清家本無。
慶應本 113「喟」，清家本作「喟然」。

慶應本 114「堅」，清家本作「賢（右上：ヒ，右：堅）」。
慶應本 114「物（右補入：雖）堅」，清家本作「物雖堅」。
慶應本 115「廣汈」，清家本作「厝力」。
慶應本 116「陵」，清家本作「表（右下：陵イ）」。
慶應本 116「弥（右補入：高弥）堅銍（用朱塗抹，右：鑽）仰」，清家本作「弥高弥堅鑽仰」。
慶應本 117「故」，清家本作「故知」。
慶應本 117「絶域高堅」，清家本作「絶域之高堅」。
慶應本 117「注」，清家本無。
慶應本 118「域」，清家本作「圹（右下：域）」。
慶應本 118「無」，清家本作「无」。
慶應本 118「而巇（右：瞻）」，清家本作「而瞻」。
慶應本 118「寮」，清家本作「遼」。
慶應本 118「悅？忽」，清家本作「悅惚」。
慶應本 119「或（右補入：前或）後也」，清家本作「或前或後也」。
慶應本 119「注」，清家本無。
慶應本 119「象」，清家本作「像」。
慶應本 121「熟」，清家本作「孰」。
慶應本 121「琱（右：測）」，清家本作「測」。
慶應本 122「此所以」，清家本作「此其所以」。
慶應本 123「循（右下：ミ）然」，清家本作「循ミ然」。
慶應本 123「歎」，清家本作「欲」。

慶應本123「縣（右：懸）」，清家本作「懸」。

慶應本123「仚慕」，清家本作「企慕」。

慶應本124「注」，清家本無。

慶應本124「貇」，清家本作「貌」。

慶應本124「此道進勸？〔右側缺〕」，清家本作「此道勸進」。

慶應本125「此以説」，清家本作「此説」。

慶應本125「文文章也」，清家本作「文〻章也」。

慶應本126「以文也」，清家本作「以文章也」。

慶應本126「以礼也」，清家本作「以礼」。

慶應本126「故我雖」，清家本作「故虽」。

慶應本127「不能文博礼束故我雖欲罷止而不能（以上十三字右側：删除符號〔與前面文字重複〕）止也」，清家本作「不能止也」。

慶應本128「又以礼節又以礼節」，清家本作「又以礼節」。

慶應本130「不可得之處也」，清家本作「不可得言之処也」。

慶應本130「遠」，清家本作「造（右下：遠イ）」。

慶應本130「皀」清家本作「皃」。

慶應本133「異立」，清家本作「興立」。

慶應本133「何由也」，清家本作「何由耶」。

慶應本134「注」，清家本無。

慶應本134「張（右：删除符號）」，清家本無。

慶應本135「夫之（右：子）」，清家本作「夫子」。

慶應本136「注」，清家本無。

慶應本136「曰病」，清家本作「曰病也」。

慶應本137「大〻夫〻」，清家本作「大夫〻〻」。

慶應本137「終亡」，清家本作「終已」。

慶應本138「注」，清家本無。

慶應本140「少差（右側補入墨色消褪的三字：也小差）曰間」，清家本作「小差也小差曰間」。

慶應本140「病病」，清家本作「病〻」。

慶應本140「相續」，清家本作「相糸」。

慶應本140「開（右：間）断」，清家本作「間断」。

慶應本141「隟」，清家本作「隙」。

慶應本142「歎」，清家本作「欲」。

慶應本142「行詐也言子路有此行詐之心」，清家本作「行詐之心」。

慶應本142「曰」，清家本作「云」。

慶應本142「无臣」，清家本作「無臣」。

慶應本142「爲爲（右：删除符號）」，清家本作「爲」。

慶應本142「有所以」，清家本作「有臣無臣而爲有所以」。

慶應本143「无臣」，清家本作「無臣」。

慶應本143「天下（右補入：人）皆」，清家本作「天下人皆」。

慶應本144「无臣」，清家本作「無臣」。

慶應本144「立」，清家本作「立之」。

慶應本 144「是欲欺天」，清家本作「是遠欲欺天」。

慶應本 144「注」，清家本無。

慶應本 144「小差」，清家本作「病小差」。

慶應本 144「曰間也」，清家本作「曰間」。

慶應本 145「適」，清家本作「但」。

慶應本 145「立臣事大」，清家本作「立臣立（右：亻无）吏大」。

慶應本 146「无寧」，清家本作「無寧」。

慶應本 146「二三子之手」，清家本作「二三子之手乎」。

慶應本 146「以理噫之」，清家本作「以理喻之」。

慶應本 147「无寧」，清家本作「無寧」。

慶應本 147「言使」，清家本作「言設使」。

慶應本 147「手」，清家本作「手（右下：手）」。

慶應本 148「有ミ方ミ」，清家本作「有方ミミ」。

慶應本 148「隔」，清家本作「則隔」。

慶應本 148「无ミ方ミ」，清家本作「無方ミミ」。

慶應本 148「則親也」，清家本作「則親者也」。

慶應本 148「注」，清家本無。

慶應本 148「无寧」，清家本作「無寧」。

慶應本 149「而死」，清家本作「而与（右：亻无？）死」。

慶應本 149「乎？（右：手）」，清家本作「手」。

慶應本 149「我寧死」，清家本作「我寧死乎」。

慶應本 149「弟子之手乎也」，清家本作「弟子手乎」。

慶應本 149「太塟」，清家本作「大葬」。

慶應本 150「大塟臣」，清家本作「大葬臣礼」。

慶應本 150「君塟礼」，清家本作「臣葬礼」。

慶應本 150「太」，清家本作「大」。

慶應本 150「注」，清家本無。

慶應本 150「（右補入：孔）安國曰」，清家本作「孔安国曰」。

慶應本 150「礼塟之也」，清家本作「礼葬也」。

慶應本 150「死於道路」，清家本作「死（右小字補入：於）道路」。

慶應本 151「有二三（右補入：在）予豈」，清家本作「有二三子在我豈」。

慶應本 151「必（右：安）」，清家本作「必」。

慶應本 151「塟ミ（右：刪除符號）」，清家本作「葬」。

慶應本 152「注」，清家本無。

慶應本 152「就我使」，清家本作「就使我」。

慶應本 152「君礼」，清家本作「君臣礼」。

慶應本 152「當」，清家本作「黨（右：當）」。

慶應本 152「棄於道路乎」，清家本作「弃道路乎」。

慶應本 153「故（右補入：託）事」，清家本作「故託吏」。

慶應本 153「裏」，清家本作「衰」。

慶應本 154「（右補入：言）孔子」，清家本作「言孔子」。

慶應本 154「孔子有聖道」，清家本作「孔子聖道」。

慶應本 154「在此也」，清家本作「而在此也」。

慶應本154「韞遺」，清家本作「韞匵」。
慶應本155「沽諸諸之也」，清家本作「沽諸：之也」。
慶應本155「韞謂（右補入：韞）裹之也」，清家本作「韞謂韞裹之也」。
慶應本155「遺謂逥擯之也」，清家本作「匵謂匣櫝之也」。
慶應本155「善賈」，清家本作「善賈者」。
慶應本156「韞逥而」，清家本作「韞匵而」。
慶應本156「得價」，清家本作「得貴價」。
慶應本156「賣之」，清家本作「賣之不乎」。
慶應本157「与之否耶」，清家本作「与之不聊」。
慶應本157「注」，清家本無。
慶應本157「藏也」，清家本作「韞藏也」。
慶應本157「遺（其上重疊書寫爲「匵」）也」，清家本作「匵匵也」。
慶應本157「藏遺中也」，清家本作「藏匵中」。
慶應本158「沽賣也」，清家本作「沽賣（右補入：也）」。
慶應本158「得善賈寧肯賣之耶」，清家本作「得善價（右補入：寧）賣乎」。
慶應本158「沽沽之之哉哉」，清家本作「沽之哉沽之哉」。
慶應本158「答曰」，清家本作「答云」。
慶應本158「求」，清家本作「我」。
慶應本158「之也」，清家本作「之者也」。
慶應本159「不衒之深也」，清家本作「不衒賣之深也」。

慶應本159「待賈」，清家本作「待價」。
慶應本159「求雖」，清家本作「我虽」。
慶應本159「求亦」，清家本作「我亦」。
慶應本160「貴賈」，清家本作「貴價」。
慶應本160「注」，清家本無。
慶應本160「不衒賣之辞也我居而待賈之辞也我居而待賈者也」，清家本作「不衒賣之辞也我居而待賈者也」。
慶應本162「欲東」，清家本作「欲東方居」。
慶應本162「於九（右補入：夷）也」，清家本作「於九夷也」。
慶應本163「注」，清家本無。
慶應本163「玄菟」，清家本作「玄兔」。
慶應本164「鳧吏（右：鳥史）邊吏」，清家本作「鳧更（右朱：史イ）」。
慶應本164「天鄙」，清家本作「夭（右朱：天イ）鄙」。＊例〇
慶應本165「焦茺」，清家本作「焦茺（右朱：羌イ）」。
慶應本165「穴可？（右：穿）匈」，清家本作「穿胷」。
慶應本165「狗耶」，清家本作「狗邦（右朱：□）」。
慶應本165「西六戎」，清家本作「西有六戎」。
慶應本165「依伯？」，清家本作「依猶（右朱：儀怕イ）」。
慶應本165「四着羌？」，清家本作「四耆羌」。
慶應本166「北五狄」，清家本作「北有五狄」。
慶應本166「五白屋」，清家本作「五白屋也」。
慶應本167「實之居」，清家本作「實居」。

慶應本 168「九夷所□」，清家本作「九夷所以」。
慶應本 169「无」，清家本作「無」。
慶應本 169「陋者泰也」，清家本作「陋有泰也」。
慶應本 169「注」，清家本無。
慶應本 169「風化之也」，清家本作「皆化（朱補入：也）」。
慶應本 170「憂中夏也」，清家本作「变中夏也」。
慶應本 171「那〔郷？〕（右：刋）」，清家本作「删」。
慶應本 171「詩」，清家本作「詩書」。
慶應本 172「礼」，清家本作「礼楽」。
慶應本 172「故ミ音ミ得ミ正ミ」，清家本作「故楽音正楽音得正」。
慶應本 172「其本所也」，清家本作「其所也」。
慶應本 172「注」，清家本無。
慶應本 173「正之」，清家本作「正之也」。
慶應本 173「故雅頌」，清家本作「故曰雅頌」。
慶應本 173「其所也」，清家本作「其所」。
慶應本 174「美ミ者ミ」，清家本作「美者ミミ」。
慶應本 174「則餘者正（右：正）者」，清家本作「則餘者正」。
慶應本 175「苐（右：悌）」，清家本作「悌」。
慶應本 175「朝迋」，清家本作「朝廷」。
慶應本 176「盡」，清家本作「宜尽」。
慶應本 177「朝迋」，清家本作「朝廷」。

慶應本 178「績」，清家本作「続」。
慶應本 179「唯」，清家本作「虽唯」。
慶應本 179「无量」，清家本作「無量」。
慶應本 179「多乱」，清家本作「多乱酗（右下：酌イ）」。
慶應本 180「侃案」，清家本作「侃按」。
慶應本 180「衛意朝廷」，清家本作「衛意言朝廷」。
慶應本 180「乃」，清家本作「及」。
慶應本 181「於我我哉」，清家本作「於我乎」。
慶應本 181「可」，清家本作「何」。
慶應本 181「故何有我於哉」，清家本作「故云於我何有哉」。
慶應本 181「張（右：删除符號）」，清家本無。
慶應本 182「復酒（右：復須）」，清家本作「復須」。
慶應本 182「張（右：删除符號）」，清家本無。
慶應本 183「注」，清家本無。
慶應本 183「書」，清家本作「昼」（＝晝）。
慶應本 184「渟」，清家本作「停」。
慶應本 184「歎」，清家本作「欲」。
慶應本 185「斯也此也」，清家本作「斯此也」。
慶應本 186「臨」，清家本作「臨」。
慶應本 187「注」，清家本無。
慶應本 188「末？見」，清家本作「未見」。
慶應本 188「時多」，清家本作「時人多」。

慶應本 189「无好」，清家本作「無好」。
慶應本 189「未有」，清家本作「未見」。
慶應本 189「注」，清家本無。
慶應本 189「德厚」，清家本作「德而厚」。
慶應本 189「色」，清家本作「色也」。
慶應本 189「以此言」，清家本作「以（右：亻无）發此言」。
慶應本 189「本」，清家本無。
慶應本 190「其心」，清家本作「其意」。
慶應本 190「蕢」，清家本作「簣」。
慶應本 190「爲善」，清家本作「爲義善」。
慶應本 190「蕢」，清家本作「簣」。
慶應本 191「善善（右：删除符號）」，清家本作「善」。
慶應本 192「萬」，清家本作「篤」。
慶應本 192「无異」，清家本作「無異」。
慶應本 193「注」，清家本無。
慶應本 193「蕢」，清家本作「簣」。
慶應本 193「人進」，清家本作「人（右補入：而）進」。
慶應本 194「見」，清家本作「是（右：見亻）」。
慶應本 195「蕢」，清家本作「簣」。
慶應本 195「将廾（右：獎）」，清家本作「獎」。
慶應本 195「往（右：住）」，清家本作「住」。
慶應本 196「一〻籠〻」，清家本作「一篭〻〻」。

慶應本 197「不重〻之」，清家本作「不善之〻〻」。
慶應本 198「止（右：与）」，清家本作「止」。
慶應本 198「注」，清家本無。
慶應本 198「蕢」，清家本作「簣」。
慶應本 199「薄之攎也（右補入：雁點）」，清家本作「薄之也攎」。
慶應本 199「不憘」，清家本作「不惰」。
慶應本 199「其囬也」，清家本作「其回也与」。
慶應本 199「憘疲懈」，清家本作「惰疲懈」。
慶應本 200「語之不惰」，清家本作「語之而不惰」。
慶應本 201「注」，清家本無。
慶應本 201「顔渕解」，清家本作「顔渕則解」。
慶應本 201「語之不惰」，清家本作「語之不惰也」。
慶應本 201「餘人不解」，清家本作「餘人者不觧」。
慶應本 202「歎」，清家本作「欲（右下：歎亻）」。
慶應本 203「猶長也」，清家本作「猶不長也」。
慶應本 204「一語」，清家本作「一悟」。
慶應本 204「行」，清家本作「何」。
慶應本 205「注」，清家本無。
慶應本 205「馬融」，清家本作「馬（右：苞亻）融（右：氏亻）」。
慶應本 205「痛惜之也」，清家本作「痛惜之甚也」。
慶應本 206「歎」，清家本作「欲（右下：歎亻）」。
慶應本 206「稼苗（右：雁點）」，清家本作「苗稼」。

慶應本 207「蔚花？」，清家本作「蔚茂」。

慶應本 207「弥（右：沵）氣」，清家本作「沴旱气」。

慶應本 207「不能」，清家本作「不能有」。

慶應本 208「有是」，清家本作「是有」。

慶應本 208「以（右：所）」，清家本作「所以」。

慶應本 208「蘭」，清家本作「芳蘭」。

慶應本 208「早年矣」，清家本作「早年者也」。

慶應本 209「注」，清家本無。

慶應本 209「云月（右：育）」，清家本作「育」。

慶應本 210「生已（右：刪除符號）者」，清家本作「生者」。

慶應本 210「可畏有才學」，清家本作「可畏謂有才斈」。

慶應本 210「来者不如今也」，清家本作「来者之不如今也」。

慶應本 211「未来之事也」，清家本作「未吏来也」。

慶應本 211「来之人」，清家本作「未来之人」。

慶應本 212「注」，清家本無。

慶應本 212「卌」，清家本作「四十」。

慶應本 212「无聞」，清家本作「無聞」。

慶應本 213「也已」，清家本作「也已矣」。

慶應本 213「茖（右：若）」，清家本作「若」。

慶應本 213「卌」，清家本作「四十」。

慶應本 213「无聲譽」，清家本作「無声斊」。

慶應本 213「於人」，清家本作「此人」。

慶應本 214「夢（右：薎？）」，清家本作「蔑」。

慶應本 214「无聞」，清家本作「無聞」。

慶應本 214「无従」，清家本作「無従」。

慶應本 215「茖（右：若）」，清家本作「若」。

慶應本 215「无不」，清家本作「無不」。

慶應本 216「已」，清家本作「止」。

慶應本 216「也」，清家本作「也者」。

慶應本 216「无従」，清家本作「無従」。

慶應本 217「所貴者在」，清家本作「所貴在」。

慶應本 218「注」，清家本無。

慶應本 218「无所」，清家本作「無所」。

慶應本 218「能必改」，清家本作「能必自改」。

慶應本 218「也」，清家本作「也矣」。

慶應本 218「選」，清家本作「巽」。

慶應本 218「无悦」，清家本作「無悦」。

慶應本 219「爲貴」，清家本作「爲貴也」。

慶應本 219「選」，清家本作「巽」。

慶應本 219「共」，清家本作「恭」。

慶應本 220「持」，清家本作「特（右下：持）」。

慶應本 220「无悦」，清家本作「無悦」。

慶應本 220「尋續」，清家本作「尋繹」。

慶應本 221「逐事」，清家本作「此逐吏」。

慶應本 221「是悦」，清家本作「是虽悦」。

慶應本 221「尋續」，清家本作「尋繹」。

慶應本 221「繹之爲貴也」，清家本作「繹之爲貴」。

慶應本 221「注」，清家本無。

慶應本 221「撰」，清家本作「巽」。

慶應本 222「選」，清家本作「巽」。

慶應本 222「言也」，清家本作「言」。

慶應本 222「无不悦者也」，清家本作「無不悦」。

慶應本 222「尋續」，清家本作「尋繹」。

慶應本 222「説」，清家本作「悦」。

慶應本 222「未？如之何」，清家本作「末如之何」。

慶應本 223「也已矣」，清家本作「也（右補入：已）」。

慶應本 224「无友」，清家本作「無友」。

慶應本 224「再出」，清家本作「再出也」。

慶應本 225「師之訓又書」，清家本作「師之訓也故又書」。

慶應本 225「注」，清家本無。

慶應本 225「慎所主」，清家本作「慎其（右：○印）所主」。

慶應本 226「奪師（右：帥）也」，清家本作「奪師（右側訓讀：スイ）也」。

慶應本 227「茖（右：若）」，清家本作「若」。

慶應本 227「无回也」，清家本作「無回也」。

慶應本 227「俱（右：但）」，清家本作「但？」。

慶應本 228「豇（右：短）」，清家本作「短」。

慶應本 228「一（右補入：人）衣裳」，清家本作「一人衣裳」。

慶應本 228「共用匹」，清家本作「共用一匹」。

慶應本 228「故云」，清家本作「故曰」。

慶應本 228「匹婦也」，清家本作「匹婦」。

慶應本 229「注」，清家本無。

慶應本 229「曰（右補入：三）軍」，清家本作「曰三軍」。

慶應本 229「不一」，清家本作「非一」。

慶應本 229「師」，清家本作「師（右下：帥）」。

慶應本 229「取」，清家本作「取之」。

慶應本 231「人（右補入：尚）大者（其上重疊書寫爲「奢」）華」，清家本作「人尚奢華」。

慶應本 231「杲敢」，清家本作「果敢」。

慶應本 232「爲」，清家本作「爲（右下：与）」。

慶應本 232「着（右：羞）恥」，清家本作「羞耻」。

慶應本 233「其由与」，清家本作「其由也与」。

慶應本 233「注」，清家本無。

慶應本 233「枲着（右：删除符號，右下：麻）也」，清家本作「枲着也」。

慶應本 234「玉藻」，清家本作「玉藻」。

慶應本 234「以榮恥」，清家本作「以策聖耻」。

慶應本 235「忮（右：忮）」，清家本作「忮」。

慶應本 235「疾貪悪忮（右：删除符號）之詩」，清家本作「疾貪悪之詩」。
慶應本 236「意（右：德）」，清家本作「德」。
慶應本 237「注」，清家本無。
慶應本 237「伎（右：忮）害」，清家本作「忮害」。
慶應本 237「不忮害」，清家本作「不忮安（右上：ヒ，右下：害）」。
慶應本 238「子路得孔美己以爲美」，清家本作「子路得孔子義（右上：ヒ）美己才以爲美」。
慶應本 239「不臧」，清家本作「不□（左下：□）」。
慶應本 239「以臧」，清家本作「以爲臧」。
慶應本 241「伐」，清家本作「代」。
慶應本 241「注」，清家本無。
慶應本 242「尚後（右：復）」，清家本作「尚復」。
慶應本 242「彫」，清家本作「凋」。
慶應本 243「欲」，清家本作「此欲」。
慶應本 243「異也」，清家本作「矣也」。
慶應本 244「茖（右：若）」，清家本作「若」。
慶應本 244「善」，清家本作「美」。
慶應本 245「慈（右：蕊）」，清家本作「蒳」。
慶應本 246「随時」，清家本作「従時」。
慶應本 246「筏？美」，清家本作「茂美」。
慶應本 246「茖（右：若）」，清家本作「若」。
慶應本 246「故木（右：不）」，清家本作「故不」。
慶應本 247「反改」，清家本作「変改」。
慶應本 247「故桀紂之民」，清家本作「桀紂之民」。
慶應本 248「秋」，清家本作「□（右下：秋）」。
慶應本 248「彫」，清家本作「凋」。
慶應本 249「意」，清家本作「注意」。
慶應本 249「若」，清家本作「若如」。
慶應本 249「有亦（右：雁點）」，清家本作「亦有」。
慶應本 250「而木（右：不）」，清家本作「而不」。
慶應本 250「反」，清家本作「变」。
慶應本 250「唯大寒則」，清家本作「唯大寒𡴭則」。
慶應本 251「彫」，清家本作「凋」。
慶應本 251「但（右：俱）」，清家本作「俱」。
慶應本 251「彫」，清家本作「凋」。
慶應本 251「大寒冬之後」，清家本作「大寒之後」。
慶應本 251「形彫衰」，清家本作「形小凋衰」。
慶應本 252「遜遊迹」，清家本作「遜迹」。
慶應本 252「随時」，清家本作「亦随時」。
慶應本 252「小彫」，清家本作「小凋」。
慶應本 253「不反」，清家本作「不变」。
慶應本 253「如（用墨涂抹）如」，清家本作「如」。
慶應本 253「大（用墨涂抹，右：木）」，清家本作「木」。

慶應本253「固？（用墨涂抹，右：困）」，清家本作「困」。
慶應本253「土？（其上重疊書寫爲「士」）」，清家本作「士」。
慶應本254「彫」，清家本作「凋」。
慶應本254「謂凡木也」，清家本作「謂異凡木也」。
慶應本254「遭世」，清家本作「遭乱世」。
慶應本254「反」，清家本作「変」。
慶應本254「其掾」，清家本作「其橾」。
慶應本254「注」，清家本無。
慶應本255「松栢」，清家本作「知松栢」。
慶應本255「彫」，清家本作「凋」。
慶應本255「歳寒」，清家本作「歳（右補入：寒）」。
慶應本256「脩慗」，清家本作「修整」。
慶應本256「心」，清家本作「正」。
慶應本258「注」，清家本無。
慶應本259「當（右：甞）」，清家本作「甞」。
慶應本259「故憂之不且物侵患也」，清家本作「故不憂物之見侵患也」。
慶應本259「无憂也」，清家本作「无憂者也」。
慶應本260「注」，清家本無。
慶應本260「曰无憂患（右補入：也）」，清家本作「曰無憂患也」。
慶應本261「怯懼」，清家本作「法懼」。
慶應本261「御（右：禦）」，清家本作「御」。
慶應本261「故不懼」，清家本作「故不懼也」。
慶應本261「以共」，清家本作「与共」。
慶應本262「此章朗」，清家本作「此章明」。
慶應本262「權（右補入：事難）達」，清家本作「権叓難達」。
慶應本262「先（右補入：従）正起（右補入：也）」，清家本作「先正起也」。
慶應本264「支（右：友）」，清家本作「友」。
慶應本264「注」，清家本無。
慶應本264「未必能之道也」，清家本作「未必能之道者也」。
慶應本265「人各有」，清家本作「人各自有」。
慶應本265「讀能（右：雁點）」，清家本作「能読？」。
慶應本266「可与（右補入：適道未可）立」，清家本作「可与適道未可与立」。
慶應本266「立立謂」，清家本作「立〻謂」。
慶應本266「議」，清家本作「謀議」。
慶應本266「立也」，清家本作「立叓也」。
慶應本267「注」，清家本無。
慶應本267「未能」，清家本作「未必能」。
慶應本267「立也」，清家本作「成立者也」。
慶應本268「通反」，清家本作「通変」。
慶應本269「唯（右：雖）」，清家本作「虽」。

慶應本 269「共立」，清家本作「与之」。
慶應本 269「未便与之」，清家本作「未可便之」。
慶應本 269「王権云」，清家本作「王弼曰」。
慶應本 269「反ゝ」，清家本作「変ゝ」。
慶應本 269「无常」，清家本作「無常」。
慶應本 270「注」，清家本無。
慶應本 270「雖能之道」，清家本作「雖有能所立」。
慶應本 271「張馮曰」，清家本作「張憑云」。
慶應本 271「皆級」，清家本作「階級」。
慶應本 272「未因?（右：固）」，清家本作「未固」。
慶應本 273「既因?（右：固）」，清家本作「既固」。
慶應本 273「反通」，清家本作「変（右下：変）通」。
慶應本 273「此矣」，清家本作「此乎」。
慶應本 274「唐棣之葉?（右：華）」，清家本作「唐棣之華」。
慶應本 274「唐棣樹（用墨塗抹，右：ゝ樹）也」，清家本作「唐棣ゝ樹也」。
慶應本 274「葉?（用墨塗抹，右：華）花也」，清家本作「華花也」。
慶應本 274「樹木之葉?（右：華）」，清家本作「樹木之花」。
慶應本 276「大従」，清家本作「大順」。
慶應本 276「也」，清家本無。
慶應本 276「与反常」，清家本作「与常反也」。
慶應本 277「不得見」，清家本作「不過見」。
慶應本 277「其室」，清家本作「如其室」。
慶應本 278「注」，清家本無。
慶應本 278「唐棣ゝ也」，清家本作「唐棣移也」。
慶應本 278「葉?（右：華）反」，清家本作「華反」。
慶應本 278「而（右小字補入：後）至」，清家本作「而後至」。
慶應本 278「於太従（右小字：順）也」，清家本作「於（右補入：大）順也」。
慶應本 279「後従」，清家本作「後従也」。
慶應本 279「注」，清家本無。
慶應本 279「不得者其室」，清家本作「不得見者其室」。
慶應本 279「権而」，清家本作「権道（右：イ无）而」。＊例 P
慶應本 279「不得（右小字補入：見）者其道」，清家本作「不得見者其道」。
慶應本 280「遠之有」，清家本作「遠之有哉」。
慶應本 280「敌（右：引）」，清家本作「引」。
慶應本 280「譈（右：證）」，清家本作「證」。
慶應本 280「未有思之ゝ者」，清家本作「未有思之者」。
慶應本 281「反」，清家本作「返（右下：反イ）」。
慶應本 281「注」，清家本無。
慶應本 282「次（右小字補入：序）斯（右小字補入：則）可知矣」，清家本作「次序斯可知矣」。

慶應本284「鄉黨　第十」，清家本作「論語鄉黨十此篇明孔子教訓在於鄉黨之時所以次前者/既朝庭感希故退还應於鄉黨故爲次之　何晏集解」(清家本，第二行以下爲小字4行「正義曰此篇唯記孔子在魯国鄉黨中言行故分/之以次前篇也此篇雖曰一章其間叓義亦以類//相従今各/依文解也」)。

慶應本286「郊外有」，清家本作「郊外道(右：亻无)有」。

慶應本288「鄉黨」，清家本作「鄉黨也」。

慶應本288「恂ミ如也」，清家本作「恂恂如也」。

慶應本288「恂温恭皃也」，清家本作「恂ミ温恭皃」。

慶應本288「鄉ミ里ミ」，清家本作「鄉里ミミ」。

慶應本289「恂恂如也」，清家本作「恂ミ如也」。

慶應本290「注」，清家本無。

慶應本290「恂恂」，清家本作「恂ミ」。

慶應本290「其在宗廟」，清家本作「其(右補入：在)宗廟」。

慶應本290「哽ミ」，清家本作「便ミ」。

慶應本291「孔」，清家本作「孔子」。

慶應本291「詡(右：訓)」，清家本作「酬(右下：酬)」。

慶應本292「湏問」，清家本作「問」。

慶應本292「流哽ミ言也」，清家本作「流哽故云便ミ言也」。

慶應本292「流便」，清家本作「流哽」。

慶應本292「(右補入：故)云」，清家本作「故云」。

慶應本293「注」，清家本無。

慶應本293「哽ミ」，清家本作「哽(右下：便亻)ミ」。

慶應本293「辨」，清家本作「言辨」。

慶應本293「而謹(二字右側：也雖辨)敬」，清家本作「而謹敬皃也雖辨」。

慶應本293「侃ミ(右補入：如)也」，清家本作「侃ミ如也」。

慶應本294「注」，清家本無。

慶應本294「侃ミ(右補入：和)樂貇也」，清家本作「侃ミ和樂皃也」。

慶應本294「上大夫」，清家本作「上太夫」。

慶應本295「上大夫」，清家本作「上太夫」。

慶應本296「孔注」，清家本無。

慶應本297「而視」，清家本作「而出視」。

慶應本298「視ミ之ミ」，清家本作「視之」。

慶應本298「揖二(用朱塗抹，右上：刪除符號)人(右上：士)土(用朱塗抹)」，清家本作「揖士」。

慶應本298「此視」，清家本作「此君視」。

慶應本299「不得」，清家本作「不須(右上・左下：匕)得」。

慶應本299「急速」，清家本作「急遠」。

慶應本299「二以(以上二字用朱塗抹)」，清家本無。

慶應本300「注」，清家本無。

慶應本300「君在君視朝也」，清家本作「(右補入：君在者)君視朝也」。

慶應本 302「(右補入：君)召」，清家本作「君召」。
慶應本 302「注」，清家本無。
慶應本 302「曰使擯」，清家本作「曰君召使擯」。
慶應本 302「有賔」，清家本作「有賔(右補入：客)」。
慶應本 303「未擯」，清家本作「紹擯」。
慶應本 303「反色」，清家本作「变色」。
慶應本 304「注」，清家本無。
慶應本 304「(右補入：必)反色也」，清家本作「必变色也」。
慶應本 304「磐辟」，清家本作「盤辟」。
慶應本 304「皀」，清家本作「皃(右下：イ无)」。
慶應本 305「自客？」，清家本作「自容」。
慶應本 305「磐辟」，清家本作「盤辟」。
慶應本 305「躍(右：删除符號)躍」，清家本作「躍」。
慶應本 306「注」，清家本無。
慶應本 306「曰」，清家本作「曰(右補入：躍如)」。
慶應本 306「磐(右：便)辟」，清家本作「盤辟」。
慶應本 306「磐辟」，清家本作「盤辟」。
慶應本 306「手」，清家本作「其手」。
慶應本 307「介」，清家本作「命介」。
慶應本 308「且作」，清家本作「副(右：イ无)且作」。 *例 G
慶應本 308「茖(右：若)云(右：公)」，清家本作「若公」。
慶應本 308「西邊而？□□門」，清家本作「西边向北去門」。

慶應本 309「麗(其上重疊書寫「之繞」，右：邐)迣(右：迤)」，清家本作「邐迤」。
慶應本 311「不随不随(用墨塗抹)」，清家本作「不随」。
慶應本 311「命」，清家本作「命数」。
慶應本 311「强半之數」，清家本作「强半數」。
慶應本 312「在公之南」，清家本作「在(右下：イ无)公之南」。
慶應本 312「麗(其上重疊書寫「之繞」)迆」，清家本作「邐迤」。
慶應本 312「卌五歩之中」，清家本作「卌五歩中」。
慶應本 313「間」，清家本作「中間」。
慶應本 314「上賔」，清家本作「上擯」。
慶應本 314「至於」，清家本作「至於(右下：イ无)」。
慶應本 314「下(右補入：〻)擯〻」，清家本作「下〻擯〻」。
慶應本 315「次而」，清家本作「以次而」。
慶應本 315「下至下〻(用墨塗抹)介(右補入：下)介」，清家本作「下至下〻介」。
慶應本 315「擯〻」，清家本作「儐〻」。
慶應本 316「授」，清家本作「授受」。
慶應本 316「癈？手」，清家本作「戾手」。
慶應本 317「故云」，清家本作「故曰」。
慶應本 317「揖所」，清家本作「揖(右下：イ无)所」。
慶應本 317「向在(右：左)」，清家本作「向左」。

慶應本 319「襜如」，清家本作「襜(右下：襜)如」。
慶應本 319「注」，清家本無。
慶應本 320「俛」，清家本作「俛」。
慶應本 321「注」，清家本無。
慶應本 321「端好也」，清家本作「端正(左下：亻无)好色(左下：亻无)如也」。
慶應本 322「至(右：矣)」，清家本作「矣」。
慶應本 323「返還」，清家本作「反還」。
慶應本 323「以白君也」，清家本作「以白君」。
慶應本 323「賔茖(右：若)」，清家本作「道賔」。
慶應本 324「不足」，清家本作「未足」。
慶應本 325「則(右：刪除符號)明」，清家本作「明則」。
慶應本 325「注」，清家本無。
慶應本 325「鄭玄曰」，清家本作「孔安国曰」。
慶應本 327「曲斂也」，清家本作「曲歛也」。
慶應本 327「則」，清家本無。
慶應本 327「曲斂身」，清家本作「曲歛身」。
慶應本 328「太」，清家本作「大」。
慶應本 328「恒曲斂」，清家本作「恒曲歛」。
慶應本 328「侠」，清家本作「狹」。
慶應本 328「注」，清家本無。
慶應本 328「躬身也」，清家本作「歛身也」。

慶應本 329「以硋？」，清家本作「以碍？」。
慶應本 329「扇(右：扉)」，清家本作「扇」。
慶應本 329「交處」，清家本作「交処也」。
慶應本 330「爲根根」，清家本作「爲根々」。
慶應本 330「棖牟」，清家本作「棖觸」。
慶應本 330「門也門(以上二字用朱塗抹)也」，清家本作「門也」。
慶應本 331「賔行之道」，清家本作「賔行之道也」。
慶應本 331「係屢(右：属)」，清家本作「係属」。
慶應本 331「茖(右：若)」，清家本作「若」。
慶應本 332「悵」，清家本作「棖」。
慶應本 332「中史(右：央)」，清家本作「中央」。
慶應本 332「時」，清家本作「是」。
慶應本 332「不履閾」，清家本作「行不履閾」。
慶應本 332「限限(用朱塗抹，右：刪除符號)也」，清家本作「限也」。
慶應本 333「土」，清家本作「出」。
慶應本 333「其有(右補入：二)儀二一(以上二字用墨塗抹，右補入：一)則」，清家本作「其義有二一則」。
慶應本 334「茖(右：若)」，清家本作「若」。
慶應本 334「洿々限々」，清家本作「汚々限々」。
慶應本 334「洿跨者之衣也」，清家本作「汚跨者之衣也」。
慶應本 334「注」，清家本無。

慶應本 335「過位(右：位)」，清家本作「過位」。
慶應本 335「勃如」，清家本作「勃如也」。
慶應本 335「謂宁(右：宁)」，清家本作「謂在宁(右下：宁)」。
慶應本 336「此位可尊此位」，清家本作「此〻位〻可尊」。
慶應本 336「勃」，清家本作「勃然」。
慶應本 337「注」，清家本無。
慶應本 337「故言？」，清家本作「故言」。
慶應本 338「少美」，清家本作「少差」。
慶應本 339「攝摳也(用朱塗抹，右：删除符號)至君堂也」，清家本作「至君坣也摂摳也」。
慶應本 339「齋裳」，清家本作「齋衣裳」。
慶應本 339「下絳(右：縫)也」，清家本作「下縫也」。
慶應本 339「君當（朱點，右：删除符號）堂」，清家本作「君坣當」。
慶應本 339「而」，清家本作「而(右下：亻无)」。
慶應本 340「故曰」，清家本作「故云」。
慶應本 340「自斂」，清家本作「自歛」。
慶應本 340「鞠躬也」，清家本作「鞠躬如也」。
慶應本 341「疊除之皀」，清家本作「畳除皃」。
慶應本 341「息亦氣」，清家本作「息亦气也」。
慶應本 342「疊」，清家本作「畳除」。
慶應本 342「咆嗦」，清家本作「咆嗦」。
慶應本 342「棖」，清家本作「長」。
慶應本 342「注」，清家本無。
慶應本 343「攝齋者」，清家本作「財(右：摂，右補入：齋)者」。
慶應本 343「是」，清家本作「是也」。
慶應本 343「呈」，清家本作「逞」。
慶應本 344「呈申也」，清家本作「逞申也」。
慶應本 345「屏氣氣(右：删除符號)」，清家本作「屏気」。
慶應本 345「亦申」，清家本作「亦申色(右下：亻无)申(右：亻无)」。
慶應本 346「注」，清家本無。
慶應本 346「下階舒氣」，清家本作「下階(右補入：而)舒気」。
慶應本 346「怡如」，清家本作「怡〻如」。
慶應本 347「諸」，清家本作「謂」。
慶應本 347「注」，清家本無。
慶應本 348「盡階〻(右：删除符號)也」，清家本作「尽階」。
慶應本 348「至此」，清家本作「至此位」。
慶應本 348「注(右：注)」，清家本作「更」。
慶應本 349「注」，清家本無。
慶應本 349「如也如不勝」，清家本作「如(右補入：也如)不勝」。
慶應本 349「爲君」，清家本無。
慶應本 350「圭者瑞玉也」，清家本作「圭瑞玉也」。
慶應本 350「爲」，清家本作「以爲」。

慶應本 351「身圭」，清家本作「信圭」。
慶應本 351「縠璧」，清家本作「縠璧」。
慶應本 351「蒲璧」，清家本作「蒲璧」。
慶應本 351「若五等」，清家本作「五等若」。
慶應本 352「君使其臣」，清家本作「若使其臣」。
慶應本 352「娉(右補入：鄰)國」，清家本作「聘鄰国」。
慶應本 352「各咸」，清家本作「減」。
慶應本 352「其(右補入：君)一寸」，清家本作「其君一寸」。
慶應本 353「執身圭」，清家本作「執信圭」。
慶應本 353「孔子(右側朱筆：所)執〻」，清家本作「孔子所執執」。
慶應本 353「君之身圭」，清家本作「君之信圭」。
慶應本 353「及至」，清家本作「及在(右上：匕)至」。
慶應本 353「至雖軽」，清家本作「圭雖軽」。
慶應本 354「己不」，清家本作「似己不」。
慶應本 354「注」，清家本無。
慶應本 355「則(右：時)」，清家本作「持」。
慶應本 355「初」，清家本作「欲」。
慶應本 355「授」，清家本作「授受」。
慶應本 355「時」，清家本作「之」。
慶應本 356「取玉授与人」，清家本作「取玉上(左：亻无)授与人」。＊例 H

慶應本 356「人(右：刪除符號)府」，清家本作「俯」。
慶應本 356「奠」，清家本作「尊(右上：匕，右下：奠)」。
慶應本 357「地(右：刪除符號)也」，清家本作「也」。
慶應本 357「徐〻府」，清家本作「徐〻俯」。
慶應本 357「僂」，清家本無。
慶應本 357「授受時」，清家本作「授時」。
慶應本 358「人」，清家本無。
慶應本 358「鬪(右：刪除符號)豆寸(右：鬪)」，清家本作「鬪」。
慶應本 359「行時容」，清家本作「行時之容」。
慶應本 360「有所就」，清家本作「有所蹴」。
慶應本 360「注」，清家本無。
慶應本 361「戰色敬也」，清家本作「戰色(右補入：敬也)」。
慶應本 361「有脩？」，清家本作「有循」。
慶應本 361「电」，清家本作「曳」。
慶應本 361「三」，清家本無。
慶應本 362「电」，清家本作「曳(右下：曳)」。
慶應本 363「躬(右：騁)後」，清家本作「聘後」。
慶應本 363「身(右：甹)」(＝騁)，清家本作「聘」。
慶應本 363「行礼〻玉」，清家本作「行礼礼玉(右下：王亻)」。
慶應本 364「君謂之君謂(用朱塗抹，右側朱筆：刪除符號)之(用朱塗抹，右側朱筆：刪除符號)」，清家本作「君謂之」。
慶應本 365「唯(右：雖)」，清家本作「唯」。

慶應本 366「朝躬」，清家本作「朝聘」。
慶應本 366「獻」，清家本作「献物」。
慶應本 366「聘玉同」，清家本作「聘玉○（從上一行補入：同）也」。
慶應本 368「稍軽」，清家本作「猶稍軽」。
慶應本 369「注」，清家本無。
慶應本 369「躬礼」，清家本作「聘礼」。
慶應本 369「圭璧」，清家本作「圭璧」。
慶應本 370「不用（右：同）」，清家本作「不同」。
慶應本 372「容也」，清家本作「容者也」。
慶應本 373「注」，清家本無。
慶應本 373「束錦」，清家本作「束錦（右下：帛イ）」。
慶應本 374「紺緅」，清家本作「紺緅絺」。
慶應本 374「自土」，清家本作「自士」。
慶應本 374「以上也衣服」，清家本作「以上也士以上衣服」。
慶應本 375「玄色」，清家本作「玄色也」。
慶應本 375「餝者」，清家本作「飾者」。
慶應本 375「所以」，清家本作「所色以」。
慶應本 376「緣」，清家本作「緣（右下：餝イ）」。
慶應本 376「茖（右：若）」，清家本作「若」。
慶應本 376「紺爲」，清家本作「紺（右下：緅イ）爲」。
慶應本 377「衣餝」，清家本作「衣錦（右下：餝イ）」。

慶應本 378「不用」，清家本作「不敢用」。
慶應本 378「不紺緅」，清家本作「不以紺緅」。
慶應本 378「注」，清家本無。
慶應本 379「紺（右：刪除符號）緅者」，清家本作「緅者」。
慶應本 379「爲餝」，清家本作「爲（左：イ无）飾」。
慶應本 380「似喪服」，清家本作「似衣喪服」。
慶應本 380「不餝衣」，清家本作「不（欄外補入：以）飾衣」。
慶應本 380「然案」，清家本作「然按」。
慶應本 381「或」，清家本作「惑」。
慶應本 381「緅」，清家本作「紺」。
慶應本 382「頌（右：領）」，清家本作「領」。
慶應本 382「考工」，清家本作「考工記」。
慶應本 382「緟」，清家本作「纁」。
慶應本 383「糸（右：矣）」，清家本作「矣」。
慶應本 384「私褻之服」，清家本作「私褻衣服」。
慶應本 386「注」，清家本無。
慶應本 387「服也」，清家本作「服者也」。
慶應本 387「无所施也」，清家本作「无所施」。
慶應本 387「鄭」，清家本作「鄭玄」。
慶應本 387「注論語」，清家本作「注論語云」。
慶應本 387「（右側朱筆補入：紺）緅」，清家本作「紺緅」。
慶應本 388「紅緟」，清家本作「紅纁」。

慶應本 388「所(用朱塗抹)」，清家本無。
慶應本 388「玄緟」，清家本作「玄纁」。
慶應本 388「右(右：石)」，清家本作「石(右：不イ)」。
慶應本 389「純？緣」，清家本作「純緣」。
慶應本 390「侃案」，清家本作「侃按」。
慶應本 391「流黄」，清家本作「緇」。
慶應本 391「黄(右補入：之)間」，清家本作「黄之間」。
慶應本 391「也之(右：删除符號)」，清家本作「也」。
慶應本 392「問？色」，清家本作「間色」。
慶應本 392「潁」，清家本作「潁」。
慶應本 392「木〻色」，清家本作「木木色」。
慶應本 392「克」，清家本作「尅」。
慶應本 393「緣(右：緑)」，清家本作「緑」。
慶應本 393「東方間」，清家本作「東方之間」。
慶應本 393「火〻色」，清家本作「火火色」。
慶應本 393「克」，清家本作「尅」。
慶應本 393「金〻白色」，清家本作「金〻色白」。
慶應本 394「爲紅〻南方問也」，清家本作「爲紅〻爲南方間也」。
慶應本 394「克」，清家本作「尅」。
慶應本 395「水〻色」，清家本作「水水色」。
慶應本 395「克」，清家本作「尅」。

慶應本 396「克」，清家本作「尅」。
慶應本 397「流〻黄〻」，清家本作「緇黄〻〻」。
慶應本 397「流黄」，清家本作「緇黄」。
慶應本 397「一法」，清家本作「一註(右下：法イ)」。 *例Z
慶應本 398「康辛」，清家本作「庚辛」。
慶應本 398「壬关」，清家本作「壬癸」。
慶應本 398「水」，清家本作「水〻」。
慶應本 398「克」，清家本作「尅」。
慶應本 398「以戊(右：戌)」，清家本作「戊以」。
慶應本 399「故緣(右：緑)也」，清家本作「故爲緑也」。
慶應本 399「克(右：克)」，清家本作「尅」。
慶應本 399「康」，清家本作「庚」。
慶應本 400「克木」，清家本作「尅木」。
慶應本 400「康」，清家本作「於庚」。
慶應本 400「白」，清家本作「於白」。
慶應本 400「克火」，清家本作「尅火」。
慶應本 401「里」，清家本作「於黑」。
慶應本 401「克」，清家本作「尅」。
慶應本 401「关」，清家本作「癸」。
慶應本 402「流黄」，清家本作「緇黄」。
慶應本 402「也矣」，清家本作「者也」。
慶應本 402「絺絡？必」，清家本作「絺絡必」。

慶應本 402「熱」，清家本作「爇」。
慶應本 403「絡？（右：朱點）大」，清家本作「絡大」。
慶應本 404「无別」，清家本作「無別」。
慶應本 405「雖熱」，清家本作「虽爇」。
慶應本 405「若步」，清家本作「若出」。
慶應本 405「上衣」，清家本作「上衣也」。
慶應本 406「亦加」，清家本作「亦必加」。
慶應本 407「衣裹裘」，清家本作「衣裹之裘」。
慶應本 407「秤」，清家本作「称」。
慶應本 408「注」，清家本無。
慶應本 408「絺葛也」，清家本作「絺綌葛也」。
慶應本 409「深黑」，清家本作「染黑」。
慶應本 410「六入也」，清家本作「六入色也」。
慶應本 410「秤」，清家本作「称」。
慶應本 410「故羔裘也」，清家本作「故内羔裘也」。
慶應本 411「素積（右補入：裳也素積）者」，清家本作「素積裳也素積者」。
慶應本 411「辟」，清家本作「襞衣」。
慶應本 412「无數」，清家本作「無數」。
慶應本 412「此是」，清家本作「素（右上：ヒ）此」。
慶應本 412「視朝之服也諸侯」，清家本無。
慶應本 413「辟（右上：朱點）臣」，清家本作「群臣」。

慶應本 413「朝君也」，清家本作「朝君之也」。
慶應本 415「秤」，清家本作「称」。
慶應本 415「羣臣」，清家本作「郡臣」。
慶應本 415「従」，清家本作「従之」。
慶應本 416「爲裘」，清家本作「爲裘也」。
慶應本 416「軽」，清家本作「既軽」。
慶應本 417「麀〻子〻」，清家本作「鹿子〻〻」。
慶應本 417「太麀（右下：朱點）蜡」，清家本作「大蜡」。
慶應本 417「皮并」，清家本作「皮弁」。
慶應本 418「鄭」，清家本作「鄭玄」。
慶應本 418「郊持」，清家本作「郊特特（右上：ヒ，右下：牲）云」。
慶應本 418「皮并」，清家本作「皮弁」。
慶應本 419「抓裘」，清家本作「狐裘」。
慶應本 419「太蜡」，清家本作「大蜡」。
慶應本 419「衆」，清家本作「象」。
慶應本 420「黄冠」，清家本作「黄冠也」。
慶應本 420「持裘」，清家本作「特爲裘」。
慶應本 420「以相秤也」，清家本作「以相称袢（右下：イ无）礼（右下：イ无）也」。
慶應本 421「随君之黄衣也」，清家本作「随君着之（左下：イ无）黄（左下：イ无）衣也」。

慶應本 422「鄭系曰郊持」，清家本作「鄭玄註郊特性云」。

慶應本 422「祭（右補入：云祭）謂」，清家本作「祭云祭謂」。

慶應本 422「蜡而臈」，清家本作「蜡臈」。

慶應本 423「論語曰」，清家本作「論語云」。

慶應本 423「案」，清家本作「按」。

慶應本 423「姓（右：牲）」，清家本作「性」。

慶應本 424「注」，清家本無。

慶應本 424「秤」，清家本作「称」。

慶應本 424「也」下，清家本有「私家裘長主温也短右袂便作吏也」（與下一條注文文字相同）。

慶應本 424「右皮（右：袂）」，清家本作「右袂」。

慶應本 424「家」，清家本作「家中」。

慶應本 425「无加衣」，清家本作「無加衣」。

慶應本 426「使（右補入：作息便）也」，清家本作「使作息便也」。

慶應本 427「注」，清家本無。

慶應本 427「孔安國曰私家～作事也」，清家本作「孔安国（右：亻本ニ此注无＊）曰私家～作吏也」（與前一條注文文字相同）。

慶應本 428「被冝長」，清家本作「冝長」。

慶應本 428「故一身有半也」，清家本作「故長一身有半也」。

慶應本 429「注」，清家本無。

慶應本 429「今之被也」，清家本作「今（右補入：之）被也」。

慶應本 430「注」，清家本無。

慶應本 431「然前」，清家本作「然則」。

慶應本 431「褻」，清家本作「褻裘」。

慶應本 431「无所」，清家本作「無所」。

慶應本 432「喪已」，清家本作「喪服已」。

慶應本 432「无所」，清家本作「無所」。

慶應本 432「謂已今」，清家本作「謂佩已今」。

慶應本 433「既経既喪親」，清家本作「既経喪親」。

慶應本 433「持明之也」，清家本作「特明之者也」。

慶應本 433「注」，清家本無。

慶應本 434「所冝佩也」，清家本作「佩所冝佩也」。

慶應本 434「䒯（右：若）」，清家本作「若」。

慶應本 434「太夫」，清家本作「大夫」。

慶應本 435「㝃鷩」，清家本作「衮鷩」。

慶應本 435「玉佩之鎊」，清家本作「玉（右下：金亻）佩之飾」。

慶應本 435「帷幔（右：幔）之属」，清家本作「帷幔之属」。

慶應本 436「䒯（右：若）」，清家本作「若」。

慶應本 436「非帷」，清家本作「非帷幔」。

慶應本 436「裳必」，清家本作「裳則必」。

慶應本 436「縫煞（右補入：之以煞）縫」，清家本作「縫殺之以

＊ 譯者注：「亻本ニ此注无」中文譯文：亻本中無此注。

紩縫」。

慶應本 437「眠帊(右：帊)」，清家本作「眠帊」。

慶應本 438「衰内削幅」，清家本作「裳内削幅」。

慶應本 438「裳外削幅」，清家本無。

慶應本 438「鄭玄注曰」，清家本作「鄭注云」。

慶應本 439「鄭注」，清家本作「鄭□(右下：注)」。

慶應本 440「倍要也」，清家本作「陪腰者也」。

慶應本 440「注」，清家本無。

慶應本 440「(右補入：王)蕭」，清家本作「王肅」。

慶應本 440「有煞」，清家本作「有紩縫」。

慶應本 441「无煞」，清家本作「無紩」。

慶應本 441「不以弔〻弔喪也」，清家本作「不以弔弔〻喪也」。

慶應本 441「故玄冠」，清家本作「故羔玄」。

慶應本 442「不用弔(右：予)也」，清家本作「不用弔也」。

慶應本 442「注」，清家本無。

慶應本 442「曰凶」，清家本作「曰喪」。

慶應本 442「異服也」，清家本作「異服也故不相弔也」。

慶應本 443「凡言朝」，清家本作「凡言朝服」。

慶應本 446「与君用(右：删除符號)同服」，清家本作「与君同服」。

慶應本 447「告朔餼羊」，清家本作「告朔之餼羊」。

慶應本 447「无随君」，清家本作「無随君」。

慶應本 448「必服也」，清家本作「必服之者」。

慶應本 448「君」，清家本無。

慶應本 448「必服以朝」，清家本作「必服而以朝」。

慶應本 449「注」，清家本無。

慶應本 449「如祭酒」，清家本作「如今祭酒」。

慶應本 450「道士(用墨塗抹，右：士)」，清家本作「道士」。

慶應本 450「无邊葉」，清家本作「無边葉」。

慶應本 451「皮弁皮弁(以上二字右側：删除符號)服」，清家本作「皮弁服」。

慶應本 452「責？(右：青)犴」，清家本作「青豻」。

慶應本 453「袖」，清家本作「裒」。

慶應本 453「齊浴晞」，清家本作「斉浴時」。

慶應本 453「浴竟」，清家本作「俗竟」。

慶應本 454「未燥」，清家本作「未故燥」。

慶應本 454「露宍」，清家本作「露肉」。

慶應本 454「故用布」，清家本作「○(從本行開頭補入：故)用布」。

慶應本 454「如私」，清家本作「如衫(右下：被イ)」。

慶應本 455「玉滌云」，清家本作「玉藻云」。

慶應本 455「晞身是也」，清家本作「晞身是也」。

慶應本 455「注」，清家本無。

慶應本 456「使乎」，清家本作「使乎待」。
慶應本 456「宍燥」，清家本作「肉燥」。
慶應本 456「沐時」，清家本作「沐浴時」。
慶應本 457「辟（右：避）」，清家本作「辟」。
慶應本 458「注」，清家本無。
慶應本 458「改常（右補入：食）也」，清家本作「改常食也」。
慶應本 458「居（用朱塗抹，右：居）」，清家本作「居」。
慶應本 458「恒？（右：恒）居之室」，清家本作「垣居之坐」。
慶應本 459「苞甯云」，清家本作「范甯云」。
慶應本 459「主（右補入：□以）期」，清家本作「主以期」。
慶應本 460「室」，清家本作「室（右下：坐イ）」。
慶應本 460「注」，清家本無。
慶應本 460「易處也」，清家本作「易常処也」。
慶應本 461「食麁則」，清家本作「食若麁則」。
慶應本 461「精絜」，清家本作「精潔」。
慶應本 462「細ミ切」，清家本作「細細切」。
慶應本 462「宍」，清家本作「完」。
慶應本 462「膾（右：膾）」，清家本作「膾」。
慶應本 462「細也」，清家本作「細者也」。
慶應本 462「食饐ミ謂食経久而腐臰也而餲ミ謂経久～」（「食饐」「而餲」是經文），清家本作「食饐而餲饐謂飲食経久而腐臰也餲謂経久～」。

慶應本 463「味？（右：味）悪」，清家本作「味悪」。
慶應本 463「乹肉（右：完）」，清家本作「飽（右下：乹イ）魚乾完」。
慶應本 463「注」，清家本無。
慶應本 464「臰味反也」，清家本作「臰味変也」。
慶應本 464「餲味反也」，清家本作「饐臰変也餲味変也」。
慶應本 465「而宍敗」，清家本作「而完敗」。
慶應本 465「宍臰壊也」，清家本作「完臰壊也」。
慶應本 466「宍謂」，清家本作「謂」。
慶應本 466「之餧」，清家本作「之鯘」。
慶應本 466「李巡云宍敗」，清家本作「李巡云完敗」。
慶應本 466「魚餧宍爛」，清家本作「臰腇完爛」。
慶應本 467「注」，清家本無。
慶應本 468「色ミ悪ミ」，清家本作「色悪ミミ」。
慶應本 469「餧臰」，清家本作「饌臰」。
慶應本 469「不宜人」，清家本作「不宜食」。
慶應本 469「飪（用大字在其上重疊書寫爲「食」）食（右：雁點，右側有大字書寫的「壬」，變成「飪」）」，清家本作「食飪」。
慶應本 469「謂生孰節也」，清家本作「謂失生熟節也」。
慶應本 470「注」，清家本無。
慶應本 471「不宜人」，清家本作「不宜食」。
慶應本 472「注」，清家本無。

慶應本 472「不朝夕」，清家本作「非朝夕」。
慶應本 473「必（用墨塗抹，右：宍必）」，清家本作「完必」。
慶應本 474「将—酉」，清家本作「醬」。
慶應本 474「菰（右：莀）」，清家本作「菰」。
慶應本 474「魚鱠」，清家本作「魚膾」。
慶應本 475「注」，清家本無。
慶應本 476「葅」，清家本作「菹」。
慶應本 476「通名」，清家本作「通名也」。
慶應本 476「宍」，清家本作「肉」。
慶應本 477「宍少」，清家本作「肉少」。
慶應本 477「則宍」，清家本作「則完」。
慶應本 478「宍多」，清家本作「完多」。
慶應本 478「則宍」，清家本作「則完」。
慶應本 478「宍勝」，清家本作「完勝」。
慶應本 479「唯（右：雖）」，清家本作「唯」。
慶應本 479「无量」，清家本作「無量」。
慶應本 479「礼（右：删除符號？右：乱）」，清家本作「乱」。
慶應本 479「无有」，清家本作「無有」。
慶應本 480「随」，清家本作「而随」。
慶應本 481「酒不（右補入：自）作」，清家本作「酒不自作」。
慶應本 481「精浄」，清家本作「清浄」。
慶應本 482「宍」，清家本作「肉」。

慶應本 483「无酒」，清家本作「無酒」。
慶應本 484「不撤」，清家本作「不徹」。
慶應本 484「撤除也」，清家本作「徹除也」。
慶應本 484「禁焄（右：薫）辛（墨筆圈畫，右：删除符號，右下墨筆圈畫：焄庠？）薑（右補入：辛）而」，清家本作「禁熏物薑辛而」。
慶應本 484「不焄（右：薫）」，清家本作「不薫（右下：焄イ）」。＊

例Ⅰ

慶應本 485「薑也」，清家本作「薑者也」。
慶應本 485「注」，清家本無。
慶應本 485「撤去也」，清家本作「徹去也」。
慶應本 485「齊」，清家本作「○（右補入：文）斉」。
慶應本 485「薑（右：薫）物」，清家本作「薫物」。
慶應本 486「不薑（右：薫）」，清家本作「不薫（左：臭イ）」。
慶應本 486「不撤」，清家本作「不徹（左：去イ）」。
慶應本 486「注」，清家本無。
慶應本 487「宍」，清家本作「肉」。
慶應本 488「得〻賜〻俎〻」，清家本作「得賜俎〻（右下：イ无）〻（右下：无）〻」。
慶應本 488「𠚑置」，清家本作「晋（右：ヒ，右下：𠚑）置」。
慶應本 488「経〻宿〻」，清家本作「経宿径宿」。
慶應本 489「注」，清家本無。
慶應本 490「不𠚑」，清家本作「不晋（右下：𠚑）」。

慶應本490「牲躰」，清家本作「牲肺」。

慶應本490「以性骨躰」，清家本作「以牲骨肺」。

慶應本490「賜之」，清家本作「賜士之」。

慶應本491「祭揔云」，清家本作「祭統云」。

慶應本491「祭宍」，清家本作「祭完」。

慶應本491「不出ミ三ミ日ミ」，清家本作「不出三日出三日」。

慶應本492「多宍」，清家本作「完多」。

〔清家本此處開始錯葉〕

慶應本492「不得出ミ三ミ日ミ」，清家本作「不得出三日出三日」。

慶應本493「亦」，清家本作「亦（右下：亻无）」。

慶應本493「食也」，清家本作「食之也」。

慶應本493「注」，清家本無。

慶應本493「祭宍」，清家本作「祭完」。

慶應本494「是出己」，清家本作「是宜（右：直）出己」。

慶應本495「湏（右：湏）」，清家本作「須」。

慶應本495「不語」，清家本作「不許語」。

慶應本496「眠ミ卧ミ」，清家本作「眠ミ卧眠卧」。

慶應本496「湏」，清家本作「須」。

慶應本496「不言也」，清家本作「不言之也」。

慶應本496「蹠（右：蔬）」，清家本作「蔬」。

慶應本497「齊如（右補入：也）」，清家本作「齋如也」。

慶應本497「用麄（右下補入：菜）食菜（右補入：用）羹」，清家本作「用麄食菜羹」。

慶應本499「注」，清家本無。

慶應本499「嚴故（用朱塗抹，下：刪除符號，右：敬）」，清家本作「嚴敬」。

慶應本501「二重」，清家本作「再重」。

慶應本501「其正也」，清家本作「其正者也」。

慶應本502「斯出斯出（後二字墨筆圈畫，後二字右側：刪除符號）」，清家本作「斯出」。

慶應本503「六十枚（右：杖）」，清家本作「六十杖」。

慶應本503「爲枚（右：杖）者也」，清家本作「爲杖者也」。

慶應本503「鄉（右補入：飲）酒貴齒」，清家本作「鄉人飲酒者貴齡」。

慶應本504「老者」，清家本作「○（一個字以後補入：老）者」。

慶應本505「乃從此而」，清家本作「乃從之（右下：亻无）而」。

慶應本505「故云枚（右：杖）者」，清家本作「故云杖者」。

慶應本505「注」，清家本無。

慶應本506「老ミ者ミ」，清家本作「老者ミミ」。

慶應本506「而出」，清家本作「而○（右補入：復亻无）出」。

慶應本507「陙?（右：陰）陽」，清家本作「陰陽」。

慶應本509「歐」，清家本作「敺」。

慶應本509「八月（右補入：十二月）也」，清家本作「八月十二月也」。

慶應本510「國儺」，清家本作「国儺〻（右下：亻无）」。

慶應本510「此儺儺」，清家本作「此儺〻」。

慶應本511「又（右補入：云）天子」，清家本作「又云天子」。

慶應本511「陽景」，清家本作「陽暑」。

慶應本512「不〻（用朱塗抹）衰」，清家本作「不衰」。

慶應本512「害」，清家本作「宎（右上：ヒ，右下：害）」。

慶應本512「隨而」，清家本作「隨人（右下：亻无）而」。＊例J

慶應本513「大儺〻（右：刪除符號）」，清家本作「大儺」。

慶應本513「鄭玄云」，清家本作「鄭云」。

慶應本513「陰氣也厲鬼」，清家本作「陰気也至此不止害将及人厉鬼」。

慶應本513「侃案」，清家本作「侃按」。

慶應本514「一是儺陰一是（以上四字用朱塗抹）儺（以上四字墨筆圈畫，右：刪除符號）陽」，清家本作「一是儺陽」。

慶應本516「故秤」，清家本作「故称」。

慶應本516「一年急」，清家本作「一年之急」。

慶應本517「不得儺也」，清家本作「不得同儺也」。

慶應本517「三月也」，清家本作「三月之也」。

慶應本517「於阼階〻東階」，清家本作「於阼階阼東階」。

慶應本518「之階（右補入：也）」，清家本作「之階也」。

慶應本518「着服」，清家本作「着朝服」。

慶應本519「立阼階」，清家本作「立於阼階」。

慶應本519「侍先祖」，清家本作「待先祖」。

慶應本519「朝（右墨筆圈畫：爲）服者（用朱塗抹，右：刪除符號，右：者）」，清家本作「朝服者」。

慶應本519「卿大夫曰祭之服」，清家本作「卿大夫之祭服」。

慶應本520「孤爵弁」，清家本作「孤卿爵弁」。

慶應本520「茖（右：若）」，清家本作「若」。

慶應本520「齊？〻祭〻」，清家本作「斎祭〻〻」。

慶應本521「注」，清家本無。

慶應本521「歐逐」，清家本作「驅逐」。

慶應本522「阼偕」，清家本作「阼階」。

慶應本522「他邦」，清家本作「他拜（右上：ヒ，右下：邦）」。

慶應本523「他邦」，清家本作「他邦」。

慶應本524「遣使〻者」，清家本作「遣使使者」。

慶應本524「人臣（右：君）」，清家本作「人臣」。

慶應本524「无？（右：无）外交」，清家本作「無外交」。

慶應本525「无疑」，清家本作「無疑」。

慶應本525「注」，清家本無。

慶應本525「拜送使者」，清家本作「拜（右補入：送）使者」。

慶應本525「敬也」，清家本作「敬之也」。

慶應本527「而受」，清家本作「而拜受」。

慶應本 527「注」，清家本無。
慶應本 528「敢嘗」，清家本作「敢嘗（右補入：之）」。
慶應本 528「秤名」，清家本作「称名」。
慶應本 529「不能」，清家本作「不敢」。
慶應本 529「注」，清家本無。
慶應本 529「孔子安国曰」，清家本作「孔安国曰」。
慶應本 529「不嘗」，清家本作「不（右補入：敢）嘗」。
慶應本 530「養馬處」，清家本作「養馬之（右下：亻无）処」。
慶應本 530「焼也（以上二字用墨塗抹，右：被焼也）」，清家本作「被焼也」。
慶應本 532「唯唯問」，清家本作「唯問」。
慶應本 533「人乎」，清家本作「人之（右：刪除符號？）乎」。
慶應本 533「司寇」，清家本作「司冠」。
慶應本 534「自公朝而」，清家本作「自公朝退而」。
慶應本 534「矯重人也」，清家本作「矯時重馬者也」。
慶應本 534「注」，清家本無。
慶應本 535「君之朝」，清家本作「魯之朝」。
慶應本 536「嗜？（右：嗜）必正」，清家本作「嗜食必正」。
慶應本 536「先嘗」，清家本作「先嘗之」。
慶應本 536「注」，清家本無。
〔清家本錯葉至此結束〕
慶應本 537「班」，清家本作「斑」。

慶應本 537「腥宍」，清家本作「腥肉」。
慶應本 538「薦〻」，清家本作「薦〻〻」。
慶應本 538「重榮君也」，清家本作「重栄君賜也」。
慶應本 539「爲藝（右：蓺）」，清家本作「爲蓺」。
慶應本 539「注」，清家本無。
慶應本 539「孔子安國曰」，清家本作「孔安国曰」。
慶應本 541「共食時」，清家本作「共食之時也」。
慶應本 541「食之先」，清家本作「食之先也」。
慶應本 542「種〻」，清家本作「食種〻」。
慶應本 542「出臣子」，清家本作「出片子」。
慶應本 544「唯（右：刪除符號）」，清家本無。
慶應本 544「喰（右補入：之故先飯〻喰）也」，清家本作「飡之故云（右：亻无）先飯〻飡也」＊例 K
慶應本 544「爲君（右補入：先）嘗食」，清家本作「爲君先嘗食」。
慶應本 545「是非也」，清家本作「是非者也」。
慶應本 545「注」，清家本無。
慶應本 545「則先飯矣」，清家本作「先（左：則亻）飯矣」。
慶應本 545「疾謂」，清家本作「疾〻謂」。
慶應本 546「袁（右：哀）公」，清家本作「哀公」。
慶應本 547「是生陽之氣」，清家本作「病者欲生東是生陽之氣」。

慶應本 547 「頭眠東首也」，清家本作「頭眠（右下：亻？）首東也」。

慶應本 548 「當户」，清家本作「當于户」。

慶應本 548 「東首是也」，清家本作「東首者（右下補入：是）也」。

慶應本 548 「地（右：拖）」，清家本作「拖」。

慶應本 549 「視朝之服」，清家本作「視朝之（右下：亻无）服」。

慶應本 549 「拕（右：柂）」，清家本作「拕」。

慶應本 549 「不能着衣」，清家本作「不能復着衣」。

慶應本 551 「着之爲」，清家本作「着衣之（左下：亻）爲」。

慶應本 551 「注」，清家本無。

慶應本 553 「視之也」，清家本作「視之者也」。

慶應本 554 「注」，清家本無。

慶應本 554 「拕（右：拖）紳帯」，清家本作「拕紳ミ大帯（右側朱筆補入：也）」。

慶應本 554 「不衣朝服」，清家本作「不衣朝服也」。

慶應本 555 「見見（朱點，右：刪除符號）」，清家本作「見」。

慶應本 556 「以往」，清家本作「而往」。

慶應本 556 「君命以」，清家本作「君令召以」。

慶應本 556 「三節（右補入：一節以趍二節）以走」，清家本作「三節一節以趍二節以走」。

慶應本 557 「注」，清家本無。

慶應本 557 「君命」，清家本作「君命也」。

慶應本 557 「行出」，清家本作「出行」。

慶應本 558 「駕隨之也」，清家本作「駕隨之」。

慶應本 558 「太廟」，清家本作「大廟」。

慶應本 559 「舊通云」，清家本作「舊道云」。

慶應本 559 「是録」，清家本作「此是録」。

慶應本 560 「兩」，清家本作「兩（右下：尓亻）」。

慶應本 560 「出也」下，清家本有「鄭玄曰爲君助祭也廟周公廟也」。

慶應本 560 「明友」，清家本作「朋友」。

慶應本 560 「无所歸」，清家本作「無所皈」。

慶應本 560 「有明友」，清家本作「有朋友」。

慶應本 561 「孔子家」，清家本作「孔子之家」。

慶應本 561 「此明友」，清家本作「此朋友」。

慶應本 562 「无親情」，清家本作「無親情」。

慶應本 562 「无所歸」，清家本作「無所皈」。

慶應本 562 「於我殯」，清家本作「於我家殯」。

慶應本 563 「注」，清家本無。

慶應本 563 「明反（右：刪除符號，右：友）之恩」，清家本作「朋友之恩」。

慶應本 563 「无所歸」，清家本作「無所皈（右補入：者）」。

慶應本 563 「无親眤（右：昵）」，清家本作「無親昵」。

慶應本 563 「明友之饋」，清家本作「朋友之饋」。

慶應本 563「謂明友」，清家本作「謂朋友」。

慶應本 564「祭宍」，清家本作「祭肉」。

慶應本 564「太者」，清家本作「大者（右下：イ无）」。

慶應本 564「明友」，清家本作「朋友」。

慶應本 565「所可」，清家本作「○（一個字以後補入：所）可」。

慶應本 566「茖（右：若）」，清家本作「若」。

慶應本 566「明友」，清家本作「朋友」。

慶應本 566「祭宍」，清家本作「祭完」。

慶應本 566「雖少拜受之」，清家本作「雖小亦能受之」。

慶應本 566「敬祭也」，清家本作「敬祭故也」。

慶應本 567「祭宍」，清家本作「祭完」。

慶應本 567「注」，清家本無。

慶應本 567「不拜明反（右：友）有」，清家本作「不拜有」。

慶應本 568「尸謂死尸也」，清家本作「謂死尸也」。

慶應本 568「小歛」，清家本作「小歛（右：皺イ）」。

慶應本 568「直却（右：刧）」，清家本作「直脚」。

慶應本 568「似死人也」，清家本作「似於死人者也」。

慶應本 568「注」，清家本無。

慶應本 569「優（其上重疊書寫爲「偃」）卧」，清家本作「偃卧」。

慶應本 569「四（右補入：體）布」，清家本作「四躰布」。

慶應本 569「優（其上重疊書寫爲「偃」）却（右：刧）眠也」，清家本作「偃却眠也」。

慶應本 570「偃卧展舒」，清家本作「偃卧四躰展舒」。

慶應本 570「覆却（右：刧）」，清家本作「覆却」。

慶應本 570「皷」，清家本作「歛（右下：皺イ）」。

慶應本 570「小展？屈」，清家本作「小屈」。

慶應本 572「處也」，清家本作「処者也」。

慶應本 572「注」，清家本無。

慶應本 572「家室」，清家本作「室家」。

慶應本 572「難久（右：久）」，清家本作「難反（右上：匕，右下：久）」。

慶應本 572「見」，清家本作「子見」。

慶應本 572「齋衰」，清家本作「斉衰」。

慶應本 572「雖押」，清家本作「雖狎」。

慶應本 573「必反ミ」，清家本作「故必变ミミ」。

慶應本 573「必趍」，清家本作「必起趍」。

慶應本 573「注」，清家本無。

慶應本 574「素親」，清家本作「素相親」。

慶應本 574「无（右：元）親」，清家本作「無親」。

慶應本 574「㫖（右：早）數」，清家本作「早數（右下：褻イ）」。

慶應本 575「以ミ貇ミ」，清家本作「以皃ミミ」。

慶應本 575「藝色」，清家本作「变色」。

慶應本 575「反重貇」，清家本作「变重皃」。

慶應本 576「㫖（右：早）藝」，清家本作「早藝」。

慶應本576「注」，清家本無。

慶應本577「必作（右補入：必）趍」，清家本作「必作必（右：亻无）趍」。＊例L

慶應本578「送死之衣物」，清家本作「送死人衣物」。

慶應本579「式者」，清家本作「式（左下：亻无）者（左下：亻无）」。

慶應本579「立」，清家本作「立〻」。

慶應本580「一横」，清家本作「一横木」。

慶應本580「隠（右：穏）」，清家本作「隠湡」。

慶應本580「爲較？（右：較）」，清家本作「爲較」。

慶應本580「詩云輢（右：較）」，清家本作「詩○（一個字以後補入：云）軫（左下：倚亻）」。

慶應本580「童」，清家本作「重」。

慶應本580「予（右：子）」，清家本作「予」。

慶應本581「一横」，清家本作「一横木」。

慶應本582「㵸〻軾〻」，清家本作「憑軾〻〻」。

慶應本582「府僂」，清家本作「俯僂」。

慶應本582「式也」，清家本作「式之〻軾也」。

慶應本582「式？負板者」，清家本作「式負板者」。

慶應本583「却（右：邦）國」，清家本作「邦国」。

慶應本583「書（右補入：畫）」，清家本作「書畫」。

慶應本584「皆式之也」，清家本作「皆式敬之也」。

慶應本584「注」，清家本無。

慶應本585「送死（右補入：之）衣物」，清家本作「送死之衣物」。

慶應本585「注」，清家本無。

慶應本585「板」，清家本作「負板」。

慶應本585「邦国圖藉」，清家本作「邦国之圖籍」。

慶應本586「官（右：宮）伯職」，清家本作「宗伯職」。

慶應本587「注内宰（右補入：云）」，清家本作「注内宰云」。

慶應本587「官（右：宮）」，清家本作「宮」。

慶應本588「官（右：宮）〻」，清家本作「宮〻」。

慶應本588「史官（右：宮）」，清家本作「史官」。

慶應本588「反色」，清家本作「变色」。

慶應本589「反色」，清家本作「变色」。

慶應本590「容」，清家本作「客」。

慶應本590「注」，清家本無。

慶應本591「謂主人」，清家本作「親饋謂主人」。

慶應本591「報（右：執）食」，清家本作「執食」。

慶應本591「必反」，清家本作「必变」。

慶應本591「迅急疾也」，清家本作「迅疾也」。

慶應本593「反顔容」，清家本作「变顔容」。

慶應本594「則必反」，清家本作「則必变」。

慶應本594「雖夜」，清家本作「雖衣」。

慶應本 594「注」，清家本無。
慶應本 595「爲烈」，清家本作「爲烈也」。
慶應本 596「时（右：則）」，清家本作「則」。
慶應本 597「注」，清家本無。
慶應本 597「必正立」，清家本作「○（右補入：必）正立」。
慶應本 597「執綏所以」，清家本作「執綏○（朱筆，右側朱筆補入：者）所以」。
慶應本 597「頋迴頋（右朱筆：刪除符號？）頭也」，清家本作「頋迴頭也」。
慶應本 598「以所」，清家本作「所以」。
慶應本 598「肰 一（以上二字用墨塗抹，右：然）」，清家本作「然」。
慶應本 599「顧（右：頋）」，清家本作「頋」。
慶應本 599「非（朱點）不俻」，清家本作「私不備」。
慶應本 599「（右補入：非）大德」，清家本作「非大德」。
慶應本 599「所爲（右補入：故不爲也）」，清家本作「所爲故不爲也」。
慶應本 600「注」，清家本無。
慶應本 600「與中」，清家本作「車中」。
慶應本 600「言」，清家本作「者」。
慶應本 601「五[illegible]〻」，清家本作「五嶲〻〻」。
慶應本 602「九大（右：丈）地也」，清家本作「九丈九尺地也」。
慶應本 602「式（右：或）」，清家本作「式」。
慶應本 602「馬〻尾〻」，清家本作「馬尾〻〻」。
慶應本 602「蘭」，清家本作「欄」。
慶應本 603「注」，清家本無。
慶應本 603「旁（右：傍）親（右：視）」，清家本作「旁（右：傍イ）視（右：頋イ）」。
慶應本 603「輢竪在」，清家本作「輢竪坐（右下：イ无）在」。
慶應本 604「蒙（右：羙）較」，清家本作「羙較」。
慶應本 604「不遇（右：過）」，清家本作「不過」。
慶應本 604「輢轂（右：刪除符號）轂」，清家本作「輢轂」。
慶應本 605「故不言疾」，清家本作「故不疾言」。
慶應本 605「驚人」，清家本作「驚於人」。
慶應本 606「則（右補入：不）言傷疾也」，清家本作「則言疾也」。
慶應本 606「恒車上」，清家本作「車上」。
慶應本 607「視（右：親）」，清家本作「親」。
慶應本 607「戓（右：惑）」，清家本作「惑」。
慶應本 608「注」，清家本無。
慶應本 608「則去（右補入：矣）」，清家本作「則去也」。
慶應本 609「恂〻」，清家本作「拘（欄上：恂）〻」。
慶應本 611「所至〻處也」，清家本作「所至之処也」。
慶應本 612「必迴觀之」，清家本作「必廻翔審覩之」。
慶應本 612「注」，清家本無。

慶應本 613「後下必正（右：止）也」，清家本作「後下止也」。

慶應本 613「雎（右補入：雉）」，清家本作「雎雉」。

慶應本 613「時〻哉〻」，清家本作「時哉〻〻」。

慶應本 613「因見所」，清家本作「因所見」。

慶應本 614「有歎」，清家本作「有嘆」。

慶應本 614「加木（二字右：架）」，清家本作「架」。

慶應本 615「見山梁」，清家本作「見山梁間」。

慶應本 615「有」，清家本作「在」。

慶應本 615「雁（右：雎）雉」，清家本作「□（右下：□亻）雉」。

慶應本 615「時哉言」，清家本作「時□者言」。

慶應本 616「有歎」，清家本作「有嘆」。

慶應本 617「不如梁間」，清家本作「不如山梁間」。

慶應本 617「一象（右：喙）」，清家本作「一啄」。

慶應本 618「歎之」，清家本作「嘆之」。

慶應本 618「因可（右：所）見」，清家本作「因所見」。

慶應本 619「時哉之歎」，清家本作「時哉〻〻之歎」。

慶應本 619「歎是」，清家本作「歎雎雉是」。

慶應本 619「馳逐」，清家本作「故馳逐」。

慶應本 620「此雉」，清家本作「雎雉」。

慶應本 620「煮孰」，清家本作「煑熟」。

慶應本 621「三臭」，清家本作「三嗅」。

慶應本 621「臭謂」，清家本作「嗅謂」。

慶應本 622「此熟雖」，清家本作「此熟雉」。

慶應本 622「亦（右：乖）」，清家本作「乖」。

慶應本 622「孔本心」，清家本作「孔子本心」。

慶應本 622「孔若」，清家本作「孔子若」。

慶應本 622「不看」，清家本作「不食」。

慶應本 623「我心」，清家本作「我本心」。

慶應本 623「歆」，清家本作「嗅」。

慶應本 624「亦得」，清家本作「亦如得」。

慶應本 624「之間」，清家本作「之間也」。

慶應本 624「注」，清家本無。

慶應本 624「得性而」，清家本作「得其時而」。

慶應本 625「非本意」，清家本作「非其本意」。

慶應本 626「三臭」，清家本作「二嗅」。

慶應本 626「（右補入：一）丘」，清家本作「一丘」。

慶應本 626「雉之適」，清家本作「雉之道適（右：亻）」。

慶應本 627「复（右：傷）」，清家本作「傷」。

慶應本 628「歎偕」，清家本作「諧」。

慶應本 629「失」，清家本作「失（右下：聴亻）」。

慶應本 629「三臭」，清家本作「三嗅」。

慶應本 632「免（右：危）」，清家本作「危」。

慶應本 633「以此」，清家本作「如此」。

慶應本 633「是（右補入：也）」，清家本作「是也」。

慶應本 634「牲(右：性)」，清家本作「性」。
慶應本 634「知非常」，清家本作「知其非常」。
慶應本 635「三臬」，清家本作「三嗅」。
慶應本 635「而去」，清家本作「而作去」。
慶應本 637「論語疏卷第六(右：五)子罕/鄉黨王侃」，清家本作「論語疏第五」。

附　慶應義塾圖書館藏《論語疏》卷六的文獻價值——作爲日本漢學研究資料的特色

齋藤慎一郎　撰　劉佳琪　譯

前言

本稿將基於前文校記，探討慶應義塾圖書館藏《論語疏》卷六（以下稱「慶應本」）作爲日本漢學研究資料的特色。具體而言，將通過比較該寫本與京都大學附屬圖書館清家文庫藏《論語義疏》日本南北朝寫本六册（請求記號：一—六六/ロ/四貴。本稿以下稱「清家文庫本」），來進行考證。

清家文庫本儘管缺卷一、三、九、十，但却是一件收藏脈絡清晰的珍品。近世以前，該本收藏在作爲清原家嫡流的堂上家舟橋家，*清原家是累世以經學爲業的明經道博士家，其初代是在一條朝（九八六—一〇一一）任博士的廣澄（九三四—一〇〇九）。昭和二十七年（一九五二），清家文庫本被指定爲國家重要文化財。如果相信卷八末尾的花押爲真，那麽清家文庫本可能是從廣澄開始算起的第十二代，即南北朝時代的清家良兼（一三〇七—一三六一）的手澤本。花押的真僞問題暫且不論，無論如何，清家文庫本被認爲鈔寫於鎌倉時代末期至室町時代初期之間，是現存已知的所謂「舊鈔本論語義疏」中唯一可以追溯到室町時代中期以前的傳本。

作爲最古級別的寫本，清家文庫本有著樣貌獨特的本文，因此向來都未被視爲《論語義疏》校勘的主軸。但此次，筆者在嘗試對舊鈔本與新見慶應本進行比較時，發現就《子罕》《鄉黨》二篇而言，清家文庫本和慶應本有許多一致之處，兩部寫本在中世日本很可能存在關聯。因此，本稿擬從日本漢學研究的角度對之加以探討。

此外，截至二〇二一年八月，讀者已經可以通過「京都大学貴重資料デジタルアーカイブ」[一]閲覽清家文庫本。以下登載的清家文庫本圖像（部分）均來自該處。

一、與京都大學附屬圖書館清家文庫本所載校注之比較

清家文庫本《論語義疏》中有很多伴有「イ」符號的批注，這種批注在日本傳存漢籍古鈔本中很常見。關於此類文本中「イ」的含義，有「異本」的首字母，或取自「他本」「傳本」中「他」

[一] https://rmda.kulib.kyoto-u.ac.jp/item/rb00007937.

* 譯者注：堂上家是日本古代公家身份的一種。

「傳」字單人旁等等説法,㊂总之是校注的一種,是校勘時在自己所持底本上做的批注性注記,用以表明參校本的本文(即「亻」本)是這樣的。换句話説,如果在某個字旁邊有「亻无」(「无」是「無」的異體字),表示參校本的本文中没有該字,而「〇亻」則表示該字在參校本中置换爲了「〇」字。

本節將就清家文庫本所載批注(校注)與慶應本本文之間有趣的吻合情況,取 16 例加以介紹。

(一) 本文系統的層面

例 A

慶應本第 19 行「當于周末」

清家本「當于時(右下:亻无)周末」

大槻本卷五 3a 第 1 行「當于時周末」*

慶應本「當于周末」(第 19 行)。此處是《子罕》篇經文「今拜乎上泰也」的疏文的一部分,在斯道文庫藏文明十九年寫本,即所謂「大槻本」,以及包括清家文庫本在内的其他舊鈔本中,此處均作「當于[時]周末」,即多出「時」字。不過,在清家文庫本中,「時」字的右下角批注了「亻无」,這表示在與他本進行對校時,存在無「時」字的情況。迄今爲止,我們僅能從清家文庫本的「亻无」批注推知,古代可能存在無「時」字的本文。而慶應本的本文則正如清家文庫本批注所示,無「時」字,作「當于周末」。從這一點可以看出,慶應本作爲一個實例,展示了過去僅可通過清家文庫本批注來進行推測的古態本文。换句話説,慶應本是保證了清家文庫本批注之確定性的實例。

下文將列出同樣的事例。

例 B

慶應本「由无意故能爲化无必也」(第 32 行)。此處是《子罕》篇經文「毋必」的疏文的一部分。在舊鈔本中,「由无意故能爲化无必也」前是「无所抑必」四字,慶應本則無此四字。在

㊂ 關於「異本」或「他本」的問題,詳見高田信敬《校勘の言葉——異本・他本をめぐって——》,載《国文鶴見》第五十四號,二〇二〇年三月。

* 譯者注:慶應義塾圖書館藏《論語疏》,簡稱「慶應本」;京都大學附屬圖書館藏清家文庫本《論語義疏》,簡稱「清家本」;慶應義塾圖書館藏文明抄寫大槻本,簡稱「大槻本」,以下不再出注。

此基礎上，再看清家文庫本的話，會發現「无所抑必」中「必」字左側，有作「□字イ无」的批注。儘管由於首字殘缺，難以辨認，但如果假設是「四字イ无」，即用以參校的本文無「必」以上四字，並據此寫上了批注，那麽此處也可視爲是清家文庫本批注與慶應本本文相吻合的例證。

慶應本第 32 行「由无意故能爲化无必（右：必）也」

清家本「无所抑必（左：□字イ无）由无意故能爲化无必也」

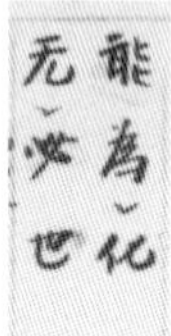

大槻本卷五 3b 第 4 行「无所抑必由无意故能爲化无必也」

例 C

《子罕》篇經文「毋我」的疏文，舊鈔本作「行教功德成」。清家文庫本在「德」字右側批注了「イ无」，表示某個參校本中沒有「德」字（即作「行教功成」），而慶應本的本文即作「行教功成」。

慶應本第 35 行「功成」

清家本「功德（右：イ无）成」

大槻本卷五 3b 第 8 行「功德成」

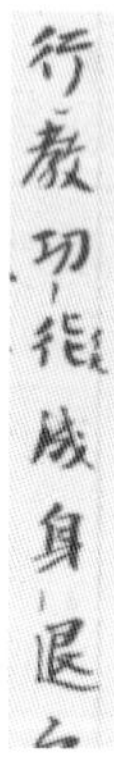

例 D

慶應本第 39 行「絶四」

清家本「絶此（右下：イ无）四」

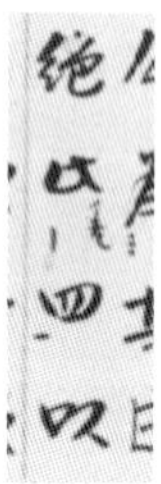

大槻本卷五 4a 第 2 行「絶此四」

此處亦是解釋《子罕》篇經文「毋我」的疏文，舊鈔本作「絶此四」，清家文庫本在「此」字右下方批注了「亻无」。慶應本的同一位置（第39行），作「絶四」。

例E

慶應本第94行「生知」

清家本「生故（右：亻无）知」

大槻本卷五7a第7行「生故知」

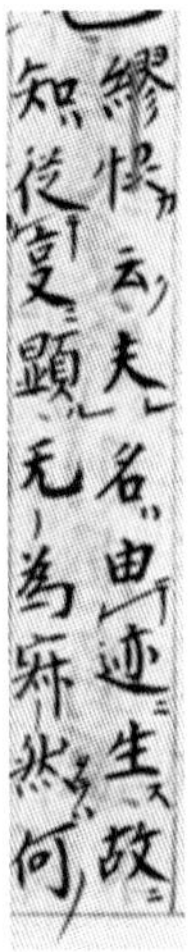

在解釋《子罕》篇經文「有鄙夫，來問於我，空空如也。我叩其兩端而竭焉」的疏文中，舊鈔本有「繆協云，夫名由迹生，故知從事顯」一句。清家文庫本中，「故」字右側批注了「亻无」。慶應本中同一位置（第94行）即無「故」字。此亦是清家文庫本批注與慶應本本文實態相吻合的事例。

例F

慶應本第97行「无瑞」

清家本「无此（右：亻无）瑞」

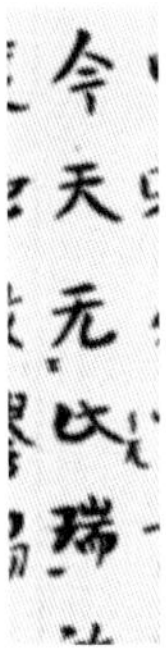

大槻本卷五7b第1行「无此瑞」

《子罕》篇經文「子曰：鳳鳥不至。河不出圖，吾已矣夫」的疏文中，舊鈔本有作「今天无此瑞」之處，清家文庫本中，「此」字右側批注有「亻无」。也就是説，在曾經與清家文庫本進行對校的《義疏》中，有本文作「今天无瑞」者。而當移目於慶應本時，則可以發現該本恰作「今天无瑞」，無「此」字。

例G

《鄉黨》篇經文「揖所與立，左右手，衣前後襜如也」的疏文，舊鈔本作「副且作敵國」，即包括了「副」字，但慶應本無「副」字。在清家文庫本中，可以看到在「副」字右側，恰有與慶應本本文相呼應的「亻无」批注。

慶應本第 308 行「且作」

清家本「副(右：亻无)且作」

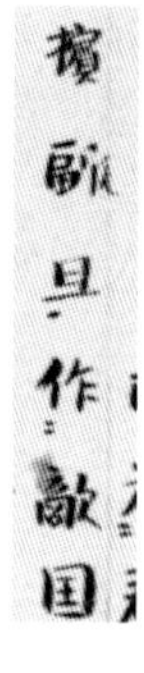

大槻本卷五 20a 第 7 行「副且作」

例 H

慶應本第 356 行「取玉授与人」

清家本「取玉上(左：亻无)授与人」

大槻本卷五 23a 第 1 行「取玉上授与人」

《鄉黨》篇經文「上如揖」的疏文中，舊鈔本有作「謂就下取玉，上授与人時也」之處，清家文庫本「上」字左側可見「亻无」批注。慶應本無「上」字，而這就保證了在該字上施加「亻无」校注的清家文庫本批注的來歷和淵源。

例 I

慶應本第 484 行「不君(右：薰)」

清家本「不薰(右下：君亻)」

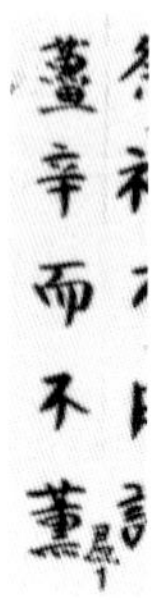

大槻本卷五 29a 第 5 行「不薰」

《鄉黨》篇經文「不撤薑食」的疏文中，舊鈔本中有作「薑辛而不薰」處，清家文庫本「薰」字右側有「君亻」的批注。慶應本中，本文寫作「君」，「薰」字寫於右側，有可能爲後筆補寫。「君」字異文的存在，此前僅可從清家文庫本的批注中推知，而慶應本則提供了證明這一異文的實例。

例J

慶應本第512行「随而」

清家本「随人(右下：亻无)而」

大槻本卷五30b第2行「随人而」

《鄉黨》篇經文「鄉人儺」的疏文中，舊鈔本有作「厲鬼亦随人而出行」處。清家文庫本中，「人」字右下方可見「亻无」批注。慶應本本文與清家文庫本的批注完全吻合，作「厲鬼亦随而出行」，無「人」字。

例K

《鄉黨》篇經文「君祭先飯」的疏文中，舊鈔本有作「臣先取飯食之，故云先飯，飯食也」之處，清家文庫本中，「云」右下方可見「亻无」批注。慶應本可能最初存在漏抄，因此「之故先飯ミ喰」被補寫於右側，不過，補寫中並無「云」字，這與清家文庫本的批注亦是一致的。此外，在這種情況下，或許也可以認爲「之故先飯ミ喰」的補入原先(從被用於與清家文庫本對校前的早期階段開始)就已存在。

慶應本第544行「喰(右補入：之故先飯ミ喰)也」

清家本「飡之故云(右：亻无)先飯ミ飡也」

大槻本卷五32a第2行「食之故云先飯ミ食也」

例L

慶應本第577行「必作(右補入：必)趍」

清家本「必作必(右：亻无)趍」

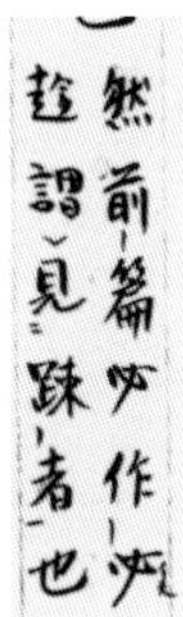

大槻本卷五33b第5行「必作必趨」

在闡述《鄉黨》篇經文「見冕者與瞽者，雖褻必以貌」的疏文中，舊鈔本有作「然前篇，必作必趍，謂見疎者也」之處。清家文庫本中，「必趍」的「必」字右側有「亻无」批注，表示在校勘過程中發現了寫作「必作趍」的本文。如果移目於慶應本，會發現此處寫爲「必作趍」，同時在「作」和「趍」字間又補入了「必」字。雖然不清楚慶應本中的「必」字的添加時間，但正中抄寫的文字與清家文庫本中的批注相吻合。如此，在考察慶應本在中世以前日本的使用情況時，清家文庫本所見批注的書寫方式爲我們提供了一個有趣的視角。

（二）誤抄的層面

在考察慶應本和清家文庫本之間的密切關係時，除前文所舉事例外，以下兩例亦值得關注。

例 M

《子罕》篇經文「天之將喪斯文也，後死者不得與於斯文也」的疏文開頭是「既云」，在清家文庫本中，「既云」的「云」字右下方批注了「去亻」。儘管這一批注可以被理解爲是校勘之際，發現了將「云」作「去」的本文，但從意義上考慮，此處將「云」作「去」並不通順。相比之下，更爲合理的情形是，由於二字字形相似，故而中世日本存在著在傳寫過程中將「云」誤作「去」的本文。也正是基於這種情況，慶應本的同一位置（第50行）出現了在「云」字上方加一豎，變成「去」字的字形。

慶應本第 50 行「去」

清家本「云（右下：去亻）」

大槻本卷五 4b 第 5 行「云」

例 N

慶應本第 397 行「一法」

清家本「一註（右下：法亻）」

大槻本卷五 25a 第 2 行「一註」

在闡釋《鄉黨》篇經文「紅紫不以爲褻服」的疏文中，舊鈔本（大槻本）有「又一註云」。〔三〕關於此處，慶應本（第397行）作「又一法云」，即「註」寫爲「法」字。在本應該寫作「註」的地方寫成「法」，很可能是慶應本中的一個誤抄。而且，在清家文庫本中，「註」字的右下方可見「法イ」的批注。也就是說，這説明供清家文庫本進行校勘的《論語義疏》中，存在與今見慶應本相同，也作「又一法云」的本文。

這兩個例子顯示，在日本中世，像慶應本這樣誤抄，將這兩處寫作「去」「法」二字的《論語義疏》，的確存在於清家文庫本的周邊。

換句話説，這些例子的有趣之處在於，慶應本本文与清家文庫本批注之間的一致，不僅體現在本文的基本脈絡上，也體現在枝葉的抄寫錯誤上。可以説，這增加了慶應本與清家文庫本存在直接接觸的可能性。

（三）舊鈔本《論語義疏》中的轉訛問題

慶應本與舊鈔本本文系統相異，因此該寫本的出現將爲我们對舊鈔本本文展開判斷提供可能性。下文將舉例説明。

例 0

圖示爲《子罕》篇經文「子欲居九夷」的疏文，根據馬融的説法，「九夷」是指東方的九種「夷」，此處羅列了「九夷」的名稱。慶應本將第九種「夷」寫作「天鄙」，而清家文庫本則作「夭鄙」，並在「夭」字右側用朱筆添加了「天イ」批注。批注表明校勘之際發現了此處寫作「天鄙」的《論語義疏》。此外，根本武夷（一六九九—一七六四）根據《爾雅・釋地》注釋將此處校改爲「天鄙」，其後根本刊本傳入中國，由此，疏文「天鄙」在中國也爲人所知。

慶應本第164行「天鄙」

清家本「夭（右朱：天イ）鄙」

大槻本卷五11b第2行「夭鄙」

以往，從本文作「夭鄙」，但通過批注「天」來表示《論語義疏》本文間存在異同的清家文庫本，我們似乎可以窺知，即使在根本武夷校訂以前的日本中世，也已經存在此處作「夭鄙」

〔三〕「註」，武内本作「注」。武内本，參照《論語義疏（校本）・校勘記》，收入《武内義雄全集》第一卷《論語篇》，角川書店，一九七八年。

或「天鄙」的《論語義疏》。但現在，由於已經證實在慶應本（（南北朝末隋）寫本）中，此處記爲「天鄙」，且該本在平安時代就已存於日本，這表明，「天鄙」很可能僅僅只是流傳至今的日本舊鈔本系統中的獨特轉訛。在原本的《論語義疏》中，此處寫作「天鄙」的概率進一步增大了。

例P

慶應本第279行「權而」

清家本「權道（右：亻无）而」

大槻本卷五18b第2行「權道而」

圖示是《子罕》篇經文「唐棣之華，偏其反而，豈不爾思，室是遠而」的注文（何晏《集解》）的一部分。在通行的何晏《集解》〔四〕和敦煌本〔五〕中，此處作「以言思權，而不得見者，其道遠也」，但舊鈔本《論語義疏》中作「以言思權道，而不得見者，其道遠也」，即增加了「道」字。關於這一「道」字，清家文庫本「道」字右側批注有「亻无」，表示在校勘過程中，曾發現同一位置沒有「道」字的《論語義疏》。而且，慶應本中沒有「道」字。如此，從通行的《集解》，與敦煌本、慶應本一致，卻與舊鈔本《論語義疏》存在對立這一情形來看，可以認爲此處增加的「道」字可能是日本舊鈔本系統的獨特轉訛。在前面的相鄰注文中，包含了與此處類似的句子——「以言權道反而後，至於大順也」，由此，此處可能是一個在抄寫時由於看錯而產生的筆誤，但卻在舊鈔本的傳寫過程中被繼承了下來。

（四）《子罕》《鄉黨》兩篇以外的影響

如上所述，通過比照清家文庫本的批注和慶應本本文，可以確認的是，清家文庫本中的批注具有充足的信憑性，保留了如慶應本一類《論語義疏》的古貌。

由此，對於慶應本（對應舊鈔本卷五）沒有，但清家文庫本有的卷二、卷四、卷六、卷七和卷八，清家文庫本中的批注很可能也是依據與慶應本具有同樣古老歷史的本文而來，是相當珍貴的。

例如，《里仁篇》經文「朝聞道，夕死可矣」的疏文中有「聖

〔四〕阮元《論語注疏校勘記》中，未見關於該處異同的記述。

〔五〕參照《敦煌經部文獻合集》。

人存身」一句，但清家文庫本「存」字右下方可見「在イ」批注，暗示存在「聖人在身」的異文（圖版a）。除此之外，清家本批注還留存了注釋者差異這樣相對重要且罕見的異說。例如，《述而篇》經文「冉有曰：夫子爲衛君乎」的注文「鄭玄曰：爲猶助也」，「鄭玄」的右側有「孔安國イ」批注（圖版b）；同樣，《述而篇》「子不語怪力亂神」的注文「王肅曰：怪，：：異也」，「王肅」的右側亦有「孔安國イ」批注（圖版c）。〔六〕

圖版a

圖版b

圖版c

這些行間和欄外的批注應該是由清家文庫本的前所有者，即在日本中世專門從事經學的清原家人施加。此次，通過將慶應本置於日本漢學研究的背景下，並與清原家舊藏的清家文庫本進行比較，我們希望能夠對清家文庫本中的批注，即日本人在過去開展並流傳至今的學術活動，以及我們從中所獲信息的重要價值，進行重新的認識。

二、本書在日本中世傳承的相關假設

如前言所述，清家文庫本的抄寫時間可能在鐮倉末期至室町初期之間。假如清家文庫本與慶應本有直接聯繫，情況又會如何呢？慶應本在中世日本的流傳情況目前完全未知。本節將以公益財團法人東洋文庫藏國寶《春秋經傳集解》作爲一個可能與慶應本有著相似歷史傳承過程的例子，提出有關慶應本在中世至近世日本傳承情況的假設。

東洋文庫藏《春秋經傳集解》是清原賴業（一一二二—一一八九）的手澤本，但其上有另一種筆跡的識語「應安二年十一月十二日於柳市感得畢菅在貫」。換言之，唐橋在貫於慶安二年（一三六九）在「柳市」（大學寮）「感得」（意外獲得）了該本。日本南北朝時代，各種書籍在大學寮附近集散。而且，這一時期也正是在清家文庫本署上花押的清原良兼的活動時期。那麼，我們就可以設想，平安時代爲藤原氏所有的慶應本《論語疏》，到了南北朝時代，或許也在大學寮附近流轉，處於一種能夠被彼時的清家文庫本《論語義疏》所有者接觸得到的狀態。

〔六〕阮元《論語注疏校勘記》未見有關前述各處異同的記述。

現藏於東洋文庫的《春秋經傳集解》，後來爲中原康富（一四〇〇—一四五七）所獲（據該書原襯頁左下方識語）。有關該書在近世的流傳，藤貞幹《好古日録》所記狩谷掖齋（一七七五—一八三五）批注本（斯道文庫藏，浜野知三郎［一八七〇—一九四一］舊藏，《影印日本隨筆集成》《日本藝林叢書》之底本）中，作爲狩谷掖齋的批注，有這樣一段話：「寬政二年觀於山田以文之家，押小路外史之家藏。」據此記載可知，該書曾在朝廷周邊流轉，近世成爲局務押小路家的藏品。可以說，這與慶應本《論語疏》近世收藏於掌管官書庫、且與局務家並稱爲「地下官員之棟樑」的官務壬生家，存在相似的流傳歷史。

三、關於篇首總説的比較

最後簡要探討篇首總説（置於篇題下、記述本篇大意的文章）的存在方式。〔七〕在慶應本僅存的《鄉黨》篇首，並無舊鈔本中的篇首總説。敦煌本《論語疏》（P3573）中也不見這一總説。而且，本稿所參照的清家文庫本《論語義疏》是舊鈔本中抄寫年代較早的一部，但其《子罕》《鄉黨》《衛靈公》各篇的總説並沒有被作爲本文來進行抄寫（參照圖版）。〔八〕如此，三部歷史最爲悠久的《論語義疏》均沒有嚴格記述總説。即使從這一點來看，以往從内容層面可以判斷爲是皇侃自撰的總説，也很可能是出自平安鎌倉時代日本人（例如撰寫《論語總略》）的僞造，這是今後有必要進一步討論的問題。

1. 慶應本《鄉黨》篇首

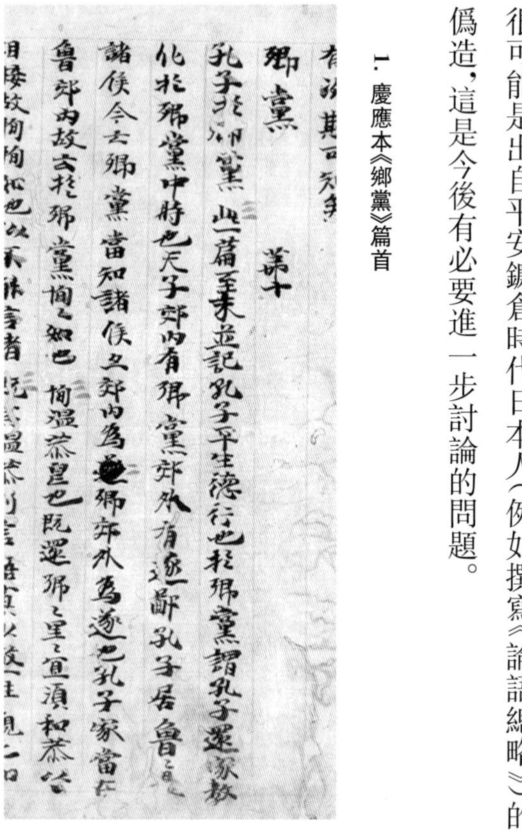

〔七〕關於這一問題，也可參照佐藤道生《〈論語疏〉中国六世紀写本の出現》，《斯文》第一百三十六號，二〇二一年三月；住吉朋彦《慶應義塾圖書館藏〈南北朝末隋〉寫本〈論語疏〉卷六解題》（本書收録）。

〔八〕在清家文庫本的其他篇目（《八佾》《里仁》《述而》《泰伯》《先進》《顏淵》《子路》《憲問》《季氏》）中，篇首可見包括引用邢昺《正義》而成的總説。另外，《泰伯》篇首對邢昺《正義》的引用，以「裏云昺云正義曰」作爲開頭，由此得出一個可能的推論，即原本作爲注記的邢昺《正義》，可能是後來竄入了本文，並被作爲本文抄録了下來。清家文庫本《子罕》《鄉黨》的篇首總説，採用了批注的形式，應該是爲提供參照方便而進行的補記。據此可見，在鈔本的任何一個抄寫階段，總説都可能被收入篇題下。

清家本《泰伯》篇首「裏云昺云正義曰」

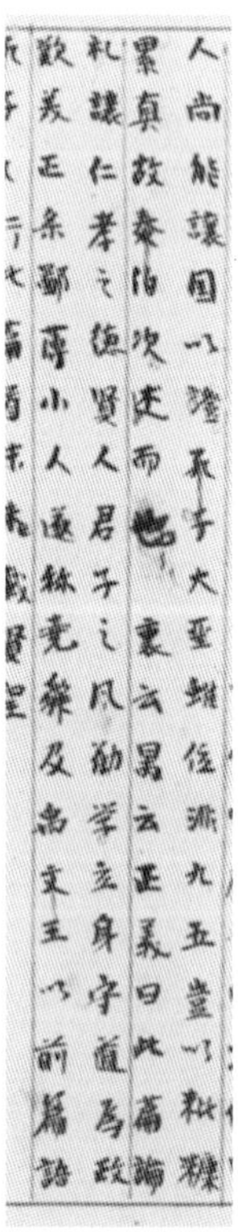

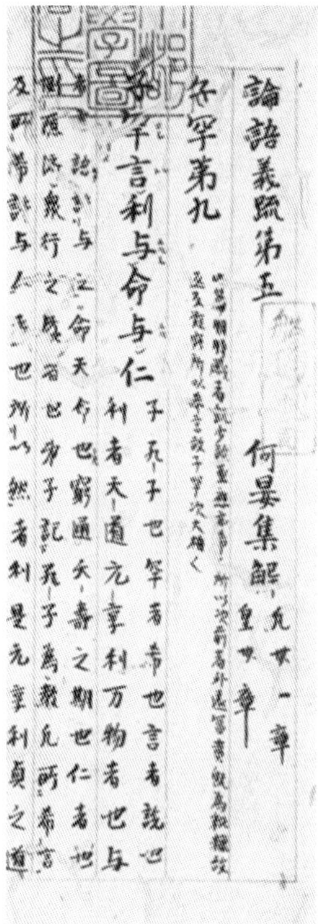
論語義疏第五　何晏集解　凡卅一章

子罕第九

子罕言利与命与仁　子罕者希也言者說也利者天道元亨利万物者也与者言語許与之也命天命也窮通夭壽之期也仁者惻隱濟衆行之盛者也弟子記孔子為教化所希言及所希許与人者也所以然者利是元亨利貞之道

2. 清家本《子罕》篇首

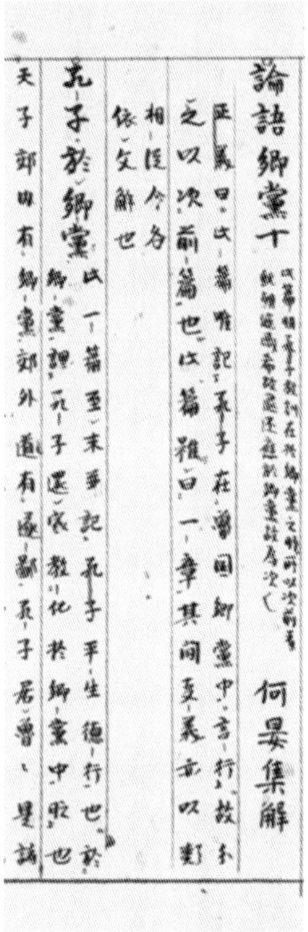
論語鄉黨第十　何晏集解

疏曰此一篇唯記孔子在魯國鄉黨中言行故分之以次前篇也此篇雖曰一章其間亦義亦以類相從今各依文解也

孔子於鄉黨　此一篇至末并記孔子平生德行也於鄉黨謂孔子還家教化於鄉黨中時也天子郊内有鄉黨郊外有遂鄙孔子居魯魯是諸

3. 清家本《鄉黨》篇首

【附記】

本稿據第三十三回斯道文庫講演會、文庫開設六十週年紀念論壇「書誌學的過去和未來」（令和二年十一月二十八日，綫上）所作研究報告撰寫。

慶應義塾大學附屬研究所斯道文庫藏文明十九年寫本《論語義疏》解題

住吉朋彦 撰　劉佳琪 譯

論語義疏十卷　和 半 合五冊 ○九二・卜六・五

魏何晏注　梁皇侃疏

文明十九年（一四八七）五至八月寫（江州山上曹源寺意足庵 龍安院周篤）轉寫周釣所持本

萩藩 山口明倫館 澄川篁坡舊藏 大槻復軒（文彥）考證識語

安田文庫舊藏

裝入新補木函，蓋板表面中央題「文明鈔本論語義疏／（低格）篁坡精舍珎藏」，裏面右下書「素軒野素題籤」，次行下方鈐方形陰刻「林（埜）／素」並單邊方形陽刻「素／軒」兩朱印（野村素軒）。後補鶯底茶白金襴菱花龜甲系花卉紋織緞書帙。後裝縹色抛光書衣（二四釐米×一八點一釐米），左上所貼香色底茶色卷雲紋題籤書「論語義疏幾（止）」。僅首冊題簽左下有文字内容不明的追記。每冊書衣右上徑書「乙二十四」四字。均與本文筆法有別。线裝，本文用楮打紙。上下有裁切，書背絲綫下有保護紙箋。每冊前襯頁書「仁十一」，旁有墨色消褪的「乙八」二字。卷一二之間、七八之間、卷九前、卷九十之間有以楮紙重裝的舊書衣（前半有小污漬），書衣左上角書「二（八、九、十）」，書衣列有另一種室町末期朱筆所書的「八佾第二／八佾章一　三家章二（中略）／　以上廿一章」等篇章題目（各一葉）。*

起首書「論語義疏第一（隔四格）梁國子助教吴郡皇侃撰／論語通曰論語者是孔子没後七十弟子之門徒共／所撰録也」以下序五葉，次書「論語序（隔十一格）何晏集解／叙曰漢中壘（有疏）（中略）光禄大夫関内侯臣孫邕（略三家）尚書／／駙馬都尉関内侯臣何晏等上（有疏）」四葉，集解序末後半葉有注記，「邢昺作刑／非也新注云邢氏名昺／済張人也」，與本文筆法一致。

卷首書「論語義疏卷第一（隔五格）何晏集解皇侃疏／學而第一　疏論語是此書捴名斈而爲第一篇別目（中略）昺云自此至堯曰是／魯論語廿篇之名及第次也（中略）／子曰子者指於孔子也子是有德之称古者称師爲／子也（中略）／（以下低一格）馬融曰子者男子通称也凡有德者皆得称／子故曰通称也」以下若干字。每章改行，句下夾疏（雙行小字），改行低一格附注，句下夾疏（雙行小字）（影印一四一——一四二頁）。

* 譯者注：凡「」内用以描述寫本面貌的漢字，均以論文作者原文爲準，異體字不作修改。

第一册　卷第一（三四葉）學而第一　爲政第二
　　　　卷第二（四〇葉）八佾第三　里仁第四
第二册　卷第三（四三葉）公冶長第五　雍也第六
　　　　卷第四（三三葉）述而第七　泰伯第八
第三册　卷第五（三六葉）子罕第九　鄉黨第十
　　　　卷第六（三五葉）先進第十一　顔淵第十二
第四册　卷第七（四二葉）子路第十三　憲問第十四
　　　　卷第八（二九葉）衛靈公第十五　季氏十六
第五册　卷第九（三二葉）陽貨第十七　微子第十八
　　　　卷第十（一九葉）子張第十九　堯曰第二十

單邊（一九釐米×一五點一釐米）有界，每半葉九行，行二十字，筆法一致。中縫部分，每卷末葉以外無文字。卷尾書「論語卷第一」「論語義疏卷第三經一千七百一十一字/注二千八百二十字」等。每卷末葉的中縫部分以及卷四、卷十的尾題下細筆書寫以下識語（圖1）。

（卷一）已上四十三丁江刕山上於意足菴文明十九年　書之周篤二十五歲時寫之也

（卷二）以上四十丁江州山上於意足菴周篤二十五歲時書之文明十九年六月日

（卷三）以上四十三丁江州山上於意足菴周篤二十五歲之時書之文明十九年七月日

（卷四）已上二十三丁江州山上意足菴於北窓下周篤廿五歲時書之

（同尾題下）文明十九年林鐘廿二日始之廿五日酉刻／書畢於山上意足庵北窓也

（卷五）已上三十六丁江州山上於意足菴周篤二十五歲時書之／（低格）文明十九年六月廿五日酉刻始之同晦日書終

（卷六）已上廿五丁　江州山上於意足菴周篤二十五歲時書之文明十九年七月四日如之同廿二日書畢

（卷七）已上四十二丁文明十九〈丁／未〉八月三日申刻書畢　周篤叟二十五歲山上於意足庵書之

（卷八）以上二十九丁江州山上於意足菴周篤［二］十五歲時書之文明十九年八月四日始之同六日書終

（卷九）文明十九年丁未八月十一日書畢已上三十二丁江州山上於意足庵周篤書之

（卷十）已上十九丁惣已上三百三十二丁文明十九丁未八月十八日書畢於江州山上意足菴周篤廿五歲時書之也

（同尾題下）此本者江州山上於曹源寺之意足菴竜安院周篤廿五歲／之時書畢寫本者周鈞藏主之本也仍文明十九丁未五／月十五日始之同八月十八日書之畢爲後人寫置也

寫本内有與本文同時書寫的朱筆符號，包括章首標圈，文間豎綫、圈點，以及標注於經疏等處的標記（×〇⊗□◇以下多種）。舊册中間，篇首葉中縫部欄上有標注。本文中有墨筆標記的返點、連接符和音訓送假名，筆跡與本文爲同一人。行間欄外偶書校補注，室町末期墨筆於行間欄外書校補注（用「新注」），欄上偶有貼紙，其上有（近世）朱筆和墨筆校注（用「朱注」「異本」）。有縹色、白色紙簽。每册首鈐單邊方形陽刻「國相/府印」、單邊方形陽刻「周防國/明倫館/圖書印」、單邊方形陽刻「御賣拂」（楷書）朱印、單邊方形陽刻「安田文庫」朱印。每册首標題處斜鈐雙邊方形陽刻「丙寅改」（楷書）印。每册首尾鈐單邊方形陽刻「文/彦」朱印（大槻復軒所用）。末册後襯頁的正面貼紙箋，上有大槻氏筆跡的以下識語（影印三二五頁）：

> 此文明十九年古寫本皇侃《義疏論語》乃長州藩舊藏書。應仁亂後，京紳落魄，多赴周防山口投大内氏，此蓋彼等攜入。國相府印，長州藩稱家老之役所爲「相府」，國詰家老稱「國相府」，江户詰家老稱「行相府」。後或移藏於藩校明倫館，上另鈐其印。明治初，山口縣令中野悟一將藏書悉數賣出。余另藏古寫本《義疏論語》一部，鈐「寶勝院」「光璘」印。明治三十年七月，赴京都観祇園祭時攜此書。同月二十日，入東福寺一華院詢問。聞光璘爲東福寺第百九十九世住持，天文五年六月寂，葬於塔中寶勝院。歸路途中，於寺町通四條北書林文求堂田中治兵衛店頭，偶見此《論語》。其爲同時寫本，真乃奇遇，故即時購歸。此書乃長州人故澄川拙三（裁判所判事，居京都）之愛藏。　明治四十三年九月[　]大槻文彦記

後襯頁的背面貼有藍格紙，以同樣筆跡抄録了以下內容：

> 地理和歷史第一卷十二號第二十九頁
> 大内殿有名集之内
> 御客衆五人
> 二條關白尹房　持明院基規　冷泉大納言爲和　日野中納言晴光　一條兼冬
> 天文二十年八月廿九日
> 大内議隆逃至大津郡深川大寧寺，爲賊所圍，自殺身亡。二條前關白尹房、二條左中將良豊、三條前左大臣公頼、持明院権中納言基規等遭難，冷泉隆豊以下殉死。

林泰輔博士（一八五四—一九二二，號進齋）《修訂論語年

譜附録》第三十三著録。〔一〕

在書函上題署的野村素軒（一八四二—一九二七）名素介，原爲長州藩士，任萩明倫館長，明治維新後任山口縣參事，後任職于中央，官至元老院議官。其時藏主是「篁坡精舍」，即見於大槻文彦識語的澄川篁坡（一八四一—一八九四），名拙三。因此，該本在近世以後的流轉大致如大槻氏所述，即曾是長州萩藩藏書，後移藏於萩藩校山口明倫館，但在明治初年被首任山口縣令中野梧一售出，在長州出身的判事澄川氏經手之後，明治三十年（一八九七），通過京都田中氏文求堂歸大槻氏所有。

另外，「周防國/明倫館/圖書印」的印記，正如印文所示，是山口明倫館的印章，而不是萩明倫館的印章。山口的萩藩校，其前身是藩立的講習堂，講習堂之前是藩士上田鳳陽（一七六九—一八五四）的私塾。萩藩于文久三年（一八六三）將藩廳移至山口，其時，講習堂被改稱爲「山口明倫館」並加以整備，此後藩内藏書也被移入該館。大槻本可能也是當時轉移的藏書中的一種。〔二〕

此外，文明抄寫大槻本《論語義疏》和東福寺舊藏本的卷首圖版均被《論語年譜附録》（一九一六，大倉書店）刊載，二本後歸安田善次郎（一八三八—一九二一）所有。如前所述，安田文庫尚有稻田本一種，因此斯道文庫的安田文庫本有三種，所謂大槻本即有兩種。

通過影山輝國等學者的調查研究、釋文和校勘，文明抄寫大槻本已經獲得詳細的介紹。〔三〕研究結果顯示，該本目前是《論語義疏》舊鈔諸本中内容標準、首尾一貫的足本，且訓點、批注完備，抄寫年代、地點清晰，堪稱舊鈔傳本中的代表。評價細節詳見影山氏的解説，本文擬就其抄寫地，即文明年間的曹源寺進行追論。

該本的抄寫識語中有「曹源寺之意足菴竜安院周篤」一句（卷十尾題下），抄寫者姓名及其抄寫地清晰，但未見關於周篤的其他信息。識語中有文明十九年（一四八七）二十五歲之語，由此可知周篤應生於寬正四年（一四六三）。又如下文所示，曹源寺是臨濟宗寺院，且周篤有「周」這一系字，可以推測周篤是臨濟宗夢窗派僧人，但其他情況仍然不明。龍安院是

〔一〕關於包括斯道文庫藏文明抄寫大槻本在内的《論語義疏》舊鈔本，影山輝國有總括性介紹，見《まだ見ぬ鈔本〈論語義疏〉（一）》，《実践国文学》第七十八號，二〇一〇年；《〈論語〉と孔子の生涯》，中央公論新社，二〇一六年。

〔二〕參照薾永秀夫編《明倫館・山口明倫館・越氏塾舊蔵和漢書目録》，山口大學附屬圖書館，一九八九年。大塚博久《藩校明倫館の教学について》，《明倫館漢籍・準漢籍分類目録》，山口大學人文學部漢籍調查班，一九八九年。

〔三〕影山輝國《〈論語義疏〉校定本及校勘記——何晏集解序疏》，《実践女子大学年報》第二十六號，二〇〇七年。影山輝國《翻刻〈論語義疏〉（大槻本）》，《実践国文学》第七十四、七十五號，二〇〇八、二〇〇九年。影山輝國、洲脇武志、齋藤建太、玉鴿、相原健右、下村泰三等《翻刻〈論語義疏〉（大槻本）》，《実践女子大学年報》第二十九至三十四號，二〇一〇至二〇一五年。

曹源寺僧人蘭窗元香的塔所，〔四〕因此，周篤可能是其徒。文明三年（一四七一），蘭窗之嗣竺翁□元住在此地，〔五〕但與此派的系字不合。

曹源寺是位於近江國山上的臨濟宗瑞石山永源寺的附屬寺院，山號稱集雲山。本山永源寺是康安元年（一三六一）六角氏賴延請臨濟宗大覺派寂室元光（一二九〇—一三六七）開山的寺院。寂室嗣法於建長寺蘭溪道隆的弟子約翁德儉，是獲得中峰明本之道號的入元僧。寂室的四名弟子在永源寺内設立小寺，分别是瑞雲山永安寺、大雲山興源寺、集雲山曹源寺和佛日山退藏寺。作爲永源寺四派分化發展過程中的關鍵地點，曹源寺由寂室的法嗣靈仲禪英（一三三〇—一四一〇）於明德二年（一三九一）開山，寺地位於距永源寺一里左右愛知川上游的僻静地帶。文明元年（一四六九）擔任住持的是靈仲的孫弟子柏舟宗趙（一四一六—一四九五）。〔六〕

文明年間（一四六九—一四八七）的曹源寺可謂是日本漢學史上佔有獨特地位的學問淵藪。其緣由之一是住持柏舟的學識。柏舟是近江當地人，儘管從曹源寺傑岩禪偉出家，但年少時在關東遊學，永享十二年（一四四〇）之後數年間，跟隨重建足利學校的首任庠主快元（？—一四六九）等人學習外典，尤精于《周易》。快元從建長寺赴任足利學校，與大覺派的僧人有親緣關係。柏舟的成果是留存至今的柏舟講，横川景三録《周易抄》。事實上，曹源寺内《周易》講授大概在文明六年（一四七四）左右進行，〔七〕也正是在曹源寺，柏舟將關東的《易》學傳給了桃源瑞仙（一四三九—一四八九）、横川景三（一四二九—一四九三）、景徐周麟（一四四〇—一五一八）等京都的五山僧人。

曹源寺地位重要的另一緣由，是桃源、横川、景徐等京都相國寺學僧爲躲避應仁文明之亂，曾在此滯留。應仁元年（一四六七），京都戰火逼近，相國寺僧開始散走各地。原本在近江永源寺出家，後移至相國寺的桃源爲避亂逃回近江，期間邀同輩横川同行，後輩景徐後來也加入這一逃難之旅。相國寺確在同年被燒毀，兵燹甚至蔓延至近江，爲了避禍，桃源一行最終到達了山中的永源寺。在此，桃源一行獲得了永源寺及曹源寺保護者，京極氏麾下武將小倉實澄（？—一五七〇）的

〔四〕今泉淑夫所作《永源寺関係宗派》表（據《山上宗派図》等），載《桃源瑞仙年譜》，春秋社，一九九三年。

〔五〕横川景三《小補東遊続集》；朝倉尚《禅林の文学　戦乱をめぐる禅林の文芸》第二部第三章，清文堂出版，二〇二〇年。又，據横川《補庵京華前集》中《子舟字頌並敘》，竺翁之嗣中有子舟□育。

〔六〕以下詳見注〔四〕今泉氏著作、注〔五〕朝倉氏著作。

〔七〕據建仁寺兩足院藏本等《周易抄》的識語可知，柏舟曾在文明丁酉（九年）向横川景三、景徐周麟傳授《易》。參考鈴木博《周易抄の国語学的研究》，清文堂出版，一九七二年；柳田征司《室町時代語資料としての抄物の研究》，武藏野書院，一九九八年。但據注〔四〕今泉氏著作第一部的注〔七〕指出，文明九年，横川和景徐已經返回京都，没有在曹源寺的形跡。另一方面，桃源瑞仙《百衲襖》第五中，有文明六年的講義。

禮遇，小倉氏在山中的曹源寺龍門庵招待桃源等人，允許其逗留此地數年。文明元年（一四六九），小倉氏親自在寺内開闢出居室識盧庵來安置横川，同時，桃源也在近旁開闢出寓居地梅岑庵。横川一直在此居住至文明四年（一四七二），並于文明十三年（一四八一）再訪，桃源則一直居住至文明十三年。

横川到近江後，便不時與桃源及後來加入的景徐聯句，在文事上從不鬆懈。入住永源寺後，横川以京都學匠的身份應人求作偈贊和字號説，在《小補東遊續集》等集中留下了許多作品。而且，文明初年，横川與景徐同聽柏舟《周易》講筵，還據此編集了抄物。横川從龍門庵移居識盧庵的時候，就開始指導曹源寺的年輕僧人，形成了識盧詩社，對當地後學産生了重要影響。〔八〕這樣的活動一直持續到他返回京都的文明四年（一四七二）夏天，而且在返回相國寺、自文明十年（一四七八）入等持寺以後，交流活動仍以横川接待曹源寺僧人來訪以及親自再訪曹源寺等方式繼續保持。横川的活動成爲了永源寺特别是曹源寺僧人，與相國寺乃至中央官寺之間的溝通橋樑，爲前者提供了接觸彼時一流文事的契機。

另一方面，桃源在曹源寺居住期間努力修行外學，文明六年（一四七四）八月開設《周易》講筵，同時開始編集抄物，最終于文明九年（一四七七）三月完成了流傳至今的《易》注釋書《百衲襖》二十四卷。此間，桃源還講解了《史記》和東坡詩，文明八年（一四七六）正月，在注解《易》的同時，又開始編纂《史記抄》，文明十二年（一四八〇）完成該書後，翌年以等持寺新住持的身份返回京都。十三年間，桃源在持續沉潛外學的同時指導當地後學，舉辦詩會且成立了梅岑詩社。〔九〕横川文明四年（一四七二）返回京都後，識盧詩社的成員似亦一併受桃源指導，其間作品存於《桃源門人詩稿》，即《古宿會詩》中。〔一〇〕毫無疑問，桃源的活動不僅爲曹源寺周邊學僧帶去了外學經驗，而且也發揚了這些學問的意義。

此外，儘管略顯迂遠，但關於文明十九年（一四八七）寫本《論語義疏》卷十尾題後識語中的「寫本者周鈞藏主之本也」一句，仍需解説一二。這一記述傳達出，寫本的底本的所藏者是周鈞。從其「藏主」的身份來看，可知他是在曹源寺取得過法階的禪僧，應該居住在抄寫地意足庵一帶。儘管周鈞在文明年間的生卒情況並不十分明晰，但從周篤稱他爲「藏主之」這一法階來看，不妨視爲當時人。由此推測，在《山上宗譜圖》和既刊宗派圖類中作爲柏舟宗趙之嗣出現的「雪江□鈞」，可能就是周鈞。

〔八〕關於此一時期的動態與作品，注〔五〕朝倉氏著作中有詳細研究。

〔九〕參考注〔五〕朝倉尚著作，及朝倉尚《禅林の文学　詩会とその周辺》，清文堂出版，二〇〇四年。

〔一〇〕上村観光《史記抄の著者桃源瑞仙》，載上村観光《禅林文藝史譚》，大鐙閣，一九一九年。注〔四〕今泉氏著作第一部注〔四〇〕刊載了書影。又，注〔九〕朝倉氏著作對全文進行了釋文與介紹。「古宿会詩」是據朝倉氏調查得知的書名。

關於雪江，横川在寫於文明二年（一四七〇）十一月、後收録於《小補東遊續集》的《雪江字説》一文中，有如下評價：

江之瑞阜，有一少年，諱曰釣。今曹源柏舟長老寧馨也。爲人敏而好學，實奇童也。由是柏舟不以常兒待之，庭誨諄諄，玉成可知也。一日其遊，攜此軸來，索爲釣立字，且作之説。余曰：古今以釣爲業者不一矣。渭濱釣周太公之直也，桐水釣漢嚴陵之高也。（中略）釣江人也，承曹源之後，侍柏舟之傍，朝窺聖人涯涘，暮觀老成波瀾，詩書之筒，文字之筌，是以爲釣，釣而不止，遊教誨而釣伽闍之雪，臨禪河而釣普通之雪。（下略）

據此可見，「釣少年」出身近江，作爲柏舟的侍者接受庭訓，不僅堪稱曹源寺的後繼者，同時對儒道外學也用力甚勤。另一方面，雪江的名字也見於《古宿會詩》「遠嵐春雪圖」詩的開頭，可知其曾在文明年間獲得過桃源的作文指導。也就是説，如果「雪江□釣」成長於文明年間曹源寺學風薰蒸之下，那麽十七年後成爲藏主並擁有《論語義疏》寫本也就並不奇怪了。然而，系字「周」與大覺派的系字並不吻合，因此仍存在未協之處。暫記於此，留待後考。

應仁、文明年間的避亂加深了五山文化的地方擴散和外學傾斜。同樣從相國寺逃出的萬里集九（一四二八—？），同一時期居住在尾張禪源寺，期間講讀東坡詩，編集《天下白》並還俗，學問世界進入了講學和編寫抄物的全盛期。五山的《論語》研究中有湖月信鏡（？—一五三五）講、笑雲清三（一五三四左右在世）録《論語抄》，但該書是沿東福寺法系産生的著作。

在以往研究中，湖月《論語抄》通常被認爲偏向于朱熹新注，但事實上，該書是在以《論語義疏》爲中心文獻的基礎上增加新注而成，據説當時講釋風氣的流行促進了對《義疏》的接受。[一] 而且，一般以爲，禪林研習《義疏》的參考來源，主要是自古以來傳承著博士家證本的清原家的講義和注釋書，但即使是京洛諸賢也需要特殊的機緣才能借閲這些證本和《義疏》。此外，另一需要注意的來源可能是足利學校的學統，正如東福寺岐陽方秀（一三六一—一四二四）所述：「大唐一府一州其外及郡縣，皆有學校。日本纔足利一處學校，學徒負笈之地也。」（《桂庵和尚家法倭點》所引建仁寺本《論語集注》卷末）

文明抄寫大槻本被帶到曾遊學於足利學校的柏舟宗趙指導下的曹源寺，被門徒們抄寫，在以應仁文明之亂爲契機、曹源寺學僧接受了相國寺僧人指導的情況下，成爲了學問的資

[一] 阿部隆一《室町以前邦人撰述論語孟子注釈書考》，《斯道文庫論集》第二、三輯，一九六三、一九六四年。

料。儘管我們無從得知「雪江□釣」是否是底本的收藏者周釣，也不清楚周篤與此有何聯繫，但該寫本上用朱筆批注、用以促進經疏注疏之間參照的圖示符號，常見於與足利學派有關的寫本中，由此可以窺見當時的學術研究情況。總之，文明年間以曹源寺爲舞臺的東西學統之接觸，是該寫本生成的背景。我們首先要指出這一點，並强調其在日本漢學史上的意義。

再者，由於與曹源寺僧存在聯繫的相國寺是室町時代領導全國官刹的中樞寺院，如果該寫本被帶到大内氏部下的周防國，那麼也可以推測是由當地五山僧人抄寫的。而如果認爲該寫本是五山僧侶的轉抄本，那麼就並非有必要依賴向山口方向下行的公家之手，大槻氏的考證可以説只是一種假設。

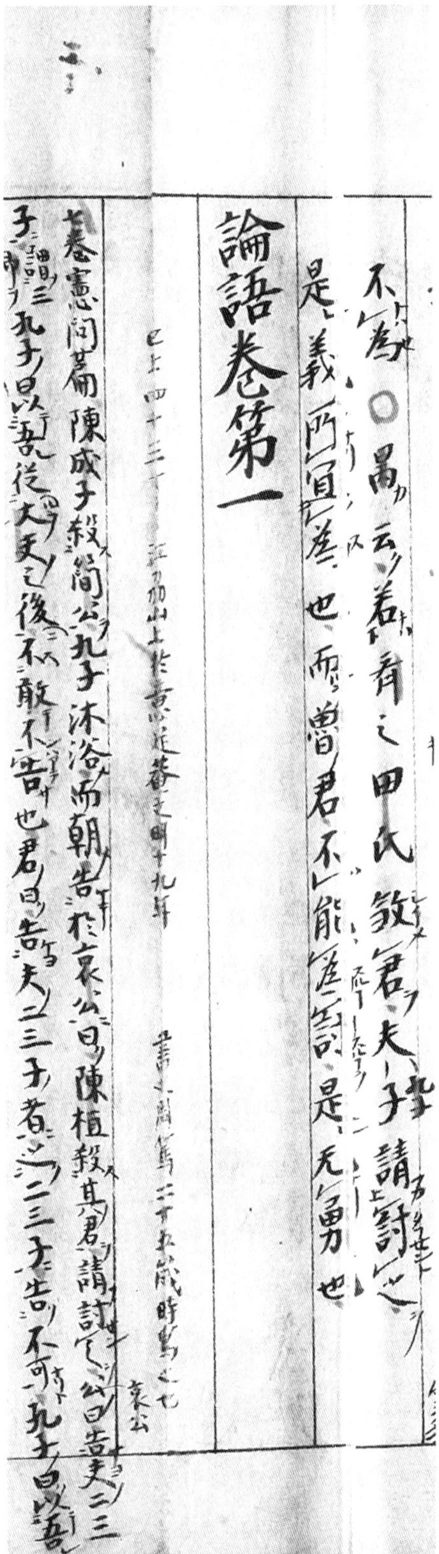

圖1　卷1尾中縫部識語

附　慶應義塾大學附屬研究所斯道文庫藏舊鈔《論語義疏》傳本解題

住吉朋彦　撰　　劉佳琪　譯

慶應義塾大學附屬研究所斯道文庫（以下簡稱「斯道文庫」）於昭和三十五年（一九六〇）重新啓動，成爲一所以書誌學爲主題的大學附屬研究所。最初的研究題目之一是「室町以前的日本漢學資料/日本現存漢籍古寫本的綜合研究」。負責這項研究的是阿部隆一和太田次男兩位先生。其中，阿部先生承擔經部文獻的整體調查研究。阿部先生於昭和四十年（一九六五）以「室町以前邦人撰述四書孝經注釋書考」爲題取得文學博士學位，同時在室町以降的相關研究方面穩步推進。

阿部先生在文庫成立之初擔任主事，努力收集相關文獻。昭和三十六年（一九六一），阿部先生利用當時的「文部省私立大學研究設備購入補助費」，從古書店購置了上述研究題目對應的書籍，即「以安田文庫舊藏本爲中心的論語集解、義疏類」十三部四十六册，這些至今仍然作爲斯道文庫所搜集的代表性書籍而廣爲人知，〔二三〕其中包括安田文庫舊藏的《論語義疏》舊鈔本三種。

同年，阿部先生還將林泰輔博士收集的共計三部十四册《論語集解》及《義疏》納入文庫收藏，其中也包括一種《論語義疏》舊鈔本。通過以上舉措，慶應義塾在慶應義塾圖書館和財團法人斯道文庫時代的搜集基礎上增加了許多舊鈔本，成爲日本《論語》傳本和漢學研究資料的重鎮。其中，四種《論語義疏》舊鈔本作爲斯道文庫收藏的一大特色漸爲人知，它們不僅被文庫研究員廣泛用作研究資料，同時也引起了文庫以外專家的關注。

本書前編所影印的慶應義塾圖書館藏（南北朝末隋）寫本《論語疏》卷六，是具有重要資料價值的《論語義疏》古鈔本。不過，其中影響最大的一點——至少就《子罕》《鄉黨》兩篇而言，是證明了在日本中世後期本土舊鈔《論語義疏》諸本和隋以前的本文之間，僅有逐字對校程度的差異。兩者的關係，甚至較已經得到驗證的、日本本土舊鈔本和伯希和搜集的敦煌本《論語疏》卷二（P3673）之間的關係更爲密切。這就證明了除少量補入了邢昺《論語正義》外，日本舊鈔本的本文依然保持了《論語義疏》的原初面貌。換句話説，長期以來引起學者關注、使用日本《論語義疏》舊鈔本展開的研究，已經進入了一個更加活躍的階段。遺憾的是，或許是由於大正十三年（一九二四）懷德堂所刊武内義雄博士《論語義疏校勘記》校本十種

〔二三〕詳見高橋智《室町時代古鈔本〈論語集解〉の研究》，汲古書院，二〇〇八年。

中，並未包含斯道文庫的四種舊鈔本，除因作爲大槻本而獲注目的文明抄寫本外，斯道文庫舊鈔本尚未可稱物盡其用。因此，本附編將關注斯道文庫所藏《論語義疏》舊鈔本中的其他三種，重新對之進行文獻學考察，以爲學界進一步研究做準備。

斯道文庫所藏《論語義疏》舊鈔本具體包括以下四種。書架序號的末尾表示冊數。

一、文明十九年寫　大槻文彦　安田文庫舊藏本
〇九二・ト六・五

二、（室町）寫 東福寺　大槻文彦　安田文庫舊藏本
〇九一・ト一三・一〇

三、（室町末）寫　稻田福堂　安田文庫舊藏本
〇九二・ト七・五

四、（室町末近世初）寫 小島寶素　林泰輔舊藏本
〇九一・ト五・七

本解題正編已經對第一種進行了解説。附編中，上列四種寫本依次略稱爲文明抄寫大槻本、東福寺舊藏大槻本、稻田本、林本，並就第二種以下三種進行解題。

二、東福寺舊藏大槻本

論語義疏（舊外題圓珠〔經〕）　和　大　十冊　〇九一・ト一三・一〇

（室町）寫　東福寺寶勝院舊藏 玉峰光璘手澤　（室町）訓點、補注假名抄

文久二年（一八六二）四月森〔梫庭〕（約之）表裝等識語

明治八年（一八七五）七月　明治十三年十二月森枳園（立之）講説等識語並補注

大槻復軒（文彦）考證識語　安田文庫舊藏

後補茶色抛光書衣（二五點七釐米×一八點九釐米），左上所貼題簽書有森枳園（一八〇七—一八八五）筆跡的「論語義疏卷苐幾（篇目／篇目）」。第一、二、四、五、十冊前襯頁中央貼有舊紙片，其上徑書「圓珠（幾）」，筆法與本文有別（第四冊筆法有別，縹色紙片）（圖2-4）。綫裝，本文用楮打紙。筒子葉内附補紙改裝。

首外層「義宣□也　疏通也理也」以下補注若干，内層「論語義疏卷第一　□□國子助教吴郡皇侃疏／論語通曰論語者是□後七十弟子之門徒共／所撰録也」以下序三葉。次外層書「序与叙音義同也□南陽人也字平叔（魏）□文帝之臣也言諸家説何晏取集而曰集解也」以下補注若干，正文「論語序　尒雅釈詁云叙者緒之能則挙其／綱要若蠒之抽緒序蠒也編也緒也何晏集解／叙曰漢中塁（有疏，中略）光禄大夫関内侯臣孫邕（略三家）尚書駙馬都尉関内侯臣何晏等上（有疏）」以下四葉。

卷首題「論語義疏卷第一学而／爲政　何晏集解（右）魏文帝

之臣字平叔也集諸家注集解也　皇侃疏（左）梁武帝之時代皇氏名/侃/学而第一　疏侖吾是此書摠名学而爲第一篇別目（中略）㒵正義云自此至堯曰/是魯侖吾廿篇之名及第次也（中略）/子曰子者指於孔子也子是有悳之称古者称師爲/子也（中略）　馬融曰子者男子通称也凢有悳者皆得称/子故曰通称也（下略）」以下若干字。每篇改行，句下夾疏（雙行小字）。每章後隔一格或改行低一格附注，句下夾疏（雙行小字）（圖2－1）。

第一册	卷第一（三三葉）	學而第一	爲政第二
第二册	卷第二（四〇葉）	八佾第三	里仁第四
第三册	卷第三（四三葉）	公冶長第五	雍也第六
第四册	卷第四（三四葉）	述而第七	泰伯第八
第五册	卷第五（三五葉）	子罕第九	鄉黨第十
第六册	卷第六（三五葉）	先進第十一	顏淵第十二
第七册	卷第七（四二葉）	子路第十三	憲問第十四
第八册	卷第八（三〇葉）	衛靈公第十五	季氏十六
第九册	卷第九（三二葉）	陽貨第十七	微子第十八
第十册	卷第十（一九葉）	子張第十九	堯曰第二十

單邊有界（二〇點四釐米×一五點一釐米），每半葉九行，行二十字，筆法一致。中縫部有小黑口，在中間的兩個位置劃分了節段，上段書有「侖吾亢・幾之幾」。下象鼻右旁有後世筆跡補充的卷中序數。卷尾題「論語義疏卷第幾（終）」「論語卷第三」等。

每卷尾欄外左下方以「幾丁」標注紙張數量。首册後襯頁上貼紙，其上有朱筆、墨筆所書「黄帝　玄囂　橋玄」係譜以下補註，與本文筆法一致。文内有朱筆圈點、豎綫和乎己止點*（明經點，但是ノ號下邊中央的「ク」點、ト號左上的「ヨリ」等與古代紀傳點相通），與本文同筆。卷中篇首版心有朱色標注。欄上有墨筆補注（「此章論」「正義」等），與本文筆法一致。欄上又有另一室町時代墨色筆跡書寫的補注（間用片假名「朱注」）。文内有朱色合點「﹁」。文内間有貼紙，其上有後代筆跡所書校注。有縹色紙簽。除第四册首、第五册尾外，其他每册首尾及卷六中間均鈐方牌中圓形陽刻「光/璘」印，第四册首鈐圓郭中菱形陰刻「哦/松」印，第五册尾鈐單邊方形陽刻小「玉/峰」印，每册首尾及卷一至卷五、卷七至卷九中間，有單邊方形陽刻「寶勝院」（行楷）朱印（圖2－2至3）。

末册後襯頁左上有暗朱色修補識語「表題存有一/二四五十四紙/今截之以粘/册皮裏面云」，可能陳述了有關舊外題「圓珠」的處理。自右上起，書森棭庭（一八三五—一八七一，約之）筆跡的識語，「右論語皇侃義疏古寫本/夳載終病廿九日

* 譯者注：乎己止點，漢字訓讀時，爲了表示活用詞尾、助動詞、助詞、輔讀用語等，注在漢字的四角、四周、字面等處的「・」「、」「｜」「—」等符號。平安時代初期到室町時代前後使用。

丁巳建日購得／諸横山衕書肆玉巖堂向來／令及門林用之爲糊制丁縫而今／日業卒因識文久二壬戌橘余廿九日／亦辛巳建日也森養真源約之」。識語中，「終病」指壬三月，江户横山町「玉巖堂」指和泉屋金右衛門，「橘余」指乙四月。接上行，續書識語「寶素堂臧宋槧小字首楞嚴經每卷有寶勝院印光璘／印學古嘗曰知是東福寺寶勝院玉峰和尚舊藏而卷／中附票及題簽亦係其手筆案今此皇疏亦爲玉峰和上舊／物而每册首表題圓珠幾三字亦爲其手筆也不待辨而可／知然則此皇疏中之珍奇者豈可不宲愛乎森約之又識」。其中，「寶素堂」「學古」指小島寶素(一七九七—一八四九)，「玉峰和尚」指玉峰光璘(一六二一—一六五三前後在世)。同後襯頁右下有森枳園(立之)筆跡的識語，「明治乙亥七月廿六日講説一過了森立之」「同庚辰十二月十五日於桐淵氏撥雲／(二行低十一格)藥室講説全／卷了枳園」，乙亥是明治八年(一八七五)，庚辰是明治十三年(一八八〇)，在撥雲堂桐淵光齋處講授(圖2－2)。每册首鈐「森／氏」印、每册尾鈐「問津館」朱印(森枳園所用二印)。首册前襯頁的右邊緣，書「寶勝院本」，與本文筆法有别。正下方有枳園筆跡的注記「此四字清楊守敬所書」，右上有相同筆跡的「孔子對曰—ノ廿七オ」，左下書「此本每卷有寶勝院及光璘印記係于／東福寺寶勝院玉峰和尚舊藏册皮上／圓珠二字其他標記箋題皆和尚手跡／也不可不貴也乙酉春日森立之書」(圖2－4)。乙酉是明治十八年(一八八五)。卷一第二十九葉前半貼有尺牘式樣的藍綫紙箋，上有森枳園補注，同樣筆跡的「立之案」補注還偶見於卷中的欄上。此外，首册前襯頁以及每册尾鈐單邊方形陽刻小「文／彦」朱印(大槻文彦所用)，每册首鈐單邊方形陽刻「安田文庫」朱印。首册前襯頁自上貼紙箋，上有大槻氏所書考證如下：

明治二十四年五月七日，攜本書至野州足利學校，與該校／藏書之皇侃《義疏》對照。該校藏書卷首如下：／(墨囲)論語義疏卷第一學而／爲政　梁國子助教吴郡皇侃撰／論語學而第一(低七格)何晏集解／疏 論語是此書総名——————————／——————————————／欄右外藏書印／(右)朱印(有郭)足利學校(篆書)／(左)貳寸左右(下)五分左右(右)朱印(同)轟文庫(左)壹寸貳分左右(下)四分左右(次行下)山城有地名爲「轟」的地方，應爲此地／文庫舊藏(朱書)根本遜志之學／校本，刻印時／有序前三葉，後散失。／欄内右下有「睦子龍」(鼎形印影摹畫)／傳聞睦子爲五山僧侣，學校十一代庠主，寛文十三年寂於學校／其私有之書留存於學校。學校本爲半紙判[*]的中本，抄寫字體／約爲天正時期風格。本文／九行，行二十字。／本書是較前書(學校本)大半紙判的大本，／字亦遠較學校本清晰，／書寫年代、紙張及字體／均更古

* 譯者注：半紙判，日本書道界紙張規格，約24.2釐米×33.4釐米。

老，應更珍貴。/且本書序前存紙三葉，/而學校本無，開卷即/爲序。然本文相同，均爲九行，行二十字。/五月廿二日　大槻文彦添記*

此外，在已經剥離的末册後襯頁背面，貼有藍格紙，上有相同筆跡書寫的以下内容：

百九十七世　圭甫，名光瓚，天文三年甲午十二月十六日滅，塔，藏春軒。

寶勝院於五六年前轉寺至山口縣。（以上邊外）

京都惠日山東福（補入）寺住持。

百九十八世　茂彦，名善叢，大永■（年）元，十二月二十一日入寺。〇入寺即任住持。

天文十年辛（補入）丑十二月十四日滅，塔，有鄰軒。

百九十九世　芳卿，諱光璘，嗣圭甫瓚愚直七世，大永四、八月入寺。〇愚直侃。

天文五年丙申六月十四日滅，塔，寶勝院。〇（以下墨色消褪）萩原裕《顯承實畧》**/末尾有僧人光燐之文，未知同人否。

二百世　白圭，諱信玄，〇〇〇〇十二月十八日滅，大慈庵。

二百一世　綱宗，名宗揚，亨禄四年辛卯五月廿三日滅，南明院。

上文參考《慧日住持略傳》（時元文三戊午禩孟春中旬寫之）及《慧峰歷代名字》（各一册）二書記録。

上二書，均通過東福寺塔中一華院中興五世現住持爾健碩禪師，自寺藏中借閱，時明治三十年七月二十日。

文彦記。

---

* 譯者注：此段日文原文如下：

明治二十四年五月七日本書持參野州足利學校ニ到リ同校ノ/藏書ノ皇侃義疏ト參照ス同校藏書ノ卷首ハ左ノ如シ/（墨囲）論語義疏卷第一〈學而/爲政〉　梁國子助教吴郡皇侃撰/論語學而第一（低七格）何晏集解/　疏〈論語是此書総名――――――/――――――――――〉/欄右外藏書印/〈（右）朱印〉（有郭）足利學校（篆書）〈（左）弐寸バカリ〉〈（下）五分バカリ〉〈（右）朱印〉（同）轟文庫〈（左）壱寸弐分バカリ〉〈（下）四分バカリ〉〈（次行下）山城ニ轟トイフ地名アリ其邊ノ/文庫ノ舊藏ナリシカト考也〉〈（朱書）根本遜志ノ學/校本ヲ刻セシニハ/序前ノ三葉アリ/後ニ失セタルナルベシ〉/欄内右下ニ睦子 龍（鼎形印影摹寫）/〈睦子ハ五山ノ僧ナラム學校ノ十一代目トヤラニテ寛文十三年學校ニテ寂セリ/ト云其私有ノ書學校ニ存セシモノカト云〉・學校本ハ半紙判ノ中本ニテ字體/寫シノ時代天正頃ノモノ思ハル本文ハ/九行二十字ナリ/本書ハ右ニ比スレバ大半紙判ノ大本ニテ/字モ學校本ニ比ブレバ鮮明ナルコト遙/ニ優レリ寫シノ時代モ紙質モ字體/モ更ニ古ク覺ユ實ニ珎トスベキナリ/且本書ニハ序ノ前ニ別ニ三葉ホドア/リ學校本ハ此三葉ナクシテ開卷即チ/序ナリ但シ本文ハ九行二十字ニテ相同ジ/五月廿二日 大槻文彦添記

** 譯者注：應爲《顯承述畧》。

據説，「爾」即東福寺開山聖一國師之名，取圓爾之「爾」字。

(以下欄外)明治三十年七月十三日遊京都，觀祇園祭。廿七日歸京。

林泰輔博士《修訂論語年譜附録》第三十五著録。〔一三〕

東福寺舊藏大槻本原先在東福寺寶勝院傳承，文久元年(一八六一)三月二十九日，醫師、考證家森枳庭(約之)從江户橫山町書肆玉巖堂和泉屋金右衛門處購得。依照枳庭的委託，接下來的一年内，林用之對該本進行了修補，文久二年四月二十九日完工後，枳庭附上了識語。修補期間，舊裝遺失，僅殘存原先的外題「圓珠幾」，現貼附前襯頁上。此後，枳庭在小島寶素所藏宋版《首楞嚴經》中發現與東福寺舊藏大槻本用印相同的鈐印，由此將該本認定爲東福寺寶勝院玉峰光璘的舊藏本。〔一四〕小島氏舊藏的《首楞嚴經》著録於枳庭之父枳園同他人合編的《經籍訪古志》卷五，所記如下。

首楞嚴經十卷宋槧小字本　寶素堂藏

每半板九行，行二十字。界長五寸二分，幅三寸。卷末有福州沙門善果刊行記及「王澤刊」三字。第五、第十兩卷末附音釋。卷中有昔人標記，小楷妙絶，朱墨爛然。卷首末有普門院印。印每用寶勝院印鈐蓋，其上又有光璘印。知是東福寺寶勝院玉峰和尚舊藏。卷中附標及題簽亦係其手筆。

不過，宋版《首楞嚴經》現藏地不明。枳庭的識語似是參考這一著録寫成的。

明治四年(一八七一)，年僅三十七歲的枳庭離世，此後，東福寺舊藏大槻本遺留於森家並由其父枳園接管。枳園補以考證並鈐印，明治八年將此書用於講學，明治十三年還向東京下谷練塀町的眼科醫生撥雲堂桐淵光齋講解了此書。而且，枳園與同年赴日的清國公使隨員楊守敬也有聯繫。明治十五年(一八八二)，枳園將此書提供給楊氏作參考，事見《清客筆話》同年八月楊氏和森氏筆記所附紙箋(圖2-5)。〔一五〕

(楊氏)借皇《疏》二册。限三(四)日返却。惺吾

(楊氏)此皇《疏》題前「圓珠」，此是何義。或者其疏序中有此二字，因此名乎。

(森氏)在《道藏》中一名曰《圓珠經》。或云佛家所

〔一三〕《慶應義塾大学附屬研究所斯道文庫貴重書蒐選図録解題》收録，汲古書院，一九九七年。但該書解題中，記爲芳鄉光隣手澤本。

〔一四〕小島氏所藏《首楞厳経》不見於高橋智《森鷗外〈小島寶素〉伝補》(《藝文研究》第六十五號，一九九四年)。同時，似乎也不見於藏有絶大多數小島氏舊藏本的「國立故宫博物院」楊氏觀海堂。

〔一五〕參考注〔一三〕《図録解題》。

名，故在緇徒則皆曰《圓珠經》也。其二字亦光璘所書也。

（楊氏）皇疏五册，五六七八九，此五册祈借授。今日午後，余著車夫到公家取之，何如。

（森氏）十二月廿七日以右五册付于使者。立之

首册前襯頁右邊的「寶勝院本」四字，應該就是在此前後添加的。

清公使館在明治十年（一八七七）成立之初就將搜尋佚書作爲使命之一，楊守敬是這一事業的主要推動者，而確定《論語義疏》舊鈔本的實際情況正是公使館搜集的焦點之一。〔一六〕因此，楊氏對《論語義疏》的熱情也非比尋常，最終他搜集了八部或者更多的《論語義疏》回國，其中就包括四部日本舊鈔本。〔一七〕楊氏在日本最大的合作者是森枳園，從他那裏借閱東福寺舊藏大槻本自在情理之中。然而，楊氏關於該本的見解却不見於其《日本訪書志》《留真譜》等著作，儘管在靜嘉堂文庫所藏《留真譜》有關本書條目的欄上，書有「余所得皇《疏》舊鈔數通，然皆不及此本之古。此本藏森立之，余屢求之未得」，〔一八〕但刊載的書影却是其他版本的《論語義疏》。

森枳園明治十八年（一八八五）尚在世，首册前襯頁的題記就是該年春天養病期間附入，枳園歿後，明治二十四年（一八九一）五月以前，此本應已與其他書籍一同轉移至大槻文彥手中。

此外，森氏父子所言玉峰和尚指的是江户初期僧人玉峰光璘，屬於臨濟宗聖一派中的三聖門派。玉峰以五山碩學的身份聞名，寬永十二年（一六三五）就任對馬以酊庵的修文職，負責接待朝鮮通信使。玉峰法諱光璘，屬於在東福寺開創寶勝院並建塔的斯立光幢（？—一四七四）之下圭甫光瓚的法系，嗣法于天倫光沢，後成爲寶勝院繼承者，這與他作爲該本藏者的身份也是相稱的。但是，繼承該本的大槻氏則將「光璘」印判斷爲稍早時代的鈐印，並據此得出了該本是室町後期東福寺僧人芳鄉光隣（？—一五三六）手澤本的考證結果。

明治三十年（一八九七），大槻氏在京都遊覽祇園祭，其間於七月二十日拜訪了東福寺一華院的爾健大師，參考《慧峰歷代名字》和元文三年（一七三八）正月抄寫的《慧日住持略傳》，推測該寺第百九十九世住持芳鄉光隣是「光璘」印的印主。但在大槻氏親觀的兩部書中，人名實際上寫作「芳卿光璘」。

一華院是由南北朝室町初期東福寺栗棘門派僧人東漸健

〔一六〕陳捷《明治前期日中学術交流の研究》，汲古書院，二〇〇三年。陳捷《關於清駐日公使館借抄日本足利学校藏〈論語義疏〉古鈔本的交涉》，《版本目録學研究》第二期，二〇一〇年。收入劉玉才編《東亞古典研究會叢刊》之《論語義疏下 影抄足利学校本》附録二，北京大學出版社，二〇一九年。

〔一七〕阿部隆一《增訂中国訪書志》，汲古書院，一九八三年，初版於一九七六年。注〔一六〕陳捷著書及論文。

〔一八〕據注〔一六〕陳捷著作及論文。

易(一三四四—一四二三)開創的塔頭寺院，中興于近世。儘管現在無由得見一華院所傳《慧日住持略傳》和《慧峰歷代名字》，但若據元禄十六年(一七〇三)夏寫本《慧日山東福禪寺宗派》和文政五年(一八二二)正月跋刊本《慧日山東福禪寺宗派圖》(均藏於建仁寺兩足院第三十六號箱)，以及諸文獻的校訂本加以驗證的話，會發現雖然道號「芳鄉」有「卿」或者難以辨認字體的傳文(以下統一爲「鄉」)，而法諱「光隣」却不見異文。而且，前引大槻氏所記内容中，芳鄉有「嗣圭甫瓚、愚直七世」的注記，意爲芳鄉爲圭甫光瓚法嗣，是愚直師侃之下第七世，但如果據現已整理出的法系，關係則是芳鄉是愚直之下第五世、圭甫是芳鄉法兄棲岩得肖之嗣，[一九]傳承上存在混亂。另外，玉峰是圭甫之下的天倫光沢的法嗣，也即愚直之下第九世，這也與系圖不相吻合。

關於將該本視作大永四年(一五二四)由真如寺升任爲東福寺第百九十九或二百世住持的芳鄉光隣的手澤本一事，尚有其他的有力佐證。芳鄉嗣法於愚直之下的斯立光幢，在成爲寶勝院第二任住持後，于天文五年(一五三六)圓寂。而且，傳聞芳鄉有赴足利學校學《易》三年左右的經歷，從年代推算的話，可以推定是在足利學校第五代庠主之好□述(東井)時期。足利留學的經歷，可以視作芳鄉擁有《論語義疏》抄本的契機。[二〇]

提起足利學校，因根本武夷(一六九九—一七六四)曾以足利鈔本爲基礎刊行《論語義疏》等事，該校聞名於海内外，被譽爲經書善本之淵藪。特別是在明治時期，日本和清朝的漢學者對《論語義疏》舊鈔本的實際狀況産生了濃厚的興趣，明治二十至二十一年間(一八八七—一八八八)，清公使館隨員姚文棟曾借抄足利學校所藏室町末近世初寫本。[二一]同期，收藏東福寺舊藏本的大槻氏也於明治二十四年五月到訪足利學校，在該本前襯頁的附箋上記下了其詳細書誌。儘管尚未明確大槻氏是否知曉芳鄉與足利學校間的關係，但作爲此書的批閱者，大槻氏的觀點影響了後世對印主的考定。

另一個支持東福寺舊藏大槻本是芳鄉光隣手澤本的證據，是第四册首葉上的「哦松」印記。這是因爲，「哦松」的印文被認爲取自芳鄉之師斯立光幢的號。斯立是三聖門派愚直之下的第四世，嗣法於理中光則，最初是安國寺住持，[二二]後應大友氏之請任豊後勝光寺住持，享德二至三年(一四五三—一四

[一九]白石虎月《東福寺誌》「芳鄉寂傳」引《東福寺歷世》作「嗣圭甫瓚，愚直七世」，思文閣出版，一九七九年，初版於一九三〇年。

[二〇]參考注[一二]高橋智著作及注[一三]《図録解題》。又，關於芳鄉的足利遊學，月舟壽桂《幻雲疏稿》所收《前真如芳卿和尚住東福江湖疏》曰「五千里外三年客，村校燈明，十八灘頭一葉身，篷窗雨暗」，自注「公承三聖派，壯年遊學關左」。足利衍述《鎌倉室町時代之儒教》，日本古典全集刊行會，一九三四年。

[二一]詳見注[一六]陳捷著作及論文。又，劉玉才編影印本收入影抄本。該本由影山輝國發現。參照影山輝國《まだ見ぬ鈔本〈論語義疏〉(四)》，《実践国文学》第八十四號，二〇一三年。

[二二]《蔭涼軒日録》寬正二年(一四六一)八月十二日條。安國寺所在地不明。

五四）乘大友船入明，來往於寧波與北京，並與士大夫交遊。斯立歸國後，被幕府任命爲東福寺、南禪寺住持，〔二三〕在東福寺開創寶勝院並于文明六年（一四七一）在該院建塔。入明期間，斯立獲得了寧波隱居文人張楷知遇，張楷爲斯立肖像題寫了「哦松」二篆字和兩首名爲「詠哦松」的詩，〔二四〕爲了紀念「哦松」二字，斯立將其作爲自己的齋號。〔二五〕斯立的法嗣有棲岩得肖、芳鄉光隣、東歸光松，棲岩的繼承者有圭甫光瓚。因此，如果假設斯立和芳鄉師徒將該本留在寶勝院，那麼就可以理解其歷史背景了。

然而，關於芳鄉法諱作「光璘」的説法，除大槻氏的考證之外，似乎没有其他的依據；而且也找不到道號「芳鄉」的確切文獻依據。〔二六〕因此，將該本認定爲芳鄉藏本的確存在困難。另一方面，由於書中還發現了「玉峰」印記，那麼森氏父子的判定，即認爲「光璘」印記乃玉峰所鈐可以説是合理的。從這一認識出發，再綜合考慮全部鈐印情況的話，「哦松」印記的使用者似乎也難以追溯至斯立光幢。究其原因，「寶勝院」「光璘」「哦松」「玉峰」四種印記是同種性質的鈐印，「寶勝院」印被搭配於「光璘」印上方，卷中鈐印時，僅在卷六使用「光璘」印代替。此外，僅見於第四册首的「哦松」印和僅見於第五册尾的「玉峰」印，也與「光璘」印存在補完關係。要之，這些印記可能是玉峰光璘在江户初期一意鈐印的。由此，「哦松」的印記不能溯源到斯立，而只能被看作是寶勝院内的齋號或是其繼承

〔二三〕第二百四世，《南禅寺住持籍》，據今泉淑夫《史料纂集 鹿苑院公文帳》解説，續群書類從完成會，一九九六年。

〔二四〕張楷，字式之，浙江寧波府慈谿人。永樂二十二年（一四二四）進士，官至僉都御史，天順四年（一四六〇）歿。張氏曾通過與斯立同時入明的蘭隱□馨，爲東福寺栗棘門派的翱之慧鳳文集《竹居清事》作跋（《竹居清事》卷末），同樣也通過九淵龍琛爲雲章一慶的語録作跋（《碧山日録》長禄三年八月二十五日條）。斯立與寶德度入明僧（享德二年出發）的交流事跡十分顯著。參照海老根聰郎《寧波の文人と日本人——十五世紀における——》，《東京国立博物館紀要》第十一號，一九七五年。伊藤幸司《雪舟の旅と東福寺派のネットワーク》，《朝日百科全书の国宝別册　国宝と歴史の旅〈天橋立図〉を旅する　雪舟の記憶》，朝日新聞社，二〇〇一年。伊藤幸司《中世日本の外交と禅宗》，吉川弘文館，二〇〇二年。此外，建仁寺兩足院藏江西龍派撰、正宗龍統編《江西和尚語録》（室町寫本）中，録入了基於張楷自筆的跋文。玉村竹二認爲是謄抄本。《五山文学新集》別卷一《江西龍派集》解題，東京大學出版會，一九七七年。

〔二五〕關於齋號「哦松」，瑞溪周鳳《臥雲稿》載《題哦松齋圖》詩及序：

東福斯立老人，曾遊大明之日，一時文伯張楷，以哦松爲老人齋扁，（因歟）作二詩，又別幅書「哦松」二篆字，以授焉。歸國之後，隨處以此爲齋扁，今在都下寶勝，亦然。近令圖崔氏哦松形，係于二篆字之下。蓋以張氏命意在茲也。一日寄來求題拙詩焉。（下略）

由此可知斯立愛重入明所得齋號之情貌。此圖似流傳至今，注〔二四〕海老根氏論文内存圖版。（據海老根氏，篆字乃是摹寫）而且，雖不見「哦松」之號，但伊藤威山《隣交徵書》三篇卷一載張楷《讚立之像》，篇後有「旹大明景泰甲戌（五年，享德三，一四五四）夏吉日，賜甲辰進士前僉都御史（史歟）張楷讚〇立之謂斯立也。名光幢，東福寺僧，理中法嗣，真書寶勝院藏」，由此可知一系列讚和書均得自於歸路。立之像現存，注〔二四〕伊藤氏論文存圖版（但是讚的部分已經磨滅）。

〔二六〕法諱「光隣」下字所對應的道號「芳鄉」，大約出自《古文真寶後集》卷三所載王勃《滕王閣序》「關山難越，誰悲失路之人；萍水相逢，盡是他鄉之客（中略）非謝家之寶樹，接孟氏之芳隣」。

者的稱號。〔三七〕

上文的推論並不一定否認東福寺舊藏大槻本與芳鄉光隣的關聯，但同時也不排除其他來源的可能性。例如，關於創立寶勝院的斯立，在東福寺靈隱軒（桂昌門派）雲泉太極（一四二一—？）日記《碧山日録》寬正三年（一四六二）六月條中，可見以下事蹟。

二十八日，壬辰，紹藏主以帖求，永安惟精、寶勝之立明日赴其居。余以價報紹之意，皆諾之。

二十九日，癸巳，與永安、寶勝，昧早赴紹公之居，有齋。齋畢設浴。遂過西洞坊明榮寺。寺有寒泉，甚清冽，坐石洗足且嗽口。有老宿提一缾出，見之香漿也。乃勸諸客相樂。又歸淨居，紹公設白麪、珍羹之具。且行漿之閑，召田樂之徒，奏其曲。又少納言宗賢來。賢乃常忠公之子也。賢有美容貌，善歌舞。以衆望起舞，歡笑不知樂之極。抵暮而歸。

引文生動地描繪出當時禪僧們在盛夏京都享受沐浴、酒食與歌舞的行樂盛況。籌辦此次聚會的紹藏主是東福寺靈雲軒的鶴隱周紹，與東福寺永安院的惟精見進一起被招待的寶勝之立，即指斯立光幢。太極平日與雙方關係密切，恰好充當了中間人的角色。作爲聚會場所的淨居，是引文所見常忠即清原業忠（一四〇九—一四六七）的宅邸淨居庵。鶴隱作爲業忠、宗賢父子的近親，邀請了東福寺僧侶到舊宅做客。斯立無疑是在這一時期與清家結交。

清家和東福寺僧人的關係此前即已十分深厚，其間情狀，可見於《碧山日録》長禄三年（一四五九）二月條。

十三日，庚（丙）寅，過春公之宅。前外史清忠公來，相會也。予素學《論語》《孟子》《尚書》《毛詩》及《左傳》於此人也。以故能相識也。（下略）

此日，太極在據説是親族的鞍智高春宅邸中與清原業忠對談，日記中記録了太極向業忠學習《論語》及其他儒家典籍之事。此外，同年四月條中還有以下記録：

二十三日，乙亥，本朝諸儒，用清家、中家、菅家、江家、南家、式家、善家之學，經之與紀傳，各異厥業。凡七

〔三七〕「寶勝院」印和「光璘」印散見於數種五山版書籍。參照川瀨一馬《五山版の研究》（日本古書籍商協會，一九七〇年）著録的明德二年（一三九一）刊《大明禪寺開山月庵和尚語》的谷村文庫藏本，貞治六年（一三六七）刊後修《禪林類聚》的布施卷太郎藏本、南北朝初刊《断橋和尚語録》的石井積翠軒文庫藏本等條目（《断橋録》一項用「芳卿」）。筆者就布施氏（現布施美術館）所藏《禪林語録》和應安七年（一三七四）刊《北磵和尚語録》的建仁寺兩足院藏本加以確認，均有注重古版的鈐印。

氏之家，有不墜先緒，以（而）教授者；又有怠學反術，廢其家傳者；又有其家無嗣，而纔名存而已者。而今外史業公，積精深思，通達其旨。頃日大開講肆，議説《論語》《尚書》《左氏傳》及諸典。其辨如翻波，天下學者皆師之。以公出故，清家之學大興也。清岩來問業公爲人矣。予以之答之也。（下略）

太極還回應了清岩正徹（一三八一—一四五九）晚年的諮詢，講述了業忠作爲博士家棟樑的傑出成就，其中提到開設《論語》等儒家諸典的講座，在場之人可能就包括太極和東福寺僧人。由此可以充分認識到，擁有《論語義疏》舊本的清原家的淵博學識，很可能通過講席和私人交往，影響到斯立光幢和寶勝院繼承者。〔二八〕

應仁文明之亂裹挾中，東福寺周邊也盛行著《論語》講習，這一情況在關聯的日録也有所記載。堺海會寺僧人季弘大叔（一四二一—一四八七）在文明十二年（一四八〇）任東福寺第百七十四世住持，其《蔗軒日録》中也記録了自己講授朱熹《論語》注之事。〔二九〕而且，即使在留存了室町後期東福寺僧侶講座實際情況的抄物中，也有湖月信鏡講、笑雲清三録《論語抄》在外傳播，其上附有永正十一年（一五一四）的原識語。如前所述，《論語抄》注釋多處使用了《論語義疏》，這證明當時存在可以作爲依據的《論語義疏》鈔本。

東福寺大槻本的欄外還書寫了至少兩種可能是室町末以前講説内容的補注。一種與本文筆法一致，附有明經家的「乎已止」點，「此章論」以下，引用了邢昺《論語正義》中置于每章疏首的總説。另一種與本文筆法有別，書寫時間不晚於近世，其中包含朱熹《論語集注》的印文和假名注説。假名注部分如下文所録。卷一「學而篇」首疏文「言降聖以下皆須學成」欄上：

降聖者二説，一指自聖人以下，二指自天以下聖人也。讀作「自降聖」時，如孔子之聖人、生而知之也。「降聖以下」連讀時，孔子亦是自其以下，地位等同於亞聖顏回、閔子、孟子。無論如何，孔子十有五志於學，是也。兩種訓點。

此處傳達出《義疏》之文存在兩種解釋和訓讀方法的情況

〔二八〕清原業忠的《論語》解釋在禪林傳播的情況，尚可從業忠《論語》講解的記録被建仁寺大昌院僧人天隱龍澤輯録（《論語聞書》），並在大永八年（一五二八）被東福寺僧人彭叔守仙轉抄（《論語抄》）的事實中窺得。參考注〔二〇〕足利氏著作。芳賀幸四郎《中世禪林の学問および文学に関する研究》，日本学術振興會，一九五六年。注〔一一〕阿部氏論文。注〔七〕柳田氏著作。川本慎自《禅僧の荘園経営をめぐる知識形成と儒学学習》，《中世禅宗の儒学学習と科学知識》，思文閣出版，二〇二一年。

〔二九〕《蔗軒日録》文明十六年（一四八四）十一月廿一、廿二，十二月三日，文明十八年四月十一、十二月廿日等條。

（本文中的訓點爲第一説），同時也記録了東福寺周邊《論語義疏》講説的開展。但是，我們尚不能確認其與包含湖月《論語抄》在内的現存抄物的一致性。假名注説的來源究竟是清家講釋還是足利學校，其解決尚需對訓點和注釋進行詳細解析，同時還涉及對本文的全盤校勘。然而無論如何，東福寺舊藏大槻本形象地展示了室町後期五山禪林、特別是東福寺的經學實況，是具有重要價值的珍貴傳本。

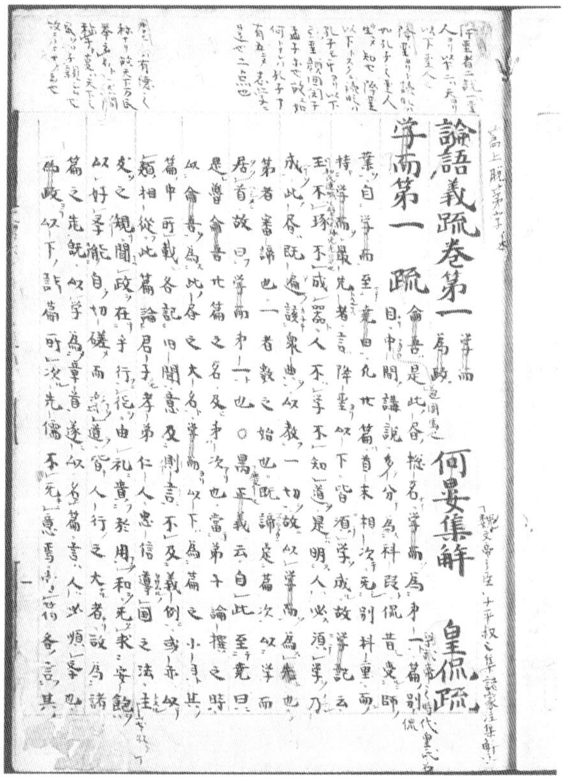

圖 2－1　東福寺舊藏大槻本 卷 1 首

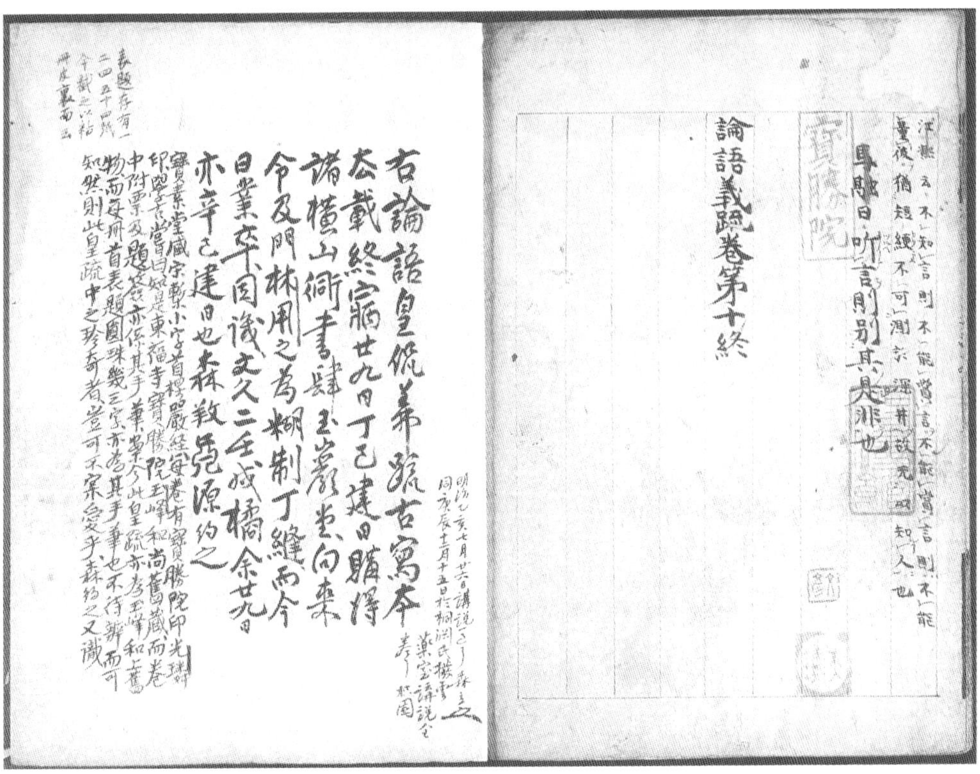

圖 2－2　東福寺舊藏大槻本 卷 10 尾「光隣」印記、識語等

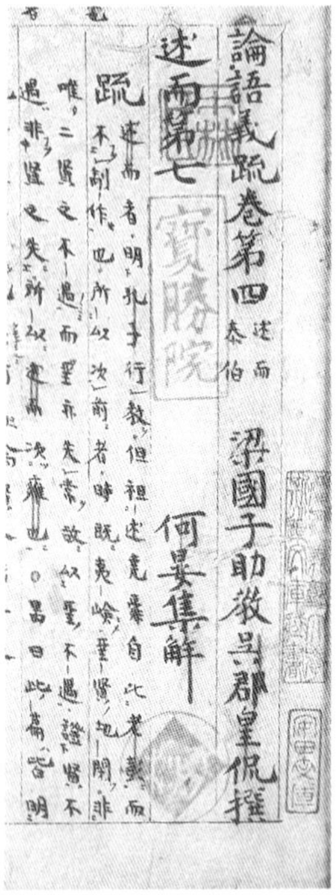

a　卷 4 首「哦松」印記

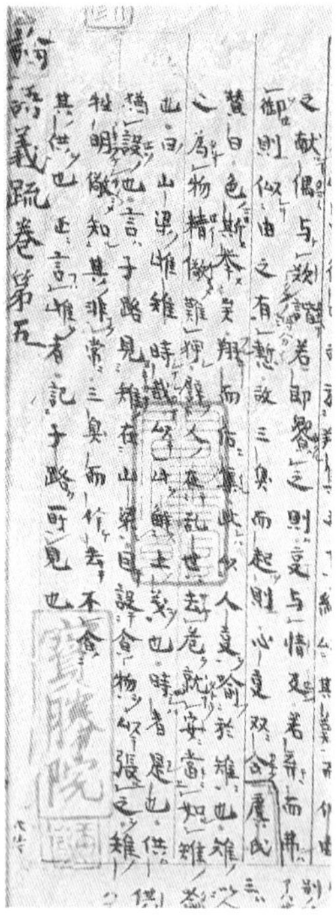

b　卷 5 尾「玉峯」印記

圖 2－3　東福寺舊藏大槻本

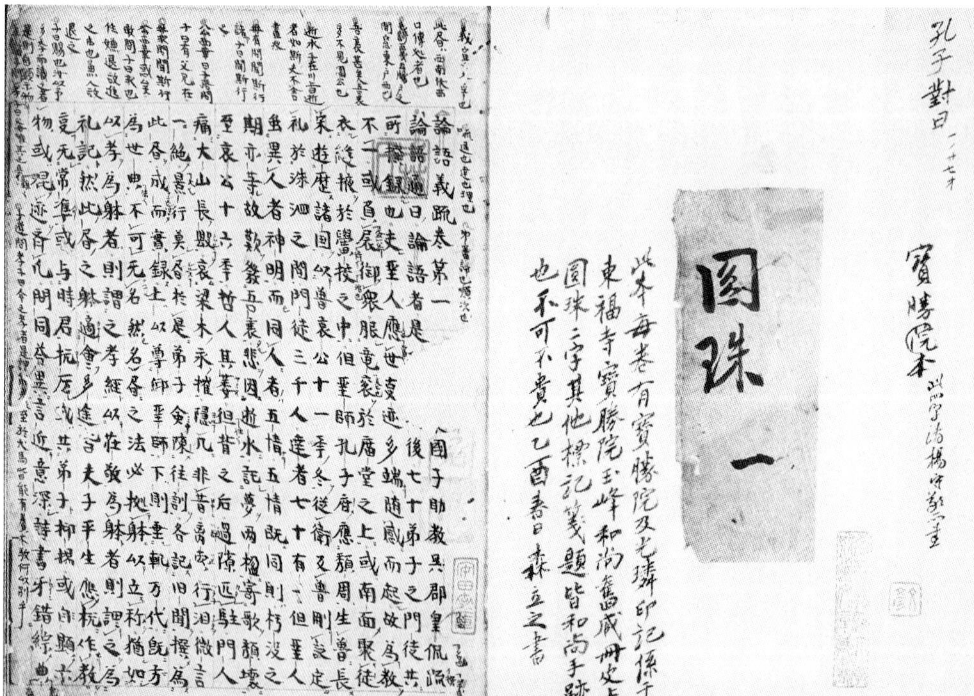

圖 2－4　東福寺舊藏大槻本 首 識語等

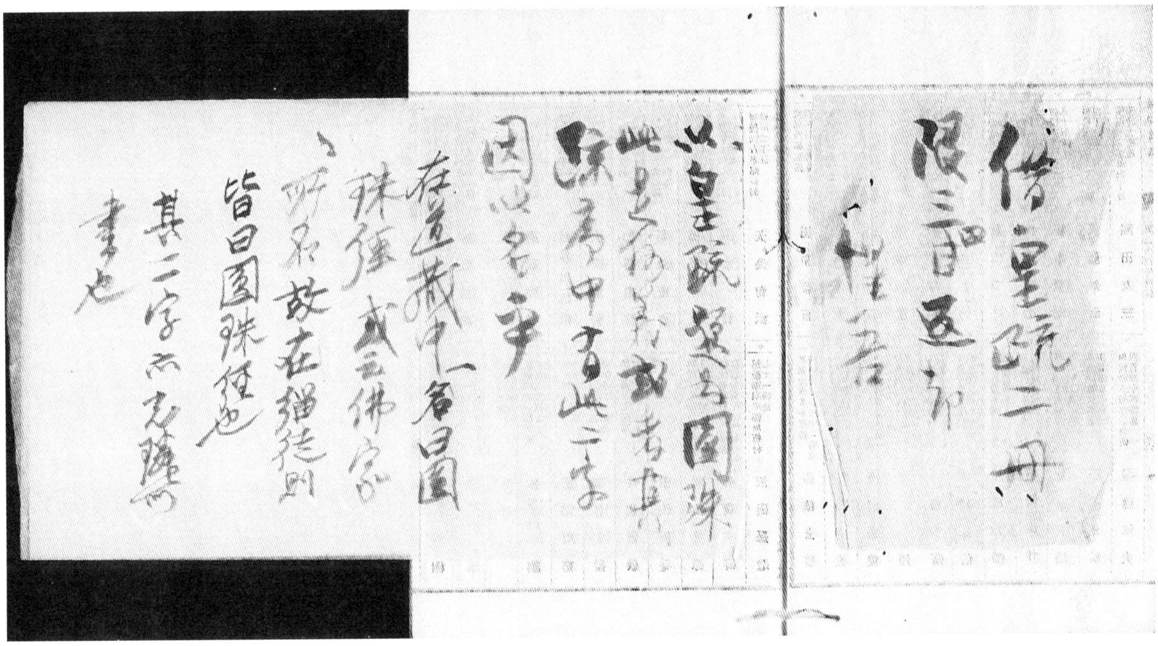

圖 2－5　清客筆話 明治十五年(1882)八月

三、稲田本

論語義疏 闕名標注　　和　大　〔合〕五册 〇九二·卜七·五

室町末寫（五筆合抄）　校補新注（卷七至十）「乎己止」點

稲田福堂　安田文庫舊藏

裝入新補木函。縹色雲母引書衣（二五點〇釐米×一八點八釐米），左上有題簽剥落痕跡，右上徑書篇目，筆跡與本文有別。綫裝，本文用楮打紙。蟲損修補，上下有裁切。第一册末參差夾入了補紙修補的無文字舊題簽五條。每册書根書「幾幾」（每字改行），第五册書「皇侃疏」（每字改行）。書口污損數層。册中卷首前後紙葉的污跡並不完全一致。册首有兩葉副葉，册尾有一葉副葉。前副第一葉前半，左上書「論語皇侃疏幾」，右上列出篇目，筆法與本文有别。

首上層書「疏所居反稀也潤也遠也分也／撿書也」以下若干注文，下層書「論語義（右）本經｜□通也達也理也／（左）宜也疏卷第一（隔三格）梁國子助教吳郡皇侃撰／論語通曰侖吾者是孔子没後七十弟子之門徒共／所撰録也」以下五葉。次上層無文字，下層書「論語序　尒雅云釈古云叙者緒也能則挙其綱要／若璽之抽緒序璽也緒也　何晏集解（右）南陽人也字平叔魏文帝臣也言諸家／

說何晏取集而曰集解/也/叙曰漢中塁(有疏，中略)光禄大夫関内侯臣孫邕(略三家)尚書駙馬都尉関内侯臣何晏等上(有疏)」四葉。

卷首上層書「漢□漢中塁漢書刘向/字子政爲輩郎迁爲/中塁校尉也四方各四将/軍中塁司北方隅之官/也校尉數中塁之軍衆/而安也」以下補注若干，下層書「論語義疏卷第一　学而/爲政　何晏集解　皇侃疏/学而第一　疏侖吾是此書摠名学而爲第一篇別/目(中略)　昺(右)刑丨也唐人也　正義云自此至堯曰/是魯侖吾廿篇之名及第次也(中略)/子曰　子者指於孔子也子是有德之称古者称師爲/子也(中略)　馬融曰子者男子通称也　凡有悳者皆/得称子故曰/通称/也」以下若干字。句下夾疏(雙行小字)，每章後隔一格或改行低一格附注，句下夾疏(雙行小字)。每篇換行、換葉或隔數行(圖3－1)。

第一册　卷第一(三三葉)　學而第一　爲政第二　a
　　　　卷第二(四〇葉)　八佾第三　里仁第四
第二册　卷第三(四三葉)　公冶長第五　雍也第六　b
　　　　卷第四(三四葉)　述而第七　泰伯第八　c
第三册　卷第五(三六葉)　子罕第九　鄉黨第十
　　　　卷第六(三五葉)　先進第十一　顔淵第十二　b
第四册　卷第七(四二葉)　子路第十三　憲問第十四　c
　　　　（第三十五葉後半葉至第三十六葉d）
　　　　卷第八(三〇葉)　衛靈公第十五　季氏十六　c
第五册　卷第九(三三葉)　陽貨第十七　微子第十八
　　　　卷第十(一九葉)　子張第十九　堯曰第二十　e

單邊(「四點三釐米＋一八點三釐米」×一四點九釐米)，上層無界，行九字，下層有界，每半葉九行，行二十字，五種筆跡(a－e)(圖3－1～3－3)。卷尾題「論語義疏卷第一」「論語卷第三」等。

文中有與本文同時的朱色標圈鉤、豎綫、句點，偶有行間校補、相異訓讀，卷七以下間有乎己止點(明經點)。有與本文筆法一致的墨色返點、連接符、音訓送假名，行間欄上書有補注(「朱云」「新注」)。欄上及貼紙上有另一種室町末近世初朱筆和墨筆所書的補注(「新注」等)。有縹色紙簽。每册首鈐單邊方形陽刻「江風山/月莊」印，册尾鈐單邊方形陽刻「福堂」朱印(稻田福堂所用)，每册首鈐單邊方形陽刻「安田文庫」印。

稻田本抄寫和傳承的具體契機尚不明確。關於其特色，首先，此本似抄寫於室町末期，以五人合抄的方式完成。但是，第四種筆跡僅見於卷七第三十五葉後半至第三十六葉，可能只是作爲補充者參與抄寫。室町時代後期，大部頭漢籍注釋書的編輯與抄寫漸趨普遍，其間由數人共同完成寫本的情況並不少見。

例如，曾是藤原惺窩（一五六一—一六一九）舊藏、現藏於慶應義塾圖書館的瑞溪周鳳（一三九一—一四七三）所作蘇軾詩集注釋書《坡詩脞説》二十五卷的室町寫本十册（一〇X・七八・一〇），儘管由於存在闕卷和配補，不能簡單而論，但在甲乙丙三種配本中，至少丙本卷十六至卷二十五的抄寫由三人分掌。在這一事例中，據見於卷尾識語的抄寫者姓名，可知抄物是由相國寺僧惟高妙安（一四八〇—一五七六）等人共同完成的。〔三〇〕再結合作者瑞溪和舊藏者惺窩同爲相國寺出身的情況，可以判斷《坡詩脞説》室町寫本與惟高僧籍所在的相國寺廣德軒周邊有組織的抄寫有關。同樣，稻田本《論語義疏》也顯示出類似的抄寫面貌，可見該本亦是五山及與之類似的書寫環境下的產物。

稻田本的第二個特色是，每葉均有一個無界的上層，頁面因此分爲上下層兩個部分，上層書寫了詳細的注釋。據高橋智指出，這一特徵見於足利學校系統的寫本中。〔三一〕的確，例如足利學校現藏《史記・扁鵲倉公列傳》《毛詩鄭箋》等玉崗瑞璵（第七世庠主九華，一五〇〇—一五七八）抄寫本，多數是此種形貌。同地所藏《古文尚書》《禮記》《論語集解》和《南華真經注疏解經》的室町寫本等文獻亦是如此。〔三二〕這樣看來，斯道文庫所藏《黄石公三略》（〇九一・ト八〇・一）的天正二十一年也即文禄二年（一五九三）「足利學校近邑」抄本也是如此，〔三三〕由此可以判斷，這是室町末近世初足利學校及其周邊地區的一種確定的抄本樣式。推而言之，斯道文庫所藏《論語集解》（〇九二・五一・三）、《論語發題》（〇九一・七三・一）和稻田本《論語義疏》，均可以被定位爲同類型的寫本。

另一方面，稻田本與常見於五山的合抄式漢籍注釋書之間的一致性如何呢？包括庠主在内的足利學校在籍之人多爲五山禪僧，因此，學校周邊也就可能存在這種抄寫習慣。即使獨自去往足利學校的學僧並非爲合寫抄物而來，但正如前文解説兩種大槻本時所觸及的，由於室町中期以降，如曹源寺的柏舟宗趙和東福寺的芳郷光隣一般，從京都五山寺院周邊出發前往足利學校遊學之人繼而有之，因此，學校内的講録及隨之產生的寫本也會被帶至五山派寺院，並被僧人們在寺院内部傳抄。這樣考慮的話，就不難理解本書特色了。

〔三〇〕慶應義塾圖書館本的解題，見佐佐木孝浩等編《義塾図書館を読む——和・漢・洋の貴重書から——》，慶應義塾圖書館，二〇〇七年。

〔三一〕參照注〔一二〕高橋氏著作。關於《黄石公三略》《論語集解》《論語發題》三書，該書也有研究。

〔三二〕參照長澤規矩也編《足利学校善本図録》，汲古書院，一九七三年。史跡足利學校編《足利学校——日本最古の学校　学びの心とその流れ》，足利學校教育委員會，二〇〇四年。注〔二八〕川本氏著作。

〔三三〕參照阿部隆一《三略源流考附三略校勘記・擬定黄石公記佚文集》，《斯道文庫論集》第八輯，一九七〇年。注〔一三〕《図録解題》。

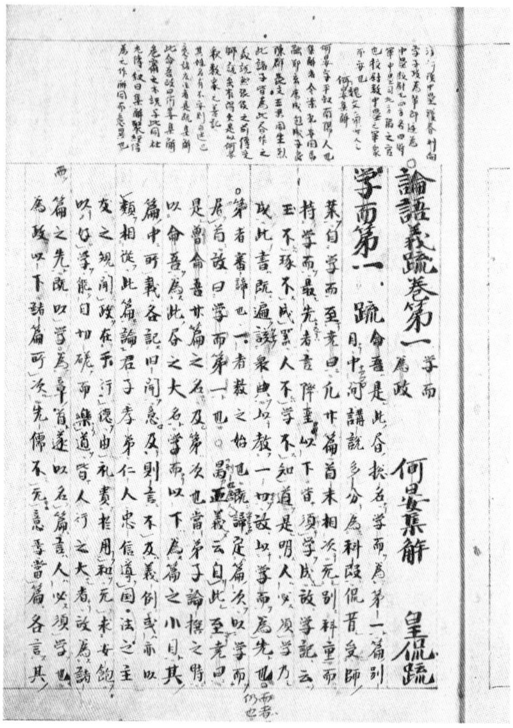
論語義疏卷第一　學而 爲政　何晏集解　皇侃疏
學而第一

圖 3－1　稻田本 卷 1 首

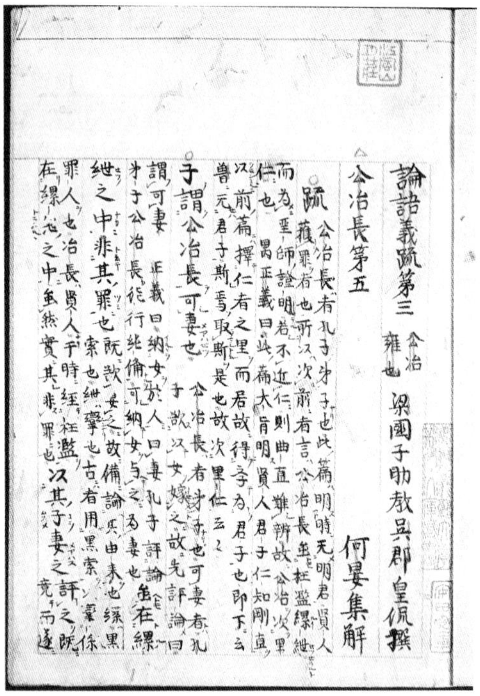
論語義疏第三　公冶 雍也　梁國子助教吳郡皇侃撰
公冶長第五　何晏集解
子謂公冶長可妻也

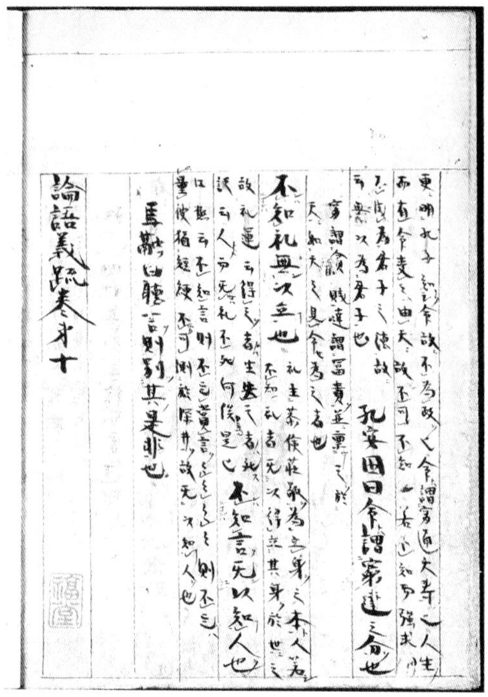
不知禮無以立也
不知言無以知人也
論語義疏卷第十

a　卷 3 首（筆跡 b）　　　b　卷 10 尾（筆跡 e）

圖 3－2　稻田本

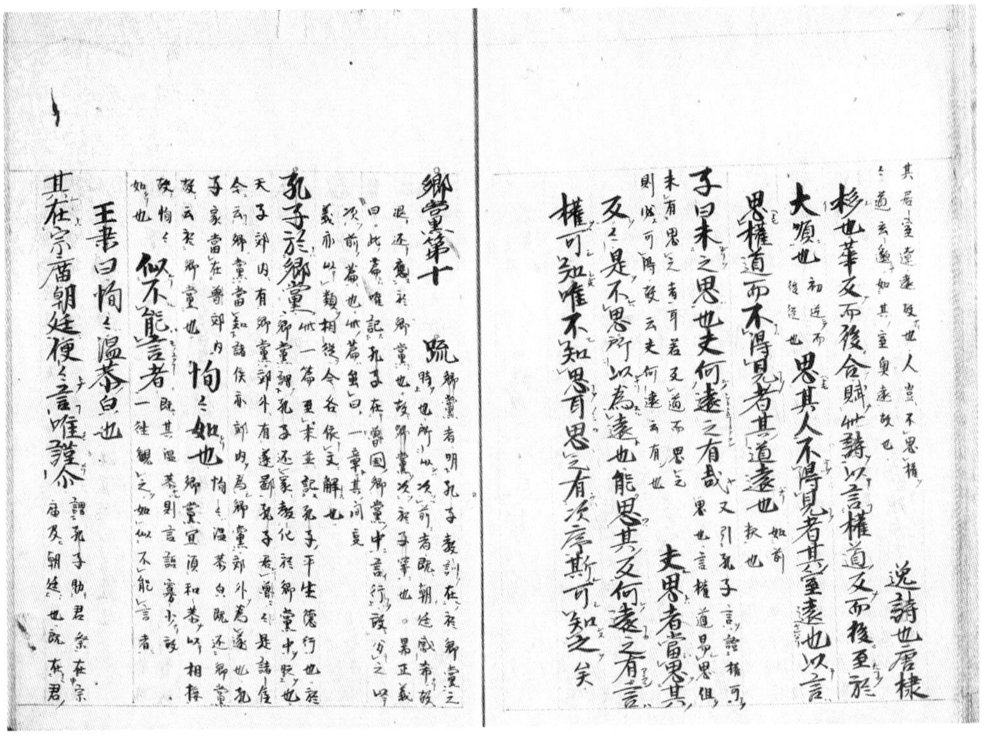

圖3－3　稻田本 卷5中(筆跡c)

四、林本

論語義疏　闕首 卷五至六　和　大　七册　〇九
一・卜五・七
室町末近世初寫(三筆合抄)
卷七至十配　室町末近世初寫(二筆合抄)
小島寶素改裝識語　林進齋(泰輔)舊藏

後補淡漆紙書衣(二七點四釐米×一九點五釐米)，左上貼題簽，其上書「魯論疏(幾)」，第四册綫外下方書「五六欽」，均爲小島寶素筆跡。淺葱色包角(基本脱落)。綫裝，筒子葉內補紙改裝。原紙約二三點九釐米×全三五點〇釐米，楮紙。上下有裁切。僅第四册的舊前副葉留存(書有補注)。

卷首題「論語義疏卷第一　学而／爲政　梁国子助教吴郡皇侃撰(右)何晏集解南陽人也字平叔魏文帝臣也言諸家説何晏取集而／曰集解／孝而第壹　論語是此書摠名学而爲第一篇別目(中略)昺／正義云自此至堯曰是魯論語廿篇之名／及第次也(中略)子曰　子者指於孔子也子是有德／之称古者称師爲子也(中略)馬融曰子者男子之通称几有德／者皆得／称子故曰／通称也」以下若干字，卷二首題「論語卷第二　八佾／里仁梁國子助教吴郡皇侃撰／八佾第三(隔七格)何晏集解／疏」。句下夾疏(雙行小字)，每章直下或改行(卷三以下低一

格）附注，句下夾疏（雙行小字）。每篇改行，或不改（圖 4－1）。

第一册　卷第一（三八葉）　學而第一　爲政第二　a b

（a 僅見于首葉）

第二册　卷第二（四五葉）　八佾第三　里仁第四　b

第三册　卷第三（五二葉）　公冶長第五　雍也第六

第四册　卷第四（四一葉）　述而第七　泰伯第八　b c

（b 僅見于首五葉）

單邊（一九點二釐米×一四點八釐米）有界，每半葉九行，行十六字，三種筆跡（abc）（圖 4－1 至 2）。卷尾題「論語義疏卷第一」「論語卷第三」等。

欄上書有墨筆補注（上半删去），筆法與本文一致。朱筆標圈鉤、豎綫、句點、乎己止點（明經點）、校注校改，筆法與本文有别。墨筆返點、連接符、音訓送假名，筆法與本文一致。又，欄上以朱筆和墨筆書補注（「新注」「昺曰」「此章論」，間有删去），筆法與本文有别。第一册尾左下，欄外書「六月一日」。第四册書腦有墨筆書寫的葉數。

配本，原紙約二三點九釐米×全二一點〇釐米，褚紙。

卷首題「論語義疏第七子路/憲問　梁国子助教吴郡皇侃撰/子路第十三　疏子路孔子弟子也（中略）昺曰此篇論善人君子爲邦教民/仁政孝悌中行常悳（中略）/子路問政問爲政/之法也（中略）/（以下低一格）孔安国曰先導之以德使民信之（中略）引易證上先有德澤/可悦后乃可労民也」以下若干字。句下夾疏（雙行小字），每章改行，低一格注，句下夾疏（雙行小字）（圖 4－3）。

第五册　卷第七（四八葉）　子路第十三　憲問第十四　d

第六册　卷第八（三四葉）　衛靈公第十五　季氏十六

第七册　卷第九（三六葉）　陽貨第十七　微子第十八　e

卷第十（二二葉）　子張第十九　堯曰第二十

單邊（一八點六釐米×一二點〇釐米），無界，每半葉八行，行二十字，兩種筆跡（de）。卷尾題「論語義疏卷第七（第十終）」。每卷尾題下書「紙員幾丁」，筆法與本文一致。朱筆書豎綫、句點、乎己止點（明經點）。墨筆書返點、連接符、音訓送假名，筆法與本文一致。

每奇數册首鈐單邊圓形陽刻不明墨印，每册首及第一册尾、卷十首鈐單邊方形「小島氏/圖書記」暗朱印（小島寶素用）。第七册末葉後半的原紙至補紙上，書有小島氏本人筆跡的「（擦消）四年（擦消）望背裝成/其（擦消）邢疏於皇疏之末屬後/人添足非舊観也讀者勿恠諸/（低八格）質題」。又，第一册尾夾有紙箋，其上墨筆書寫「共七/桐箱入　林泰輔氏」。每册首鈐單邊方形陽刻「北總林氏臧」朱印（林進齋用）。第七册末葉後半，自上層補紙而下，貼有貼紙，上有林氏親筆轉抄的

小島氏識語:「文政十四年八月歸望背裝成/其□□入邢疏於皇疏之末屬後/人添足非舊観也讀者勿恠諸/(低八格)質題」,貼紙正下方的原紙上,鈐有單邊方形陽刻「浩/卿」小朱印(林進齋用)(圖4-4)。〔三四〕

林本原爲兩種寫本合併而成的配補本,配補後,卷首序和卷五至六仍闕。江户後期,小島寶素(名尚質,字學古)進行改裝時,似乎就是現在的形貌。題簽、筒子葉内補紙修補、原紙高度和鈐印情況七册均同。關於闕佚的部分,由於卷一册首鈐印齊全,且書皮也可見「五六欽」的注記,所以闕佚應該發生在改裝前。此外,圓形不明墨印目前僅見於奇數册,因此,該本可能曾在傳承過程中被分册。

第七册末葉上的小島氏識語以考證家的口吻記述了皇侃《義疏》中補入邢昺《正義》的情況,並判斷該書已非舊貌。〔三五〕儘管目前包含年份的前半部分難以辨讀,但林氏收藏時將其讀取爲「文政十四年八月歸望」。但是,文政於十三年(一八三〇)十二月改元爲天保。即便可以假設是翌年,即三十五歲的小島氏居住在石原町、于江户幕府擔任醫師期間的事情,〔三六〕但年份上仍不免存疑。

包含第一至四册(卷一至四)的第一種寫本,可以判斷爲由三人合抄而成,這意味著林本與前述稻田本有著相似的抄寫情況。書誌中標記爲a的第一種筆跡僅見于首葉,但其原來的抄寫用紙、墨界、訓點補注等書寫樣貌與第二葉以下的部分一致,因此應該是受請的染筆者所寫。筆跡a抄寫者當時可能還兼抄序文,有可能是一位足以代表抄寫全體人員立場的持筆者。

欄上補注的内容,是據博士家所傳乎己止點進行的訓讀和補注,但後來宋代的《正義》和朱熹新注也經常被補充進去。這與前述的大槻本、稻田本亦有共通之處,展示了室町後期人對本書的基本視角。不過,或許爲了與後續的配本在紙高上匹配,第一種寫本中的少數與本文同一筆法的欄上補注被裁去,在包含《正義》和新注、由後來筆跡書入的部分,可以看到或許是爲了遮掩這種痕跡,而將切除之後的紙片的餘白削去、又貼回原處的地方。

包含第五至第七册(卷七至卷十)的第二種寫本由二人合抄,每兩卷換人,計劃性的轉抄於此可見一斑。但其無界且有空白,每半葉抄寫八行,没有詳細補注,抄寫面貌與前四册相異。不過,在包含注疏在内的本文中,乎己止點上又被施以返點和假名兩種補充性的附訓,這種形式貫穿多部《論語》傳本,表現了本書訓點方法流傳之一端。

〔三四〕參照注〔一三〕《図録解題》。

〔三五〕關於作爲文獻學家的小島寶素,詳見注〔一四〕高橋氏論文。該文也著録了林本。

〔三六〕參考森鷗外《小島宝素》其八的記述,見《鷗外全集　第十八卷》,岩波書店,一九七三年。

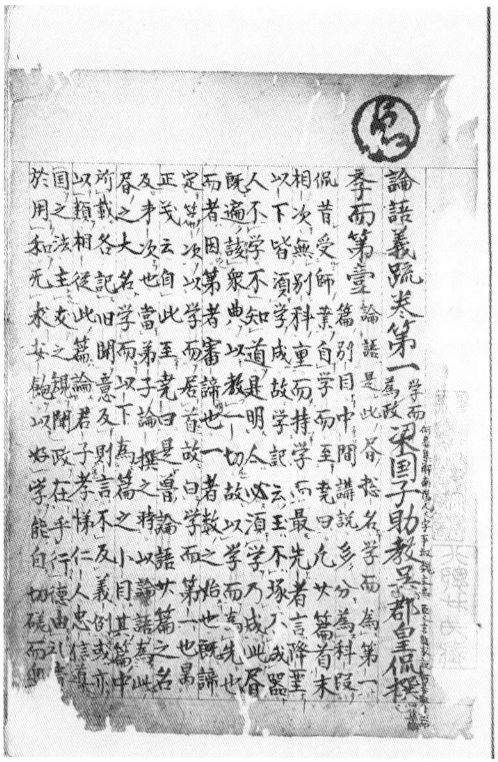

圖 4－1　林本 卷首

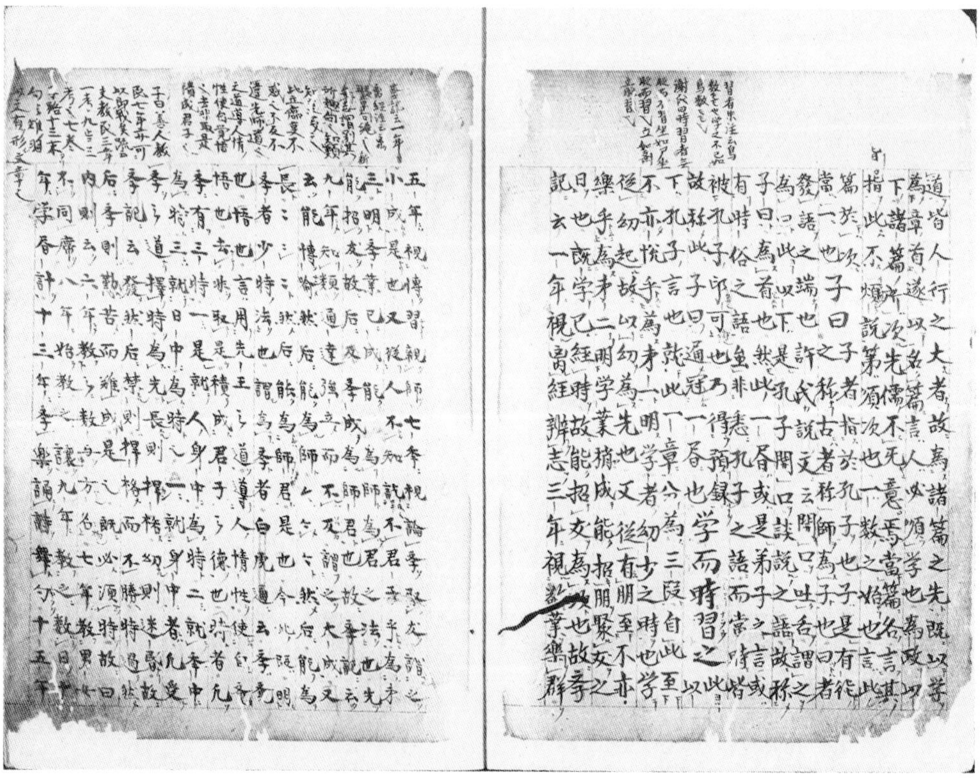

圖 4－2　林本 卷 1 第 1 葉後半至第 2 葉前半(筆跡 a b)

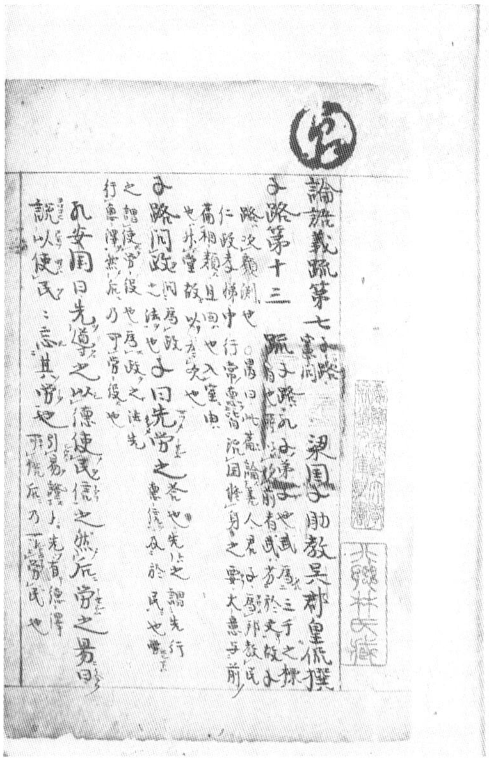

圖 4－3　同卷 7(配本 筆跡 d)

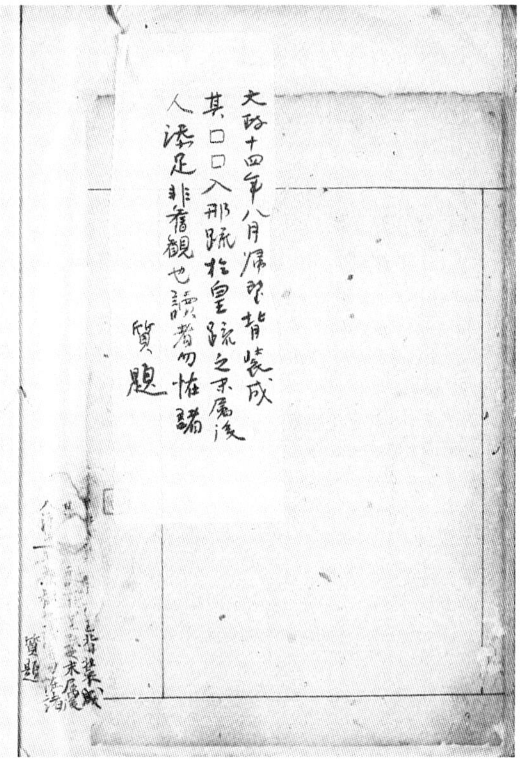

圖 4－4　林本 小島寶素識語

小結

通過探討斯道文庫所藏《論語義疏》的四種舊鈔本，我們可以揭示出一些根本的問題。第一，正如在兩種大槻本中所看到的那樣，在文明年間前後的室町時期，曹源寺、東福寺等京都五山内外的寺院盛行著對本書的積極接受。關於五山禪林的經學接受，學界以往主要强調其對朱熹新注的攝取，而較少觸及其作爲《論語義疏》傳承者所發揮的作用。〔三七〕但通過探討兩種大槻本，可以明確五山禪林至少在某種程度上扮演了這一角色。如此就有必要進一步確定，在三十種以上的《義疏》舊鈔本中，發現五山禪林接受的可能性。

那麽，假設足利學校的《論語》研習參與了《義疏》舊鈔本傳播，而且五山禪林在其中扮演了一定角色，我們應該如何理解兩者之間的關係？首先，足利學校擁有《義疏》舊鈔本，這一點自根本武夷以來即廣爲人知，大槻氏也進行了實地探查，因此，該校在室町末期接受《義疏》是毫無疑問的。其次，正如見於斯道文庫所藏稻田本的那樣，足利學校樣式的漢籍舊鈔本確於同一時期見於流傳，這一點也是可以廣泛確認的。如果

〔三七〕注〔一〇〕足利氏著作、注〔一〇〕芳賀氏著作等。又，注〔一一〕阿部氏論文論述了湖月《論語抄》中依據《論語義疏》之處。此外，注〔一〕影山氏論文中，有關於文之玄昌親筆、東福寺即宗院舊藏鈔本的介紹。

我們可以精確定義足利寫本的樣式，那麽即使在《義疏》諸本中，或許也可以揭示出一種學校系統的寫本類型。

問題在於，這一類型是否可以溯源至應仁文明之亂以前的室町盛期。即使不論清家藏本即京都大學附屬圖書館藏本南北朝寫本，通過尊經閣文庫藏應永三十四年（一四二七）以前寫本、成簣堂文庫藏寶德三年（一四五一）寫本、龍谷大學圖書館藏文明九年（一四七七）寫本與大槻本二種的存在，也可證明《論語義疏》舊鈔本的傳播在十五世紀中葉以前就已經開始了，至於足利學校的參與能否追溯到那一時期，則需要進一步探討。

首先，在人際交流方面，上村観光、足利衍述、川瀨一馬、川本慎自等學者已經有豐富的研究成果，〔三八〕目前没有可以補充的事實。不過就這一問題，此處仍要言及的是，在永享十一年（一四三九）前後，自上杉憲實重建足利學校時邀請的第一任庠主快元的時代開始，足利學校的影響就已經擴展至校外。文明抄寫大槻本一節中，除論及快元時代最爲人知的來學僧柏舟宗趙外，也涉及了其他數名來學僧人。快元圓寂的文明元年（一四六九）以降，五山僧人的東游尤其繁盛，足利學校馳名於日本，而前述《義疏》的早期流布時間則恰好與快元時代重合，或略早一些。

然而，就目前來看，幾乎没有直接的證據可以證明《論語義疏》的傳播是基於快元時代足利學校的講學，而只能通過文明抄寫大槻本的背景來推想柏舟的事蹟。快元向柏舟的經學授受主要圍繞《易》學相關内容展開。足利學校於文安三年（一四四六）制定了學規三條，儘管據其首條中「三注、四書、六經、列莊老、《史記》、《文選》外，於學校不可講之段，爲舊規之上者，今更不及禁之」的規定，可以確定學校在文安以前就已經進行著「四書」之一的《論語》講習，但却不能説當時已經到達了製作《義疏》講義的程度。所以，雖然從年代上不能否定這種可能性，但除非從文獻記録或鈔本本身中找到證據，否則無法將《論語義疏》的傳播根源歸於足利學校。

不過，由於足利學校的求學者和教師大多數是東西五山派的成員，因此足利學校和五山之間就存在相互的影響關係，這也包括《論語義疏》的講習。不難想象，足利學校在室町後半期的《義疏》流通中發揮了一定作用，而到了室町末期，學校的影響確實可能已經波及到校外。前述文明抄寫大槻本和稻田本即可視爲這種影響的一個支流。

關於《論語義疏》的傳承，從斯道文庫所藏諸本中還可以觀察到一些情況，比如添加訓點補注的問題。首先，關於添加内容的整體情況，根據對四本（林本的配補本算在内則爲五本）外形方面的觀察，可以分辨出十二種筆跡。四本（或五本）

〔三八〕參考注〔一〇〕上村氏著作《室町時代関東の学問》一章、注〔二〇〕足利氏著作《足利学校》一章、注〔二八〕川本氏著作。以及川瀨一馬《增補新訂 足利学校の研究》，講談社，一九七四年。

的共通點是都添加了朱色豎綫、朱色句點和訓點符號，除林本前半部分的四册外，其餘四本的添加内容均與本文同時書寫，且筆法一致。林本前半部分的添加内容，其書寫時間應該也與本文相隔不遠。而無論在哪種情況下，添加内容都全面涉及經疏注，這些内容傳達了一個事實，即《義疏》的室町時期鈔本是在充分的好學心驅使下轉抄而成的。

添加的訓點通常都非常詳細、周密，文明抄寫大槻本通過句點、返點、連接符和音訓送假名加以訓點，其他三本（林本的配補本算在内則爲四本）還附加了乎己止點。但稻田本卷一至卷六没有乎己止點。這些訓點方法總體來説是博士家傳承的明經點，儘管東福寺舊藏大槻本包含若干異例。這表明，在五山禪林和足利學校介入傳播以前，本書傳承的根源在明經道博士家。中世後期的明經道，其實質是在壓制中原家的同時，統一於清原家的傳承，因此就有必要針對《論語義疏》鈔本中的訓點方法與清原家的這一内容，進行比較和同一性認定的工作。

另一方面，書於行間和欄上的補注中，半數是室町末至近世初的筆跡。相對早期抄寫的兩種大槻本中存在與本文筆法一致的添加内容，東福寺舊藏本以及稻田本和林本中亦存在類似的旁注，其中僅能見到少數引證邢昺《論語正義》的内容。但是東福寺大槻本的第二次書入文字中，如本文第二節末尾所述，存在漢字片假名混合的「也」式注釋，其中夾雜有「朱注」，這與同時期抄物的内容相似。在與之並行的室町末期以降補注中，也有許多補注逐漸愈加詳密，且除《正義》之外，引證典據中還加入了朱熹新注。這些特點一直以來都受到强調，〔三九〕可以説是與五山僧人《論語》接受特色相通的傾向。與足利學校鈔本類似，以添加補注爲前提設置外欄的抄寫形式，也可以見於此期成立的稻田本。

與室町末至近世初期的詳細補注相比，江户時代的添加内容不僅頻次稀少，内容也多停留於校注異本。可以推測，在經歷朱子學全面替代（舊有學術）的江户時代，人們對《論語義疏》的興趣暫時下降。不過，在寬延三年（一七五〇）根本武夷刊行《論語義疏》的啓發下，江户後期的考證學家們開始對之産生文獻學興趣，這從森棖庭和小島寶素參與斯道文庫諸本傳承的事實中即可見一斑。特別是東福寺舊藏大槻本，該本經由森枳園爲楊守敬和大槻文彦所知，最終成爲了近代文獻學的資料。〔四〇〕

最後就本書本文的抄寫問題稍作探討。雖然不能僅憑四種（或五種）寫本得出確定性的結論，但仍有一點值得稍加關注，即成立時間相對較早的兩種大槻本均爲一種筆跡抄寫，而室町末以降的稻田本、林本及其配本則可能是由五人左右合

〔三九〕注〔二〇〕芳賀氏著作。

〔四〇〕關於考證學者們的研究，詳見影山輝國《まだ見ぬ鈔本〈論語義疏〉》一、二、三，《実践国文学》第八十、八十二號，二〇一一、二〇一二年。

作完成。單就《論語義疏》的問題而言，這種變化可能反映了本書在室町中後期開始流傳，並在室町末期加速普及的情況及其背景。正如本文第三節所强調的那樣，這種抄寫態度既與室町後期系統編成和抄寫漢籍舊鈔本及其注釋書的學術情況有關，同時也令人聯想到彼時五山僧人以官刹佛塔爲單位積累書籍的活動。

與擁有多個鎌倉時代殘鈔本和轉鈔本的《論語集解》不同，《論語義疏》儘管從古代開始没有斷絶引證的痕跡，[四二]但除了曾在宫廷周邊流傳、現影印收録於本書的中國（南北朝末隋）寫本《論語疏》卷六外，日本中世以前並没有傳鈔本。這種情況在南北朝至室町初期開始發生變化，傳本逐漸增加，最終在近世初期達到了超越以往的數量。這一現象的背後似乎是本書主要接受者的更替。更替前，本書的主要接受者是博士家的儒者，這可以從清原家的傳寫本、注釋和訓點傳播情況上見出；更替後的主角則在清原家講筵上佔據席位，並且還負笈遊學於足利學校，而這似乎只有禪林周邊的學者才能做到。

因此，只有從以禪林爲典型的室町後期集約型抄寫活動、到近世早期出版書肆勃興的書籍文化史背景下，方可把握本書舊鈔本群的意義。這是應該構成文庫成立之初計劃的「日本現存漢籍古寫本的綜合研究」之一環的重要課題，期待今後在這個領域取得進展。

附記

本解題改訂並收録了《斯道文庫論集》第五十五輯（二〇二一年）所載拙稿《慶應義塾大學附屬研究所斯道文庫藏　舊鈔〈論語義疏〉傳本解題》。

[四二] 參照高田宗平《日本古代〈論語義疏〉受容史の研究》，塙書房，二〇一五年。

附録

《慶應義塾圖書館藏 論語疏卷六 慶應義塾大学附屬研究所斯道文庫藏 論語義疏 影印和解題研究》出版前言

佐藤道生 撰　劉佳琪 譯

自二〇一七年起，慶應義塾大學論語疏研究會開始對慶應義塾圖書館所藏中國（南北朝末隋）寫本《論語疏》卷六進行調查研究。《論語疏》是梁代皇侃《論語義疏》的别稱。此次，研究會決定將研究成果的一部分以《慶應義塾圖書館藏論語疏卷六 慶應義塾大學附屬研究所斯道文庫藏論語義疏 影印和解題研究》的形式出版。從研究會負責人的立場出發，我想首先説明一下與本書出版相關的經過（但不涉及斯道文庫藏《論語義疏》）。

當政治體制發生重大變革時，書籍也會被迫進行遷移。這是古今世界各國各地皆有的現象，日本也不例外，時代較近的是明治維新時期發生的大規模書籍遷移。然而，從舊體制到新體制的書籍交接並不順利。在德川幕府統治下似乎擁有安居之地的書籍中，不少也於此一時期失去了蹤跡。本次影印出版的中國古寫本《論語疏》卷六，實際上也是其中之一。儘管我們可以確認，該書在幕末至明治時期從壬生官務家傳到了秋月藩儒磯淳手中，但磯淳去世後，這一珍貴的書籍却長時間杳無音信。

時隔一百五十年，該書在二〇一六年三月突然出現在我們面前。彼時，慶應義塾大學附屬研究所斯道文庫的高橋智教授收到了東京市内一家古書店的聯繫，説他們採購到一本有趣的書，請來一觀。隨後，我接到高橋教授聯絡，前去觀書（我當時是文學部教授，兼任斯道文庫長）；稍晚一些，斯道文庫的住吉朋彦教授亦往觀之。雖然我們三人並非一同觀看此書，但想法却一致，即無論如何也要將其帶回慶應。自阿部隆一以來，慶應的斯道文庫一直將《論語》及其注釋書作爲研究中心，五十多年以來，已經在本文研究方面取得了堅實成果。如果能將本書納入慶應藏書，會大大推進《論語》研究。關於這一點，我們三人所見略同。可喜可賀的是，此書於翌年二月入藏慶應義塾圖書館。此間之所以花費一年，是因爲我們必須克服大學校内校外的一些難題，但在收藏之後，調查研究的準備工作進展非常順利。在校内，以住吉教授和商學部種村和史教授爲中心，成立了慶應義塾大學《論語疏》研究會，並分成幾個小組，爲此書的調查研究做好了準備。研究會的成員如下（職稱截至二〇二一年四月）。

一戸涉（斯道文庫準教授）、小倉慈司（國立歷史民俗博物

館準教授、原文學部講師）、倉持隆（三田媒體中心特藏部負責人）、合山林太郎（文學部準教授）、齋藤慎一郎（斯道文庫研究特約顧問）、佐佐木孝浩（斯道文庫教授）、佐藤道生（名譽教授）、住吉朋彦（斯道文庫教授）、高橋智（文學部教授）、高橋悠介（斯道文庫準教授）、種村和史（商學部教授）、中島圭一（文學部教授）、藤本誠（文學部準教授）、堀川貴司（斯道文庫教授）、矢島明希子（斯道文庫專任講師）。

研究會的活動至今仍在繼續，不過，在二〇二〇年三月，工作已經暫時告一段落。這一「段落」就是本書的公開。於是，在同年十月於東京千代田區丸善本店舉辦的第三十二回慶應義塾圖書館貴重書展示會上，我們向公衆展示了本書。此前，慶應義塾曾於九月十日發佈了題爲「慶應義塾圖書館公開《論語》傳世最古寫本」的新聞，隨後，朝日新聞、讀賣新聞、NHK也進行了同樣的報道，所以有很多人移步丸善展覽會場閲覽了《論語疏》的實物。這次展覽會的圖録集結了《論語疏》研究會的研究成果，由住吉朋彦教授撰寫了詳細的解題。

同年十一月二十八日，在綫上舉辦的第三十三回斯道文庫講演會上，住吉朋彦、種村和史、齋藤慎一郎三位教授以「慶應義塾圖書館藏《論語疏》卷六的文獻價值」爲題，分別口頭發表了相關研究成果。通過這些活動，過去三年的研究成果基本已經展現在公衆面前。本書所收的論考正是這些發表活動的書面呈現。

以上敘述了《論語疏》卷六從出現到影印刊行的經過。若溯其源，《論語義疏》的文獻學研究，從根本遜志（一六九九—一七六四）以足利學校藏本爲底本校訂《義疏》並於寬延三年（一七五〇）刊行之時已開其端。迄今爲止，日中兩國在《論語義疏》研究方面已經取得了非常豐富的成果，而此次中國南北朝末隋寫本的出現，則給《論語義疏》研究提供了進入新階段的契機。希望本影印能對《論語義疏》研究取得進一步進展做出貢獻，我想以此作爲前言的尾聲。

此外，本書的出版得到了日本學術振興會科學研究費補助金「研究成果公開促進費」（JSPS科研費JP21HP5006）的支持。同時，也要感謝勉誠社願意承擔這項棘手的出版工作。謹代表研究會表示感謝。

後記

皇侃《論語義疏》是中國南北朝時期義疏體解經的代表性文獻，在《論語》詮釋史上與鄭玄注、何晏《集解》並稱，具有重要地位。北宋邢昺奉敕撰定新疏，在皇疏的基礎上，參用鄭玄等諸家注，完成《論語正義》，成爲官學定本，《論語義疏》遂被取代，大約南宋中期在中國失傳。二十世紀初，敦煌藏經洞被發現，法人伯希和從中檢出皇侃《論語疏》殘卷（伯三五七三），存有《學而》《爲政》《八佾》《里仁》四篇内容。根據卷端、卷背相關信息判斷，抄寫年代應不早於九世紀，但作爲唐寫本孑遺，仍是中國今存《論語義疏》最古之本。

《論語》是最早傳入日本的漢籍之一。相傳公元三世紀末百濟博士王仁即將《論語》帶到日本，雖然文獻尚不足徵，但成書于九世紀末頃的《日本國見在書目録》，已記録有《論語》鄭注、何晏《集解》、陸善經注、皇侃《論語義疏》、褚仲都《論語疏》等古注本，反映出漢籍傳播的廣度。《論語》在日本儒學中被作爲根本性經典，居於核心地位，爲博士家世代傳習。日本古代《論語》的受容，嚴格意義講就是《論語》注釋書的流傳與接受。而日本《論語》古本，以魏何晏《論語集解》影響最廣，曾長期作爲貴族課本流傳，并衍生出大量抄本和刊本。

《論語義疏》相較於《論語集解》，在日本雖然流傳范圍有限，但引證不絶于縷，並留下相當數量的舊抄本。據影山輝國教授早前調查，可以確認藏地者共有三十餘種。〔一〕這些抄本，卷帙、行格大致相同，甚至多數都有竄入邢昺《論語正義》文字的現象，反映出具有相近的底本來源。根據日本學者考察，《論語義疏》舊抄本多與五山僧侶和足利學校相關。高橋智教授認爲，室町時代中後期諸《論語義疏》抄本與足利學校或其周邊抄寫的《論語集解》等漢籍抄本在書寫樣式與字形方面頗爲相似，推測《論語義疏》舊抄本當是以足利學校爲中心而產生，因此足利學校的學團與學僧在反復轉抄《論語集解》過程中，得以吸收《論語義疏》的内容，從而導致義疏竄入的《論語集解》抄本存在。〔二〕住吉朋彦教授在本書附録的研究解題中，則進一步梳理出日本《論語義疏》從宮廷周邊博士家到五山僧侶、足利學校的大致傳播路綫。

《論語集解》在日本南北朝時代以降，依據博士清原家寫本，陸續刊印有正平、天文和慶長古活字等版本，但是《論語義疏》直至寬延三年（1750），方由根本遜志據足利學校藏舊抄本首次刊佈。此刊本清乾隆年間回傳中國，不僅收入《四庫全書》，還被《知不足齋叢書》等覆刊，在學界引發重要反響。但

〔一〕影山輝國，《〈論語義疏〉鈔本與根本刻本的底本》，《從鈔本到刻本——中日〈論語〉文獻研究》（劉玉才主編），第164—168頁，北京大學出版社，2013年。

〔二〕高橋智，《室町時代古鈔本〈論語集解〉の研究》，東京：汲古書院，2008年。

是根本遂志刊本依據邢昺《論語正義》體例，仿照明刻注疏本樣式，對舊抄本結構進行的改編，也引起清儒的質疑。清末楊守敬等人目驗舊抄本之後，對於日本傳存《論語義疏》的真僞之辨才漸趨平息。日本大正年間，武内義雄選擇首尾完整且有明確紀年的文明九年(1477)抄本爲底本，校以其他多種抄本，保存《論語義疏》傳本體式，排印出版，成爲迄今最爲權威的版本。

日本傳存《論語義疏》諸抄本體式大致相同，但是在多大程度上合乎皇疏面貌，仍是聚訟紛紜。因爲其經注疏合寫的樣式，既與唐《五經正義》的單疏形式不符，又有別於敦煌本殘卷的文本結構，而且還存在竄入邢昺《論語正義》甚至朱熹《論語集注》的現象。此外，已見抄本没有日本中世以前傳抄者，文本來源不得而知。這些因素都制約了《論語義疏》文獻研究的深入。

2017 年，日本慶應義塾圖書館獲藏珍罕古寫本《論語疏》卷六，經過該校論語疏研究會同人歷時數年的多方面研究，認定爲中國南北朝末至隋朝期間抄寫，推斷是日本遣隋使或遣唐使攜帶回國。根據這一研究結論，此《論語疏》殘卷不僅是最接近皇侃撰述年代的寫本，還是傳世《論語》最古老的紙寫本，意義非凡。論語疏研究會同人的先期研究，已經揭示該本經注疏合寫的樣式，可以佐證武内義雄的推論，日本傳抄本較之敦煌殘卷，或更接近皇疏原貌。該寫本鈐有平安時代前期藤氏印記，在日本具有文本源頭性質，據之可以梳理《論語義疏》的流傳與接受，判別傳抄本的文本異變。如本書附録的齋藤慎一郎教授論文，即通過該本與抄寫於鎌倉時代末期至室町時代初期的清家文庫本的校勘，發現兩本存在許多一致之處，在日本中世很可能有過文本接觸；而綜合考察兩本以及敦煌殘卷，後世傳抄本篇首的總說，是否爲皇侃撰述，值得重新考量。此外，古寫本《論語疏》卷六的發現，還可以生發字體訛變、書風傳承、經注異文等多方面的研究課題，堪稱是瞭解紙寫本時代《論語》的關鍵秘笈，應當給予深入挖掘。

慶應義塾大學附屬研究所斯道文庫自阿部隆一、太田次男先生時代，即致力於日本現存漢籍古寫本的綜合研究，並將《論語》及其注釋書作爲研究中心，廣泛搜集舊抄本，逐步建設成爲日本《論語》傳本和漢學研究資料的重鎮。2009—2012 年，筆者曾與斯道文庫高橋智教授合作完成「日藏《論語》古抄本綜合研究」課題，但主要是對《論語集解》古抄本進行研究，相關成果已經在北京大學出版社刊佈。此後，因爲協助影山輝國教授調查北京大學藏《論語義疏》抄本，也關注到《論語義疏》的流傳研究。2020 年，慶應義塾圖書館入藏的古寫本《論語疏》卷六公開展示，轟動學界；研究團隊在綫上舉行斯道文庫講演會，報告了歷時三年的研究成果。筆者承蒙住吉朋彦教授美意，在綫列席講演會，深感此文獻發現意義重大，應該盡早在國内刊佈，以便展開研究。因爲日本勉誠出版社優先

獲得慶應義塾圖書館授權，加之國内原意向出版社溝通不暢，耽擱了申請進度，所以拖延下來。住吉朋彦教授應筆者之請，積極協助與慶應義塾圖書館、斯道文庫、勉誠出版社洽商授權事宜，最後達成協議，中文版由慶應義塾大學論語疏研究會與北京大學東亞古典研究會共編，上海古籍出版社出版。爲了方便學界對照研究，除慶應義塾圖書館藏《論語疏》卷六之外，本書還一併影印了斯道文庫藏日本文明十九年（1487）寫本《論語義疏》。此本内容完整，文本標準，訓點、批注完備，抄寫時間、地點清楚，在《論語義疏》舊抄諸本中最具代表性。住吉朋彦教授爲首的慶應義塾大學論語疏研究會同人，爲《論語疏》卷六和斯道文庫藏舊抄本撰寫了詳盡的解題，並進行了初步的校理研究，這些成果列爲本書的附録。南京大學文學院博士生劉佳琪在金程宇教授指導下，出色地完成了附録部分内容的中文翻譯。

本書的出版得到了日本慶應義塾圖書館、斯道文庫、勉誠出版社的授權支持，慶應義塾大學論語疏研究會同人慷慨允許使用其研究成果，上海古籍出版社郭沖編輯積極參與籌劃與聯絡工作，精心編校，在此一併表示衷心感謝。

劉玉才

二〇二四年夏於北京大學大雅堂

圖書在版編目(CIP)數據

論語義疏二種 /（南朝梁）皇侃撰 ；慶應義塾大學論語疏研究會，北京大學東亞古典研究會編. -- 上海 ：上海古籍出版社，2024. 11. -- ISBN 978-7-5732-1409-6

Ⅰ. B222.25

中國國家版本館 CIP 數據核字第 2024JZ7483 號

責任編輯：郭　沖　虞桑玲
美術編輯：阮　娟
技術編輯：耿瑩禕

群經單疏古鈔本叢刊(附論語義疏)

論語義疏二種(全二册)

[南朝梁] 皇　侃　撰
慶應義塾大學論語疏研究會
北京大學東亞古典研究會　編
劉佳琪　譯文

上海古籍出版社出版發行
(上海市閔行區號景路 159 弄 1-5 號 A 座 5F　郵政編碼 201101)
(1) 網址：www.guji.com.cn
(2) E-mail：guji1@guji.com.cn
(3) 易文網網址：www.ewen.co

上海雅昌藝術印刷有限公司印刷

開本 889×1194　1/16　印張 33.5　插頁 8　字數 225,000
2024 年 11 月第 1 版　2024 年 11 月第 1 次印刷
ISBN 978-7-5732-1409-6 / B・1435
定價：598.00 元
如有質量問題，請與承印公司聯繫